MW01201316

COMENTARIO BÍBLICO
BEACON

Publicado por
Casa Nazarena de Publicaciones
17001 Prairie Star Parkway
Lenexa, Kansas 66220 USA

Originalmente publicado en inglés con el título:
Beacon Bible Commentaries, 10 Volume Set
Copyright © 1969
Published by Beacon Hill Press of Kansas City
A division of Nazarene Publishing House
Kansas City, Missouri 64109 USA

This edition published by arrangement
with Nazarene Publishing House.
All rights reserved.

TOMO 1: ISBN 978-1-56344-601-6
TOMO 2: ISBN 978-1-56344-602-3
TOMO 3: ISBN 978-1-56344-603-0
TOMO 4: ISBN 978-1-56344-604-7
TOMO 5: ISBN 978-1-56344-605-4
TOMO 6: ISBN 978-1-56344-606-1
TOMO 7: ISBN 978-1-56344-607-8
TOMO 8: ISBN 978-1-56344-608-5
TOMO 9: ISBN 978-1-56344-609-2
TOMO 10: ISBN 978-1-56344-610-8

COMENTARIO BÍBLICO
BEACON

En Diez Tomos

TOMO VI

MATEO
Ralph Earle, B.D., M.A., Th.D.

MARCOS
A. Elwood Sanner, M.A., D.D.

LUCAS
Charles L. Childers, B.D., M.A., Ph.D.

CASA NAZARENA DE PUBLICACIONES
Lenexa, Kansas E.U.A.

COMENTARIO BÍBLICO BEACON

En Diez Tomos

Prefacio

"Toda la Escritura es inspirada por Dios, y útil para enseñar, para redargüir, para corregir, para instruir en justicia, a fin de que el hombre de Dios sea perfecto, enteramente preparado para toda buena obra" (2 Ti. 3:16-17).

Creemos en la inspiración plenaria de la Biblia. Dios habla a los hombres mediante su Palabra. El nos ha hablado por su Hijo. Pero, sin la Palabra escrita, ¿cómo sabríamos que El fue hecho carne? El nos habla por su Espíritu; pero el Espíritu usa la Palabra escrita como vehículo de su revelación, porque El es el verdadero Autor de las Sagradas Escrituras. Todo lo que el Espíritu nos revela está en concordancia con la Palabra.

La fe cristiana emana de la Biblia. Ella es el fundamento de la fe, la salvación y la santificación. Es la Guía para el carácter y la conducta cristiana. "Lámpara es a mis pies tu palabra, y lumbrera a mi camino" (Sal. 119:105).

La revelación de Dios y su voluntad para los hombres, son en la Biblia completas y adecuadas. Por lo tanto, la gran tarea de la Iglesia es transmitir el conocimiento de la Palabra de Dios, abrir los ojos del entendimiento y despertar e iluminar las conciencias para que los hombres aprendan a "vivir en este siglo, sobria, justa y piadosamente". Esto conduce a la posesión de esa "herencia (que es) incorruptible, incontaminada e inmarcesible, reservada en los cielos".

Cuando consideramos la traducción e interpretación de la Biblia, admitimos que somos guiados por hombres no inspirados. La limitación humana, tanto como la realidad de que ninguna escritura es de particular interpretación, permite diversidad en la exégesis y exposición de la Escritura.

Presentamos el *Comentario Bíblico Beacon* en diez tomos con modestia apropiada. No ocupa el lugar de otros. No pretende ser completo o conclusivo. La tarea es colosal. Han participado en la obra cuarenta de los más capaces escritores disponibles. Se trata de hombres preparados y con un propósito serio, dedicación profunda y suprema piedad. Los editores responsables tanto como los que han contribuido con sus trabajos, oran para que este nuevo comentario de la Biblia, proporcione ayuda a predicadores, maestros y laicos para descubrir el significado de la Palabra de Dios y para manifestar claramente su mensaje a todos los oyentes.

—G. B. WILLIAMSON

Prefacio a la Edición Castellana

La Casa Nazarena de Publicaciones principió, en forma organizada, su tarea de producción y distribución de literatura evangélica en castellano, allá por el año de 1946. Uno de sus objetivos específicos fue ofrecerle al pueblo de habla hispana libros que, en diversos niveles, lo ayudaran a comprender mejor las riquezas y las implicaciones de la declaración de Dios en su Palabra. Dios nos ha ayudado a hacer una modesta contribución al pensamiento y a la acción cristianos en este particular.

La producción de comentarios bíblicos es, al mismo tiempo, difícil e indispensable. La naturaleza y la reciedumbre de nuestra fe dependen en primerísimo lugar de nuestra comprensión de la Biblia. Anteriormente nuestra Casa ha ofrecido dos comentarios bíblicos al pueblo de habla hispana. Ahora nos permitimos añadir el COMENTARIO BIBLICO BEACON, con la esperanza de que se considere una contribución a la larga lista de instrumentos de preparación para servir más dedicadamente a Dios y más adecuadamente al mundo cristiano de hoy.

Un proyecto como éste requiere el apoyo decidido que resulta de una visión clara. El COMENTARIO BIBLICO BEACON tuvo tal apoyo del Dr. M. A. Lunn, gerente general de la Casa Nazarena de Publicaciones, quien aprobó la cuantiosa inversión necesaria; y el Dr. H. T. Reza, fundador y director del Departamento Hispano que con el paso de los años llegó a ser la Junta Internacional de Publicaciones y más recientemente Publicaciones Internacionales.

El COMENTARIO BIBLICO BEACON es resultado del trabajo de un equipo dedicado y competente. Los traductores, los doctores Lucía C. G. de Costa, Adam Sosa, Sergio Franco y Marcelo Pérez Rivas han tenido una larga y fructífera trayectoria en la traducción de obras de este tipo. El señor Christian Sarmiento, quien hace estudios avanzados de teología, y la señora María Elena de Valdés, trabajaron tenaz y acuciosamente en las fases editoriales del proyecto. El doctor Sergio Franco aportó a su tarea de redactor general su experiencia de muchos años como redactor de libros de la Casa Nazarena de Publicaciones, experiencia que lo capacitó para esta labor.

La tarea ha sido larga y cuidadosa. A la pericia y dedicación de los traductores se ha aunado la vasta empresa de revisión. Veintenas de miles de referencias han sido verificadas. Citas de otras versiones en inglés para añadir lucidez al texto han sido substituidas por versiones hispanas recientes. Se ha buscado la claridad de expresión. Ahora presentamos este Comentario en manos del pueblo de habla hispana, con la expectación y la oración de que allí encuentre ayuda para comprender mejor la Palabra de Dios "que permanece para siempre".

—Bennett Dudney
Director Ejecutivo,
Publicaciones Internacionales

Reconocimiento

Agradecemos a las siguientes editoriales por permitirnos usar citas de material registrado y publicado por ellas:

Abingdon Press: *The Interpreter's Bible; Interpreter's Dictionary of the Bible.*

"Christianity Today": Poema: "Ante Tu Presencia."

Concordia Publishing House: *Follow Me: Discipleship According to St. Matthew.*

William B. Eerdmans Publishing Company: *The Gospel According to St. Matthew.* "Tyndale New Testament Commentaries."

Harper and Row: *A Commentary on the Gospel According to St. Matthew.* "Harper's New Testament Commentaries."

Herder and Herder: *New Testament Introduction.*

John Knox Press: *The Gospel According to St. Matthew.* "The Layman's Bible Commentary."

Macmillan and Company: *The Names of Jesus.*

University of Chicago Press: *A Greek-English Lexicon of the New Testament and Other Early Christian Literature.*

Se han tomado citas de las Escrituras de las siguientes fuentes de versiones registradas:

The Amplified New Testament. Copyright 1958, The Lockman Foundation, La Habra, California.

The Berkeley Version in Modern English. Copyright 1958, 1959, Zondervan Publishing House.

The Bible: A New Translation, James Moffatt. Copyright 1950, 1952, 1953, 1954 por James A. R. Moffatt. Usado con permiso de Harper and Row.

The Bible: An American Translation, J. M. Powis Smith, Edgar J. Goodspeed. Copyright 1923, 1927, 1948 por The University of Chicago Press.

New American Standard Version. Copyright 1960, 1962, 1963, The Lockman Foundation, La Habra, California.

The New English Bible. © The Delegates of the Oxford University Press and the Syndics of the Cambridge University Press, 1961.

The New Testament in Modern English. © J. B. Phillips, 1958. Usado con permiso de The Macmillan Company.

Revised Standard Version of the Holy Bible, copyrighted 1946 y 1952 por la División de Educación Cristiana del Concilio Nacional de Iglesias (E.U.A.).

The Weymouth New Testament in Modern Speech. Copyright, Harper and Row Publishers.

Charles B. Williams, *The New Testament in the Language of the People.* Copyrighted 1937 por Bruce Humphries, Inc., transferido en 1949 a The Moody Bible Institute of Chicago.

Reconocemos nuestra deuda a muchas personas que han participado en la planeación y asesoría del *Comentario Bíblico Beacon* y que no han sido mencionadas. Le agradecemos especialmente al Dr. Richard S. Taylor por su asesoría a los editores en la preparación de este tomo.

Citas y Referencias

En esta obra se ha usado la versión 1960 de la Biblia de Valera. Las citas de otras versiones aparecen entre comillas y la versión es indicada.

En referencias escriturales, una letra (*a, b, c,* etc.) indica una cláusula en el verso. Cuando no se menciona ningún libro quiere decir que se trata del que se está estudiando.

Pueden encontrarse datos bibliográficos sobre una obra citada, consultando la primera referencia al libro mencionado por ese escritor o examinando la bibliografía.

No se pretende que las bibliografías sean exhaustivas, pero están incluidas para proveer datos completos de publicación para los volúmenes citados en el texto.

Las referencias a un autor cualquiera, o la inclusión de sus obras en la bibliografía, no significan necesariamente respaldo a sus puntos de vista. Toda lectura en el campo de la interpretación bíblica debe ser hecha con discernimiento y precaución.

Cómo Usar
El Comentario Beacon

La Biblia es un libro que todos deben leer, entender, obedecer y compartir con otros. Este Comentario ha sido planeado precisamente para ayudar en esa tarea de comprensión y de comunicación.

Por lo general, la misma Biblia es su mejor intérprete. El que la lea con la mente abierta y el espíritu receptivo una y otra vez, pronto se dará cuenta de que Dios *le* está hablando. Un comentario sirve como recurso de valor cuando el significado del pasaje no es claro. También, cuando uno ha concluido de sacar sus puntos de vista sobre algunos textos, es de gran utilidad conocer lo que otros han encontrado en el mismo lugar. Algunas veces, también, esto corregirá cualquier concepto equivocado que el lector haya podido formarse.

El *Comentario Bíblico Beacon* ha sido escrito para ser empleado con la Biblia en la mano. La mayor parte de este tipo de obras tienen impreso el pasaje bíblico en la parte superior de la página. Los editores de la presente, han decidido romper con esta regla, creyendo que la mayoría de quienes la usen lo harán después de haber leído la Biblia y por lo tanto ya tienen en la mente el pasaje que les interesa. También deben tener la Biblia a mano para cualquier referencia al texto. Si se hubiera impreso el texto completo de la Biblia, habría ocupado las dos terceras partes del espacio disponible en una obra de este tamaño. Los editores decidieron dejar ese espacio para recursos adicionales en beneficio del lector. Por otra parte, los autores han introducido suficientes citas en las explicaciones de los pasajes en discusión para que el lector mantenga su pensamiento en continuo contacto con las palabras de la Biblia. Las citas han sido impresas en negrita para su más rápida identificación.

Iluminación por Pasajes Relacionados

La Biblia es el mejor intérprete de sí misma cuando se quiere saber lo que dice un capítulo o pasaje. Los escritores y editores del *Comentario Bíblico Beacon* se han esforzado constantemente para brindar la máxima ayuda en este punto. Han sido incluidas referencias de otras obras afines, cuidadosamente seleccionadas, con el objeto de que el lector encuentre la Biblia fácilmente interpretada e ilustrada por sí misma.

Procedimientos con los Párrafos Bíblicos

Las verdades de la Biblia se comprenden mejor cuando nos apropiamos del pensamiento del autor en su orden y coherencia. La división de la Biblia en versículos, con la cual estamos tan familiarizados se hizo en épocas bastante recientes (la decimosexta centuria para el Nuevo Testamento y la decimoséptima para el Antiguo). Esta división fue hecha con apresuramiento y en algunas ocasiones perdieron de vista el pensamiento central de los escritores inspirados. Lo mismo puede decirse de la división en capítulos. La mayoría de las traducciones modernas ordenan las palabras de los escritores sagrados según una más familiar división por párrafos.

Los escritores del *Comentario Beacon* han realizado su tarea bajo este procedimiento. Siempre han tratado de responder a la pregunta: ¿qué es lo que el escritor inspirado dice en este pasaje? Para facilitar la identificación de cada versículo se ha mantenido su numeración, pero se ha dado su significado en formas más extensas y completas de pensamiento.

Introducción a los Libros de la Biblia

La Biblia es un libro abierto para quien la lee cuidadosamente. Pero se aclara con mayor amplitud cuando comprendemos su origen. ¿Quién escribió este libro? ¿Dónde fue escrito? ¿En qué época vivió el escritor? ¿Bajo qué circunstancias escribió? Las respuestas a estos interrogantes siempre arrojan luz sobre las palabras de la Escritura.

En la introducción a cada uno de los libros hallamos contestación a estas preguntas. También hallamos un bosquejo. La introducción está presentada para darnos un vistazo del libro completo; para proveernos de un confiable mapa de caminos antes de comenzar el viaje, y para proporcionarnos un punto de referencia cuando estamos inseguros de la senda que debemos tomar. No pasemos por alto el hombre que agita la bandera de peligro, que nos está diciendo "Vea la introducción". Al final del comentario de cada libro se hallará una bibliografía para estudios más extensivos.

Mapas y Diagramas

En la Biblia se describen pueblos que vivieron en países extraños y desconocidos para la mayor parte de la gente de habla hispana. A menudo, el mejor entendimiento de las Escrituras depende de un conocimiento mejor de la geografía bíblica. Cuando el hombrecillo mencionado agite la bandera que dice "Vea el mapa", usted debe detenerse para examinarlo, con el fin de tener un entendimiento más claro de la ubicación, las distancias y los sucesos vinculados con los hombres de quienes trata la historia.

El conocimiento de la geografía bíblica le ayudará a ser mejor predicador y maestro de las Escrituras. Aun en la presentación más formal del sermón, sirve de ayuda saber que la "huída a Egipto" fue un viaje a pie de unos 300 kilómetros hacia el sur. En grupos más pequeños y menos formales, tales como las clases de la Escuela Dominical y la reunión de oración y estudio bíblico, es de mucha utilidad un gran mapa donde al mismo tiempo que la gente oye, puede ir viendo la ubicación de los lugares mencionados. Cuando usted haya visto la situación geográfica en los mapas de su comentario, estará mejor preparado para compartir la información con los componentes de su clase bíblica.

Diagramas y tablas con la nómina de hechos bíblicos, aclaran a menudo las distintas relaciones históricas, en la misma manera que el mapa ayuda al entendimiento geográfico. Cuando uno ve en orden la lista de los reyes de Judá o las apariciones de Jesús después de su resurrección, comprende con mayor claridad un punto particular dentro de la historia. Estos diagramas constituyen parte de las valiosas ayudas presentadas en esta serie de comentarios.

El *Comentario Bíblico Beacon* ha sido escrito teniendo en cuenta tanto al recién llegado al estudio bíblico, como al que ya está por mucho tiempo familiarizado con la Palabra de Dios. Los escritores y editores han examinado cada capítulo, cada versículo, todas las cláusulas, frases y palabras de la Versión del Rey Santiago*. Hemos planteado la pregunta ¿qué significan estas palabras? Si la respuesta no resultaba evidente por sí misma, nos hemos responsabilizado de dar la mejor explicación a nuestro alcance. El lector podrá juzgar hasta dónde hemos tenido éxito; pero, les invitamos a examinar la interpretación de todas las palabras o pasajes que puedan dejarlo perplejo al leer la Palabra escrita de Dios.

EXÉGESIS Y EXPOSICIÓN

Los comentadores bíblicos emplean a menudo estas palabras para describir dos maneras de aclarar el sentido de un pasaje de las escrituras. *Exégesis* es el estudio de las palabras del original griego o hebreo, para aclarar el sentido que esos términos tenían cuando eran

---

*En la traducción al español hacemos lo propio con la Versión Reina-Valera, Revisión de 1960.

empleados por los hombres y mujeres de los tiempos bíblicos. Conocer el significado de las palabras por separado, tanto como su relación gramatical con otras, es una de las maneras de comprender con mayor claridad lo que quisieron decir los escritores inspirados. En este comentario, va a encontrar a menudo esta clase de aclaraciones. Pero, el mero estudio de las palabras no siempre proporciona su verdadero sentido.

La *exposición* consiste en un esfuerzo del comentador para indicar el significado de un pasaje que puede estar afectado por uno o varios hechos conocidos por el escritor, pero que quizá no son familiares para el lector. Los mencionados hechos podrían ser: (1) el contexto (es decir, los versículos o capítulos que rodean al que se estudia), (2) el fondo histórico, (3) las enseñanzas relacionadas de otras partes de la Biblia, (4) el significado de estos mensajes de Dios en su vinculación con hechos universales de la vida humana, (5) la pertinencia de esas verdades a situaciones humanas temporalmente únicas. El comentador procura explicar el completo sentido de un pasaje bíblico a la luz de su mejor entendimiento de Dios, del hombre y del mundo en el cual vivimos.

Algunos comentarios separan la exégesis de esta base más amplia de dilucidación. En el *Comentario Bíblico Beacon* los escritores han combinado ambas. El estudio correcto de las palabras es necesario para la exacta comprensión de la Biblia. La mayor parte de las versiones modernas han hecho un estudio tan cuidadoso de estos términos, que sólo es necesario realizar el estudio teológico. En cada punto tratado, los escritores y editores han procurado dar una exégesis verdadera y fiel, pero, también han introducido discusiones exegéticas para arrojar luz sobre el significado de los pasajes, más que para entrar en discusiones eruditas.

La Biblia es un libro práctico. Creemos que Dios inspiró a santos hombres de la antigüedad para declarar estas verdades a fin de que sus lectores pudieran comprender más y cumplir mejor con su voluntad. Hemos emprendido el *Comentario Bíblico Beacon,* con el único propósito de ayudar a los hombres a encontrar, con mayor eficacia, la voluntad de Dios para ellos según lo que está revelado en las Sagradas Escrituras.

Ayuda para la Predicación y Enseñanza Bíblica

Ya hemos dicho que la Biblia es un libro para ser compartido. Los predicadores y maestros cristianos desde la primera centuria han procurado transmitir su mensaje leyendo y explicando pasajes seleccionados de las Escrituras. El *Comentario Bíblico Beacon* apoya esta clase de predicación y enseñanza expositivas. La serie completa contiene más de mil bosquejos explicativos breves que han sido usados por sobresalientes predicadores y maestros de la Biblia. Tanto los escritores como los editores han cooperado en la contribución o selección de estas sugestiones homiléticas. Es de esperar que todo esto ayude a sugerir modos en que el lector querrá explicar la Palabra de Dios a su clase o congregación. Algunos de estos bosquejos para sermones han sido proporcionados por predicadores contemporáneos. Al presentar estos bosquejos se dan autores y referencias para que el lector pueda ir a su fuente de origen para mayor información.

En la Biblia encontramos la verdad del orden más sublime. Aquí tenemos dada por inspiración divina, la voluntad de Dios para nuestra vida. En ella tenemos dirección segura en todo lo que nos es necesario para nuestra relación con Dios; y bajo sus órdenes, también con nuestro prójimo. Como estas verdades eternas nos llegan en lenguaje humano y mediante mentes humanas, necesitan ser expresadas en palabras actuales, porque los idiomas cambian y los moldes del pensamiento son modificados. En el *Comentario Bíblico Beacon* hemos procurado ayudar a que la Biblia resulte una Lámpara más eficaz en el sendero de los hombres que van recorriendo la vigésima centuria.

—A. F. HARPER

Tabla de Abreviaturas

Los Libros de la Biblia

Gn.	Est.	Nah.	Col.
Ex.	Job	Hab.	1 Ts.
Lv.	Sal.	Sof.	2 Ts.
Nm.	Pr.	Hag.	1 Ti.
Dt.	Ec.	Zac.	2 Ti.
Jos.	Cnt.	Mal.	Tit.
Jue.	Is.	Mt.	Flm.
Rt.	Jer.	Mr.	He.
1 S.	Lm.	Lc.	Stg.
2 S.	Ez.	Jn.	1 P.
1 R.	Dn.	Hch.	2 P.
2 R.	Os.	Ro.	1 Jn.
1 Cr.	Jl.	1 Co.	2 Jn.
2 Cr.	Am.	2 Co.	3 Jn. ·
Esd.	Abd.	Gá.	Jud.
Neh.	Jon.	Ef.	Ap.
	Mi.	Fil.	

Amp. O.T.	*Amplified Old Testament*
Amp. Bible	*Amplified Bible*
ASV	*American Standard Revised Version*
BB	*The Basic Bible containing the Old and New Testaments in Basic English*
BJ.	*Biblia de Jerusalén*
Berk.	*The Berkeley Version*
CWB	*Commentary on the Whole Bible*
ERV	*English Revised Version*
LXX	*Septuaginta*
NBC	*The New Bible Commentary*
NBD	*New Bible Dictionary*
NC.	*Nácar-Colunga*
PC	*Pulpit Commentary*
RSV	*Revised Standard Version*
R-V	*Reina-Valera*
BBC	*Beacon Bible Commentary* (Comentario Bíblico Beacon)
IB	*Interpreter's Bible*

ICC	*The International Critical Commentary*		
IDB	*The Interpreter's Dictionary of the Bible*		
NBD	*The New Bible Dictionary*		
TDNT	*Theological Dictionary of the New Testament*		
VM.	*Versión Moderna*		
VP.	*Versión Popular*		

c.	Capítulo	mm.	Milímetro(s)
cc.	Capítulos	kgm.	Kilogramo(s)
cf.	Confróntese	km.	Kilómetro(s)
v.	Versículo	ed.	Editor
vv.	Versículos	p. ej.	Por ejemplo
s.	Siguiente	A.T.	Antiguo Testamento
sf.	Sin fecha	N.T.	Nuevo Testamento
ss.	Siguientes	A.C.	Antes de Cristo
p.	Página	D.C.	Después de Cristo
pp.	Páginas	Heb.	Hebreo
m.	Metro(s)	Gr.	Griego
cm.	Centímetro(s)		

Indice

El Evangelio Según
SAN MATEO

Ralph Earle

Introducción

A. Importancia

A menudo ha sido citado el gran crítico francés Renán, por su famosa declaración de que el Evangelio según Mateo es "el libro más importante que haya sido escrito". Es dudoso que semejante aseveración pueda ser seriamente disputada. Fue el principal Evangelio durante la época de la iglesia primitiva y en la actualidad todavía ocupa un lugar preponderante. Zahn dice: "En grandeza de concepción y en el dominio con el cual una gran masa de material ha sido subordinada a grandes ideas, al tratar con un tema histórico, ningún otro escrito de ambos Testamentos, puede compararse con el Evangelio de San Mateo."[1] Está al umbral del Nuevo Testamento, conectándolo con el Antiguo.

B. Paternidad Literaria

Los cuatro evangelios son anónimos; ninguno lleva el nombre de su autor. Sin embargo, la tradición de la iglesia primitiva los atribuye respectivamente a Mateo, Marcos, Lucas y Juan.

Papías, que escribió allá por el 140 D.C., da el testimonio más antiguo sobre el asunto de los autores. Dijo que Mateo escribió los discursos o relatos *(logia)* "en el dialecto hebreo" (arameo) y que "cada uno lo tradujo según su posibilidad".[2]

El prólogo anti-marcionita al Evangelio de Mateo se ha perdido. Pero el correspondiente a Lucas, dice que el que nos ocupa fue escrito por Mateo en Judea.[3] Ireneo (*ca.* 185 D.C.) dice: "En realidad, Mateo produjo su evangelio entre los hebreos y en su propio dialecto, mientras que Pedro y Pablo proclamaban la Palabra y fundaban la iglesia en Roma."[4] Orígenes (*ca.* 220 D.C.) escribe acerca de lo mismo: "El primero es según Mateo, el que anteriormente había sido publicano, pero luego, seguidor de Cristo. Al publicarlo para los judíos, lo escribió en hebreo."[5] La naturaleza de su contenido apoya bien la realidad de que este evangelio fue escrito para ese pueblo. El comentario de Eusebio es como sigue: "Mateo, habiendo proclamado primeramente el evangelio en hebreo, cuando tuvo que pasar a otras naciones, se dio a la tarea de escribirlo en su lengua materna, supliendo así la falta de su presencia por medio de sus escritos."[6]

El testimonio más antiguo, entonces, cita una colección aramea de "relatos". ¿Es nuestro actual Evangelio de San Mateo una traducción de ésa? Wikenhauser escribe: "Puede asegurarse que un original arameo del Evangelio de San Mateo puede ser sostenido si se considera la versión griega de este evangelio, no como una traducción literal del arameo sino como una completa revisión realizada por el uso frecuente del Evangelio de San Marcos."[7]

Tasker, profesor emérito de exégesis del Nuevo Testamento en la Universidad de Londres, interpreta la tradición primitiva de la manera siguiente: "Es concebible que Mateo, que muy probablemente era bilingüe, haya traducido él mismo su obra original, o la haya publicado después en una versión griega amplificada."[8] Agrega también: "De todos los apóstoles, cuyas ocupaciones previas nos son conocidas, Mateo nos parece ser el más calificado para emprender la clase de narrativas que hallamos incrustadas en 'el primero' de los evangelios."[9]

Mateo es mencionado con ese nombre en las cuatro listas de los 12 apóstoles (Mt. 10:3; Mr. 3:18; Lc. 6:15; Hch. 1:13); pero, sólo en el primero de los mencionados se le identifica como "el publicano" (es decir, "el cobrador de impuestos"). El otro y único lugar en el Nuevo Testamento donde hallamos el nombre de Mateo está relacionado con su llamamiento a seguir a Jesús, según Mateo 9:9. En los otros dos pasajes donde se relata el mismo evento se le designa con el nombre de "Leví" (Mr. 2:14; Lc. 5:27, 29). Parece que este apóstol, como algunos otros hombres del Nuevo Testamento, era conocido con dos nombres distintos (cf. Juan Marcos; Saulo, Pablo). Es irrazonable negarnos a identificar a Mateo con Leví, como hacen algunos eruditos contemporáneos.

Los argumentos contemporáneos contra la paternidad literaria de Mateo del primer evangelio no son convincentes. Recientemente, uno de los más importantes eruditos del Nuevo Testamento en América ha escrito una vigorosa exposición y defensa del tradicional punto de vista que considera a Mateo el apóstol como el autor de este evangelio.[10] Por supuesto debe sobreentenderse, que puesto que los cuatro evangelios son anónimos, nadie está obligado a atarse a ninguna de las teorías sobre su origen. Pero la tradición de la iglesia primitiva no debería ser livianamente descartada. Tiene que haber existido alguna base histórica para la designación universal de los nombres de Mateo, Marcos, Lucas y Juan como escritores de estos cuatro libros. De modo que asumiremos la posición de que Mateo el apóstol escribió el evangelio que lleva su nombre.

C. Fecha

Es incierta, como en la mayor parte de los libros del Nuevo Testamento. Los escritores más antiguos ubican a Mateo alrededor del año 60 D.C. La mayor parte de los eruditos modernos dan preferencia al 80 u 85. Streeter está a favor de la última fecha.[11] El asunto no es de vital importancia, aunque somos partidarios de la fecha más temprana.

D. Dónde Fue Escrito

Nuevamente nos encontramos con dos puntos de vista principales. El tradicional cree que Mateo fue escrito en Palestina (cf. "Judea", arriba mencionado). Streeter dice que el lugar fue Antioquía de Siria,[12] opinión compartida por la mayoría de los eruditos actuales. Quizá la colección aramea de relatos haya sido escrita en Palestina y el evangelio griego en Antioquía.

E. Propósito

Es evidente que Mateo escribió su evangelio para los judíos con el fin de presentarles a Jesús como el Mesías. Cuando ese evangelio salió a la luz, la nación ya lo había rechazado y, en breve tiempo, —si es que Mateo fue escrito en el año 60—sufrió el terrible castigo por ello, con la destrucción de Jerusalén (año 70 D.C.). Hayes dice: "El primer evangelio fue como una especie de ultimátum oficial. Resultó ser el último llamado de Jehová a su pueblo."[13]

F. Fuentes

El consenso general de la erudición actual sostiene que Mateo (tanto como Lucas) emplearon a Marcos como la fuente principal de su bosquejo, y una colección de "Relatos" (Q, o la Logia) para las enseñanzas de Jesús. Mateo a menudo resume narrativas de Marcos y generalmente es menos vívido en sus descripciones. Más del 90 por ciento del material de Marcos se halla también en Mateo. Pero el primero no parece ser un epítome del segundo como sostenía Agustín, porque su estilo y presentación son más frescos y vigorosos.

Streeter ha postulado otra fuente, a la que denomina M, para referirse al material que solamente se encuentra en Mateo.[14] Pero Tasker tiene una buena respuesta para esto. Dice: "La diferencia entre Mateo y Marcos puede ser igualmente explicada sobre la base de la suposición que el primero ha conservado detalles transmitidos por el apóstol de ese nombre y que el Evangelio de Marcos a menudo extrae de reminiscencias de Pedro."[15] Daremos un paso más adelante que Tasker al afirmar que los detalles fueron *escritos* por Mateo en la composición de su evangelio.

G. Carácter Distintivo

El Evangelio de Mateo es el más *judío* de los evangelios. Su genealogía hebrea de Jesús retrocede solamente hasta Abraham y está colocada al principio del manuscrito. Esto era porque el primer asunto para un judío tenía que ver con su linaje. Lucas presenta la genealogía hasta el tercer capítulo y en ella se remonta hasta Adán. En el primer versículo de Mateo, Jesús es presentado como "hijo de David, hijo de Abraham". Mateo no explica las costumbres y terminología judaicas como lo hacen Marcos y Lucas, porque sus lectores ya las conocen. El se refiere más a la ley de Moisés que los otros (cf. c. 5). Lo mismo sucede en la presentación de los cumplimientos de las profecías del Antiguo Testamento. En Mateo encontramos 13 veces la frase: "Para que se cumpliese lo que fue dicho", la cual no ocurre nunca en Marcos ni en Lucas (seis en Juan). Mateo pone más énfasis en "la justicia"* que todos los otros evangelios juntos. Esa era la idea central de la religión judía. La palabra "reino" ocurre más a menudo en este evangelio (56 veces) que en cualquiera de los otros, y la frase "el reino de los cielos" solamente es usada por Mateo (33 veces) en todo el Nuevo Testamento.

Jesús es presentado a los judíos, no sólo como su Mesías sino también como su Rey. En la introducción de su genealogía está su linaje real, que le concede a Jesús el derecho al trono de David. Solamente en Mateo hallamos a los magos preguntando por "el rey de los judíos". En ningún otro de los evangelios se hace hincapié sobre Jesús como rey.

La otra característica sobresaliente de este evangelio (además de su forma hebraica) es *su arreglo sistemático*. Es muy probable que Mateo hubiera recibido alguna enseñanza comercial y tenía que llevar

---

Righteousness, que también puede ser traducido rectitud.

libros como cobrador de impuestos. Presenta su material en orden metódico. Tiene siete (número de la perfección) parábolas del reino en el capítulo 13. En los capítulos 8 y 9, Mateo agrupa 10 milagros de Jesús. En su evangelio, tres y siete son números prominentes, y aquí él los suma.

El ejemplo más conspicuo de esta característica es la disposición que Mateo hace las enseñanzas de Jesús en cinco grandes discursos. Son: (1) El Sermón del Monte, capítulos 5-7; (2) Instrucciones a los Doce, capítulo 10; (3) Siete Parábolas del Reino, capítulo 13; (4) La Comunidad Cristiana, capítulo 18; (5) Sermón en el Monte de los Olivos, capítulos 24—25. Cada uno de ellos termina con la fórmula: "Cuando hubo acabado, descendió."

La principal impresión que uno recibe al leer este evangelio es que un escritor judío está presentando a Jesús como su Mesías. D. A. Hayes dice que el Evangelio según San Mateo es "casi un manual de profecía mesiánica".[16]

NOTAS BIBLIOGRÁFICAS

[1]Theodor Zahn, *Introduction to the New Testament* (Grand Rapids: Kregel Publication, 1953, [reimpreso]), II. 556.

[2]Eusebius, *Ecclesiastical History,* traducido por C. F. Cruse (Grand Rapids: Baker Book House, 1955, [reimpreso]), III. 39, p. 127.

[3]Alfred Wikenhauser, *New Testament Introduction,* traducido por Joseph Cunningham (Nueva York: Herder and Herder, 1958), p. 181.

[4]Eusebius, *op. cit.,* V. 8, p. 187.

[5]*Ibid.,* VI. 25, p. 245.

[6]*Ibid.,* III. 24, p. 108.

[7]*Op. cit.,* p. 195.

[8]R. V. G. Tasker, *The Gospel According to St. Matthew* ("Tyndale New Testament Commentaries"; Grand Rapids: Wm. B. Eerdmans Publishing Co., 1961), p. 15.

[9]*Ibid.,* p. 14.

[10]Edgar J. Goodspeed, *Matthew, Apostle and Evangelist* (Filadelfia: John C. Winston Co., 1959), pp. 77-98. El título del libro (Mateo, apóstol y evangelista) indica su tesis.

[11]B. H. Streeter, *The Four Gospels* (edición revisada; Londres: Macmillan and Co., 1930), pp. 523-24.

[12]*Ibid.,* pp. 500-507.

[13]D. A. Hayes, *The Synoptic Gospels and the Book of Acts* (Nueva York: Methodist Book Concern, 1919), p. 90.

[14]*Op. cit.,* p. 150. Véase también G. D. Kilpatrick, *The Origins of the Gospel According to St. Matthew* (Oxford: Clarendon Press, 1946), p. 9.

[15]*Op. cit.,* p. 14.

[16]*Op. cit.,* p. 44.

Bosquejo

I.   La Preparación del Mesías, 1:1—4:25
     A. Genealogía de Jesús, 1:1-17
     B. Nacimiento de Jesús, 1:18-25
     C. Infancia de Jesús, 2:1-23
     D. Ministerio de Juan el Bautista, 3:1-12
     E. Bautismo de Jesús, 3:13-17
     F. La Tentación de Jesús, 4:1-11
     G. Los Comienzos en Galilea, 4:12-25

II. Primer Discurso: Sermón del Monte, 5:1—7:29
     A. El Marco del Sermón, 5:1-2
     B. Naturaleza de los Discípulos, 5:3-16
     C. La Justicia de los Discípulos, 5:17-48
     D. La Religión de los Discípulos, 6:1-34
     E. La Vida de los Discípulos, 7:1-29

III. Se Reanuda la Narración: Un Ministerio de Milagros, 8:1—9:34
     A. Tres Milagros de Sanidad, 8:1-17
     B. El Costo del Discipulado, 8:18-22
     C. Otros Tres Milagros, 8:23—9:8
     D. Misericordia, no Sacrificio, 9:9-17
     E. El Tercer Grupo de Milagros, 9:18-34

IV. Segundo Discurso: Instrucciones a los Doce, 9:35—10:42
     A. Necesidad de Obreros, 9:35-38
     B. La Misión de los Doce, 10:1-42

V.   Se Reanuda la Narración: Rechazo del Mesías, 11:1—12:50
     A. Jesús y Juan el Bautista, 11:1-19
     B. Jesús y las Ciudades, 11:20-24
     C. Jesús y los Sencillos, 11:25-30
     D. Jesús y los Fariseos, 12:1-45
     E. Jesús y su Familia, 12:46-50

VI. Tercer Discurso: Parábolas del Reino, 13:1-52
     A. El Escenario, 13:1-2
     B. Las Siete Parábolas, 13:3-50
     C. Párrafo Final, 13:51-52

Sección I La Preparación del Mesías

Mateo 1:1—4:25

A. GENEALOGÍA DE JESÚS, 1:1-17

1. *Quién era Jesús* (1:1)

Como notamos en la Introducción, Mateo escribió su evangelio especialmente para los judíos. Por lo tanto, es muy natural que comenzara con una genealogía. Particularmente después de la cautividad de Babilonia, los judíos le dieron mucho énfasis a los respectivos registros genealógicos. Esto resalta en las extensas listas de generaciones que hallamos en los primeros nueve capítulos de 1 Crónicas. El Libro de Nehemías relata cómo algunos levitas fueron expulsados del ministerio porque no pudieron aclarar el origen de su estirpe (Neh. 7:63-65). Es evidente que Jesús no sería aceptado como Mesías de los judíos a menos que se pudiera probar por su registro genealógico que era hijo de David, porque los judíos creían que su Mesías debía provenir de la línea real del más grande de los monarcas de Israel, y que nacería en la ciudad natal de David, es decir, Belén (véase 2:4-6).

Primeramente, Jesús es identificado como **Cristo.** Esta palabra es la versión griega del término *christos,* cuyo equivalente en hebreo es *mashiah* (Mesías). Ambos significan el "ungido". **Jesús** es la traducción griega del hebreo *yehoshua* (Josué) en su última forma *yeshua.* El nombre significa "Jehová salvará". De esta manera la Persona suprema de este evangelio es identificada como el Mesías-Salvador. Pero en la época en que se escribió el Evangelio según San Mateo, **Jesucristo** había llegado a emplearse como nombre propio.

El tema de este libro queda identificado en segundo término como el **hijo de David.** Es decir, que El era legalmente heredero al trono de ese rey. Ese era también un título mesiánico. Vincent Taylor escribe al respecto: "Exactamente como el nombre 'Cristo', el hijo de David es un título mesiánico; con el que se describe al Mesías como figura humana, libertador nacional, bajo cuya dirección se esperaba que fueran cumplidas las antiguas promesas de Dios a favor de Israel."[1]

En tercer lugar, Jesús es reconocido como el **hijo de Abraham.** Se hace para aseverar que se trataba de un auténtico judío. Esto era de suprema importancia porque los judíos no aceptarían a ningún gentil como líder religioso.

Genesis es el término griego traducido por **genealogía.** Significa "origen, linaje".[2] Arndt y Gingrich dicen al respecto: "La expresión **Libro de la genealogía** (Mt. 1:1) *biblos geneseos,* que encabeza Mateo 1:1, proviene del Antiguo Testamento: Génesis 2:4; 5:1; en el primero de estos dos pasajes equivale a *historia del origen* que sería un título adecuado para Mateo 1; mientras que en el último tiene el sentido de *genealogía* que describe los contenidos de Mateo 1:1-17."[3] Zahn piensa que el primer versículo fue dedicado como título de la totalidad del libro. Dice acerca del autor del Evangelio según Mateo: "Intituló su obra: 'Libro de la Historia de Jesús.'"[4] Otros eruditos consideran el primer texto sólo como el encabezamiento de la genealogía (1:2-17).

2. *Desde Abraham a David* (1:2-6a)

La mayoría de las versiones recientes (RSV, NEB; en inglés, N. del t.) y en las traducciones particulares (por ejemplo Weymouth, Moffatt, Goodspeed, Verkuyl, Williams, también en inglés), dicen: "Abraham fue el padre de Isaac" (que sería un lenguaje más actual) y así sucesivamente durante todo el catálogo genealógico. Pero el griego dice bien clara y simplemente: **Abraham engendró a Isaac** (2). Es así en las versiones españolas de Valera y Moderna de Pratt. (N. del t.).

En el primer párrafo de la genealogía encontramos los nombres de tres mujeres y una cuarta es mencionada en el verso 6b. Lo menos que se puede decir es que esto es un extraño fenómeno. Y sorprende doblemente el carácter de estas cuatro mujeres. Dos eran gentiles: **Rahab** y **Rut** (5); mientras que las otras dos, que eran israelitas, tenían mala reputación. **Tamar** (3) era culpable de incesto (Gn. 38:13-18) y la **mujer de Urías** (6), de adulterio (2 S. 11:2-5).

La presencia de tales personas en la genealogía de Jesús arroja luz sobre su misión como Salvador y proporciona una estupenda manifestación de la gracia de Dios. No solamente a los judíos exteriormente justos, sino también a los extranjeros y pecadores habría de ofrecérseles entrada al reino de Dios. Esto es lo que hace que el evangelio sea buenas nuevas para toda la humanidad.

Además, Jesús tendría que ser verdaderamente humano como también divino si iba a ser el Salvador del hombre. La Encarnación implicaba que El debía constituirse en parte de la raza humana, lo que inevitablemente involucraba tener predecesores pecaminosos.

31

3. *Desde David hasta la cautividad* (1:6b-11)

Este es el período del reino. Siguiendo a Salomón se dan los nombres de los reyes de Judá, porque fue la dinastía de David la que gobernó el reino del Sur. Al comparar la lista de los libros de Reyes del Antiguo Testamento, extraña que en la genealogía de este evangelio se omita a cuatro de ellos. Después de **Joram** (8) faltan Ocozías, Joás; y Amasías y Joacim después de **Josías** (11). La única razón que aparentemente puede darse al respecto es que Mateo deseaba preservar su plan sistemático de la genealogía en tres grupos de 14 cada uno.

4. *Desde la cautividad hasta Cristo* (1:12-16)

Este es mayormente el período ubicado entre el Antiguo y el Nuevo Testamento. Como consecuencia, los nombres no nos son familiares.

Las palabras exactas del versículo 16 son sumamente significativas. El escritor cambia y pasa de la voz activa **engendró** a la pasiva *fue nacido* (16; esto se traduce así en la versión inglesa, pero no en las españolas de Cipriano de Valera y Moderna de Pratt; sin embargo, nótese *fue madre* en la Versión Popular, "Dios llega al hombre"). De este modo protege el hecho del nacimiento virginal que pronto comenzará a describir. José fue padre adoptivo de Jesús, pero no su progenitor. No obstante, María fue realmente su madre.

Sobre el significado de la palabra **engendró** en este capítulo, M'Neile expresa lo siguiente: "La naturaleza de la genealogía demuestra que *egenesen* a través de toda ella significa descendiente legal y no necesariamente físico." Pero la forma pasiva *egennethe, fue nacido* "denota nacimiento físico".[5]

5. *Resumen de la genealogía* (1:17)

¿Por qué usa Mateo la triple enumeración de **catorce** (17)? Tasker escribe: "Ha sido sugerido como muy probable que la importancia que Mateo halló en el número *catorce* es que el valor numérico de las consonantes hebreas que constituyen la palabra *David* suman esa cantidad."[6]

Debe notarse que los tres períodos indicados aquí resaltan vigorosamente. El primero comprende el de los patriarcas y los jueces, el segundo el de los reyes, el tercero es el de la dominación gentil, (exceptuando el breve lapso de la independencia macabea).

Hasta Cristo significa literalmente "hasta el Cristo". Morison hace esta acertada observación: "Y de este modo el Evangelista pasa del empleo de la palabra *Cristo* como mero nombre propio para usarlo como apelativo, *hasta el Mesías* es decir el preeminentemente Ungido, el más alto de todos los reyes, el más sacerdotal de todos los sacerdotes, tanto como el más inspirador e inspirado de todos los profetas o portavoces de Dios."[7]

B. Nacimiento de Jesús, 1:18-25

Las llamadas "Narrativas de la Infancia" se encuentran en Mateo 1:18—2:23 y Lucas 1:5—2:52. Ambos relatos son casi completamente distintos. Pero no se contradicen. Plummer comenta: "Las dos historias concuerdan no sólo en el hecho principal del nacimiento virginal, sino también en lo que respecta a su método,—sucedió por la agencia del Espíritu Santo." El erudito hace a continuación una lista de los cuatro puntos en los cuales Mateo y Lucas están de acuerdo, que "son las más amplias señales de la realidad histórica"; (1) Cuando José y María conocieron la voluntad divina estaban desposados; (2) Cristo tenía que ser llamado "Jesús"; (3) Nació en Belén; (4) se crió en Nazaret.[8]

La historia del nacimiento de Jesús está relatada en forma bella y delicada. Estaba María **desposada** con José (18). Quizá "con promesa de matrimonio" (RSV) o "comprometida" (Berkeley) sería un lenguaje más actual. El verbo griego empleado sólo lo hallamos aquí y en Lucas 1:27; 2:5. Cualquiera de las formas, significa "prometer en matrimonio, dar palabra de casamiento, contraer esponsales".[9] Arndt y Gingrich dicen que el verbo mencionado, en la voz pasiva significa "estar desposado, comprometido".[10] Pero debe recordarse que entre los judíos el rompimiento de un compromiso requería un divorcio formal. Edersheim dice que las relaciones entre jóvenes comprometidos eran tan sagradas que "cualquier violación era tratada como caso de adulterio; ningún lazo podía quedar disuelto sino, como después del casamiento, por medio del divorcio legal".[11]

Antes que se hubieran casado o que hubieran tenido alguna relación matrimonial, **se halló que** María **había concebido del Espíritu Santo**. De este modo, Mateo confirma plenamente el relato más detallado de Lucas (Lc. 1:35). Esto colocaba a José en una posición difícil. Como era **justo,** no sentía que debía seguir adelante con sus planes matrimoniales. Pero, como era hombre misericordioso y amaba profundamente a María, **no quería infamarla** (19); es decir, exponerla a la vergüenza. Así que decidió dejarla **secretamente**. Todo lo que se requería era la presencia de dos testigos; no era necesario un juicio de tribunal.

Parece extraño que José sea llamado **su marido**. Pero M'Neile lo explica así: "Por lo tanto, después del compromiso, pero antes del casamiento, el hombre era legalmente 'marido' (cf. Gn. 29:21; Dt. 22: 23 s.); de aquí que fuera imposible una cancelación informal del compromiso: el hombre debía dar a la mujer un escrito y pagarle una multa."[12]

Mientras José meditaba sobre su problema, **un ángel... le apareció en sueños**. El mensajero celestial se le dirigió llamándole: **José, hijo de David** (20). Este título es el que le daba a Jesús el derecho legal al trono de David. Se le aseguró a José que no tenía razón de no recibir a María como esposa, porque su concepción provenía del **Espíritu Santo**. De esta misma manera el anuncio le fue hecho a José tanto como a María. Ella lo necesitaba para salvarla de la terrible perplejidad sobre su condición venidera. El lo precisaba para librarlo de creer que ella le hubiera sido infiel.

Se informó a José que el Hijo que habría de nacer llevaría por nombre JESÚS ("Jehová es salvación"), **porque él salvará a su pueblo de sus pecados** (21). La salvación era primero para los judíos **(su pueblo)** y luego para todo el mundo (cf. Lc. 2:32). La misión de nuestro Señor no era primordialmente social, política o física, sino moral y espiritual. Vino "para quitar de en medio el pecado" (He. 9:26). Vino para salvarnos *del* pecado, no *en* el pecado.

Su nombre tiene un encanto y dulzura especiales para aquellos que han sido salvos por su gracia. Bien dice Vincent Taylor: "Para los oídos cristianos ningún nombre es tan precioso como el de Jesús."[13]

Una de las características sobresalientes del Evangelio de Mateo, escrito para los judíos, es la cita frecuente del Antiguo Testamento. La inspiración y autoridad divinas de las Escrituras se destacan por la forma de la introducción: **para que se cumpliese lo dicho por el Señor por medio del profeta** (22). Entonces sigue una cita de Isaías 7:14. El nombre hebreo **Emanuel** es interpretado como **Dios con nosotros** (23).

José obedeció el mandato del ángel. Llevó a María a su hogar como su esposa. Pero no tuvo relaciones maritales con ella sino hasta después del nacimiento del Niño prometido. El significado del lenguaje en este lugar ha sido indicado atinadamente por Plummer. Este exégeta asevera que el empleo del tiempo imperfecto va "contra la tradición de la perpetua virginidad de María"; añade que si bien "el empleo del aoristo hubiera implicado que ella habría vuelto a ser madre por su esposo", empero "el imperfecto, siendo iterativo, lo indica con mayor energía".[14] Es un razonable punto de vista sobre el asunto.

G. Campbell Morgan encuentra en este párrafo dos declaraciones proféticas: (1) la esperanza—**Llamarás su nombre Emanuel, que traducido es: Dios con nosotros,** y (2) la realización—**Llamarás su nombre JESÚS, porque él salvará a su pueblo de sus pecados.**

C. INFANCIA DE JESÚS, 2:1-23

1. *Visita de los magos* (2:1-12)

Jesús nació en Belén de Judea (1). Esta era la ciudad natal de David, situada a unos nueve kilómetros de Jerusalén, sobre el camino a Hebrón. El nombre significa "casa de pan"—designación muy apropiada para la villa donde debía aparecer entre los hombres el Pan de Vida (Jn. 6:35). Se nos dice que pertenecía a **Judea,** porque hay una ciudad del mismo nombre en el territorio de Zabulón (Jos. 19:15), cerca de Nazaret. También esta designación de **Judea** acentuaba que Jesús era del linaje real de David; debía pertenecer a la tribu de Judá.

Cristo nació **en días del rey Herodes.** Se trataba del monarca conocido en la historia con el nombre de Herodes el Grande, el cual era idumeo (de Edom), hijo de Antipáter—designado por Julio César en el año 47 A.C., como procurador de Judea. Los idumeos, que durante la cautividad babilónica habían tomado la parte meridional del territorio de Judá, fueron forzados a circuncidarse por Juan Hircano en el año 125 A.C. De modo que nominalmente eran judíos. Pero la religión de Herodes, en el mejor de los casos, era "tan profunda como su epidermis". Se trataba de un hombre cruel, casi sin conciencia.

Algunas veces se ubica el reinado de Herodes el Grande al principio del año 40 A.C. y otras el 37 A.C. Esto se debe al hecho de que, aunque el senado de Roma había concedido a Herodes el título de "rey de los judíos" en el año 40 A.C., él no ocupó el trono sino hasta el año 37 A.C., después de dos años de intensas luchas.

La declaración dada aquí de que Jesús nació en días del rey Herodes, aunada al hecho de la muerte de Herodes el Grande en el año 4 A.C., indica que nuestro calendario tiene un error por lo menos de cuatro años. Quiere decir que Jesús nació probablemente en el año 5 A.C.[15] y murió por el 30 D.C. (algunos dicen el 29).

Vinieron del oriente a Jerusalén unos magos. El término griego *magoi* (magos), "originalmente se refería a la casta sacerdotal de los persas y babilonios (cf. Dn. 2:2, 48; 4:6-7; 5:7)".[16] En Hechos 13:6 se emplea con el sentido de "hechicero". Pero aquí "Mateo usa el vocablo en su mejor acepción para designar hombres honorables de religión oriental".[17] No es seguro de qué país provenían. Atkinson dice: "Probablemente venían de Mesopotamia."[18] Esta conjetura es tan buena como cualquiera otra. Beare afirma categóricamente que eran "astrólogos caldeos".[19]

El asunto de los **magos** (2) nos muestra que ellos tenían algún indicio preciso de que un gran **rey de los judíos** (2) había nacido. Lógicamente, ellos esperaban encontrarle en la ciudad capital. Nadie ha podido comprobar si la estrella era un fenómeno natural o sobrenatural; lo que sí sabemos es que concedió la dirección divina a esos extranjeros. Quizá debamos notar que **en el oriente** probablemente signifique "en naciente". De cualquier modo, la estrella era un símbolo de Cristo (Nm. 24:17). Los magos quedaron tan profundamente impresionados por ella que viajaron por muchos agotadores meses para ir a **adorarle.**

Herodes **se turbó** (3) terriblemente por este vuelco de los acontecimientos. Su mayor temor era una amenaza a su trono. Había condenado a muerte a tres de sus hijos, porque pensaba que ellos estaban muy ávidos de la sucesión. Se dice que César Augusto hizo este juego de palabras: "Más vale ser el cerdo de Herodes que su hijo."[20] La palabra griega que traducimos "cerdo", es *hus;* y la palabra "hijo", *huios.*

No sólo Herodes **se turbó** sino que **toda Jerusalén con él.** El gobierno romano concedía bastante libertad religiosa a los pueblos que dominaba. Particularmente los judíos consiguieron que esos idólatras les dieran el permiso de practicar su culto al verdadero Dios. Pero, ¿un "rey de los judíos"? Esto sonaba a rebelión. Para el emperador ese era el pecado supremo. Roma siempre tenía su oído pegado a la tierra para escuchar los ruidos sordos de una revuelta. Los líderes judíos temían terribles represalias si se llegaba a saber de la aparición de otro líder nacional.

El preocupado monarca convocó a **todos los principales sacerdotes y los escribas** (4). Había dos grandes grupos en el gran Sanedrín de Jerusalén, el cuerpo religioso gobernante de los judíos. Los jefes sacerdotales que eran saduceos y los escribas, en su mayoría fariseos. **Escribas** es *grammateis*—literalmente, "escritores". Estos hombres eran responsables de copiar las Sagradas Escrituras y enseñarlas al pueblo.

Herodes preguntó a éstos, **dónde había de nacer el Cristo**. Así lo expresa el griego, "el Cristo"; es decir, el Mesías. Esto nos muestra que el rey estaba al tanto de las expectativas mesiánicas. Sin duda había oído las profecías del Antiguo Testamento, las había leído y temido supersticiosamente lo que su cumplimiento podía significar para su trono y su vida malvada.

Los líderes judíos estuvieron listos para responder. Le replicaron: **En Belén de Judea** (5); y citaron las Escrituras para apoyar su respuesta. La cita de Miqueas 5:2 difiere algo del texto hebreo y de la Septuaginta (griego) en este pasaje y quizá haya sido tomada de 2 Samuel 5:2. Filson dice: "Con toda libertad mezcla materiales del Antiguo Testamento, en una manera que los comentarios esenios de los Pergaminos del mar Muerto, muestran que era muy general en el judaísmo de la primera centuria, y le da una interpretación mesiánica al material."[21] También existe la posibilidad de que Mateo haya usado la versión griega del Antiguo Testamento que difería de la Septuaginta o que hubiera adoptado "una traducción libre del hebreo".[22]

Las implicaciones de esta narrativa han sido bien establecidas por Plummer. Dice:

> Los paganos, que nada tenían para guiarles sino conocimientos superficiales de ciencia mezclados con mucha superstición, estaban sin embargo tan inflamados de entusiasmo por las señales que Dios, por medio de estos instrumentos imperfectos, les había otorgado, que emprendieron un largo viaje e hicieron cuidadosas investigaciones para poder tributar la debida reverencia al nuevo Monarca enviado al mundo. Pero el conjunto de los jerarcas judíos, con el Pentateuco y los Profetas en sus manos, estaban tan lejos de alegrarse ante el informe del cumplimiento de los símbolos y profecías, que no les interesó el verificarlos.[23]

Herodes llamó a los magos **en secreto** (7; cf. 1:19). Eso es lo que significa la expresión griega. La astucia era una de las principales características de Herodes. El mismo era muy falso y no confiaba en nadie más. Les preguntó a los magos que le dijeran con exactitud el tiempo del aparecimiento de la estrella. Entonces los envió a Belén con la orden de averiguar **con diligencia** (8)—"con exactitud, cuidadosamente"—lo relacionado con el Recién Nacido. Debían regresar con la información, **para que yo también vaya y le adore**, agregó. Más tarde, los acontecimientos se encargaron de probar que su verdadero propósito era muy distinto. Lo que realmente quería era asesinar al Niño, para eliminar toda posibilidad de un rival político.

Cuando los sabios comenzaron la última breve etapa de su largo viaje, volvieron a descubrir la dirección divina en la estrella que brillaba sobre ellos. Ella los guió al lugar **donde estaba el niño** (9). La vista de la estrella los hizo regocijarse **con muy grande gozo** (10). Sabían que su búsqueda sería coronada con éxito.

¿Hay algo implicado aquí cuando consideramos que los magos habían perdido de vista a la estrella cuando consultaban a Herodes y a los líderes judíos en Jerusalén? Si sólo le hubieran prestado atención a la estrella, en lugar de buscar la dirección humana, ¿habrían sido conducidos a Belén? Y si hubiese sido así, ¿no se habría evitado la espantosa masacre de los niños? ¿No es cierto que algunas veces nos metemos nosotros, e introducimos a otros, en problemas porque buscamos el consejo humano en el lugar equivocado cuando deberíamos depender de la dirección divina?

Cuando llegaron a **la casa, vieron al niño** (11). Esto es muy distinto de los pastores que encontraron al niño Jesús en un pesebre, la noche que nació (Lc. 2:16). El **niño** ya tenía probablemente alrededor de un año y la familia estaba establecida en Belén. Los cuadros o representaciones que nos muestran a los magos arrodillados ante el pesebre no son escrituralmente exactos.

Los sabios, **postrándose, lo adoraron.** Es evidente que creían que Jesús era digno de adoración. Entonces le presentaron obsequios reales: **oro, incienso y mirra.** Eran productos del sur de Arabia, pero puesto que eran vendidos en muchas partes, sin duda eran accesibles a los caldeos.

Barclay ha indicado de manera hermosa los significados de estos tres dones.[24] Nota la declaración de Séneca de que en Partia uno sólo podía acercarse al rey trayéndole dones. El **oro** era el presente más apropiado para un *monarca*—y por supuesto lo era para aquel que había nacido para ser el Rey de reyes. El **incienso** era para los *sacerdotes,* puesto que eran ellos quienes lo ofrecían en el templo. De modo que era adecuado para quien sería el Sumo Sacerdote. La **mirra** se daba a los que iban a morir. Se empleaba para embalsamar. De modo que fue particularmente apto para el Hijo de Dios, que descendió con el fin de morir en la cruz. Los tres dones "predijeron que Él sería el verdadero Rey, el perfecto Sumo Sacerdote y el Supremo Salvador de los hombres".[25]

El relato bíblico no dice cuántos fueron los magos que acudieron a ver a Jesús. Probablemente por ser tres clases de dones surgió la leyenda de los tres sabios. Por fin, fueron titulados "reyes", quizá por causa de sus presentes regios; y también se les asignaron nombres: Gaspar, Melchor y Baltasar. Pero todo esto es sólo legendario.

Pero siendo avisados por revelación en sueños que no volvieran a Herodes, regresaron a su tierra por otro camino (12). La devota actitud de estos sabios astrólogos orientales está descrita de la siguiente manera por un comentador: "Allí en el mismo umbral del evangelio, vemos la verdadera relación entre la ciencia y la religión.

> 'Que la sabiduría crezca más y más,
> pero que en nosotros more más reverencia;
> que la mente y el alma produzcan un acorde
> que suene como la música anterior.' "[26]

La visita de los magos sugiere un tipo de los primeros frutos de los gentiles que acudirían a Cristo en busca de salvación. El Evangelio de San Mateo finaliza con la gran comisión de evangelizar al mundo.

Alexander Maclaren nos presenta un buen bosquejo sobre "Los Primeros Frutos de los Gentiles." Nota: (1) La sabiduría pagana es conducida por Dios hasta la cuna de Cristo, 1-2; (2) La alarma de su propio pueblo ante el susurro de su nombre, 3; (3) El sínodo de los teólogos, 4-6; (4) El consejo pérfido de Herodes, 7-8; (5) El descubrimiento del Rey, 9-11; (6) Adoración y dones subsecuentes al hallazgo, 11.

2. *Huída a Egipto* (2:13-15)

Después de la partida de los magos, un ángel del Señor apareció en sueños a José diciéndole que tomara **al niño y a su madre** y huyera **a Egipto** porque Herodes procuraría destruir a Jesús (13). Partiendo **de noche** (14) para no llamar la atención y ser descubiertos, José trasladó a salvo a su familia a ese país. Era un viaje como de 300 kilómetros. El cuadro tradicional que representa a José andando al lado del asno en el cual monta María con el Niño en brazos, está muy cerca de la realidad de la vida de entonces.

La familia permaneció en Egipto **hasta la muerte de Herodes** (15). Esto sucedió en el año 4 A.C. Según su costumbre, Mateo cita nuevamente al Antiguo Testamento—en esta ocasión de Oseas 11:1. Originalmente estas palabras se referían a Israel, el **hijo** de Dios. En este pasaje se aplican a Cristo, el Unigénito Hijo de Dios, quien también representaba a ese pueblo. Como en el versículo 6, Mateo no cita la Septuaginta. Plummer dice: "El da una traducción libre del hebreo que puede o no puede haberla hecho él mismo"; y agrega esta nota al pie: "Sólo en pocos casos las citas de Mateo son tomadas de la Septuaginta."[27]

3. *Matanza de los inocentes* (2:16-18)

El hecho de que Herodes mandó matar a **todos los niños menores de dos años** que había en Belén y en todos sus alrededores, **conforme al tiempo que había inquirido de los magos** (16), indica que ya habían transcurrido casi dos años desde el aparecimiento de la estrella.[28] Parecería que Cristo ya tendría un año cuando recibió la visita de los magos.

De nuevo Mateo cita un pasaje del Antiguo Testamento, profecía que considera cumplida. Esta vez en Jeremías 31:15. **Ramá** (18) estaba situada a siete kilómetros y medio al norte de Jerusalén. Pero la tumba de **Raquel** estaba en el camino a Belén (Gn. 35:19). El sitio tradicional, según se muestra hoy, dista un kilómetro y medio al norte de Belén. El pasaje de Jeremías se refería principalmente a los cautivos de Jerusalén cuando pasaron por Ramá en su camino al destierro de Babilonia en el año 586 A.C.

Si bien no se registra en la historia secular esta bárbara masacre de los inocentes en Jerusalén, está perfectamente de acuerdo con el carácter de Herodes. Como ya ha sido notado (cf. en el comentario sobre el 2:3), ese rey cruel y malvado había enviado a tres de sus hijos a la muerte. También mató a Mariana, su esposa favorita, y a su madre. Josefo relata que cuando Herodes se dio cuenta de que se estaba muriendo, mandó a llamar "a todos los principales hombres de la nación judía" para que se allegaran a Jericó a verlo, so pena de muerte por desobediencia. Allí ordenó que fueran encerrados en el circo. Temeroso de morir sin ser lamentado, mandó a su hermana Salomé, que cuando dejara de existir y antes de que su deceso fuera hecho público, mandara matar a todos los líderes judíos aprisionados. De esa manera "a él le cabría el honor de un lamento memorable en su funeral".[29]

4. *Retorno a Nazaret* (2:19-23)

Después de la muerte de Herodes el Grande, **un ángel del Señor apareció en sueños a José** (19) y le indicó que volviera **a tierra de Israel** (20). Es la tercera mención del aparecimiento de un ángel a José en sueños (cf. 1:20; 2:13). En estos dos primeros capítulos hallamos cinco veces la frase **en sueños** (cf. 2:12, 22).

Al llegar a las fronteras de Palestina, José se enteró de que en Judea estaba reinando Arquelao como sucesor de su padre. Eso lo atemorizó a regresar a ese lugar para establecerse. El nuevo rey era el peor de los hijos de Herodes el Grande y también notable por su malevolencia y crueldad. Josefo cuenta que inmediatamente después de su acceso al trono el monstruo salvaje ordenó una masacre de 3.000 personas.[30]

Parece que José había tenido el propósito de regresar a Belén para ubicarse en ese lugar. Habría sido natural que lo hiciera a la luz de lo que el ángel le había anunciado (1:20-21). Siendo que Jesús era en manera única "el hijo de David" (cf. 1:1), lo más adecuado habría sido que se criara en Belén.

Pero no sería así, amonestado una vez más **en sueños** (22), José **se fue a la región de Galilea.** Probablemente haya descendido por el camino de Jericó, cruzado el río Jordán y dirigido al lado oriental del valle, volviendo a pasar el río, al sur del lago de Galilea. El territorio así atravesado estaba bajo el dominio de Herodes Antipas—el "Herodes" de los evangelios. Aunque también era hijo de Herodes el Grande, no era tan cruel como su hermano que gobernaba Judea. De modo que los refugiados se hallaban más seguros en esa zona. Se establecieron en su propia tierra de Nazaret (cf. Lc. 1:26; 2:4). Esta villa se encontraba a 120 kilómetros al norte de Jerusalén y a mitad de camino entre los mares Mediterráneo y de Galilea. Evidentemente se trataba de una ciudad muy pequeña y sin notoriedad pues no hallamos su nombre en el Antiguo Testamento, ni tampoco es mencionada por Josefo ni está en el Talmud. La actitud que los judíos reservan para ella queda demostrada claramente en Juan 1:46: "¿De Nazaret puede salir algo de bueno?"

Uno de los pasajes más problemáticos de este evangelio se encuentra en las palabras citadas, **habría de ser llamado nazareno** (23). Todos los eruditos están de acuerdo en que no existe tal declaración en el Antiguo Testamento. Green por ejemplo, dice: "No existe profecía en el Antiguo Testamento que se le parezca remotamente."[31]

Lo que hay que notar es que Mateo no asigna estas palabras a ningún profeta en particular; **fue dicho por los profetas.** De modo que podría tomarse como una presentación general de una verdad importante. Morison ubica bien el asunto cuando dice: "Indica que el evangelista no está aludiendo a ninguna predicción en particular; más bien está reuniendo varias declaraciones proféticas e interpretándolas en una fraseología peculiarmente significativa en su propia época y localidad."[32] Entonces agrega a modo de explicación: "Que habría de ser llamado nazareno."[33]

Algunos han procurado hallar alguna relación entre nazareno y "nazareo". Este punto de vista fue sostenido por Tertuliano y Jerónimo en la Iglesia Primitiva y sostenido por Erasmo, Calvino, Beza y Grotius en el período de la Reforma.[34] Pero la teoría sufre de dos defectos fatales: (1) Las raíces hebreas de una y otra palabra son muy distintas; (2) Jesús nunca pretendió ser nazareo ni vivió como tal. De modo que esa idea debe ser rechazada.

Pero hay una relación más plausible entre el término hebreo que significa "rama" o "renuevo" que encontramos en varios pasajes del Antiguo Testamento. Lange escribe: "La conclusión a la cual llegamos es la que sigue: que el título Nazareno se refiere a la humildad visible del Mesías; de acuerdo con esto, la palabra *netzer* de Isaías 11:1 es análoga a la expresión que el mismo libro emplea en el 53:2 y en otras descripciones semejantes de la sencilla apariencia del Señor."[35] Plumptre expresa el mismo pensamiento si se quiere de manera más apropiada. Dice acerca del autor de este evangelio: "Había oído que los hombres hablaban con menosprecio del 'Nazareno', y sin embargo, aun las mismas sílabas de esa palabra habían llegado a sus oídos en una de las más gloriosas profecías aceptadas como mesiánicas—'Saldrá una vara del tronco de Isaí y un *Netzer* (vástago) retoñará de sus raíces' (Is. 11:1)."[36] Es interesante notar que "Nazareno" es el epíteto que generalmente se aplica a Jesús y a sus discípulos en el Talmud judío, donde claramente se emplea en forma despectiva. Box piensa que *Nazoraios,* la palabra griega de Mateo 2:23—que él relaciona con la hebrea *netzer,* por vía del arameo—puede haber sido elegida por los cristianos como un "título de honor" en contraposición con el despectivo *Nazarenos.*[37]

Es muy notable que todos los relatos de la infancia del libro de Mateo son presentados desde el punto de vista de José. Es a él a quien se le anuncia el nacimiento de Jesús, prefiriéndolo a María (en Lucas, es quien recibe el anuncio). Fue José quien recibió la orden de llevar al Niño y a su madre a Egipto y luego de volverlos a la tierra prometida. Hay un contraste sorprendente entre estas historias y las de los dos primeros capítulos de Lucas que están escritas desde el punto de vista de María.

D. Ministerio de Juan el Bautista, 3:1-12

1. *Su aparición* (3:1-6)

El griego sugiere que en aquellos días (1) Juan el Bautista "anduvo" o "llegó". Lucas relata el anuncio del nacimiento de Juan y las circunstancias que lo rodearon y también un poco de su infancia. Pero, en el Evangelio de Mateo, el predecesor de Jesús aparece repentinamente en ese punto. Los cuatro evangelios presentan el ministerio de Juan el Bautista como una preparación del pueblo para el ministerio de Jesús.

Juan llegó **predicando.** La palabra griega *Kerysso* significa literalmente, "ser heraldo, proclamar".[38] Proviene de *kerux,* un "heraldo", el que salía al frente de un ejército para hacer los anuncios de un general, o ante una multitud para darles a conocer la proclama de su gobernante. No hablaba en su nombre, sino en el de su superior. No daba su propio mensaje sino el que su Comandante le había ordenado proclamar. Juan fue el heraldo de Dios para anunciar la más importante de las nuevas: que el Mesías había llegado. Así es con todo predicador del evangelio llamado a proclamar el mensaje de la salvación de Dios. En esto consiste principalmente la predicación. Es la razón por la cual *kerysso* es el verbo más empleado para predicar en el Nuevo Testamento; el que ocupa el segundo lugar es *evangelizo*—"evangelizar", "anunciar las buenas nuevas". Estos dos verbos significativos ponen en relieve la naturaleza esencial de la predicación del Nuevo Testamento.

La parroquia donde Juan predicaba fue **el desierto de Judea.** Se trataba de una zona rocosa, árida entre la meseta (800 a 1.000 m. sobre el nivel del mar) y el mar Muerto (433 m. bajo el nivel del mar). Era un aborrecible desierto de peñascos y desfiladeros habitado principalmente por animales salvajes. W. L. Reed nota que la palabra **desierto** es más bien un término indefinido. Dice al respecto: "Es difícil una traducción exacta, porque las llamadas regiones desiertas incluían zonas áridas y semiáridas, tanto como desiertos arenosos, mesetas rocosas, tierras de pastoreo y montañas desoladas: para todas ellas se usa el término."[39] W. F. Boyd y W. L. Reed expresan su opinión de que la palabra **desierto** sería mejor traducción, que "yermo" *(wilderness)* porque éste sugiere un monte espeso. Continúan: "Sin embargo, en el inglés moderno la traducción sigue empleando ambos términos ya que aun 'desierto' no es una perfecta descripción; las zonas a las cuales se aplica es a veces de naturaleza montañosa, llanuras donde hay pastos después de las lluvias y regiones colonizadas tales como parte del desierto de Judá, cercana al mar Muerto donde han sido hallados el monasterio Qumran y los pergaminos del mar Muerto."[40]

Debe advertirse que muchos eruditos piensan que Juan el Bautista era esenio y puede haber estado asociado con la comunidad de Qumran. F. F. Bruce habla en pro de esa idea. Nota la residencia de Juan en el desierto de Judea, su asceticismo, su enseñanza y práctica sobre el bautismo y escribe: "La narración de Josefo de la enseñanza de Juan sobre el bautismo está más estrechamente vinculada con la doctrina Qumran que con el relato del Nuevo Testamento."[41] Bruce concluye: "Juan pudo haber tenido contacto con la comunidad de Qumran; es posible que aun haya pertenecido a ella durante algún tiempo."[42]

El principio fundamental de la predicación de Juan el Bautista era: **Arrepentíos** (2). Hay mucho que no es sino un concepto superficial sobre el asunto del arrepentimiento. Comúnmente está definido como sentirse "apesadumbrado". Pero el verbo griego significa "cambiar de mentalidad". El arrepentimiento es principalmente mental y moral más que fundamentalmente emocional. Implica un "cambio de mentalidad" en lo que respecta al pecado y la salvación. Significa renunciar al pecado y entregarse a Cristo. Chamberlain dice: "El arrepentimiento es una reorientación de la personalidad en lo que concierne a Dios y a su plan."[43] En cuanto a la exactitud de su significado aquí, Robinson escribe: "La palabra aramea que Juan usa para 'arrepentimiento' puede traducirse: 'convertíos', 'dad vuelta y volveos'; no hay salvación en la carrera que los hombres están persiguiendo."[44]

Al predicar el arrepentimiento, Juan se hacía eco de los clamores de los profetas del Antiguo Testamento. En el sentido más real, él era el último de esa sucesión. Pertenecía al antiguo régimen, pero estaba al umbral del nuevo. Sin duda estaba empapado en las primeras Escrituras. Cuando clamaba: **Arrepentíos**, bien podía estar pensando en las palabras de Isaías 1:16-17: "Lavaos y limpiaos; quitad la iniquidad de vuestras obras de delante de mis ojos; dejad de hacer lo malo; aprended a hacer el bien." También pudo haber recordado Isaías 55:7: "Deje el impío su camino, y el hombre inicuo sus pensamientos, y vuélvase a Jehová, el cual tendrá de él misericordia." O nuevamente, Jeremías 7:3-7: "Mejorad vuestros caminos y vuestras obras... pero si mejoraréis cumplidamente vuestros caminos y vuestras obras... os haré morar en este lugar, en la tierra que di a vuestros padres para siempre."

Thayer dice que el sustantivo *metanoia* significa "en particular el cambio de mentalidad de aquellos que han comenzado a aborrecer sus errores y malos hechos y se han decidido a entrar a un nuevo y mejor curso de vida, de modo que implica el reconocimiento del pecado y el pesar por haber incurrido en él y la enmienda de corazón, de la cual las pruebas y efectos son los buenos hechos".[45]

¿Por qué debían arrepentirse los oyentes de Juan? El les dice: **Porque el reino de los cielos se ha acercado.** Su predicación no sólo era ética, sino escatológica. Barnes sugiere que el final habría quedado mejor traducido, "porque el reino de Dios se acerca".[46] Había una vigorosa nota de urgencia en el llamado de Juan al arrepentimiento. Era casi como si hubiera dicho: "¡Ahora o nunca!" Los acontecimientos de los años que vinieron inmediatamente, y que culminaron con la destrucción de Jerusalén en el año 70 D.C., justifican su ojo avizor y el tono de su voz. **Aquellos días** probaron ser "los últimos tiempos", o "los días del Mesías" que cubren el período entre su primera y segunda venidas (cf. Hch. 2:17). Pero la mayoría de los judíos no prestó atención y sufrió las consecuencias.

Mateo sólo usa las palabras **el reino de los cielos.** Acaecen unas 32 veces en su evangelio. Marcos y Lucas dicen "el reino de Dios". La razón para el cambio de terminología en Mateo es ésta: "En el período judaico previo a la era cristiana, cuando comenzó a prevalecer un concepto trascendente de Dios, llegó también el empleo de la palabra **cielos** como sinónimo de Dios."[47] Mateo no quería ofender a sus lectores judíos, de modo que siguió la costumbre.

Casi todos los eruditos están de acuerdo en que la palabra **reino** en el Nuevo Testamento significa "reinado" más que "dominio". Arndt y Gingrich definen la palabra griega *basileia* como el significado de "reinado, poder real, gobierno real, reino".[48] Además lo particularizan así: "especialmente *el reinado real o reino de Dios,* concepto principalmente escatológico que comienza a aparecer en los profetas y que es tratado con esmero en pasajes apocalípticos... y enseñado por Jesús."[49] Ellos insisten (justamente) en que "el reino de Dios" y "el reino de los cielos" significan esencialmente lo mismo y es así, porque están usados exactamente en los pasajes paralelos en Lucas y Mateo, pero agrega: "El último término también puede dar énfasis al origen y naturaleza celestial del reino."[50]

Morison insiste en este último pensamiento. Escribe: "Su origen está en el cielo, su final, en el cielo; su rey es celestial, sobre todo, sus súbditos son celestiales en su carácter y destino; sus leyes son celestiales; sus instituciones, también lo son; su misma culminación está en el cielo y es realmente del cielo; sus instituciones sobre la tierra son arras de la gloria del cielo."[51]

En años recientes ha habido buena cantidad de escritos sobre el tema del reino de Dios. Algunos lo identifican con la iglesia como lo hiciera Agustín, hace cosa de 1.500 años. Otros, como Harnack, lo consideran puramente subjetivo. Albert Schweitzer lo concibió completamente en términos escatológicos; vale decir, como futuro. Por otra parte, C. H. Dodd lo hizo completamente presente, "una escatología realizada".

George Ladd ha escrito varios libros valiosos sobre el tema. En uno de ellos dice: "El principal significado de la palabra hebrea *malkuth* en el Antiguo Testamento y de la griega *basileia* en el Nuevo, es el de rango, autoridad y soberanía ejercida por un rey."[52]

El Nuevo Testamento enseña que el reino es a la vez presente y futuro, no exactamente uno ni tampoco el otro. En su valiosísimo examen de la historia de la interpretación del reino de Dios durante los 100 años recientes, el obispo Lundstrom dice: "Para Jesús, el presente y el futuro reino de Dios se encontraban uno al lado del otro."[53]

Para hacer hincapié en su llamado al arrepentimiento, Juan cita a Isaías 40:3. El mismo se identifica con la **voz del que clama en el desierto** —el desierto del pecado y la necesidad espiritual del hombre. Halford Luccock está muy atinado al interpretar así la palabra **desierto** en Isaías: "Es una descripción de suma actualidad de gran parte de nuestro mundo."[54] La representación de sí mismo que hace Juan como una **voz** concuerda con su misión de heraldo (cf. "predicar" v. 1). El no hablaba de sí, sino en lugar de Otro.

Como precursor del Mesías, la tarea de Juan el Bautista era la de amonestar a los hombres: **Preparad el camino del Señor.** Debían construir un camino real sobre el que pudiera andar el Señor. Unos pocos escucharon y recibieron la amonestación. Pero, los líderes de la nación rechazaron el llamado divino y condenaron a muerte a su Mesías. **Enderezad sus sendas** implica lo que es el verdadero arrepentimiento. Es enderezar la propia vida.

El resultado fue la entrada a la edad del evangelio en la que todos los hombres recibirían el llamado individual a arrepentirse y aceptar a Cristo como Salvador. La demanda de Juan fue dirigida tanto al individuo como a la nación. Hoy principalmente se dirige al primero.

La apariencia de Juan el Bautista se acomodaba a su misión y mensaje. Era un rudo zapador de la predicación. Su comida y ropas eran burdas y simples. Su única vestimenta era **de pelo de camello (4)**, una tosca arpillera usada por los ascetas y lamentadores. El **cinto de cuero** (o "cinturón") mantenía sujetas las vestiduras sueltas. Esto es mencionado en la descripción que se hace de Elías en el Antiguo Testamento (2 R. 1:8). Jesús identificó a Juan el Bautista como el Elías del

Nuevo Testamento (Mt. 17:10-13). Los dos hombres eran muy semejantes en apariencia, temperamento y misión. **Su comida era langostas y miel silvestre.** Algunos han tratado de ver en las primeras, algún tipo de vaina de alguna planta, y en la última a la savia dulce que fluye de ciertos árboles. Pero es probable que los términos deban tomarse literalmente. Bajo la ley judía las langostas podían considerarse "limpias" (Lv. 11:22) y en la actualidad aún las comen los árabes. Lo que es más, las langostas secas pueden comprarse en las tiendas de víveres de los Estados Unidos. Probablemente **miel** aluda a la "miel silvestre" (Mr. 1:6) de abejas, que se encuentran por todas partes en el desierto.

Juan el Bautista fue el mensajero especial para una época especial. J. C. Jones lo describe "como un hombre rústico nivelador de montañas y llenador de valles, de mirada severa y voz vehemente".[55] Josefo, el historiador judío de la primera centuria, dice que "Juan era un hombre bueno que ordenó a los judíos ejercer la virtud, tanto en la rectitud del uno para con el otro como en lo que respecta a Dios".[56]

Juan produjo una tremenda conmoción. Leemos que "acudían a él de" (tiempo imperfecto) **Jerusalén, y toda Judea, y toda la provincia de alrededor del Jordán** (5). La gente de Jerusalén (situada a 800 metros sobre el nivel del mar) tenía que descender unos 140 metros hasta el río Jordán que todavía está a 450 metros más bajo de donde fluye al mar Muerto. Juan pudo haber estado bautizando a siete kilómetros río arriba. La ansiedad de la gente al acudir a escuchar al profeta queda demostrada por su disposición a ascender por el extenso y áspero camino a Jericó.

Juan bautizaba sólo a los que llegaban **confesando sus pecados** (6). El griego da a entender "declarando sus pecados". Este predicador requería que sus candidatos reconociesen que eran pecadores antes de ser bautizados.

2. *Su predicación* (3:7-10)

En los tiempos de Jesús había dos partidos o sectas principales en el judaísmo. Los primeros eran **los fariseos** (7). Este nombre parece derivarse de la palabra hebrea *parash:* "uno que está separado." El notable erudito inglés Matthew Black favorece "el sentido de *perushim,* como el de aquellos que en su cumplimiento meticuloso de la ley y en particular de las ordenanzas levíticas, 'se separaban a sí mismos de lo inmundo' y en especial de aquellos que consideraban inmundos, 'el pueblo de la tierra' *('am ha' ares)*".[57]

Los comienzos del fariseísmo datan de la cautividad en Babilonia, época en que los judíos ya no tenían templo donde adorar. De modo que ellos se fueron haciendo más y más "el pueblo del Libro". La ley de Moisés llegó a ser el centro de la vida religiosa. Su estudio y enseñanza llegaron a ser la tarea principal de los líderes religiosos (cf. Neh. 8:1-8). Durante el período de los Macabeos, los Hasidim, o "los piadosos", procuraron mantener la pureza de la religión hebraica en contra de la intrusión del paganismo helénico. De este movimiento "puritano" de laicos se levantaron los fariseos. Josefo dice que había más de 6.000 de ellos en tiempos de Herodes el Grande.[58]

Los **saduceos** ocupaban el segundo lugar en importancia entre las sectas judías. Eran principalmente sacerdotes, la clase aristocrática. Mientras los fariseos enseñaban en todas las sinagogas, los saduceos mantenían el control del templo en Jerusalén (cf. Hch. 4:1; 5:17).

Por lo general se enseña que su nombre proviene de Sadoc. Este hombre fue designado sumo sacerdote por Salomón (1 R. 2:35) para ocupar el lugar de Abiatar que se había unido a la rebelión de Adonías (1 R. 1:7). Fue así como él llegó a ser el antecesor de sacerdotes en Jerusalén. En la visión del nuevo templo que tuvo Ezequiel, son "los hijos de Sadoc" quienes serían llamados "para ministrar a Jehová" (Ez. 40:46).

Al rechazar las teorías sobre un origen más remoto, dice Sundberg: "Es más probable que los saduceos hayan surgido como partido subsecuente a la rebelión de los macabeos."[59] La primera mención de ellos data de los días de Juan Hircano (135-104 A.C.). Josefo escribe: "Había un tal Jonatán, muy amigo de Hircano, pero de la secta de los saduceos, cuyos principios eran muy contrarios a los de los fariseos."[60] El contraste que el antiguo historiador judío hace de esas dos sectas[61] concuerda con lo declarado en el Nuevo Testamento.[62]

Es de interés notar que mientras el nombre de los fariseos es mencionado 100 ocasiones en el Nuevo Testamento,[63] el de los saduceos sólo ocurre en catorce lugares.[64] Josefo afirma que los primeros eran mucho más populares entre el pueblo.[65] Los saduceos desaparecieron de la historia después de la destrucción del templo de Jerusalén (70 D.C.). El judaísmo que sobrevivió fue el de los fariseos.

Juan el Bautista tuvo ásperas palabras para los fariseos y saduceos que se allegaban a su bautismo. Los llamó: **¡Generación de víboras!** Este parece un lenguaje tosco. Pero era el análisis de un carácter. Morison explica muy bien las implicaciones en estas palabras:

Los miraba de hito en hito, en una manera imposible para el común de los hombres y leía lo que estaba en lo íntimo de sus corazones. Veía el elemento rastrero que los sujetaba al polvo. Vio el elemento insidioso en su moral. También había veneno que sin escrúpulo alguno, se atreverían a arrojar e introducir... Vio que había en ellos el principio de antipatía verdadera a la genuina humanidad.[66]

El cuadro de las víboras huyendo de **la ira venidera** (cf. 1 Ts. 1:10) halla un vívido cuadro en esta descripción "como un fuego aislado cuando el pasto seco y las espinas arderán por kilómetros y los reptiles inmundos saldrán de sus cuevas por causa del calor".[67]

A estos soberbios religiosos el Bautista les ordena: **Haced, pues, frutos dignos de arrepentimiento** (8) o, "Entonces, probad vuestro arrepentimiento por los frutos que producís" (NEB). El verdadero arrepentimiento siempre se manifiesta por el cambio de vida.

Juan podía sentir la reacción de sus oyentes: **A Abraham tenemos por padre** (9). No tenemos necesidad de arrepentirnos. Somos hijos de Abraham, y como tales, el pueblo elegido por Dios. Son los gentiles y los pecadores quienes deben arrepentirse.

La respuesta de Juan abatió al punto esta falsa coartada. Declaró que Dios podía levantar hijos a Abraham aun de las piedras, aun de las que estaban en la playa.[68] Esto es, los descendientes físicos, en los cuales tanto se gloriaban y que no tenían ninguna significación ante los ojos de Dios. Como las piedras, todo estaba sobre un nivel material. Lo que Dios exige es el carácter moral. Jesús repudiaba los razonamientos materialistas de los líderes judíos en ese asunto (Jn. 8:33-39). Pablo declara que los que tienen fe son "hijos de Abraham" y serán benditos con "el creyente Abraham" (Gá. 3:7, 9; véase también v. 29; Ro. 4:11).

La declaración **ya también el hacha está puesta a la raíz de los árboles** (10), puede interpretarse fácilmente como que el hacha ya está golpeando los árboles en sus mismas raíces. Pero el griego dice: "El hacha está echada *(keitai)* a la raíz de los árboles."[69] La idea es que el juicio ya estaba a punto de caerles. En cualquier momento, el leñador podría recoger el hacha y usarla. Todo árbol que no estuviera produciendo fruto sería arrancado y arrojado al fuego. Más tarde Jesús pronunció idénticas palabras (7:19). "El fuego", dice Johnson, "es el de la Gehenna: 'Fuego' en los apocalipsis judíos a menudo describe el juicio final".[70]

3. *Dos bautismos* (3:11-12)

Juan se refiere ahora con mayor particularidad a su misión como predecesor del Mesías: **el que viene tras mí, cuyo calzado yo no soy digno de llevar, es más poderoso que yo (11).** Lucas 3:16 dice: "No soy digno de desatar la correa de su calzado." Con su estilo característico, Marcos lo presenta aún más vívidamente: "No soy digno de desatar encorvado la correa de su calzado" (Mr. 1:7). El atar y desatar "las correas" de las "sandalias" del amo y cargar estas últimas eran las tareas más bajas del más humilde de los esclavos. A pesar de eso, Juan no se sentía digno de hacer estas cosas para el Mesías. "Lightfoot (tomado de Maimónides) muestra que era la señal de un esclavo que había llegado a ser propiedad de su amo, *desatar* el calzado, *atarlo* o *llevarle* los implementos necesarios al baño."[71] De modo que las palabras empleadas en los tres relatos son adecuadas.

Entonces viene la declaración más significativa en la predicación de Juan el Bautista. Mientras él bautizaba **en agua,** el que vendría bautizaría **en Espíritu Santo y fuego.** Otras religiones habían bautizado con agua. El bautismo distintivo del cristiano es el bautismo con el Espíritu Santo. A la luz de la declaración de Juan en este lugar, es difícil justificar el silencio de la mayoría de las iglesias en lo concerniente al bautismo con el Espíritu Santo.

Mateo y Lucas agregan al relato de Marcos, las palabras: **y fuego.** Muchos eruditos han interpretado esto, especialmente vinculándolos con los versos 10-12, como una referencia al juicio final de los pecadores. Pero también implica que el fuego del Espíritu consume la naturaleza carnal. Alford dice de esta predicción: "Fue cumplida literalmente en el día de Pentecostés."[72] En manera similar Micklem asevera: "El agregado 'y fuego' señala que la limpieza es la esencia del bautismo del Mesías."[73] Nos llama la atención a la descripción del advenimiento de Cristo que nos hace Malaquías 3:2: "El es como fuego purificador."

También Brown está en desacuerdo con la referencia al juicio. Nos dice: "Tomarlo como un bautismo distinto del que efectúa el Espíritu—el bautismo del impenitente con fuego del infierno —es excesivamente antinatural."[74] Además, observa: "Claramente... no se refiere sino al carácter *fogoso* de las operaciones del Espíritu sobre el alma, escudriñando, consumiendo, refinando, purificando, que es como casi todos los buenos intérpretes entienden las palabras."[75]

G. Campbell Morgan hace eco a este criterio. Parafrasea las palabras del Bautista de la manera siguiente: "El os sumergirá en el fuego envolvente del Espíritu Santo que os quemará y rehacerá."[76]

Especialmente notable es el comentario del difunto obispo Ryle, de la Iglesia Anglicana. Escribe:

> Necesitamos que se nos diga que el perdón de los pecados no es lo único necesario para la salvación. Hay algo más todavía; y eso es el bautismo de nuestros corazones con el Espíritu Santo... No descansemos hasta que sepamos algo, por haberlo experimentado, del bautismo del Espíritu. El bautismo de agua es un gran privilegio. Pero estemos seguros de que también tenemos el bautismo del Espíritu Santo.[77]

El fuego hace tres cosas: (1) calienta; (2) ilumina; (3) limpia. Y eso es lo que el Espíritu Santo trae al corazón humano que lo recibe: calor, luz y limpieza de todo pecado.

Airhart observa que este gran mensaje de Juan acerca de Cristo está relacionado con la doctrina cristiana sobre el bautismo del Espíritu Santo (1) por Jesús en su mandato a los discípulos (Hch. 1:4-5), y (2) por Pedro, cuando interpretó el significado del Pentecostés gentil (Hch. 11: 15-16). También nota que la promesa: **recogerá su trigo en el granero** (12) sugiere los valores positivos del bautismo con el Espíritu Santo. Escribe: "Solamente se quema la paja, y eso, sólo con el fin de que el trigo—los valores genuinos en la personalidad—pueda ser acopiado y dispuesto para el uso. Hay potencial en nuestras personalidades que sólo Dios puede discernir. Hay posibilidades de gracia, talentos latentes, tesoros sepultados en las vidas de los creyentes que en su mayor parte no han sido empleados por estar todavía encajados en la paja de una naturaleza no santificada. El bautismo con el Espíritu Santo proveerá la base para la realización de las posibilidades de la personalidad, conocidas por el Espíritu, pero que de otro modo serán perdidas para siempre."[78]

El Mesías tiene en su mano un **aventador** (12)—"una horquilla para aventar". (Es usado solamente aquí y en Lc. 3:17). El escritor ha estado observando un hombre sobre la cima del monte Samaria arrojando con esa horquilla el trigo ya trillado. La brisa se lleva la paja y el grano bueno recogido queda en el suelo.

Juan declaró que Cristo **limpiará su era**. El verbo griego compuesto, que significa "limpiar completamente" se halla solamente en este lugar en el Nuevo Testamento. La **era** consistía en un lugar para el grano trillado tal como lo había cerca de cada villa. Generalmente se encontraba sobre terreno elevado para aprovechar la ventaja de los vientos que llegaban del Mediterráneo. "El borde estaba levantado y el piso pavimentado con piedra o barro endurecido por el uso a través de los siglos."[79] El nuevo trigo o cebada cosechados se apilaba a una profundidad de unos 50 centímetros. Luego, un par de bueyes tiraban de una tabla trilladora sobre los cereales; la trilladora era manejada por una mujer o por niños. La tabla, de 1.25 metros de largo por unos 75 centímetros de ancho, estaba dentada con pedazos de piedra o metal adheridos al fondo. Esos dientes desgarraban el grano, mientras que las patas de los bueyes también lo aplastaban. Todavía es posible ver en la Palestina estos pisos trilladores, algunas veces con dos pares de bueyes haciendo su labor.

Después que el grano ha sido trillado y aventado, el trigo es echado en **el granero**—(depósito) y la paja es quemada **en fuego que nunca se apagará**. La palabra griega *asbestos* da la expresión de inapagable.

E. Bautismo de Jesús, 3:13-17

Jesús vino **de Galilea** (13), específicamente desde su ciudad hogareña de Nazaret, al río Jordán, donde Juan se encontraba bautizando. Cuando se presentó como candidato, **Juan se le oponía** (14). El término griego que hallamos en este pasaje significa "impedir, evitar". Como se encuentra en el imperfecto, su significado más exacto sería "trataba de evitar" (Moffatt). Juan sentía que era él quien necesitaba ser bautizado por Jesús y no lo contrario.

Jesús respondió: **Deja ahora** (15)—"Permíteme ahora" (Berk.). Para ello dio la siguiente razón: **porque así conviene que cumplamos toda justicia;** "así nosotros tenemos que cumplir cada deber religioso" (Weymouth). La protesta de Juan y la réplica de Jesús sólo se encuentran en Mateo.

¿Por qué fue bautizado Jesús? Esta pregunta ha visitado muchas mentes. ¿Por qué Aquel que "no cometió pecado" (1 P. 2:22) se presentó para el bautismo? Juan exigía que cada candidato confesara sus pecados (v. 6). Pero Jesús no tenía qué confesar. ¿Por qué, entonces, se sometió al bautismo?

G. Campbell Morgan da la siguiente respuesta: "Ahora que Jesús dejaba aquello en su vida que era preparatorio y entraba en la actualidad del ministerio, El se dedicó al asunto fundamental de su obra, es decir, su identificación con los hombres aun hasta la muerte." Con mayor detalle agrega: "Su bautismo fue un acto por el cual consentía en tomar su lugar entre los pecadores."[80]

Identificación con la humanidad—esa es la llave que revela este misterio. Este es el sentido real de la Encarnación. Significaba más que aparecer con un cuerpo físico. Significaba una entrada a la raza humana. A menudo en los tiempos del Antiguo Testamento Dios invadía la historia humana en manera milagrosa. Pero ahora llegaba a la misma humanidad. La Encarnación es el mayor de los milagros. El bautismo de Cristo fue el preludio de la cruz. El cumplió con "todo deber religioso" para poder ser un Sacrificio perfecto. Cómo Aquel que no conoció pecado podía identificarse con la humanidad pecadora, es una paradoja que tendrá que continuar siendo un misterio. Pero todo estaba relacionado con su muerte redentora en el Calvario. Dietrich lo presenta de la manera siguiente: "Sólo más adelante podrá ser captada la profunda significación de este acto por el cual Jesús se identifica con su pueblo, carga con su culpa y recibe con y para ellos el bautismo del arrepentimiento."[81]

Sadler dice que el bautismo fue, después de su muerte, "la mayor evidencia de su sumisión al Padre". ¿Cómo? "Porque conscientemente se sometió a ser reconocido entre los pecadores como si fuera uno de ellos y recibir la señal exterior de la limpieza del pecado y de la corrupción en los cuales no tenía parte alguna."[82]

Cuando Jesús fue bautizado (participio de aoristo pasivo), **subió luego del agua** (16). El griego dice *apo* "desde" el agua. Sin embargo, Marcos (1:10) escribe *ek* "fuera de". Pero ninguno de los dos es prueba suficiente en pro o contra la inmersión. Como la forma no está indicada no podemos ir más allá de lo que está escrito.

Los factores centrales de la escena del bautismo fueron una visión y una voz. La primera fue que **vio al Espíritu de Dios que descendía como paloma, y venía sobre él** (16). La voz declaró: **Este es mi Hijo amado, en quien tengo complacencia** (17). Eerdman comenta al respecto: "El primero fue una indicación simbólica del poder divino por el cual se realizaría su ministerio; el segundo, la seguridad de que El era el Mesías, el auténtico Cristo de Dios."[83]

La expresión **vio** (v. 16; Mr. 1:10), puede sugerir que la visión de la paloma sólo fue para Jesús. Pero Lucas dice: "y descendió el Espíritu Santo sobre él en forma corporal, como paloma" (Lc. 3:22). También el Evangelio de Juan (1:32-34) indica que el descenso del Espíritu como paloma fue la señal predispuesta para Juan para que él supiera que ése era realmente el Mesías. Sin embargo, no está declarado en ninguna parte que la visión haya sido captada por la multitud que les rodeaba.

La paloma era un símbolo adecuado de la mansedumbre del Espíritu Santo.

La voz de los cielos expresaba la aprobación del Padre hacia la obediencia del Hijo. Uno de los significados de **amado,** es *"único".* De este modo, el Padre con figura doble y vigor dual declara la misión única de Jesús como su Hijo unigénito y Siervo obediente. Ya Cristo estaba obrando como el Siervo de Jehová descrito por Isaías. La obediencia a la voluntad de su Padre que manifestó por primera vez públicamente en su bautismo encontró su culminación en la cruz. El Calvario fue el clímax de su ministerio como el Siervo sufriente.

Mateo hace del mensaje de los cielos una proclama pública: **Este es mi Hijo amado,** mientras Marcos (1:11) y Lucas (3:22), lo hacen más directo y personal: "Tú eres mi Hijo amado." Pero tanto Lucas como Juan indican claramente que la semejanza de forma de paloma fue vista por lo menos por Juan el Bautista (véase arriba). De manera que hay amplio testimonio de que no se trataba de una experiencia subjetiva de parte de Jesús únicamente.

En cuanto a la última cláusula, **en quien tengo complacencia,** Meyer escribe: "El *aoristo* denota: *en quien he tenido gran placer,* quien ha llegado a ser objeto de mi buena complacencia."[84] Lange lo considera así: "El verbo es usado en aoristo para denotar el acto eterno de contemplación amorosa con el cual el Padre considera al Hijo."[85]

Uno de los rasgos importantes del bautismo de Juan es que aquí tenemos por primera vez en la Biblia una indicación clara y completa de la Trinidad. Al salir Jesús del agua, el Espíritu Santo vino sobre El y al mismo tiempo una voz de los cielos declaró: **Este es mi Hijo amado, en quien tengo complacencia.** Así entramos al Nuevo Testamento con una revelación explícita de que Dios existe como Padre, Hijo y Espíritu Santo.

F. La Tentación de Jesús, 4:1-11

El bautismo fue un glorioso acontecimiento público. Pero, inmediatamente después llegó una agonizante experiencia privada. "Las grandes bendiciones generalmente son seguidas por grandes tentaciones."[86] Y este concepto todavía está en vigencia: "Es menester una gran tentación tanto como gran gracia para hacer un gran predicador."[87]

¿Por qué fue Jesús tentado? La Epístola a los Hebreos va más lejos que cualquier otra parte de las Escrituras para responder esta pregunta. Leemos acerca de Cristo: "Por lo cual debía ser en todo semejante a sus hermanos, para venir a ser misericordioso y fiel sumo sacerdote en lo que a Dios se refiere, para expiar los pecados del pueblo. Pues en cuanto él mismo padeció siendo tentado, es poderoso para socorrer a los que son tentados" (He. 2:17-18).

La última parte declara una verdad reveladora: "Padeció siendo tentado." No se trataba de una comedia. Era una guerra dura y áspera. Las tentaciones de Jesús eran tan reales para El como los son las nuestras para nosotros y exactamente tan agonizantes. Algunos dicen que, puesto que Cristo era el Hijo de Dios, El sabía que no podía fracasar, que no podía rendirse. Pero tal consideración transformaría a la tentación en una inútil farsa y negaría la clara declaración de Hebreos. Si El "fue tentado en todo conforme a nuestra semejanza", debe haber experimentado el tormento y la tortura en *su propio consciente* que nosotros sentimos cuando somos severamente tentados. Es verdad que como Hijo de Dios era omnisciente. Pero hay muchas indicaciones en los evangelios de que Jesús limitaba ese conocimiento a su consciente efectivo. Eso fue una parte de la Encarnación, llegar a ser como nosotros. Tuvo que pagar ese precio para poder ser a la vez nuestro sumo Sacerdote y nuestro Sacrificio por el pecado.

Jesús **fue llevado** (1) desde el valle del Jordán, lugar ubicado a unos 300 metros bajo nivel del mar, hasta las escabrosas colinas del solitario desierto de Judea. Los tres evangelios sinópticos dicen que **fue llevado por el Espíritu al desierto.** Fue bajo la divina dirección. Cuando las cosas van mal o somos duramente tentados, es fácil pensar que estamos fuera de la voluntad de Dios. Pero cuando Jesús fue tentado estaba en el mismo centro de la voluntad del Padre para El.

Fue **llevado al... desierto.** Es sorprendente el contraste entre éste y el ambiente de la tentación de Adán y Eva. Ellos estaban en un hermoso paraíso, el huerto del Edén. El estaba en el yermo desolado. Ellos tenían abundancia para comer, todo lo que pudieran desear. El estaba hambriento. Ellos se hacían mutua compañía. El estaba solo. Sin embargo, ellos fracasaron, mientras El venció.

Una de las más gráficas descripciones de la tentación está en el *Paraíso reconquistado* de Milton. Allí el autor presenta a Satanás llegando a Cristo en forma de un anciano. Parecería como si las tentaciones más específicas dibujadas aquí, llegaran como sugestiones mentales tal como nos ocurre generalmente en nuestros días. Broadus, sin embargo, piensa diferente. Dice: "Durante los 40 días (Lc. 4:2) y en otras ocasiones, nuestro Señor, sin duda fue tentado con sugestiones mentales, como nosotros; pero en las aquí descritas parece que claramente Satanás apareció en forma corporal y con palabras audibles y esto fue adecuado a la escena en cuanto a una descripción clara e impresionante."[88] Pero, ¿es posible que Satanás haya podido tomar a Jesús corporalmente y llevarlo hasta el pináculo del templo? El argumento conclusivo en contra de esta noción es que no hay en la tierra montaña tan elevada desde la cual puedan verse todos los reinos del mundo (8).

El propósito divino por el cual Jesús fue llevado al desierto fue para que pudiera ser **tentado.** El término griego es *peirazo.* En la primitiva literatura helénica (Homero), se emplea con el sentido de "hacer la prueba de". Su principal acepción es "probar, experimentar, mostrar".[89] Arndt y Gingrich dicen que significa: *"probar, hacer prueba de, poner a prueba* para descubrir qué clase de persona es uno."[90] El Padre permitía que su Hijo fuera probado antes de comenzar su obra pública, como tiene que serlo el metal antes de que pueda ser usado en un lugar crucial. Pero, desde el punto de vista de Satanás, Jesús era **tentado,** seducido a pecar, porque abrigaba la esperanza de hacerle caer. Tal cosa está sugerida con mayor amplitud por la palabra "tentador" *(peirazon)* en el versículo 3.

Cristo fue tentado por **el diablo.** Marcos nunca usa ese término; en su lugar emplea "Satanás" (Mr. 1:13). El último, cuyo significado es "adversario", va directamente del hebreo al griego, y a casi todas las lenguas vernáculas. La palabra griega *diabolos* quiere decir "impostor" o "falso acusador". Se volvió, en francés *diable;* en inglés, *devil;* en español, **diablo.** Ambos términos son empleados como equivalentes en el Nuevo Testamento.

Negar la existencia de un diablo personal es adormecernos en un falso sentimiento de seguridad. Más y más nos hemos dado cuenta en años recientes que uno no puede explicar la insidiosa influencia del mal en este mundo sin admitir que detrás de éste hay un agente personal.

Jesús ayunó **cuarenta días y cuarenta noches** (2) como ya lo habían hecho Moisés en el monte Sinaí (Ex. 34:28), y Elías en el desierto (1 R. 19:8). Por lo general se ha pensado que 40 se refiere a un período de prueba. Es lo que fue para Jesús. Y El no fracasó ante la prueba.

Después de los 40 días, **tuvo hambre,** (es decir, estaba "hambriento"). Aparentemente estaba tan absorto en su conflicto espiritual y en la contemplación que no experimentó hambre hasta que terminó ese lapso. Entonces surgió en El un intenso deseo de alimento.

Marcos nos da una breve declaración sumaria, sin entrar en detalles sobre los tres ataques específicos de Satanás. Mateo y Lucas nos dan los tres, pero en distinto orden (véanse los comentarios sobre Lc. 4: 1-13). M'Neile sugiere que Lucas adopta un orden de sucesión geográfico con el cambio del desierto a la ciudad final, mientras que "Mateo presenta un clímax psicológico: la primera tentación era para que dudara la verdad de la revelación que hacía poco había recibido; la segunda, para probarla y la tercera, para precipitarse sobre su reinado mesiánico que estaba implicado".[91]

Una de las armas favoritas del diablo es la, duda. Lo primero que le dijo a Jesús fue: **Si eres Hijo de Dios** (3).[92] En forma similar comenzó su ataque a Eva: "¿Con que Dios os ha dicho...?" (Gn. 3:1). Entonces el diablo apeló a la necesidad física de Jesús: **dí que estas piedras se conviertan en pan.** Como dice Maclaren, "Satanás probó la misma treta con el primer Adán. Entonces le había resultado tan bien que creyó que era sabio volver a emplearla otra vez".[93] Intrínsicamente, no había nada de malo en que Jesús realizara un milagro para proveerse de la comida necesaria. Pero obedecer a Satanás sí es pecado. Además, Cristo había venido para compartir nuestra humanidad. El rehusó emplear un poder que no estuviera a nuestro alcance. No iba a hacer nada que negara su Encarnación. G. Campbell Morgan lo explica de la manera siguiente: "El enemigo le pidió que hiciera algo bueno de manera equivocada, satisfacer una necesidad legítima con un método ilegal, hacer uso de los privilegios de su filiación divina para violar sus responsabilidades."[94]

Lo primero que Jesús le replicó fue: **Escrito está.** En el idioma griego, este verbo está en tiempo perfecto, que indica acción completa y también el estado resultante como continuando todavía. El significado total es el siguiente: "Ya ha sido escrito y todavía sigue escrito." Esto hace hincapié en la eterna inmutabilidad de la Palabra de Dios.

Jesús se enfrentó a Satanás y lo venció con las mismas armas que están a nuestra disposición: "la espada del Espíritu que es la palabra de Dios" (Ef. 6:17). En las tres ocasiones, El citó el libro de Deuteronomio. La primera de las citas fue: **No sólo de pan vivirá el hombre, sino de toda palabra que sale de la boca de Dios** (4, cf. Dt. 8:3). Jesús vivía por la Palabra de Dios, no por los antojos de su propio apetito. El ha establecido un ejemplo para sus seguidores.

En la segunda tentación, el diablo llevó a Jesús a la **santa ciudad**

(5). Es el nombre dado sólo por Mateo en el Nuevo Testamento a Jerusalén. También ocurre en Apocalipsis. Se encuentra cinco veces en el Antiguo Testamento. El diablo puso a Jesús **sobre el pináculo del templo,** el lugar más alto de la ciudad santa. Morgan recalca: "La elección del lugar es la primera evidencia de la astucia del enemigo."[95]

Con tal ambiente, santificado por las asociaciones sagradas, probablemente con una multitud en expectación allá abajo, el diablo efectuó una aproximación distinta. En esta ocasión apeló a la absoluta confianza de Jesús en Dios. Primero la tentación ocurrió en el nivel físico. Esta vez sucedía en un elevado plano espiritual: **Si eres Hijo de Dios** (o, "Ya que eres Hijo de Dios), **échate abajo** (6). Era tan sagrado el lugar donde estaban que el diablo llegó a envalentonarse para citar él mismo las Escrituras. Procuró tomar Salmos 91:11-12. Pero dejó a un lado una frase muy importante: "en todos tus caminos". Los caminos de Cristo eran los caminos de Dios. Si El se desviaba de la voluntad divina no podía aspirar al cuidado de su Padre. Eso es verdad con nosotros en la actualidad

Los judíos de entonces esperaban que su Mesías habría de llegar repentinamente con una aparición espectacular en el templo. Aquí se presentaba la oportunidad de Jesús para ganar la aclamación nacional como el Mesías. Pero El resistió la tentación al sensacionalismo. En vez de eso, seguiría el sencillo sendero de humilde obediencia a su Padre.

Jesús volvió a blandir su espada—la Palabra de Dios. Esta vez fue: **No tentarás al Señor tu Dios** (7). La conducta imprudente no es evidencia de fe sino de presunción.

El panorama para la tercera tentación fue todavía distinto. **Un monte muy alto** (8). Aquí el diablo hizo su intento más elevado. Después de presentar a Cristo una visión de **todos los reinos del mundo y la gloria de ellos,** le lanzó esta sorprendente proposición: **Todo esto te daré, si postrado me adorares** (9). ¡Qué tentación era esta, ganar todo el mundo sin ir a la cruz! La esencia de la tentación era alcanzar los objetivos aprobados por Dios, pero empleando la estrategia de Satanás. Jesús rechazó aun este plausible recurso.

Le ordenó a Satanás que se fuese. Una vez más citó la Palabra: **Al Señor tu Dios adorarás, y a él sólo servirás** (10, cf. Dt. 6:13). He aquí el primero y más elevado deber del hombre.

Satanás tentó al Señor sobre tres niveles: (1) El físico—comida; (2) El intelectual—a hacer algo que causara sensación; (3) El espiritual

—**si postrado me adorares.** El diablo todavía sigue tentando a los hombres en estas tres maneras.

En obediencia al mandato de Cristo, el diablo le dejó. Entonces, **vinieron ángeles y le servían** (11). Ellos probablemente le proveyeron alimento (cf. 1 R. 19:5-7) y también le socorrieron espiritualmente, regocijándose con El por la victoria ganada.

G. Los Comienzos en Galilea, 4:12-25

1. *La primera predicación* (4:12-17)

El arresto y encarcelamiento de Juan el Bautista establecen el punto cronológico para los comienzos del gran ministerio de Jesús en Galilea, según lo indican los dos primeros evangelios (cf. Mr. 1:14). Cuando Jesús oyó que **Juan estaba preso** ("o había sido arrestado"), **volvió a Galilea** (12). Es decir, volvió a su propio terruño, desde el desierto de Judea al lejano sur. Ahora que Juan estaba en la cárcel, había llegado el tiempo para que Jesús comenzara su ministerio. Y El ya estaba preparado para ello, por su bautismo y tentación.

El no permaneció en su hogar de Nazaret. Por el contrario, **vino y habitó en Capernaum** (13), distante unos 30 kilómetros sobre la costa norte del mar de Galilea. Fue sabia la elección de este lugar como sede de su ministerio. Nazaret era una villa oscura y pequeña en la zona montañosa. Sus habitantes eran personas de mente estrecha. Por la manera en que ellos le trataron cuando visitó su antiguo hogar, es obvio que no hubieran recibido su mensaje (Lc. 4:16-30). En su atmósfera provincial, hubieran sido un obstáculo para El.

Por otra parte, **Capernaum** era una ciudad activa y bulliciosa, llena de actividades comerciales. Sin duda, aquí las multitudes serían más amplias y dispuestas a oir. Muchos entraban y salían, de modo que de esa manera se divulgaría el evangelio, ya que la ciudad estaba situada sobre el camino principal que va desde Damasco en el norte hasta Egipto en el sur. Tenía una posición estratégica.

Nuevamente (14) encontramos la fórmula introductora de una cita del Antiguo Testamento—**para que se cumpliese lo dicho** (14, cf. 1:22; 2:15, 23). Esta vez está tomada de Isaías 9:1-2. Mateo tiene 15 menciones de este príncipe de los profetas del Antiguo Testamento. Por causa de sus muchos pasajes mesiánicos ha sido llamado en ocasiones, "El evangelio según Isaías".

Zabulón y Neftalí (15) eran las dos tribus que comprendían en su mayor parte el territorio de Galilea. La primera estaba en la parte occidental, hacia el Mediterráneo; mientras que la segunda quedaba al oriente, cerca del mar de Galilea. **Camino del mar** es una referencia a la importante carretera que iba de Egipto a Damasco, lugar de las caravanas de traficantes a través de las centurias.

A esta zona se la denominaba **Galilea de los gentiles** porque tenía una población de gentiles mayor que la de Judea. La causa retrocede a los tiempos de Isaías. Cuando los asirios comenzaron a invadir la Palestina, naturalmente tomaron los territorios circundantes en primer término. En 2 Reyes 15:29 leemos: "En los días de Peka rey de Israel, vino Tiglat-Pileser rey de los asirios y tomó a Ijón... Galaad, Galilea y toda la tierra de Neftalí, y los llevó cautivos a Asiria." En lugar de los nativos ubicó gente de los países orientales (2 R. 17:24). De esa manera, la población de Samaria y en menor grado la de Galilea llegó a ser una mezcla de judíos y gentiles. También es verdad que muchos cananeos habían permanecido en la región más tarde conocida como Galilea, y por lo tanto, había resultado en su mayor parte gentil a lo largo del período de los jueces y los reyes (cf. Jue. 1:30-33; 4:2).

Pero Isaías había predicho que en esa región habría **gran luz** (16). Mateo asevera que el principio del ministerio de Jesús en Galilea fue el cumplimiento de esta profecía.

Cuando **comenzó Jesús a predicar** (17)—la misma palabra, "publicar, proclamar", empleada para Juan el Bautista (3:1)—El tomó el mismo texto que su predecesor: **Arrepentíos, porque el reino de los cielos se ha acercado.** Esta última frase **se ha acercado** tiene significado literal. Como alguien ha dicho, "Jesús es Dios que se ha acercado". En El, los judíos se estaban confrontando con el reino de Dios. Pero ellos se negaron a aceptarle.

2. *Los primeros discípulos* (4:18-22)

Andando Jesús junto al mar de Galilea (18), vio a dos hermanos que estaban pescando. Uno de ellos era **Simón.** Era un nombre muy común entre los judíos de la época de Jesús, quizá debido a que así se llamaba un gran héroe en la rebelión de los Macabeos en el siglo II A.C. En el Nuevo Testamento encontramos nueve personas distintas así llamadas. Jesús le dio al que nos ocupa el sobrenombre de **Pedro,** palabra griega que significa "piedra" (petros).

Andrés es conocido principalmente por ser **hermano** de Pedro, como aquí se le identifica. Sin embargo, fue el que primero puso a su hermano en contacto con Jesús (Jn. 1:40-42). Andrés fue el que informó acerca de un muchacho que tenía una merienda con la que fueron alimentadas 5.000 personas (Jn. 6:8-9). De la misma manera que Bernabé quedó en segundo plano con respecto a Pablo, sucedió con Andrés, quien quedó oculto por la sombra de Pedro. Pero él cumplió su misión fiel y eficazmente.

Los dos hermanos **echaban la red en el mar**. Esto lo hacían en las aguas poco profundas cerca de la costa. Había un tipo especial de red que se usaba con este propósito. Tenía pesas atadas para que se hundiera hasta el fondo y atraparan la multitud de peces. Algo semejante se emplea todavía en las aguas templadas de las costas del mar de Galilea al sur de Capernaum.

Jesús habló a estos dos pescadores dándoles una orden que encerraba una promesa: **Venid en pos de mí, y os haré pescadores de hombres** (19). El tenía un llamado más elevado y una tarea superior para ellos. El negocio más importante del mundo es el de ganar almas. Pedro y Andrés gozaron del privilegio de ser los primeros a quienes Jesús invitó a cooperar con El en esa tarea.

Este versículo sugiere el tema: "El Supremo Llamado." Podríamos bosquejarlo de la siguiente manera: (1) El llamamiento divino—**Venid en pos de mí**; (2) El interés divino—**y os haré**; (3) La comisión divina—**pescadores de hombres**.

No hubo titubeos de parte de quienes oyeron ese llamamiento. Ellos, **dejando al instante**, o "inmediatamente", **las redes, le siguieron** (20). Estos pescadores reconocieron que era la voz del Maestro que les hablaba, y obedecieron.

Un poco más allá, Jesús vio un barco de pescadores cerca de la costa. En él estaban **Zebedeo** y sus dos hijos, **Jacobo** y **Juan** (21). Ellos **remendaban sus redes** preparándose para otra noche de pesca. Y Jesús **los llamó** a seguirle. Como los otros dos, dejando **al instante** las redes— es la misma palabra griega "inmediatamente" (v. 20)—**dejando... la barca y a su padre, le siguieron** (22). La repetición de las dos palabras recalca el hecho de que si uno va a dedicar su vida al servicio de Jesús, debe dejar sus ocupaciones previas.

Es una sorprendente realidad que Jesús haya llamado a cuatro pescadores para ser sus primeros discípulos. Todavía sigue llamando hombres de todos los caminos de la vida para predicar su evangelio. El necesita hombres fuertes y de coraje, que hayan aprendido a hacer **frente a las adversidades con paciencia y perseverancia**.

Estos cuatro, siempre figuran primero en las listas de los 12 apóstoles (Mt. 10:2-4; Mr. 3:16-20; Lc. 6:14-16; Hch. 1:13). Tres de ellos
(Pedro, Jacobo y Juan), parecen haber sido de los más íntimos de Jesús.
Los vemos con El en la resurrección de la hija de Jairo, en el monte de la
transfiguración y en Getsemaní. Dos de ellos, Pedro y Juan, también
están asociados estrechamente en los primeros capítulos del libro de los
Hechos (p. ej. 3:1; 8:14). Pedro fue el orador principal del círculo
apostólico tanto en los Evangelios como en Los Hechos. Fue él quien
predicó el sermón el día de Pentecostés (Hch. 2). Evidentemente Jacobo
era reconocido como líder del grupo, porque llegó a ser el primer
apóstol mártir (Hch. 12:2).

3. Las primeras muchedumbres (4:23-25)

Este párrafo incluye un breve resumen del viaje a **Galilea** (23)
realizado por Jesús tan pronto como alistara los cuatro primeros
colaboradores. Su ministerio abarcaba tres funciones distintas: **enseñando, predicando** y **sanando.**

La enseñanza era realizada **en las sinagogas.** Estas eran locales de
adoración en las villas y pueblos. También servían como escuelas donde
los muchachos judíos podían memorizar las Escrituras. Los juzgados
locales estaban vinculados con las sinagogas. De esa manera constituían el centro de la vida de la comunidad. George A. Buttrick dice:
"La sinagoga era a la vez, escuela, juzgado e iglesia."[96]

Ni el Antiguo Testamento ni la Apócrifa nos relatan el origen de
la sinagoga. Pero es obvia la razón de su existencia. Cuando el templo de
Jerusalén fue destruído en 586 A.C., los judíos quedaron sin un lugar
para adoración. Durante la cautividad, naturalmente ellos se reunían
para orar. La palabra griega *synagoge* significa "una reunión". Como
sucedió con el término "iglesia", primeramente fue usado para la
congregación y luego para el edificio en el cual se reunían.

Jesús estaba **predicando el evangelio del reino.** Se trataba de las
nuevas de que el reino de Dios se ofrecía a los hombres en la persona de
Cristo, el Mesías. Además, sanaba **toda enfermedad** y **toda dolencia en el
pueblo.** Su poder era ilimitado. No había caso demasiado difícil para El.
Era el gran Médico tanto de los cuerpos como de las almas.

Y se difundió su fama por toda Siria (24). Es decir, en la Palestina,
lo mismo que al norte que incluía los actuales territorios de Siria y
Líbano. Como resultado de esta publicidad traían enfermos de todas
partes. Mateo los describe como hombres y mujeres que tenían **dolen-**

cias y que eran **afligidos por diversas enfermedades y tormentos.** La palabra **tormentos,** que podría interpretarse "torturas", recalca el dolor y el sufrimiento resultante de los males. También llegaban con ellos **los endemoniados,** lunáticos, en griego *seleniazomenous.* Literalmente significa "golpeado, herido por la luna". Este era un término usado para designar a los epilépticos. Se dice que de todos estos males El **los sanó.** El verbo empleado es *therapeuo,* del que proviene nuestro término "terapia" y también "terapéutico".

Se hace notar la popularidad de Jesús con la mención de que **le siguió mucha gente (25)**—literalmente, "multitudes"—de los territorios circunvecinos. **Galilea** era la parte norte de la Palestina propiamente dicha. **Decápolis** significa "diez ciudades". Este era el nombre dado a la zona más oriental del valle del Jordán que abarcaba 10 ciudades helenísticas en cultura e intereses. Se extendían por el norte, desde Damasco hasta Filadelfia (hoy Ammán) al sur. Era una región de carácter más bien gentil. Stendhal dice que "en Decápolis, los judíos constituían la minoría".[97] **Jerusalén** era la capital de **Judea** y la parte meridional de la Palestina. El hecho de que la gente viajara desde 150 kilómetros al norte de Jerusalén a Galilea demuestra el tremendo poder de atracción de Jesús. **Del otro lado del Jordán** es lo que en tiempos modernos se llama Transjordania y conocida oficialmente como Perea (lit., "a través"). Esta parte sobre el lado oriental del Jordán estaba gobernada por Herodes Antipas, mandatario de Galilea.

Después de presentar esta descripción general del principio del ministerio de Jesús en Galilea, Mateo ahora prepara el panorama para el Sermón del Monte. Este es el primero de los cinco grandes discursos en este Evangelio (vea la Introducción).

NOTAS BIBLIOGRÁFICAS

[1]Vincent Taylor, *The Names of Jesus* (Londres: Macmillan & Co. 1953), p. 24.

[2]G. Abbott-Smith, *A Manual Greek Lexicon of the New Testament* (segunda edición; Edimburgo: T. and T. Clark, 1923), p. 90.

[3]*A Greek-English Lexicon of the New Testament and Other Early Christian Literature* (Chicago: University of Chicago Press, 1957), p. 154.

[4]Theodor Zahn, *Introduction to the New Testament* (Grand Rapids: Kregel Publications, 1953 [reimpreso]), II, 532.

[5]Alan H. M'Neile, *The Gospel According to St. Matthew* (Londres: Macmillan & Co., 1915), p. 4.

[6]R. V. G. Tasker, *The Gospel According to St. Matthew* ("The Tyndale New Testament Commentaries"; Grand Rapids: Wm. B. Eerdmans Publishing Co., 1961), pp. 31-32..

[7]James Morison, *A Practical Commentary on the Gospel According to St. Matthew* (Londres: Hodder and Stoughton, 1899), pp. 7-8.

[8]Alfred Plummer, *An Exegetical Commentary on the Gospel According to St. Matthew* (Londres: Elliot Stock, 1909), I, p. 4.

[9]Abbott-Smith, *op. cit.,* p. 295.

[10]*Op. cit.,* p. 527.

[11]Alfred Edersheim, *The Life and Times of Jesus the Messiah* (octava edición, Nueva York: Longmans, Green, and Co., 1903), I, p. 150.

[12]*Op. cit.,* p. 7.

[13]*Op. cit.,* p. 5.

[14]*Op. cit.,* p. 9.

[15]El método actual de fechar los acontecimientos, D.C. (Anno Domini: "en el año de nuestro Señor") fue introducido por Dionisio el Pequeño, más o menos por el 530 D.C. y llegó a ser de uso general durante el reinado de Carlomagno (768-814). Dionisio ubicó el nacimiento de Jesús el 25 de diciembre, 754 A.U.C. (*Anno urbis conditae* "en el año de la fundación de la ciudad [de Roma])". Pero Edersheim ha calculado que Cristo nació en el 749 A.U.C. (que corresponde a cinco años antes en el calendario de Dionisio) y los eruditos concuerdan en que Edersheim es sólidamente correcto en su computación. De esa manera Dionisio se equivoca al trasladar el nacimiento de Jesús del 6 al 4 A.C. (Edersheim, *op. cit.,* I, 187, 212-13).

[16]Homer A. Kent, Jr., "Matthew", *Wycliffe Bible Commentary,* ed. Charles F. Pfeiffer and Everett F. Harrison (Chicago: Moody Press, 1962), p. 932.

[17]*Ibid.*

[18]Basil F. C. Atkinson, "Gospel According to Matthew", *New Bible Commentary* (segunda edición; Grand Rapids: Wm. B. Eerdmans Publishing Co., 1954), 775.

[19]W. F. Beare, *The Earliest Records of Jesus* (Nueva York: Abingdon Press, 1962), p. 31.

[20]*Ibid.,* p. 32.

[21]Floyd B. Wilson, *A Commentary on the Gospel According to St. Matthew* "Harper's New Testament Commentaries"; Nueva York: Harper & Brothers, 1960), p. 58.

[22]Plummer, *op. cit.,* p. 14.

[23]*Ibid.,* pp. 13-14.

[24]William Barclay, *The Gospel of Matthew,* I (segunda edición, "The Daily Study Bible"; Filadelfia: Westminster Press, 1958), pp. 22-24; (hay versión castellana).

[25]*Ibid.,* p. 24.

[26]John M. Gibson, *The Gospel of St. Matthew* ("The Expositor's Bible"; Nueva York: A. C. Armstrong & Son, s.f.), p. 20.

[27]*Op. cit.,* p. 17.

[28]Frederick C. Grant, "Matthew", *Nelson's Bible Commentary* (Nueva York: Thomas Nelson & Sons, 1962), VI, 32.

[29]Josephus, *Antiquities* XVII, 6, 5; (hay versión castellana).

[30]*Ibid.,* XVII, 9, 3; *War* II, 6, 2.

[31]F. W. Green, *The Gospel According to Saint Matthew* ("The Clarendon Bible"; Oxford: Clarendon Press, 1936), pp. 112-13.

[32]*Op. cit.,* p. 25.

[33]*Ibid.,* (omitidas las cursivas).

[34]H. A. W. Meyer, *Critical and Exegetical Hand-book to the Gospel of Matthew* (Nueva York: Funk and Wagnalls, 1884), p. 70.

[35]John Peter Lange, "Matthew", *Commentary on the Holy Scriptures*, ed. J. P. Lange (Grand Rapids: Zondervan Publishing House, s.f.), p. 64.

[36]E. H. Plumptre, "Matthew", *Commentary on the Whole Bible*, ed. C. J. Ellicott (Grand Rapids: Zondervan Publishing House, s.f.), p. 9.

[37]G. H. Box, "Nazarene", *Dictionary of Christ and the Gospels*, ed. James Hastings (Nueva York: Charles Scribner's Sons, 1908), II, 236.

[38]Abbott-Smith, *op. cit.*, p. 246.

[39]"Wilderness", *Interpreter's Dictionary of the Bible*, ed. George A. Buttrick, *et al.* (Nueva York: Abingdon Press, 1962), IV, 844.

[40]"Wilderness, Desert", *Dictionary of the Bible*, ed. James Hastings, (edición revisada. Nueva York: Charles Scribner's Sons, 1963), p. 1037.

[41]F. F. Bruce, *Second Thoughts on the Dead Sea Scrolls* (Grand Rapids: Wm. B. Eerdmans Publishing Co., 1956), p. 129.

[42]*Ibid.*, p. 130.

[43]W. L. Chamberlain, *The Meaning of Repentance* (Grand Rapids: Wm. B. Eerdmans Publishing Co., 1943), p. 22.

[44]Theodore H. Robinson, *The Gospel of Matthew* ("Moffatt's New Testament Commentary"; Nueva York: Harper and Brothers, 1927, [Preface]), p. 14.

[45]Joseph H. Thayer, *Greek-English Lexicon of the New Testament* (Nueva York: American Book Company, 1889), p. 406.

[46]Albert Barnes, *Notes on the New Testament: Matthew and Mark* (Grand Rapids: Baker Book House, 1949), p. 22.

[47]A. B. Bruce, "The Synoptic Gospels", *Expositor's Greek Testament* (Grand Rapids: Wm. B. Eerdmans Publishing Co., s.f.), I, 80.

[48]*Op. cit.*, p. 134.

[49]*Ibid.*

[50]*Ibid.*

[51]*Op. cit.*, p. 29.

[52]George E. Ladd, *The Gospel of the Kingdom* (Grand Rapids: Wm. B. Eerdmans Publishing Co., 1959), p. 19.

[53]Gosta Lundstrom, *The Kingdom of God in the Teaching of Jesus*, traducido por Joan Bulman (Richmond, Virginia: John Knox Press, 1963), p. 238.

[54]Halford E. Luccock, "The Gospel According to Mark" (Exposition), *The Interpreter's Bible*, ed. George A. Buttrick, *et al.*, VII (Nueva York: Abingdon-Cokesbury Press, 1951), 649.

[55]*The Biblical Illustrator: St. Mark*, ed. Joseph S. Exell (Grand Rapids: Baker Book House [reimpresión]), p. 8.

[56]*Antiquities*, XVIII, 5, 2.

[57]Matthew Black, "Pharisees", IDB, III, 776.

[58]*Antiquities* XVII, 2, 4.

[59]A. C. Sundberg, "Sadducees", IDB, IV, 160.

[60]*Antiquities*, XIII, 10, 6.

[61]Véase *Antiquities*, XIII, 1, 3-4.

[62]Véase el comentario sobre Hechos 23:8.

[63]30 veces en Mateo, 12 en Marcos, 28 en Lucas, 20 en Juan, 9 en los Hechos y 1 en Filipenses (3:5).

[64]Siete veces en Mateo, una en Marcos e *idem* en Lucas, y cinco en Hechos.

[65]*Antiquities* XVIII, 1, 4.

[66]*Op. cit.,* p. 34

[67]George Adam Smith, *Historical Geography of the Holy Land* (vigésima edición; Londres: Hodder & Stoughton, s.f.), p. 317.

[68]Puede haberse intentado un juego de palabras hebreas "hijos" *(banim)* y "piedras" *(ebhanim).*

[69]Abbott-Smith (p. 383) indica un "a" o "en" con el significado de "hacia".

[70]Sherman Johnson, "Matthew" (Exegesis), IB, VII, 265.

[71]Henry Alford, *The Greek Testament,* rev. Everett Harrison (Chicago: Moody Press, 1958), I, 23.

[72]*Ibid.*

[73]Philip A. Micklem, *St. Matthew* ("Westminster Commentaries"; Londres: Methuen & Co., 1917), pp. 15-16.

[74]David Brown, "Matthew-John", *A Commentary... on the Old and New Testaments,* por Robert Jamieson, A. R. Fausset, y David Brown (Grand Rapids: Wm. B. Eerdmans Publishing Co., 1948 [reimpreso]), V, 12.

[75]*Ibid.*

[76]G. Campbell Morgan, *The Gospel According to Matthew* (Nueva York: Fleming H. Revell Co., 1929), p. 23.

[77]J. C. Ryle, *Expository Thoughts on the Gospels: Matthew-Mark* (Grand Rapids: Zondervan Publishing House, s.f.), pp. 19-20.

[78]A. E. Airhart, "The Baptism with the Holy Spirit", *Preacher's Magazine,* XXXVIII (May, 1963), 14.

[79]Madeleine S. Miller y J. Lane Miller, *Encyclopedia of Bible Life* (Nueva York: Harper & Brothers, 1944), p. 19.

[80]*The Crises of the Christ* (Nueva York: Fleming H. Revell Co., 1903), p. 120.

[81]Suzanne de Dietrich, "The Gospel According to Matthew", trad. por Donald G. Miller, *The Laymen's Bible Commentary,* XVI (Richmond, Virginia: John Knox Press, 1961), 23.

[82]M. F. Sadler, *The Gospel According to St. Matthew* (tercera edición; Nueva York: James Pott & Co., 1887), p. 35.

[83]Charles R. Erdman, *The Gospel of Matthew* (Filadelfia: Westminster Press, 1920), p. 37.

[84]*Op. cit.,* p. 87.

[85]*Op. cit.,* p. 77.

[86]G. A. McLaughlin, *Commentary on the Gospel According to Saint Matthew* (Chicago: Christian Witness Co., 1909), p. 40.

[87]*Ibid.*

[88]John A. Broadus, *Commentary on the Gospel of Matthew* ("An American Commentary on the New Testament"; Filadelfia: American Baptist Publication Society, 1886), p. 62.

[89]Abbott-Smith, *op. cit.,* p. 351.

[90]*Op. cit.,* p. 646.

[91]*Op. cit.,* p. 37.

[92]O, "Puesto que tú eres el Hijo de Dios".

[93]Alexander Maclaren, *Exposition of Holy Scripture,* "St. Matthew" (Grand Rapids: Wm. B. Eerdmans Publishing Co., 1944 [reimpreso]), p. 78.

[94]*Crises of the Christ,* p. 168.

[95]*Ibid.,* p. 175.

[96]"Matthew" (Exposition), IB, VII, 277.

[97]K. Stendahl, "Matthew", *Peake's Commentary on the Bible,* eds. Matthew Black y H. H. Rowley (Londres: Thomas Nelson & Sons, 1962.), p. 774.

Sección II Primer Discurso: Sermón del Monte

Mateo 5:1—7:29

Franzmann, en su libro *Follow Me: Discipleship According to Saint Matthew* (Sígueme; Discipulado según San Mateo), dice acerca del Sermón del Monte: "Está basado sobre la narrativa de los comienzos (1:1—4:16), la genealogía y los siete cumplimientos."[1] Las últimas palabras se refieren al cumplimiento de siete profecías que ocurren en los primeros cuatro capítulos de Mateo. Son: (1) Emanuel, 1:23; (2) el nacimiento en Belén, 2:6; (3) llamado de Egipto, 2:15; (4) llanto de Raquel, 2:18; (5) llamado nazareno, 2:23; (6) la voz en el desierto, 3:3; (7) una gran luz, 4:14-16.

Franzmann siente que cada uno de los cinco grandes discursos de San Mateo está precedido por un relato que lo vincula. El que nos ocupa, el primero, queda introducido por 4:17-25. Escribe: "Con semejante fondo, el Sermón del Monte debe ser apreciado y comprendido como el registro de cómo el llamamiento de Jesús, emitido por El con autoridad mesiánica, convocando a los hombres hacia la realidad escatológica del reino de los cielos, ha sido realizado para determinar la existencia total del discipulado."[2] Es decir, "que en el Sermón del Monte, "Jesús está modelando mesiánicamente la voluntad de su discípulo".[3]

Esta idea parece proveer la llave adecuada para la comprensión de la naturaleza y propósito de este gran mensaje. El Maestro había terminado de llamar a sus cuatro primeros discípulos. Ahora les está enseñando qué significa el verdadero discipulado. Está describiendo la clase de vida que deben tener los suyos.

Se han sugerido muchas maneras de interpretar y aplicar el Sermón del Monte. McArthur dedica un capítulo entero describiendo 12 de esas interpretaciones,[4] a las que titula "Versiones y evasiones del Sermón de la Montaña".[5] Comienza con este comentario: "Si un hipotético visitante de Marte" viniera a visitar "una característica comunidad cristiana" después de haber leído el Sermón del Monte durante su viaje, quedaría perplejo por el contraste. "El abismo entre el dechado del Sermón del Monte y la norma de la vida cristiana convencional es tan grande, que el visitante sospecharía haber leído el sermón

68

equivocado, o haber llegado extraviado a otra comunidad."⁶ Es excelente el análisis y valoración de esas nociones de McArthur.⁷

A. EL MARCO DEL SERMÓN, 5:1-2

Uno puede deducir del primer versículo del capítulo quinto, que Jesús había dejado **la multitud** (1) y predicado este "sermón" a sus discípulos solamente. Pero, parece que la muchedumbre rodeaba al círculo interior y escuchaba el discurso (cf. 7:28).

Esta referencia **al monte** es probablemente significativa. De la manera que Moisés recibió la ley sobre el monte Sinaí, Jesús, el nuevo líder, enunciaba la ley del Reino sobre la falda de una montaña.

Sentándose. Aunque los predicadores de nuestro tiempo siguen la antigua costumbre griega y romana de hablar de pie, los rabinos judíos enseñaban sentados. **Discípulos** literalmente significa "los que aprenden". La palabra se encuentra solamente en los Evangelios y Los Hechos (en Mateo, 74 veces; en Marcos, 45; en Lucas, 38; en Juan, 81 y en Hechos, 30). Es el primer nombre que recibieron los seguidores de Jesús.

B. NATURALEZA DE LOS DISCÍPULOS, 5:3-16

1. *Su bienaventuranza* (5:3-12)

a. Los pobres en espíritu (5:3). Cada bienaventuranza comienza con la palabra **Bienaventurados** que recordaba a los oyentes el Salmo 1:1. Lenski comenta: "'¡Bienaventurados!' recitado una y otra vez, suena como las campanas del cielo, repiqueteando a este infeliz mundo desde la torre de la catedral del reino, invitando a todos los hombres a entrar."⁸

La palabra griega *makarios,* significa "dichoso". Pero es obvio que "... las bendiciones contempladas en las Bienaventuranzas no pueden ser expresadas en nuestro idioma por la palabra o concepto de 'felicidad'".⁹ Ellas se refieren más bien a la dicha que solamente disfrutan aquellos que gozan de la salvación en Jesucristo. Hunter sugiere: "'Bienaventurados' quiere decir 'Ah, la felicidad de' y beatitud es la felicidad del hombre que, en comunión con Dios, vive la vida que es verdaderamente vida."¹⁰ Arndt y Gingrich escriben: "La traducción *Oh, la felicidad de* o *¡salve a aquellos!* patrocinada por algunos, puede ajustarse al original arameo, pero, apenas si expresa el contenido que la palabra *makarios* tenía en los labios de los cristianos de lengua helena."[11] Juan Wesley ha sido seguido por un cierto número de más recientes traductores al adoptar la palabra "feliz". Pero, quizá "dichoso" se acerque más a la realidad.

Los pobres en espíritu (3) son los que reconocen su pobreza espiritual. Lucas (6:20) dice: "Bienaventurados, vosotros los pobres." Pero después de la cautividad babilónica, "los pobres" era una expresión empleada a menudo por "piadosos" en contraste con los acaudalados, perversos y mundanos opresores de los pobres. De modo que las declaraciones de Mateo y Lucas pueden tener igual significado. Quizá la mejor traducción del 5:3*a* sea la que nos presenta Goodspeed: "Dichosos los que sienten su necesidad espiritual."

¿Por qué son bendecidos estos pobres? **Porque de ellos es el reino de los cielos.** Las Bienaventuranzas se encuentran en forma de paralelismo sintético, un tipo de poesía hebrea en la cual, el segundo verso completa el significado del primero. De este modo, aquí, el segundo define con mayor claridad la connotación de "bienaventurado".

La primera de las beatitudes le apunta directamente a la necesidad del corazón del hombre. Fitch declara: "Pobreza de espíritu es esencialmente el destronamiento del orgullo."[12] Después de aseverar que este mal es la propia naturaleza del pecado", continúa diciendo: "El orgullo es el pecado del individualismo desmedido, el mal del usurpador pretendiendo un trono que no le pertenece, el pecado que llena el universo con sólo un ego, el pecado de destronar a Dios de su justa soberanía."[13]

b. Los que lloran (5:4). Cuando uno se da cuenta que está en bancarrota de todo caudal espiritual que lo haría aceptable a Dios, uno será de **los que lloran** (4) por esa realidad. Lloyd Jones escribe: "El 'llorar' es algo que sigue a la necesidad de sentirse 'pobre en espíritu'", y agrega: "Al confrontar a Dios y su santidad y contemplar la vida que pretendo vivir, me veo a mí mismo, mi absoluta impotencia y desesperación."[14]

Este llanto lleva al arrepentimiento y a la conversion. Pero no se detiene allí. Continúa durante toda la vida del cristiano concienzudo. Los más grandes santos se dan cuenta con mayor profundidad cuánto les falta para ser semejantes a Cristo y lo lamentan. Sólo un creyente superficial puede sentirse complacido consigo mismo.

La promesa para los que lloran, es **porque ellos recibirán consolación** (cf. Is. 57:18). Esto viene primero en el consuelo del perdón, y entonces, en el placer de la comunión. El Cristo compasivo está especialmente cerca de los que lloran.

    c. Los mansos (5:5). A menudo, el significado verdadero de la mansedumbre ha sido penosamente mal entendido. En demasiadas ocasiones ha sido interpretado en términos de una humildad autodestructora, negativa y casi falsa. Pero en realidad es algo absolutamente distinto, aun en la forma en que nos hace relacionarnos con nuestros semejantes. El arzobispo Trench escribe sobre el tema: "Es más bien una gracia interior efectuada en el alma; y su ejercicio es primera y principalmente en relación con Dios."[15] Y agrega: "Es esa disposición de espíritu por la cual uno acepta como buenos todos los tratos de Dios hacia nosotros sin disputa ni resistencia."[16] En la misma dirección, Fitch dice: "La mansedumbre es rendimiento a Dios, sumisión a su voluntad, preparación para aceptar lo que El pueda darnos, y estar listos para ocupar el lugar más bajo."[17] Simplificando los términos, la mansedumbre es sumisión a la voluntad divina. Esto no es principalmente negativo sino positivo. Es un cumplimiento activo de su voluntad en nuestras vidas diarias. Jesucristo es el Ejemplo supremo de esa mansedumbre (cf. 11:29). Este cumplimiento de la voluntad de Dios incluye una correcta valoración de uno mismo, estimación que conduce "a no tener más alto concepto de sí que el que debe tener" (Ro. 12:3).

    En lo que concierne a los mansos, se nos dice que **recibirán la tierra por heredad** (5). El mundo cree que la manera de ganar es mediante la aserción de uno mismo. Pero Jesús dijo que aquellos que acepten su voluntad algún día reinarán con El.

    d. Los hambrientos de corazón (5:6). Una de las primeras señales de vitalidad en un recién nacido es el hambre. Y de igual manera, los que han nacido de nuevo tendrán **hambre y sed de justicia** (6)—lo que en las Escrituras a menudo significa "salvación" (cf. Is. 51:6). Para los tales es la promesa: **porque ellos serán saciados.** El término griego es *chortazo,* de *chortos,* apacentar. El cuadro que ilustra es el de un ganado hambriento al que se le deja en la pastura hasta que se haya saciado. El verbo también significa "satisfecho" que muy bien encuadra en este lugar. Fitch observa: "La plenitud es la respuesta de Dios al vacío del corazón del hombre."[18]

    e. Los misericordiosos (5:7). Los que han recibido misericordia de parte de Dios deben ser misericordiosos con sus semejantes. En la parábola de "los dos deudores" tenemos la más vívida ilustración de cuán irrazonable es negarse a perdonar a otros (18:23-35). La parábola del Buen Samaritano (Lc. 10:30-37) nos da un excelente ejemplo de misericordia para con el necesitado. La misericordia ha sido definida como "la bondad en acción".

Bowman y Tapp sugieren que las bienaventuranzas, aparentemente representan "un poema arameo original realizado en dos estrofas de cuatro versos cada una".[19] Las primeras cuatro describen: "primero, un despertar al estado de insuficiencia de uno mismo... en segundo lugar, la determinación de 'volverse' a Dios con arrepentimiento... tercero, la adopción de una actitud constante de confianza únicamente en Dios ... y finalmente, el ardiente anhelo de adquirir la 'justicia' total, que constituye la 'salvación' para el hombre."[20] Fitch sostiene que la primera estrofa describe el nacimiento del cristiano y la segunda, su vida como cristiano.[21]

f. Los de limpio corazón (5:8). Acerca de esta condición escribe Whedon: "Aquí se nos presenta un rasgo de carácter que sólo el Espíritu de Dios puede producir. Es la santificación."[22] McLaughlin escribe: "Un corazón puro es aquel en el que no se encuentra nada contrario al amor de Dios."[23]

Jesús declaró que sólo los de limpio corazón **verán a Dios**(8). Esto se refiere a la vida presente y la futura. El pecado es como la tierra en los ojos. Nubla la visión y distorsiona el panorama. Podemos llegar a tener plena comunión con Dios solamente cuando nuestros corazones hayan sido limpiados de todo pecado (cf. 1 Jn. 1:7).

La pureza de corazón es el final y resumen de las bienaventuranzas previas. Aquí queda implicada claramente la posibilidad de tal rectitud interna y también que es indubitable tanto por las Escrituras como por la experiencia universal que nadie nace puro (Jer. 17:9); los corazones sólo pueden llegar a serlo cuando son purificados. La cultura humana no limpiará las profundidades de la corrupción; es menester una obra de la gracia divina.

El corazón debe ser limpiado de su orgullo (Pr. 16:5); si no, en lugar de ser "pobre en espíritu", uno será altivo y presuntuoso; en lugar de estar arrepentido (uno que *lamenta* de veras), estará satisfecho consigo mismo; en vez de "manso" será un obstinado e impetuoso. El corazón también debe ser purificado del doble ánimo (Stg. 4:8), de los celos y la contención (Stg. 3:14) y de la incredulidad (He. 3:12).

g. Los pacificadores (5:9). Santiago dice en su epístola que "la sabiduría que es de lo alto es primeramente pura, después pacífica"

(Stg. 3:17). Aquí, ese es el orden. Solamente los puros de corazón, los que han sido limpiados de la naturaleza carnal (causa de toda lucha interior) pueden tener en su plenitud "la paz de Dios" en sus almas. Un corazón dividido carece de paz. Solamente la paz de Cristo, cuando ésta nos controla, puede hacernos pacificadores.

Todos tenemos aversión de un buscapleitos. Pero el desafío al cristiano es: ¿Soy yo un pacificador en la comunidad, en la iglesia, en el hogar? Este último constituye la más difícil de todas las pruebas.

Hijos de Dios (9). Así está en griego, sin artículo. Cuando esta lengua clásica lo omite pone énfasis en la clase o el carácter. Cuando la gente "pone paz", será llamada "hijos de Dios" porque actúan como El. En el pensamiento oriental, la palabra "hijo de" implica "tener la naturaleza de".

h. Los perseguidos (5:10-12). Algunos eruditos consideran que las bienaventuranzas son nueve. Otros cuentan ocho, considerando al verso 11 como una extensión del 10. Seguiremos este último método.

No debemos dejar de notar que **los que padecen persecución por causa de la justicia** (10) son bienaventurados. Algunos mártires auto-proclamados se quejan de ser perseguidos por causa "de la justicia" cuando realmente lo son por su propia necedad. Cuando se les critica por actuar o hablar imprudentemente, ellos citan esta bienaventuranza. Pero eso es sólo "adulterar la palabra de Dios" (2 Co. 4:2).

A los cristianos perseguidos, les indica: **gozaos y alegraos** (12). Jesús cita el ejemplo de **los profetas** que fueron perseguidos en los tiempos del Antiguo Testamento. Pero en la actualidad, El mismo es nuestro Ejemplo supremo de lo que está detallado en el verso 11. Alguien ha dicho que las bienaventuranzas constituyen una autobiografía de Cristo.

Las virtudes que Jesús magnifica en el Sermón del Monte son exactamente opuestas a las admiradas por los griegos y los romanos de su época. El dijo: Bienaventurados los pobres en espíritu, los de limpio corazón, los pacificadores, los perseguidos; los que lloran, los mansos, los misericordiosos y los que tienen hambre y sed de justicia. Esto corre diametralmente opuesto al espíritu de la edad. Bowman y Tapp lo expresan de la siguiente manera: "Parece entonces, que nuestro bendito Salvador está presentando una personalidad salvada forzada a vivir en un mundo perdido, la justicia rodeada por el vicio, con las consecuentes tensiones así creadas."[24]

Fitch presenta uno de los mejores resúmenes de las Bienaventuranzas. Dice así:

> Se dividen naturalmente en cuatro partes separadas. Las tres primeras nos muestran a un hombre volviendo del pecado a Dios y la cuarta nos presenta a Dios volviéndose al pecador y vistiéndole con la justicia de Cristo. Las tres siguientes... nos muestran al recién nacido hijo de Dios haciendo las obras de justicia entre los hombres; y la bienaventuranza final muestra cómo reaccionan los humanos... Primero, están las tres gracias del alma contrita, seguidas por la respuesta de Dios en su misericordia, justicia y gracia. Enseguida continúan las tres gracias del alma comisionada seguidas por la respuesta del mundo en persecución y reproche.[25]

2. *Su influencia* (5:13-16)

Jesús usó dos símbolos para describir la influencia que tienen los cristianos sobre una sociedad no creyente. Primero, la sal; el segundo, la luz.

a. Como la sal (5:13). **La sal** tiene dos empleos: para dar sabor y para preservar. (1) Todos los alimentos tales como las legumbres y las salsas son muy desagradables sin sal. Durante la Edad Media, en Europa, cuando la gente cosechaba la mayor parte de su alimento, tenían que hacer un viaje anual a los mercados para comprar sal. Era considerada como un ingrediente absolutamente necesario. De igual manera, la vida sin Cristo y el cristianismo es insoportablemente insípida. De la forma que Cristo ha puesto a tono la vida del creyente, éste a su vez debe hacerlo para otros.

(2) La sal preserva. Antes del advenimiento de las refrigeradoras y heladeras modernas, la sal era el medio principal para la preservación de los alimentos. Cuando se transportaban a lomo de asno a unos 1.500 kilómetros desde Capernaum a Jerusalén, el pescado tenía que estar sumamente salado. Así, el seguidor de Cristo debe obrar como salvaguardia en el mundo. Uno no puede dejar de imaginar qué sería o qué sucedería en esta sociedad moderna con toda su podredumbre moral si no fuera por la presencia de la iglesia cristiana.

b. Como la luz (5:14-16). En una ocasión Jesús declaró: "Yo soy la luz del mundo" (Jn. 8:12). Aquí El les dice a sus discípulos: **Vosotros sois la luz del mundo** (14). De la manera que la luna refleja la luz del sol hacia la parte oscurecida de la tierra, la iglesia debe reflejar los rayos del "Sol de Justicia" (Mal. 4:2) en un mundo entenebrecido por el pecado.

Los creyentes son como **una ciudad asentada sobre un monte**—era una visión común en la Palestina. Sea que estén de acuerdo o no, ellos están "en exhibición" delante del mundo todo el tiempo. Uno no puede evitar su influencia más de lo que podría escapar de su propia sombra. **Una luz** debiera ser lámpara, (VM., 15). No se usaban **candeleros** en los días de Jesús, sino pequeñas lámparas de arcilla del tamaño de la palma de la mano de un hombre. Muchas de éstas, pertenecientes al tiempo del Señor, han sido extraídas en excavaciones en Palestina. En los hogares sin ventanas de entonces, la lámpara se colocaría sobre un sostén o con más probabilidad en un nicho cavado en el muro de barro y alumbraría **a todos los que están en casa**. Esto era literalmente verdad al tratarse de casas de un solo cuarto como era la de la gente más pobre de Palestina. El aceite de oliva se empleaba para alimentar esas lámparas.

La **luz** de los discípulos debía ser sus **buenas obras** (16). Si ellas brillaban consistentemente con su profesión, glorificarían a Dios. El alabar a Dios por medio de nuestra vida es mucho más importante que glorificarlo con nuestros labios.

C. La Justicia de los Discípulos, 5:17-48

1. *Su naturaleza* (5:17-20)

No hay duda que algunos de los oyentes de Jesús pensaron que El era revolucionario en sus enseñanzas. Es posible que hayan creído que estaba procurando **abrogar la ley o los profetas** (17). Pero El negó tal cosa enfáticamente—**no he venido para abrogar, sino para cumplir**. En esta declaración tan significativa, El indicaba su relación con el Antiguo Testamento. El había de cumplir sus mandamientos y promesas, sus preceptos y profecías, sus símbolos y tipos. Lo hizo en su vida y ministerio, en su muerte y en su resurrección. "Cumplir"es "llenar por completo"—para ambos términos se emplea la misma palabra griega. Jesús colmó hasta lo sumo el significado del Antiguo Testamento. Cuando leemos éste a la luz de la persona y obra de Jesucristo, el Libro irradia un nuevo significado. Cristo es la Clave, la única Llave que nos abre las Escrituras.

¿Qué le sucederá a la Ley? Solemnemente el Maestro declaró: **Porque de cierto os digo que hasta que pasen el cielo y la tierra, ni una jota ni una tilde pasará de la ley, hasta que todo se haya cumplido** (18). Jota es la letra más pequeña del alfabeto hebreo, la *yodh* que se parece mucho a un apóstrofe. Corresponde a la más chica del alfabeto griego, la *iota*. La tilde era el "cuerno" o acento sobre alguna de las letras hebreas para distinguirla de las otras. A menudo estas distinciones son tan pequeñas que uno tiene que fijarse mucho para no equivocarse cuál es la letra que quiere modificarse. La moderna contraparte de esto está muy bien expresada en la traducción de Goodspeed: "Ni la tilde de una *i* ni el cruce de una *t* será quitado de la ley hasta que todo haya sido observado."

Consistente con este criterio, Jesús amonestó que **cualquiera que quebrante** (19) ("haga a un lado, descuide") el menor de esos mandamientos y así enseñare a otros, **muy pequeño será llamado en el reino de los cielos.** Superficialmente, la última parte de esta declaración parece sorprendente. ¿Cómo uno que quebranta la ley puede estar en el Reino? **La solución se encuentra al traducir la frase: "en relación al reino de los cielos";** es decir, que en relación con el reino, él será lo menos, dejado afuera. **Grande** será el que **haga** y **enseñe** los mandamientos. El hacer debe preceder a la enseñanza.

El verso 20 es generalmente considerado el versículo clave del Sermón del Monte. La justicia de los discípulos de Cristo debía ser **mayor que la de los escribas y fariseos.** Jesús estaba exigiendo justicia interior, moral y espiritual en lugar de la exterior, ceremonial y legalista de los fariseos. "El problema de los fariseos", dice Martin Lloyd-Jones, "residía en que ellos estaban interesados en detalles más que en principios, en las acciones más que en los motivos y tenían más interés en hacer que en ser."[26]

Está bien que un cristiano agradezca a Dios porque no está bajo la ley sino bajo la gracia. Pero, si cree que por esa causa se demanda menos de él, ha leído el Sermón del Monte sin entenderlo. Jesús declaró enfáticamente que El requiere una justicia más elevada que la de los escribas y fariseos. En el resto del capítulo presenta seis ejemplos concretos de lo que El exactamente quería decir. Significa fundamentalmente una actitud de justicia interior más que la mera actuación exterior. Pero aquí está la exigencia. Uno no sólo debe tener cuidado de sus actos sino también de los móviles que lo inspiran; no sólo de sus palabras, sino de sus pensamientos. El guardar la ley de Cristo es un requerimiento mayor que la observancia de la ley de Moisés.

2. *Su aplicación* (5:21-48)

Cada uno de estos seis ejemplos de justicia más elevada está introducido por la frase, **Oísteis que fue dicho** (21, 27, 33, 38, 43),[27] con excepción del versículo 31, que dice, "también fue dicho". **A los antiguos** (21) se refiere a algún mandato de la ley de Moisés.

En todos los 6 casos, Jesús agrega: **Pero yo os digo** (22, 28, 32, 34, 39, 44). En griego es más enfático que en las lenguas vernáculas. Dice *ego de lego hymin.* "Pero yo os digo a vosotros." Tanto en griego como en latín el pronombre está incluído en la forma del verbo. Sólo va separado cuando el orador o escritor quiere hacer un vigoroso hincapié sobre él. *Lego* quiere decir "yo digo". La palabra *ego* (**Yo**), no sólo está agregada aquí sino que ocupa el primer lugar de la cláusula, la posición enfática en una oración griega. De modo que la cláusula debe leerse: "Pero yo os digo a vosotros." Al hablar de esa manera, Jesús era o el peor egoísta del mundo, o bien era lo que pretendía ser—el Hijo eterno de Dios, que estaba hablando con autoridad divina. Diecinueve siglos de historia cristiana han validado su derecho. Blair correctamente observa: "El retrato que Mateo nos ha dado de Jesús se centra en la representación que el Evangelista hace de la autoridad del Salvador."[28] E igualmente Taylor dice: "Jesús siempre permanecerá como un desafío para ser confrontado más que como un problema para ser resuelto."[29] Es El quien tiene el derecho de desafiarnos, no nosotros a El.

a. La ira (5:21-26). **No matarás** es el sexto mandamiento del decálogo (Ex. 20:13; Dt. 5:17). Jesús no lo anuló. Más bien le dio una interpretación más amplia. Si usted se ha enojado con su hermano, ya ha cometido homicidio en su corazón. Cualquiera que matare a otro, **será culpable de juicio** (21). Evidentemente se refiere al tribunal local relacionado con la sinagoga. Pero Jesús declaró que **cualquiera que se enoje contra su hermano**[30] **será culpable de**—un término legal que significa "expuesto a"—**juicio** (22). Es decir que quedaba sujeto a la acción penal. Cualquiera que dijera a su hermano: **Necio** (raca, Valera Antigua; imbécil, VM.)—"una palabra de desprecio, se dice que viene de la misma raíz que 'escupir'"[31]—sería culpable de acción ante el **concilio** *(synedrion)* el Gran Sanedrín de Jerusalén. Arndt y Gingrich dicen que "**necio** es un término abusivo que significa tonto, cabeza hueca."[32] Quien dijera **fatuo** (del griego *moron*), **quedará expuesto al infierno de fuego** (literalmente, "Gehenna de fuego").

Gehenna era el valle de Hinnom, al sur de Jerusalén. Los desperdicios de la ciudad eran echados fuera por la Puerta del Muladar (Neh. 3:14; 12:31), lo que actualmente denominaríamos los depósitos e incineradores de basura de la ciudad. Tan temprano como la primera centuria A.C., los judíos usaban la Gehenna en sentido metafórico para indicar el lugar de tormento ardiente. Las lóbregas llamas lamiendo constantemente en los bordes del basurero, constituían un símbolo adecuado que Jesús estaba empleando aquí para describir el fuego del infierno.

La aplicación de la amonestación anterior tiene dos planos—el de la adoración (23-24) y el del proceso legal (25-26). Si un judío presentaba un don al templo para ser ofrendado en el altar—el de las ofrendas quemadas que estaba en la parte delantera del santuario—y allí recordaba que su **hermano** (23) tenía algo contra él, debía volver a reconciliarse con su hermano antes de presentar su ofrenda. La palabra griega que traducimos **reconcíliate** (24) *(diallasso)* se encuentra solamente en este pasaje del Nuevo Testamento. Pablo usa *katalasso* y el compuesto *apokatallasso* para la reconciliación unilateral que el hombre debe efectuar con Dios. Es decir, que el ser humano debe cesar su enemistad contra Dios y reconciliarse mediante Cristo. Pero *diallasso* denota "concesión mutua después de igual hostilidad".[33]

El significado de esto es claro. Cuando uno se reconcilia con el Señor, tiene que aceptar sus condiciones, porque el mal es sólo de una parte. Pero cuando uno se reconcilia con su hermano, las concesiones deben ser hechas por ambas partes, porque en cada contienda humana siempre hay dos lados. Sin embargo, lo que Jesús está enseñando es que al acercarse a la casa de Dios, la ofrenda no será aceptable mientras haya un mal sentimiento entre un adorador y un "hermano". La relación de uno con Dios no puede ser correcta cuando es mala la conexión con su semejante.

La segunda aplicación (25-26) es algo diferente. Su **adversario** puede llevarlo **al juez** (25). Jesús dijo que sería más sabio arreglar todo antes de ir a los juzgados. De otra manera no se saldrá de la prisión hasta que haya pagado el último **cuadrante** (26)—"el último centavo" (Goodspeed). Los *kodrantes* eran las más pequeñas monedas de cobre de los romanos. Equivalían a un cuarto de centavo. El punto es que los cristianos debían arreglar sus diferencias tan rápidamente como fuera posible y entre ellos mismos. Los creyentes normalmente no tienen necesidad de un juez o tribunales para decidir lo que es correcto y justo entre ellos (cf. 1 Co. 6:1-8).

b. Adulterio (5:27-30). Jesús citó el séptimo mandamiento (Ex. 20:14; Dt. 5:18) y luego comenzó a darle una interpretación más elevada. Indicó que ante los ojos divinos la mala intención es tan pecaminosa como los malos hechos. Y Dios conoce ambos por igual. Los versículos 29 y 30 muestran cuán grave es la lujuria. Jesús dijo: **Si tu ojo derecho te es ocasión de caer, sácalo, y échalo de ti** (29). La palabra griega que traducimos por el giro **ocasión de caer** es *skandalizo* ("escandalizar"). Proviene de *skandalon* ("escándalo") que primero era la carnada de una trampa y luego vino a ser usada para denotar la misma trampa o celada. De modo que lo que aquí tenemos significa: Si el mirar te es una trampa o una celada, evítalo a cualquier precio. Algunas versiones inglesas usan el verbo "ofender", como en la *King James* y "ocasión de caer" que es la versión más exacta, como en la *American Standard.* Los traductores de la *Revised Standard Version* lucharon sobre esta palabra—dilataron el voto hasta que por fin después de variedad de versiones, llegaron a esa conclusión para estar de acuerdo con el contexto. The *New English Bible* hace lo mismo. Lenski insiste sobre el significado literal del verbo y lo traduce "*entrap* o sea, 'entrampar'." Beck dice: "le hace pecar",[34] le es causante de pecado, que es una correcta interpretación. Parece que el significado verdadero es "poner una trampa para" más que "poner una piedra de tropiezo en el camino de".[35]

Cristo declaró que era mejor que alguien perdiera su **ojo derecho** o su **mano derecha** antes que ser echado **al infierno** (Gehenna). No podemos creer que El estaba abogando por la mutilación física—aunque en el pasado algunos comprendieron equivocadamente sus palabras tomándolas literalmente. Era una metáfora: Si un amigo íntimo o alguien muy cercano te es una trampa, ¡corta con él! Es mejor privarse de *cualquier cosa* en esta vida que perderse para siempre.

c. Divorcio (5:31-32). Como el asunto del divorcio va a ser tratado más extensamente en otro capítulo (19:3-12), guardaremos las explicaciones mayores para cuando lleguemos. Aquí es suficiente decir que mientras la ley permitía el divorcio (Dt. 24:13), Jesús aseveró que a menudo llegaba al punto de no ser nada más que un **adulterio** (32) legalizado.

d. Juramentos (5:33-37). La ley mosaica decía: **No perjurarás** (33) (Lv. 19:12; Nm. 30:2; Dt. 23:21), lo que significa "no jurarás falsamente"—el verbo se encuentra sólo aquí en el Nuevo Testamento. Pero Jesús dijo: **No juréis en ninguna manera** (34); entonces especifica los juramentos prohibidos: el **cielo,** la **tierra, Jerusalén,** ni por la propia **cabeza** (34-36). Los judíos sostenían que el jurar por el nombre de Dios ligaba al que hacía el juramento; pero el jurar por el cielo no ataba a nadie, de modo que esta forma era una escapatoria para no decir la verdad. Bengel cita el dicho rabínico: "Como los cielos y la tierra pasarán, así pasará el juramento que los llama como testigos."[36] Jesús afirmaba que Dios está siempre presente cuando los hombres hablan; de modo que deben decir la verdad.

El mandato de Cristo fue: **Pero sea vuestro hablar: Sí, sí; no, no;** (37)—o, como dice Beck: "Solamente diga, sí, sí; no, no." La práctica misma del juramento es una triste reflexión sobre el carácter humano. Jesús demanda la verdad en todo tiempo, sea que el hombre haya jurado o no. No hay una doble norma para el cristiano.

e. Represalias (5:38-42). El principio fundamental de la justicia que repercutía en la ley de Moisés era: **Ojo por ojo, y diente por diente** (38; vea Ex. 21:24; Lv. 24:20; Dt. 19:21). El propósito de este mandamiento no era incitar al hombre a devolver el golpe, sino el prohibir que los hombres demandaran un castigo mayor que el delito.

Jesús introdujo una ley superior, la de no vengarse. Su mandato fue: "¡Jamás dé golpe por golpe!" El aplicó este principio de cinco maneras diferentes: volviendo la otra mejilla (39); dejándole la capa (40),[37] caminando la segunda milla (41), dándole al que pide, y prestando a quien lo solicita (42).

Muchas personas han supuesto que estas palabras de Jesús deben ser tomadas literalmente. Pero, si se piensa un poquito, se verá cuán equivocado es este concepto. Por ejemplo, si un hombre le pide dinero para comprar comida—supongamos que usted le concede lo solicitado y él lo usa para comprar bebida alcohólica. ¿Ha hecho usted una buena obra? ¿Ha obrado usted en consonancia con el amor inteligente? ¿O quizá lo que propuso como una bendición, resultó una maldición? Lo que Jesús mandó era tener un espíritu generoso y compasivo hacia el necesitado.

Siempre hay que tener presente que "la letra mata, mas el espíritu vivifica" (2 Co. 3:6). La nueva ley de Jesús es esencialmente un nuevo espíritu. El Maestro estaba preocupado por las actitudes. Debe reconocerse que "el Sermón del Monte trata con principios y no con reglas".[38]

f. Amor a los enemigos (5:43-48). En esta sexta y última aplicación de una justicia más elevada que se exige al cristiano, Jesús cambió un procedimiento. En los ejemplos previos, El había citado solamente un pasaje del Antiguo Testamento y luego le había dado una interpretación más sublime. Esta vez, al mandamiento **Amarás a tu prójimo** (43; Lv. 19:18), El le agrega una adición de los rabinos judíos: **y aborrecerás a tu**

enemigo. Esta última parte no se encuentra en ningún lugar de las Sagradas Escrituras. Henry ha descrito bien el significado: "Dios dijo: *amarás a tu prójimo;* y por *prójimo* ellos entendían solamente a los de su propio país, nacionalidad y religión...; de este mandamiento... estuvieron dispuestos a sacar la conclusión que Dios nunca intentó: *aborrecerás a tu enemigo.*"[39]

Jesús contradijo esta falsa enseñanza con el enérgico mandamiento: **Amad a vuestros enemigos** (44). Es natural amar a los amigos; pero lo sobrenatural es amar a los enemigos. Aquellos que lo hacen, demuestran que son **hijos de vuestro Padre que está en los cielos** (45). El griego dice: "hijos de vuestro Padre que está en el cielo." Notemos también que la ausencia del artículo demuestra clase o calidad— mostráis en vuestro carácter, que sois hijos de Dios. Porque El hace **salir su sol sobre malos y buenos, y hace llover sobre justos e injustos** (45). Si usted sólo muestra bondad para con sus amigos, no es mejor que **los publicanos** (46-47). Estos eran cobradores de impuestos del gobierno romano y despreciados por la mayoría de sus compatriotas judíos, como personas que habían descendido al mal hasta lo último.

Ahora viene el clímax de este capítulo: **Sed, pues, vosotros perfectos, como vuestro Padre que está en los cielos es perfecto** (48). Esto parece como un consejo que nos haría desesperar. Pero, la interpretación correcta es que en la esfera *humana* debemos ser perfectos, como Dios es perfecto en la esfera *divina.* Esta es la meta y el blanco de la vida cristiana.

El contexto inmediato sugiere que **perfectos** debe ser interpretado como perfección en amor. Esto puede ser experimentado en vida, aquí y ahora (1 Jn. 2:5; 4:12, 17, 18). Filson escribe: "*Perfecto* recalca la medición de toda vida por el amor perfecto y santo del mismo Dios y hace que el versículo 48 sea una adecuada conclusión y resumen de todo lo que ha sido dicho en los versículos 17-47."[40]

La transcendente perfección del amor de Dios se ve en: (1) Su *universalidad,* porque todos los hombres están incluídos; (2) Su *compasión,* porque se extiende a los malos e indignos incluyendo a aquellos que no le amarán en retorno; (3) Su aspecto *práctico,* porque activamente procura el bienestar de todos, enviando la lluvia, el sol y sobre todo al mandarnos a su Hijo. Sólo cuando nuestro amor sea así perfecto, será sobrenatural y realmente cristiano. Un amor de esta clase no sólo es nuestro deber presente sino también nuestro privilegio inmediato mediante el poder del Espíritu. Sin esto, "¿qué hacéis de más?"

A todos los que lo buscan, Dios por su gracia les imparte un amor perfecto hacia El y su voluntad. De allí en adelante, el cristiano procura una manifestación aún más perfecta de ese amor en su vida y conducta. Porque somos finitos, esta perfecta manifestación nunca será completada en este mundo, pero cada seguidor consagrado de Cristo debe esforzarse constantemente para lograrlo (cf. Fil. 3:12-14).

El contexto inmediato a los versículos 17-47 es importante, pero eso no es todo. La perfección aquí debe explicarse en términos con un contexto más extenso—la totalidad del capítulo quinto. El comentario de Juan Wesley sobre este versículo reza así: "Se refiere a la santidad que está descrita en los textos precedentes, y la que nuestro Señor recomienda, al principio del capítulo como la felicidad, y al final como la perfección."[41]

Estos últimos seis párrafos del capítulo, sugieren "Seis Características de la Perfección Cristiana". Ellas son: (1) Ser pacíficos, 21-26; (2) Pureza, 27-30; (3) Armonía, 31-32; (4) Honestidad, 33-37; (5) Bondad, 38-42; (6) Amor, 43-48.

D. La Religión de los Discípulos, 6:1-34

1. *Tres prácticas religiosas* (6:1-18)

(*Introducción, v. 1*). En la *Versión King James* este versículo parece ser parte de la discusión sobre la limosna que sigue en los versículos 2-4. Pero las versiones griegas más antiguas tienen **"justicia"** en lugar de limosna. Esto haría del primer versículo una introducción más amplia para los tres enfoques siguientes sobre la limosna (2-4), oración (5-15) y ayuno (16-18). Sin embargo debemos notar que Kraeling aúna el primer verso al párrafo sobre la limosna, aunque acepta la versión de los manuscritos más antiguos. Dice: "La dádiva caritativa era tan importante en este período que la palabra hebrea 'justicia' había tomado el sentido de 'limosna'."[42] Quizá sea la razón por la cual el asunto de la limosna haya sido el primero en tratarse en este lugar. En nuestros días, es probable que la oración ocupara el primer puesto, y la limosna el último.

Juan Wesley, que fue un cuidadoso estudiante del texto griego y que estuvo asombrosamente al tanto de la importancia de la crítica textual,[43] tradujo la primera parte de este versículo de la siguiente manera: "Tened cuidado de no practicar vuestra justicia delante de los hombres, para ser visto por ellos." Traducciones más recientes nos han dado: "Cuidaos de no realizar públicamente vuestras buenas obras para ser observados por el pueblo" (Berk.). "Guardaos de realizar vuestras buenas acciones ante la vista de los hombres, para atraer su atención" (Weymouth). "Tened cuidado de no hacer una exhibición de vuestra religiosidad ante los hombres" (NEB). La más sencilla de todas las interpretaciones es: "No alardee su piedad."

Jesús no dijo que uno debía evitar que otros vieran sus obras buenas. Ya había amonestado a sus discípulos: "Así alumbre vuestra luz delante de los hombres, para que vean vuestras buenas obras, y glorifiquen a vuestro Padre que está en los cielos" (5:16). Aquí está tratando con el motivo. Aquí la frase significativa es: **para ser vistos** de los hombres. Debemos procurar la gloria de Dios y no la nuestra.

a. Limosna (6:2-4). Jesús amonestó a sus discípulos a no trompetear sus dádivas **como hacen los hipócritas** (2) en los lugares públicos. **Ya tienen su recompensa** sería mejor interpretado: "porque ya han recibido su recompensa." Los papiros han probado que el verbo *apecho,* que emplea Mateo, era usado generalmente en los recibos de esa época. La fuerza de la declaración de Jesús implica que cuando la gente desea y recibe la alabanza de los hombres, virtualmente ha firmado el recibo "pagado totalmente". No pueden esperar alguna otra recompensa en los cielos.[44]

Hay personas que se han negado a hacer ninguna contribución pública por causa de esa amonestación: **no sepa tu izquierda lo que hace tu derecha** (3). Pero la Biblia también dice: "Al que sabe hacer lo bueno, y no lo hace, le es pecado" (Stg. 4:17). Si el hacer un aporte en público puede animar a otro a dar, y la causa del Reino es así promovida, entonces, el creyente consagrado debería siempre estar dispuesto a hacerlo.

b. Oración (6:5-15). Jesús también indicó que debe evitarse la oración ostentosa. **Los hipócritas... aman el orar en pie** en los lugares públicos, **para ser vistos de los hombres** (5). Ellos también **ya tienen su recompensa** (5). El Maestro insistió en la importancia de la oración **en secreto** (6). Uno de los más sagrados lugares de Londres es la pequeña habitación donde oraba Juan Wesley. Tiene una ventana justo sobre la cama en su hogar en City Road. Parece que todavía se sintiera allí el espíritu de oración.

Cristo amonestó contra el uso de **vanas repeticiones** (7) en la oración. Algunas personas, inocentemente repiten nombres de la Deidad una y otra vez en sus oraciones públicas, hasta que se hace incómodo. Es una repetición innecesaria. Nuestro Padre celestial sabe que estamos hablando con El y también sabe de qué cosas tenemos necesidad **antes que** le pidamos (8). De modo que no es necesario seguir repitiendo nuestras peticiones.

La oración del Señor es un modelo de la sencillez y sinceridad por las cuales Jesús abogaba. También es un hermoso ejemplo de paralelismo poético. Impresos en la forma que sigue consta sólo de diez versos. ¡Pero cuán significativos son!

Padre nuestro que estás en los cielos,
Santificado sea tu nombre,
Venga tu reino.
Hágase tu voluntad,
    como en el cielo, así también en la tierra.
El pan nuestro de cada día, dánoslo hoy.
Y perdónanos nuestras deudas,
    como también nosotros perdonamos a nuestros deudores;
Y no nos metas en tentación,
    mas líbranos del mal.

La dedicatoria es al **Padre nuestro** (9) lo que sugiere gran intimidad. Después de, **que estás en los cielos,** que requiere reverencia—siguen seis peticiones. Las primeras tres tienen que ver con los intereses del Reino. El segundo trío implica las necesidades personales. El orden es sumamente importante. Las necesidades del Reino deben tener prioridad sobre cualquier otra cosa. De hecho, la oración comienza, como todas deberían hacerse, con adoración: **santificado sea tu nombre.** El griego dice: "Haz que tu nombre sea santificado." Se trata de una petición demandante: Que tu santo nombre sea glorificado por mi vida hoy, en el grado en que yo, que llevo el nombre de Cristo viva de manera semejante a El.

La segunda petición es: **Venga tu reino** (10). Esto debe tener prioridad sobre nuestros intereses personales. George Ladd dice: "Esta oración es un ruego para que Dios reine; para que manifieste su soberanía y poder, que ponga en fuga a todos los enemigos de la justicia y de su gobierno divino, que sólo Dios pueda ser Rey sobre todo el mundo."[45] Pero esta petición también está vinculada con la evangelización mundial, porque el reino de Dios viene particularmente en la salvación de almas.

La tercera petición, **Hágase tu voluntad, como en el cielo, así también en la tierra,** fue repetida por Jesús en el huerto de Getsemaní (Lc. 22:42). No se puede ofrecer una oración más grande que ésta. Debemos apropiárnosla: Que tu voluntad sea hecha primero en mi corazón, igual que en los cielos. Entonces: Que tu voluntad sea hecha en todos los ámbitos de la tierra.

La cuarta petición es de índole personal: **El pan nuestro de cada día, dánoslo hoy** (11). El sostén físico no debe ocupar el primer lugar; lo tiene a su debido tiempo. Dios está interesado en nuestras necesidades personales y El quiere que se las llevemos en oración. Si ponemos primero su reino, El ha prometido suplir nuestras necesidades materiales (v. 33). El significado exacto de la expresión *cada día* (que se halla sólo en el Padrenuestro) es incierto. La palabra griega *epiousion* ha sido traducida "necesario para la existencia", "para hoy", "para mañana", "para el futuro". **Cada día** es la mejor.

Una necesidad más urgente es la de perdón: **Perdónanos nuestras deudas, como también nosotros perdonamos a nuestros deudores** (12). Quien mantenga un espíritu no perdonador hacia otro, debe detenerse antes de orar el Padrenuestro. Supóngase que Dios le concediera lo que pide, ¿qué esperanza tendría? La versión de Lucas del Padrenuestro dice "nuestros pecados" en lugar de deudas.[46] Todo ser humano está en deuda porque "todos hemos pecado" (Ro. 3:23). (Véase la exposición sobre Lc. 11:4).

La última petición es: **Y no nos metas en tentación, mas líbranos del mal** (13)—o "del malo". **Tentación** puede ser "prueba"; la palabra griega puede ser traducida en una u otra forma. Morison hace la paráfrasis de la petición de esta manera: "Y no nos traigas a prueba, a prueba severa, a prueba que por causa de su rigor, sea capaz de ejercer una presión intensa sobre el estado moral."[47]

En los antiguos manuscritos griegos el Padrenuestro termina con esta petición. La doxología que sigue—**Porque tuyo es el reino, y el poder, y la gloria, por todos los siglos. Amén**—fue agregada muy temprano, probablemente para darle un final adecuado cuando se recitaba en público.

En los dos versículos (14-15) que siguen a la oración, Jesús indica la gran seriedad del asunto de perdonar a otros. El que se niega a perdonar se cierra las puertas de los cielos en su propia cara. Ningún espíritu no perdonador entrará allí. No importa qué se nos haya hecho, debemos perdonar—completamente y para siempre.

85

c. Ayuno (6:16-18). Nuevamente, **los hipócritas** (16) son descritos como personas que **demudan sus rostros para mostrar a los hombres que ayunan.** Otra vez se nos dice "que ya han recibido su recompensa". Las instrucciones de Jesús, expresadas en términos modernos, rezarían así: Cuando ayunáis, peinaos y lavaos. No tratéis de parecer débiles para hacer recordar a la gente que es posible que estéis ayunando. Mas bien, ayunad por vuestro bienestar espiritual y el de otros. Notad que Jesús dice que Dios recompensa esta clase de ayuno.

En cuanto al valor espiritual del ayuno, Pink dice: "Cuando el corazón y la mente están reflexionando y comprometidos en un asunto serio, en especial uno de naturaleza triste y solemne, hay una predisposición a no participar del alimento, y de allí que la abstinencia sea una expresión propia de nuestra indignidad, de nuestro concepto de la indignidad comparativa de las cosas terrenales y de nuestro deseo de fijar nuestra atención en las cosas de arriba."[48]

2. *Sinceridad de propósito* (6:19-24)

a. Un tesoro incorrupto (6:19-21). Jesús amonestó contra la necedad de acumular tesoros en la tierra. Todos pueden perderse o quedar destruidos. Vestiduras costosas eran una parte visible y principal en los tesoros de hombres y mujeres del Oriente. La **polilla** sería una verdadera amenaza para tales riquezas y también el **orín** que literalmente significa "comido". De modo que puede hacer alusión a los gusanos que comían la ropa. En esa época también era común que los ladrones cavaran (**minan y hurtan,** 19) los muros de barro de las casas palestinas para robar. Pero en los cielos, todos los tesoros están seguros (20).

Jesús aquí expone un principio muy significativo: **donde esté vuestro tesoro, allí estará también vuestro corazón** (21). Si usted anima a un hombre a contribuir a la obra del Señor, está ayudando a ligar a ese hombre al cielo. Aun el solicitar de un pecador que contribuya a cierto proyecto de la iglesia puede conducirlo a su salvación. De modo que hacemos un gran servicio a la gente cuando les damos la oportunidad de ofrendar para el Señor. Donde va su dinero también irá su corazón.

b. El ojo sencillo (6:22-23). Jesús declaró que la lámpara del cuerpo es el ojo. Si el **ojo** es **bueno,** el **cuerpo estará lleno de luz** (22). Pero si el ojo es **maligno** (palabra fuerte, *poneros*) **tu cuerpo estará en tinieblas** (23). El punto que el Maestro quería recalcar era que solamente la sinceridad de propósito, o pureza de intención pueden conservar nuestro ser interior iluminado con la presencia de Dios. El contraste entre la **luz** y las **tinieblas** es un tema favorito de la Biblia, especialmente en San Juan. También desempeña papel predominante en los Rollos del Mar Muerto, particularmente en el titulado "La Guerra entre los Hijos de la Luz Contra los de las Tinieblas".[49]

c. Un Señor único (6:24). Filson observa: "El versículo 24 (cf. Lc. 16:13) claramente establece el objeto de los dos párrafos previos: Dios exige la completa lealtad; el discípulo no puede dividir su fidelidad entre Dios y sus posesiones."[50] En algunas versiones antiguas teníamos la palabra "Mamón" por las **riquezas** (24); esta última es su equivalente.

Los tres puntos principales del capítulo sexto hasta este lugar, son: la simplicidad, la sinceridad y la unidad. Constituyen las virtudes básicas de discípulos según los describe Jesús. No hay característica alguna de fineza o de intelectualismo que puedan compensar la falta de una de ellas.

3. *Simplicidad de la confianza* (6:25-34)

En esta sección Jesús condena el pecado de la preocupación. **No os afanéis** (25) podría interpretarse "no estéis ansiosos". Nadie debe preocuparse por la comida o por el vestido. **La vida es más que el alimento.** Es existencia espiritual tanto como material. El Maestro presentó el ejemplo de **las aves del cielo.** Ellas **no siembran, ni siegan, ni recogen en graneros.** Sin embargo, el Padre celestial las alimenta. ¿Cuánto más cuidará El de sus hijos?

El significado de **estatura** (27) es incierto. Puede interpretarse "medida de su vida" (ASV) o "lapso de existencia" (RSV), pero también "talla" (NEB). La palabra griega *(helikia)* ocurre ocho veces en el Nuevo Testamento. En Juan 9:21, 23, claramente significa "edad"— "edad tiene; preguntadle a él". Pero es igualmente claro que en Lucas 19:3 significa "estatura". A Zaqueo le faltaba altura no edad. El asunto es: ¿qué significa en el pasaje que estamos estudiando y el paralelo Lucas 12:25? Parecería más natural hablar de añadir **un codo** (45 centímetros) a la altura de la persona que a su edad. Abbott-Smith dice: "Pero el uso **prevaleciente en la Septuaginta y en los papiros favorece el significado** anterior [edad] en estos pasajes dudosos."[51] El contexto aquí también favorece a "extensión de vida." Cualquiera que sea el significado de la palabra, la declaración de Jesús es potente. La preocupación no puede añadir altura, edad o extensión de vida al hombre.

Dios no sólo alimenta las aves, sino que también viste **los lirios del**

campo (28). Aunque ellos **no trabajan ni hilan,** sin embargo, están adornados con una gloria mayor que la vestidura de Salomón (29). Si Dios tiene tanto cuidado por las transitorias flores—que hoy están y mañana desaparecen (como combustible en el **horno)**—¿cuánto más vestirá a sus propios hijos? (30). Es una lógica irrefutable. De modo que los discípulos no deben estar afligidos, preocupados acerca de lo que van a comer, o beber, o vestir (31); su Padre celestial sabe lo que ellos necesitan (32).   *Lucas 1:1-2*

Luego viene el gran pasaje sobre la mayordomía: **Mas buscad primeramente el reino de Dios y su justicia, y todas estas cosas os serán añadidas** (33). Uno recuerda el orden de las peticiones de la oración del Señor. Primero, debemos buscar el reino de Dios y su justicia para *nosotros mismos.* De hecho, el reino de Dios es justicia. Pink observa: "Ahora bien, por la justicia de Dios debemos entender dos cosas: una justicia imputada y otra impartida; una que es puesta a nuestra cuenta o crédito, y otra que es comunicada a nuestras almas."[52]

En segundo lugar, debemos buscar el reino de Dios y su justicia para *otros.* Es decir, que nuestra principal preocupación como discípulos de Cristo debe ser la salvación de las almas y la edificación de su iglesia. Si ponemos estas cosas primero, El ha prometido suplir nuestras necesidades materiales.

El capítulo termina en una concisa amonestación a no afanarnos por el futuro (34). Cada día tiene suficiente **mal;** es decir, sus propios problemas y cuidados.

E. La Vida de los Discípulos, 7:1-29

1. *Advertencias y exhortaciones* (7:1-23)

a. Inclinación a censurar (7:1-5). Un espíritu con la tendencia a la censura es la negación de la religión verdadera. Esta era una de las peores faltas de los fariseos. De modo que Jesús amonestó a sus servidores: **No juzguéis, para que no seáis juzgados** (1). Usando el término en el sentido popular podemos parafrasearlo de esta manera: "No critique o será criticado." O todavía una traducción mejor sería: "No condene a otros, o se condenará a sí mismo." Como dice Buttrick: "La censura crítica es un *bumerang.*"[53] El problema al juzgar a otros es que nos colocamos sobre aquellos que son objeto de nuestro juicio. Bowman y Tapp traducen este versículo de la siguiente manera: "No practique 'el sentarse en juicio' a menos que usted también sea juzgado."[54] Oswald Chambers amonesta a sus lectores: "Tenga cuidado de cualquier cosa que le coloca en el lugar de la persona superior."[55]

Debe tomarse en cuenta que un buen número de comentadores interpretan la segunda cláusula del primer versículo como referente al juicio final. Si juzgamos a otros, seremos juzgados por Dios (o Cristo).

En el verso 2, Jesús declara, en forma doble, una de las verdades fundamentales de la vida. Brevemente podemos interpretarlo así: "Usted recibe lo que da." Dé una sonrisa y le sonreirán; dé un gruñido y recibirá otro.

Entonces Jesús ilustra la inconsistencia de un espíritu crítico (3-5). Un hombre ve **la paja** (3) "lunar" o "astilla" en el ojo de su hermano y quiere tironear para sacársela. Pero en efecto, él tiene una **viga** en su propio ojo. El Maestro sugiere que el crítico saque primero la viga de su propio ojo para poder ver con mayor claridad al sacar la paja del ojo de su hermano.

Es evidente que Jesús estaba hablando hiperbólicamente. Pero estaba usando el sano sentido pedagógico de que uno recuerda mejor lo que parece más ridículo. Nadie podrá olvidar el cuadro que Jesús pintó aquí. El que muestra un espíritu áspero y censurador al criticar alguna pequeña falta de un hermano en la fe, en realidad tiene una viga en su propio ojo. La falta de amor siempre distorsiona la visión. Jesús quiere decir lo siguiente: Usted no puede ayudar al otro hasta que deponga su actitud de crítica.

b. Lo que es sagrado (7:6). La mayor parte de los comentadores interpretan este versículo como una amonestación contra el compartir las riquezas de las verdades espirituales con oidores indignos. Jones, sin embargo, objeta y dice que tal cosa no es compatible con el contexto, ni representa la mente de Cristo. De modo que él presenta otra interpretación como alternativa: "Que no tenemos que tomar lo santo de la personalidad que ha sido perfeccionada, y entregarlo a los perros del deseo, ni tomar las perlas de nuestra vida espiritual y arrojarlas ante los cerdos de nuestros bajos apetitos, porque de otro modo tomarán lo santo arrojándolo en el lodazal y estropearán lo más precioso que poseemos, es decir, nuestra vida espiritual."[56]

c. Peticiones (7:7-12). **Pedid... buscad... llamad.** La primera sugiere la oración sincera; la segunda, la fervorosa; la tercera, la desesperada. Se ha sugerido, y la experiencia parece confirmarlo, que algunas veces, uno simplemente necesita pedir (7) para recibir la respuesta. Si no es así, se debe perseverar en oración; se debe buscar. Si todavía la respuesta se demora es necesaria la oración desesperada, agonizante. La promesa es que todas estas clases de plegarias serán recompensadas (8).

Alexander Maclaren tiene un sermón basado en este pasaje, titulado "Nuestro Llamado". El analiza esta verdad con estas interrogaciones indagadoras: (1) ¿A quién se dirigen tales exhortaciones? (2) ¿En qué área de la vida son verdaderas estas promesas? (3) ¿De qué condiciones dependen estas promesas?

Jesús usó la analogía de un padre humano. Ninguno de sus oyentes daría a su hijo una **piedra** en lugar de **pan** o una **serpiente** en lugar de **pescado** (9-10). La conclusión entonces era que si ellos, **siendo malos**—"malos como sois en comparación con vuestro Padre"[57]— sabían dar **buenas dádivas** a sus hijos, **¿cuánto más** el Padre celestial daría **buenas cosas**—Lucas dice "el Espíritu Santo" (Lc. 11:13)— **¿a los que le pidan?** La lógica es nuevamente irrefutable.

La llamada regla de oro (12) recapitula **la ley y los profetas**; es decir, el Antiguo Testamento. El cristianismo no es nada menos, pero sí algo más.

La regla de oro había sido establecida en forma negativa antes que Cristo apareciera. Confucio dijo: "No hagas a otros lo que no quieres que te hagan a ti." Los rabinos judíos tenían un dicho semejante. Pero generalmente se reconoce que fue Jesús quien presentó su aspecto positivo, que es algo muy diferente. El negarse a hurtar es una cosa; pero tender la mano ayudadora, es otra. Esta actitud positiva está ilustrada por la parábola del Buen Samaritano (Lc. 10:30-35).

d. Dos caminos (7:13-14). La idea de dos caminos es muy conocida en el Antiguo Testamento (cf. Sal. 1; Jer. 21:8). Pero ahora Jesús les llama la atención a las puertas. La palabra **estrecha** está en los versículos 13 y 14. El cristiano de "camino ancho" no llega al cielo. Es un pensamiento solemne que Jesús haya declarado que **pocos son los que la hallan** (la vida).

e. Falsos profetas (7:15-20). Jesús tuvo que amonestar a sus discípulos en contra de aquellos que vendrían con pieles de ovejas. Se unirían al rebaño de creyentes, como si fueran de ellos, pero **por dentro** serían **lobos rapaces** (15). A través de toda su historia, la iglesia de Jesús ha sido afligida con la entrada de tales falsos profetas. Algunas veces han hecho mucho daño para destrozar al ganado. ¿Cómo pueden ser reconocidos? **Por sus frutos los conoceréis** (16). Cristo usó la analogía de la producción de fruta de las viñas y los árboles. Cada uno lleva su propio fruto. Si el árbol es malo, el fruto también lo es. El reverso, también es verdad. El árbol que no da buen fruto es cortado y echado en el fuego. Es una advertencia grave, que aquellos que no están llevando buenos frutos no pertenecen a Cristo (19).

f. Profesiones falsas (7:21-23). Mientras la amonestación previa tenía que ver en particular con los líderes religiosos, ésta trata con la masa de los miembros de la iglesia. La prueba real del discipulado es la obediencia. Ni siquiera la predicación ni la realización de milagros en el nombre de Cristo es prueba suficiente de que una persona es aceptable a Dios. La palabra aquí traducida **demonios** es *daimónia,* voz plural. *Diabolos* (diablo) está siempre en singular en esa lengua. El castigo por la desobediencia es la separación de Dios.

2. Conclusión del sermón (7:24-29)

a. Ilustración final (7:24-27). El que oye estas palabras y las hace es semejante al hombre que edificó su casa sobre la roca sólida. Cuando la tormenta arremetió con furia contra ella, todavía quedó firme. El clima de la Palestina en muchos aspectos es muy parecido al de California. Los lechos de los ríos están secos la mayor parte del año; pero, al llegar el invierno y la primavera con sus lluvias, empiezan a correr los ríos. Jesús comparó al oyente descuidado con el hombre que edifica neciamente su casa sobre la arena y la pierde. Los hogares de la Palestina, en su mayor parte están construidos con piedras o ladrillos secados al sol. Cuando la tormenta le afloja la mezcla, es fácil que los muros se derrumben.

b. Reacción de la multitud (7:28-29). Cuando Jesús terminó, la gente **se admiraba de su doctrina**—mejor, de su "enseñanza". El les enseñaba **como quien tiene autoridad** (29). La gente común del pueblo sentía la autoridad divina que les faltaba a **los escribas** y se inclinaba ante ella. Los escribas habían caído en el hábito de citar a los rabinos anteriores para apoyar sus enseñanzas.

NOTAS BIBLIOGRÁFICAS

[1]Martin H. Franzmann, *Follow Me: Discipleship According to Saint Matthew* (San Louis: Concordia Publishing House, 1961), p. 34.
[2]*Ibid.*
[3]*Ibid.*
[4]Harvey McArthur, *Understanding the Sermon on the Mount* (Nueva York: Harper & Brothers, 1960), c. 4.
[5]*Ibid.,* p. 106.
[6]*Ibid.,* p. 105.

[7]*Ibid.*, c. 5.

[8]R. C. H. Lenski, *The Interpretation of St. Matthew's Gospel* (Columbus, O.: Wartburg Press, 1943), p. 183.

[9]John Wick Bowman and Roland W. Tapp, *The Gospel from the Mount* (Filadelfia: Westminster Press, 1957), p. 29.

[10]Archibald M. Hunter, *A Pattern for Life* (Filadelfia: Westminster Press, s.f. [Edición británica, 1953]), p. 30.

[11]*Op. cit.*, p. 487.

[12]William Fitch, *The Beatitudes of Jesus* (Grand Rapids: Wm. B. Eerdmans Publishing Co., 1961), p. 24.

[13]*Ibid.*

[14]Martin Lloyd-Jones, *Studies in the Sermon on the Mount*, I (Grand Rapids: Wm. B. Eerdmans Publishing Co., 1959), 58.

[15]Richard C. Trench, *Synonyms of the New Testament* (Grand Rapids: Wm. B. Eerdmans Publishing Co., 1947, [reimpresión]), p. 152.

[16]*Ibid.*

[17]*Op. cit.*, p. 49.

[18]*Ibid.*, p. 66.

[19]*Op. cit.*, p. 27.

[20]*Ibid.*, pp. 35-36.

[21]*Op. cit.*, p. 72.

[22]D. D. Whedon, *Commentary on the Gospels: Matthew-Mark* (Nueva York; Hunt & Eaton, 1860), p. 73.

[23]*Op. cit.*, p. 50.

[24]*Op. cit.*, p. 42.

[25]*Op. cit.*, pp. 124-25.

[26]*Op. cit.*, I, 207.

[27]Por alguna razón desconocida los traductores de la versión inglesa KJV cambiaron el término a: "se ha dicho" en los versículos 31, 33, 38 y 43. El griego da exactamente lo mismo en todos los casos—*errethe,* "fue dicho".

[28]Edward P. Blair, *Jesus in the Gospel of Matthew* (Nueva York: Abingdon Press, 1960), p. 46.

[29]Vincent Taylor, *The Person of Christ in New Testament Teaching* (Londres: Macmillan & Co., 1958), p. 166.

[30]*"Without a cause"* (sin una causa) no está en dos de los más antiguos manuscritos griegos y debería ser omitido. (No está en las versiones españolas, N. del t.).

[31]A. Carr, *The Gospel According to St. Matthew* ("Cambridge Greek Testament"; Cambridge: University Press, 1886), p. 120.

[32]*Op. cit.*, p. 741.

[33]J. B. Lightfoot, *Notes on the Epistles of St. Paul* (Grand Rapids: Zondervan Publishing House, 1957 [reimpreso]), p. 288.

[34]William F. Beck, *The New Testament in the Language of Today* (San Luis: Concordia Publishing House, 1963), p. 8.

[35]James Hope Moulton y George Milligan, *The Vocabulary of the Greek New Testament* (Grand Rapids: Wm. B. Eerdmans Publishing Co., 1949), p. 576.

[36]John Albert Bengel, *Gnomon of the New Testament*, 5 vols. (Edimburgo: T. & T. Clark, 1860), I, 180.

[37]La palabra griega que traducimos **túnica** se refiere a una vestimenta interior, mientras que la que vertimos por **capa** alude a ropa exterior. Los equivalentes modernos serían "camisa" y "sobretodo".

[38]Harvie Branscomb, *The Teachings of Jesus* (Nueva York: Abingdon-Cokesbury Press, 1931), p. 186.

[39]Mattewh Henry, *Commentary on the Whole Bible* (Nueva York: Fleming H. Revell Co., s.f.), V. 66.

[40]*Op. cit.,* p. 91.

[41]John Wesley, *Explanatory Notes upon the New Testament* (Londres: Epworth Press, 1941, [reimpreso]), p. 35.

[42]Emil G. Kraeling. *The Clarified New Testament* (Nueva York: McGraw-Hill Book Co., 1962), I, 133.

[43]En su traducción del Nuevo Testamento publicada en 1755, Wesley hizo 12.000 cambios de KJV. En su *Nuevo Testamento* Wesley está de acuerdo en 6.500 de ellos con la RSV (1946) en contraposición a la *King James* (1611). Alrededor de 430 de ellos indican que él estaba usando un texto griego mejor que el *Textus Receptus* sobre el que está basada la Versión *King James.*

[44]Adolf Deissman, *Bible Studies,* trad. A. Grieve (Edimburgo: T. & T. Clark, 1901), p. 229, escribe: "Las palabras *tienen su recompensa* del Sermón del Monte, cuando se consideran a la luz del anterior [papiro] adquieren el más punzante significado irónico: *ellos pueden firmar el recibo de su recompensa:* El derecho para recibir su recompensa ha sido realizado, precisamente como si ya tuvieran el recibo de ella."

[45]*Op. cit.,* p. 21.

[46]Matthew Black, *An Aramaic Approach to the Gospels and Acts* (segunda edición; Oxford: Clarendon Press, 1954), p. 102, indica que la misma palabra aramea significa "deuda" y "pecado". Dice: "El pecado fue concebido en términos de una deuda." Es decir, algo que se le debe a Dios.

[47]*Op. cit.,* p. 92.

[48]Arthur W. Pink, *An Exposition of the Sermon on the Mount* (Grand Rapids: Baker Book House, 1951), p. 173.

[49]Véase Matthew Black, *The Scrolls and Christian Origins* (Nueva York: Charles Scribner's Sons, 1961), pp. 154-156.

[50]*Op. cit.,* p. 100.

[51]*Op. cit.,* p. 199.

[52]*Op. cit.,* p. 253.

[53]George A. Buttrick, "Matthew" (Exposition), IB, VII, 325.

[54]*Op. cit.,* p. 143.

[55]*Studies in the Sermon on the Mount* (Cincinnati: God's Revivalist Press, 1915), p. 84.

[56]E. Stanley Jones, *The Christ of the Mount* (Nueva York: Abingdon Press, 1931), p. 250.

[57]A. Marcus Ward, *The Gospel According to St. Matthew* ("Epworth Preacher's Commentaries"; Londres: Epworth Press, 1961), p. 50.

Sección III

Se Reanuda la Narración: Un Ministerio de Milagros

Mateo 8:1—9:34

Una de las principales características de este evangelio es su arreglo sistemático (ver la Introducción). Después de tres capítulos de enseñanzas ahora tenemos dos de milagros. Después de las *palabras* de Jesús siguen sus *obras*. Exactamente igual que Moisés, quien después de haber dado la Ley a los israelitas en el monte Sinaí procedió a realizar milagros a favor del pueblo, el nuevo Moisés, después de dar las leyes básicas del reino sobre la montaña, efectuó milagros para demostrar el poder de su reino. De El, más aún que del primer Moisés, pudo decirse que "fue poderoso en sus palabras y obras" (Hch. 7:22).

Breve y simplemente un "milagro" puede difinirse como "la naturaleza interferida por un poder sobrenatural".[1] Los hombres modernos han puesto en tela de juicio la creencia en los milagros. Pero C. S. Lewis ubica el asunto en su debido foco cuando escribe: "El milagro central sostenido por los cristianos es la encarnación... todos los demás preparan para éste, o lo manifiestan o son su resultado."[2]

Hay 10 "milagros del Mesías" registrados en los capítulos octavo y noveno. La pasión de Mateo por el arreglo sistemático se demuestra más todavía al agrupar los incidentes en estos dos capítulos. Primero tiene tres milagros—la curación de un leproso (8:1-4), un paralítico (8:5-13), y la suegra de Pedro (8:14-17). A éstos sigue una breve sección de material de enseñanza (8:18-22). Entonces vienen otros tres milagros —la calma de la tempestad (8:23-27), la liberación de dos endemoniados (8:28-34) y la curación de otro paralítico (9:1-8). Siguiendo a esto tenemos el *llamado* de Mateo (9:9), la fiesta en su casa, (9:10-13) y una discusión sobre el ayuno (9:14-17). El tercer grupo de milagros incluye la sanidad de la mujer que tenía una hemorragia y la resurrección de la hija de Jairo, tratados juntos (9:18-26), la curación de dos ciegos (9:27-31) y la sanidad del mudo endemoniado (9:32-34). A esto sigue una declaración sumaria de que Jesús iba por toda Galilea enseñando, predicando y sanando; también hay una nota sobre la necesidad de obreros.

De los 10 milagros relatados en estos capítulos, nueve son de sanidad y uno sobre la naturaleza. Jesús demostró su autoridad divina sobre la enfermedad, la muerte, los demonios y la tormenta.

A. TRES MILAGROS DE SANIDAD, 8:1-17

1. *Limpieza de un leproso* (8:1-4)

Encontramos también el relato de este incidente en Marcos 1:40-45 y Lucas 5:12-16. Como de costumbre, el relato de Marcos es el más vívido de los tres. Este evangelista ubica el episodio al final de una gira de predicación por Galilea. Lucas lo ubica siguiendo al llamamiento de los primeros cuatro discípulos. Pero en Mateo está al final del Sermón del Monte. Esto se adapta al patrón de arreglo sistemático, agrupando en un lugar las enseñanzas de Jesús y en otro sus milagros.

Un interesante ejemplo de la diferencia de estilo de los tres evangelios sinópticos y sin embargo, con idéntico significado, es el caso que nos ocupa. Mateo dice que vino un leproso y **se postró ante él** (2). Marcos dice: "rogándole e hincada la rodilla"; y Lucas: "se postró con el rostro en tierra y le rogó." Los tres escritores usan bastante libertad al referirse a los mismos hechos, como podría esperarse.

Cuando Jesús **le tocó** (3), El contrajo la corrupción ceremonial, según la ley. Empero, y merced a su poder, la lepra **desapareció**. De modo que nosotros, en lugar de contaminarnos por el contacto con los pecadores, deberíamos tener, por el poder del Espíritu Santo, una influencia redentora sobre ellos. Como la lepra en su propagación y efecto destructor en el cuerpo es un sorprendente símbolo del pecado en el alma, es también apropiado que su sanidad sea considerada como "limpieza" (cf. Lv. 14:2).

Los versos 2 y 3 sugieren el tema "Buena Voluntad de Amor", con estos tres puntos: (1) El temor del hombre—**si quieres**; (2) La fe del hombre—**puedes limpiarme**; (3) La acción del Maestro—**Quiero; sé limpio**.

Cristo ordenó al hombre sanado que se presentara al sacerdote para que fuese declarado limpio oficialmente (cf. Lv. 14:1-52). **Para testimonio a ellos** (4) se refiere a los sacerdotes porque Jesús ya había dado la orden: **no lo digas a nadie**. Marcos relata que el hombre librado desobedeció ese mandamiento con el resultado de que el Maestro fue estorbado en su ministerio de enseñanza por las grandes multitudes que acudían para ser sanados (Mr. 1:45; cf. Luc. 5:15). Como siempre, la narración de Mateo es la más breve de las tres.

2. **Sanidad del siervo del centurión** (8:5-13)

Marcos no relata este episodio, pero Lucas sí lo hace (7:1-10). Sucedió en **Capernaum** donde Jesús había establecido su sede. Un **centurión** (5)—oficial a cargo de 100 soldados romanos—acudió a Cristo con una urgente necesidad. Uno de sus siervos, "a quien éste quería mucho" (Lc. 7:2) estaba postrado en casa, paralítico indefenso, **gravemente atormentado** (6). Lucas dice que "estaba enfermo y a punto de morir".

Jesús inmediatamente respondió: **Yo iré y le sanaré** (7). Pero el centurión objetó que él no era digno de que Jesús entrara a su hogar (8). Todo lo que rogó a Jesús era: **Solamente dí la palabra,** y su siervo sería sanado. El razonó que siendo que él impartía órdenes y eran obedecidas, los mandatos del Maestro tendrían toda la plenitud de su autoridad para la ejecución (9). Cuando Jesús oyó la sorprendente declaración de fe en su poder divino, **se maravilló** (10) y dijo a los pocos dotados de fe de sus seguidores: **De cierto os digo, que ni aun en Israel he hallado tanta fe.** Sólo en otra ocasión se dijo que Cristo se había maravillado, pero esa vez era de la incredulidad de sus propios connacionales (Mr. 6:6). El Maestro debe haber sentido emociones contradictorias al escuchar las palabras del centurión—un estremecimiento de gozo ante la fe de un gentil y un piquete de dolor ante la incredulidad de los de su propio pueblo, los judíos. Uno no puede dejar de pensar en cuáles serán a menudo sus reacciones ante las actitudes de su iglesia en la actualidad. ¿Estamos alegrando su corazón con nuestra fuerte fe en El?

Mateo es el único[3] que relata en esta ocasión la advertencia de Cristo de que muchos gentiles vendrían **del oriente y del occidente** (11) para sentarse con los patriarcas en el Reino de los cielos, mientras que **los hijos del reino** (12) (los judíos) serían **echados a las tinieblas de afuera** (11-12). Este es uno de los varios lugares donde Jesús lanza una vigorosa advertencia de la perdición en la noche de la eternidad. Puesto que está al final de esta exhibición de fe, la enseñanza es evidente. Los que llegan al **reino de los cielos** lo hacen por fe. Los que carecen de ella **serán echados... afuera.**

El Maestro despidió al centurión para que se fuera a su casa por fe. **Y su criado fue sanado en aquella misma hora** (13).

William Barclay desarrolla esta historia bajo tres encabezamientos: (1) La petición de un hombre bueno, 5-6; (2) El pasaporte de la fe, 7-12; (3) El poder que anula las distancias, 13.

Superficialmente, parece que Mateo y Lucas se contradijeran

seriamente en sus relatos (vea el comentario sobre Lc. 7:1-10). Lucas dice que el centurión mismo no llegó a la presencia de Jesús, sino que envió "unos ancianos de los judíos" para hacerle la petición. Ellos intervinieron con Cristo diciéndole que el centurión amaba el país de ellos y les había edificado una sinagoga (Lc. 7:5). Mientras Jesús estaba en camino a la casa del hombre, éste "envió unos amigos", para decirle que no necesitaba llegar sino que dijera la palabra de sanidad.

Todo el problema queda resuelto cuando reconocemos la costumbre de Mateo de ver los acontecimientos desde lejos, como por un telescopio, dando una descripción breve y general, sin dar todos los detalles. Encontraremos numerosos ejemplos en su evangelio. En este caso, el centurión **vino** a Jesús por medio de sus amigos.

Es interesante notar que todos los centuriones mencionados en el Nuevo Testamento aparecen rodeados de buen concepto. En adición a éste, los tres evangelios sinópticos nos refieren acerca del centurión que estuvo al pie de la cruz y dio un buen testimonio del Señor en su muerte. Los restantes son mencionados en el libro de los Hechos. Uno es Cornelio, en el capítulo 10, y el otro es Julio en el 27. Ellos demostraron ser mejores que los gobernantes que estaban sobre ellos o los soldados bajo sus órdenes.

3. *Sanidad de la suegra de Pedro* (8:14-17)

Este milagro se halla relatado en los tres evangelios sinópticos (cf. Mr. 1:29-34; Lc. 4:38-41). Marcos y Lucas dicen que esto sucedió cuando Jesús había vuelto de una reunión en la sinagoga un sábado. Pero Mateo lo ha agrupado con una serie de incidentes de sanidad sin relación cronológica.

Quizá Pedro estaba apenado porque su suegra no había podido atender debidamente a sus huéspedes en su hogar. Pero Jesús **tocó su mano, y la fiebre la dejó** (15). El hecho de que ella quedó inmediata y completamente sana queda demostrado por la declaración de que **ella se levantó, y les servía.** ¡Qué maravilla: el toque de la mano del Maestro sobre la mía!

Los tres evangelios sinópticos relatan también muchos milagros de sanidad efectuados al llegar la noche, cuando ya el sábado había terminado. Un rasgo prominente de esta ocasión fue el echar a los **demonios** o espíritus (16). Típicamente, Mateo cita un pasaje del Antiguo Testamento con la implicación de que se ha cumplido: **El mismo tomó nuestras enfermedades, y llevó nuestras dolencias** (17).

Morison dice que las palabras de Isaías 53:4: "Ciertamente tomó El nuestras enfermedades y llevó nuestros dolores", tal como se encuentran en Mateo son una traducción más literal del original hebreo que las nuestras (inglés)* del Antiguo Testamento."[4] Además, "la palabra hebrea traducida *dolores* (VM.) en Isaías 53:4 realmente significa **enfermedades** y así está traducida en todos los pasajes donde se encuentra".[5] Filson nota además que **tomó** y **llevó**, "tienen aquí un significado extraordinario: sacar, remover".[6]

B. El Costo del Discipulado, 8:18-22

Jesús era un trabajador incansable. Sin embargo se daba cuenta de que en algunas ocasiones debía salir de entre la **mucha gente** (18) que lo acosaba constantemente. De modo que ordenó a sus discípulos que pasaran **al otro lado** de la costa oriental del mar de Galilea, donde pudieran anticipar un período de descanso y retiro.

Un ferviente **escriba** (19) maestro de la ley vino a Jesús con una oferta que parecía indicar una consagración completa: **Maestro, te seguiré adondequiera que vayas.** Pero Cristo probó a este posible discípulo recordándole que **las zorras tienen guaridas, y las aves. . . nidos, mas el Hijo del Hombre no tiene donde recostar su cabeza** (20). En otras palabras, "calcula el costo".

Este es el primer lugar en San Mateo donde encontramos el título **Hijo del Hombre.** Aparece 83 veces en los evangelios siempre en labios de Jesús y aplicado a El mismo. Fuera de los evangelios, la expresión "el Hijo del Hombre" con el artículo definido, sólo aparece en el Nuevo Testamento una vez, en Hechos 7:56.

Esta expresión ha sido sumamente discutida. Vincent Taylor escribe: "Ha sido sostenido que *bar nasha* no puede significar más que 'hombre' o 'un hombre' en general; pero actualmente es reconocido que puede haber denotado 'el Hombre', de modo que podría usarse como un nombre para el Mesías."[7] Manson encuentra una íntima correlación entre Hijo de Dios, Siervo de Dios (en Isaías) e Hijo del Hombre. Dice: ". . . funciona primero atribuída al príncipe de la familia de David, en los profetas y en los Salmos, reapareciendo en forma transfigurada o infiltrada con el sufrimiento en la persona del Siervo y finalmente está

---

*La traducción se refiere a las Biblias en inglés; pero nótese lo correcto de la versión Valera. N. del t.

investida con todas las circunstancias de la gloria y esplendor apocalípticos en la figura del sobrenatural Hijo del Hombre."[8] Esto último lo hallamos en Daniel 7:13.

Otro de los discípulos de Jesús le dijo: **Señor, permíteme que vaya primero y entierre a mi padre** (21). La réplica del Maestro parece áspera: **Sígueme; deja que los muertos entierren a sus muertos** (22). No debemos suponer que el padre del hombre ya estaba muerto y que Jesús estaba tratando de impedirle que acudiera a su sepelio. En Palestina se exigía que la persona fuera sepultada el día de su deceso. Es probable que el padre de ese discípulo viviera muchos años más. Pero, este discípulo como hijo mayor, (así se implica aquí) estaba obligado a preocuparse de que cuando su padre falleciera tuviera un entierro digno. Jesús le informó que había un negocio de mayor importancia para cuidar. Los **muertos** espirituales podían enterrar a los suyos que habían muerto físicamente.

Hay sólo un pasaje paralelo a éste en Lucas 9:57-62. Se describe a un tercer individuo presentándose para seguir a Jesús. Pero primero quiere despedirse de los que están en su casa. Tal cosa significaba días de fiesta y cumplimientos sociales a todos los parientes. Jesús le amonestó contra el peligro de "mirar atrás".

Bonhoeffer ha expresado bien la lección principal de esta sección. Dice al respecto: "Jesús llama a los hombres a seguirlo no como al maestro o dechado de la buena vida sino como al Cristo, el Hijo de Dios... Cuando somos llamados a seguir a Cristo, lo que se nos pide es que demos una exclusiva adhesión a su persona."[9]

C. OTROS TRES MILAGROS, 8:23—9:8

1. *Calmando la tempestad* (8:23-27)

Después de la demora producida por la conversación con los dos hombres (cf. v. 18), Jesús entró **en la barca** con sus discípulos (23). Es probable que se tratara de la pequeña barca pesquera de Pedro. Al cruzar el mar, se levantó **una tempestad** (*seismos,* "terremoto", 24). Mientras **las olas cubrían la barca,** Jesús seguía durmiendo (tiempo imperfecto). Estaba tan cansado que la tormenta no le despertó (vea también Mr. 4:35-41; Lc. 8:22-25).

Completamente aterrorizados, los discípulos lo despertaron con un clamor: **¡Señor, sálvanos, que perecemos!** (25). Primeramente, El les reprochó: **¿Por qué teméis?** (26) (literalmente, "cobardes") y luego

reprendió a los vientos y al mar y el resultado fue que **se hizo grande bonanza.** No es de sorprenderse que **los hombres se maravillaron** (27). En sus años de pesca en aquel mar, sin duda habrían pasado muchas tormentas severas, pero jamás una que fuera repentinamente aquietada ante el mandato de una persona. **¿Qué hombre es éste?** Visto meramente como un hombre, El sería absolutamente inexplicable.

2. *Endemoniados gadarenos* (8:28-34)

Cuando Jesús y sus discípulos alcanzaron la costa oriental del mar de Galilea—como unos 10 kilómetros y medio—se encontraron en el territorio de los gadarenos *(gergesenes)*. Puede tratarse de la villa de Khersa cuyas ruinas están cerca de un monte vecino a la costa oriental. Pero algunos manuscritos griegos dicen *Gerasenes* (la mejor lectura en Marcos y Lucas). Gerasa quedaba a unos 45 kilómetros al sureste del mar. "Gadarenos" es el nombre que dan los más antiguos manuscritos griegos de Mateo. Gadara era la ciudad grande más cercana, distando unos nueve kilómetros.

El hecho de que Mateo mencione **dos endemoniados** (28) y Marcos y Lucas solamente uno, puede ser debido a su mentalidad comercial. Como cobrador de impuestos tendría que llevar una contabilidad cuidadosa. Puede ser que los otros evangelistas sólo hayan recordado el más prominente de los dos.

Mientras que la descripción que Marcos hace del endemoniado es más detallada y vívida, Mateo dice que eran **feroces en gran manera, tanto que nadie podía pasar por aquel camino.** Ambos hombres constituían un peligro para las vidas de los habitantes de la zona.

Los demonios, como en otras ocasiones, reconocieron que Cristo era el **Hijo de Dios** y tuvieron temor de sus tormentos inevitables (29). Ante su petición, Jesús permitió que los demonios penetraran en un hato de cerdos que andaban por allí—Marcos dice que eran como 2.000. El resultado fue que todos los marranos perecieron en el mar (30-32). Sus cuidadores huyeron a la ciudad para contar lo que había sucedido (33). **Y toda la ciudad salió al encuentro de Jesús** (34). La gente tuvo miedo (Lc. 8:37) y le rogaron que se **fuera de sus contornos** ("límites" o "distrito"). Tuvieron miedo del poder de Jesús.

Como de costumbre, el relato de Mateo es mucho más corto que el de Marcos (5:1-20) y que el de Lucas (8:26-39). Omite muchos de los detalles que aparecen en los otros dos, de acuerdo con su plan de acción de condensar el material narrativo.

Dos preguntas han surgido en cuanto a este incidente. La primera es: ¿Por qué permitió Jesús que se perdieran los cerdos? Se ha sugerido que El quería confirmar la fe de los endemoniados sanados por medio de esta evidencia visible de que los demonios ya los habían dejado. Algunos creen que Jesús quiso mostrar a la multitud cuán terribles son el poder y las tendencias destructoras que tienen los demonios. Trench escribe acerca del relato donde sólo se menciona un demonio: "Si esta concesión de la petición de los malos espíritus ayudó de algún modo a curar a esta víctima, si los hizo relajar con mayor facilidad su posesión, si mitigó el paroxismo de su salida, eso sería bastante motivo para permitirles perecer. Puede haber sido necesario para la salud permanente del hombre el tener una evidencia y testimonio externos de que los poderes infernales que lo mantenían en cautiverio ya habían terminado con su esclavitud."[10]

Otro segundo interrogante que se hace es el siguiente: ¿Qué derecho tenía Jesús de destruir la propiedad de otras personas? Esto es más difícil de responder. Si estuviéramos seguros de que sus propietarios hubieran sido judíos, esto ofrecería una simple solución. Ellos debían evitar las carnes inmundas, lo que incluía la de los cerdos. Pero Decápolis era una ciudad de población en su mayoría gentil. De cualquier modo, el carácter de Cristo es una garantía de que El no haría nada que fuese injusto. Los actos de Dios no pueden siempre ser juzgados por las normas humanas. Si supiéramos más, entenderíamos mejor.

3. *Curación del paralítico* (9:1-8)

Abandonando Decápolis, como se le había rogado, Jesús **pasó al otro lado** del mar, hacia el occidente (vea el mapa) **y vino a su ciudad** (1). Se trataba de Capernaum, elegida para servir de sede para ministerio en Galilea. Estaba situada al noroeste de la costa del mar de Galilea.

Le trajeron un paralítico (gr., *paralyticon*). **Al ver Jesús la fe de ellos** —probablemente la del enfermo y la de sus amigos—dijo al paralítico: **tus pecados te son perdonados** (2), es decir, como también lo expresa el original griego, que ya era un hecho cumplido. Los judíos creían que la enfermedad era la consecuencia del pecado de la persona (Jn. 9:2). Existe la posibilidad de que la parálisis de ese hombre haya sido causada, en parte, por un complejo de culpa grave, que necesitaba ser removido primeramente.

Algunos de los escribas sentados allí dijeron para sí: **Este blasfema**

(3). Jesús, **conociendo... los pensamientos de ellos,** dijo: **¿Por qué pensáis mal en vuestros corazones?** (4). La absolución que Cristo había impartido al hombre puso "en un aprieto" a los fariseos. "O era el Hijo de Dios, o, como los escribas decían desde su punto de vista, era un blasfemo."[11] El ya había demostrado suficientemente su deidad, pero ellos todavía no creían en El. Ahora, la realización de este milagro vindicaba su pretensión de tener el derecho divino de perdonar los pecados.

Jesús les preguntó: **¿Qué es más fácil, decir: Los pecados te son perdonados, o decir: Levántate y anda?** (5). Su respuesta debía ser forzosamente la primera, porque nadie podía verificar los resultados de su aserción. Pero Jesús sanó el cuerpo del hombre—un hecho observable—como prueba de que sus pecados habían sido perdonados.

La sanidad de este paralítico en Capernaum es "la primera historia que coloca el poder divino de sanar que tenía Jesús en relación directa con su poder y autoridad divinos para perdonar pecados".[12]

Como en el caso del incidente previo, el relato de Mateo es mucho más corto y menos vehemente que el de Marcos (2:1-12) o el de Lucas (5:17-26). El no cuenta nada de los cuatro hombres (Marcos) que llevaron al paralítico al techo y que hicieron un agujero en éste (Marcos y Lucas). Una comparación cuidadosa de estos tres relatos nos dará una muestra más de las diferencias típicas de estos tres evangelios en el manejo del narrativo.

D. Misericordia, No Sacrificio, 9:9-17

1. *Llamamiento de Mateo* (9:9)

Al salir de Capernaum Jesús vio a un hombre **llamado Mateo** —"Leví" en Marcos 2:14 y Lucas 5:27—sentado al **banco de los tributos públicos.** Esto puede sugerir una especie de aduana cerca del embarcadero de la ciudad donde era facturado el pescado y se cobraban los impuestos pertinentes. Otra traducción posible sería "oficina de peaje" (ASV), o "banco de tributos" (VM.). Esta podría ser una caseta de cobro ubicada sobre el gran camino de Damasco a Egipto, donde las caravanas pasaban y donde tenían que pagar sus derechos de tránsito y sus impuestos sobre las mercaderías. Probablemente la mejor traducción sería "oficina de impuesto" (RSV). Los romanos exigían que los judíos pagaran impuestos por cada árbol frutal, cada pozo, terreno y sobre todos los animales que poseyeran. A los judíos esto les parecía muy opresivo y mucho más proviniendo de una nación extranjera.

A este cobrador de impuestos, Jesús le dijo: **Sígueme.** Sin la menor indecisión, Mateo, inmediatamente, **se levantó y le siguió.** Era un gran paso el que iba a dar Mateo. Bonhoeffer comenta: "El discípulo es arrastrado de su relativa seguridad a una vida de absoluta inseguridad (en realidad debemos decir a la absoluta seguridad de la amistad de Jesús)."[13]

2. *Comiendo con los publicanos y pecadores* (9:10-13)

Estando Jesús **sentado a la mesa** (literalmente: "reclinado en la mesa") **en la casa** —Lucas 5:29 la identifica como de Leví (Mateo)— **muchos publicanos y pecadores... se sentaron juntamente a la mesa con Jesús y sus discípulos** (10). Una versión más correcta para la palabra **publicanos** sería "cobradores de impuestos" (VP.). Los *publicani* eran hombres acaudalados, por lo general romanos, responsables por los impuestos de la totalidad de la región. Los llamados **publicanos** en los evangelios eran cobradores de impuestos locales—judíos aborrecidos por sus connacionales. Eran considerados "doblemente bajos y despreciables" porque habían vendido sus servicios al opresor extranjero en contra de su propio pueblo y eran cómplices y culpables de lo que en efecto era un robo."[14]

Los **pecadores** eran personas consideradas así por los fariseos por descuido en la observancia de los muchos requisitos ceremoniales de la ley oral y escrita. Un judío estricto jamás comía con los publicanos y los pecadores.

De modo que los fariseos se quejaron a **los discípulos** (11). Aparentemente temían atacar a Jesús en forma directa. Pero el Maestro tuvo una respuesta para ellos. **Los sanos no tienen necesidad de médico, sino los enfermos** (12). Esto expresa un hecho perfectamente claro y explica por qué los fariseos menospreciaban a Jesús. Ellos se sentían **justos.** El Maestro entonces les citó Oseas 6:6—**Misericordia quiero, y no sacrificio** (13). Uno de los principios fundamentales de los profetas menores es la demanda de justicia más que de ritual. Eso es lo que significa la declaración del Antiguo Testamento. Todavía es verdad. Ninguna cantidad de animales sacrificados—ni ritualismo, ni justicia exterior—compensará la falta de amor y misericordia en la vida de uno. Jesús no vino para llamar a aquellos que se consideraban **justos,** sino a los que tenían necesidad, a esos despreciados **pecadores.**

3. *El asunto del ayuno* (9:14-17)

Marcos (2:18) hace más vívido el evento al describir su ambiente: "Los discípulos de Juan y los fariseos estaban ayunando" (ASV). Es decir, que ese era un día de ayuno y ambos grupos lo practicaban rigurosamente. Les chocaba ver a los discípulos de Jesús comiendo en un día de ayuno. Por eso preguntaron. La expresión **muchas veces** (14) no está en los más antiguos manuscritos griegos. Dejando de lado esta parte de la interrogación de Mateo, la de Marcos es esencialmente la misma: "¿Por qué los discípulos de Juan y los de los fariseos ayunan, y tus discípulos no ayunan?"

Jesús les replicó usando la figura de las bodas. **Los que están de bodas** (15) implica a los amigos de los contrayentes. Ellos no pueden **tener luto**—el ayuno es en un sentido señal de luto—mientras que los que se casan están con ellos. Pero Jesús les indicó que ya llegaría el tiempo cuando El les sería quitado, y entonces los discípulos sí ayunarían.

Con el objeto de ilustrar el contraste entre el Antiguo y el Nuevo Testamento, Jesús les da dos breves declaraciones parabólicas. En la primera, habla de poner remiendo de **paño nuevo** en **vestido viejo** (16). Cuando el vestido se lavara, la tela nueva tiraría de la usada al encogerse, lo que causaría el desgarramiento de la ropa.

La segunda ilustración habla de poner **vino nuevo en odres viejos** (17). En aquellos tiempos no había botellas de vidrio. En su lugar se usaban cueros de cabras. Se quitaba el esqueleto y los cueros se cosían, excepto en la parte del cuello. Todavía es posible verlos actualmente en Palestina durante el verano, como recipientes de agua fresca.

Si el vino nuevo es puesto en odres "frescos", a medida que el líquido va fermentando también el cuero se estirará. Pero si lo ponen en odres ya usados, que ya están estirados, al fermentarse el vino, ocurrirá un desastre. Los cueros secos y ya estirados no tendrán la capacidad de estirarse más con la fermentación del vino nuevo. En vez de ello, se reventarán en algún lugar, y tanto el vino como los odres se perderán.

La aplicación es clara. Las nuevas verdades del cristianismo no deben ser puestas en las viejas formas del judaísmo. Los primeros capítulos del libro de los Hechos nos dan un indicio de las dificultades involucradas al tratar de reemplazar los viejos odres por los nuevos. Instituciones atrincheradas son frágiles e incompetentes para contener verdades frescas.

Los tres incidentes de esta sección (9:9-17) se encuentran en los tres evangelios sinópticos (véase Mr. 2:13-22; Lc. 5:27-39).

E. EL TERCER GRUPO DE MILAGROS, 9:18-34

1. *Un milagro doble* (9:18-26)

En los tres evangelios sinópticos[15] la curación de la mujer que padecía hemorragia está colocada en el contexto de la resurrección de la hija de Jairo. De modo que las trataremos juntas.

Un líder se acercó a Jesús,[16]—en Marcos 5:22 leemos que se llamaba Jairo—con la petición de que fuera y pusiera la mano sobre la cabeza de su hija. Mateo dice que Jairo declara: **Mi hija acaba de morir** (18), mientras Marcos pone en sus labios: "Mi hija está agonizando" (Mr. 5:23)—"literalmente en su último suspiro". Marcos y Lucas relatan que alguien había sido enviado para encontrarles y avisarles que la niña ya había muerto. Pero, ¿estaba muerta cuando Jesús comenzó el viaje con Jairo? Una vez más, para explicarlo tenemos que regresar a la costumbre de Mateo de reducir una narración. Marcos y Lucas son los que dan los detalles que llenan el más escueto relato de Mateo.

Mientras Jesús acompañaba a Jairo a su hogar, una tímida mujer que había sufrido de hemorragia durante 12 años se le acercó por detrás y **tocó el borde de su manto** (20)—"o la borla de su manto" (cf. Nm. 15:38). Ella creía que si tocaba sus vestiduras sería **salva** (21). El verbo aquí es *sozo.* Es usado frecuentemente en los Evangelios y algunas veces en los Hechos para referirse a la sanidad física. Pero en las Epístolas está empleado con regularidad vinculado a la salvación espiritual. Los términos griegos que se traducen salvador y salvación son de la misma raíz que *sozo.* Recalcan el hecho de que la salvación significa salud espiritual, integridad.

No fue el toque de la vestidura de Jesús lo que sanó a la mujer; fue su **fe** (22). Pero la fe estuvo expresada por la acción.

Cuando Cristo llegó a la casa del principal de la sinagoga, encontró a **los que tocaban flautas, y la gente que hacía alboroto** (23), o "un tumulto". Estos "tocadores de flauta" eran lamentadores profesionales. Cuanto más ruido hacían en los sepelios, mayor era la paga. Puesto que el cadáver debía ser sepultado el mismo día de la defunción, no había tiempo que perder.

¡Qué contraste con la conducta digna y calmada de Cristo! El les dijo a los lamentadores: **Apartaos** (24). Les aseguró a todos que la niña no estaba muerta sino que dormía. Enojados y frustrados, los lamentadores se burlaron de El.

Echando a los incrédulos de la habitación, Jesús sólo dejó consigo a Pedro, Jacobo y Juan, además de los padres (cf. Marcos y Lucas). El Creador tomó a la muchacha sin vida de la mano, y **ella se levantó** (25). La historia de la resurrección de los muertos de una niña naturalmente causó gran excitación. La fama de Jesús se divulgó por toda Palestina (26).

2. *Dos ciegos reciben la vista* (9:27-31)

Este incidente y el que sigue sólo son relatados por Mateo. Nuevamente se trata de dos personas; esta vez son dos **ciegos** (27) que gritaban: **¡Ten misericordia de nosotros, Hijo de David!** Filson observa: "Ellos lo reciben como el esperado líder mesiánico que haría las cosas maravillosas mencionadas en Isaías 35:5."[17]

Cuando ellos aseguraron su fe en El (28), Jesús les contestó: **Conforme a vuestra fe os sea hecho** (29). Este es un tremendo desafío para toda la cristiandad de nuestros días. Podemos tener aquello para lo cual tenemos fe.

Cuando el Gran Médico tocó sus ojos, ellos vieron. Entonces Jesús **les encargó rigurosamente, diciendo: Mirad que nadie lo sepa** (30). El verbo griego empleado aquí es muy enérgico. Indica profundo sentimiento de parte del que habla o actúa. En este lugar significa "les amonestó severamente".[18] La razón por la cual Jesús les habló de manera tan rígida, fue porque El no quería que una mayor publicidad fuera obstáculo a su ministerio, pues las multitudes acudirían a El buscando la sanidad. Pero la amonestación fue vana. Los dos hombres **divulgaron la fama de él por toda aquella tierra** (31).

3. *Curación del mudo endemoniado* (9:32-34)

Los evangelios describen la posesión demoníaca como causante de locura, y aquí de mudez. Cuando fue librado de los demonios, el hombre habló. Nuevamente **la gente se maravillaba** (33) ante el poder de Dios.

Pero los fariseos lo explicaban de otra manera: Jesús echaba fuera los "demonios" **por el príncipe de los demonios** (34). Esto implicaba una perversión moral en los líderes religiosos al confundir lo demoníaco con lo divino. En otro pasaje encontramos a Jesús enfrentándose severamente a esas actitudes.

106

NOTAS BIBLIOGRÁFICAS

[1] C. S. Lewis, *Miracles* (Nueva York: Macmillan Co., 1947), p. 15.

[2] *Ibid.,* p. 131.

[3] Lucas lo tiene en otra conexión (Lucas 13:28-29).

[4] *Op. cit.,* p. 121.

[5] *Ibid.,* p. 122.

[6] *Op. cit.,* p. 112.

[7] *The Names of Jesus,* p. 25.

[8] William Manson, *Jesus the Messiah* (Filadelfia: Westminster Press, 1946), p. 141.

[9] Dietrich Bonhoeffer, *The Cost of Discipleship* (ed. rev.; Nueva York: Macmillan Co., 1959), pp. 48-49.

[10] *Notes on the Miracles,* pp. 133-34. Hay versión en castellano.

[11] J. R. Dummelow (ed.), *A Commentary on the Holy Bible* (Londres: Macmillan and Co., 1909), p. 656.

[12] Henry Offermann, "The Gospel According to Matthew", *New Testament Commentary,* ed. H. C. Alleman (ed. rev.; Filadelfia: Muhlenberg Press, 1944), p. 183.

[13] *Op. cit.,* p. 49.

[14] B. J. Bamberger, "Tax Collector", IDB, IV, 522.

[15] Marcos 5:21-43; Lucas 8:40-56.

[16] "Líder", "principal", es identificado en Marcos y Lucas (8.41) como un jefe de la sinagoga, alguien que estaba a cargo de sus cultos.

[17] *Op. cit.,* p. 123.

[18] Abbott-Smith, *op. cit.,* p. 148.

Sección **IV** *Segundo Discurso:*
Instrucciones a los Doce

Mateo 9:35—10:42

A. Necesidad de Obreros, 9:35-38

La declaración sumaria acerca del ministerio de Jesús en Galilea que encontramos en el versículo 35 es muy similar a la que se halla en el 4:23. En ambos lugares se llama la atención a las expresiones: **enseñando, predicando y sanando.** Como en el griego,[1] la traducción Valera nos aclara que "sanaba toda enfermedad y toda dolencia".

El **tuvo compasión** (36) en griego está expresado con una sola palabra: *esplangchnisthe.* El verbo se encuentra cinco veces en Mateo, cuatro en Marcos y tres en Lucas. Viene de *splangchnon,* que significa "las partes interiores". Sólo se usa literalmente una vez en el Nuevo Testamento (en Hch. 1:18) y 10 veces en forma metafórica, refiriéndose a "corazón, afectos".[2] Este pasaje indica que Jesús estaba conmovido, interiormente por la compasión—lo que significaría "sufriendo con (ella)". El verbo está en aoristo, de modo que la versión Valera **tuvo compasión** es lo más próximo al original. Fue la reacción inmediata de Cristo ante las necesidades humanas.

Esta vez su corazón fue conmovido porque vio a las multitudes que **estaban desamparadas y dispersas como ovejas que no tienen pastor.** Los líderes religiosos del judaísmo no estaban cumpliendo con su responsable misión de pastores del pueblo. Las ovejas estaban "cansadas y postradas".

Por eso Jesús dijo a sus discípulos: **A la verdad la mies es mucha, mas los obreros pocos** (37). Los ojos compasivos del Maestro vieron las multitudes como un gran campo de cosecha, listo para la siega. Entonces ordenó a sus discípulos: **Rogad, pues, al Señor de la mies, que envíe obreros a su mies** (38). Esa oración está en vigencia todavía. Porque si bien es cierto que los obreros han aumentado, tal aumento no ha ido a la par con el colosal aumento de la mies. Hoy, 19 siglos más tarde, hay incontables millones que jamás han oído las buenas nuevas de que Cristo murió para salvarles del pecado. **Envíe** es un verbo muy enérgico en el original griego. Jesús sentía urgencia en esta tarea del evangelismo.

108

En este ejemplo y en estas palabras de Jesús vemos: (1) A nuestro Señor enseñándonos cómo mirar a los seres humanos; (2) Cómo debería impresionarnos esa visión; (3) Cómo Cristo quería que obráramos (Maclaren).

B. LA MISIÓN DE LOS DOCE, 10:1-42

1. *Nombramiento* (10:1-4)

Jesús escogió **doce discípulos** (1) para ir a una gira misionera por las 12 tribus de Israel. Los límites de estas tribus ya no eran los mismos, pero había representantes de todas ellas en el resto que permaneció en la tierra tanto como en aquellos que retornaron de la cautividad. La misión de los 12 era estrictamente **a las ovejas perdidas de la casa de Israel** (6).

Jesús les dio a estos mensajeros **autoridad** (griego: *exousia*) **sobre los espíritus inmundos.** Una parte importante del ministerio de ellos, como el de El, era el echar fuera demonios tanto como sanar a los enfermos.

La expresión **espíritus inmundos** aparece 2 veces en Mateo, 10 en Marcos, 5 en Lucas (más "espíritu de demonio", 4:33), 2 en los Hechos, y 1 en Apocalipsis (16:13). Ello parece ser una designación apropiada para "demonios". El término mencionado anteriormente, *daimonia,* lo encontramos 11 veces en Mateo, 13 en Marcos, 22 en Lucas y 6 en Juan —en total 60 veces en el Nuevo Testamento. Lucas también los denomina "espíritus malos" (Lc. 7:21; 8:2; Hch. 19:12-13, 15-16).

A los 12 discípulos se les llama **apóstoles** (2). La palabra viene del griego *apostolos,* que significa "uno enviado en una misión". Walls nota que "el significado del término *apostolos* es probablemente 'un comisionado'—y se implica, por Cristo".[3]

La lista de **los doce apóstoles** está en todos los evangelios sinópticos (cf. Mr. 3:16-19; Lc. 6:14-16) y en Hechos 1:13. Todas comienzan con Pedro y terminan con Judas Iscariote (excepto la última, pues Judas ya había muerto). Los cuatro pescadores siempre están primero, aunque en diferente orden. Mateo y Lucas los presentan como un par de hermanos. Marcos y Hechos presentan primero a Pedro, Jacobo y Juan, como el círculo íntimo, privilegiado que estuvo presente en la resurrección de la hija de Jairo, en el monte de la transfiguración y en Getsemaní. Además, el segundo grupo de cuatro nombres siempre comienza con Felipe y el tercero con Jacobo, hijo de Alfeo. Las ligeras diferencias pueden verse comparando las listas.[4]

Simón "es un nombre común griego, reemplazado por el hebreo Symeon"[5] (cf. Hch. 15:14 en la VM.). **Pedro** es la versión del griego *petros* ("piedra"). Se le designa como el **primero.** Tasker dice: "Es un poco dudoso que *primero (protos)* signifique 'primero y delantero en situación y dignidad'."[6] **Andrés** y **Felipe** son nombres griegos. **Bartolomé, Tomás** ("gemelo"), y **Mateo** (3) son todos nombres arameos. **Lebeo, por sobrenombre,** cláusula que tal vez deba ser omitida por no encontrarse en los más antiguos manuscritos griegos (cf. las versiones revisadas). Marcos dice simplemente **Tadeo.** En lugar de este nombre, Lucas usa "Judas el hermano [o hijo] de Jacobo" (Lc. 6:16; Hch. 1:13). Tasker observa: "Puede ser que Judas haya sido su nombre original, pero debido al estigma que había quedado sobre el nombre de Judas Iscariote, Tadeo (que quizá significaba "de corazón ardiente") haya servido para sustituirlo."[7]

El cananita (4) debería ser "cananeo". Sherman Johnson dice al respecto: "La palabra puede parecer un equivalente arameo de 'zelote' que está en Lucas 6:15."[8] Este último término podría designarlo simplemente como un judío celoso de la ley (como Saulo) o como un previo miembro de un grupo revolucionario conocido más tarde con el nombre de "zelotes".[9] **Iscariote** generalmente se interpreta como "hombre (heb., *ish*) de Keriot"—una villa de Judá. Si esto es correcto, Judas era el único de los Doce que no era de Galilea.

2. *Instrucciones* (10:5-15)[10]

La primera instrucción que el Maestro impartió a los 12 apóstoles (sólo se halla en Mateo) era que no debían evangelizar a los **gentiles** ni a los **samaritanos** (5). Eso tandría que hacerse después de Pentecostés, como lo relata el libro de Los Hechos. Pero antes de su crucifixión Jesús estaba interesado en ofrecer primero el reino a Israel. Pablo indicó que el evangelio de Cristo es "el poder de Dios para salvación a todo aquel que en él cree; al judío primeramente, y también al griego" (Ro. 1:16). **Las ovejas perdidas de la casa de Israel** (6) debían tener la primera oportunidad de aceptarle como su Mesías.

El mensaje que tenían que predicar ("proclamar") era: **El reino de los cielos se ha acercado** (7). Este fue el mensaje de Jesús y también el de Juan el Bautista.

Al mismo tiempo que predicaban, ellos habían de tener un ministerio de sanidad de los enfermos y de expulsión de demonios (8). El mandato, **resucitad muertos,** (que se encuentra solamente en San Mateo) ha presentado un problema. Adam Clarke lo rechaza como improbable.[11] Stier dice: "Sostenemos que es espurio, una introducción de épocas posteriores... a su débil fe no se le hubiera podido confiar el más grande de los poderes."[12] Pero las palabras se encuentran en los manuscritos griegos más antiguos. A. B. Bruce dice: "Es... demasiado bien confirmado para ser omitido", y agrega: "Debe haber encontrado un lugar en el autógrafo o haberse metido en una glosa en un período muy temprano."[13] El problema está en que los evangelios sólo registran tres ocasiones en las que Jesús resucitó un muerto. Es difícil creer que los Doce lo hayan hecho. Pero aparentemente el Maestro delegó su autoridad a sus apóstoles y tal cosa fue incluída como una potencialidad. No hay ningún relato en los evangelios donde se encuentre que de hecho ellos hayan resucitado muertos, aunque Pedro, años después, levantó a Dorcas (Hch. 9:36-43).

Enseguida vinieron otras instrucciones específicas en respuesta a la pregunta que habían hecho: ¿Qué llevaremos? La orden fue: **No os proveáis;** el término griego significa "no procuréis para vosotros", ni "adquiráis" **oro, ni plata, ni cobre en vuestros cintos** (9). Se trataba de las tres clases de dinero: el **oro** que ocupaba el lugar de nuestro papel moneda. **Cintos** eran literalmente "cinturones"—en los que se podía guardar algo, el lugar más seguro para llevar dinero corriente.

Otra cosa prohibida fue la **alforja** (10). La palabra griega *pera* designaba un bolso de cuero para viajar. Pero basado en una inscripción de este período en Siria, Deissmann asevera: "Claramente se trataba de la bolsa de colectar de los mendigos."[14] De manera que la doble amonestación de Cristo, significa: "No andaréis ganando ni mendigando dinero."[15]

No debían llevar **dos túnicas.** La palabra griega se refiere a ropa interior. De modo que según Moffatt debió de haberse traducido "camisas". **Calzado** en realidad quiere decir "atado debajo", o "sandalias". Debían usarlas, pero no llevar un segundo par (cf. Mr. 6:9).

Mateo dice que no debían llevar un **bordón.** Lo que Mateo dice aquí es que no debían proveerse o procurar un bastón adicional. Solamente debían tomar lo que tenían y apresurarse en su misión.

La razón para tantas restricciones es obvia. Los discípulos estaban para emprender un viaje urgente, de corta duración. El clima era cálido y las costumbres de entonces les garantizaban la comida y el hospedaje por donde fueran. De modo que no tenían por qué cargarse con equipaje.

En cada ciudad debían elegir cuidadosamente su sede y mientras estuvieran allí debían permanecer en la misma casa; y les recomendó: **al entrar en la casa, saludadla** (12). La expresión regular de saludo era "Shalom", palabra hebrea que significa "¡Paz!"

Si eran rechazados debían limpiar sus zapatos del **polvo** del lugar (14) como señal de que a su vez, Dios desechaba aquel hogar o ciudad por causa del repudio de ellos hacia su mensaje. Jesús declaró que **en el día del juicio**, sería **más tolerable el castigo para. . . Sodoma y Gomorra, que para aquella ciudad** (15). Mucho se ha dicho en años recientes acerca "de las dulces enseñanzas del humilde Galileo". Pero en muchas ocasiones Jesús habló con voz severa acerca de las realidades del juicio venidero. La destrucción de Sodoma es mencionada varias veces en el Nuevo Testamento como una ilustración de la advertencia (cf. 11: 23-24; Lc. 10:12; 17:29; Ro. 9:29; 2 P. 2:6; Jud. 7). Lo que es más, a Jerusalén se la denomina una vez "Sodoma" (Ap. 11:8).

3. *Advertencias* (10:16-23)

Jesús advirtió a sus discípulos que les sobrevendrían persecuciones. La predicción contempla no sólo el viaje que iban a emprender, pero mucho más allá, a los muchos años de ministerio que tenían delante. Ellos serían como **ovejas en medio de lobos** (16). El libro de Los Hechos es una vívida documentación de estas palabras. Los misioneros debían ser **prudentes como serpientes** a la vez que **sencillos como palomas.** El segundo adjetivo significa "puro", "sincero". El cristiano de éxito necesita ambas cualidades.

El Maestro predijo a sus apóstoles que iban a ser entregados a los **concilios** (sanedrín) y azotados en sus **sinagogas** (17). También (18) serían llevados ante **gobernadores** (como Félix y Festo, Hch. 24 y 25) **y reyes** (como Agripa, Hch. 26). Estos eran gobernantes gentiles. Pero fueron los judíos los que causaron el arresto de Pablo. De modo que la persecución todavía era judía en su origen.

Cuando fueran entregados no debían estar ansiosos por su defensa (19), porque el Espíritu Santo les daría las palabras para la respuesta (20).

Cristo también declaró que la venida de su reino resultaría en la división de familias, aun los hijos harían condenar a muerte a sus padres (21). Esto sucedió repetidas veces en el pasado y en la actualidad también ocurre, especialmente en los países comunistas. Con la advertencia de que serían aborrecidos por todos los hombres a causa del nombre de Jesús, llega la promesa: **mas el que persevere hasta el fin, éste será salvo** (22). Hay un sentido en el cual uno es salvo cuando se convierte, otro, en el cual uno es salvo día por día mientras cree y obedece; y todavía otro de acuerdo al cual la persona será final y enteramente salvada en el cielo. Con el segundo y tercer significados es que Jesús dice esas palabras.

Si eran perseguidos en una ciudad, los misioneros tenían que mudarse a otra (23). Jesús les informó que ellos no recorrerían **todas las ciudades de Israel, antes que** viniera **el Hijo del Hombre.** Mucha tinta ha sido usada para explicar el significado de esta declaración. Quizá la interpretación de Tasker sea una de las más adecuadas: "Este versículo difícil, que sólo se encuentra en Mateo, se comprende mejor si se le considera en relación a la venida del Hijo del Hombre en triunfo inmediatamente después de su resurrección, cuando apareció a los apóstoles y les comisionó para que hicieran discípulos en todas las naciones (28:18-20)."[16]

4. *Discipulado* (10:24-25)

Los apóstoles no podían esperar escape de la persecución porque **el discípulo no es más que su maestro (24)—discípulo** significa "el que aprende". Ni el **siervo** (gr., "esclavo") más que su **señor** (amo). Si al **padre de familia,** "jefe de la casa" que en griego es una sola palabra, **llamaron Beelzebú,**[17] **¿cuánto más a los de su casa?** (25).

El origen y significado de la palabra **Beelzebú** (o Beelzebul) todavía permanece velado en la oscuridad. Los recientes descubrimientos ugaríticos sugieren "príncipe de Baal". Otras sugestiones son: "Señor del Estiércol" o "Señor del Templo"[18]. Davies dice: *"Beelzebú* originalmente era 'señor de moscas', pero para este tiempo significaba Satanás, como señor de la casa de los demonios."[19]

5. *Seguridad* (10:26-33)

A pesar de estas predicciones de persecución, Jesús les avisó a sus discípulos que no debían temer, **porque nada hay encubierto, que no haya de ser manifestado** (26)—griego, "descubierto". Llegará el día cuando perseguidores y perseguidos serán vistos a la verdadera luz. El día del juicio pondrá todo en orden. Por lo tanto los discípulos debían predicar osadamente el mensaje de Cristo (27).

No tenían que temer a aquellos que mataban el cuerpo, sino más bien a **aquel que puede destruir el alma y el cuerpo en el infierno** (28)— Gehenna. La mayor parte de los comentaristas concuerdan en que esta referencia alude a Dios más que a Satanás.[20]

Para animar la fe de sus discípulos, Jesús se refirió a los **pajarillos** (29). Eran vendidos a dos **por un cuarto.** Aquí hay una palabra griega distinta de la que se traduce "cuadrante" en 5:26 (véase el comentario correspondiente). Este equivalía a un centavo de dólar. Aunque comercialmente sólo valían medio centavo cada uno, ninguno de los pájaros caía a tierra sin ser tenido en cuenta por su Creador. Sólo la infinidad puede explicar tal concepto de Dios. Las mentes finitas quedan frustradas. Lo que se demanda es "un salto de fe" para creer en un Dios que es realmente infinito en poder y conocimiento.

Para hacerlo un poco más personal, Jesús les dijo: **Pues aun vuestros cabellos están todos contados** (30). Además, **más valéis vosotros que muchos pajarillos** (31). De modo que lo lógico no es el temor, sino la confianza.

Si los discípulos eran fieles en confesar (32) a Cristo predicando valientemente su verdad (cf. v. 27) y reconociéndole como su Señor, aun a cualquier costo, El les prometía reconocerles ante su Padre. Pero aquel que lo negara (33) también sería negado por El ante el Padre. El contexto indica que el silencio—la negación a hablar por Cristo—podía ser una de las maneras de negarle.

6. *El precio del discipulado* (10:34-39)

La declaración de Jesús, **no he venido para traer paz, sino espada** (34), es sorprendente—casi uno podría decir, literalmente "chocante". Es obvio que Jesús está hablando aquí acerca de los inevitables resultados de las demandas del discipulado. Tasker observa atinadamente: "A menudo las consecuencias de algo están expresadas en la Biblia como si fueran intenciones."[21] Siempre será cierto que algunos miembros de la familia aceptarán a Cristo mientras otros lo rechazarán. Esto produce un conflicto inexplicable, puesto que Dios demanda nuestro primer amor y lealtad (37). Esto marcha diametralmente opuesto al egoísmo y al razonamiento mundano. El que va a seguir al Cristo tendrá que tomar **su cruz** (38) de completa sumisión a la voluntad de Dios.

Uno de los más significativos dichos de Jesús está en el verso 39.[22] De la primera parte Filson dice: "el buscar para uno mismo es la derrota de uno mismo."²³ Y acerca de la segunda parte escribe Davies: "La autonegación y el sacrificio de uno mismo son los únicos medios para descubrirse a uno mismo."²⁴ En el contexto de la persecución descrita en los versos precedentes, la aplicación especial de esta verdad sería: "Quien ante el ímpetu de la persecución quiera preservar su existencia, perderá la vida verdadera del alma, mientras que aquel que muere gozosamente, vivirá."²⁵

7. *Privilegio del discipulado* (10:40-42)

La relación del discípulo con su Señor es comparada en cierto sentido a la de Cristo con su Padre—**al que me envió** (40). Nos recuerda el lenguaje de Jesús en su oración sacerdotal (Jn. 17:21-23).

Lukyn Williams define **profeta** (41) como "alguien sobre quien podría decirse, que ha caído el manto de los antiguos profetas", y **justo** como "aquel que al pie de la letra procura cumplir con todos los detalles de la voluntad revelada de Dios".²⁶ Las palabras *profeta* y *justo,* son empleadas aquí para denotar a los discípulos. Aun el dar un vaso de agua **por cuanto es discípulo** (42) produce recompensa. Así son honrados los discípulos como emisarios de Cristo.

Por lo indicado en los encabezamientos, los dos últimos párrafos de este capítulo nos presentan un bosquejo de dos puntos: (1) El precio del discipulado; (2) El privilegio del discipulado.

NOTAS BIBLIOGRÁFICAS

¹Thayer, *op. cit.*, p. 387.
²Abbott-Smith, *op. cit.*, p. 414.
³A. F. Walls, "Apostle", *New Bible Dictionary,* ed. J. D. Douglas (Grand Rapids: Wm. B. Eerdmans Publishing Co., 1962), p. 48.

⁴MATEO	MARCOS	LUCAS	HECHOS
Pedro	*Pedro*	*Pedro*	*Pedro*
Andrés	Jacobo	Andrés	Juan
Jacobo	Juan	Jacobo	Jacobo
Juan	Andrés	Juan	Andrés
Felipe	*Felipe*	*Felipe*	*Felipe*
Bartolomé	Bartolomé	Bartolomé	Tomás
Tomás	Mateo	Mateo	Bartolomé
Mateo	Tomás	Tomás	Mateo
Jacobo	*Jacobo*	*Jacobo*	*Jacobo*
(de Alfeo)	(de Alfeo)	(de Alfeo)	(de Alfeo)
Tadeo	Tadeo	Simón	Simón
		(el Zelote)	(el Zelote)

Simón	Simón	Judas	Judas
(el cananeo)	(el cananeo)	(de Jacobo)	(de Jacobo)
Judas Iscariote	Judas Iscariote	Judas Iscariote	

[5]W. C. Allen, *A Critical and Exegetical Commentary on the Gospel According to St. Matthew* ("International Critical Commentary"; Nueva York: Charles Scribner's Sons, 1907), p. 35.

[6]*Op. cit.,* p. 106.

[7]*Ibid.,* p. 107.

[8]IB, VII, 364.

[9]Cf. Josephus, *War* IV, 3, 9. (Josefo está en español; vea *Guerra,* N. del t.). También vea W. R. Farmer, *Maccabees, Zealots and Josephus* (Nueva York: Columbia University Press, 1956), p. 124, n. 86, donde el autor indica que el significado más usual de "Zelote" es "nacionalista en extremo".

[10]Ver también Marcos 6:8-11; Lucas 9:2-5.

[11]*The New Testament of Our Lord and Saviour Jesus Christ* (Nueva York: Abingdon-Cokesbury Press, s.f.), I, 118.

[12]Rudolph Stier, *The Words of the Lord Jesus* (Nueva York: N. Tibbals, 1864), I, 170.

[13]EGT, I, 160.

[14]Adolf Deissmann, *Light from the Ancient East,* trad. L. R. M. Strachan (Nueva York: George H. Doran Co., 1927), p. 109.

[15]*Ibid.*

[16]*Op. cit.,* p. 108.

[17]La forma Beelzebú viene del latín. Los manuscritos griegos tienen Beelzeboul y Beezeboul.

[18]T. H. Gaster, "Beelzebul", IDB, I, 374.

[19]J. Newton Davies, "Matthew". *Abingdon Bible Commentary,* ed. F. C. Eiselen, *et. al.* (Nueva York: Abingdon-Cokesbury Press, 1929), p. 972.

[20]Notables excepciones a esto son A. B. Bruce (EGT) y Carr (CGT). Este último piensa que tanto puede referirse a Dios como a Satanás. Allen (ICC) dice que es Dios. Sherman Johnson (IB) dice, "probablemente sea Dios".

[21]*Op. cit.,* p. 108.

[22]También está referido en Marcos 8:35; Lucas 9:34; Juan 12:25.

[23]*Op. cit.,* p. 134.

[24]*Op. cit.,* p. 972.

[25]P. P. Levertoff and H. L. Goudge, "The Gospel According to St. Matthew". *A New Commentary on Holy Scripture,* eds. Charles Gore, H. L. Goudge y Alfred Guillaume (Nueva York: Macmillan Co., 1928), p. 153 (NT.).

[26]*Op. cit.,* I, 417.

Sección V · Se Reanuda la Narración: Rechazo del Mesías

Mateo 11:1—12:50

A. Jesús y Juan el Bautista, 11:1-19

1. *Respuesta de Jesús a Juan* (11:1-6)

El primer versículo de este capítulo está formado por un párrafo de transición entre el segundo discurso y la reanudación del relato. Por segunda vez (cf. 7:28), encontramos la expresión: **Cuando Jesús terminó** (1, que repite exactamente los mismos términos en griego que habíamos leído en 7:28). Entonces relata que Jesús comenzó—aparentemente solo—una misión de enseñanza y predicación. En el capítulo siguiente hallaremos una vez más a los discípulos con El (cf. 12:1).

Solamente Mateo y Lucas (7:18-35) cuentan que Juan envió a dos de sus discípulos a Jesús. El profeta estaba languideciendo en una prisión y evidentemente tentado a desanimarse y desilusionarse. El había presentado a Jesús como el Mesías a la nación judía. Humildemente había declarado: "Es necesario que él crezca, pero que yo mengüe" (Jn. 3:30). El había creído que Jesús cumpliría su esperada misión de Mesías, destruyendo al opresor extranjero (Roma) liberando a su pueblo del cautiverio. Pero eso era exactamente lo que Jesús no estaba haciendo.

La pregunta que Juan estaba haciendo mediante sus discípulos era literalmente: "¿Eres Tú el Enviado, o esperamos a otro?" En otras palabras, ¿eres Tú realmente el Mesías?

En lugar de darle una respuesta categórica, Jesús despidió a los discípulos para que volvieran a Juan y le contaran todo lo que habían visto y oído: Que los **ciegos** eran sanados, y que los **cojos** andaban (5), era el cumplimiento del papel del Mesías según lo describía Isaías 35: 5-6. Pero el clímax estaba en la predicación del evangelio **a los pobres** (cf. Is. 61:1). En griego dice: "Y los pobres son evangelizados" *(evangelizontial)*. Esa era su más importante credencial.

Una velada alusión al problema de Juan está sugerida en el verso 6—**y bienaventurado es el que no halle tropiezo en mí.** El verbo es *skandalizo* que ya ha sido comentado (ver el 5:29). Aparentemente Juan tropezaba sobre el hecho de que Jesús parecía no hacer esfuerzo alguno para establecer su reino mesiánico. El Bautista había proclamado: "El reino de los cielos se ha acercado" (3:2). ¿Había estado equivocado? El había advertido que el hacha estaba puesta a la raíz de todo árbol que no llevara fruto (3:10). El juicio estaba a punto de irrumpir. El había predicado que El que venía, "limpiaría su era", recogiendo el trigo en el alfolí y quemando la paja "con fuego que nunca se apargaría" (3:12). Juan sabía que Israel estaba listo para cosechar el juicio y él esperaba que el Mesías juzgara a su pueblo. Pero no podía darse cuenta de que su primer advenimiento fuera en gracia y misericordia. El juicio tendría que esperar hasta la segunda venida de Cristo.

Muchos eruditos han sugerido que eran los discípulos de Juan los que dudaban y no el Bautista mismo. Pero Lenski objeta a ello y dice: "Este punto de vista echa sombras sobre la integridad de Juan, como si él estuviera haciendo una pregunta que en realidad había sido formulada por sus discípulos."[1] Además, Jesús les respondió a ellos que volvieran a informarle a Juan. Ciertamente no es de sorprender que el profeta, encerrado en una prisión, estuviera luchando con serios interrogantes.

2. *Juan es alabado por Jesús* (11:7-15)

Después de haber reconfortado a Juan, y quizá al mismo tiempo reconviniéndole suavemente por su falta de fe (6), Jesús procedió a honrarle con la más elevada recomendación posible ante la multitud. Les preguntó qué habían salido a ver en el desierto al hacer el largo viaje para el bautismo de Juan. ¿Era **una caña sacudida por el viento** (7) o sea, una persona vacilando cobardemente? Todos sabían que Juan había sido encarcelado por su audaz predicación al rey. ¿Era a **un hombre cubierto de vestiduras delicadas** (8)—"vestido con sedas y raso" (NEB)? Todos ellos habían visto a Juan con las más burdas vestimentas— pieles de camello con un cinto de cuero (3:4). ¿Era a **un profeta?** (9). Este era el mensajero de Dios, el precursor del Mesías que había sido predicho en Malaquías 3:1.

Entonces Jesús encomió a Juan del modo más elevado. Dijo que entre todos los hombres que habían nacido no había uno mayor que él (11). Quizá esto significaba que era el más grande de los profetas.[2] Sin embargo, **el más pequeño en el reino de los cielos, mayor es que él.** El famoso predicador de la cuarta centuria, Crisóstomo, interpretó las palabras **el más pequeño** como una alusión a Cristo. Muchos padres de la Iglesia lo siguieron en esa interpretación y más tarde, Erasmo y Lutero. La idea era que Jesús, bautizado por Juan y de menor edad y renombre que el profeta, podía ser considerado "el pequeño".[3] En tiempos recientes, Cullmann ha sostenido este punto de vista, basado en sus estudios de los Pergaminos del Mar Muerto. Lo presenta de la siguiente manera: "El más pequeño (es decir, Jesús como discípulo) es más grande que él (es decir, Juan el Bautista) en el reino de los cielos."[4] Pero A. B. Bruce ofrece una refutación convincente. En cuanto al criterio de Crisóstomo, dice: "En lo abstracto es una posible interpretación y expresa una idea veraz, pero no probable que Cristo hubiera manifestado entonces."[5] Evidentemente Cristo quería decir que "el más pequeño" de los cristianos es "más grande" en privilegios que Juan, quien en realidad pertenecía más al orden del Antiguo Testamento.

El versículo 12 es difícil de explicar. ¿Qué significa la declaración **el reino de los cielos sufre violencia, y los violentos lo arrebatan?** Thayer, en su tratado sobre el verbo *biazo* (sufrir violencia) escribe: "El reino de los cielos *es tomado por violencia, arrastrado por la tempestad,* es decir, una parte en el reino celestial es buscada, procurada con el celo más ardiente y con los esfuerzos más intensos."[6] Esto parece una interpretación sana a la luz de las palabras introductorias: **Desde los días de Juan el Bautista hasta ahora.**[7] En otras palabras, solamente quienes con intensa vehemencia lo procuran pueden entrar en el reino de los cielos. Como el verbo *biazetai* puede estar tanto en voz pasiva como en voz media (usado con el significado de activa), Lenski prefiere: "El reino de los cielos marcha adelante violentamente y la gente fuerte procura arrebatarlo."[8] Su conclusión es: "La tendencia de la totalidad del discurso trata, no de la violencia en contra del reino, sino de la indiferencia y el descontento que impiden a los hombres entrar en él con entusiasmo."[9]

La esencia de los versículos 12 y 13 es dada en Lucas 16:16, pero en orden inverso. Aquí, parece que el pensamiento fuera: Todo el Antiguo Testamento—**todos los profetas** (y aun) **la ley profetizaron hasta Juan** (13). Es decir, las Escrituras más antiguas predijeron el advenimiento de Cristo. Pero Juan llenó una misión especial. El fue el cumplimiento de Malaquías 4:5—el Elías del Nuevo Testamento, el precursor del Mesías. **Y si queréis recibirlo** (14), probablemente signifique: "si podéis comprenderlo." Más tarde, Jesús identificó a Juan el Bautista como el cumplimiento de la profecía de Malaquías (Mt. 17:10-13).

El que tiene oídos para oir, oiga (15) es una expresión proverbial que se encuentra por primera vez aquí en Mateo, pero dos veces más tarde, (13:9, 43) y varias veces en diversos lugares (Mr. 4:9, 23; 7:16; Lc. 8:8; 14:35; Ap. 2:7; 3:6; 13:9). Es tanto una invitación como una advertencia a escuchar cuidadosamente las palabras de Cristo.

3. *Jesús en contraste con Juan* (11:16-19)

El análisis que Jesús hizo de su **generación** es a la vez jocoso y patético. Dijo que eran como los niños **en las plazas**—el Agora, el principal lugar de reunión de la gente de cualquier ciudad de esa época —que se niegan a cooperar con sus compañeros en la música, ya fuera de bodas o endechas de funeral. Porque Juan era asceta, habían dicho: "demonio tiene" (18). Se negaban a lamentar con él. Jesús era una persona sociable, que participaba con sus amigos. El veredicto sobre El era: **He aquí un hombre comilón y bebedor de vino, amigo de publicanos y de pecadores** (19). Los fariseos no querían reconocer la amistad de Jesús con los necesitados como su mayor gloria ni tampoco regocijarse con El en la salvación de los pecadores.

La última parte del versículo 19 ha sido causa de mucha discusión. Quizá la *sabiduría* debió de haber sido personificada (cf. Pr. 8), y por ende hubiera sido escrita con mayúscula. En el mencionado libro parece casi identificada con Dios. Los dos manuscritos griegos más antiguos (cuarta centuria) dicen que la sabiduría es **justificada** ("aprobada") por sus "obras", en lugar de **hijos**. Pero ambas ideas casi equivalen a lo mismo. ("Por sus resultados", VP.). Micklen parece señalar el camino para una síntesis de las dos y dice: "Las obras de la sabiduría que vindican su carácter son los resultados de su energía creadora... como se ve en 'la nueva criatura' (2 Co. 5:17) que es fruto de su obra."[10] Es decir, la sabiduría es justificada por sus productos. De ésta manera Jesús se defiende a sí mismo de la crítica de los fariseos.

B. JESÚS Y LAS CIUDADES, 11:20-24

El Maestro comenzó a **reconvenir**—"reprochar" o "reprender"— a las ciudades en las cuales había hecho **muchos... milagros** ("poderes") porque **no se habían arrepentido** (20). Cox dice: "Es digno de notar que el arrepentimiento es considerado como la apropiada reacción humana ante los milagros de Jesús."[11]

Jesús señala específicamente a **Corazín** y **Betsaida** (21) como dignas de condenación. En cumplimiento del juicio aquí predicho estas ciudades desaparecieron hace mucho tiempo. Lo que es más, es incierta la ubicación de la primera. **Betsaida** estaba en la costa este del río Jordán, cerca de donde desemboca en el mar de Galilea. Jesús declaró que **Tiro** y **Sidón** (ciudades de Fenicia) mucho tiempo atrás se habrían arrepentido en saco y en ceniza (señales de profundo duelo) si hubieran sido testigos de los **milagros** ("poderes" realizados en las ciudades judías. Por eso, en el día del juicio sería **más tolerable el castigo para Tiro y para Sidón,** que para ellas (22). De esa manera Jesús subrayaba la extrema seriedad del pecado de la obstinación en el mal. Los que tienen más luz, pero la rechazan, serán castigados con mayor severidad.

La primera parte del versículo 23 debería traducirse: "Y tú, Capernaum, ¿serás exaltada hasta los cielos? Hasta el Hades serás "abatida" (RSV). Este último es el lugar de la muerte. La orgullosa, arrogante **Capernaum** sería abatida. Hoy sólo quedan las ruinas. **Sodoma** (24) la más depravada de las ciudades del mundo antiguo, **en el día del juicio** se hallará en mejor situación que Capernaum.

Este párrafo se yergue como una tremenda advertencia para todos aquellos que han sido testigos oculares de la presencia y el poder de Cristo en su propio día. Los que se niegan a arrepentirse sin duda serán doblemente condenados por el rechazo de la luz que han recibido.

C. Jesús y los Sencillos, 11:25-30

Aunque fue rechazado por las ciudades orgullosas, Cristo fue recibido por los sencillos, "la gente común", que "le oía de buena gana" (Mr. 12:37). **Respondiendo Jesús, dijo** (25) es una expresión popular típicamente hebrea que simplemente significa "dijo". El verbo que está traducido **alabo** es el mismo que en el 3:6 está vertido "confesar" en Juan 3:6, donde la gente que acudía al bautismo de Juan confesaba sus pecados. Arndt y Gingrich notan: "Del significado de *confesar* ha surgido... el sentido más general de *loar,* de la alabanza dirigida a Dios."[12] Jesús recurre a su Padre como **Señor del cielo y de la tierra.** En su soberana sabiduría el Padre escondió **estas cosas**—las cosas concernientes al Reino—**de los sabios y de los entendidos.** El primero de estos términos es *sophos,* que sugiere la sofisticación, "aquellos que tienen más inteligencia y educación humanas que los demás".[13] La segunda, *synetos,* significa "inteligente, sagaz, sabio".[14] Las dos expresiones describían a los escribas y los fariseos, enorgullecidos por su conocimiento superior. Ambos habían rechazado la luz de la verdad y por eso estaban padeciendo ceguera judicïal. Mientras tanto, el Padre se había revelado **a los niños.** Carr comenta: "Los secretos del reino no son revelados a aquellos que son sabios en su propio criterio sino a aquellos que tienen la mansedumbre de la infancia y que son semejantes a los niños en su avidez de conocimiento."[15]

El Padre ha dado **todas las cosas** (27) al Hijo para que pueda cumplir con su misión redentora (cf. 28:18; Jn. 3:35; 13:3; 17:2; 1 Co. 15:25). Este versículo es casi igual a Lucas 10:22.

Jesús declaró que nadie conoce al Hijo excepto el Padre. Es obvio que no está hablando en un sentido relativo—como el de conocer a Cristo como Salvador—sino en un sentido absoluto. Ningún ser humano puede comprender plenamente al Cristo divino—humano. La unión de dos naturalezas en una Persona está más allá de nuestra comprensión. Pero podemos creerlo.

Lo quiera revelar es una expresión doble en el griego—significa "quiera o desee revelar". Jesús es Dios revelado (Jn. 1:18). No podemos conocer a Dios aparte de Cristo.

Los versos 28-30 están entre los más hermosos de la Biblia. Todos los cristianos deberían memorizarlos y de esa manera poseer el consuelo que imparten en la hora de tristeza o sufrimiento.

Jesús no le dijo a la humanidad pecadora, "¡alejaos de Mí!" sino, **Venid a mí** (28). ¿Quiénes son los invitados? **Los que estáis trabajados y cargados.** La primera referencia aludía a los judíos bajo el yugo de la ley. Según la interpretaban y aplicaban los rabinos, la Ley—escrita y oral—era una carga demasiado pesada (23:4; Hch. 15:10). La segunda clara referencia involucra al hombre aplastado por el peso del pecado y la culpa en el corazón individual. Pero la invitación también abarca al cristiano que puede estar sobrecargado y fatigado. A los tales Jesús les dice: **Venid a mí... y yo os haré descansar;** literalmente: "yo os descansaré", es decir, con mi presencia.

Llevar el yugo de Cristo es someterse completamente a su autoridad. Para los rabinos, "tomar el yugo" significaba "ir a la escuela". De modo que el Maestro de maestros realmente dijo: Venid a mi escuela y **aprended de mí** (29). Jesús declaró: **Soy manso y humilde de corazón.** En la verdadera mansedumbre está el descanso del alma. Además Cristo dijo: **Porque mi yugo es fácil, y ligera mi carga.** De esto dan fe todos aquellos que han aceptado esta invitación. Bonhoeffer escribe: "La gracia es costosa porque impele al hombre a someterse al yugo de Cristo y seguirle. Es gracia porque Jesús dice: 'Mi yugo es fácil y ligera mi carga.' "[16]

El secreto reside en estar lleno del Espíritu de Cristo (el Espíritu Santo), de modo que uno pueda decir: "El hacer tu voluntad, Dios mío, me ha agradado, y tu ley está en medio de mi corazón" (Sal. 40:8). Cuando nuestro corazón está lleno del amor de Dios, nos deleitamos en hacer su voluntad. Bien ha dicho alguien: "El amor aligera todas las cargas."

Los tres imperativos de este pasaje nos sugieren sendos puntos bajo el título: "El Descanso que Cristo Da": Ellos son: (1) **Venid;** (2) **Llevad;** (3) **Aprended.**

D. Jesús y los Fariseos, 12:1-45

1. *Controversia sobre la observancia del sábado* (12:1-14)

a. Cosechando granos (12:1-8). Tres eran las cosas que distinguían particularmente a los judíos de los gentiles de la época de Jesús. La primera era la observancia del sábado. Los fariseos eran muy estrictos en este punto. El Talmud, que es el gran depositario del judaísmo farisaico, ha dedicado 24 capítulos al tema. La segunda señal distintiva de los judíos era la circuncisión. Y la tercera era la prohibición de comer carne "inmunda".

Sucedió que un sábado Jesús iba **por los sembrados** (1)—traducción de un adjetivo griego que significa exactamente eso. Empleado como sustantivo tiene el sentido de nuestra versión, "graneros, campos de cereales". Sus discípulos **tuvieron hambre;** o como diríamos hoy, "estaban hambrientos". Ellos comenzaron **a arrancar espigas y a comer** —más correctamente, a "cortar las cabezas de las espigas". Aún hoy, en la Gran Bretaña, el trigo recibe el nombre de "grano". Pero el cuadro de los discípulos arrancando **espigas** es un poco ambiguo.

Los fariseos (2) siguieron a Jesús, no con el fin de recibir su ayuda sino para espiarlo con la esperanza de perturbarlo. De manera que cuando vieron que los apóstoles arrancaban las espigas de trigo, inmediatamente los acusaron de cosechar en el día de reposo. Se quejaron a Jesús de que estaban haciendo **lo que no era lícito. . . en el día de reposo.** El cuarto mandamiento prohibía "hacer cosa alguna" el sábado (Ex. 20:10). Pero el asunto es, ¿de qué "cosa" se trata? Los rabinos lo definieron con ciudado meticuloso en centenares de regulaciones minuciosas. Esto nos hace pensar en el muchachito cuya madre lo puso en la cama con la orden de quedarse quieto y no estar pidiendo cosas. Sin embargo él todavía tenía una pregunta: "¿Puedo pensar?" Algunas veces el asfixiante peso de las normas legalistas deben haber tentado a algunos judíos a preguntar: "¿Puedo respirar?"

Jesús tenía una contestación para la queja de los fariseos. Les citó el caso de **David** (3) que con una banda de hambrientos había comido los **panes de la proposición** (4)[17] reservados exclusivamente para los sacerdotes. En otras palabras: la necesidad humana es una ley mayor que todas las leyes y reglas religiosas. O para expresarlo con mayor exactitud, el amor es la ley más elevada del universo e invalida todos los reglamentos. El amor exige que sea suplida la necesidad humana aun si algunos puntos técnicos legales tienen que ser hechos a un lado en el proceso. Esto es lo que no podían ver los fariseos. Como eran legalistas típicos, les faltaba ese amor y sentido común que unidos hacen que la vida se deslice feliz y suavemente. Pero el amor es un don de la gracia de Dios—sí, de Sí mismo, porque "Dios es amor". El legalismo es la negación humana del amor divino.

El Maestro también recordó a sus críticos que los sacerdotes trabajan todos los sábados en el templo. De este modo **profanan el día de reposo, y son sin culpa** (5). El sentido común nos demuestra que en la práctica algunas leyes cancelan a otras. Esto es inevitable en un mundo tan lleno de imperfecciones como el nuestro.

Enseguida Jesús apuntó a su principal objetivo.[18] Ahora estaba presente uno mayor **que el templo** (6). El verdadero Templo, lugar de reunión de Dios y los hombres, era Cristo mismo. El templo de Jerusalén era la casa de Dios; Jesús era el Hijo de Dios (cf. He. 3:3-6). Esto es infinitamente más grande.

Una vez más (cf. 9:13) Cristo citó Oseas 6:6: **Misericordia quiero, y no sacrificio** (7). Es evidente que este concepto de la religión verdadera, de que consiste en una actitud correcta más que en actos rituales, era el pensamiento central de Jesús. Cuando el cristianismo ha encontrado su punto céntrico en la liturgia más que en la vida ha retrocedido del Nuevo al Antiguo Testamento. Y aun así, ha fracasado en captar la interpretación profética de la ley mosaica.

Jesús declaró que si los fariseos hubieran conocido el significado de Oseas 6:6—la construcción griega implica que no lo habían logrado —no habrían condenado **a los inocentes.** La condenación es la obra del Espíritu Santo (Jn. 16:8), no de los seres humanos. Cuando andamos condenando a otros, estamos usurpando la autoridad divina (cf. 7:1).

El punto decisivo era que **el Hijo del Hombre** (el Mesías) era aun

Señor del día de reposo (8). La sumisión a Cristo como el Señor Supremo decidirá todas las controversias básicas.[19]

    b. Curación de un hombre con la mano seca (12:9-14). Este milagro (cf. Mr. 3:1-6; Lc. 6:6-11) constituye otro punto en el conflicto de Jesús con los fariseos sobre el asunto de la observancia del sábado. Esto sucedió en **la sinagoga de ellos** (9)—probablemente en Capernaum (cf. Mr. 2:1; 3:1)—un hombre tenía **seca** una mano (literalmente "toda seca"). Los fariseos le preguntaron a Jesús: **¿Es lícito sanar en el día de reposo?** (10). Su propósito era obtener no una información para ellos, sino evidentemente algo contra él, **para poder acusarle.**

    Superficialmente parece que hubiera un conflicto entre Mateo y Marcos 3:4 y Lucas 6:9. El primero dice que los fariseos hicieron la pregunta a Jesús. Los otros dos evangelistas presentan a Jesús preguntándoles a los fariseos. Pero la pregunta del Maestro muy lógicamente pudo haber sido hecha en forma retórica. En presencia del hombre con la mano seca los fariseos interrogaron a Jesús: **¿Es lícito sanar en el día de reposo?** Jesús les contestó con otra pregunta: "¿Es lícito hacer bien en sábado, o hacer mal? ¿salvar la vida o quitarla?" Marcos inmediatamente dice que después de esto, "ellos callaban". Al responder a la interrogación de los fariseos con otra, Jesús coloca la de ellos en su propia perspectiva; de esta manera silenció a sus opositores.

    Para remachar este punto, Cristo les preguntó si ellos no tratarían de sacar su oveja caída en un hoyo en el **día de reposo** (11). **Por consiguiente, es lícito hacer el bien en los días de reposo** (12). Todo lo que sea para el bien de la humanidad siempre es placentero a Dios.

    Entonces el Creador ordenó a esta criatura afligida: **Extiende tu mano** (13). Morison piensa que solamente la mano estaba seca y no el brazo y que el propósito de hacersela extender era que todos pudieran presenciar su cura.[20] Pero el extender la mano, ¿no implica el movimiento del brazo? De manera que M'Neile está justificado al decir: "El mandato requirió la fe que fue el operativo para la cura."[21] En otras palabras, el hombre demostró su fe por su obediencia. En las situaciones análogas de la vida actual una y otra no pueden divorciarse. De todas maneras, la mano **le fue restaurada sana como la otra.** La cura había sido completa.

    En lugar de ser impulsados por este milagro a creer en Jesús como su Mesías, los fariseos, **tuvieron consejo[22] contra** El **para destruirle** (14). Esta acción demuestra la medida de su testarudez, su rechazo voluntario de Cristo. No hay nada más empecinado e irrazonable que el fanatismo religioso.

2. *Apoyo de las multitudes* (12:15-21)

En contraste con la crítica ciega y negativa de los líderes religiosos estaba el entusiasmo animador del pueblo común. Cuando Jesús **se apartó** de la sinagoga para escapar del complot de asesinarlo, **le siguió mucha gente** (15). Compasivamente—y quizá agradecido porque al menos tenían fe en su poder sanador—**sanaba a todos.**

A su vez, les **encargaba rigurosamente,** o "amonestaba" a la gente para **que no le descubriesen** (16). La razón de esta advertencia la hallamos en Marcos 1:45. Jesús procuraba evitar la publicidad en su ministerio de sanidad para que no le sirviera de impedimento a su más importante ministerio de enseñanza. Además, también deseaba evitar que la excitación popular se volviera una ola incontrolable, con el consiguiente peligro de un levantamiento revolucionario contra Roma.

Una vez más Mateo emplea su fórmula favorita para introducir el material del Antiguo Testamento, **para que se cumpliese lo dicho** (17). Esta vez la cita es más extensa y proviene de Isaías 42:1-4. No está tomada de la Septuaginta sino que es algo así como una versión libre del hebreo. Este rasgo ya ha sido notado antes en Mateo. Carr dice al respecto: "La divergencia desde los puntos de la Septuaginta hasta una versión independiente y la que hay en el vocabulario de San Mateo señalan a algún otro traductor aparte del Evangelista."[23]

La palabra **siervo** (18) en griego es *pais,* que puede significar "siervo" o "hijo", aunque la palabra hebrea en Isaías se refiera solamente a lo primero. Morison hace este comentario que nos ayuda: "Las dos acepciones de la palabra griega la hacen particularmente aplicable al Mesías, en quien se combinaban ambas relaciones..."[24] **Pondré mi Espíritu sobre él** fue cumplido en su bautismo, cuando el Espíritu Santo descendió sobre Jesús. Juicio es el sentido general de la palabra griega *krisis* (cf. "crisis"). Pero aquí lleva la rara connotación de "justicia".

El Siervo del Señor **no contenderá** (19), palabra griega que se halla sólo aquí en el Nuevo Testamento, con el significado de "riña, altercado". **Voceará** es *kraugazo* sugiriendo griterío para llamar la atención sobre sí. **Nadie oirá en las calles su voz,** haciendo puja para lograr popularidad. Este versículo, que constituye el corazón de la cita, muestra especialmente la razón por la que Mateo toma estos textos de

Isaías. Deseaba demostrar la modestia del Mesías que trataba de evitar la notoriedad (16).

El verso 20 contiene dos metáforas con relación al ministerio de Cristo. La primera es la de una **caña cascada** y la segunda, la del **pábilo que humea.** La última indica un titubeante pábilo, casi quemado por falta de aceite. Morison nos da un claro y simple significado de este interesante pasaje: "La caña cascada y el pábilo que humea pueden referirse a las vidas fracasadas que Cristo Jesús restaura y las chispas de fe que El reaviva."[25] Alford dice que estas metáforas representan "una expresión proverbial, porque El no aplastará el corazón contrito, ni extinguirá la más ligera luz de arrepentimiento en el pecador".[26] **Hasta que saque a victoria el juicio** significa "hasta que haga que triunfe su justicia, hasta que la traiga a la victoria".

Basado en los versos 18-21, Charles Simeon sugiere el tema: "La Compasión de Cristo hacia el Débil." (1) Su comisión está dada en el verso 18; (2) Su manera de realizarlo está indicada en los versos 19-20; *(a)* silenciosamente; *(b)* tiernamente; *(c)* exitosamente; (3) En el verso 21 está nuestro deber hacia El.

3. *Menosprecio de las críticas* (12:22-45)

Esta sección muestra a los fariseos en su más torpe y cruel oposición a Jesús. Sus corazones carnales están desenmascarados y el cuadro revelado es un sórdido comentario sobre los frutos de la legalidad religiosa.

a. El endemoniado ciego y mudo (12:22-30). Lucas, que también relata este milagro de sanidad (Lc. 11:14), menciona solamente al sordomudo y no a su ceguera. Tanto él como Mateo, dicen que estaba "endemoniado". Es posible que por esta difícil condición haya sido traído a Jesús como un caso de prueba. Pero El hizo frente al desafío con el mayor éxito; el hombre quedó completamente sanado.

La reacción de la gente fue, desde luego, de admiración. Decían: **¿Será éste aquel Hijo de David?** (23). Pero la forma del idioma griego evidentemente espera una respuesta negativa. "Este no és el Hijo de David, ¿es?"[27] La pregunta expresa incredulidad sorprendida, quizá mezclada con esperanza: "¿Es posible que éste sea el Hijo de David?"

La reacción de los fariseos fue diferente. Ellos decían que Jesús echaba los demonios por **Beelzebú,**[28] **príncipe de los demonios** (24). Cristo sabía lo que ellos estaban pensando y comenzó a hacerles algunas preguntas. Después, observando que **toda ciudad o casa dividida contra** sí misma, no permanecerá (25), les declaró que si Satanás echaba fuera a Satanás, se dividiría contra sí mismo; ¿cómo podría permanecer su reino? (26). Su lógica era sencilla y clara.

Pero Jesús recalcó su punto un poco más. Si El por Beelzebú echaba los demonios, **¿por quién los echan vuestros hijos?** El exorcismo era practicado al menos por algunos judíos en aquella época (cf. Hch. 19:13).

Inmediatamente el Maestro planteó el asunto. **Si yo por el Espíritu de Dios** (no por Beelzebú; 24) echo fuera los demonios, **ciertamente ha llegado a vosotros el reino de Dios** (28). Es exactamente lo que había sucedido. En su persona el Reino, "repentinamente había llegado" (tiempo aoristo). Pero ellos lo rechazaron.

Luego, Jesús trazó otro cuadro. Nadie podría entrar en la casa del hombre fuerte—y **saquear**—"robar, llevarse, alzarse"[29]—**sus bienes**— "lo que es de su propiedad"[30] a menos que primero atara al hombre fuerte. Nuevamente su lógica era indisputable. Satanás es un enemigo vencido, o Jesús no podría apoderarse de su propiedad.

La primera parte del versículo 30—**El que no es conmigo, contra mí es**—parece, a primera vista, estar en conflicto con Lucas 9:50—"el que no es contra nosotros, por nosotros es". Pero en Mateo, Jesús se refiere a la lealtad interna; en Lucas, está discutiendo la oposición exterior. Los propósitos de los dos discursos son completamente distintos. En Lucas está censurando el espíritu de sectarismo; en Mateo está advirtiendo contra el peligro de la lealtad dividida. Además hay diferencia en quién está en contra de quién (cf. Mt. 12:30 y Lc. 9:50 en RSV, NEB, la versión Moderna de Pratt, la Versión Popular en español y otras versiones católicas). En Mateo, Jesús declara que un hombre no puede ser neutral en cuanto a Cristo; si uno no está con El, está contra El. En Lucas, Jesús está hablando de sus seguidores. Un hombre no siempre tiene que actuar de acuerdo con todos los demás cristianos o con todos los grupos de creyentes para poder pertenecer a Cristo. Ni yo puedo exigir que todos los demás cristianos estén de acuerdo conmigo. El puede estar haciendo la obra de Cristo a su manera; si es sincero al hacerlo, realmente está de mi parte porque yo también estoy procurando hacer la obra de Dios.

b. El pecado imperdonable (12:31-32). Jesús aseveró que **Todo pecado y blasfemia será perdonado a los hombres** (31) excepto la blasfemia contra el Espíritu Santo. Esa jamás será perdonada. En el verso 32, El acentúa el significado; cualquiera que dijere alguna palabra **contra el**

Hijo del Hombre le será perdonado; pero no así al que habla **contra el Espíritu Santo**. El contexto sugiere que el "pecado imperdonable", es atribuir voluntariamente a Satanás la obra del Espíritu Santo. Esta era la opinión sostenida por Juan Wesley y Adam Clarke. El primero dice: "No es ni más ni menos que atribuir al diablo los milagros efectuados por Cristo por medio del Espíritu Santo."[31] Pero Morison, aunque él mismo es un erudito comentador wesleyano expresa el punto de vista más apoyado en la actualidad en cuanto al pecado imperdonable. Lo define en esta manera: "Todo pecado y blasfemia será perdonado a los hombres, excepto ese pecado que llega a hacerse imperdonable por haber madurado en blasfemia contra el Espíritu Santo."[32] Añade: "La blasfemia contra el Espíritu es el rechazo escarnecedor del Espíritu Santo como el único Revelador de la benignidad de Dios."[33] Es la impenitencia que "persevera hasta el final del período probatorio".[34]

    c. Corazones buenos y malos (12:33-37). Exactamente como hay dos clases de árboles, buenos y malos, hay dos clases de corazones. Y como el árbol es conocido por sus frutos, así la misma naturaleza del corazón humano es demostrada por lo que sale de él (35). Y esto se revela especialmente por lo que decimos (36-37), porque **de la abundancia del corazón habla la boca** (34). La conexión con el párrafo precedente está demostrada por la primera parte del verso 34. El corazón malo de los fariseos quedaba revelado por las palabras blasfemas que habían terminado de hablar.

    Los versos 36-37 nos dicen una solemne verdad. Las blasfemias no son las únicas palabras por las cuales los hombres tendrán que dar cuenta a Dios. Porque por **toda palabra ociosa que hablan los hombres . . . darán cuenta en el día del juicio.** ¿Qué son palabras ociosas? El término griego significa "vanas, desidiosas, inútiles". Para este pasaje Arndt y Gingrich sugieren que "una **palabra ociosa** por causa de su inutilidad, es mejor que no se hubiera dicho".[35] Jesús amonesta contra el descuido en el lenguaje, porque la conversación revela la condición del alma. De esa manera, por nuestras palabras seremos **justificados o condenados.**

    d. Procurando señales (12:38-42). Los escribas y los fariseos trataron de poner a Jesús "en su sitio" requiriéndoles que les mostrara **señal** (38). Esta es la palabra usada generalmente en el evangelio de Juan refiriéndose a los milagros que realizaba. El Maestro acababa por cierto de darles una señal sorprendente con la curación del ciego y sordomudo endemoniado. Pero ellos exigían algo más sensacional y espectacular.

Lucas 11:16 dice que estaban pidiendo "señal del cielo" para probar que El era el Mesías. Jesús les negó tal cosa.

Cristo aseveró que **la generación mala y adúltera demanda señal** (39). Aquí la palabra **adúltera** está empleada en sentido espiritual, como en Isaías y Oseas, significando que eran desleales a Jehová, apartados de Dios.

La única señal que Jesús les daría, ellos podrían encontrarla en las mismas Escrituras Sagradas. Esta es una saludable advertencia para aquellos que hoy en día andan buscando "señales" sensacionales. La Biblia es la base de nuestra creencia. De modo que "la fe es por el oir, y el oir, por la palabra de Dios" (Ro. 10:17). Este es el único fundamento para nuestra fe.

De la manera que Jonás estuvo tres días "en el vientre del gran pez" (cf. Jon. 1:17)—"no hay ballenas en el Mediterráneo"[36]—así **estará el Hijo del Hombre en el corazón de la tierra** (40). Por causa de la dificultad de encontrar **tres días y tres noches** entre el viernes por la tarde y el domingo por la mañana, mucha gente ha abogado la idea de la crucifixión en miércoles. Pero esto requeriría la resurrección el sábado por la tarde. El jueves sería más apropiado; pero, por alguna causa, este día no ha sido muy favorecido por los comentadores. Lo importante es notar que los judíos reconocían parte del día como si fuera el día completo. De modo que encontramos bien, viernes, sábado y domingo. Más tarde Jesús declaró definitivamente que El "resucitaría al tercer día" (16:21). El tercer día, comenzando el viernes, sería el domingo. Cuando colocamos esto con la fuerte tradición de la Iglesia Primitiva de que la crucifixión fue realizada el viernes, parece razonable aceptar que ese día es correcto. Los judíos eran mucho más flexibles en cuanto a su pensamiento sobre el tiempo que lo que somos nosotros en nuestra edad de tiempo contado por segundos. El "reloj" más precioso que tenían era el de sol.

Entonces Jesús advirtió a sus oyentes que **los hombres de Nínive** (41) y **la reina del Sur** (42) (la reina de Saba, cf. 2 Cr. 9:1-9) se levantarían **en el juicio contra esta generación** y la condenarían por su incredulidad. Con mucha menos luz ellos obedecieron al llamado de Dios y siguieron la vislumbre que vieron.

e. Barrido pero vacío (12:43-45). El significado de este párrafo en su contexto está bien establecido por Neil. Escribe: "Israel había tenido un poco de éxito en su meta de deshacerse de las manchas más negras de su pasado, merced a su profesión verbal de lealtad a la ley; pero siete demonios peores habían entrado y tomado posesión de su vida religiosa—fanatismo, intolerancia, prejuicio, y el resto de los pecados del judaísmo."[37]

Lugares secos o "sin agua" (43), se refiere a tierras inhabitables para el ser humano, porque no hay agua potable. Meyer dice que los desiertos "tenían fama de ser moradas de demonios".[38]

Jesús les estaba advirtiendo en contra del peligro de tener sólo una conversión parcial—una reforma sin regeneración. No es bastante librarse de los malos hábitos del pecado. Eso solamente dejará la vida **desocupada, barrida y adornada** (44). El último es el verbo griego *kosmeo;* su significado básico es "poner en orden".

Si un hombre ha sido reformado moralmente sin una transformación espiritual, el resultado puede ser que **el postrer estado de aquel hombre viene a ser peor que el primero** (45). Cristo debe llenar la vida limpia para conservarla salva.

E. Jesús y su Familia, 12:46-50

Este pequeño e interesante incidente está relatado en los tres Evangelios Sinópticos (cf. Mr. 3:31-35; Lc. 8:19-21). La **madre** de Jesús y sus **hermanos** (véanse los comentarios sobre el 13:55) **le querían hablar** (46).

Cuando oyó esto (47), Jesús señaló a sus discípulos y dijo: **He aquí mi madre y mis hermanos** (49); después Jesús establece una nueva relación espiritual: **Porque todo aquel que hace la voluntad de mi Padre que está en los cielos, ese es mi hermano, y hermana, y madre** (50). Esta es la nueva familia de Dios. Entramos en ella por el nuevo nacimiento. Mientras hagamos la voluntad de Dios, seguimos perteneciendo a esa familia. La desobediencia—si es testaruda y persistente—nos expulsa de ella.

Notas Bibliográficas

[1]*Op. cit.,* p. 427.
[2]EGT, I, 172.
[3]El adjetivo está en grado comparativo, *mikroteros.* Pero en el koiné griego, el comparativo se empleaba a menudo en lugar del superlativo. Esta es la forma común usada en el Nuevo Testamento.
[4]Oscar Cullmann, "Significance of Qumran Texts", *Journal of Biblical Literature,* LXXIV (1955), 219.
[5]EGT, I, 172.

[6]*Op. cit.,* p. 101.
[7]El punto de vista alternativo, que el reino sufre violencia de sus enemigos, no encaja bien en este pasaje.
[8]*Op. cit.,* p. 437.
[9]*Ibid.*
[10]*Op. cit.,* p. 113.
[11]G. E. P. Cox, "The Gospel According to St. Matthew", *The Twentieth Century Bible Commentary.* ed. G. H. Davies, *et. al.* (Nueva York: Harper & Brothers, 1955), p. 393.
[12]*Op. cit.,* p. 276.
[13]*Ibid.,* p. 767.
[14]*Ibid.,* p. 796.
[15]*Op. cit.,* p. 174.
[16]*Op. cit.,* p. 37.
[17]Literalmente, "panes de la exposición". El nombre hebreo es "pan de la presencia". En la mesa de oro se colocaban 12 panes frescos todos los sábados en el lugar santo, simbolizando la presencia de Dios en medio de su pueblo, las doce tribus de Israel.
[18]En el mejor texto griego está el adjetivo neutro y no el masculino ("uno más grande" KJV). "El neutro da un sentido de grandeza indefinida" (Carr, *op. cit.,* p. 178).
[19]Para mayor información sobre el caso vea Marcos 2:23-28 y Lucas 6:1-5.
[20]*Op. cit.,* pp. 220-21.
[21]*Op. cit.,* p. 171.
[22]Arndt and Gingrich (p. 785) explica esto como un latinismo que significa "forma un plan, decide, consulta, conspira".
[23]*Op. cit.,* p. 179.
[24]*Op. cit.,* p. 202.
[25]*Op. cit.,* p. 179.
[26]*Op. cit.,* I, 127.
[27]Sobre este punto pende una sorprendente historia. La primera edición de la versión inglesa King James (1611), correctamente omitía "no". Así lo hicieron en cuatro ediciones subsecuentes. Entonces comenzó a ser introducido en algunas y finalmente quedó establecido en 1769. Vea Morison, *op. cit.,* pp. 204-5.
[28]Para la forma adecuada de esta palabra vea las notas sobre 10:25.
[29]Arndt and Gingrich, *op. cit.,* p. 108.
[30]*Ibid.,* p. 761.
[31]*Op. cit.,* p. 64.
[32]*Op. cit.,* p. 211 (removidas las cursivas).
[33]*Ibid.,* p. 212.
[34]*Ibid.*
[35]*Op. cit.,* p. 104.
[36]Carr., *op. cit.,* p. 183.
[37]William Neil, *Harper's Bible Commentary* (Nueva York: Harper and Row, 1962), p. 342.
[38]*Op. cit.,* p. 247.

Sección VI — Tercer Discurso: Parábolas del Reino

Mateo 13:1-52

El capítulo decimotercero consiste en la parte principal de siete parábolas del Reino. Como se ha hecho notar anteriormente, Mateo se distingue por el arreglo sistemático del material de acuerdo con el asunto. Y el tema principal de este evangelio es el reino de los cielos. Siguiendo a la parábola más extensa y que sirve de introducción, la del sembrador, hay otros tres pares—la cizaña, la red de peces, la de la mostaza, la de la levadura, el tesoro escondido y la perla de gran precio. Cada una de ellas, excepto la del sembrador, comienza con la frase: "El reino de los cielos es semejante."

A. El Escenario, 13:1-2

Aquel día salió Jesús **de la casa** (vea 12:46)—probablemente el hogar de Pedro en Capernaum—**y se sentó junto al mar** (1). Capernaum estaba sobre la costa del mar de Galilea (vea el mapa). Cuando **mucha gente** (2) lo redeó y se vio forzado a entrar en una **barca**, probablemente la que Pedro usaba para la pesca, allí **se sentó**. Era la posición de los rabinos judíos para la enseñanza (cf. 5:1). La inmensa multitud estaba de pie **en la playa** en declive, constituyendo así una especie de anfiteatro natural.

B. Las Siete Parábolas, 13:3-50

1. *El sembrador* (13:3-23)

Sentado en el bote, Jesús dijo a la gente **muchas cosas por parábolas** (3). Este término proviene del griego *parabole,* que significa algo "arrojado de lado". Este vocablo sólo se usa en los evangelios sinópticos (en Mateo, 17 veces; Marcos 13; Lucas 18) y dos en Hebreos (9:9; 11:19) lugar este último donde está traducido "símbolo". Arndt y Gingrich declaran exactamente su significado: "Una parábola es un discurso breve que establece una comparación; expresa un simple pensamiento completo."[1] La que sigue es una difinición interesante:

133

"En su aspecto más sencillo, la parábola es una metáfora o un símil sacado de la vida natural o común, atrayendo al lector por su vivacidad o extrañeza, dejando en la mente suficiente duda sobre la precisa aplicación para motivarla a pensar activamente."[2]

Puesto que los orientales son naturalmente aficionados al lenguaje pintoresco, no es de sorprenderse que se encuentre cierto número de parábolas en el Antiguo Testamento tanto como en otros escritos tardíos de los hebreos. Pero Jesús logró la mayor utilidad de este método. Para ser válida y vigorosa una parábola debe ser fiel a la vida. Consecuentemente, "Jesús es el Maestro de la parábola, porque El es el Señor de la vida".[3] Sólo El, que conocía la vida perfectamente, podía interpretarla por completo. La parábola ha sido definida como "una historia terrenal con significado celestial".

Escritores cristianos de la primera época, tales como Orígenes, dieron una extrema interpretación alegórica a las parábolas de Jesús, aunque Tertuliano y Crisóstomo se opusieron a esa tendencia. El último dice en su comentario griego sobre Mateo: "Y, como digo siempre, las parábolas no deben ser explicadas palabra tras palabra, porque así resultarán muchos absurdos."[4]

La mayor parte de los eruditos han aceptado el criterio de que una parábola tenía como objeto enseñar un solo punto y que el alegorizar varios detalles debe ser diligentemente evitado. M'Neile, sin embargo, sabiamente amonesta que debemos cuidarnos de "negarnos a admitir, que una parábola puede ilustrar más de un solo punto".[5] Dice: "Cuando se ilustra más de una verdad, el cuadro se aproxima a la alegoría; y no siempre son seguros qué detalles son los que tienen el propósito de iluminar algo y cuáles son los que únicamente son parte del cuadro escénico."[6]

También ocurre que la primera parábola de este capítulo prueba la insuficiencia de la teoría de "solamente un punto", porque Jesús mismo procedió a dar una interpretación alegórica de los diversos asuntos de la parábola del sembrador. Lo mismo hizo con la de la cizaña; e igual aunque brevemente con la de la red de peces. De modo, que tres de las siete parábolas fueron tratadas alegóricamente por el Maestro.

a. Exposición de la parábola (13:3-9).[7] El cuadro que Jesús describía en esta parábola era muy familiar a sus oyentes. Aún hoy en día puede verse en la Palestina a un hombre cruzando el campo, tomando semillas de un bolso que pende de uno de sus hombros y arrojándolas, diseminándolas con la mano a gran distancia.

Esta historia es llamada algunas veces la parábola de los terrenos, puesto que su punto principal establece una comparación entre cuatro clases de tierra—**junto al camino** (4), **pedregales** (5), **entre espinos** (7) y en **buena tierra** (8). La semilla que **cayó junto al camino. . . vinieron las aves y la comieron.** La que **cayó en pedregales,** tierra poco profunda de la cima de la roca, brotó rápidamente, pero pronto, **se secó** porque no tenía raíz. La semilla que cayó **entre espinos,** éstos **la ahogaron,** pero la que cayó en **buena tierra,** llevó una rica cosecha.

Jesús terminó su historia con esta advertencia: **El que tiene oídos para oir, oiga** (9). La disposición a escuchar es el precio que hay que pagar si se quiere aprender. Esta expresión la habíamos encontrado una vez en Mateo 11:15 y volveremos a hallarla en la última parte de este capítulo (43).

b. La razón de hablar en parábolas (13:10-17). Los discípulos sentían curiosidad de saber por qué Jesús hablaba a las multitudes por parábolas. Cuando se lo preguntaron, El les contestó que era el privilegio de ellos **saber los misterios del reino de los cielos** (11), cosa que no se les había concedido a las muchedumbres.

El término **misterios** es traducción del griego *misteria.* En los evangelios se halla solamente aquí y en los pasajes paralelos de Marcos (4:11) y Lucas (8:10). Con mayor frecuencia lo hallamos en las Epístolas de Pablo (20 veces) y en Apocalipsis (4 veces). En los tiempos de Cristo tenía sentido técnico de secretos conocidos sólo por los iniciados, tal como en los misterios religiosos. El misterio particular del reino, como lo define Pablo, es la salvación de los gentiles tanto como la de los judíos (Ef. 3:3-9).

En el versículo 12, Jesús establece el principio significativo de que el que tiene, recibirá más; y el que no tiene, va a perder aun lo poco que posee. Eso es verdad aun en lo económico. El hombre que posee dinero para invertir es quien logra más dinero. El que tiene poco está en peligro aun de perder lo poco que posee. El principio también se aplica en cuanto al conocimiento; el alumno debe tener cierta información fundamental antes que el profesor pueda conducirle por enseñanzas más avanzadas. Jesús acomoda este principio para la vida espiritual. Los discípulos eran aquellos que ya tenían algún conocimiento espiritual y de esta manera recibirían más mediante las enseñanzas del Maestro. Cristo hablaba a las multitudes en parábolas, no para que perdieran lo poco que tenían sino para que aquellos que tenían alguna disposición de vida espiritual pudieran aumentarla. **Por eso,** por causa de la diferencia de percepción y entendimiento, Jesús tenía que hablarles por parábolas (13). Carr lo comenta de esta menera: "La parábola se adapta (1) a los ignorantes porque es atractiva y reveladora de verdades espirituales exactamente en proporción a la capacidad del oyente; y (2) al entendido y al docto divinamente por contener un secreto al cual pueden penetrar por su discernimiento espiritual."[8]

Mientras que el **porque** de Mateo (griego *oti* con *o* aspirada) no presenta problema, el uso de *ina* (*i* aspirada, para que) de Marcos 4:12 y Lucas 8:10 crea una de las dificultades más grandes en la exégesis de los evangelios. ¿Por qué hablaría Jesús en parábolas "para que" sus oyentes no pudieran entenderle?

M'Neile sugiere tres posibles respuestas. La primera es la tradicional—"impedir que su enseñanza se hiciera incomprensible para cualquiera de aquellos que simpatizaran con El". La segunda haría *hina* o *ina* aspirada ("para que") "virtualmente equivalente a *oste* [*o aspirada*] ['de manera que']: de acuerdo con un bien conocido hebraísmo idiomático, el *resultado* es irónicamente descrito como *propósito"*. La tercera es expresada así: "El texto de Marcos es, posiblemente como el de Mateo 5:14, un comentario editorial: 'para que la palabra de Isaías sea cumplida'. . . la gramática de la oración está dominada por *hina,* como en Mateo 18:16."[9]

La segunda de estas explicaciones encuentra vigoroso apoyo en una reciente y muy fidedigna gramática griega del Nuevo Testamento, la cual declara que el uso causal de *hina* ("porque") tiene "buen precedente" y da un "excelente sentido" en Marcos 4:12.[10]

Una vez más (14-15) Mateo cita a su escritor favorito del Antiguo Testamento: Isaías (6:9-10). Incidentalmente, este es el único lugar fuera de 2 de Pedro (1:20-21) donde un pasaje del Antiguo Testamento es referido como **profecía** (14). Esta cita contraria a otras más tempranas del libro está tomada al pie de la letra de la Septuaginta. El hebreo de Isaías 6:9-10 está traducido en nuestras versiones hispanas como imperativo y no como futuro de indicativo como también en las versiones inglesas. La primera hace hincapié en su aplicación al ministerio de Isaías, y la segunda a su implicación profética de los últimos tiempos.

Corazón (15) en el antiguo pensamiento hebreo, implicaba el asiento de la inteligencia más que el de los afectos. Ese es el caso en esta cita, tanto como en muchos otros pasajes del Antiguo Testamento. En este versículo Jesús muestra un segundo impedimento para el conocimiento espiritual. En los versos 11 y 12 El se refirió a que el conocimiento y el crecimiento espiritual estaban limitados por la ignorancia, de la cual un hombre no es responsable. Aquí Jesús declara que hay una ignorancia voluntaria de la verdad del evangelio—**han cerrado sus ojos.**

Jesús les recordó a sus discípulos que sus **ojos** espirituales eran **bienaventurados** porque podían ver la verdad (16); igualmente sus **oídos** porque podían oir. Este es el privilegio de los hijos de Dios, de todos aquellos que han escuchado el evangelio y guardan sus corazones abiertos a sus verdades.

La declaración del verso 17 es aclarada por la de 1 Pedro 1:10-11. ¡Qué privilegio vivir después de la venida de Cristo!

c. Explicación de la parábola (13:18-23). Jesús describió cuatro tipos de oyentes del evangelio. Primero, aquellos de **junto al camino** (19). *Sus corazones impasibles*—hechos así o por indiferencia o por las presiones de la vida—de hecho no reciben la verdad, y **el malo** rápidamente arrebata la semilla que ha quedado en la superficie. Luccock dice: "Cualquier cosa que haya quedado en la superficie de la vida será arrebatada."[11]

El segundo es aquel sembrado **en pedregales** (20), o terreno rocoso. Sus *corazones superficiales*—la trivialidad parcialmente heredada y en parte adquirida—responde con entusiasmo emotivo, pero fallan al no echar las raíces de un arrepentimiento profundo. De manera que tienen "vidas flacas". **Al venir la aflicción o la persecución** (21) y los golpea, languidecen y mueren. Tropiezan *(skandalizetai)*—por causa del tropiezo, o de la trampa.

El tercero es el que fue sembrado **entre espinos** (22). Estos oyentes reciben el mensaje y son salvos. Pero **el afán de este siglo y el engaño de las riquezas ahogan la palabra.** Estas dos cosas amenazan la vida espiritual de cada cristiano y son causa de la muerte espiritual de muchos. Son los *corazones estrangulados,* cuyas vidas están siempre sobrecargadas de *cosas,* hasta que la consciencia de Dios queda asfixiada.

La cuarta clase está descrita como la semilla **que fue sembrada en buena tierra** (23). Estos no sólo oyen la palabra, pero la entienden. Ellos son los que producen fruto en diversas proporciones. Allí está el desafío para cada creyente a "llevar más fruto" y "mucho futo" (Jn. 15:2, 5).

Podemos pensar que estas cuatro clases de terrenos nos sugieren "Un Cuarteto de Corazones Humanos": (1) El corazón imposible; (2)

El corazón superficial; (3) El corazón estrangulado; (4) El corazón constante.

Por supuesto, un terreno es completamente pasivo, pero el espíritu humano no lo es. El inferir cierta clase de fatalismo o determinismo de esta historia sería hacer a un lado las Escrituras como un todo, ya que éstas dondequiera sostienen la responsabilidad individual. Pero, con la ayuda del Espíritu que está siempre dispuesto, podemos romper "la tierra no sembrada" de nuestros corazones (Jer. 4:3). La eliminación de la insensibilidad, de la obstinación latente y de la dureza espiritual es un privilegio prometido inherente en el nuevo pacto (Ez. 36:25-27), y es exactamente lo que sucede en el verdadero arrepentimiento y más radicalmente, en la experiencia de la entera santificación. Por lo que toca al **afán de este siglo y el engaño de la riquezas,** el creyente lleno del Espíritu, limpio y vigilante, puede negarse a permitir que las preocupaciones temporales monopolicen su antención y asfixien su espiritualidad.

2. ***La cizaña*** (13:24-30, 36-43)

Esta parábola se encuentra solamente en Mateo. Es probable que haya sido colocada inmediatamente después de la del sembrador porque ambas tienen que ver con el grano. Pero allí termina la similitud. Las lecciones que enseñan las dos son totalmente distintas.

a. Exposición de la parábola (13:24-30). Jesús comparó el reino de los cielos **a un hombre que sembró buena semilla en su campo** (24). Pero, mientras todos dormían, vino **su enemigo** y sembró **cizaña** (una planta verde parecida al trigo) **entre el trigo** (25). El daño no fue descubierto hasta que éste dio su espiga (26) que fue cuando pudo verse la diferencia entre el cereal y la cizaña. **Los siervos** debidamente informaron el asunto al **padre de la familia** (27). El propietario lo reconoció como la obra de un enemigo.

Cuando los siervos le preguntaron si debían arrancar la cizaña, el dueño se los prohibió (28). El los instruyó para que los dejaran crecer juntos hasta la cosecha (29). Entonces, la cizaña sería recogida en manojos para **quemarla,** mientras que el trigo sería almacenado en su **granero** (30), o ("almacén"). El erudito bíblico Jeremías explica cómo se hacía esto: "Por recoger la cizaña no tenemos que imaginar que era desarraigada inmediatamente después de la cosecha del trigo; sino que cuando el segador cortaba el fruto con la hoz, dejaba caer la cizaña, de modo que no fuera recogida con los manojos de trigo."[12] Más tarde, recogían la cizaña y la ataban en manojos para ser usada como combustible.

¿Qué motivo había en esta ocasión para relatar esta historia? "La parábola suena como la réplica de Jesús a un crítico—probablemente un fariseo... que había objetado: 'si el reino de los cielos está aquí realmente, ¿por qué no ha habido una separación entre los pecadores y los santos de Israel?'"[13] En el idioma original, la palabra fariseo significa "separatista".

b. Explicación de la parábola (13:36-43). Después que Jesús les refirió las parábolas de la semilla de mostaza y de la levadura se dirigió a **la casa** (vea 13:1)—probablemente la de Pedro, en Capernaum. A solas con El, en ese hogar, los discípulos le pidieron explicación de la parábola de la cizaña (36).

Como en el caso de la del sembrador, Cristo les dio una interpretación detallada. El sembrador es **el Hijo de Hombre** (37). **El campo es el mundo; la buena semilla son los hijos del reino**—la iglesia invisible aquí, todos los que son verdaderos hijos de Dios—pero **la cizaña son los hijos del malo** (38). **El enemigo... es el diablo; la siega es el fin del siglo** ("edad") **y los segadores son los ángeles** (39). Jesús dijo que al fin de esta edad El enviaría sus ángeles para recoger **de su reino** a todos los que sirven de tropiezo (41). La palabra **reino** aquí parece tener una connotación más amplia que la usual y distinta en su acepción a la del verso 38; porque aquí se refiere a la iglesia visible, o con mayor probabilidad a todo el mundo incluyendo hombres buenos y malos. Los que sirven de **tropiezo** *(skandala)* significa todas las cosas que sirven de trampa y tientan a los seres humanos para su destrucción."[14] **Iniquidad** es en griego, "desobediencia". Estos serán arrojados al *horno de fuego* donde será el **lloro y el crujir de dientes** (42)—frase que se encuentra cinco veces en Mateo (8:12; 13:42; 22:13; 24:51; 25:30) y una en Lucas (13:28). Subraya los horrores del infierno. En contraste con éstos, **los justos resplandecerán como el sol** (43). Esto es un eco de Daniel 12:3—"Los entendidos resplandecerán como el resplandor del firmamento; y los que enseñan la justicia a la multitud, como las estrellas a perpetua eternidad."

3. *La semilla de mostaza* (13:31-32)

Esta parábola se encuentra en los tres evangelios sinópticos (cf. Mr. 4:30-32; Lc. 13:18-19). El cuadro presenta una semilla diminuta sembrada en el campo y creciendo hasta llegar a ser un árbol corpulento, lo suficientemente grande como para que los pájaros posen en sus ramas. En realidad, la mostaza no es **la más pequeña de todas las semillas** (32), pero se trataba de una expresión proverbial para referirse a algo excesivamente pequeño.

Esta breve parábola nos sugiere el tema "Lo Poco Es Mucho si Dios Está en Ello", con estos tres puntos: (1) Perdido en el terreno; (2) La más pequeña de las semillas; (3) La mayor de las hortalizas.

4. *La levadura* (13:33)

Esta parábola se encuentra también en Lucas (13:20-21), pero no en Marcos. Jesús describió a una mujer tomando **levadura** y escondiéndola en **tres medidas** de **harina** (equivalente a 13 kilos cada una). La levadura afectó a toda la masa y la hizo levantarse.

Como esta parábola está relacionada con la anterior, bien pueden interpretarse juntas. Dos interpretaciones importantes son populares en la actualidad.

La primera, que es la tradicional, ha sido sostenida desde los tiempos primitivos de la iglesia. Este criterio afirma que Jesús aquí está describiendo el doble crecimiento de la iglesia. En la de la mostaza, el desarrollo externo; en la parábola de la levadura, el crecimiento interior, espiritual—o su influencia en leudar la sociedad.

Durante la centuria pasada un punto de vista diferente fue promovido por algunos eruditos de la Biblia. Está basado fundamentalmente sobre la premisa de que la levadura siempre es símbolo del mal. Según esta interpretación, el gran crecimiento de la mostaza tipifica la expansión exterior de una iglesia apóstata que lograría la dominación del mundo. **Las aves del cielo** representan a los malvados que están en los altos puestos en las diversas ramas de la iglesia. La levadura simboliza las enseñanzas heréticas dentro de la iglesia que han causado su corrupción. De esta manera las dos parábolas dan una visión previa del mal curso de la iglesia exterior en esta edad. La interpretación tradicional parece mucho más consistente con todo el tenor de las enseñanzas de Jesús acerca del reino.

Intermedio: *Resumen* (13:34-35)

A las multitudes Jesús les habló solamente por paráblolas (34). Esto le dio variedad y vividez a su predicación. El usaba ilustraciones de la pesca, del campo, del comercio y aun de la cocina. Todos podían encontrar algo conocido en sus palabras.

De nuevo Mateo encuentra un cumplimiento de la profecía del Antiguo Testamento. El declara que lo que sigue fue **dicho por el profeta** (35), pero ahora toma la cita del Salmo 78:2. No hay tal declaración en el libro de Isaías.[15] Como lo hace en otras partes, Mateo prefiere traducir el hebreo en vez de citar la Septuaginta, como generalmente hacen otros escritores del Nuevo Testamento. **Fundación** quiere decir "principio". Esta palabra griega está empleada de ese modo por escritores seculares.

5. *El tesoro escondido* (13:44)

En los tiempos antiguos cuando en muchos lugares no había bancos, era costumbre esconder tesoros en la tierra. Jesús habló de un hombre que inesperadamente descubrió tal "hallazgo" que vendió todo lo que poseía para comprar aquel campo y tener el tesoro.

6. *La perla de gran precio* (13:45-46)

Similarmente, un hombre que descubrió una perla sumamente valiosa vendió todo lo que tenía para adquirirla. Ambas parábolas, que sólo se hallan en Mateo, tienen la misma enseñanza.

Algunos las han interpretado refieriéndolas a Cristo que entregó su todo, para comprar la iglesia. Pero la mayoría de los eruditos las explican como que significan que uno debe estar dispuesto a dejar todo para lograr la salvación. El reino de Dios, la vida de Dios en el alma, es el tesoro escondido y la perla preciosa. Se ha sugerido que el tesoro escondido representa a aquellos que repentina e inesperadamente encuentran a Cristo, mientras que la perla de gran precio simboliza a los que lo hallan después de escudriñar por largo tiempo.

7. *La red* (13:47-50)

Esta parábola y la de la cizaña se hallan solamente en Mateo y enseñan la misma lección. Ambas describen el día del juicio final con su separación de lo bueno y lo malo. En la presente parábola **el reino de los cielos es semejante,** probablemente sea mejor comprendido si dijéramos: "La obra de Dios en el mundo es como..." Esta vez el cuadro se nos presenta como un gran red que al ser sacada del lago contiene **toda clase de peces** (47). Cuando la red barredera era arrastrada hasta la costa, los pescados eran separados. **Recogen lo bueno en cestas** (48). Pero los pescadores tiraban **lo malo.** La palabra *sapra* generalmente significa "podridos". Pero aquí debe significar "inservibles, no aptos para el consumo". En forma parecida, dijo Jesús, al finalizar esta edad, saldrán los ángeles y **apartarán a los malos de entre los justos** (49). Los primeros serán arrojados al **horno de fuego** (50) donde **será el lloro y el crujir de dientes** (cf. v. 42).

La lección de las parábolas parece ser doble. La primera es una amonestación a estar seguros de que hemos de ser contados entre lo **bueno** (trigo o peces) en el reino, no entre lo **malo**. En segundo lugar, es una exhortación a los líderes humanos a no usurpar las prerrogativas divinas de separar los justos de los malvados. Solamente en el día del juicio será debidamente realizada esa tarea.

C. PÁRRAFO FINAL, 13:51-52

Después de concluir su recital de las siete parábolas del reino, el Maestro les preguntó a sus discípulos si habían comprendido todo lo que les había dicho. Ellos le respondieron: **Sí, Señor** (51). Entonces El hizo la comparación semejando al **escriba docto** en las verdades del reino a un **padre de familia** que saca de su tesoro **cosas nuevas y cosas viejas** (52). Esto podría aludir a las nuevas verdades del cristianismo agregadas a las enseñanzas del Antiguo Testamento.

NOTAS BIBLIOGRÁFICAS

[1]*Op. cit.,* p. 617.
[2]C. H. Dodd, *The Parables of the Kingdom* (Londres: Nisbet & Co., 1936), p. 16.
[3]George A. Buttrick, *The Parables of Jesus* (Nueva York: Harper & Brothers, 1928), p. xiii.
[4]Chrysostom, "Homilies on the Gospel of Saint Matthew", *A Select Library of the Nicene and Post-Nicene Fathers of the Christian Church,* ed. Philip Schaff (Nueva York: Christian Literature Co., 1888), X, 292.
[5]*Op. cit.,* p. 186.
[6]*Ibid.*
[7]Ver también Marcos 4:1-9; Lucas 8:4-8.
[8]*Op. cit.,* pp. 186-87.
[9]*Op. cit.,* pp. 191-92.
[10]James Hope Moulton, *A Grammar of the New Testament Greek:* Vol. III, "Syntax", por Nigel Turner (Edimburgo: T. & T. Clark, 1963), p. 102.
[11]IB, VII, 697.
[12]Joachim Jeremias, *The Parables of Jesus,* trad., S. H. Hooke (Nueva York: Charles Scribner's Sons, 1955), p. 156.
[13]A. M. Hunter, *Interpreting the Parables of Jesus* (Naperville, Ill.: SCM Book Club, 1960), p. 46.

[14]Carr, *op. cit.*, p. 192.

[15]Extrañamente "Isaías el profeta" es lo que se lee en el "Codex Sinaiticus" (cuarta centuria) y algunos buenos manuscritos de minúsculas. No sería imposible que el Salmista haya citado algún dicho oral de Isaías. Es más probable que el escriba del Sinaiticus haya cometido un error.

Sección **VII** *Se Reanuda la Narración:*

Viajes de Jesús

Mateo 13:53—17:27

A. Jesús y Juan Rechazados, 13:53—14:12

1. *Rechazo en Nazaret* (13:53-58)

El verso 53 contiene la fórmula regular con que terminan cada uno de los cinco discursos de Jesús. Esta es la tercera vez que la hallamos (cf. 7:28; 11:1).

Después de presentar las siete parábolas del reino, Jesús **se fue de allí** (53)—probablemente de Capernaum y de ese lugar volvió **a su tierra** (54) es decir, Nazaret (vea el mapa). Allí, les enseñaba— **en la sinagoga de ellos.** Probablemente era la misma donde había asistido para adorar desde los 12 a los 30 años.

La actitud de sus vecinos de pueblo era la que generalmente se le otorga a un muchacho de su tierra natal: **¿De dónde tiene éste sabiduría y estos milagros?** ¿No es extraño que con tanta facilidad rechacemos sabiduría reconocida y aun poderosos milagros cuando aparecen en lugares inesperados? La gente todavía le recordaba como **el hijo del carpintero** (55)—Marcos dice "el carpintero" (Mr. 6:3). Ellos conocían **a su madre y sus hermanos,** cuatro de los cuales son mencionados en este pasaje. Son nombres muy comunes entre los judíos y los encontramos muy a menudo en el Nuevo Testamento. Jesús también tenía **hermanas** (56), todos los cuales seguían viviendo en Nazaret—no se nos dice cuántos. **Las gentes se escandalizaban de él** (57)—tropezaban en el hecho de que lo habían conocido muy bien como muchacho. Esta reacción indica que Jesús vivió una vida normal hasta la edad de 30 años y que durante ese lapso no realizó ningún milagro.

La mención de los **hermanos** y **hermanas** de Jesús levanta el interrogante sobre la perpetua virginidad de María, su madre—dogma sostenido por la Iglesia Católico Romana, sin apoyo para ello en ninguna parte de las Escrituras. En el siglo IV Helvidius (*ca.* 380) sostuvo que éstos eran hijos de José y María. Es el criterio más natural, especialmente puesto que aquí se nombra a "los hermanos". Este punto de vista está apoyado por una mayoría de los protestantes.

Epifanio (*ca.* 382), sostuvo que eran medios hermanos, hijos de un matrimonio anterior de José. El hecho de que éste no volviera jamás a ser nombrado después del ministerio público de Jesús, ha sido interpretado como que él era un hombre mayor de edad y que en ese tiempo ya había fallecido. Esta es la noción oficial de la Iglesia Ortodoxa Griega y favorecida por considerable número de protestantes y la Iglesia Anglicana.

Jerónimo (*ca.* 383) va un paso más adelante. El interpretó "hermanos" con el significado de "primos". Esta interpretación fue finalmente adoptada por la Iglesia Católico Romana. Pero, constituye una parte de la elevación y adoración de "la Bendita Virgen", apoyadas ahora con los dogmas oficiales de su inmaculada concepción y su ascención corporal.

Jesús respondió a la actitud de sus antiguos vecinos citándoles un antiguo proverbio (57). Lo triste es que estaba imposibilitado de hacer **muchos milagros, a causa de la incredulidad de ellos** (58). La falta de fe siempre priva a la gente de recibir bendiciones.

Marcos también incluyó este incidente en su evangelio (6:1-6). Es un punto en debate si se trata del mismo viaje a Nazaret descrito en formas más extensas en Lucas. Algunos eruditos piensan que se trata de dos visitas; otros, igualmente fidedignos creen que es una sola (vea los comentarios sobre Lc. 4:16-32).

2. *Muerte de Juan el Bautista* (14:1-12)[1]

Herodes el tetrarca (1) que había construido Tiberias como su capital, en la zona occidental del mar de Galilea, era gobernador de Galilea y Perea. Hijo de Herodes el Grande y una mujer samaritana, fue llamado Antipas, de modo que con toda corrección se le nombra Herodes Antipas. Gobernó desde el año 4 A.C. hasta el 39 D.C. La palabra **tetrarca** literalmente significa "gobernador de una cuarta parte", pero se usaba en sentido general para designar al gobernante de una región pequeña.

Cuando Herodes oyó **la fama de Jesús** como Hacedor de milagros, dijo **a sus criados:**[2] **Este es Juan el Bautista** (2). Su conciencia todavía le estaba persiguiendo por haber matado al justo profeta. El pensaba que sólo Juan podía realizar los milagros que oía eran atribuídos a Jesús. Herodes había **prendido... encadenado** y encarcelado a Juan **por causa de Herodías,** (3) porque el profeta le había dicho: **No te es lícito tenerla** (4).

Herodes Antipas se había casado con la hija de Aretas, rey de los árabes nabateanos. Pero en su visita a Roma, se hospedó en la casa de su medio hermano Filipos. Se encantó de la esposa de éste y la llevó consigo a Galilea. Al saber lo sucedido, su primera esposa huyó al hogar de su padre, el cual envió un ejército que derrotó severamente a Herodes Antipas. Según Josefo, muchos de los judíos consideraron esto como un castigo divino sobre el tetrarca por haber matado a Juan.[3]

Después que Juan fue encarcelado, Antipas **quería matarle, pero temía al pueblo** (5). Superficialmente, esto parece contradecir la declaración de Marcos (según se lee en los mejores textos griegos): "Pero Herodías odiaba a Juan y quería matarle, pero no podía, porque Herodes sabía que era un hombre justo y santo, y le tenía miedo" (Mr. 6:19-20 VP.). "Y le guardaba a salvo", dice Valera 1960. Pero, nuevamente es necesario recordar la costumbre de Mateo de narrar omitiendo detalles, presentando solamente una declaración general. Sin duda parecía al público que Antipas deseaba la ejecución de Juan. Carr hace una exposición más amplia para ayudar al comentario: "La narración de San Marcos presenta el cuadro de las intrigas secretas de la corte y tiene la evidencia de haber sido cuestionado por un observador testigo presencial de los hechos."[4]

Herodías aguardó su tiempo. Esperaba y acechaba la ocasión para llevar a cabo sus criminales designios contra el profeta. Por fin llegó el momento—**el cumpleaños de Herodes** (6). Con toda la artimaña y malicia de las cuales era capaz una avisada mujer, tramó su complot. Estaba tan desesperada por lograr sus atroces propósitos que estuvo dispuesta a la deshonra de su **hija** (Salomé) al exponerla a una danza sensual ante un grupo de borrachos.

La astucia venció. Herodes, ebrio y apasionado, **prometió con juramento** dar a la muchacha **todo lo que pidiese** (7). Ella, **instruida primero por su madre** (8), le pidió la cabeza de Juan el Bautista **en un plato.** Pero esto parece estar en conflicto con la explicación de Marcos que relata que "ella salió y le dijo a su madre: ¿Qué pediré?" (Mr. 6:24). La solución del problema queda en la simple corrección de lo traducido en Mateo. **Instruida primero por su madre** debería expresarse "adelantada" o "advertida". Conservando su costumbre de generalización, Mateo apenas menciona que Salomé actuó instigada por su madre. Marcos típicamente agrega cada detalle diciendo: "Y consultó con su madre."

El rey (9)— título de cortesía para este tetrarca—**se entristeció.**

Esto concuerda con el cuadro que Marcos presenta de Antipas, quien tal vez se sentía al mismo tiempo atraído y atemorizado por Juan. Pero, por causa de sus comensales, Herodes mantuvo su juramento y ordenó su ejecución. La cabeza de Juan el Bautista fue entregada a la muchacha y **ella la presentó a su madre** (11). El cuerpo fue sepultado por sus afligidos discípulos (12). El odio humano había ganado la batalla.

Esta dramática historia nos guía fácilmente a un bosquejo. Podríamos pensar en: (1) La hija bailarina; (2) El déspota borracho; (3) La cobarde operación.

B. Nuevos Milagros, 14:13-36

1. *Alimentación de los cinco mil* (14:13-21)

La alimentación de los 5.000 ofrece la característica de ser el único milagro mencionado en los cuatro evangelios. Se encuentra en Marcos 6:30-44; Lucas 9:10-17; Juan 6:1-14.

Cuando Jesús, que probablemente se hallaba en las cercanías de Capernaum, se enteró del asesinato de Juan, cruzó en una barca hacia la costa oriental del mar de Galilea. Este era **un lugar desierto y apartado** (13); es decir, una región inhabitada. Tanto El como sus discípulos tenían necesidad de descanso y de un cambio.

Pero cuando la multitud oyó adónde había ido, **le siguió a pie,** o "por tierra" rodeando el extremo norte del mar. La velocidad de la navegación de aquellos días puede calcularse por el hecho de que la gente anduvo quizás 12 kilómetros, mientras los discípulos remaron o navegaron unos nueve.

Cuando Jesús salió del bote, encontró una gran muchedumbre que lo esperaba. En lugar de quedarse disgustado por su presencia, **él tuvo compasión de ellos y sanó a los que de ellos estaban enfermos** (14).

Como iba anocheciendo, los discípulos se acercaron para recordarle que **la hora** de la cena era ya **pasada** (15). Era mejor despedir a la gente para que se dirigiera a las villas cercanas y comprara **de comer.**

La respuesta de Jesús fue: **dadles vosotros de comer** (16). Los discípulos protestaron. No tenían **sino cinco panes y dos peces** (17). Los panes eran del tamaño y forma de un pequeño budín o bizcocho. La suma total de las provisiones disponibles constituían la merienda de un muchacho (Jn. 6:9).

Pero los discípulos habían hecho sus cálculos sin tener en cuenta para nada al Maestro. El pidió que se le trajera esa pequeña merienda (18). Después de ordenar a la gente que se recostara **sobre la hierba** (19) (el griego dice "reclinar")—Marcos agrega que la hierba era "verde", lo que nos indica que estaban en primavera—Jesús tomó los cinco panes y dos peces, los **bendijo y partió** y dio los panes a los discípulos, quienes a su vez, los pasaron a la multitud.

Un punto muy significativo es que los discípulos obedecieron el mandato de Cristo. De hecho, ellos alimentaron la multitud cuando participaron con Jesús en hacerlo. La lección para cada creyente es ésta: No importa cuán imposible parezca una tarea que le haya sido asignada, con la ayuda divina, puede hacerse. "Porque no hay nada imposible para Dios" (Lc. 1:37).

Y comieron todos (20). El verbo *chortazo* (**se saciaron**) viene del sustantivo *chortos,* "pasto, heno". Se usaba primero para denotar a los animales que pacían. La palabra describe a los animales alimentándose hasta quedar llenos y luego, echándose alegremente sobre el pasto. Arndt y Gingrich dicen que en la voz pasiva (como en este pasaje), significa "comer hasta llenarse, quedar satisfecho".[5] Este es el énfasis de este lugar. Todos estos millares de personas comieron hasta quedar "satisfechas". Esta es la mejor traducción.

De **lo que sobró de los pedazos** en los cestos de los que repartían y probablemente en una pila sobre el pasto limpio frente a Jesús— tomaron **doce cestas llenas.** Es decir, que cada uno de los 12 discípulos pudo llenar la canasta de su merienda para el día siguiente.

La multitud satisfecha estaba compuesta por unos **cinco mil hombres** (21). Solamente Mateo, el estadístico, agrega: **sin contar las mujeres y los niños.** Si la multitud estaba formada por peregrinos que se dirigían a celebrar la Pascua, sólo habría habido unas pocas mujeres y niños (Jn. 6:4-5). Esta distinción refleja el hecho de que en público—a menudo todavía es así entre los orientales—las mujeres y los niños jamás comían con los hombres. Ni siquiera puede dudarse: era un mundo de hombres.

2. *Jesús anda sobre el agua* (14:22-27)[6]

El Maestro enseguida **hizo** que sus discípulos partieran (22). El verbo tiene un sentido muy enérgico, significando "constreñir, forzar". Arndt y Gingrich sugieren esta traducción: "Hizo que sus discípulos se embarcaran."[7] ¿Por qué? Juan nos da la respuesta: "Jesús entendió que iban a venir, para posesionarse de El y hacerle rey y volvió a retirarse al monte, él solo" (Jn. 6:15). No quería que sus discípulos permanecieran en esa atmósfera revolucionaria, ni quería El sancionar con su presencia semejante movimiento. El no estaba allí para establecer un reinado político con oposición al gobierno romano, sino para implantar su reino espiritual en los corazones de los hombres. Jesús era sensible a la realidad de que estos veleidosos galileos estaban listos para lanzarse en otra revuelta contra Roma. De modo que El instruyó a sus discípulos para que partieran, despidió a la multitud y El se fue a orar solo.

Cuando llegó la noche (23) es la misma expresión griega del versículo 15, "cuando anochecía". Pero, entre ambas, había acontecido la alimentación de los 5.000. Esta actividad debe haber durado de una a dos horas. ¿Cómo armonizar, entonces estas dos expresiones de tiempo? Encontramos la respuesta en la distinción entre la "primera tarde" (que comenzaba como a las 3 p.m.) y la "segunda" (después de la puesta del sol). La palabra que se traduce "anochecer" es literalmente "tarde". La totalidad de la frase del versículo 23 significa: "Cuando se había hecho tarde." Arndt y Gingrich sugieren: "El contexto a menudo facilita la tarea de decidir a qué hora se refería, si antes o después de la puesta del sol."[8]

Al llegar la noche, Jesús había quedado solo sobre la montaña. Y **ya la barca estaba en medio del mar** (24)—como a mitad de camino cruzándolo. El texto griego de Nestle dice: "Estaba a muchos estadios **de la tierra**" (cf. RSV). Esto concuerda sorprendentemente con la declaración de Juan que dice que los discípulos habían remado como 25 o 30 estadios (Jn. 6:19)—unos cinco o seis kilómetros. En su extremo norte, que es donde ellos se encontraban, el mar de Galilea tiene unos 10 kilómetros y medio de ancho.

La barca era **azotada por las olas.** Carr comenta: "La expresión es vigorosa, 'torturada por las olas', como si fuera en los estertores de la agonía."[9] El mar de Galilea es famoso por sus tremendas tormentas repentinas. El escritor jamás olvidará el haber estado en una de esas tempestades en ese mar en 1953. Parecía que el barco pesquero se iba a pique cada vez que lo azotaba una de esas olas gigantescas. Pero estremeciéndose de extremo a extremo, la nave ascendía hasta que llegaba la próxima ola mientras que sobre la proa caían torrentes de agua. El poderoso motor de este moderno barco de pesca continuaba su marcha adelante. Pero los discípulos sólo podían luchar vanamente con sus remos mientras tenían que confrontar un tremendo viento septentrional sobre la proa.

Cuando las cosas llegaban a lo peor, **a la cuarta vigilia de la noche** (3 a 6 a.m.), Jesús se les acercó **andando sobre el mar** (25). Los discípulos

se turbaron (26)—mejor dicho "se aterrorizaron" creyendo que era **un fantasma** (gr., *phantasma*). Aterrorizados por la tormenta y sobrecogidos de horror por ese "fantasma", **dieron voces.** El verso griego empleado aquí significa: "Gritaron, dieron alaridos, chillaban de espanto."[10]

Inmediatamente Jesús los reanimó con las siguientes palabras: **¡Tened ánimo; yo soy, no temáis!** (27). Literalmente el texto griego dice: "Tened coraje; soy yo, dejad de tener miedo." Este es todavía el mensaje de Cristo para los suyos en medio del tormentoso mar de la vida.

3. *Pedro anda sobre el agua* (14:28-33)

Este es un incidente único, que sólo Mateo narra. Pedro se sentía tan desafiado al ver a Jesús andando sobre el agua que dijo: **Señor, si eres tú, manda que yo vaya a ti sobre las aguas** (28). Todo esto concuerda muy bien con el temperamento impulsivo de Pedro. Como muy bien dice M'Neile a aquellos que dudan de su fundamento histórico: "Un punto fuerte a favor de esta historia es su fiel reflexión sobre el carácter del Apóstol."[11]

Confiadamente, Pedro respondió al **Ven** (29) del Maestro, y comenzó a andar **sobre las aguas.** El antiguo texto griego dice: "Pedro anduvo sobre las aguas y vino a Jesús." Aparentemente, entonces, él casi había llegado hasta donde estaba el Señor antes que fallara su fe. **Pero al ver el fuerte viento** (30)—más precisamente sus efectos, comenzó a tener miedo. **Y comenzando a hundirse**—la vigorosa forma compuesta significa "hundirse en el profundo mar"[12]—clamó: **¡Señor, sálvame!**

Al momento Jesús extendiendo la mano, asió de él (31)—literalmente, "lo tomó". Esto muestra que Pedro estaba al alcance de su brazo. Gentilmente, el Maestro regañó al ambicioso discípulo por su **poca fe.** Al dar el primer paso para salir del bote y andar sobre el agua, parecía que su fe era grande. Pero parece que estaba mezclada con algo de presunción.

Tan pronto como Cristo entró en el barco con Pedro, **se calmó el viento** (32). La raíz griega sugiere: "quedó agotado, cansado." Los discípulos que estaban en la barca adoraron a Jesús como el **Hijo de Dios** (33). Para ellos, su presencia y poder probaban su deidad.

4. *Sanando en Genesaret* (14:34-36)

Y terminada la travesía desde el lado oriental al occidental del mar, llegaron a **tierra de Genesaret** (34). Se trataba de una pequeña planicie que se extendía unos cuatro kilómetros y medio sobre la costa occidental del mar de Galilea y su extremo norte alcanzando como tres kilómetros tierra adentro. Josefo la describe elocuentemente como una región sumamente fértil.[13]

Se trataba de una región densamente poblada. Pronto las multitudes se juntaron otra vez para ser sanadas. Los enfermos **le rogaban que les dejase tocar solamente el borde de su manto** (36). El borde de la vestidura de un judío está descrito en Números 15:38-39. Carr lo explica de la siguiente manera. "En cada esquina del vestido había una borla; cada una de ellas estaba realzada con un hilo de color azul conspicuo, simbolizando el origen celestial de los mandamientos."[14]

Quedaron sanos es una sola palabra en griego. Es un vigoroso vocablo compuesto, que sugiere una cura completa.

C. La Corrupción Ceremonial y la Corrupción Moral, 15: 1-20

Acerca de esta sección dice Carr: "Estos 20 versículos recapitulan la gran controversia del Nuevo Testamento: entre la religión de la letra y observancia externa y la religión del corazón, lo que Pablo denomina 'la justicia que es de la ley y la justicia que es de Dios (o fundada sobre) por la fe', Filipenses 3:9."[15]

1. *Impureza ceremonial* (15:1-9)

Una vez más Jesús chocó con los fariseos. Esta vez ellos estaban apoyados por los escribas, o doctores de la ley **de Jerusalén** (1) distante unos 150 kilómetros (vea el mapa). Es posible que... fuera una comisión oficial del Sanedrín, enviada para hacer interrogaciones (cf. Jn. 1:19).

Estos escribas querían saber por qué los discípulos quebrantaban **la tradición de los ancianos** (2). El significado de esta expresión es explicado por M'Neile: "Los 'ancianos' eran los grandes maestros del pasado y del presente... la 'tradición' era la ley oral, manipulada por ellos, aún no completa y codificada más tarde en el Mishna."[16]

La transgresión específica mencionada por los fariseos era la siguiente: **No se lavan las manos cuando comen pan.**[17] Esto no quería decir que los discípulos comieran con las manos sucias sino que no cumplían con el ceremonial prescrito para los lavados en la tradición de los ancianos. Esta costumbre está explicada para sus lectores romanos, por Marcos (7:2-4). Mateo da por sentado que tal cosa ya era muy conocida por sus lectores judíos.

Jesús rechazó a los fariseos haciéndoles una pregunta: **¿Por qué también vosotros quebrantáis el mandamiento de Dios por vuestra tradición?** (3). Entonces les aclaró el significado de sus palabras. El hizo el contraste entre lo que **Dios mandó** (4) y lo que ellos decían (5). El quinto mandamiento dice: **Honra a tu padre y a tu madre** (Ex. 20:12). También está la advertencia de que cualquiera que **maldiga**—la palabra griega literalmente significa "hablar mal de"—al padre o la madre debía morir irremisiblemente (Ex. 21:17).

Los fariseos habían frustrado este mandamiento divino por su tradición humana. Ellos decían que un hijo que estaba obligado a cuidar de sus padres—asunto de suprema importancia para los orientales—podía declarar que el dinero que ellos necesitaban para su sostén era la **ofrenda** (5) de él a Dios. De esa manera se esquivaban de cumplir con una obligación legal (6). Al hacerlo, invalidaban **el mandamiento de Dios** por su **tradición.**

Las implicaciones inmorales e irreligiosas de esta costumbre rabínica son descritas por Carr: "Los escribas sostenían que esas palabras, aun cuando fueran pronunciadas en un momento de enojo contra los progenitores a quienes necesitaban socorrer, excusaban al hijo de su deber natural, y más aún, lo comprometían a no cumplir su deber; y, por la otra parte, tampoco le obligaban a dedicar la suma para el servicio de Dios o del templo."[18] M'Neile concuerda con este juicio. Dice: "Su actual dedicación no es realmente contemplada; quedaba dedicada (vale decir, no disponible) solamente en lo que concernía a los padres u otra persona que esperara recibirla."[19]

No es de extrañarse que Jesús llamara **hipócritas** (7) a los escribas. Para describirlos, citó (8-9) Isaías 29:13 (en su mayor parte de la Septuaginta más que del texto hebreo).

2. *Impureza moral* (15:10-20)

A la **multitud** (10) Jesús les explicó que no lo que entra por la boca **contamina** al hombre sino lo que **sale** (11) de ella. Este verbo proviene de *koinos,* "común", de modo que literalmente significa "hacer común". Pero, puesto que el adjetivo tomó el sentido de "impuro ceremonialmente" (cf. Hch. 10:14), el verbo llegó a significar "manchar" (en sentido ceremonial). Cristo declaró: "No es lo que coméis lo que os contamina, sino lo que decís." Montefiore, un escritor judío, expresó bien la lógica de las palabras de Jesús. "Las cosas no pueden ser religiosamente limpias o inmundas; sólo las personas. Y éstas no pueden ser contaminadas por las cosas, sino solamente por ellos mismos, actuando irreligiosamente."[20]

Esta fue una traumática contradicción del judaísmo farisaico cuyo énfasis principal consistía en la limpieza ceremonial. No es de sorprenderse que los discípulos informaran a su Maestro (12) que los fariseos se habían ofendido ("escandalizado"). El les respondió implicando que esos críticos no habían sido plantados por Dios y que por lo tanto sería **desarraigada** (13). Jesús les llamó **ciegos guías de ciegos** (14).

Entonces **Pedro** (15) le pidió la explicación de esta **parábola**—evidentemente se refiere a la del verso 11. **Parábola** *(parabole)* está aquí usada en el sentido limitado de una corta declaración parabólica, vale decir, la que establece una comparación.

El Maestro expresó su sorpresa—y sin duda, desilusión—de que ni aun sus discípulos lo comprendieran (16). Y trató de aclararles un poco el verso 11, ilustrándolo un poco. La comida sólo tiene efecto físico, no espiritual (17). Pero lo que sale **del corazón** eso contamina a la persona (18). Aunque Jesús menciona *la boca* por cuarta vez (cf. 11, 17), los versos 19 y 20 aclaran que no está tratando sólo con las *palabras* del hombre sino también con sus *hechos*.

Los malos pensamientos (19) parece ser una expresión general de introducción que luego se expresa en seis plurales que describen las acciones exteriores. Pero todos los malos hechos fluyen de erróneas actitudes del corazón. Los pecados de la lista guardan un orden parecido al de los Diez Mandamientos. En las Escrituras, la condición del corazón es el asunto de mayor importancia. Este es el hombre interior que Dios ve—su panorama mental, su imaginación, afectos, motivos básicos y sus metas. Cuando este ser interior es malo, es el manantial de todo lo malo en la vida y en la conducta. Ningún hombre puede evitar por completo la contaminación de actos pecaminosos a menos que sea purificada la fuente de su carácter. Este fue precisamente el propósito por el que Cristo vino entre los hombres.

D. Más Milagros, 15:21-39

1. *La curación de la hija de la mujer cananea* (15:21-28)

Después de este encuentro con los fariseos, Jesús se dirigió hacia el norte **a la región** (o "distrito") **de Tiro y de Sidón** (21). Estas dos ciudades estaban en Fenicia (el moderno Líbano) que era territorio gentil (vea el mapa). Jesús quería estar solo con sus discípulos para poder instruirles. Pero vino **una mujer cananea** (22). En Josué 5:12, "la tierra de Canaán" (hebreo) aparece en la Septuaginta griega como "el país de los fenicios". Esta mujer era extranjera y pagana. Sin embargo, acudió a Jesús. Marcos, que es el único escritor que también narra este incidente (Mr. 7:24:30), la denomina "griega y sirofenicia por nación". De modo que las dos descripciones concuerdan en lo esencial.

Ella salió de **aquella región.** Aquí hay un término griego completamente distinto del traducido con la misma palabra en el verso 21. En este pasaje literalmente quiere decir "límites" o "fronteras". En el verso 21 es "partes".

La mujer se dirigió a Jesús, diciéndole: **Señor, Hijo de David;** es decir, Mesías. Es posible que ella haya estado entre aquellos "de la región de Tiro y de Sidón que se habían allegado hasta el mar de Galilea para ver a Jesús" (Mr. 3:8). Ahora ella clamaba por **misericordia,** porque su **hija** estaba **gravemente atormentada por un demonio;** o, como dice en griego "malamente endemoniada".

Al principio, **Jesús no le respondió palabra** (23). Finalmente, llegaron los discípulos y **le rogaron** y **le pidieron, diciendo: Despídela pues da voces tras nosotros** (traducción literal). Estaban disgustados con una mujer que los seguía dando "alaridos" por ayuda. Probablemente ellos querían que el Maestro le diese lo que pedía y se deshiciera de ella.

Como réplica, Jesús informó a la mujer que sólo había sido enviado **a las ovejas perdidas de la casa de Israel** (24). Primero por su silencio, y ahora por declaración directa, negaba su petición. Carr, correctamente aclara el propósito: "Con esa declaración, Jesús prueba la fe de la mujer, con el fin de purificarla y profundizarla."[21]

Para no ser rechazada, **ella vino y se postró** ante El, diciendo: **Señor, socórreme** (25). El verbo significa: Ven a ayudar a alguien que clama por ayuda.

Superficialmente, la réplica de Jesús era poco menos que insultante. Dijo que no debía tomar **el pan** (literalmente, lo bueno) **de los hijos** (los judíos), para echarlo **a los perrillos** (26). Los judíos, generalmente llamaban "perros" a los gentiles; (es decir, inmundos). Esto parece muy fuera de carácter en los labios de Cristo. Sin embargo, la palabra griega significa "perrillos". Como dice Morison: "Nuestro Salvador no se refiere. a los perros salvajes, feroces, inmundos, vagabundos, que pululan en las ciudades orientales, sino a los pequeños, amados por los niños y con quienes ellos quieren jugar."[22] También Weatherhead piensa que Jesús puede haber empleado un tono de voz o una mirada de sus ojos, para decirle que tal cosa era principalmente una reprensión para los judíos por su actitud estrecha y nacionalista.[23]

La respuesta de la mujer es notable desde todos los puntos de vista. En lugar de resentirse por la clasificación de su persona como "un perro", ella la aceptó. Pero sacó la mejor parte de ella. Ella no pretendía ser considerada como uno de los hijos. Todo lo que ella quería eran **las migajas** que caían de la **mesa** (27). Ella tenía fe que esas **migajas** llenarían su necesidad. En otras palabras, el poder del Maestro era tan grande que no necesitaría mucho para expulsar el demonio de su hija. No es de extrañarse que Jesús haya respondido: **Oh mujer, grande es tu fe** (28). Al momento su petición fue concedida por completo.

El incidente ha sido bien resumido por G. Campbell Morgan: "Ella acudió en contra del prejuicio; contra el silencio perseveró; contra la expulsión avanzó; contra el desaire ganó."[24]

2. *Las multitudes sanadas* (15:29-31)

Después de su breve retiro con sus discípulos—con sus conocidas interrupciones—Jesús volvió **al mar de Galilea** (29). Marcos (7:31) nos cuenta que fue a Decápolis al oriente del mar. **Y subiendo al monte, se sentó allí para enseñar.**

Grandes multitudes se le acercaron que traían consigo **cojos, mudos, mancos, y otros muchos enfermos** (30). Esto nos da una idea del alto grado de problemas sanitarios y aflicciones de aquella época cuando no había hospitales y los médicos eran muy contados. Aún hoy, se dice que la mitad de los niños árabes de las ciudades tienen enfermedades en los ojos por causa de la falta de profilaxis sanitaria.

Jesús sanó a todos los que llegaron. Esto causó sorpresa y asombro entre la gente y les hizo glorificar a Dios (31).

3. *Alimentación de los cuatro mil* (15:32-39)

Mientras que la alimentación de los cinco mil está en los cuatro evangelios, este incidente se halla sólo en Mateo y Marcos (8:1-9). Una multitud había estado con el Maestro durante **tres días** y se había terminado toda la comida. El no quería enviar a la gente **en ayunas** a sus casas para que no desmayaran en el camino (32). Los discípulos protestaron que no había pan **en el desierto** para poder alimentarles (33). Todo lo que tenían era **siete** panes y **unos pocos pececillos** (34)—unas galletitas y unas sardinas.

La primera cosa que Jesús hizo fue ordenar a la multitud que se **recostase en tierra** (35). Aquí hay un verbo distinto que el que se usó en relación con la alimentación de los cinco mil (14:19). En aquel pasaje significaba "se recostaron" y en éste "volver a sentarse". Hay poca diferencia esencial. Ambos términos significan "reclinarse". El "bendijo el pan" cuando se alimentaron los cinco mil, y aquí dice: **Dio gracias** (36). El verbo es *eucharisteo;* que equivale a nuestra moderna expresión "dar gracias" en la mesa. Entonces Jesús partió los panes y nuevamente los discípulos los sirvieron a la multitud.

Esta vez alzaron **siete canastas llenas** de los pedazos de pan que habían sobrado (37). La palabra **canastas** no es la misma que se usó en relación con la alimentación de los cinco mil (14:20). Eran las cestas de la comida de los 12 discípulos. Aquí se refiere a un gran canasto. Pensamos esto porque es el mismo término usado para la canasta en la que fue descolgado Pablo por el muro de Damasco (Hch. 9:25). Probablemente se trataba de una canasta de pescador, hecha con cuerdas entretejidas y que podían soportar una buena carga. De modo que las **siete canastas** pueden haber contenido más que "las doce" de la primera ocasión.

En esta vez hubo **cuatro mil hombres** (38). Nuevamente Mateo (y no Marcos) agrega: **sin contar las mujeres y los niños.**

Habiendo despedido la multitud, Jesús **entró en la barca** y vino **a la región,** "fronteras" **de Magdala** (39). Esta era la ciudad de la cual provenía María Magdalena. Estaba situada en la fértil planicie de Genesaret (cf. 14:34). Los más antiguos manuscritos griegos dicen "Magadan". Puesto que la ubicación de esta última es desconocida, es muy fácil pensar que algunos escribas lo cambiaran por la ciudad más familiar de la Magdalena.

E. Fariseos Ciegos y Discípulos que Ven, 16:1—17:27

1. *La demanda de señal* (16:1-4)

Los fariseos—maestros de las sinagogas—y **saduceos**—sacerdotes del templo—se allegaron a Jesús **para tentarle** ("tantearlo" o "ponerlo a prueba"; 1). Generalmente estos dos grupos eran antagónicos teológica y políticamente. Los **saduceos** favorecían la cooperación con los gobernantes romanos, mientras que **los fariseos** la veían como una afrenta. Pero los dos partidos funcionaban juntos en el Sanedrín en Jerusalén y en ese momento los unía la común hostilidad en contra de Jesús.

Estos líderes judíos le pidieron **señal del cielo**. No estaban satisfechos con las constantes maravillas de su ministerio de sanidad. Ellos no las aceptaban como evidencia de que fuere el Mesías. Más bien exigían que hubiera alguna señal espectacular desde los cielos, algo proveniente del otro mundo, como prueba de que El era lo que pretendía ser. Su empleo de "Hijo del Hombre" se sumaba a tal reivindicación (vea el comentario sobre 8:20).

En los versos 2 y 3[25] encontramos una comparación entre las señales del tiempo atmosférico y **las señales de los tiempos**. Esta frase, empleada con tanta frecuencia en la literatura profética de nuestra época, se encuentra en este único lugar en el Nuevo Testamento.[26] Tiene referencia a asuntos mundiales de lo que va a suceder.

Las palabras de Jesús citadas en el verso 4 son las mismas que hallamos en 12:39. La palabra **mala** es realmente la misma palabra griega. De modo que ambos pasajes son iguales, excepto la palabra **profeta** (4) que no está en el texto griego.

Marcos informa que Jesús dijo: "No será dada señal a esta generación" (Mr. 8:12). Podría haber conflicto con la mención de Mateo de la señal de Jonás. Pero es obvio que se refiere a no darles ninguna clase de señal de las que exigían los líderes judíos (véase también el comentario sobre 12:38-42).

2. *La levadura de los fariseos y los saduceos* (16:5-12)

Nuevamente Jesús dejó la costa occidental—donde El experimentó la mayor popularidad y también la más tremenda oposición—y cruzó **al otro lado** del lago (5). Algunos **habían olvidado** llevar **pan** para el grupo. Dos hechos hacían difícil el adquirir alimento en el lado oriental del mar de Galilea. En primer lugar se trataba de una zona poco habitada. En segundo término era un territorio más bien gentil, de modo que no sería fácil encontrar "comida limpia" según el concepto judío.

Jesús amonestó a sus discípulos a guardarse de **la levadura de los fariseos y de los saduceos** (6). Inmediatamente ellos pensaron que El hacía alusión al hecho de que se habían olvidado de llevar el pan (7). El Maestro atribuye esta conclusión a su **poca fe** (8); es decir, una triste falta de percepción espiritual. Fuera de la gracia de Dios los hombres son incurablemente materialistas. Para contrarrestar la preocupación de los discípulos por no haber llevado pan, Jesús les recordó cómo El había alimentado 5.000 con 5 panes y a 4.000 con 7 (9-10). No estaba refiriéndose al **pan físico** (11). Entonces, los discípulos entendieron que estaba aludiendo a la **doctrina** ("enseñanza") de los fariseos y saduceos (12). Figurativamente, esta explicación es agregada por Mateo (cf. 17: 13). No se halla en Marcos (8:13-21), el único lugar donde también se narra este incidente.

Los eruditos a menudo han discutido sobre si la alimentación de los 5.000 y la de los 4.000 son variaciones mutiladas de la misma historia. Pero la clara evidencia está en oposición a este negativo punto de vista. Como ya se ha notado, la alimentación de los 5.000 está asentada en los cuatro evangelios. La de los 4.000, solamente es descrita por Mateo y Marcos. En el párrafo que estamos considerando, Mateo y Marcos retroceden a ambas alimentaciones. Hay seis referencias a la alimentación de los 5.000 (Mt. 14:20; 16:9; Mr. 6:43; 8:19; Lc. 9:17; Jn. 6:13). En todas ellas, la palabra griega que traducimos "canastas" es *kophinos*. Tenemos cuatro referencias a la alimentación de los 4.000 (Mt. 15:37; 16:10; Mr. 8:8, 20). En las cuatro la palabra mencionada es *spyris*. Es difícil ver cómo cualquiera puede considerar estos relatos cuidadosos y consistentes en otra manera que no sea la de verlos como informes exactos de dos milagros diferentes; es muy claro que se trata de un **cuadro doble** presentado por los evangelios.

3. *La gran confesión* (16:13-20)

Por cuarta vez Jesús se retiró de las multitudes para poder instruir a sus discípulos (cf. 14:13; 15:21, 29). Marchando en dirección hacia el norte (véase el mapa), se dirigió a **la región** ("partes") de **Cesarea de Filipo** (13). Esta ciudad había sido edificada por Filipo, hijo de Herodes el Grande y llamada **Cesarea** en honor del emperador reinante, Tiberio César. Más tarde fue nombrada **de Filipo,** para distinguirla de la Cesarea que estaba sobre la costa del Mediterráneo, construida por Herodes y que en la época de Jesús llegó a ser la sede del gobierno de Judea. El antiguo nombre griego de Cesarea de Filipo había sido Paneas, que sobrevive en su moderno Banías. Estaba situada sobre un terraplén rocoso bajo la sombra del elevado monte Hermón (3.038 m. de altura), que está cubierto de nieve todo el año. En los alrededores hay peñascos en los que todavía están las huellas de los antiguos cultos de adoración a Baal y a Pan (palabra griega que significa "todo"). Este era un lugar adecuado para confesar la deidad y el mesianismo de Jesús.

Era un momento crítico en la carrera del Señor. M'Neile nota: "El ministerio público en Galilea tocaba a su fin; pronto comenzaría el viaje hacia la cruz y El deseaba acercar a los discípulos a una relación de mayor intimidad con El que la que jamás habían mantenido antes."[27] Era menester que los 12 tuvieran una firme confianza en su mesianismo pues tendrían que afrontar un futuro en el que su fe sería probada severamente.

Cuando llegaron a los alrededores de Cesarea de Filipo, Cristo preguntó a sus discípulos: **¿Quién dicen los hombres que es el Hijo del Hombre?** Ellos dieron diversas respuestas: **Juan el Bautista. . . Elías. . . Jeremías, o alguno de los profetas** (14). Entonces El les hizo la pregunta de suprema importancia (15). **Y vosotros, ¿quién decís que soy yo?** Simón **Pedro** respondió por el grupo: **Tú eres el Cristo, el Hijo del Dios viviente** (16).

Los versos 13-16 sugieren el siguiente bosquejo: (1) La pregunta común: **¿Quién dicen los hombres** que yo. . . soy? (2) La pregunta crucial—**Y vosotros, ¿quién decís que soy yo?** (3) La confesión confiada —**Tú eres el Cristo.**

Marcos (8:27-30) y Lucas (9:18-21) recuerdan esta confesión de Pedro. Pero los dos la limitan a "el Cristo", es decir, el Mesías. Sólo Mateo agrega **el Hijo del Dios viviente.** Carr correctamente señala la implicación: "La confesión no solamente ve en Jesús al prometido Mesías, sino que reconoce en El la naturaleza divina."[28] Los líderes judíos habrían podido aceptarle como Mesías humano. Pero era precisamente esta pretensión a la deidad que les hizo rechazar a Jesús y condenarle a muerte por el cargo de blasfemia (26:64-65).

El resto de esta sección (17-20) se encuentra sólo en Mateo. Jesús declaró: **Bienaventurado eres, Simón, hijo de Jonás, porque no te lo reveló carne ni sangre, sino mi Padre que está en los cielos** (17). Carne ni sangre era una expresión rabínica para humanidad en contraste con la Deidad. Solamente una revelación divina del Espíritu Santo puede hacernos *conocer* realmente que Jesús es el Hijo de Dios. Tal revelación nos da una seguridad interior que no puede ser sacudida.

Cristo entonces siguió diciendo: **Tú eres Pedro, y sobre esta roca edificaré mi iglesia; y las puertas del Hades no prevalecerán contra ella** (18). **Pedro** es la traducción de la palabra griega *petros* que significa "piedra". Roca es *petra,* "una masa de. . . roca, que es distinta de *petros,* una piedra destacada o guijarro grande".[29] Muchos eruditos objetan diciendo que hay una sola palabra en arameo para las dos, *Kepha,* y que como Jesús habló en arameo, ninguna distinción de las palabras griegas se aplica al caso. Pero en esta región gentil dondé se hablaba griego es muy posible que Jesús las pronunciara en griego, cambiando así intencionalmente las palabras.

M'Neile cree que Jesús habló en arameo, usando *Kepha.* Nota que esta palabra es femenina, de modo que está correctamente representada por *petra,* "roca". Siente que *petros,* (piedra) no tuvo el propósito de connotar un diferente significado, pero era más adaptable para el nombre de un hombre puesto que era masculino. Agrega: "Sin embargo, no se sigue con este juego de palabras, que 'esta roca' sea Pedro", y concluye: "La referencia está probablemente vinculada con la verdad que el Apóstol había proclamado; el hecho del mesianismo de Jesús tenía que estar cimentado sobre una roca inamovible sobre la cual su 'ecclesia' pudiera estar segura."[30] Creemos que esta interpretación es preferible a la de Cullmann que hace de Pedro la roca sobre la cual sería fundada la iglesia. Cullmann, por supuesto, se refiere a Pedro como apóstol y no como obispo.[31]

Jesús declaró: **Edificaré mi iglesia.** La palabra griega *ekklesia* se halla en los evangelios, sólo en este lugar y en 18:17 (es decir, dos veces). Pero está 24 veces en los Hechos y más de 60 en las Epístolas de Pablo. Su significado básico es "asamblea". En la Septuaginta la palabra está empleada con referencia a la "congregación" de Israel. Su significado común en los días de Jesús era el de asamblea legal de ciudadanos libres para el voto en una ciudad griega. En el Nuevo Testamento está empleada tres veces con ese significado secular (Hch. 19:32, 39, 41). El sentido literal de *ekklesia* es "llamado para que salga". De modo que estos ciudadanos libres eran llamados para salir de la colectividad total. De igual manera la iglesia de Jesucristo está formada por "llamados a salir", que tienen el privilegio especial de actuar como la congregación de Dios.

Las puertas del Hades probablemente signifique aquí "los poderes de muerte"; es decir, todas las fuerzas opuestas a Cristo y a su reino. La palabra griega *Hades* se refería al lugar de los espíritus que habían partido y su equivalente hebreo es la palabra *Sheol.* Morison dice: "Nuestro Salvador quiere decir que su verdadera iglesia... nunca sucumbirá a la muerte y la destrucción."[32]

¿Qué significó Jesús cuando dijo a Pedro: **Y a ti te daré las llaves del reino de los cielos** (19). El Libro de los Hechos sugiere la respuesta. Pedro usó primero las llaves cuando su predicación en Pentecostés abrió la puerta del reino de los cielos a judíos y prosélitos y 3.000 entraron en un día. Más tarde las usó para abrir la puerta a los gentiles en la casa de Cornelio. En un sentido muy real, "todo predicador usa las llaves del reino cuando proclama los términos de la salvación de Cristo".[33]

Aún más sorprendente es la declaración de Jesús de que cualquier cosa que Pedro atara en la tierra sería atada en el cielo, y todo lo que desatara en la tierra sería desatado en el cielo. ¿Qué significan **atares** y **desatares?** M'Neile explica: "'Atar' y 'desatar' parecen representar términos técnicos arameos con referencia al veredicto de un maestro de la Ley, que sobre la fuerza de su experto conocimiento de la tradición oral, declaraba alguna acción o cosa 'atada', es decir, prohibida, o 'desatada', vale decir, 'libre' o 'permitida'."[34] En otras palabras, Pedro haría decisiones basadas sobre las enseñanzas de Jesús que atarían en **los cielos;** es decir, que serían honradas por Dios.

El Maestro **mandó** "enérgicamente" que a nadie dijesen que El era el Mesías (20). Todavía el tiempo no había llegado para tal cosa. Con el concepto político del reino mesiánico que la gente tenía se corría el riesgo de una revolución.

4. *Primera profecía de la pasión* (16:21-23)

Desde entonces comenzó Jesús a declarar a sus discípulos (21), sugiere que la confesión de Pedro en Cesarea de Filipo constituía un punto decisivo en el ministerio de Cristo. Desde ese momento Jesús reveló más y más a sus discípulos el verdadero propósito de su misión sobre la tierra. Debía morir en la cruz y proveer nuestra salvación de esa manera. Pero esta revelación no podía serles hecha hasta que ellos le hubiesen confesado como Mesías.

En esta predicción hay cuatro cosas incluídas: (1) la ida a **Jerusalén;** (2) el sufrimiento de muchas cosas por parte **de los ancianos, de los principales sacerdotes y de los escribas** (el Sanedrín); (3) **ser muerto;** (4) **resucitar al tercer día.**

Entonces Pedro, tomándolo (22) parece sugerir que el Apóstol, sumamente excitado, se asió de Jesús como si pudiera protegerle contra tal destino. **Ten compasión de ti,** en griego *hileos soi,* que literalmente sería: "¡Que Dios tenga compasión de ti!" O simplemente, "compadécete de ti". Pedro tenía un gran corazón lleno de afecto para su Señor.

Pero esta vez había hablado equivocadamente. Jesús **volviéndose** —no para apartarse de él sino dirigiéndosele—dijo: ¡**Quítate de delante de mí, Satanás!** (23). La palabra **Satanás** significa "adversario". Al amonestar a Jesús a que evitara la cruz, Pedro estaba actuando de parte de un adversario a la voluntad divina para la misión de Cristo. Estaba tentando a Jesús a hacerse a un lado, como Satanás en el desierto había procurado que lo hiciera antes de comenzar su ministerio público. **Mateo agrega** (a Mr. 8:33) **me eres tropiezo.** La palabra es *skandalon,* "escándalo". Involuntariamente Pedro estaba tendiéndole una trampa a Jesús. **No pones la mira en las cosas de Dios,** "no piensas en lo que es de Dios", Versión Moderna de Pratt; "tú no piensas como Dios", Versión Popular. El pensamiento de Pedro era contrario al de Dios.

En esta conversación Pedro es un perfecto ejemplo del doble ánimo que caracteriza en mayor o menor grado a todos los creyentes que aún no han sido santificados por completo. No era una vacilación consciente o intencional en la devoción a Jesús lo que se había apoderado de Pedro, pero era la aparición de otro cuadro mental que coexistía subconscientemente y que era incompatible con la verdadera espiritualidad del reino. El había visto la realidad de la identidad personal de Cristo: "Tú eres el Cristo." Pero no había percibido la naturaleza espiritual de su mesianismo. Esta misma ambivalencia era evidente no solamente en Pedro sino en todos, en diversas maneras, hasta que los ojos les fueron abiertos y sus almas espiritualizadas (ajustadas a los caminos de Dios) por el bautismo del Espíritu Santo en el día de Pentecostés.

5. *El precio del discipulado* (16:24-28)

Uno de los más significativos dichos de Jesús (cf. 10:38; Mr. 8:34; Lc. 9:23; 14:27), se encuentra en el verso 24. No sólo Cristo debía hacer frente a la cruz, sino también sus discípulos.

Hay todo un sermón contenido en este versículo. El Maestro dijo: **Si alguno quiere venir en pos de mí**—la expresión rabínica para "ser mi discípulo"—en primer lugar, **niéguese a sí mismo.** "Negación" es la palabra escrita sobre la puerta de entrada al reino de Dios. Cada uno tiene que humillarse, renunciar a sus pecados y negarse a sí mismo para poder entrar. En segundo lugar **tome su cruz.** Esto significa la muerte al yo, el ser crucificado con Cristo (Ro. 6:6; Gá. 2:20), un completo rendimiento de la propia voluntad a la de Dios. Bonhoeffer escribió: "Discipulado quiere decir adherencia a la persona de Jesús y por lo tanto, sumisión a la ley de Cristo, que es la de la cruz."[35] **Niéguese** y **tome** están en el aoristo, sugiriendo las crisis de la conversión y de la entera consagración. **Sígame** está en tiempo presente lo que indica acción continua, dando énfasis a lo que tiene que hacer el cristiano durante toda su vida: seguir a Cristo.

Todo esto sugiere que el único camino a la vida es mediante: (1) La negación de sí mismo (regeneración); (2) La muerte del yo (entera santificación); (3) La determinación de sí mismo (**sígame**).

Hay también una repetición del pensamiento en el verso 25 (cf. 10:39; Mr. 8:35; Lc. 9:24; 17:33; Jn. 12:25). La única manera de **salvar** la propia vida es perdiéndola.

Entonces Jesús preguntó qué provecho tendría el hombre que ganara todo el mundo y perdiera **su alma.** La palabra es *psyche,* traducida "vida" en el versículo 25. Quizá ésta sería la mejor interpretación aquí. En lo que concierne al significado del término griego Carr dice: "Para los griegos, *psyche* tenía un sentido muy amplio; era la vida en toda su extensión; desde la mera existencia vegetante hasta la más elevada vida intelectual."[36] Y continúa: "El cristianismo ha profundizado el concepto agregándole a la connotación de *psyche* la vida espiritual del alma en unión con Cristo."[37] F. C. Grant hace esta observación: "Es el alma que piensa y siente y es en general, el principio de vida en el cuerpo."[38] El cree que tanto "alma" como "vida" se prestan a este pasaje.

Juan Wesley tiene un potente sermón evangelístico sobre el versículo 26, titulado: "La Pregunta Importante." Sus puntos básicos son: (1) ¿Qué está implicado en *ganar* todo el mundo? (2) ¿Qué implica *perder* el alma? (3) ¿Qué aprovecha al hombre si gana todo el mundo y pierde su alma?

La razón por la que uno debe ser tan cuidadoso en perder su vida por causa de Cristo para poder hallarla es que el **Hijo del Hombre** vendrá un día como Juez para recompensar a cada uno conforme a sus obras.

La predicción: **Hay algunos de los que están aquí, que no gustarán la muerte, hasta que hayan visto al Hijo del Hombre viniendo en su reino** (28) ha sido diversamente interpretada. Ha sido aplicada a: (1) La transfiguración que sigue a esto. Sin embargo todos los eruditos contemporáneos concuerdan en que esta no es una interpretación correcta. (2) El texto ha sido aplicado a la caída de Jerusalén en el año 70 D.C. El principal argumento para este segundo punto de vista es que encaja con el énfasis que se hace sobre el juicio en el versículo 27. Pero este parece ser un día del juicio posterior que seguirá a la Segunda Venida. Tomando todas las cosas en consideración, es mejor interpretar este versículo como (3) una referencia al día de Pentecostés y la rápida propagación del evangelio descrita en los Hechos de los Apóstoles.

Oigamos a M'Neile ampliar el concepto: Escribe: "Los cristianos pueden reconocer que ellos recibieron, o más bien comienzan a recibir, su cumplimiento en Pentecostés y que toda catástrofe o crisis subsecuente, o demostración del poder divino, ha sido la puerta a una nueva era, un paso en el largo proceso de su completo cumplimiento, la culminación del cual está más allá de nuestra vista."[39] En vena similar dice Morison: "Nuestro Salvador se refiere, no lo dudamos, aunque de manera indefinida, al establecimiento y extensión de su reino y a su propia manifestación como Rey victorioso, lo que sucederá cuando Jerusalén y el judaísmo, ambos corrompidos hasta lo sumo, sean vencidos."[40]

6. *La transfiguración* (17:1-8)

Este incidente constituye una de las grandes crisis en la vida de Cristo. Junto con el bautismo y la tentación, constituyó un momento de elevado significado espiritual. Aparece en los tres evangelios sinópticos (cf. Mr. 9:2-8; Lc. 9:28-36).

Sucedió **seis días después** (1). Lucas (9:28) dice "como ocho días después". Aquí no hay contradicción. Lucas cuenta los días que precedieron y siguieron a los incidentes; Mateo y Marcos sólo los que mediaban entre ellos.

¿**Después** de qué? Lucas dice "después de estas palabras". Esto nos regresa a dos importantes asuntos de los capítulos previos: (1) La confesión de Pedro acerca de Jesús como Mesías y su divinidad y (2) la profecía de Cristo sobre su pasión.

Debe recordarse que mientras Pedro se levantó magníficamente en respuesta al desafío de la pregunta del Maestro: "Y vosotros, ¿quién decís que soy?", su reacción ante la predicción de la muerte del Maestro fue un miserable fracaso. Protestó que Cristo no debía morir. El falló, como todos los demás discípulos en comprender el significado y necesidad de los sufrimientos del Mesías.

Es notable que los tres evangelios sinópticos comiencen el relato poniendo su énfasis sobre la semana entre la confesión y la transfiguración. G. Campbell Morgan siente que "durante ese período hubo un sentido de distanciamiento entre los discípulos y el Mestro".[41] Sigue adelante diciendo: "Esos seis días debieron ser los más amargos de la vida del Maestro; seis días de silencio, seis días durante los cuales la soledad fue el hecho supremo en su carrera."[42] Aun anticipadamente debía andar solo por la ruta del Calvario.

¿Cuál fue el propósito de la transfiguración? La respuesta es clara en la actualidad. Se trataba de una doble confirmación: (1) la de la divinidad de Jesús, mientras los tres discípulos tenían una vislumbre de su eterna gloria; (2) de la importancia y necesidad de la Pasión. El último punto surge de Lucas, quien declara que el tema de la conversación con los dos visitantes celestiales fue la inminente misión que le tocaría cumplir en Jerusalén (Lc. 9:31). La palabra griega es *exodos,* que significa "una salida" ("éxodo"). De manera que incluía su crucifixión, resurrección y ascensión, todo, como clímax de su ministerio terrenal.

Para la visión de esta única revelación de su deidad y muerte cercana Jesús escogió a los mismos tres discípulos que habían sido testigos de la resurrección de la hija de Jairo (Mr. 5:37). Más tarde, llevaría a éstos del círculo íntimo—**Pedro, Jacobo y Juan** (1)—con El, al huerto de Getsemaní. Pero ahora **los llevó a un monte alto.** Aunque el sitio tradicional de la transfiguración es el monte Tabor, en la planicie de Esdraelón, probablemente una mejor elección sería la de las estribaciones del elevado monte Hermón, que se yergue como un solitario y nevado centinela a la cabeza del valle del Jordán. Este está cerca de Cesarea de Filipo, lugar donde se hallaba Jesús durante el incidente previo.

Aquí Jesús se **transfiguró** (2). La palabra es *metamorphoo,* de la cual proviene *metamorphosis.* Además del pasaje paralelo en Marcos (9:2), la palabra se encuentra solamente en Romanos 12:2 ("transformados") y en 2 Corintios 3:18 ("transformados"). La transformación de la apariencia de Cristo está descrita de la siguiente manera: **resplandeció su rostro como el sol, y sus vestidos se hicieron blancos como la luz.** Lucas no emplea la palabra "transfiguró", pero describe lo sucedido casi con idéntico lenguaje. Es el único que nota que mientras Jesús estaba orando su apariencia experimentó el mencionado cambio. Es una sugestión de que nuestra transfiguración espiritual se realizará mientras estamos orando.

Los tres evangelios sinópticos mencionan la sorprendente visita de **Moisés** y **Elías,** que conversaban con Jesús (3). El primero representaba la Ley, y Elías representaba a los profetas. Hay muchos lugares en el Nuevo Testamento donde se refiere al Antiguo como la "Ley y los Profetas".[43] La implicación aquí es que todo el Antiguo Testamento señalaba a Cristo, y en especial el Pentateuco y las Profecías predecían la muerte expiatoria del Salvador. Esto fue demostrado por tipos y símbolos en la Ley (p. ej. los sacrificios), por declaraciones en los Profetas (p. ej. Isaías 53).

Pedro estaba tan encantado con la situación que deseaba prolongarla. Sugirió que los discípulos podían hacer allí **tres enramadas** (4)—una para Jesús, otra para Moisés y otra para Elías. Uno puede simpatizar con los sentimientos del Apóstol. Esa era una comunión única. Pero Pedro demostró que la profecía de la pasión no se había grabado bien en su mente. Quería un Mesías glorificado, pero no un Mesías sufriente.

Mientras Pedro todavía estaba hablando, **una nube de luz los cubrió** (5). La nube aquí sobre el monte de la transfiguración llamó la atención de los discípulos para escuchar la voz de Dios. Ello recordaría "la columna de fuego durante la noche" (Ex. 13:22) que guiaba a los israelitas en el desierto, tanto como la *Shekina* o gloria que moraba en el tabernáculo (Nm. 9:15, 22) y en el templo (1 R. 8:10). Dios apareció en una nube en el Sinaí (Ex. 19:9).

Desde la nube, una voz clara y distinta confirmó la deidad de Jesús: **Este es mi Hijo amado, en quien tengo complacencia; a él oíd**[44]—y acallando a Pedro:—**a él oíd.** El problema con Pedro era su rapidez para hablar y su tardanza en escuchar. Desgraciadamente, hay muchos que siguen su ejemplo.

Abrumados por la visión y llenos de temor por la voz, los tres discípulos **se postraron sobre sus rostros** (6). Esto puede sugerir que cayeron como le sucedió a Saulo en el camino a Damasco (Hch. 9:4), o es más probable que se hayan postrado en adoración. En cualquiera de los casos, **tuvieron gran temor.**

Pero el Maestro **los tocó** con tierno consuelo, diciéndoles: **levantaos, y no temáis** (7). Cuando abrieron sus **ojos, a nadie vieron sino a Jesús solo** (8). El valor de una visión se mide por la permanencia de sus resultados. No hay experiencia espiritual de valor a menos que deje una creciente consciencia de la presencia de Cristo. Cuando se hubieron ido los visitantes celestiales, la nube y la voz, los discípulos tuvieron **a Jesús solo.** El es la suprema necesidad de toda vida humana en todos los tiempos.

7. *La pregunta en cuanto a Elías* (17:9-13)

Lucas dice que fue "al día siguiente" cuando descendieron del monte (Lc. 9:3-7). Esto implica que la transfiguración sucedió durante la noche, lo que encaja muy bien en el cuadro. La declaración de Mateo de que el **rostro** de Cristo **resplandeció como el sol** (2) sería más significativa si esto hubiera sucedido en la oscuridad.

Cuando iban descendiendo del monte, Jesús **les mandó** (9)[45] a los tres discípulos que no contasen **a nadie la visión**—la palabra griega significa sencillamente "lo que habían visto" (cf. Mr. 9:9)—hasta después de la resurrección (9). Sólo sería mal interpretado pudiendo levantar un movimiento popular mesiánico, cosa que Cristo procuró constantemente evitar.

La presencia de Elías en el monte había aguzado una pregunta en las mentes de los discípulos (10). Los escribas, maestros de la Ley, decían que el advenimiento de Elías precedería al del Mesías. Se basaban en Malaquías 4:5. Si Jesús era realmente el Mesías, como lo había confesado Pedro en Cesarea de Filipo y confirmado la voz del Padre sobre el monte, ¿cómo era que todavía Elías no había aparecido?

Como respuesta, Cristo primero aprobó la declaración de los escribas. Y les dijo: **A la verdad, Elías viene primero, y restaurará**[46] **todas las cosas** (11); es decir, anunciaría una nueva era en la cual todas las cosas serían finalmente restauradas en Cristo (Col. 1:16; Ef. 1:9-11). Pero Jesús fue más allá de esto al asegurar que "Elías" ya había venido: y ellos, (el pueblo a quienes había venido Juan el Bautista), habían hecho con él como les había placido, porque no le reconocieron (12). Entonces Jesús agregó: **Así también el Hijo del Hombre padecerá de ellos.** Juan el Bautista había sido arrestado y ejecutado. Exactamente sucedería al **Hijo del Hombre**, el Mesías.

Mateo tiene la costumbre de agregar explicaciones a puntos que parecerían oscuros en Marcos. Ya hemos visto esto en 16:12. Aquí ahora declara que los discípulos entonces comprendieron que Jesús les **había hablado de Juan el Bautista** (13).

8. *La curación del muchacho epiléptico* (17:14-21)[47]

Pedro había querido quedarse en el monte de Transfiguración. Pero abajo, en el valle había una tremenda necesidad de ellos. La misma compasión que hizo que Cristo dejara los cielos para venir a este mundo de pecado y sufrimiento, ahora le impelió a dejar la comunión gloriosa del monte y descender para satisfacer la necesidad de un muchacho y su padre. La mayor gloria de Cristo es este amor que demostró durante su vida terrenal.

Cuando Jesús y los tres discípulos **llegaron al gentío**, que siempre parecía estar aguardándole, se les acercó un angustiado suplicante **que se arrodilló delante de él** (14). Inmediatamente hizo su rápida petición. Tenía un hijo **lunático** (15). Esta palabra viene del latín *luna,* ("luna"). Es un reflejo de la palabra griega que significa literalmente "golpeado por la luna". En varias versiones cotejadas está correctamente traducido "epiléptico" (cf., VM., VP.). La gente de esa época creía que la epilepsia muchas veces era producida por la luz de la luna (cf. Sal. 121:6—"El sol no te fatigará de día ni la luna de noche"). Todo lo descrito aquí es típico de esa enfermedad.

El desconsolado padre informó a Jesús que había traído a su hijo a sus discípulos, **pero ellos no le habían podido sanar** (16). El verbo es *therapeuo* ("sanar"). El Maestro les había dado poder para "echar demonios" (10:8). Pero por alguna razón no habían podido con ese caso.

La profunda desilusión de Cristo por el fracaso de aquellos a quienes El mismo había comisionado para ser apóstoles está reflejada en las palabras del verso 17. Están llenas de patetismo. ¡Sus discípulos habían aprendido tan poco de El!

Sin duda había severidad en su voz cuando **reprendió... al demonio, el cual salió del muchacho** (18). Y éste (el muchacho) *(pais)* **quedó sano** *(therapeuo)* desde aquella hora. Cristo tenía poder para resolver este caso tan difícil.

No es de extrañarse que los discípulos quisieran averiguar por qué ellos habían fracasado (19). Jesús les informó que era por causa de su **poca fe** (20).[48] Si ellos tuvieran **fe como un grano de mostaza** (vea el comentario sobre 13:31-32) podrían mandar a un monte que se moviera y éste lo haría. Posiblemente Cristo no se estaba refiriendo literalmente a un monte.[49] Con las palabras **este monte,** Jesús quería decir: "esta gran dificultad"; este caso difícil que era demasiado grande para ellos. Sherman Johnson observa: "La fe no mueve montañas físicas por magia, pero sus propios triunfos son más maravillosos que la más compleja maquinaria."[50] En el mismo sentido escribe George Buttrick: "La fe ha removido montañas—poderosos imperios, cultos paganos, impiedad atrincherada."[51]

El versículo 20 llega a su cenit con la asombrosa declaración: **y nada os será imposible.** ¿Cómo puede ser tal cosa? La respuesta es: "Por la fe." Marcos, cuya descripción de este caso de sanidad, como de costumbre, es mucho más vívida que las de Mateo o Lucas, informa que Jesús dijo al padre del muchacho: "Al que cree, todo le es posible" (Mr.

9:23). Así es porque Dios es todopoderoso y la fe trae la omnipotencia divina a obrar sobre los problemas humanos.

El versículo 21 no está en las versiones revisadas porque falta en los más antiguos manuscritos griegos (el Vaticano y el Sinaítico), tanto como en algunas versiones antiguas. En Marcos la primera parte de este texto es genuina, pero las palabras "y ayuno" fueron agregadas más tarde. Luego todo el versículo fue transcrito por algún copista a este pasaje paralelo en Mateo.

9. *Segunda profecía de la pasión* (17:22-23)

Los primeros anuncios de su inminente muerte fueron hechos por Jesús después de la confesión de Pedro en Cesarea de Filipo. Esta segunda vez fue declarado después de la siguiente gran crisis de su vida, la transfiguración. Después de la confesión y confirmación de su deidad y su misión de Mesías, Jesús aclaró a sus discípulos que su destino sobre la tierra no era el ocupar un trono sino morir en una cruz.

La primera predicción (16:21) especificaba que Jesús sufriría muchas cosas de parte del Sanedrín en Jerusalén. La segunda añade su entrega—**será entregado en manos de hombres** (22). Las palabras **en manos de hombres** podrían incluir a Pilato tanto como a los líderes judíos. Ambas profecías mencionan la muerte y resurrección **al tercer día** (23). Aquí agrega Mateo que los discípulos se entristecieron en gran **manera**.

10. *El impuesto del templo* (17:24-27)

Este incidente se encuentra solamente en Mateo. Cuando Jesús y sus discípulos volvieron al hogar en Capernaum—después de una larga ausencia—Pedro fue abordado por la pregunta: **¿Vuestro Maestro no paga las dos dracmas?** (24). La palabra griega para impuesto es *didrachma*. La dracma era una moneda de cobre griega de valor aproximado al denario romano. La doble dracma (de este pasaje) aparentemente valía unos 30 o 35 centavos (de dólar). Era el medio siclo para la conservación del templo que pagaban antes de la Pascua todos los varones judíos adultos. La base para este impuesto era el "medio siclo" prescrito como impuesto por cabeza en Exodo 30:13. En el tiempo de Cristo se exigía que los judíos de todo el mundo lo pagaran. El gobierno romano lo había aprobado. Josefo cita una carta de César a Flavio, la cual dice: "Que los judíos... que tienen la costumbre de enviar su dinero sagrado a Jerusalén, lo hagan libremente."[52] Después de la destrucción de Jerusalén (70 D.C.), cuando ya no había templo que sostener, el Emperador seguía recogiendo ese impuesto. Al respecto dice el historiador judío: "También estableció un tributo que debían pagar los judíos, sin que importara dónde vivían; todos debían traer dos dracmas anualmente al capitolio, tal como habían acostumbrado hacerlo anteriormente para el templo en Jerusalén."[53]

Cuando Pedro llegó a la casa, **Jesús le habló primero,** lo cual significa que "se le anticipó al darle una respuesta a sus pensamientos".[54] Y le preguntó: **Los reyes de la tierra, ¿de quiénes cobran los tributos o los impuestos? ¿De sus hijos, o de los extraños?** (25). Los **impuestos** se referían a las tasas sobre mercaderías; **los tributos** recaían sobre las personas (latin: census). **Los extraños** eran los de afuera, que no pertenecían a la familia del rey.

Cuando Pedro respondió: **De los extraños,** Jesús le dijo: **Luego los hijos están exentos** (26). Lo que quería demostrar era: "¿El que tiene todo el derecho de ser llamado Hijo de Dios, ¿debe pagar tributo al templo de su Padre?"[55]

Pero, Jesús estaba acostumbrado a pagar los impuestos del templo. Lo demuestra la respuesta más arriba, de Pedro a los hombres: **Sí** (25). Entonces el Maestro le dijo: **Para no ofenderles, vé al mar y echa el anzuelo.** Se trataba del mar de Galilea, frente a Capernaum. **Echa el anzuelo** (27). Nos muestra que se usaba "el anzuelo y la línea", lo que todavía se practica en ese lugar. El primer pez que sacó tenía en su boca **un estatero** (griego, *stater*). Esta moneda equivalía a un siclo. De esta manera pagarían las tasas del templo para Pedro y su Señor.

NOTAS BIBLIOGRÁFICAS

[1]Vea también Marcos 6:14-29; Lucas 3:19-20; 9:7-9.
[2]En el griego no está la forma común *douloi,* que significa "esclavos", sino *paides,* traducida *"niños"* en 2:16. Aquí se refiere a la "corte de ayudantes" de Herodes (M'Neile, *op. cit.,* p. 208).
[3]*Ant.* XVIII, 5. 1.
[4]*Op. cit.,* p. 197.
[5]*Op. cit.,* p. 892.
[6]Relatado también en Marcos 6:45-56 y Juan 6:15-21, pero no en Lucas.
[7]*Op. cit.,* p. 51.
[8]*Ibid.,* p. 606.
[9]*Op. cit.,* p. 200.
[10]Arndt y Gingrich, *op. cit.,* p. 448.
[11]*Op. cit.,* p. 220.
[12]Carr, *op. cit.,* p. 201.

[13]War III, 10. 8.
[14]*Op. cit.,* p. 202.
[15]*Ibid.*
[16]*Op. cit.,* p. 222.
[17]La ley no tenía exigencias en este punto.
[18]*Op. cit.,* p. 203.
[19]*Op. cit.,* p. 223.
[20]Montefiore, *The Synoptic Gospels,* I, 169.
[21]*Op. cit.,* p. 205.
[22]*Op. cit.,* p. 267.
[23]Leslie Weatherhead, *It Happened in Palestine* (Nueva York: Abingdon Press, 1936), pp. 198-202.
[24]*Op. cit.,* p. 202.
[25]La cita completa de estos versos (después de "les"), está omitida en los más antiguos manuscritos griegos, sostenida en Nestle y Westcott y Hort, pero pasada por alto en la RSV. Por lo tanto no estamos seguros de su genuinidad.
[26]Y su autenticidad aquí es dudosa (vea nota previa).
[27]*Op. cit.,* p. 238.
[28]*Op. cit.,* p. 210.
[29]Abbott-Smith, *op. cit.,* p 359.
[30]*Op. cit.,* p. 241.
[31]Oscar Cullmann, *Peter: Disciple-Apostle-Martyr,* trad. Floyd V. Filson (Filadelfia: Westminster Press, 1953), p. 215.
[32]*Op. cit.,* p. 284. Juan Wesley escribe: "Esta frase propiamente significa el poder y la política de Satanás y sus instrumentos" (*Op. cit.,* p. 81).
[33]A. T. Robertson, *Word Pictures in the New Testament:* (Nueva York: Richard R. Smith, 1930), I, 135.
[34]*Op. cit.,* p. 243.
[35]Dietrich Bonhoeffer, *The Cost of Discipleship* (segunda ed., Nueva York: Macmillan Co., 1959), p. 77.
[36]*Op. cit.,* p. 214.
[37]*Ibid.*
[38]F. C. Grant, *Introduction to New Testament Thought* (Nueva York: Abingdon-Cokesbury Press, 1950), p. 162.
[39]*Op. cit.,* p. 248.
[40]*Op. cit.,* p. 293.
[41]*The Crises of the Christ.* p. 216.
[42]*Ibid.,* p. 217.
[43]Por ejemplo: Mateo 5:17; 7:12; 11:13; 22:40; Hechos 24:14; Romanos 3:21; cf. "Moisés y los Profetas"—Lucas 16:29, 31; 24:27; Hechos 26:22.
[44]Vea las notas sobre 3:17.
[45]"*Entello* señala más bien a los contenidos del mandato" (Abbott-Smith, *op. cit.,* p. 156). Este incidente se encuentra sólo en Mateo y Marcos [9:9-13]).
[46]El mismo verbo griego está usado en la Septuaginta de Malaquías 4:6 (LXX, 3:23), traducido "restaurar" en español. Vea la significativa predicción en Lucas 1:16-17.
[47]Registrado también en Marcos 9:14-29; Lucas 9:37-43.
[48]El mejor texto griego dice "poca fe" (cf. 6:30; 8:26; 14:31; 16:8).

[49]Lukyn Williams, sin embargo, dice: "Más bien parece que Jesús quiso que sus palabras fueran tomadas literalmente" (*Pulpit Commentary,* "Matthew"), II, 178.

[50]IB., VII, 463.

[51]*Ibid.,* p. 464.

[52]*Ant.* XVI., 6. 3.

[53]*War* VII., 6. 6.

[54]Carr, *op. cit.,* p. 219.

[55]*Ibid.*

Sección VIII Cuarto Discurso: La Comunidad Cristiana

Mateo 18:1-35

A. EL CRISTIANO Y LOS NIÑOS, 18:1-14

1. El mayor en el reino (18:1-4)

La importancia de esta breve sección sobre la humildad queda demostrada por el hecho de hallarse en los tres evangelios sinópticos (cf. Mr. 9:33-37; Lc. 9:46-48). También se hace eco de ellas en otros lugares de estos libros (Mt. 20:26-27; 23:11; Mr. 10:15, 43-44; Lc. 18:17; 22:26). Hay fuerte evidencia de que Jesús dio más énfasis a la humildad que a cualquier otra virtud cristiana. El estudiante cuidadoso de los evangelios irá impresionándose más y más ante esta realidad.

Marcos presenta el ambiente para esta sección. Los discípulos habían estado discutiendo durante todo el camino sobre quién sería el mayor (Mr. 9:33-34). Mateo describe a los discípulos acudiendo a Jesús con la pregunta: ¿Quién es el mayor en el reino de los cielos? Le preguntaron todos a la vez—literalmente, en aquel tiempo (1). Esto sugiere que los eventos inmediatamente anteriores habían sugerido la posibilidad de que el reino pronto sería establecido sobre la tierra. Ellos eran como los políticos mundanos luchando ya por los puestos.

En respuesta a su pregunta Jesús llamó a un niño (2). Aquí tenemos una vislumbre de la ternura del Maestro. Los niños no le temían, sino que se sentían atraídos a El.

Solemnemente Jesús les aseveró: (De cierto os digo) que ustedes no podrán entrar en el reino de los cielos si no se vuelven como niños (3). Literalmente "volverse como niños". Abbott-Smith sugiere para este pasaje, el sentido metafórico de "volvéis, cambiáis".[1] Thayer da: "*cambiarse* de una línea de conducta, es decir, *cambio de mentalidad.*"[2] Arndt y Gingrich dicen que aquí significa "*volverse, cambiar* interiormente, *convertirse*".[3] En griego, no entraréis es una negativa doble para aumentar el énfasis. Connota *"jamás"* (de ninguna manera) "podrá entrar". Los discípulos estaban hablando de cuál sería el más grande en el reino. Jesús dijo: "Si no os convirtiereis y volviereis como un niño, no entraréis." Los discípulos necesitaban "cambiar de actitud", "volverse" de sus pensamientos orgullosos y llenos de ambición. Lukyn Williams observa: "La conversión de la cual se habla en este lugar está confinada a un cambio en el presente estado de mente hacia una nueva dirección dada a los pensamientos y deseos."[4] Shank traduce esta cláusula: "A menos que estéis completamente cambiados en actitudes y seáis completamente como niños."[5]

En el versículo 4 el Maestro respondió a sus discípulos directamente el asunto: **Así que, cualquiera que se humilla como este niño, ése es el mayor en el reino de los cielos.** En otras palabras, la característica principal de la grandeza de un cristiano es la humildad. No la capacidad, sino la humildad. No sus logros, sino su humildad. No sus realizaciones impresionantes, sino la humildad. No es de extrañarnos que leamos en el Antiguo Testamento: "Porque mis pensamientos no son vuestros pensamientos, ni vuestros caminos mis caminos, dijo Jehová" (Is. 55:8). El camino de Cristo corre directamente en oposición al del mundo.

La humildad de un niño consiste especialmente en una disposición natural de confianza y dependencia. Esa es la actitud que Dios quiere que sus hijos mantengan hacia El. La dominante actitud moderna de autosuficiencia, la "fineza" de la mundana sabiduría es contraria a la verdadera espiritualidad.

2. *Una amonestación solemne* (18:5-6)

Mientras tenía un niño en sus brazos (cf. Mr. 9:36), Jesús aprovechó para darles una lección objetiva más amplia. Les dijo a sus discípulos: **Y cualquiera que reciba en mi nombre a un niño como este, a mí recibe** (5). Esto revela el profundo interés del Maestro por los niños. Entonces sigue una sorprendente verdad. Quien rechaza a un niño rechaza a Cristo.

En el versículo 6 Jesús profundizó su amonestación. Dijo de cualquiera que haga **tropezar** (o "entrampar")—**a alguno de estos pequeños que creen en mí.** La última cláusula se encuentra en los evangelios sinópticos solamente aquí y en el pasaje paralelo en Marcos (9:42). Pero aparece frecuentemente en el Evangelio de Juan. No es "los que me creen" sino "los que creen en mí". Se trata de confianza personal *en* Cristo y de entrega *a* Cristo. Desde luego que esto implica su deidad.

Hay mucha diversidad de opiniones acerca de si la palabra "pequeño" sigue refiriéndose a los niños, o si Jesús traslada la idea a los nuevos convertidos. Quizá debemos recibir ambas interpretaciones y aplicaciones—niños y los que tienen el espíritu de ellos.

Cristo declaró que si cualquiera fuera causa de tropiezo para ellos **mejor le fuera**—literalmente--"le sería ventajoso"—que se le colgase al cuello **una piedra de molino de asno**—es decir, si una gran piedra redonda movida por un asno se le colgase al cuello y **que se le hundiese en lo profundo del mar.** Williams hace este comentario: "El castigo parece haber estado reservado para los grandes criminales; y el tamaño de la piedra impediría que el cadáver volviera a la superficie y fuera sepultado por los amigos—consideración que, para la mente de los paganos grandemente aumentaba el horror de esta clase de muerte."[6] Es difícil concebir una amonestación más solemne dada por Jesús concerniente a la atrocidad de ser causa de tropiezo o de trampa para caer en pecado a un nuevo convertido, o a un creyente débil por causa de la influencia. La necesidad de una vida piadosa consistente nos llama la atención como las luces de alarma de un cruce ferroviario. Haremos bien si hacemos caso de la advertencia.

3. *La seriedad del pecado* (18:7-10)

¡Ay del mundo (7)—o "Lástima del mundo" (vea 11:21)—**por los tropiezos!** *(skandalon).* Esta es una de las palabras más difíciles de traducir en el Nuevo Testamento (vea comentario sobre 5:29). Pero es un término muy vigoroso, mucho más fuerte que "escándalo" que de él proviene. Lenski dice que el nombre *scandalon* y el verbo *skandalizo,* "van mucho más allá de la idea de tropiezo (del cual uno puede levantarse) y siempre denotan destrucción espiritual".[7]

Jesús indicó que las trampas para hacer caer al incauto siempre existirán. Pero ¡**Ay de aquel hombre** responsable por la trampa!

Es difícil ver cómo Cristo podría haber ilustrado con mayor realidad la seriedad del pecado que en los versos 8 y 9. **Si tu mano o tu pie te es ocasión de caer, córtalo.** Mejor te es entrar en la vida (la vida eterna y que fluirá abundantemente en el cielo) **manco** (por la pérdida de una mano), o **cojo a ser echado en el fuego eterno** (8). Esta frase ocurre aquí por primera vez. Pinta un horrible cuadro de castigo eterno.

Si tu ojo te es ocasión de caer, sácalo y échalo de ti. Jesús no estaba abogando por la mutilación física literal, aunque eso sería mejor que ser perdido para simpre en el **infierno de fuego** (9). En griego dice "Gehenna de fuego", que significa "Gehenna encendida". Como quiera que el infierno sea, vale la pena evitar a cualquier precio la llegada a ese lugar.

Estos dos versículos, el 8 y el 9, son estrechamente paralelos con

175

5:29-30, excepto que no es mencionado el **pie**. Allí se notó que las palabras debían ser tomadas figurativamente, como sugiriendo asociación (o asociaciones de personas o cosas) que pudieran impelernos al pecado. Williams escribe: "Metafóricamente la expresión significa todo lo que nos es querido y tan necesario como estos importantes miembros."⁸ Cualquier amistad o actividad que nos sirva de obstáculo debe ser cortada, drástica e inmediatamente.

De hecho, el pie, la mano, el ojo, representan al *yo* en sus distintas maneras de expresión. Dondequiera que el pie se desvíe, hay un corazón extraviado. Un yo santo tiene pies santos, manos santas, ojos santos. Por lo tanto Jesús exhorta a la negación de nosotros mismos para que seamos santificados por completo y limpios de todo pecado y de su egoísmo pecaminoso. Cuando nosotros estamos dispuestos a ser "podados" así, es cuando nos aproximamos a la verdadera semejanza de Cristo. Rendir lo que parece ser los derechos naturales de uno, sea que está representado por el ojo, la mano, o el pie, puede parecer seguramente una personalidad mutilada. Pero es mejor un yo mutilado, que perderse por completo. Si en el corazón no hubiera pecado, el pie, la mano y el ojo no podrían ser *fácilmente* instrumentos de pecado.

Aquí se sugieren tres pensamientos: (1) La mano es símbolo de lo *que hacemos;* (2) El pie es símbolo de *donde vamos;* (3) El ojo es símbolo de *lo que vemos.* Todo debe ser guardado bajo cuidadoso control.

Nuevamente Jesús vuelve **a uno de estos pequeños** (10; cf. 6). Asegura: **sus ángeles en los cielos ven siempre el rostro de mi Padre.** Carr dice: "Con estas palabras nuestro Señor sanciona la creencia judía en ángeles guardianes", pero también nota: "La reserva con la cual la doctrina presentada en el Nuevo Testamento es un contraste con la extravagancia general de la creencia oriental sobre el asunto."⁹

4. *Parábola de la oveja perdida* (18:12-14)¹⁰

Esta historia, que también podría ser llamada la parábola del pastor que busca, se encuentra en Lucas 15:3-7. El cuadro era muy familiar para los oyentes de Jesús.

El pastor oriental ama sus **ovejas** (12)—a cada una de ellas. Sólo un corazón de amor puede llevar a un hombre a arriesgar su vida por los solitarios e infestados **montes** durante la noche, para buscar una oveja que se ha extraviado. Pero el amor no conoce límites.

Cuando el pastor encuentra su oveja perdida, se regocija más por ella que por las 99 **que no se descarriaron** (13). Jesús aplicó esta parábola diciendo: **no es la voluntad de vuestro Padre . . . que se pierda** (14) **uno de estos pequeños** (cf. 6, 10). "Los más tiernos, los más débiles, los más enfermos de su rebaño le son a El tan queridos como el más fuerte."[11]

La parábola es un sorprendente cuadro de la propia misión de Jesús sobre la tierra. El vino a buscar la oveja perdida por donde quiera que fue.

B. El Cristiano y su Hermano, 18:15-35

1. *Disciplina en la iglesia* (18:15-20)

Hasta este punto del capítulo Jesús había estado amonestando en contra del peligro de ser causa de tropiezo o de pecar contra otro. Ahora, en la segunda parte, El trata con otro lado del cuadro. ¿Qué debe alguien hacer si su **hermano** (otro miembro de la iglesia) **peca** contra él? La respuesta es: **Vé y repréndele estando tú y él solos** (15). **Repréndele** es una sola palabra en griego: *elenxon*. Significa "convéncele", como en Juan 16:8, o repréndele. Este último significado está en concordancia con Levítico 19:17. "No aborrecerás a tu hermano en tu corazón; razonarás con tu prójimo, para que no participes de su pecado." Con demasiada frecuencia la gente de la iglesia va y cuenta cierto problema por todas partes, en lugar de obrar como Jesús dijo en este lugar.

Si el transgresor te escucha, **has ganado a tu hermano**—es decir, lo has atraído a un estado mental mejor—"lo has traído a Cristo".[12] Mientras tanto el indeseable asunto no se ha divulgado, ocasionando que la gente tome posiciones que pueden ser el comienzo de una contienda y terminar en una división de la iglesia. El momento para tratar un asunto es cuando todavía es pequeño, antes que sea demasiado grande para manejarlo.

Si el hermano rehúsa escuchar, entonces toma **dos o tres testigos** para que **conste toda palabra** que se haya dicho (16). Esto frecuentemente es muy necesario para protegerse de la calumnia de la parte contraria. Si se niega a escuchar a esa comisión, debe decirse **a la iglesia** (17). Y si no quiere escucharla, debe ser excomulgado. Ese parece ser el significado de la última parte del versículo 17.

La palabra **iglesia** solamente se encuentra en los evangelios en 16:18—"edificaré mi iglesia". En este último pasaje se refiere a la iglesia de Cristo a través del mundo. "Aquí, en el verso que estamos estudiando, se refiere a la congregación local que representa a la totalidad de la iglesia, actuando, por supuesto, por medido de sus oficiales.[13]

Anteriormente (16:19), Jesús le había dicho a Pedro que todo lo que atara en la tierra sería atado en los cielos y que todo lo que desatara en la tierra sería desatado en los cielos. Ahora les imparte la misma autoridad a los 12 apóstoles (18). Esto demuestra que Pedro no tenía un lugar permanente de preeminencia única. Para el significado de **atéis** y **desatéis,** véanse las notas sobre 16:19. El contexto claramente indica que en este lugar Jesús está tratando de la disciplina de la iglesia. Esta, aplicada con el espíritu de amor y en la manera que Jesús indicó, tiene la sanción de Dios.

El verso 19 debe relacionarse a éste. La unidad de la oración de dos creyentes sinceros *atará* o *desatará* asuntos en el reino. ¡Qué responsabilidad pone esto sobre los cristianos de orar en la voluntad de Dios! La palabra griega traducida **pusieren de acuerdo** es *symphoneo.* Literalmente significa "concordar en el sonido" *(fone),* "estar en armonía". Llegó a usarse, como en este pasaje, con el sentido "de estar de acuerdo". El empleo del término aquí ha sugerido "una sinfonía de oración". Esto produce una gozosa armonía para los oídos divinos.

Un culto en la iglesia— no importa cuán pequeño sea el grupo, o humilde el lugar—no es una mera reunión de personas, sino la reunión del pueblo con Dios (20). Dios promete: Aun si sólo **dos o tres** están **congregados en mi nombre, allí estoy yo en medio de ellos.**

2. *El perdón ilimitado* (18:21-22)

Sin duda Pedro había estado pensando en lo que el Señor había dicho sobre si el hermano "pecara contra él" (15). Ahora el apóstol quería saber cuán a menudo tenía que perdonar a su hermano. Probablemente creyó que estaba siendo muy generoso al sugerir, **¿hasta siete?** (21). "La regla rabínica era que nadie debía pedir perdón a su prójimo más de tres veces."[14]

¡Cuán perturbadora la respuesta del Maestro! **No. . . hasta siete, sino aun hasta setenta veces siete** (22). Algunos han traducido "setenta y siete veces" (Goodspeed). Pero la versión tradicional parece la mejor. Jesús era amante de las hipérboles, como lo sabemos por otros pasajes.

Es evidente que Jesús no quería que Pedro tomara su respuesta en sentido matemático. El no pretendió sugerir: "Perdona hasta 490 y basta." Claramente se refirió a un perdón ilimitado. Buttrick ha captado el espíritu del significado de **setenta veces siete.** "Podemos 'hacerlo en la cabeza'. Pero esto es aritmética celestial; 'debemos hacerlo en nuestro corazón'."[15]

3. *Parábola del siervo inclemente* (18:23-35)

Dado que Mateo presenta a Jesús como Rey, muchas de sus parábolas se refieren a un monarca (cf. 22:2) o al reino de los cielos (c. 13). Esta sorprendente parábola se encuentra solamente en el Evangelio de San Mateo.

Por lo cual el reino de los cielos es semejante (23). Esta es virtualmente la fórmula de introducción que encontramos varias veces en el capítulo 13.

Aquí se trata de **un rey que quiso hacer cuentas con sus siervos.** Encontró que uno le debía **diez mil talentos** (24). Como un talento equivalía a 1.000 dólares, la suma resultaba unos "diez millones de dólares" (Goodspeed). Esta cantidad parece increíble. Pero debe reconocerse que estos **siervos** eran altos oficiales de un monarca oriental. Los documentos que la arqueología ha descubierto sobre los períodos de Asiria y Babilonia indican que esos hombres manejaban enormes sumas de dinero. Sin embargo debemos recordar que Jesús nuevamente estaba empleando una hipérbole. El estaba tratando de dar énfasis a la absoluta imposibilidad de que jamás podamos pagar nuestros pecados, a menos que nos alcance el perdón de Dios. Para simbolizar esto sería imposible exagerar lo números.

Cuando el hombre no pudo pagar, se dio la orden de que tanto él como **su mujer e hijos, y todo lo que tenía** (25) fueran vendidos como esclavos para liquidar la deuda. Esta era la manera en que en aquella época se trataba a los deudores. Pero el hombre rogó que se le tuviera misericordia (26) y su señor le perdonó toda la deuda (27).

Pero el siervo perdonado salió de la presencia de su señor, y se encontró con uno de sus consiervos que le **debía cien denarios** (28). El **denario** *(denarius)* era una moneda romana. Es mencionada 16 veces en el Nuevo Testamento, es decir, más a menudo que otras. Era el equivalente de 20 centavos de dólar. De modo que **cien denarios** sumaban unos "veinte dólares" (Goodspeed)—una suma insignificante comparada con la que el cortesano debía al rey. Sin embargo, ése tomó al consiervo por la garganta y le exigía que le pagara de inmediato. Y cuando el siervo menor le pedía tiempo para poderle pagar, él se lo negó. En lugar de concedérselo lo arrojó a la prisión.

Naturalmente los demás siervos estaban indignadísimos ante esa actitud. Le llevaron el asunto al rey. El primer siervo inmediatamente fue conducido a la presencia del monarca y se le dio el castigo merecido. Jesús les advierte: **Mi Padre celestial así hará con vosotros si no perdonáis de todo corazón cada uno a su hermano sus ofensas** (35).

Esta parábola encierra una vívida amonestación para cada cristiano. Todo creyente ha recibido el perdón por una incalculable deuda de pecado que jamás podría haber pagado. Y sin embargo, hay miembros en las iglesias que guardan algún rencor contra otro miembro durante años, algunas veces por palabras o actos efímeros que pueden haber sido dichos o hechos por ignorancia. La enseñanza es: Perdonad **de todo corazón**. Esto significa "¡perdona y olvida!" Nadie puede guardar rencor en su corazón y a la vez ser un verdadero cristiano.

NOTAS BIBLIOGRÁFICAS

[1]*Op. cit.,* p. 420.
[2]*Op. cit.,* p. 591.
[3]*Op. cit.,* p. 779.
[4]*Op. cit.,* II., 208.
[5]Robert Shank, *Jesus—His Story* (Springfield, Mo.: Westcott Publishers 1962), p. 119.
[6]*Op. cit.,* II, 209.
[7]*Op. cit.,* 686.
[8]*Op. cit.,* II., 209.
[9]*Op. cit.,* p. 222.
[10]Aunque no hay otra declaración más veraz en toda la Biblia, el verso 11 no se encuentra en los manuscritos griegos más antiguos de Mateo de modo que algunas versiones lo omiten. Es genuino en Lucas 19:10, del cual evidentemente fue copiado aquí.
[11]Ryle, *op. cit.,* p. 223.
[12]Carr, *op. cit.,* p. 223.
[13]W. K. Lowther Clarke, *Concise Bible Commentary* (Nueva York: Macmillan Co., 1953), p. 738.
[14]Carr, *op. cit.,* p. 224.
[15]IB, VII, 475.

Sección **IX** *Se Reanuda la Narración:*
Discipulado y Controversia

Mateo 19:1—23:39

A. Discipulado, 19:1-2

1. *Partida de Galilea* (19:1-2)

Por cuarta vez (cf. 7:28; 11:1; 13:53) encontramos la expresión terminal: **Y aconteció que cuando Jesús terminó estas palabras** (1). Esto marca el final del cuarto discurso.

"El gran ministerio galileo" que había durado quizá un año y medio tocaba ahora a su fin. Por última vez Jesús se despidió de su tierra hogareña y comenzó su ominoso viaje a Jerusalén. **Se alejó de Galilea** tiene el timbre de la finalidad. Marcaba el fin de una época. Lucas hace hincapié en su significado por su declaración sobre el punto: "Y cuando se cumplió el tiempo en que había de ser recibido arriba, afirmó su rostro para ir a Jerusalén" (Lucas 9:51).

Fue a las regiones ("fronteras") **de Judea al otro lado del Jordán** (1). Esta es un extraña expresión geográfica. Propiamente hablando, Judea queda entre el valle del Jordán y el mar Mediterráneo. La tierra al otro lado del Jordán en aquel tiempo era conocida con el nombre de Perea; la gobernaba Herodes Antipas, tetrarca de Galilea. Pero, como nota Plummer, "Judea parece haber sido mencionada aquí con el sentido más amplio de Palestina, la tierra de los judíos".[1]

En esta zona de Perea **le siguieron grandes multitudes, y los sanó allí** (2). En su pasaje paralelo, Marcos (10:1), dice que "les enseñaba como solía". La narración muestra que hizo ambas cosas.

En ese último viaje a Jerusalén, el Maestro y sus discípulos cruzaron el Jordán al sur del mar de Galilea (vea el mapa) y fueron hacia el oriente del río a través de Perea. Esta era la ruta generalmente tomada por los peregrinos galileos cuando iban a las fiestas anuales en Jerusalén. La ruta más corta por Samaria era menos deseable porque su territorio era considerado "inmundo".

Concerniente a Perea escribe Andrews: "La población no era netamente judía, sino una mezcla. No eran tan paganos como en Decápolis, y no tan fácilmente excitables contra el Señor como los

181

habitantes de Judea o aun los de Galilea."[2] También llama la atención al dicho rabínico, de que Judea era el trigo, Galilea, la paja y Perea la cizaña.[3]

2. Casamiento (19:3-12)

a. Divorcio (19:3-9). Como en nuestros días, el asunto del divorcio jugaba un papel importante. Jesús lo había discutido en el Sermón del Monte (5:31-32). Ahora aparece nuevamente. La discusión sobre el tema fue de gran importancia y riesgo en los tiempos del ministerio de Jesús por causa del reciente divorcio de Herodes Antipas y su esposa.

Esta vez el asunto fue precipitado por **los fariseos** (3), estrictos cumplidores y maestros de la Ley. Ellos acudieron a Jesús, **tentándole** "o poniéndolo a prueba" (vea las notas sobre 4:1; 16:1).[4] La pregunta que llevaban era: **¿Es lícito al hombre repudiar a su mujer por cualquier causa?**

Esta última frase, **por cualquier causa,** es particularmente significativa. No se encuentra en el pasaje paralelo de Marcos (10:2-12) porque los lectores gentiles no estaban al tanto sobre las connotaciones judías como los lectores de Mateo. Ilumina la controversia de la primera centuria A.C. entre las escuelas de Hillel y Shammai.

El conflicto se levantó sobre la interpretación de Deuteronomio 24:1: "Cuando alguno tomara mujer, y se casare con ella, si no le agradare por haber hallado en ella alguna cosa indecente; le escribirá carta de divorcio. . ." Shammai sostenía que "cosa indecente" significaba fornicación: "Un hombre no se divorciará de su esposa a menos que encuentre en ella asunto de vergüenza."[5] Su colega Hillel (*ca* 60 A.C.—20 D.C.), que era mucho más liberal, hacía hincapié sobre la cláusula "si no le agradare". El permitía que un hombre se divorciara de su esposa si hacía algo que no le gustara a él, aun si a ella se le quemara la comida al cocinar.

Como réplica (4) a la pregunta de los fariseos, Jesús, como siempre se remitió a la Palabra de Dios—una sugestión para nosotros en las controversias teológicas. El les recordó que en el principio Dios hizo a los seres humanos **varón y hembra** (Gn. 1:27). Entonces (5), les citó Génesis 2:24 que da la dirección divina para el casamiento humano. Pablo cita este pasaje dos veces (1 Co. 6:16; Ef. 5:31). Repitiéndola, Jesús puso el énfasis sobre la última cláusula (6). El hecho de que la unión del matrimonio hace de dos personas una, es precisamente lo que lo hace indisoluble: **No lo separe el hombre.** Stier dice: "*Una carne, es* decir, una persona, formando juntos un ser humano, dentro de los límites de esta vida en la carne, para este mundo."[6]

No satisfechos todavía, los fariseos le preguntaron: **¿Por qué Moisés mandó dar carta de divorcio?** (7). Jesús les contestó: **Por la dureza de vuestro corazón... mas al principio no fue así** (8). El plan original de Dios fue "conservarte sólo para ella, mientras los dos vivieran". Al decir esto Moisés permitió dar carta de divorcio. Cristo corrigió la palabra **mandó** (7) de los fariseos. Moisés sólo **permitió** el divorcio. El requisito de **dar carta de divorcio** era para frenar el divorcio no para animarlo. Un mahometano en la actualidad sólo tiene que decirle tres veces a su esposa: "Yo te divorcio" y este acto ya queda reconocido como legal. Moisés hacía el asunto más complicado al requerir del hombre los servicios de un escriba para escribir el mencionado documento.

Cristo se coloca claramente del lado de la interpretación estricta de Deuteronomio 24:1; El permitiría el divorcio sólo por una causa—la **fornicación**[7] (9). Esta cláusula agregada ocurre sólo en Mateo (aquí y en el 5:32). Aunque algunos eruditos han tomado la posición de que esas palabras no fueron pronunciadas por Jesús, tal criterio rechazaría la inspiración de Mateo. El adulterio es un repudio de los votos del matrimonio. La posición de Jesús aquí es segura. Marcos y Lucas dan mayor énfasis aun que Mateo al aborrecimiento divino del divorcio. En el plan de Dios el matrimonio es una unión permanente.

b. Celibato (19:10-12). Parece que los discípulos estaban espantados por la inflexibilidad y severidad del Maestro. Si el matrimonio iba a atar de esa manera, **no conviene casarse** (10), dijeron. Ignorando su punto de vista egoísta y bajo, Jesús defendió el estado de celibato seguido por El mismo y por Juan el Bautista. **No todos son capaces de recibir esto** (11) "probablemente signifique que no a todos es dado el ver que no es bueno casarse; 'esto' aquí se refiere a lo dicho *por los discípulos*."[8] En vista de lo que Cristo dijo sobre el matrimonio como institución divina, es obvio que el celibato no es el plan de Dios por lo general. Un ministro casado y padre de familia puede compenetrarse más plenamente y servir de mayor ayuda en los problemas domésticos de sus feligreses que un hombre soltero. No es necesario decir que el discipulado podría exigir el celibato. Como dice A. B. Bruce: "Jesús levanta la totalidad del asunto de la baja región del gusto personal, el placer, o la conveniencia a la elevada zona del reino de Dios y sus requisitos."[9]

Jesús siguió (12) mencionando las tres clases de **eunucos** (término griego). Los primeros son los que han nacido con un defecto físico que los hace así para toda la vida. Los segundos son **hechos eunucos por los hombres.** La palabra eunuco proviene de *eune,* "cama" y *echo,* "tengo". Se usaba para "el guardián de un harén oriental... de un oficial celoso sólo de quien podía confiarse, sabiendo que le era imposible abusar de la confianza en él depositada; por ende era uno que había sido castrado".[10]

El tercer grupo está constituído por aquellos que **a sí mismos se hicieron eunucos por causa del reino de los cielos.** Esto es ético, no físico. Pablo reconoció la sabiduría de tal cosa para algunos (1 Co. 7:32-35). Pero también amonestó contra el levantamiento de falsos maestros "que prohibirían casarse" (1 Ti. 4:3). No hay base escritural para el celibato obligatorio. Sólo pueden **recibir** esto **aquellos a quienes es dado** (11). La palabra griega **recibir** significa "hacer lugar". Aquí está empleada "metafóricamente, con el sentido de tener o hacer lugar en la mente o corazón".[11]

3. *Bendiciendo a los niños* (19:13-15)

Este breve pero hermoso incidente se encuentra relatado en los tres evangelios sinópticos (cf. Mr. 10:13-16; Lc. 18:15-17). Padres amorosos llevaron sus niños a Jesús, **para que pusiese las manos sobre ellos, y orase** (13). Carr dice: "Parece que era costumbre llevar a los niños a la sinagoga para ser bendecidos por los rabinos."[12] El matrimonio es sagrado; también lo son los niños.

Los discípulos se molestaron contra esa imposición que restaba energías y tiempo al Maestro. Ellos **reprendieron** a quienes los llevaban. Consideraban que los niños no tenían importancia, lo mismo que algunos obreros de la iglesia hacen en la actualidad. Pero la actitud de Jesús fue muy distinta. Dijo: **Dejad a los niños venir a mí, y no se los impidáis; porque de los tales es el reino de los cielos** (14). "No los estorbéis." Su amor les dio una calurosa bienvenida. Entonces agregó: **Porque de los tales es el reino de los cielos.** El griego podría igualmente traducirse: "A ellos les pertenece el reino de los cielos", o bien, "el reino de los cielos está constituido por ellos". De hecho, ambas ideas son ciertas. "El amor, la simplicidad de la fe, la inocencia y sobre todo la humildad son las características ideales de los niños pequeños y de los súbditos del reino."[13]

4. **Riquezas** (19:16-26)

a. *El joven rico* (19:16-22). Esta historia está en los tres evangelios sinópticos (cf. Mr. 10:17-31; Lc. 18:18-30). Mateo relata que se trataba de un "joven" (20) y que tenía "muchas posesiones" (22). Lucas indica que era "principal" y "muy rico" (Lc. 18:18, 23).

El hombre le dijo a Jesús: **Maestro**[14]... **¿qué bien haré para tener la vida eterna?** (16). Era una pregunta noble y revelaba hambre por una relación más profunda con Dios. **Vida eterna** significa "plena y permanente comunión".[15] Para los judíos, generalmente, significaba, "la vida en la era que está por venir".[16] La frase, muy común en Juan, se encuentra aquí por primera vez en los Sinópticos.

Para contestar el Maestro le preguntó: **¿Por qué me llamas bueno?** (17). El mejor texto griego dice: ¿Por qué me preguntas en cuanto a lo bueno? **Bueno** no es una cosa, sino **Dios.** Entonces, Jesús le indicó al joven lo que decían las Escrituras: **Guarda los mandamientos.**

Pero el que preguntaba era persistente. Y le interrogó: **¿Cuáles?** (18). Literalmente *poia* significa "¿de qué clase?", aunque aquí puede equivaler a *tis* "¿cuál?" Jesús pasó por alto los primeros cuatro de los Diez Mandamientos y citó el sexto, séptimo, octavo, noveno y quinto. Omitió el décimo, en lugar del cual Marcos dice: "No defraudes" (Mr. 10:19). Sólo Mateo agrega: **y, Amarás a tu prójimo como a ti mismo** (19; vea Lv. 19:18), que es un resumen de los últimos seis mandamientos, que tratan de los deberes que tenemos para con nuestros semejantes. Jesús no hizo mención de los primeros cuatro, que indican nuestros deberes para con Dios, quizá porque al siguiente momento Jesús se proponía examinar sobre este punto al buscador. El joven había quebrantado el primer mandamiento porque mammón había llegado a ser su dios principal.

El joven rico aseguró principalmente que había **guardado todo esto** (20); esta aseveración se halla en los tres Sinópticos. Sólo Mateo agrega: **¿qué más me falta?** Parece evidente que él no estaba satisfecho con su clase de religión. En su fuero interno sentía que algo le faltaba.

Jesús se encontró con él en su propia necesidad: **si quieres ser perfecto** (21). La palabra *teleios* ya ha ocurrido dos veces, en 5:48 y en ningún otro lugar en los evangelios, pero 16 veces en las epístolas. Viene de *telos*, "fin". Thayer nota que su significado apropiado es "llevado a su fin, terminado; no faltando nada para completar, perfecto".[17] Para los dos pasajes de Mateo, Thayer sugiere que es: "uno que ha logrado la elevación apropiada de virtud o integridad."[18]

Abbott-Smith piensa que aquí expresa "la simple idea de completa bondad".[19] Arndt y Gingrich dan para este pasaje: "*perfecto, completamente desarrollado* en sentido moral."[20] La traducción "completar" es la que mejor responde a la pregunta "¿Qué más me falta?"

En el caso del joven, la perfección requería que vendiera todas sus posesiones y distribuyese el producto a los pobres. Era así porque el dinero era la meta de su vida, no Dios. El discipulado demanda que rindamos todas las cosas a Cristo. Para la mayoría de la gente, eso no significa la entrega de todas las posesiones materiales. Pero para ser santificado por completo (1 Ts. 5:23), toda persona debe rendir lo que le es más caro en la vida para que Dios ocupe el primer lugar. Bonhoeffer escribe al respecto: "¿Hay algo en su vida que usted se niega a entregar cuando Dios lo requiere, alguna pasión pecaminosa, o tal vez alguna animosidad, alguna esperanza, quizá su ambición o su razón? Si es así, no debe sorprenderse que no haya recibido el Espíritu Santo, que la oración sea difícil o que su petición por fe quede sin respuesta."[21]

Rehusando rendirse, el joven se fue **triste** (22; literalmente, "afligido"). Estaba atormentado con un conflicto interior de deseos. Quería seguir a Cristo, pero también quería disfrutar de su fortuna. Este último deseo fue mayor y lo arrastró.

El discipulado exige perfecta obediencia. Algunas personas piensan que "cree en el Señor Jesucristo" (Hch. 16:31) significa simplemente un asentimiento mental. Pero, como bien insistía D. L. Moody, también es consentimiento moral. Implica encomendarse a Cristo. Bonhoeffer lo expresa con exactitud al decir: "El hombre que desobedece no puede creer, porque sólo quien obedece puede creer."[22]

En el *Biblical Illustrator,* D. Macmillan bosqueja la historia del joven rico de la siguiente manera: (1) Una reunión llena de esperanzas, 16; (2) Una conversación importante, 17-21; (3) Una partida triste, 22; (4) Lecciones importantes, 23-26.

b. El peligro de las riquezas (19:23-26). Cuando el joven rico se hubo retirado, el Maestro se volvió a sus discípulos y solemnemente declaró: **De cierto os digo, que difícilmente entrará un rico en el reino de los cielos** (23). La dificultad estriba precisamente en que la mayoría de los ricos hacen un dios de su oro.

Una vez más Jesús apeló al recurso de la hipérbole—una declaración exagerada para lograr efecto. Esfuerzos para reducir la palabra **camello** (24) a soga—como lo hace George Lamsa, sobre la base de un original arameo—o agrandar **el ojo de una aguja** a una pequeña puerta en el muro de Jerusalén están incorrectos. Debemos tomar el pasaje tal como lee. El Talmud judío usa la figura de un elefante yendo a través del ojo de una aguja para indicar la imposibilidad. Exactamente es lo que Jesús está haciendo aquí.

Los discípulos **se asombraron en gran manera** y preguntaron: **¿Quién, pues, podrá ser salvo?** (25). Esta pregunta refleja la creencia común de los judíos de que la prosperidad material era evidencia segura de la bendición de Dios. Aunque esta opinión se vislumbra a menudo en el Antiguo Testamento, el libro de Job es una refutación de esa idea.

Como réplica, Jesús se quedó **mirándolos** (26). Carr observa: "Las miradas escudriñadoras de Cristo sin duda dieron un efecto a sus palabras que es imposible registrar, pero que nunca se desvanecieron de la memoria de quienes sintieron su significación."[23] Entonces el Maestro les declaró **que** mientras **para los hombres esto** (la salvación de los ricos) es imposible, no hay límite para lo que Dios puede hacer cuando los hombres le permiten hacer su voluntad en ellos.

5. *Recompensas del discipulado* (19:27—20:16)

En esta sección hay dos incidentes. Están estrechamente vinculados por el hecho de que ambos terminan con las mismas palabras (19:30; 20:16).

a. La preocupación de Pedro (19:27-30). La negación del joven rico a dejar sus riquezas impulsó a Pedro a decir: **He aquí nosotros lo hemos dejado todo, y te hemos seguido** (27). Pero su testimonio estaba viciado por el alegato de su propio interés: **¿Qué, pues, tendremos?** El Apóstol todavía era desesperadamente materialista y egoísta en su concepto de la vida.

Jesús **les** aseguró (28)—Pedro era la voz que hablaba en nombre de todo el grupo de discípulos—que todos los que le habían seguido serían recompensados plenamente **en la regeneración.** La palabra *palingenesia* significa "nuevo nacimiento, renovación, restauración, regeneración".[24] Ocurre solamente aquí y en Tito 3:5—"por el lavamiento de la regeneración", refiriéndose a la experiencia espiritual de cada individuo. Pero en este pasaje significa "el nuevo mundo", como lo traduce la Versión Siriaca y se encuentra en el Apocalipsis de Baruc (44:12).[25] Más adelante se la identifica con el tiempo **cuando el Hijo del Hombre se siente en el trono de su gloria.** Esta combinación está sorprendentemente reflejada en Apocalipsis 21:5—"Y el que estaba sentado en el trono dijo: He aquí, yo hago nuevas todas las cosas." Bengel comenta: "Habrá una nueva creación, la que presidirá el segundo Adán, cuando la totalidad del microcosmos de la naturaleza humana, por medio de la resurrección y también del macrocosmos del universo, nacerá de nuevo."[26]

La recompensa de los discípulos está expresada así: **Os sentaréis sobre doce tronos, para juzgar a las doce tribus de Israel.** Como puede esperarse, esta declaración apocalíptica revestida en lenguaje judío, ha dado lugar a diversas interpretaciones. Lo mejor que podemos hacer es descifrar la Escritura por la Escritura. Pablo dice: "¿No sabéis que los santos han de juzgar al mundo?" (1 Co. 6:2). Esto parece ser un reflejo de Daniel 7:22—"Hasta que vino el Anciano de días, y se dio el juicio a los santos del Altísimo."

Pero muchos relacionan el lenguaje aquí a "reinar" más que "juzgar" en sentido legal. Williams dice: "El verbo 'juzgar' algunas veces significa 'gobernar o dirigir', y aquí quizá pueda ser usado para denotar que los santos en el reino mesiánico serán viceregentes de Cristo y ejercerán su autoridad."[27] Respecto a **las doce tribus de Israel,** Williams escribe: "Es más probable que **Israel** aluda al Israel espiritual, o al cuerpo completo de la iglesia; y el número 12... se refiera a la cifra completa de aquellos que han sido juzgados."[28]

Jesús también prometió que todo aquel que haya dejado parientes y propiedades para seguirle, **recibirá cien veces más** (29). Marcos agrega: "ahora en este tiempo". Pero la última recompensa será **la vida eterna.** No se trata sólo de vida que dura para simpre; es algo cualitativo más que cuantitativo, es la vida de la eternidad (Dios mismo) en la vida del hombre.

El verso 30 es una reprensión a la autocomplacencia de Pedro. Aunque él era de los **primeros** discípulos, si demostraba el espíritu equivocado sería de los **postreros.** Y los cristianos que ante los ojos del mundo son los **postreros** serán los **primeros.**

b. Parábola de los obreros de la viña (20:1-16). Esta es otra de las parábolas del reino, de Mateo, que comienza con la fórmula: **El reino de los cielos es semejante a** (1) (cf. c. 13). Sólo se encuentra en este evangelio.

Padre de familia significa literalmente "jefe de familia" o de la casa (*oikos,* casa compuesta con *despotes,* "amo" "señor"). El hombre había salido temprano **por la mañana,** quizá al rayar el alba, para buscar obreros para su viña. "En todas partes, la gente que buscaba trabajo se reunía como a las seis de la mañana."[29] Cuando las uvas estaban maduras, había que recogerlas rápidamente o corrían el riesgo de echarse a perder.

Encontró hombres y convino con ellos en que les pagaría **un denario** al día (2). El griego indica un *denarius* romano, moneda de plata equivalente a 20 centavos de dólar (algunos dicen 15 ó 17). Pero representaba mucho más en poder adquisitivo que lo que esa cantidad podría comprar actualmente; se trataba de un salario corriente y razonable.

Nuevamente salió cerca de **la hora tercera** (9 am.) y halló a los desocupados **en la plaza** (3)—*Agora*, lugar de reunión central en todas las ciudades, donde jugaban los niños (11:16), lugar de compra para la gente (*agorazo*, "comprar"), de juzgado para las autoridades judiciales (Hch. 17:17). El padre de familia les contrató con esta sencilla promesa: **os daré lo que sea justo** (4).

A las horas **sexta y novena** volvió a hacer lo mismo (3 pm.) y de nuevo hizo la misma oferta (5). Como a la hora **undécima** (5 pm.) descubrió que todavía había **otros que estaban desocupados** (6). Cuando él les preguntó la causa, respondieron: **Porque nadie nos ha contratado.** Y así los envió a la viña con la promesa de que recibirían **lo que** fuese **justo. Cuando llegó la noche** (8)—la costumbre era pagar a los jornaleros al finalizar el día (cf. Lv. 19:13), **el señor de la viña** (el hombre a quien anteriormente se le denominó "el padre de la familia") ordenó a su **mayordomo** (el que estaba al frente de las actividades mercantiles del amo) que llamara a los obreros y les pagara el jornal, **comenzando desde los postreros hasta los primeros.** De esa manera, el "administrador" (Berk.) hizo poner en fila a los obreros y comenzó el pago.

Cuando llegaron los de **la hora undécima,** les dio a cada uno un denario, es decir, el pago de un día completo de labor (9). Cuando les llegó el turno a los que habían trabajado todo el día, naturalmente esperaban más. Pero, también recibieron cada uno un denario (10). Esto causó un inmediato descontento. Ellos **murmuraban** (11)—el sonido de esta palabra en griego sugiere el zumbido de las abejas— **contra el padre de familia.** Esta última frase es en griego una sola palabra *oikodespotes*, que en el verso 1 está traducido "padre de familia".

Aparentemente, la queja de estos hombres (12) no era fuera de lo natural. Pero revelaba un espíritu de egoísmo. Los hombres que sólo habían trabajado una hora necesitaban alimentar a sus familias tanto como aquellos que lo habían hecho todo el día. El patrón le recordó a uno de los quejumbrosos que habían sido contratados por un denario

(13). Era su privilegio dar más si lo deseaba. **¿O tienes tú envidia, porque yo soy bueno?** (15). El obrero era mezquino. El amo era generoso y bueno.

El principio que esta parábola trata de ilustrar está expresado en el verso 16—**los primeros serán postreros, y los postreros, primeros**[30] (cf. 19:30). Es evidente que la historia fue referida como represión al espíritu reflejado en la pregunta de Pedro "¿Qué, pues, tendremos?" Pedro se consideraba primero a sí mismo. Pero algunos que llegaron más tarde podrían llegar a ser de los primeros.

Carr hace una buena sugestión en cuanto a la mención de las diferentes horas, dice: "Posiblemente el elemento tiempo es introducido para ilustrar por medio de una parábola los *aparentes* grados de servicio y significar que nigún hombre puede calcular el mérito comparativo de la obra del Señor."[31]

Como de costumbre, Trench ha hecho una tarea magnífica al explicar el propósito de esta historia. Fundamentalmente "la parábola está dirigida contra una disposición y una actitud mental equivocadas".[32] Quiere decir esto: "No por obras, para que nadie pueda jactarse; ésta era la verdad que estaba en peligro de perder; pero que ahora El por la parábola estaba tratando de vigorizar; y, si nada era por obras, sino todo de gracia, entonces, nadie tenía por qué gloriarse sobre otro, ni reclamar derechos de parte de nadie."[33]

J. C. Gray en *The Biblical Illustrator* desarrolla esta pasaje bajo el título de "Los Obreros de la Viña." Usa un bosquejo sorprendentemente sencillo: (1) Holgazanes, 1-3; (2) Llamados, 2, 4; (3) Trabajando, 7; (4) El pago, 8-16.

6. *Tercera profecía de la pasión* (20:17-19)

Es notable que los preanuncios de su inminente pasión y muerte en Jerusalén hayan sido hechos solamente **a sus doce discípulos aparte** (17). No quería publicidad en el asunto. Pero la importancia de estas predicciones es tan grande que cada una de ellas está narrada en todos los evangelios sinópticos, (para esto, vea Mr. 10:32-34; Lc. 18:31-34). Esta última es más detallada y específica que las otras dos (cf. 16:21; 17: 22-23). Jesús sería **entregado a los principales sacerdotes y a los escribas**, y ellos (el Sanedrín) le condenarían **a muerte** (18). Entonces los judíos le entregarían **a los gentiles** para que, agregó Jesús: **le escarnezcan, le azoten, y le crucifiquen** (19). Esta es la primera mención de la crucifixión, tanto como de la declaración definida de que iba a ser ejecutado por los gentiles y no por los judíos. En las tres predicciones se habla de la resurrección.

7. *Ambiciones personales de Santiago y Juan* (20:20-28)

En Marcos 10:35-45, el único otro lugar donde se relata este caso, dice que Santiago y Juan le hicieron una petición. Aquí es la madre, con **sus hijos** (20). Es evidente que los tres presentaron la petición. En este pasaje Mateo se aparta de su costumbre y da más detalles que Marcos. **Postrándose ante él**; es decir poniéndose de rodillas ante El.

La petición presentada era que **en su reino,** se sentaran esos **dos hijos** suyos, **el uno a** su **derecha, y el otro a** su **izquierda** (21). Después de la segunda predicción de su pasión, los discípulos le habían preguntado: "¿Quién es el mayor en el reino de los cielos?" (18:1). Este incidente demuestra cuán enorme era la falta de entendimiento de esta verdad tanto como de la enseñanza de Jesús acerca de su inminente pasión. Habían fracasado completamente en captar el espíritu de su Maestro. Todavía estaban buscando ubicarse en el establecimiento de un reinado terrenal. Y ellos ya habían decidido quién ocuparía el primado, aunque quizá no cuál de ellos ocuparía la **derecha,** es decir el lugar de mayor honor—y quién ocuparía la **izquierda.**

La respuesta de Jesús fue directa: **No sabéis lo que pedís** (22). Algunas personas están siempre procurando los privilegios de una posición sin reconocer las responsabilidades implicadas. Los que quisieran estar más cerca de Cristo, serían los que tendrían que sufrir más, porque El es un Salvador sufriente. ¿Querrían ellos estar pendientes de una cruz a cada lado de El? ¡Nadie estaba muy interesado en estas posiciones! Sin embargo cuando El les preguntó: ¿**Podéis**...?, ciega e ignorantemente ellos respondieron: **Podemos. Beber del vaso** era una figura familiar para los judíos (cf. Sal. 75:8). Williams dice: "Aquí, la copa significa los sufrimientos internos mentales y espirituales que Cristo tendría que soportar (c. XXVI, 39, 42)."[34]

El Maestro les advirtió a sus 12 discípulos: **A la verdad, de mi vaso beberéis**[35] (23). Santiago fue el primero de los apóstoles en ser martirizado (Hch. 12:2). Hay muchas leyendas en lo que toca a los últimos días de Juan; pero ninguna es segura excepto la de su sufrimiento en la isla de Patmos (Ap. 1:9).

Jesús agregó que el asignar los lugares a su derecha e izquierda **no** era suyo **darlo, sino a aquellos para quienes está preparado por** su **Padre.** Esto parece una renuncia de autoridad de parte de Cristo. Es muy probable que **sino** *(alla)* signifique "excepto" *(ei me)* en este pasaje, como ha sido sugerido por Blass-Debrunner[36] y J. H. Moulton.[37] De modo que el párrafo equivaldría a: "No es mío dar, excepto a aquellos para quienes Dios lo ha planeado." No es favoritismo sino la aptitud lo que gobernará el lugar de cada uno en el reino mesiánico.

Cuando los otros 10 apóstoles se enteraron de lo que habían hecho Santiago y Juan, **se enojaron contra los dos** (24). El verbo significa "ser excitado, indignarse, enojarse".[38] Ellos se enojaron porque los dos hijos de Zebedeo estaban tratando de "arrebatarles un partido". Pero desgraciadamente no hay evidencia de que sus móviles fueran más puros que los de los dos hermanos.

Jesús llamó a los 12 reunidos y les amonestó que los principios de su reino serían muy diferentes de los que usan los mandatarios terrenales. Les recordó que **los gobernantes de las naciones se enseñorean de ellas** (25)—literalmente "las dominan"—y **los que son grandes ejercen sobre ellas potestad** (palabras encontradas sólo aquí y en el pasaje paralelo en Mr. 10:42). El verbo **ejercer** podría significar "tiranizar a alguien".[39]

Pero no sería así entre los seguidores de Cristo (26). En escala ascendente Jesús dijo primero que el que quisiera **hacerse grande** debe ser **servidor**, traducido de *diakonos,* de la cual proviene "diácono". Pero su sentido original era simplemente "siervo". En segundo lugar, todo aquel que anhela ser **primero,** debía ser **siervo** (27), literalmente, "esclavo". Este ilustra un antiguo refrán que dice: "El camino del ascenso está abajo." El que se hace siervo de todos, por fin se encontrará honrado y promovido.

El versículo 28 es un gran pasaje teológico. Jesús declaró que el **Hijo del Hombre no vino para ser servido** *(diakonethenai),* **sino para servir** *(diakonesai)* **y para dar su vida en rescate por muchos.** La palabra **vida** es *psyche.* **Rescate** es *lytron* (solamente aquí y en Mr. 10:45), de *lyo,* "desato". Quiere decir "*precio de libertar, rescate* (especialmente dinero empleado en la manumisión de esclavos)".[40] Este empleo de la palabra está ampliamente ilustrado en los papiros, como Adolf Deissmann lo ha demostrado. El cita tres de esos documentos con fechas 86, 100 y 107 (ó 91, D.C.) que usan la palabra con ese sentido. Su comentario reza: "Pero cuando alguien oía la palabra griega *lytron,* 'rescate', en la primera centuria, le era natural pensar en dinero usado para la liberación de un esclavo."[41]

Por muchos es *anti.* El sentido general de esta preposición en los papiros de esa época era "en lugar de".[42] Esta connotación es demostrada con mayor claridad en los otros dos únicos pasajes en Mateo donde se encuentra. En 2:22 leemos que Arquelao reinaba en Judea "en lugar" *(anti)* de su padre, Herodes. Había tomado su lugar. En 5:38 leemos de ojo "por" *(anti)* ojo, diente "por" *(anti)* diente. Es evidente que quiere decir "un ojo tomado por un ojo", o un diente "en lugar de" un diente. En alguna manera misteriosa, sólo conocida por Dios, Cristo dio su vida "en lugar de muchos", para libertarlos de la esclavitud del pecado y salvarlos de la condenación eterna.

El empleo del término **muchos** en este pasaje no niega el hecho de que Cristo haya muerto por todos. Pablo escribe en 1 Timoteo 2:6 que Cristo Jesús "se dio a sí mismo en rescate [*antilytron*] por [*hyper*] todos". Cristo murió por "todos", pero muchos son salvos como resultado de su muerte.

Bajo el título "Verdadera Grandeza" podemos pensar en: (1) El precio de la grandeza—**¿podéis beber del vaso... y ser bautizados con el bautismo con que yo soy bautizado?** (2) La práctica de la grandeza—**el que quiere hacerse grande entre vosotros será vuestro servidor;** (3) El Modelo de la grandeza—**El Hijo del Hombre no vino para ser servido, sino para servir.**

8. *Dos ciegos sanados* (20:29-34)

Este incidente está relatado en los tres evangelios sinópticos (cf. Mr. 10:46-52; Lc. 18:35-43). Pero mientras Mateo menciona **dos ciegos** (30),[43] Marcos y Lucas mencionan sólo uno. Marcos es el único que lo identifica con el nombre de Bartimeo. Es evidente que se trataba del más importante de los dos y probablemente un cristiano bien conocido en la época en que Marcos escribió su evangelio.

Sucedió **al salir ellos de Jericó** (29), en camino a Jerusalén. Pero Lucas dice que clamó pidiendo socorro mientras Jesús "se estaba acercando a Jericó" (Lc. 18:35). Las diferencias en el relato han causado considerable comentario (vea la nota en CBB, Lc. 18:35-53). La solución más simple quizá está en tomar la declaración de Lucas como meramente indicadora de un milagro de sanidad realizado cerca de Jericó.

El clamor del ciego—**¡Señor, Hijo de David, ten misericordia de nosotros!** (30) es el mismo que hiciera la mujer sirofenicia (15:22). Cuando la multitud trató de hacerlo callar, los ciegos repitieron su grito (31). Esto hizo que Jesús se detuviera y les preguntara: **¿Qué queréis que os haga?** (32). La respuesta fue rápida y clara: **Señor, que sean abiertos**

nuestros ojos (33). "Movido a compasión", Jesús **les tocó los ojos** (34). Este acto quizá fue más para fortalecerles la fe que para producir sanidad. **Y en seguida recibieron la vista.** Literalmente, "miraron" o "vieron nuevamente". Haciendo buen uso de su nueva visión, **le siguieron.** De modo que la multitud iba en aumento mientras el Maestro se iba acercando a Jerusalén para ofrecerse a Sí mismo como sacrificio expiatorio por los pecados de todos los hombres. El que podía sanar los cuerpos había venido especialmente para dar salud a las almas humanas.

B. Controversia, 21:1—23:39

1. *La entrada triunfal* (21:1-11)

Este evento marca el comienzo de la semana de pasión.[44] Su importancia resalta por el hecho de estar relatada en los cuatro evangelios (cf. Mr. 11:1-10; Lc. 19:29-38; Jn. 12:12-19). Hasta este punto Juan tiene muy poco material en común con los Sinópticos, con excepción de la alimentación de los 5.000. Pero los cuatro registran los acontecimientos de la semana de Pasión con mayores detalles que en cualquier otro período de la vida de Cristo.

La entrada triunfal acaeció en domingo. Después de sanar a los ciegos en Jericó (20:29-34), Jesús y sus discípulos, en compañía de los peregrinos de Galilea que se dirigían a cumplir con la Pascua, ascendieron por el camino de Jericó hacia Jerusalén. Esto sucedió el viernes. Desde la puesta del sol del viernes hasta la del sábado (lo que constituía el sábado judío) Jesús y sus discípulos descansaron, quizá en el hogar de Marta y María en Betania.

El domingo se dirigieron a Jerusalén. En el camino evidentemente se detuvieron en Betfagé. Esta villa no se menciona en el Antiguo Testamento, y en el Nuevo solamente en relación con la entrada triunfal. Al referirse a ella el Talmud dice que estaba cercana a Jerusalén. Delman dice, basándose en la literatura rabínica: "Debe de haber sido un distrito situado en las afueras de Jerusalén (un suburbio, pero no una unidad separada) que comenzaba en los límites del santuario, es decir, antes de la muralla oriental de la ciudad santa."[45] Esto nos sugeriría un territorio que incluye el valle del Cedrón y el declive occidental del monte de los Olivos.

Jesús **envió dos discípulos**—¿serían Pedro y Juan? (cf. Mr. 14:13 con Lc. 22:8), con la instrucción: **Id a la aldea que está enfrente de**

vosotros, donde encontrarían **una asna atada** y **un pollino con ella** (2). Estos tenían que ser conducidos al Maestro. Si alguien protestaba, debían decir: **El Señor los necesita** (3). Es interesante notar que sólo aquí y en el pasaje paralelo en Marcos 11:3, Jesús es llamado Señor en los dos primeros evangelios. Sin embargo Lucas lo emplea 16 veces.

Como de costumbre Mateo cita una profecía como plenamente cumplida en la vida de Cristo. Pertenece a Zacarías 9:9 (cf. también Is. 62:11). Allí se predice que el Mesías-Rey vendrá humildemente montando un asno (5). Este acto de Jesús nos demuestra que El se estaba presentando oficialmente como Mesías a la nación judía. Josefo recuerda la creencia popular de que el Mesías aparecería sobre el monte de los Olivos.[46]

Los discípulos llevaron a cabo su comisión (6). Aparentemente la procesión triunfal comenzó cerca de la cima del monte de los Olivos. Colocaron sus mantos sobre el burro, en lugar de montura, para que el Maestro se sentara.[47]

Y la multitud—"la mayoría de la multitud" (Weymouth, Williams, Goodspeed, RSV)—**tendía sus mantos en el camino** (8). Esto demuestra el entusiasmo casi tumultuoso de estos peregrinos galileos que habían sido testigos oculares de muchos de los milagros realizados por Jesús. Ahora le proclamaban como su Mesías (9). El lenguaje empleado aquí—**Hijo de David**—es claramente mesiánico.[48] **Hosanna** significa "salva ahora", o "sálvanos, te rogamos". Aquí probablemente equivalga a "¡Dios salve al Rey!" "Hosanna" es la palabra de apertura del Salmo 118:25 (en el original), "un verso que era cantado en las procesiones solemnes alrededor del altar en la fiesta de los Tabernáculos y en otras ocasiones".[49]

Cuando Jesús entró en Jerusalén **toda la ciudad se conmovió** (10). Todos se preguntaban **¿Quién es éste?** La respuesta de la multitud era: **Este es Jesús el profeta, de Nazaret de Galilea** (11).

Para un sermón del domingo de Ramos sobre la "Entrada Triunfal", el pasaje podría tratarse así: (1) La preparación, 1-5; (2) La procesión, 6-8; (3) La alabanza, 9.

2. *La limpieza del templo* (21:12-13)

Este acontecimiento lo relata Mateo inmediatamente después de la entrada triunfal, como si hubiese sucedido el mismo día. Marcos (11: 15-19) da detalles, pero con la indicación de que sucedió el lunes. Esto ilustra nuevamente la costumbre de Mateo de unir dos narraciones en una. En este caso Lucas sigue a Mateo (Lc. 19:45-48).

Juan relata una limpieza del templo (Jn. 2:13-17), cerca del comienzo del ministerio de Cristo. Los tres Sinópticos (cf. Mr. 11:15-19; Lc. 19:45-48) describen un acontecimiento similar al principio de la semana de pasión. La mayor parte de los eruditos sostienen que no se trata de dos limpiezas. Pero Alfredo Plummer dice: "No es increíble que haya habido dos limpiezas."[50] Y Salmon escribe: "Estamos en libertad de aceptar el relato de Juan, de que nuestro Señor hizo su protesta contra la profanación del templo en una visita anterior al sagrado lugar y creer que después de una ausencia de más de un año, al regresar con una compañía de discípulos galileos, El presentó sus exigencias con más vigor."[51]

La limpieza del templo está descrita con vivacidad. Jesús **echó fuera a todos los que vendían y compraban en el templo** (12)—*hieron:* "Area del Templo" que cubría unos 25 acres. En el atrio de los gentiles había un mercado donde se vendían ovejas y bueyes para los sacrificios (cf. Jn. 2:14). Como la ley especificaba que debían ser "sin mancha" (Ex. 12:5), era más seguro comprarlos en el mercado del templo que era controlado por los parientes del sumo sacerdote. Todo lo adquirido allí sería aprobado. También, los peregrinos de Galilea se evitarían los inconvenientes de traer una oveja desde lejos. Los que eran demasiado pobres para llevar una oveja debían sustituirla por palomas (Lv. 12:8). Todos los días habría una excelente venta de estos animales.

Los cambistas también tenían sus cosechas. Todo judío varón adulto debía pagar el impuesto del templo, que, como hemos visto, era de dos dracmas (cf. 17:24). Debía ser abonado con moneda fenicia. Como el dinero que los judíos manejaban generalmente era griego o romano, esto implicaba que la mayor parte del pueblo tenía que efectuar cambio. Los sacerdotes estaban autorizados a cobrar algo como el 15 por ciento por la operación. Edersheim piensa que sólo este porcentaje sumaba entre 40.000 y 50.000 dólares al año,[52] una entrada tremenda para aquellos días.

Jesús recordó a los ofensores que en las Escrituras (13) estaba escrito, **Mi casa, casa de oración será llamada** (cita de Is. 56:7), **mas vosotros la habéis hecho cueva de ladrones** (de Jer. 7:11). El griego dice "antro de robadores". Esa frase sería familiar para un judío de la primera centuria.

La condenación de Cristo de los mercaderes del templo como "ladrones" encuentra amplio apoyo en los escritos rabínicos. Ellos hablaban de los "bazares de los hijos de Anás",—anterior sumo sacerdote, sucedido por cinco de sus hijos y cuyo yerno Caifás era el sumo sacerdote entonces. Edersheim llama la atención a las declaraciones de que "el Sanedrín, 40 años antes de la destrucción de Jerusalén, [es decir, en el año 30 de la crucifixión de Cristo], transfirió su lugar de reunión del 'salón de las piedras labradas' (lado sur del atrio de los sacerdotes...) a 'los bazares' y entonces, más tarde a la ciudad".[53] Poco después, "la indignación popular, tres años antes de la destrucción de Jerusalén, arrebató los bazares de la familia de Anás".[54] La seriedad de la circunstancia se refleja en esta declaración: "El Talmud también registra la maldición que un distinguido rabino de Jerusalén (Abba Shaul) pronunció sobre las familias sacerdotales (incluyendo la de Anás), que eran sumos sacerdotes, sus hijos que eran tesoreros, los yernos que eran protesoreros, mientras sus siervos golpeaban a la gente con palos."[55]

La limpieza del templo fue el segundo acto mesiánico de Jesús durante la semana de Pasión. Era una secuela adecuada a su bienvenida como "hijo de David" en la "entrada triunfal" y como cumplimiento de la profecía de Malaquías 3:1-3.

Una lectura cuidadosa de los cuatro relatos de la limpieza del templo no apoyará la idea de que Jesús hizo uso de la violencia física sobre la gente, o que se apoderara de su propiedad. Simplemente hizo que los hombres abandonaran la zona sagrada llevando sus pertenencias.

3. *La alabanza de los niños* (21:14-17)

Esta sección se encuentra solamente en Mateo. Cuando Jesús hubo terminado de expulsar a los malvados transgresores del templo, **vinieron a él... ciegos y cojos, y los sanó** (14). Esto era algo sumamente distinto de la disputa de compradores y vendedores. Revela la profunda preocupación de Dios por los sufrimientos humanos.

El cambio, sin embargo, no agradó a **los principales sacerdotes y los escribas** (15). Sin duda en estos términos están incluidos el sumo sacerdote, su antecesor y sus familiares masculinos y quizá también los jefes de los 24 grupos sacerdotales. Cuando éstos, (los saduceos) y **los escribas** (fariseos) oyeron que los niños clamaban: **¡Hosanna al Hijo de David!** se indignaron. Esta es exactamente la palabra que en el 20:24, dice "se enojaron" como réplica a su petulante queja: **¿Oyes lo que éstos dicen?** (16). Jesús citó una parte del Salmo 8:2, de la Septuaginta (8:3).

Cuando los líderes religiosos se negaron a alabarle los niños suplieron su falta.

Este es el primer lugar en los evangelios sinópticos donde se menciona a los saduceos manifestándose en oposición abierta a Jesús. Hasta ese momento el conflicto con Él se había desatado mayormente con los fariseos. Pero cuando Jesús limpió el templo dio un tremendo golpe tanto al prestigio como a los bolsillos sacerdotales. Esto jamás se lo perdonaron. Fueron ellos quienes dirigieron el ataque final contra Él (cf. 27:1, 12; Mr. 14:55; 15:10). E. F. Scott dice: "Él los había desafiado abiertamente y ahora ellos iban a considerar qué medidas iban a tomar para que su muerte fuera más rápida."[56]

La actitud celosa y crítica de los fariseos y saduceos, allí mismo en la casa de Dios, sin duda entristeció al Maestro. Y **dejándolos** (17) se fue a **Betania** (tres kilómetros de distancia, vea el mapa) a pasar la noche. Allí—probablemente en el hogar de Marta, María y Lázaro—encontró amor y comprensión. Era un refugio para su alma atribulada en aquellos días cruciales.

4. *La maldición de la higuera* (21:18-22)

Este incidente está en Mateo y en Marcos (11:12-14, 20-25). Como la doble referencia indica, Marcos separa esta historia en dos partes: la maldición de la higuera el lunes por la mañana, y la contemplación de la higuera seca en la mañana del martes. Nuevamente Mateo une aquí los dos incidentes en uno sin separación cronológica.

Sucedió por la **mañana** (18), cuando Jesús volvía a Jerusalén desde Betania. Sintiendo hambre—no sabemos por qué no desayunó esa mañana—vio **una higuera cerca del camino** (19). Literalmente "en el camino". Cuando Jesús estiró la mano no encontró nada **sino hojas**. Generalmente los higos están escondidos entre las hojas. Pero allí no había ningún fruto. Por eso Jesús maldijo el árbol como señal del desagrado divino de la hipocresía.

Mateo dice: **Y luego se secó la higuera**. Pero el idioma griego es más enérgico aún. **Luego** es *parachrema*, que significa "en el acto, sin dilación, al instante".[57] Los discípulos notaron el cambio en el aspecto del árbol y exclamaron: **¿Cómo es que se secó en seguida la higuera?** (20). **En seguida** es *parachrema* en griego (que en ASV es traducida dos veces "inmediatamente", "tan pronto" VP., "cuán de repente", VM.).

¿Cómo puede armonizarse esto con la clara indicación de Marcos de que pasaron 24 horas antes que los discípulos observaran que el árbol estaba seco? Hemos insistido en la costumbre de Mateo de agrupar eventos. Pero el empleo de su palabra **en seguida** innegablemente suscita un problema. La mejor solución podría ser la de considerar **se secó** (19-20) como un aoristo inclusivo: "comenzó a secarse." Aun si los discípulos se hubieran sorprendido de ver el árbol seco todo un día después que Jesús pronunciara la maldición del árbol, se habría podido usar con propiedad la palabra "en seguida" para describir la rapidez del cambio.

Algunos han criticado a Jesús por haber destruido la higuera. Debe notarse que no se trataba de una propiedad privada: estaba en el "camino". Además, Trench hace esta sabia observación: "El hombre es el príncipe de la creación y todas las cosas están para servirle y cuando lo hacen cumplen con su fin específico—en su vida o en su muerte— dándole el fruto, o sirviéndole de ilustración de lo que será la maldición y el castigo por la esterilidad."[58] Y agrega: "Cristo no imputó responsabilidades morales al árbol cuando lo maldijo por no dar fruto, pero le atribuyó que era adecuado para representar cualidades morales."[59] Es obvio que la pérdida de un árbol de nadie en particular, bien valía la pena para enseñar una lección a sus discípulos.

¿Cuál era la lección? De hecho eran dos las enseñanzas. La primera era un vívida amonestación contra la hipocresía—el tener las hojas de una falsa profesión pero no los frutos de la gracia de Dios. Una aplicación particular de esta figura aludía a la nación de Israel, que profesaba ser hija de Dios, pero lo negaba con la impiedad de su conducta (cf. Jn. 8:33-47).

Encontramos la segunda lección en los versos 21-22. Jesús solemnemente declaró: **De cierto os digo, que si tuviereis fe, y no dudareis,** no sólo haréis esto, sino más grandes cosas.[60] Entonces les dio una de las promesas más sobresalientes que hay en la Biblia: **Y todo lo que pidiereis en oración, creyendo, lo recibiréis** (22). Esto puede parecer algo absurdo, *un cheque firmado en blanco.* Pero allí hay una importantísima condición: **creyendo.** Uno no puede realmente creer en algo que es contrario a la voluntad de Dios. Morison ha captado el espíritu de este pasaje cuando escribe: "Lo que realmente queréis, *si ese deseo está fundido en la voluntad de Cristo y vuestro Padre,* siempre lo obtendréis al presentarlo ante el trono de gracia."[61]

5. *Controversias con los líderes judíos* (21:23—22:46)

a. ¿Con qué autoridad? (21:23-27). Este incidente está relatado en los tres Sinópticos (cf. Mr. 11:27-33; Lc. 20:1-8). Cuando Jesús llegó al templo el martes por la mañana, inmediatamente fue desafiado por **los principales sacerdotes y los ancianos del pueblo** (23). Esta última frase parece ser una designación general para los miembros del gran Sanedrín de Jerusalén. Ellos le interrogaron: **¿Con qué autoridad haces estas cosas? ¿Y quién te dio esta autoridad?** Al decir **estas cosas** aludían a la limpieza del templo el día anterior y los milagros que había realizado. Completamente tomados por sorpresa por la limpieza del sagrado lugar, los líderes judíos no habían recibido sus participaciones en esa ocasión, pero al anochecer sin duda habían decidido desafiar sus derechos a hacer lo que había realizado. Por eso le preguntaron: "¿Quién te autorizó para molestar el régimen ya establecido en el templo?"

Con gran sabiduría Jesús les respondió por medio de otra pregunta. Si ellos se la respondían, El les contestaría la de ellos (24).

Su pregunta les pegó como el estallido de una bomba: **El bautismo de Juan, ¿de dónde era? ¿Del cielo, o de los hombres?** (25). El razonamiento de ellos no demuestra ninguna preocupación ética. No era asunto de lo que era o no era justo, sino de lo que podía darles una salida conveniente. No se trataba de: ¿cuál es la verdad? sino de: "¿cómo nos va a resultar esto a nosotros?" Habían sido atrapados entre los cuernos de un dilema del cual parecía no haber escapatoria. No podían decir que era **del cielo**; y por temor a la gente tampoco querían decir que provenía **de los hombres.** De modo que deliberadamente dijeron: **No sabemos** (27). Justificablemente Jesús se negó a responderles su pregunta. La respuesta a ambas es exactamente la misma: su origen era el cielo.

b. Parábola de los dos hijos (21:28-32). Esta parábola se encuentra solamente en Mateo. Jesús comenzó con una forma excelente de atraer la atención: **Pero ¿qué os parece?** (28). Una historia en la que intervienen dos muchachos siempre es interesante. Esta tiene afinidades definidas con la parábola del Hijo Pródigo (Lc. 15:11-32). Ambas comienzan con las mismas palabras: **Un hombre tenía dos hijos.**

Al primero, el padre le dijo: **Hijo, vé hoy a trabajar en mi viña.** El se negó, pero más tarde, **arrepentido, fue** (29). Este no es el común verbo *metanoeo* (usado 34 veces en el NT), sino uno menos general, *metamelomai* (cinco veces). Ambos son siempre traducidos "arrepentirse" (en KJV) y usados indistintamente. Pero *metamelomai* podría interpretarse "sentir".

Al principio, el segundo hijo convino en que iría. Pero en realidad no obedeció el mandamiento de su padre. Cuando Jesús les preguntó cuál de los dos había hecho la voluntad paterna, la respuesta era obvia: **El primero** (31). El reprobó a los líderes judíos por haberse negado a creer en Juan el Bautista y no se arrepintieron *(metamelomai)* más tarde. Ellos pretendían estar obedeciendo a Dios, pero no era así. Eran semejantes al muchacho que dijo: **Sí, señor, voy. Y no fue.**

En el texto griego de Nestle, Wescott y Hort, está invertido el orden de los dos hijos (RSV, sin embargo, retiene el mismo del KJV). Trench piensa que el orden fue cambiado por algún escriba que pensó que la aplicación era en primer lugar para los judíos, y en segundo para los gentiles. Dice: "Pero la parábola no se aplica principalmente a judíos y a gentiles, sino más bien a los dos cuerpos que estaban en el seno del pueblo judío."[62]—Por una parte, los fariseos; y por otra, los publicanos y las rameras.

c. *Parábola de los labradores malvados* (21:33-46). De la lista de 30 parábolas que presenta Trench, solamente tres se encuentran en los tres evangelios sinópticos. Las dos previas son la del sembrador (13:3-9) y la de la semilla de mostaza (13:31-32). Esta es la tercera (cf. Mr. 12: 1-12; Lc. 20:9-19). Jesús relató acerca de un **padre de familia** *(oikodes-potes)* que **plantó una viña,** cosa muy común en la Palestina. **La cercó**— probablemente con un vallado de piedras—y **cavó en ella un lagar** (33). Esto era una depresión bordeada con piedras, donde quedaba el jugo después de pisada la uva. Tales lagares todavía pueden verse en la Tierra Santa. Para poder vigilar la viña de modo que nadie pudiera robar el fruto, edificó una torre—una elevada plataforma de madera que los rabinos especificaban que debía medir unos 5 metros de altura por 2 metros cuadrados. Entonces **la arrendó a unos labradores,** o "trabaja-dores de las viñas" y se fue lejos.

Cuando se acercó el tiempo de los frutos (34)—septiembre del quinto año después de la plantación (Lv. 19:23-25)—el propietario envió algunos siervos para recaudar su parte de la cosecha. Los arren-datarios **a uno golpearon, a otro mataron** y al tercero lo **apedrearon** (35).

Finalmente, desesperado, el dueño envió a su hijo, pensando que le tendrían respeto (37). Pero neciamente **le mataron** pensando en apoderarse **de su heredad** (38-39). Pero en vez de eso, ellos fueron destruidos y la viña arrendada a otros labradores (41).

En los versos **40-41** Jesús hizo que sus enemigos juzgaran su propia conducta y dictaran sentencia por su pecado. Entonces remachó la verdad de la parábola, citándoles Salmos 118:22-23. **La piedra que**

desecharon los edificadores (42)—el verbo significa "rechazar (después de examinar), declarar inútil"[63]—**ha venido a ser cabeza del ángulo.** Esta piedra se refiere o a la piedra angular del edificio o a la clave de un arco o arcada.

Jesús no dejó lugar a dudas sobre lo que quería decir por medio de esa parábola. Les dijo que el reino sería quitado a los líderes judíos y sería entregado a otra nación (43, sólo en Mateo). El que **cayere sobre esta piedra** (Cristo) será quebrantado (cf. Is. 8:14-15) y **sobre quien ella cayere, le desmenuzará** (44). La primera figura parece referirse a alguien tropezando sobre Cristo y siendo "aplastado" (significado literal de una palabra rara), algo así como una jarra de barro para agua que se destroza al caer sobre una roca. La segunda figura claramente se refiere al juicio.

Los **principales sacerdotes y los fariseos** no podían dejar de entender que estaba dirigida contra ellos (45). Ellos, que representaban a los principales dirigentes de la nación, eran los labradores malvados; los que habían matado a los profetas **(siervos).** Ahora ellos mismos estaban listos a matar al Hijo. El reino sería entregado a los gentiles. Enfurecidos, querían matar a Jesús, pero temían al pueblo, que creía que El era un **profeta** (46).

d. Parábola de la fiesta de bodas (22:1-14). Esta historia es muy parecida en diversos aspectos a la de la gran cena que se halla solamente en Lucas (14:16-24). Ambas parábolas se relacionan principalmente por la negativa de los huéspedes a asistir por la invitación de los siervos que por fin reciben órdenes de ir por las calles y los caminos y traer a cualquiera que pudieran encontrar.

Las diferencias pesan tanto más que las semejanzas, que las historias tienen que ser consideradas como eventos diferentes. En Mateo se nos habla de **un rey** que hizo **fiesta de bodas a su hijo.** Lucas trata de "un hombre" que hace "una gran cena". En la que estudiamos se nos dice que sus invitados **no quisieron venir** (3). En la otra se excusaron de distintas maneras. Aquí leemos que el rey volvió a **enviar a otros siervos** urgiendo a los invitados a asistir porque ya tenía todo preparado: su **comida;** sus **toros y animales engordados** (4). **Sin hacer caso,** los huéspedes (5) se fueron **unos a su labranza y otros a sus negocios.** En esto se parece a la parábola de Lucas. Pero la muerte de los siervos a manos de los invitados (6) y la destrucción que el rey hace de su ciudad (7) son ideas desconocidas en la parábola de Lucas.

La palabra griega traducida caminos en los versos 9 y 10 es

interesantemente distinta. En el 10 es simplemente *hodous,* "camino" "ruta". Pero en el 9 es *diexoudous ton hodon. Diexodous* se encuentra sólo en este pasaje en el Nuevo Testamento. Arndt y Gingrich piensan que la frase probablemente signifique "el lugar donde una calle corta los límites de la ciudad y sale al campo abierto".[64]

El significado de la parábola es realmente claro. Los judíos fueron los primeros invitados a gozar de las cosas buenas del reino. Cuando rechazaron la oportunidad los gentiles fueron introducidos.

Cuando el rey inspeccionó a sus huéspedes, halló uno **que no estaba vestido de bodas** (11). Interrogado el hombre, **enmudeció** (12). El rey ordenó que fuera atado y echado **en las tinieblas de afuera**—en gran contraste con la brillantez y felicidad de la fiesta de bodas. Y agrega: **allí será el lloro y el crujir de dientes** (13). La misma expresión ocurre en 8:12. Es un cuadro terrible de tormento. Nuevamente (cf. 20:16) aparece la declaración: **Porque muchos son llamados, y pocos escogidos** (14).

Esta historia enseña dos lecciones importantes. La mayor es que no todos los llamados serán salvos. **Muchos son llamados**—la salvación es universal en su provisión—pero son **pocos escogidos**. No es porque Dios (el rey) rechace a los hombres, sino porque ellos desprecian su llamado. Aquí no hay ningún lugar para la idea de un "llamado eficaz". Uno puede repudiar el llamamiento de Dios a la salvación y perderse.

La otra lección la hallamos cuando se nos relata del hombre sin la vestimenta de bodas. Es evidente que cada uno de los huéspedes era provisto de la indumentaria por el rey. Pero alguien se negó a usarla. Es un símbolo de aquellos que prefieren su propia justicia a la provista por Cristo. Estos serán arrojados a las tinieblas.

Es evidente que la calificación definitiva y final para la fiesta de bodas no era la invitación, ni siquiera el aceptarla, sino el vestido de bodas. Para la completa importancia del asunto, debemos asociarlo con Apocalipsis 19:7-9 donde la vestidura será "de lino fino, blanco y limpio; porque el lino fino es las acciones justas de los santos"; ahora bien; los santos no son meramente *huéspedes,* sino que constituyen la *esposa.* Si es legítimo ver en las vestiduras de Mateo un símbolo de la identificación en Apocalipsis, entonces debe ser afirmado que la justicia personal y la santidad son el *sine qua non* para participar en la cena de bodas del Cordero.

Esto implica mucho más que una imputación automática de justicia para todos los que responden a la invitación. Es más bien una justicia impartida, que, si bien está provista por la sangre de Cristo, no obstante debe ser obtenida por cada huésped, voluntaria e individualmente. Si la invitación y la provisión de la vestidura dependen de la iniciativa del Rey, el procurar y empleo de ellas dependen de la del huésped. Es verdad que sería forzar la parábola hacerla enseñar directamente las dos obras de gracia, pero no lo será el reconocer en ella el requisito básico de la santidad, para la cual son medios tanto la justificación como la santificación.

En su sermón sobre "Las Vestiduras de Boda", Juan Wesley dice que éstas significan "santidad, sin la cual nadie verá al Señor". El nos da estos dos puntos: (1) Sin la justicia de Cristo no podemos tener *pretensiones* a la gloria; (2) Sin la santidad no podemos tener *capacidad* para ella.

e. La pregunta de los herodianos (22:15-22). En este capítulo, tres grupos de líderes judíos interrogan a Jesús. En cada circunstancia, El les responde y luego les hace una pregunta que silencia a sus interlocutores capciosos. Cuatro de estos asuntos están registrados en los evangelios sinópticos (cf. Mr. 12:13-37; Lc. 20:20-44). Estas controversias aparentemente sucedieron el martes o miércoles de la semana de pasión.

Los fariseos eran los instigadores de la primera interrogación. Ellos **consultaron cómo sorprenderle en alguna palabra** (15)—literalmente, "en una palabra", o "en algún dicho". El verbo está usado en la Septuaginta pero no se halla en ninguna parte en el griego clásico. Es un término de cacería, que significa "tender una trampa". Arndt y Gingrich traducen la cláusula: "para poder atraparlo en alguna cosa que dijera."[65] Tenía un motivo malicioso.

Josefo describe "tres sectas filosóficas de los judíos", los fariseos, los saduceos y los esenios[66] (actualmente identificados con la comunidad Qumran que produjo los manuscritos del mar Muerto). Los esenios no están mencionados en el Nuevo Testamento. Es extraño, pero Jesefo no menciona a los **herodianos** que están nombrados tres veces en los evangelios (cf. Mr. 3:6; 12:13). Nada cierto se sabe de ellos. Su nombre sugiere que eran seguidores de Herodes Antipas, lo que es una conjetura tan buena como otra.[67]

Se trata de una artera astucia la empleada por **los fariseos** (15). Enviaron a Jesús a algunos de **los discípulos de ellos con los herodianos** (16). Generalmente estos dos grupos eran antagónicos porque los fariseos se oponían al gobierno romano. Pero ahora se habían unido en común enemistad contra Cristo.

.La introducción lisonjera de estos hombres carecía absolutamente de ética. Procuraban sorprender a Jesús, sugiriendo que siempre decía la verdad y no se cuidaba de nadie. De esta manera ellos esperaban que El mismo se hiciera culpable de una acusación por medio de una declaración incauta.

Entonces le tendieron la trampa: ¿Debían ellos pagar tributos al emperador, o no? (17). La palabra **tributo** en griego es *kensos* (latín, *census*). Se trataba del impuesto por cabeza que tanto ofendía a los judíos porque les recordaba que eran súbditos de una potencia extranjera.

Los que hicieron la pregunta pensaban que ya tenían al Maestro agarrado entre los cuernos de un dilema, de modo que le sería imposible escapar. Si decía "sí", los fariseos le acusarían al pueblo de ser desleal a los judíos. Si decía "no", los herodianos irían con la noticia al gobierno romano y lo acusarían de sedición. Una de las peores transgresiones que una persona podía cometer ante los ojos de los romanos era oponerse a sus impuestos.

Jesús, conociendo (viendo a través) **la malicia de ellos,** les preguntó: **¿Por qué me tentáis, hipócritas?** (18). Carr observa sobre el verso 16: "Nada podría exceder la insidiosa hipocresía de este ataque a Jesús."[68]

Cristo les hizo frente con esta petición: **Mostradme la moneda del tributo** (19)—"la moneda del censo" que se usaba para pagar el impuesto *per cápita*. Como respuesta, le presentaron **un denario**. Era un denario de plata, equivalente a 20 centavos de dólar.

Jesús les preguntó: **¿De quién es esta imagen, y la inscripción?** (20). La rápida respuesta fue: **De César** (21). Ese dinero en esa época en particular tenía grabada en un lado la cabeza del emperador Tiberio, con la siguiente **inscripción** en latín: "Tiberio César, hijo del divino Augusto, (él mismo un Augusto)."

Entonces el Maestro dio un profundo pero simple mandato: **Dad, pues, a César lo que es de César, y a Dios lo que es de Dios.** El verbo empleado significa "devolver". Si el denario llevaba impreso el rostro y el nombre de César, debía ser su propiedad. De modo que había que devolverle a él lo que le pertenecía. Pablo reitera este principio (Ro. 13:6).

Pero uno también debe devolver lo que le pertenece a Dios—¿y qué tenemos que El no nos lo haya dado? "Los doctores judíos habían establecido el principio que 'El rey es aquel cuya moneda circula'."[69] El que rehúsa o deja de pagar sus diezmos está negando que Jesucristo es el Señor de su vida. Está rechazando el reinado de Cristo.

Pero el dar a Dios lo que le pertenece es más que pagar el diezmo y aun dar ofrendas adicionales. Esrasmo hizo este excelente comentario: "Devuelva a Dios todo lo que tenga la imagen y la inscripción de Dios —su alma."[70] Los que habían ido a cuestionar a Jesús se fueron maravillados. Completamente les había frustrado su trampa para hacerle caer.

f. La pregunta de los saduceos (22:23-33). El mismo día **vinieron a Jesús los saduceos, que dicen que no hay resurrección** (23). Esta descripción de los saduceos está corroborada no sólo en Hechos 23:8, sino también por Josefo. Escribe: "Pero la doctrina de los saduceos es la siguiente: Que las almas mueren con los cuerpos; no consideran la observación de ninguna cosa fuera de lo que la ley les prescribe; porque ellos creen que es un ejemplo de virtud el disputar con aquellos maestros de filosofía a quienes frecuentan; pero esta doctrina tiene pocos adeptos, que están entre los de gran dignidad."

Los saduceos comenzaron su conversación con Jesús citando a Moisés (Dt. 25:5) por causa de la llamada ley del levirato (del latín *levir*, "cuñado"). Practicada por las otras naciones orientales, la ley simplemente era así: Si un esposo moría sin hijos, su hermano debía casarse con la viuda y levantar **descendencia a su hermano** (24). Los hijos que nacieran de tal unión llevarían el nombre del difunto.

Entonces los saduceos propusieron una situación improbable e hipotética. Siete hermanos en sucesión se casaron con la misma mujer, pero todos murieron sin dejar hijos (25-26). Finalmente, **murió también la mujer** (27). Ahora, preguntaron los saduceos, **en la resurrección, pues, ¿de cuál de los siete será ella mujer?** (28). Esto es típico de la clase de preguntas con las que mentes pequeñas se complacen en trastornar a personas sensibles. Es probable que este era uno de los argumentos reservados que los saduceos empleaban a menudo en sus disputas con los fariseos. Josefo, en la cita anteriormente mencionada, declara que ese grupo era amante de mantener disputas filosóficas con sus contrarios.

Jesús captó la treta de inmediato. Les dijo: **Erráis, ignorando las Escrituras y el poder de Dios** (29). La única manera en que la iglesia, o los individuos, pueden ser salvos del error, es conociendo ambos, el poder y las Escrituras. La verdadera ortodoxia puede preservarse sólo por medio de un estudio constante y cuidadoso de la Palabra de Dios unida a la experiencia del poder y presencia del Espíritu Santo.

El Maestro continuó explicando que no hay casamiento en la

vida venidera, **sino** que todos **serán como los ángeles de Dios en el cielo** (30);[71] o sea inmortales pero sin reproducirse. Entonces Jesús los desafió con sus propias Escrituras. Debe notarse lo dicho por Josefo que los saduceos menospreciaban "la observación de cualquier cosa excepto lo prescrito por la ley". Es decir, que ellos aceptaban sólo el Pentateuco (la Torah) rechazando el uso que hacían los fariseos de otras partes del Antiguo Testamento. Específicamente, negaban la resurección porque aseguraban que no estaba enseñada en la Torah. Por eso Jesús los llevó a su propio terreno. Les citó Exodo 3:6—las palabras del Señor a Moisés ante la zarza ardiendo—e hizo la aplicación: **Dios no es Dios de muertos, sino de vivos** (32). Si en la época de Moisés, Dios era el Dios de Abraham, Isaac y Jacob, que habían muerto mucho tiempo antes, era clara la implicación de que ellos estaban vivos en un estado de inmortalidad aunque ya no anduviesen sobre la tierra. La relación de este pasaje con la resurrección es expresada así por Bengel: "Dios... no es Dios de lo que ya ha dejado de existir; El es el Dios viviente; y aquellos, cuyas vidas aquí, han sido suspendidas, deben revivir para siempre."[72]

El efecto de las palabras de Cristo sobre la multitud es vigorosamente descrito en el verso 33. La gente **se admiraba de su doctrina** (griego, "enseñanza"). El verbo literalmente significa "sorprender", de modo que en la voz pasiva quiere decir "sorprendida por el asombro."[73] Además, está en el tiempo imperfecto. Carr explica la fuerza de esto. Dice: "El imperfecto bien expresa la conmoción de la sorpresa que iba pasando de uno a otros en la multitud."[74]

g. La pregunta de los fariseos (22:34-40). Cuando los fariseos oyeron que Jesús de hecho había silenciado—el griego dice "cerrado el hocico" "amordazado"—a sus opositores, los saduceos, quedaron, sin duda alguna, deleitados. Pero ellos decidieron intentar nuevamente lo mismo (cf. 15).

Uno de éstos, **intérprete de la ley,** es decir, maestro de la ley mosaica, le hizo una pregunta **por tentarle** (35). Una vez más tenemos el problema de cómo debemos traducir *peirazon,* si como "probarlo" (ASV), "experimentar" (RSV, cf. NEB) o simplemente "tentarlo" (como está en KJV, y en algunas versiones españolas). El significado fundamental del texto es "probar, hacer experiencia con", "poner a prueba".[75] Si el contexto sugiere un móvil malicioso puede traducirse "tentarle". Uno podría asegurar que ese es el caso aquí, a no ser por el relato que Marcos hace en el pasaje paralelo. Dice acerca de este escriba interrogador (maestro de la ley) que le respondió: "Bien Maestro, verdad has dicho", demostrando un aprecio mutuo entre Jesús y el escriba. De modo que "probarle" sería mejor versión en este pasaje. El intérprete preguntó: **Maestro, ¿cuál es el gran mandamiento en la ley** (36). **Cuál** significa literalmente "qué clase". Plummer sugiere que este escriba quería "un canon de clasificación". Dice al respecto: "Los rabinos dividían los 613 preceptos de la ley (248 mandamientos y 365 prohibiciones) en 'importantes' y 'leves', pero su clasificación era causa de muchos debates."[76]

Como respuesta, Jesús le citó Deuteronomio 6:5—**Amarás al Señor tu Dios con todo tu corazón, y con toda tu alma, y con toda tu mente** (37). Marcos y Lucas agregan: "y con todas tus fuerzas." En realidad el pasaje hebreo del Antiguo Testamenteo dice: "corazón", "alma" y "poder". La Septuaginta traduce: "corazón", "alma" y "poder" *(dynamis),* con algunos manuscritos que dan "mente" *(dianoia).* Parece que Jesús combinó los cuatro. Carr explica los tres términos de Mateo, de la siguiente manera: *"Kardia* incluye las emociones, voluntad propósito; *psyche,* las facultades espirituales; *dianoia,* el intelecto, las facultades mentales."[77] Pero es imposible distinguir estos términos clara y completamente. Por ejemplo, para *psyche,* Arndt y Gingrich dan, con apoyo de escrituras, los siguientes significados (entre otros): *"vida, principio de vida"; "vida terrenal"; "el alma* como el asiento y centro de la vida interior del hombre en sus muchos y diversos aspectos"; *"el alma* como el asiento y centro de vida que trasciende lo terrenal".[78] Ellos observan: "Es a menudo imposible marcar las líneas exactas entre los significados de esta palabra con tantas acepciones."[79] Lo mismo podría decirse de *kardía* **(corazón).**

Pero el sentido claro es que uno debe amar a Dios con todo su ser. La palabra griega traducida **amor** es *agapao,* que significa más que afecto o emoción (expresados por *phileo*). Cremer dice acerca de *agapao:* "No excluye el afecto, pero es siempre el efecto moral de la voluntad consciente, deliberada que lo contiene, no del impulso natural del sentimiento inmediato."[80]

Después de identificar Deuteronomio 6:5 como el **primero y grande mandamiento** (38), Jesús siguió con el segundo, que dice: **Amarás a tu prójimo como a ti mismo** (39). Esta es una cita de Levítico 19:18. El verbo nuevamente es *agapao.* Abbott-Smith dice al respecto: *"Agapao* es empleado aptamente en el Nuevo Testamento para designar el amor cristiano hacia Dios y el hombre, el efecto espiritual que sigue la dirección de la voluntad, que puede ser mandado como un deber y que es por lo tanto, distinto a esos sentimientos que son instintivos e irrazonables."[81]

Jesús agregó (solamente en Mateo): **De estos dos mandamientos depende toda la ley y los profetas** (40)—vale decir, todo el Antiguo Testamento. Estos son los dos mandamientos básicos que abren el significado de todo el resto.

Ya que la esencia del Antiguo Testamento en su totalidad se encuentra en estos mandamientos, es obvio que la santidad como norma para el pueblo de Dios no es exclusiva a la dispensación evangélica. Lo que es privativo del nuevo pacto son los *medios* por los que los hombres deben conformarse a esa norma y la *medida* o grado de perfección requerido por ello. El poder para su completa realización ahora es la herencia de todos los hijos de Dios. Es un poder que cambia de tal modo los afectos y llena al individuo con el Espíritu Santo, que el amar a Dios con todo el ser es algo espontáneo y natural (Ro. 5:5). Cuando el Señor promete que en el nuevo pacto, El "pondrá su ley en su mente y la escribirá en sus corazones" (He. 8:10; Jer. 31:33), implica esas dos leyes sobre todo, porque éstas incluyen a todas.

h. La pregunta de Jesús (22:41-46). Los fariseos habían estado interrogando a Cristo y El les había respondido satisfactoriamente. Ahora El les hace preguntas que ellos no pueden responder.

Aprovechando la circunstancia de que un grupo grande de fariseos se había congregado ante El (41), Jesús les preguntó primero: **¿Qué pensáis del Cristo,** el Mesías? **¿De quién es hijo?** Ellos le respondieron: **De David** (42). Esa era la concepción popular de la época,[82] basada en Escrituras tales como Salmos 89:20-37; Isaías 9:2-7; 11:1-9; Jeremías 23:5-6; 33:14-18; Ezequiel 34:23-24; 37:24.

Entonces les preguntó: Pues, **¿cómo David en el Espíritu le llama Señor?** (43). **En el Espíritu** significa "inspirado por el Espíritu" (RSV) esto es, el Espíritu Santo. De ese modo, Jesús aseguró al mismo tiempo que David había escrito el Salmo 110 y la inspiración divina de éste. Entonces les cita el primer verso de este salmo mesiánico.[83] **Dijo el Señor a mi Señor; siéntate a mi derecha** (44) dice en hebreo: "Jehová (o *Yahweh*) dijo a mi *Adonai.*" En el Antiguo Testamento (KJV) SEÑOR generalmente es traducción de *Yahweh,* y Señor, de *Adonai.* En griego, *Kyrios* se usa para ambos términos.

Los judíos no podían o no querían responder la pregunta indicada: **¿Si David le llama Señor, ¿cómo es su hijo?** (45). La respuesta del cristiano es que el Señor de David llegó a ser el hijo o descendiente de David en su encarnación.

6. *Acusaciones contra los fariseos* (23:1-36)

a. Situación elevada y orgullo (23:1-12). Jesús se dirigió **a la gente y a sus discípulos** (1). Los fariseos habían demostrado la maldad de sus corazones en sus esfuerzos por hacerle caer en trampas. Ahora, El, "que sabía lo que había en el hombre" (Jn. 2:25) describió el pecado interior de estos líderes religiosos.

La posición que tenían **los escribas y los fariseos** (2) era la **cátedra de Moisés** (gr., *kathedra*). Por lo tanto, hablaban *ex cathedra*—con autoridad oficial—de modo que sus dictámenes debían ser obedecidos (3). Pero sus **obras** no debían ser imitadas porque decían una cosa y hacían otra. Es obvio que el mandato a obedecer lo que decían los escribas debe ser tomado con un sentido modificado ya que por todas partes encontramos que el Maestro los condena por anular la Palabra de Dios para enseñar la tradición de los ancianos (15:1-6). Morison sugiere que el verdadero sentido aquí es el siguiente: "Cualquier cosa que los escribas y los fariseos os inculquen, cuando os interpretan las palabras del Libro de Dios, y cualquier enseñanza que ellos prueben que es agradable a la mente del Señor, según se nos dan a conocer en su Libro, todo eso hacedlo."[84]

La falta de simpatía y piedad de estos maestros de la Ley es denunciada por Jesús: **Porque atan cargas pesadas y difíciles de llevar; y las ponen sobre los hombros de los hombres; pero ellos ni con un dedo quieren moverlas** (4). Carr ha interpretado la ilustración con estas palabras: "El cuadro representa a un arriero inmisericorde de camellos o de asnos, que va agregando y agregando cargas, no sólo pesadas sino abultadas y por eso difíciles de transportar, y luego plantándoselas sobre los hombros de los camellos, los contemplan indiferentes sin mover un dedo para aligerar la carga o ni siquiera ajustarla para facilitarla."[85] Esto se levanta en sorprendente contraste con la graciosa invitación del Maestro que encontramos en 11:28-30. El legalismo religioso siempre es una carga pesada para llevar. En esto no hay gozo.

El orgullo vanaglorioso era uno de los pecados habituales y dominantes de los fariseos. Jesús los acusó de hacer sus buenas obras **para ser vistos por los hombres** (5). Por supuesto no todos los fariseos eran así, pero era la descripción de muchos. Para hacer un despliegue de piedad exterior **ensanchaban sus filacterias**. Esta es una palabra griega que se halla sólo en este pasaje del Nuevo Testamento. Fue transladada al inglés por la Biblia de Génova. En el griego clásico significa "guardia" o "fortificación". Plutarco la emplea por "amuleto", es decir hechizo protector. La palabra proviene de un verbo que significa "guardar". Pero aquí se refiere a unas pequeñas cajitas de cuero con oraciones llevadas en la frente y el brazo derecho en las oraciones diarias matutinas. La de la cabeza tenía cuatro pequeñas divisiones en cada una de las cuales había un menudísimo pergamino con una escritura inscrita. Los cuatro pasajes eran: Exodo 13:1-10, 11-16, Deuteronomio 6:4-9 y 11:13-21. La que se llevaba en el brazo tenía sólo un compartimiento, con la Escritura en un rollo. Los mandamientos de atar las palabras de las escrituras "como señal sobre su mano" y "como frontal entre sus ojos", fueron tomados literalmente, cuando probablemente eran algo figurativo.

Jesús también dijo que los fariseos extendían **los flecos de sus mantos.** La ley prescribía a los israelitas piadosos que se hicieran franjas en los bordes de sus vestidos, con "un cordón de azul" (Nm. 15:38). Por lo tanto los judíos unían borlas azules en las esquinas de sus túnicas. Pero Cristo declaró que los escribas hacían esto para ser vistos por la gente, no por razones de piedad personal.

Su orgullo egoísta les hacía procurar **los primeros asientos en las cenas** (6). Literalmente se trataba de "los primeros lechos"—en los que se reclinaban alrededor de las mesas mientras comían (excepto en los hogares pobres). Y las **primeras sillas** es también un raro vocablo compuesto. M'Neile dice: "Los principales asientos estaban sobre la plataforma, de frente a la congregación, de espaldas al arca donde se guardaban los rollos de las Escrituras."[86]

Jesús siguió diciendo que los escribas amaban **las salutaciones en las plazas** (Agora) y ser llamados: **Rabí, Rabí** (7).[87] Esta "era la forma de tratamiento general con que eran saludados los doctos".[88] Significa "mi maestro" (la *i* final representa "mi" en hebreo). Dalman dice que "por consenso general, rabí era reconocido como un término superior a 'Rab', y 'Rabban' admitido como más alto que 'Rabí' ".[89]

Pero los discípulos no debían ser llamados **Rabí** (8). Este mandato debe ser tomado en "el espíritu y no en la letra" (Ro. 2:29), "porque la letra mata, mas el espíritu vivifica" (2 Co. 3:6). Jesús no está dando reglas precisas acerca del empleo de términos técnicos como los títulos "doctor" y "reverendo". Más bien está hablando en contra del espíritu de orgullo que hace que el hombre ambicione ser honrado por los demás. La actitud debida es reconocer que tenemos un solo **Maestro** (como usa el mejor texto griego)[90]—**el Cristo y todos vosotros sois hermanos.** Siempre es apropiado llamar a un creyente "hermano" (cf. Hch. 9:17). Jesús también amonestó en contra de llamar a cualquiera sobre la tierra, padre... **porque uno es vuestro Padre, el que está en los cielos** (9). Schurer dice: "Los rabinos exigían de sus alumnos la más absoluta reverencia, sobrepasándose en la honra que ellos debían a sus progenitores."[91] Cita como prueba un número considerable de fuertes declaraciones de los rabinos judíos para sostener su aseveración. Esa era exactamente la actitud que Cristo condenaba.

Y agregó Jesús: **Ni seáis llamados maestros, porque uno es vuestro Maestro, el Cristo** (10). La palabra que en nuestras versiones está traducida **Maestro** es *kathegetes*. Este es el único pasaje donde se halla en el Nuevo Testamento. Proviene de un verbo que significa "ir delante, guiar". Pero llegó a ser empleada como "maestro" y en el griego moderno significa "profesor". **Uno es vuestro Maestro** hace hincapié en que Jesús es autoridad única por ser el Hijo de Dios.

Entonces Jesús estableció el principio general (ya enunciado en el 20:26): **El que es el mayor de vosotros, sea vuestro siervo** (11). La última palabra es *diakonos,* de origen desconocido. Pero se usaba en el griego clásico para denominar a las personas que servían a la mesa. Esta es la idea encerrada aquí. El párrafo concluye con una amonestación que dice: cualquiera **que se enaltece será humillado,** pero, **el que se humilla** (lo mismo dice en griego) **será enaltecido** (12).

b. Ayes sobre los hipócritas (23:13-36). En esta sección, hay siete[92] ayes contra los escribas y los fariseos por causa de su hipocresía. Cada uno comienza con la fórmula: **¡Ay de vosotros, escribas y fariseos, hipócritas!** (13, 15, 23, 25, 27, 29), con excepción del verso 16, que dice: **¡Ay de vosotros, guías ciegos!** Contando el verso 13 como 14, M'Neile nos hace el siguiente resumen: "Tres ayes (vv. 14-22), tienen que ver con la enseñanza de los escribas, tres (vv. 23-28) con la vida de los fariseos y el último (vv. 29-32) está dirigido contra toda la nación."[93]

Thayer dice que ese "¡Ay! *(ouai)* es una interjección de dolor moral, angustia o de acusación".[94] Es mejor tratar el término como expresión de ambas ideas. La compasión de Cristo le hizo sentirse afligido por el egoísmo de los escribas y fariseos. Su santidad le impulsaba a denunciar sus pecados y a dictar su sentencia.

Hipócritas es la transliteración casi exacta de la voz original *hypocrites* (griego, singular). El término es empleado en el griego clásico para designar al actor o comediante en la escena. En aquellos días, cuando no había medios electrónicos de amplificación, era muy difícil que los actores en escena se hicieran oir por un público de 25.000 o más que entraban en un anfiteatro. De manera que usaban máscaras en cuyo interior había pequeños megáfonos escondidos. De modo que un hipócrita es literalmente el que lleva máscara o demuestra lo que no es público.

(1) *Perversidad* (23:13). Esta es la terrible acusación de Jesús contra los líderes judíos. Los denuncia de cerrar el reino de los cielos a los hombres, al rechazarle a El, que era la encarnación del reino; no entraban ellos ni permitían hacerlo a los otros. Esta es la mayor de las acusaciones que Jesús les hace, de modo que Lucas la coloca al final de su lista como clímax (Lc. 11:52). En cuanto al orden aquí, M'Neile comenta: "En Mateo, su posición presenta un agudo contraste entre el amedrentador efecto de la enseñanza de los escribas y sus esfuerzos para hacer prosélitos (v. 15), y también entre el 'reino de los cielos' y la 'Gehenna'."[95] Juan el Bautista había abierto la puerta del arrepentimiento hacia el reino. Los escribas la habían cerrado de golpe. Para el comentario del verso 14 léase lo tratado acerca de Marcos 12:40 y Lucas 20:47.

(2) *Proselitismo* (23:15). El típico celo de los judíos está vívidamente descrito por Jesús cuando dice que estaban dispuestos a recorrer mar y tierra **para hacer un prosélito.** Esto queda ilustrado por lo acaecido en Roma, donde residían judíos desde el siglo II A.C. Pope escribe: "Desde el principio los judíos residentes en Roma desplegaron tal espíritu agresivo de proselitismo que fueron acusados de tratar de infectar a los romanos con sus cultos y el gobierno expulsó a los principales propagandistas de la ciudad en el año 139 A.C."[96] Pope agrega que la última parte de este versículo, **le hacéis dos veces más hijo del infierno** "... se refiere a la obsesión farisaica por la pureza ritual, la cual grababan con doble fuerza en los prosélitos."[97]

(3) *El juramento* (23:16-22). Aquí tenemos una excelente ilustración de la ridícula casuística de muchos de los razonamientos rabínicos. Estos **guías ciegos** enseñaban que jurar por el templo no tenía consecuencias, pero jurar por el oro del templo lo hacía a un hombre **deudor.** Parece no haber explicación útil en cuanto a por qué se desarrolló este tipo de razonamiento religioso entre los fariseos. Jesús desbarató tal absurdo con lógica simple. Lo único que hacía que el oro fuera sagrado

es que estaba vinculado con el templo (17). Idéntica cosa era cuando se trataba de la ofrenda sobre el altar (18-19). Cristo amonestó claramente en contra de los juramentos vanos (20-22).

(4) *Diezmos* (23:23-24). Los fariseos eran muy escrupulosos en cuanto a diezmar **la menta** y **el eneldo** (23) (pequeñas hierbas). Los israelitas habían recibido mandamiento de la ley de diezmar sus cosechas, "todo el producto de tu grano"—específicamente de su vino y de su aceite (Dt. 14:22-23). "Los rabinos, al construir una barda alrededor de la ley, incluyeron en el mandamiento legumbres, frutos y nueces."[98]

En su atención escrupulosa a los mínimos detalles del diezmo, los escribas y fariseos habían dejado (descuidado) **lo más importante de la ley.** Esto parece reflejar la distinción rabínica entre mandamientos "graves" y "leves".[99] El Talmud judío hace esta declaración: "La observancia de los preceptos menores es recompensada en la tierra; y la de los mayores es galardonada en los cielos."[100] **Lo más importante de la ley** es **la justicia, la misericordia y la fe** (o "fidelidad"). Jesús les dijo que es **necesario hacer** estas cosas (las últimas), **sin dejar de hacer aquello** (tiene el mismo verbo que el párrafo anterior); **aquello** se refiere al pago de los diversos diezmos.

Coláis el mosquito (24) es una traducción muy atinada, como lo fue la de Tyndale en 1525. Sugiere la figura mental de un hombre esforzándose en cazar un mosquito en el aire.[101]

El significado del original es el de un fariseo rígido esforzándose en colar el agua que debía beber por medio de un colador de tela, para estar seguro de que accidentalmente no se tragara un mosquito, el más diminuto de los animales inmundos. Mientras estaba ocupado en esta tarea minúscula, ¡he aquí, se traga todo un camello, el más grande de los animales impuros! Como en la referencia pertinente al camello pasando por el ojo de una aguja (19:24), Jesús, a propósito, está empleando una figura del lenguaje para que el impacto causado en sus oyentes les hiciera captar el punto deseado. Los legalistas rígidos de nuestros días a menudo son prototipo de la actitud farisaica a la que se refería el Señor.

Basado en este capítulo Richard Glover señala los peligros de la hipocresía. (1) La hipocresía es un amo duro, 4; (2) La hipocresía vive solamente para la alabanza de los hombres, 5-7; (3) El daño de la hipocresía, 13-22; (4) La hipocresía se preocupa de los detalles pequeños de la religión, 23-24.

(5) *Limpieza* (23:25-26). Jesús dijo que los fariseos limpiaban **lo de fuera del vaso y del plato,**[102] pero por dentro estaban **llenos de robo**—"pillaje-saqueo"—y **de injusticia** (25; "incontinencia", "auto-indulgencia"). El ordenó al **fariseo ciego** (26) que limpiara primero lo de adentro del vaso y del plato. He aquí el significado: "La parte externa del vaso y del plato alude al comportamiento y conducta exterior del fariseo; el interior del vaso es su corazón y vida real."[103] Estas dos inquietudes resumen gráficamente la diferencia fundamental entre el judaísmo y el cristianismo.

(6) *Sepulcros blanqueados* (23:27-28). M'Neile nos explica de la siguiente manera lo que Jesús les estaba diciendo: "El caminar sobre una tumba hacía a la persona inmunda, cosa que debía ser evitada por cualquiera que desease entrar al templo (cf. Nm. 19:16); de aquí la costumbre... de marcar las tumbas con blanco en el día 15 de Adar [entre marzo y abril] antes de la Pascua."[104] Jesús estaba clamando por algo superior a un cristianismo de apariencia limpia y hermosa superficialmente, pero lleno de actitudes pecaminosas.

La principal acusación está dirigida contra la falta de sinceridad interior. Su justicia era completamente superficial; por lo tanto era un engaño. Era más condenable por su exagerada piedad en asuntos comparativamente baladíes que eran usados como una fachada para descuidar los principios fundamentales, el juicio, la misericordia y la fe. Si queremos escapar de la misma condenación furibunda, nuestra ética debe ser completamente pura y nuestros corazones genuinamente perfectos. Debemos ser hermosos en nuestro ser *interior,* primero y siempre ante los ojos de Dios aun si no siempre logramos la belleza perfecta de la conducta exterior. Una santidad de esta clase requiere un Salvador que santifica y el Espíritu Santo morando en el corazón.

(7) *Adorando el pasado* (23:29-36). Hay tres etapas en la existencia de toda organización religiosa. Primero es un movimiento vibrante y vigoroso, activo y lleno de agresividad. Luego llega a ser una institución con "más guarniciones que caballos". Finalmente la vitalidad desaparece y se transforma en un museo donde se ponen en exhibición los restos de los antiguos líderes. El judaísmo había llegado a esta tercera etapa. Irónica pero tristemente Jesús les dijo a los escribas: ¡**Vosotros también llenad la medida de vuestros padres!** (32); es decir, "completad las persecuciones que ellos comenzaron". Estaban admitiendo que ellos eran **hijos de aquellos que mataron a los profetas** (31). Las palabras del verso 33 suenan extrañas en los labios de Jesús. Pero aquellos a quienes

se estaba dirigiendo ya estaban confabulando para matar al inmaculado Salvador de la humanidad. El Libro de los Hechos (p. ej. 7:58; 8:1-3; 9:1-2) relata el cumplimiento de las predicciones del verso 34.

Abel (35) fue el primer hombre que fue asesinado. El caso de Zacarías[105] está registrado en el libro que está al final del Antiguo Testamento en la Biblia Hebrea (Crónicas). De modo que la expresión que encontramos aquí es algo como nuestra frase corriente, "De Génesis a Apocalipsis".

El verso 35 sugiere la participación nacional en la culpa de las generaciones previas. La generación de entonces estaba llegando al clímax del pecado de rechazar a Cristo Jesús. En un sentido, la culpa acumulada por las generaciones anteriores en la persecución de los profetas, caía, por lo tanto sobre ellos.

Las palabras del verso 36 fueron cumplidas en forma literalmente horrible en el año 70 D.C., cuando Jerusalén fue tomada por los romanos y su templo destruido.

7. *Lamento sobre Jerusalén* (23:37-39)

Lo patético de estas palabras va más allá de toda descripción. Jesús se había ofrecido a los judíos como Rey y Mesías. Los líderes lo rechazaron y pronto lo condenarían a muerte. **¡Y no quisiste!** (37), son las palabras escritas como epitafio de las centurias. Cristo declaró que los judíos ya no volverían a verle hasta que le dieran la bienvenida en su segundo advenimiento con la aclamación con que los peregrinos galileos lo recibieron en su entrada triunfal (39; cf. 21:9).

NOTAS BIBLIOGRÁFICAS

[1]*Op. cit.*, p. 251, n. 1.
[2]Samuel J. Andrews, *The Life of Our Lord* (Grand Rapids: Zondervan Publishing House, 1954 [reimpresión]), p. 388.
[3]*Ibid.*, p. 388, n. 3.
[4]Cf. "tentándole" (ASV), "probándole" (RSV, NEB).
[5]Citado en M'Neile, *op. cit.*, p. 272.
[6]Stier, *op. cit.*, I., 352.
[7]El Nuevo Testamento no hace distinción técnica entre adulterio y fornicación.
[8]Plummer, *op. cit.*, p. 261.
[9]EGT, I., 247.
[10]*Ibid.*   [12]*Op. cit.*, p. 228.
[11]Abbott-Smith, *op. cit.*, p. 486.   [13]*Ibid.*

14"Bueno" está omitido en el texto griego más antiguo.
15Filson, *op. cit.*, p. 209.
16Gustaf Dalman, *The Words of Jesus*, trad. D. M. Kay (Edimburgo: T. & T. Clark, 1909), p. 159.
17*Op. cit.*, p. 618.
18*Ibid.*
19*Op. cit.*, p. 442.
20*Op. cit.*, p. 817.
21*Op. cit.*, p. 57.
22*Ibid.*
23*Op. cit.*, p. 232.
24Abbott-Smith, *op. cit.*, p. 335.
25Dalman, *op. cit.*, p. 177.
26*Op. cit.*, I., 365.
27*Op. cit.*, II., 252.
28*Ibid.*
29Eric. F. Bishop, *Jesus of Palestine* (Londres: Lutterworth Press, 1955), p. 203.
30El resto del verso (KJV) no se encuentra en los dos manuscritos griegos más antiguos, aunque es genuino en todos los demás (22:14).
31*Op. cit.*, p. 234.
32*Op. cit.*, p. 138.
33*Ibid.*, pp. 138-39.
34*Op. cit.*, II., 281.
35La referencia al bautismo en los versos 22 y 23 no se encuentra en los más antiguos manuscritos, aunque es genuina en Marcos 10:38-39, donde se puede encontrar la explicación.
36*Op. cit.*, 233.
37*Op. cit.*, I., 241.
38Arndt & Gingrich, *op. cit.*, p. 4.
39*Ibid.*, p. 422.
40*Ibid.*, p. 483.
41LAE, p. 327.
42Moulton and Milligan, VGT, p. 56.
43Para previos "dobles" en Mateo, vea 8:28 y 9:27.
44*Webster's Unabridged Dictionary* (2 ed. p. 1788) define la semana de pasión como sigue: "Originalmente la semana antes de Pascua, Semana Santa ahora comúnmente, la semana entre el domingo de pasión y el de Ramos." Usamos la expresión en su sentido original. Para un bosquejo sobre los acontecimientos de la semana, vea el cuadro en relación con la explicación de Marcos 11:11.
45Gustaf Dalman, *Sacred Sites and Ways* (Londres: S. P. C. K., 1935), pp. 252-53.
46*War* II. 13. 5; *Ant.* II., 8. 6.
47Algunas veces los críticos se han mofado de un cuadro atribuido a Mateo que representa a Jesús cabalgando dos animales a la vez. Pero esto implicaría un grado de estupidez sobre el escritor que queda negado por la nobleza de su contenido. El texto griego del verso 7 es algo incierto. En Zacarías 9:9, el asno y el pollino son el mismo animal (paralelismo poético hebreo). Los otros evangelios sólo mencionan una bestia, llamada "pollino" (Mr. 11:2; Lc. 19:30) o "asnillo" (Jn. 12:14).

[48]Carr (*op. cit.*, p. 242) dice: "'El que viene' era un conocido título mesiánico." Pero M'Neile (*Op. cit.*, p. 151) y Vincent Taylor (*Names of Jesus*, p. 79), lo niegan. Este último piensa que se originó con Juan el Bautista.

[49]Carr, *op. cit.*, p. 241.

[50]*Op. cit.*, p. 287.

[51]George Salmon, *The Human Elements in the Gospels* (Nueva York; E. P. Dutton & Co., 1907). pp. 433-34.

[52]*Op. cit.*, I., 368.

[53]*Ibid.*, p. 371.

[54]*Ibid.*, p. 372.

[55]*Ibid.*

[56]E. F. Scott, *The Crisis in the Life of Jesus: The Cleansing of the Temple and Its Significance* (Nueva York: Charles Scribner's Sons, 1952), p. 101.

[57]Abbott-Smith, *op. cit.*, p. 344.

[58]R. C. Trench, *Notes on the Miracles of the Lord* (Filadelfia: Wm. Syckelmoore, 1878), p. 346.

[59]*Ibid.*

[60]Para el significado de mover los montes vea las notas sobre 17:20.

[61]*Op. cit.*, p. 384.

[62]Notas sobre parábolas, p. 155.

[63]Arndt and Gingrich, *op. cit.*, p. 90.

[64]*Op. cit.*, p. 193.

[65]*Op. cit.*, p. 607.

[66]*Ant.* XVIII., 1. 2-5; *War* 8:2-14. Josefo también escribe: "Pero Judas el galileo fue el fundador de la cuarta secta de filósofos judíos" (*Ant.* XVIII, 1. 6). Esto parece una referencia a los zelotes.

[67]Así S. Sandmel, "Herodians", IDB, II., 595.

[68]*Op. cit.*, p. 253.

[69]*Ibid.*

[70]Citado por A. M. Hunter, *Gospel According to Mark* (Londres: SCM Press, 1948), p. 117.

[71]Lucas (20:35-38) nos da un poco más sobre el tema, concordando con la enseñanza de Pablo en Filipenses 3:11 y Romanos 14:8.

[72]*Op. cit.*, I., 398.

[73]Thayer, *op. cit.*, p. 199.

[74]*Op. cit.*, p. 255.

[75]Arndt and Gingrich, *op. cit.*, p. 646.

[76]*Gospel According to Mark*, p. 283.

[77]*Op. cit.*, pp. 255-56.

[78]*Op. cit.*, pp. 901-2.

[79]*Ibid.*, p. 901.

[80]Hermann Cremer, *Biblico-Theological Lexicon of New Testament Greek*, trad. William Urwick (Edimburgo: T. & T. Clark, 1878), p. 11.

[81]*Op. cit.*, p. 3.

[82]Vea las notas sobre 9:27; 15:22; 20:30.

[83]Es citado en otras cinco ocasiones en el Nuevo Testamento (Hch. 2:34; He. 1:13; 5:6; 7:17, 21).

[84]*Op. cit.*, p. 424.

[85]*Op. cit.*, p. 4.

[86]M'Neile, *op. cit.*, p. 331.

[87]El segundo término "Rabí" de este versículo no se halla en los manuscritos más antiguos.

[88]Dalman, *Words of Jesus*, p. 331.

[89]*Ibid.*, p. 332.

[90]Originalmente la palabra inglesa "doctor" no se usaba para describir al médico sino al maestro (*Oxford English Dictionary* III., 570).

[91]Emil Schurer, *A History of the Jewish People in the Time of Jesus Christ*, traducido del inglés. (Edimburgo: T. & T. Clark, 1885) II., i, 317.

[92]La versión Valera tiene ocho. Aunque el verso 14 está omitido en las versiones revisadas (en inglés) basándose en la evidencia de los primeros manuscritos, el contexto es genuino en Marcos 12:40 y Lucas 20:47. Véanse las notas en esos pasajes.

[93]*Op. cit.*, p. 332.

[94]*Op. cit.*, p. 461.

[95]*Op. cit.*, p. 333.

[96]M. H. Pope, "Proselyte", IDB, III., 925.

[97]*Ibid.*, p. 930.

[98]IB, VII., 535.

[99]*Ibid.*, p. 536.

[100]Carr, *op. cit.*, p. 261.

[101]Edgard J. Goodspeed, *Problems of the New Testament Translation* (Chicago: University of Chicago Press, 1945), p. 38.

[102]La palabra se encuentra en el Nuevo Testamento sólo en estos dos versos.

[103]Carr, *op. cit.*, p. 261.

[104]*Op. cit.*, p. 337.

[105]En 2 Crónicas 24:20-22, el nombre del padre se menciona como Joiada, no Berequías. Esta diferencia no ha sido aún resuelta. Pero, "hijo" algunas veces quiere decir "nieto"; también los hombres de la Biblia algunas veces tienen dos nombres.

Sección X Quinto Discurso: Sermón en el Monte de los Olivos

Mateo 24:1—25:46

A. El Fin de la Edad, 24:1-51

El Sermón de los Olivos, así llamado porque fue pronunciado en el monte de los Olivos, es el único mensaje extenso que aparece en los tres Sinópticos (cf. Mr. 13:1-37; Lc. 21:5-36). Es muy significativo que trate de la segunda venida y del final de la edad. En su lugar, Juan en su Evangelio nos presenta el último discurso de Jesús en el aposento Alto. El tema de este discurso es el Espíritu Santo que hace que la presencia de Cristo sea real para nosotros.

Sobre la interpretación del capítulo 24 ha habido mucha discusión y desacuerdo. Algunos lo vinculan con la destrucción de Jerusalén en el año 70 D.C. Otros creen que se refiere completamente al final de los tiempos. Es probable que unos y otros estén equivocados. Parece que el material está entrelazado en grado considerable, y algunas predicciones aparentemente pueden aplicarse a ambos períodos. Crisóstomo y algunos de los Padres de la iglesia primitiva sostenían que todo el pasaje hasta el verso 22 se refería a la caída de Jerusalén.[1] Esto es más satisfactorio que aplicar todo el capítulo bien a la caída de Jerusalén, o al final de la edad. Sin embargo una división tan rígida es probablemente demasiado exacta.

1. Preguntas de los discípulos (24:1-3)

Por última vez, hasta donde lo demuestran los relatos, **Jesús salió del templo** (1). En ese lugar había sido rechazado por los líderes de la nación judía. Ahora la casa de éstos quedaría desolada y pronto sería destruida.

Los discípulos estaban ansiosos de mostrarle los **edificios del templo.** Josefo dice que el santuario mismo medía 50 metros de largo por idéntica altura.[2] Herodes el Grande reedificó el templo de 516 A.C., comenzando en el año decimooctavo de su reinado. Quería que fuera tan grande y glorioso como había sido el magnífico edificio de Salomón. La obra todavía continuaba con ese proyecto durante el ministerio de

Jesús (Jn. 2:20) y se cree que es posible que aún no haya estado totalmente terminado cuando fue destruido en el año 70 D.C.[3]

Para la enorme sorpresa de los discípulos el Maestro les informó: **No quedará aquí piedra sobre piedra, que no sea derribada** (2). El cumplimiento literal de esta predicción en el año 70 D.C., fue corroborado por Josefo, que fue testigo ocular. Y él dice que todo, excepto el muro occidental de la ciudad, "fue tan totalmente derribado hasta los cimientos que nada quedó para que los que llegaran a ese lugar pudieran creer que hubiera sido habitado".[4]

Mientras Jesús estaba sentado en los declives del monte de los Olivos desde donde se contemplaba el área del templo, los discípulos le hicieron una triple pregunta: **¿cuándo serán estas cosas? ¿qué señal habrá de tu venida, y del fin del siglo?** (3). Esto es mucho más específico que el pasaje paralelo en Marcos o Lucas. Pero es difícil separar las respuestas a estas preguntas. Definitivamente no parecen estar contestadas en orden.

La última palabra de la pregunta de los discípulos literalmente quiere decir "edad" *(aion)* o también **siglo. Venida** es *parousia* en griego: "presencia" (lit., "estar al lado"). Es traducida "presencia" en 2 Corintios 10:10 y Filipenses 2:12, donde se aplica el significado literal. También es usada al referirse a "la venida de Estéfanas" (1 Co. 16:17), "la venida de Tito" (2 Co. 7:6-7) y en las versiones hispanas, en Filipenses 1:26, refiriéndose a la presencia de Pablo. En todo el resto del Nuevo Testamento la encontramos empleada en relación con la segunda venida de Cristo (18 veces), cuatro de las cuales están en este capítulo (3, 27, 37, 39). No se halla en los otros tres Evangelios, Los Hechos ni Apocalipsis. En cuanto a esto Deissmann escribe: "Desde el período Ptolemaico hasta la segunda centuria D.C., podemos seguir el derrotero de la palabra en el Oriente como expresión técnica para la llegada o visita de algún rey o emperador."[5] Arndt y Gingrich dicen que se refiere a "Cristo y casi siempre su advenimiento mesiánico en gloria para juzgar al mundo al fin de esta edad".[6]

2. *Señales del fin* (24:4-14)

Parece que Jesús quiere responder primeramente la última pregunta a los discípulos. En esta sección se nos dan por lo menos 10 señales del fin de la edad. La primera es la aparición de falsos mesías (5): Muchos llegarán diciendo: **Yo soy el Cristo**, es decir "el Mesías".

La segunda señal nos informa de **guerras y rumores de guerras** (6).

Estas casi han sido una plaga de cada generación. Pero aumentarán terriblemente hacia el final de las edades. Jesús dijo: **pero aún no es el fin;** es decir, el final se está aproximando pero aún no ha llegado.

La tercera es **pestes,** la cuarta, **hambres**—estas dos siempre marchan juntas—y la quinta, **terremotos** (7). **Todo esto será principio de dolores** (8). La última palabra literalmente significa "dolores de parto" (cf. 1 Ts. 5:3) donde está traducida "dolores" que llegan "a la mujer encinta". Las perturbaciones enumeradas aquí serán la característica del período precedente a la edad mesiánica en su manifestación final durante el milenio.

La sexta señal es la persecución. Los seguidores de Cristo serán entregados a **tribulación** (9). La palabra *thlipsis* proviene del verbo *thlibo,* que significa entre otras acepciones, "oprimir, angustiar". Aristóteles la emplea con su significado literal de "presión" "apretar". En la Septuaginta y en el Nuevo Testamento es usada metafóricamente para designar "tribulación". Esta viene del latín *tribulum,* instrumento para desgranar y desenvainar granos o legumbres. La palabra griega usada describe la presión de las uvas para extraer el vino. Las dos ideas conducen al significado de lo que es "tribulación" o "aflicción".[7] El término describe vívidamente la presión de la persecución constante.

La séptima señal, íntimamente vinculada a la anterior, es que muchos **tropezarán** *(skandalizo),* **se entregarán unos a otros, y unos a otros se aborrecerán** (10). La octava señal es la aparición de **falsos profetas** que **engañarán a muchos** (11). Uno no puede dejar de mencionar la aparición de tantos falsos cultos en los últimos años. La novena señal, (que se halla sólo en Mateo), es la falta de **amor: por haberse multiplicado la maldad** (lit., contravención, ilegalidad), **el amor de muchos se enfriará** (12). Este último verbo sólo se encuentra aquí en todo el Nuevo Testamento. Es una amonestación solemne y muy pertinente en estos días de tanta perversidad.

Es interesante notar el sustantivo *agape* **(amor)** que ocurre sólo aquí en Mateo, no está en todo Marcos, una vez en Lucas (11:42); aunque el verbo *agapao* se encuentra muchas veces en los tres. En las epístolas encontramos el empleo más importante de *agape.*

Hay una promesa para los perseguidos: **Mas el que perseverare hasta el fin, éste será salvo** (13). Marcos (13:13b), tiene idénticas palabras. Lucas (21:19) dice: "Con vuestra paciencia ganaréis vuestras almas." Pero la palabra "paciencia" proviene de la misma raíz de "perseverar". Además, la palabra "poseer" usada en algunas versiones, significa "ganar" (como en la Versión Valera) o "adquirir". Así, la forma empleada por Lucas tiene el mismo significado que la de Marcos y Mateo.

La décima señal (sólo en Mateo) es la evangelización del mundo (14). **Este evangelio del reino**—"el mismo evangelio de Jesucristo" (Mr. 1:1)—**será predicado** ("anunciado", "proclamado")—**en todo el mundo** (*oikoumene,* "la tierra habitada")—**para testimonio a todas las naciones; y entonces vendrá el fin.** La palabra *oikoumene* fue usada primero por el mundo griego (como Demóstenes), más tarde por el Imperio Romano y finalmente, por todos. Puesto que la totalidad de las naciones, en el sentido general del término, han escuchado el evangelio en cierta medida—y los medios de comunicación están apresurando el proceso en la actualidad—nos parece que nadie puede negar la posibilidad de que esta última parte de la señal ya se haya cumplido. El final de la edad puede sobrevenir en cualquier momento.

3. *La abominación desoladora* (24:15-22)

Esta expresión significa "la abominación que trae desolamiento" (cf. Dn. 11:31; 12:11), Arndt y Gingrich la definen "como algo detestable que causará la desolación del lugar santo".[8]

Está identificada con **lo que habló el profeta Daniel** (15). Aparece tres veces en Daniel (9:27; 11:31; 12:11) y también se halla en 1 Macabeos 1:54 donde aparentemente se la emplea para denotar el altar de Zeus levantado sobre el altar sagrado en el templo en 168 A.C. Daniel parece referirse a la misma cosa. Aquí hay una doble alusión: al año 70 A.C. y al final de la edad.

La frase sólo se encuentra en el Nuevo Testamento en el pasaje paralelo Marcos 13:14. Para esta enigmática expresión apocalíptica Lucas (21:20) tiene una llana declaración para sus lectores gentiles— "cuando viereis a Jerusalén rodeada de ejércitos". La **abominación** podría ser entonces las águilas romanas sobre los estandartes de los soldados del sitio. En el margen de Daniel 9:27 se lee: "Sobre las murallas estarán los ídolos del desolador." La masacre de los zelotes a sus compañeros judíos durante el asedio puede ser otra aplicación, puesto que ellos profanaron el templo. Dado que los tres Sinópticos urgen a los creyentes a huir a las montañas, parece que se refieren al mismo acontecimiento. Pero eso no significa que no haya aquí también una aplicación sobre el establecimiento de la imagen del anticristo en Jerusalén, al final de esta edad (Ap. 13:14).

Eusebio comenta la orden: **Los que estén en Judea, huyan a los montes** (16), diciéndonos que fue realizada literalmente. Escribe: "Sin embargo, el cuerpo total de la iglesia de Jerusalén habiendo recibido órdenes por revelación divina dada a hombres de reconocida piedad, se trasladó de la ciudad y residió en un cierto pueblo del otro lado del Jordán, llamado Pella."[9] A. B. Bruce piensa que esa huida puede haberse realizado antes de comenzar el asedio.[10] Pero es posible que hayan tenido una tregua temporal cuando Vespasiano fue llamado a Roma como emperador, en el año 69 D.C., y su hijo Tito le sucedió en el comando del ejército romano que rodeaba a Jerusalén.

Tan urgente era la huida que si un hombre estaba **en la azotea** no debía descender para **tomar algo de su casa** (17). El que estuviera en el campo no debía volver atrás para tomar su capa (18). La huida apresurada sería especialmente dura para las mujeres encintas, o con niños muy pequeños (19). En **invierno** podría hacer demasiado frío durante la noche y el río Jordán—que debían vadear—estaría muy profundo por causa de las lluvias invernales (20). Para sus lectores judíos Mateo agrega lo que no tendría sentido para los de Marcos: **ni en día de reposo.** Los judíos estrictos no viajarían más de un kilómetro durante el sábado y por lo tanto, podrían ser capturados por el enemigo.

Jesús predijo que en ese tiempo habría **gran tribulación, la cual no la había habido desde el principio del mundo** hasta entonces, **ni la habrá** (21). Marcos casi nos dice las mismas palabras. **Tribulación** es *thlipsis* (vea el comentario sobre el v. 9). Swete sugiere: "*Thlipsis* aquí está usado casi en su sentido literal para denotar que el asedio se iba haciendo más asfixiante cada día."[11] Se ha objetado a menudo que las palabras de este versículo son demasiado fuertes para ser aplicadas al año 70 D.C. Pero Josefo escribe: "Me parece que si todos los infortunios de los hombres desde el comienzo del mundo son comparados con los de los judíos, dejarían de verse tan considerables como eran."[12] Carr resume la situación de la manera siguiente:

> No hay palabras que puedan describir los horrores de este sitio. Era la época de la Pascua y los judíos de todas partes estaban dentro de los muros de la ciudad. Tres facciones, en desesperada disensión una contra otra se habían apostado sobre las alturas de Sión y del monte del templo. . . . Los atrios del templo estaban anegados con la sangre de las discordias civiles, que literalmente se mezcló con la sangre de los sacrificios.[13]

Josefo declaró que habían muerto más de un millón de judíos en esa catástrofe y que unos cien mil fueron vendidos como esclavos.[14] Parece que la mejor manera de aplicar el verso 21 es dejarle la doble interpretación—a la caída de Jerusalén en el año 70 D.C. y también a la "gran tribulación" al final de esta edad.

El acortamiento de **aquellos días** (22) alude al asedio final de Jerusalén que sorpresivamente duró unos cinco meses (abril a septiembre del 70 D.C.). Esto **por causa de los escogidos**—pues de otro modo los cristianos judíos de Judea habrían sido anulados en una guerra de exterminación judaica. O bien la frase **por causa de los escogidos** podría interpretarse por causa de las oraciones de los cristianos en Pella, a favor de los otros judíos que habían quedado atrás.

Morison presenta una media docena de factores para el acortamiento del asedio. La atención de Vespasiano se volvió más y más hacia Roma, donde en breve sería nombrado emperador. Las revueltas en la frontera norte requerían su atención. Tito, que fue dejado al frente cuando Vespasiano se retiró a Roma, era generoso por naturaleza. Josefo era uno de sus favoritos como lo era Berenice la hermana de Agripa (cf. Hch. 25:23). Tito estaba ansioso de llegar a Roma para participar en las ceremonias inaugurales de su padre. Además, los juicios divinos alcanzaron a los judíos desobedientes por la aparición de facciones asesinas que les hizo matarse unos a otros en la ciudad. Esto hizo que el sitio llegara a su fin con mayor rapidez.

4. *La venida del Hijo del Hombre* (24:23-28)

Nuevamente se predice la aparición de falsos *Cristos* (mesías) (24) que por medio de **grandes señales y prodigios** (cf. Dt. 13:1-3), engañarían **aun a los escogidos.** Carr sugiere que la última parte de este versículo podría traducirse: "Con el propósito de engañar, si fuera posible, aun a los elegidos."[15] Pero Cristo previno a sus discípulos (25), para que no siguieran a falsos líderes que anunciarían que estaba **en el desierto** o escondido **en los aposentos** (26). La Palabra de Dios es honesta y puede ser realizada a los ojos de todos.

La parousía del Hijo del Hombre será repentina, sin advertencia, como la del **relámpago** (27). Pero el lenguaje aquí implica que será visible, como lo es el relámpago que viene del oriente y se muestra en el occidente. La figura indica claramente que habrá un conocimiento mundial de la segunda venida de Cristo. **Porque dondequiera que estuviere el cuerpo muerto, allí se juntarán las águilas** (28) es una declaración que ha dejado perplejos a los intérpretes desde los primeros días de la iglesia. Por causa de la complejidad de la situación, sólo podemos resumir varios de los puntos de vista, sin dar documentación. Crisóstomo sostuvo que las águilas eran "ángeles, mártires y santos". Jerónimo estaba de acuerdo con esto, pero explicó que **el cuerpo muerto** aludía a la muerte de Cristo. Calvino habló de creyentes que se reunirían alrededor del "Autor de la vida, por Quien son verdaderamente alimentados". Erasmo, Zwinglio y Beza sostuvieron el mismo criterio. Trapp representa a los puritanos cuando respalda el siguiente, quizá crudo, pensamiento: "El cuerpo sacrificado de Cristo tiene un perfume sumamente fragante que invita a los santos (como a las aves de rapiña) a volar desde lejos con maravillosa velocidad hasta este cuerpo muerto pero vivificante."[16]

Por otra parte, Adam Clarke siguió a Whitby, al interpetar que **el cuerpo muerto** se refería a los judíos, y **las águilas** a los ejércitos romanos que tenían esta ave como insignia. Juan Wesley dice que la nación judía "es ya ante Dios un cadáver al que las águilas romanas devorarán".[17]

Es difícil ajustar este versículo a su contexto inmediato. Pero el énfasis general del capítulo está en los juicios divinos y parece mejor interpretar este pasaje particular—que quizá sea un refrán en boga[18]— en términos de un marco más amplio relativo al contexto. Lange dice: "La figura presenta una expresión fuerte y profunda de la necesidad, lo inevitable y la universalidad del juicio."[19] Entonces da la siguiente interpretación comprehensiva y convincente, basada en una exégesis sana:

> En la destrucción de Jerusalén, el juicio comenzará con la aparición de grandes águilas de rapiña (alusión a las águilas romanas). Desde ese tiempo continuará a través de un período completamente nuevo... Por lo menos este juicio se extenderá a todo el mundo moralmente corrompido y espiritualmente muerto.[20]

5. *La señal del Hijo del Hombre* (24:29-31)

Sólo Mateo relata que los discípulos le preguntaron: "¿Qué señal habrá de tu venida?" (3) y por ende él es el único que nos presenta una respuesta directa. El versículo 29 es una reminiscencia de Joel 2:31; 3:15. El lenguaje es definitivamente apocalíptico y muy vívido. Pero en esta edad de poder atómico puede suceder un mayor cumplimiento físico, natural que cualquiera de los presentados en las visiones.

¿Qué quieren decir las palabras **la señal del Hijo del Hombre**? (30). No es posible dar una respuesta categórica. Pueden significar algunas señales visibles antes de la segunda venida. O podría ser una alusión al "Hijo del Hombre, considerándolo a El mismo como señal—la señal de que había llegado la terminación de la edad; en cuyo caso hay una referencia directa a Daniel 7:13, 'He aquí con las nubes del cielo venía uno como un hijo de hombre' ".[21] La referencia al hecho de que **lamentarán todas las tribus** está basada en Zacarías 12:12. La última parte del versículo es un reflejo de Daniel 7:13. La combinación de estas dos Escrituras se halla nuevamente en Apocalipsis 1:7. El sonido de una gran trompeta recuerda a Isaías 27:13. El Hijo del Hombre reunirá a su pueblo escogido **de los cuatro vientos** (de todas las direcciones) y **desde un extremo del cielo hasta el otro** (31)—"de horizonte a horizonte".

6. *Parábola de la higuera* (24:32-35)

Se encuentra en los tres Sinópticos (cf. Mr. 13:28-31; Lc. 21: 29:33). Por lo general se enseña que la higuera representa a Israel. Su renovación es precursora del verano. Lucas agrega: "y todos los árboles", lo que puede ser demostración de su interés en los gentiles tanto como en los judíos. Pero estos hermosos puntos alegóricos no deben ser forzados. **Está cerca** (33), quizá sería mejor interpretado, "El está cerca".

La solemne declaración **de cierto os digo** del verso 34: **que no pasará esta generación hasta que todo esto acontezca,** es otro pasaje difícil. ¿Qué significa **todo esto?** ¿Se relaciona sólo con la destrucción de Jerusalén en el año 70 D.C., o incluye la segunda venida? Si es esto último, ¿qué quiere decir este verso?

Generación es *genea.* Primeramente significaba "familia, descendencia, raza". Algunas veces se refiere a una "nación". Su primera acepción en los Evangelios queda establecida del siguiente modo por Arndt y Gingrich: "Fundamentalmente la suma total de los nacidos a la misma vez, extendiéndose hasta incluir a todos aquellos que viven en determinada época; generación, contemporáneos."[22]

Si tomamos la palabra en su estricto sentido, la referencia sólo alude a los eventos del año 70 D.C. en Judea. Los primeros Padres de la iglesia preferían ensanchar el concepto. Crisóstomo y Orígenes dijeron que representaba a esa generación de creyentes. Jerónimo sugirió que se refería a la raza judía o la raza de los hombres. Pero los más modernos comentadores sienten que la palabra tendría que tomarse en su más limitado sentido natural. La única manera en que podría vincularse con la segunda venida, sería aseverando que la generación que vea el comienzo del cumplimiento definitivo de las señales verá el final de la edad. Aunque un poco nebulosa, esta interpretación no debería descartarse con demasiada facilidad. **El cielo** (35) no significa la morada de Dios sino el firmamento azul sobre la tierra. La combinación **el cielo y la tierra** probablemente representen toda la creación material. Todas las cosas materiales pasarán, pero la Palabra de Dios jamás pasará. En griego hay una doble negación *(ou me)* que la vigoriza— "en ninguna manera", o "jamás", "nunca".

7. La repentina segunda venida (24:36-51)

a. "En la hora que no pensáis" (24:36-44). Jesús aseguró que nadie sabía la hora de su venida, **ni aun los ángeles,** "ni el Hijo",[23] **sino sólo mi Padre** (36). Aquellos que fijan fechas para el segundo advenimiento, definitivamente ignoran las Escrituras.

El tiempo precedente a la venida de Cristo será como **en los días de Noé** (37). La gente vivía normal y mundanamente ignorando a Dios (38). Pero repentinamente **el diluvio** (gr., *kataklysmos,* "cataclismo"), se los llevó a todos (39). **Así,** dijo Jesús, **será también la venida del Hijo del Hombre** (frase que se encuentra por tercera vez en este capítulo).

Por fin, la raza humana será dividida en dos grupos—los que velan por la venida de Cristo y los que no la aguardan. Gráficamente está descrito en este pasaje el principio de separación. **Estarán dos en el campo,** uno **será tomado,** y **el otro será dejado** (40). Lo mismo sucederá con **dos mujeres** que estarán **moliendo en un molino** (41)—un pequeño molinillo de mano manejado por dos mujeres, como todavía puede verse en Palestina. Entonces Jesús hizo la siguiente aplicación: **Velad, pues, porque no sabéis a qué hora ha de venir vuestro Señor** (42). Esta es la clave del sermón de los Olivos (cf. 25:13). **Velad,** literalmente quiere decir, "estad bien despiertos" porque nadie sabe cuándo vendrá Cristo.

El verso 43 contiene una breve declaración parabólica. Si el **padre de familia** (*oikodespotes,* vea: 20:1, 11) hubiera sabido que un ladrón pensaba entrar, lo habría estado esperando vigilante. Como ignoramos cuándo puede venir Jesús, debemos estar siempre **preparados** (44). La primera responsabilidad de todo cristiano es estar listos en cualquier momento para la venida de Cristo.

b. El siervo fiel y el infiel (24:45-51). La advertencia final de este capítulo está comunicada en forma de breve parábola acerca de un

siervo fiel (45) (esclavo) y un **siervo malo** (48). El primero está siempre ocupado, realizando fielmente las tareas asignadas. De modo que él está preparado para la llegada de su amo.

Pero si este esclavo decide que su patrón ha de tardar por algún tiempo, y comienza a descuidar sus labores y a maltratar a sus consiervos, su señor puede llegar cuando menos lo espera. El resultado será un severo castigo—**lo castigará duramente** (51) (lit. "lo cortará en dos") y lo arrojará al lugar de los hipócritas, donde **será el lloro y el crujir de dientes** (cf. 8:12; 13:42, 50; 22:13; 25:30; Lc. 13:28). El destino de los infieles será el juicio eterno.

Maclaren titula a esta sección (42-51) "Esperando al Rey": (1) El mandato a velar, reforzado por nuestra ignorancia del momento de su venida, 42-44; (2) La descripción y recompensa de la vigilancia, 45-47; (3) La descripción y destino del siervo infiel, 48-51.

B. Tres Parábolas sobre la Preparación, 25:1-46

El capítulo 25 generalmente es tratado como parte del sermón de los Olivos (cf. 25:13; con 24:42). Sólo Mateo nos presenta este material. Claramente el capítulo se divide en tres partes. Las primeras dos son parábolas del reino. La tercera describe una escena del juicio que implica el lenguaje parabólico de ovejas y cabritos.

1. *Parábola de las diez vírgenes* (25:1-13)

No hay historia que pudiera haber ilustrado más vigorosamente la necesidad de estar constantemente listos para la venida del Cristo. Jesús usó una figura familiar y muy querida por la gente—la de una boda.

Describió a **diez vírgenes** (1) que **tomando sus lámparas** (gr., *lampas*) salieron a recibir al **esposo** ("novio", VP.). Cinco de ellas eran **prudentes** (2)—es decir, "cuidadosas de sus intereses"[24]—pero las otras cinco eran **insensatas** (gr., *morai*).[25] Las prudentes **tomaron aceite de sus vasijas** (4), pero las insensatas no lo hicieron (3).

Y tardándose el esposo "pasado el tiempo"—todas las vírgenes **cabecearon** y **se durmieron** (5). El primer verbo está en aoristo y significa "adormecerse". Sugiere "comenzar a cabecear y dormitarse". El segundo verbo está en el presente, que es tiempo continuo e indica que siguieron durmiendo.

El cuadro aquí es el de una típica boda judía en la Palestina. El novio, acompañado por sus amigos, va a la casa de su prometida, y la lleva con una gozosa procesión a su propio hogar. Una tarde de Navidad de 1949, el que esto escribe se encontró con una gran compañía nupcial por el camino de Jerusalán a Amán. Los hombres montaban a caballo o iban a pie; mientras que la novia y su cortejo iban sentadas en camellos, con grandes mantas envueltas alrededor de sus cabezas para evitar el ser vistas.

Trench piensa que las vírgenes "se unieron a la procesión en algún punto convenido y entraron con el resto de la compañía del novio en el salón de la fiesta".[26] Por otro lado, Edersheim dice que la parábola implica que el novio vino de cierta distancia, y estaba en camino a la casa de la novia. "De la misma manera, la procesión nupcial ha de encontrarlo a El en su llegada, y acompañarlo al santuario nupcial."[27] Morison simplemente comenta que **al recibir al esposo** significa: "Darle la bienvenida en la ocasión de su llegada a buscar a su novia."[28]

Nos cuenta de **diez vírgenes,** pues era el número requerido para la ceremonia. No se menciona a la esposa porque en la lección de la parábola las vírgenes ocupaban su lugar.

A la media noche **se oyó un clamor: ¡Aquí viene el esposo!** (6).[29] Todas las vírgenes se levantaron rápidamente y **arreglaron sus lámparas** (7). El verbo griego es *kosmeo,* de donde proviene "cosmético". Significa "poner en orden", "arreglar", "preparar", o "adornar", "decorar".[30] Probablemente recortaron los extremos quemados de las mechas. No había veladoras de vidrio que limpiar.

Desesperadas, las **insensatas** se volvieron a **las prudentes,** pidiéndoles aceite; **porque nuestras lámparas se apagan** (8). El griego claramente dice: "Nuestras lámparas se están yendo"; literalmente "se están apagando, extinguiendo". Hay allí una verdad más fuerte y una amonestación más inclusiva. Hay muchos cristianos que no han perdido toda su vida espiritual, pero cuyas luces apenas si alumbran. Necesitan darse cuenta que están en peligro de ser dejados en las tinieblas como las vírgenes insensatas.

Pero las prudentes se negaron (9). La primera interpretación parecería que son culpables de egoísmo. Pero desde el punto de vista de la verdad espiritual que aquí se enseña, era lo inevitable. Trench rápidamente interpreta la intención del texto: "Nos dice que cada hombre debe vivir por su propia fe."[31] La gracia de Dios no es transferible de un ser humano a otro. Cada uno debe tener su propia provisión.

Pero mientras las vírgenes insensatas fueron a comprar el aceite llegó el novio. **Las que estaban preparadas** (el mismo término del 24:44)

entraron con él a las bodas—la "fiesta de casamiento", que normalmente duraba de una a tres semanas—**y se cerró la puerta** (10). Esto sugiere la solemne amonestación de que el día de prueba para cada individuo habrá terminado. La puerta de su destino eterno será cerrada para siempre. No hay segunda oportunidad en la vida venidera.

Finalmente llegaron las vírgenes insensatas, pero encontraron que les había sido cerrada la puerta. Adentro había luz, felicidad, alegría; afuera, las desoladoras tinieblas. Las vírgenes clamaban desesperadas: **¡Señor, Señor, ábrenos!** (11). Pero era demasiado tarde. El esposo no reconoció sus voces (12) y a esa hora de la noche no se atrevió a abrir la puerta a extraños que podían ser "indeseables".

¿Qué lección sacamos de esta parábola? Está resumida en el verso 13: **Velad, pues, porque no sabéis el día ni la hora en que el Hijo del Hombre ha de venir.** Nos enseña que debemos estar preparados en cualquier momento para el inminente retorno de nuestro Señor, listos para encontrarle cuando venga. Para hacerlo debemos tener nuestra experiencia cristiana al día. Ya que el aceite es un símbolo reconocido del Espíritu Santo, tanto en el Antiguo como en el Nuevo Testamento, nos sugiere que debemos estar llenos del Espíritu si queremos encontrarnos debidamente preparados. Todo hombre necesita la gracia que Dios le ha provisto si desea hacer toda la voluntad de Dios y estar listo para el regreso de nuestro Señor.

2. *Parábola de los talentos* (25:14-30)

Esta parábola es similar a la de las minas (Lc. 19:11-28). En ambas el dinero es confiado a siervos; los tres dan informes; los dos primeros son encomiados y el tercero recibe condenación. Pero las diferencias sobrepujan las semejanzas, de modo que deben ser consideradas parábolas distintas habladas en diferentes ocasiones. En Mateo el patrón da cinco talentos a un siervo; a otro dos y al tercero, uno, mientras que en Lucas da una mina a cada uno de los 10 siervos. Las sumas logradas son acordes y así las recompensas. Sin embargo, las dos parábolas presentan la misma enseñanza: la importancia de ser fieles en el servicio.

Jesús aquí se describe a Sí mismo como **un hombre . . . yéndose lejos** (14)—anticipando su ascensión al cielo. Este hombre confía su dinero a tres siervos, dando a uno cinco talentos, a otro dos, y a otros uno,—**a cada uno conforme a su capacidad** (15). Cada talento equivalía a unos mil dólares. El hecho de que hoy en día el término es usado para referirse a la capacidad personal contribuye al valor de esta parábola.[32] Todos los talentos que nuestro Dios nos concede debemos usarlos para su gloria y en favor de toda la humanidad.

El hombre que había recibido los cinco talentos, los duplicó (16), haciendo igual el que había recibido dos (17). Pero aquel que había recibido uno fue y cavó en la tierra y **escondió el dinero de su Señor** (18). Con demasiada frecuencia, es cierto que en los círculos de la iglesia una persona que siente que sólo tiene un talento, lo entierra en lugar de emplearlo en el servicio del reino.

Cuando el señor (amo) volvió, **arregló cuentas con ellos** (19). El griego dice literalmente: "Les pidió la cuenta a cada uno." La misma expresión está empleada en el 18:23, donde está traducido "hacer cuentas". Probablemente el uso de esta frase comercial *(synairo logon)* que sólo aparece en este evangelio refleje el fondo financista de Mateo habituado a llevar los libros de sus cobros de impuestos.

Los dos primeros hombres informaron que habían duplicado los talentos recibidos (20, 22). Como réplica el patrón les dijo las mismas palabras de encomio. La recompensa prometida estaba basada en su fidelidad y no en su capacidad. Es sumamente significativo que ambos siervos fueron alabados bajo la consideración de: **Buen siervo y fiel** (21, 23), no por capaces y expertos. Estas son dos virtudes sólidas y honestas que cada uno puede tener—el pobre, tanto como el rico, el iletrado como el intelectual. Estas son las dos únicas cosas que Dios exige de todos, que seamos buenos en el carácter, y fieles en el servicio.

El hombre de un talento vino con sus quejas y sus necias coartadas (24-25). Si hubiera sabido que su amo iba a demandar tanto, más tendría que haberse esmerado en promover su talento y ganar algo. **Siegas donde no sembraste** (24) significa "recoger donde no se ha trillado";[33] es decir, tener en su casa de la trilla de otro hombre. Lo que el siervo quería decir, era, "procuras interés donde no has invertido dinero".

Los franceses tienen un buen proverbio que bien puede aplicarse a la actitud de ese hombre: *"Qui s'excuse s'accuse"* (el que se excusa se acusa a sí mismo). El amo condenó al holgazán y egoísta siervo como **siervo malo y negligente** (26). Esas palabras significan holgazán, indolente.[34] El hombre debió entregar el dinero de su señor a los **banqueros** (27) (palabra que aparece sólo en este lugar en el N. T.). Entonces, el propietario—del **siervo**, en esta parábola significa esclavo—habría recibido **intereses**. En griego esta palabra significa "nacimiento" o "prole", pero está empleada metafóricamente por "interés". Sólo en este pasaje y en Lucas 19:23.

El señor ordenó a sus siervos que tomaran el talento de este hombre y se lo dieran al que tenía diez (28). ¡Cuán a menudo, hombres de diez talentos tienen que hacer la labor que debió haber efectuado el hombre de un talento!

En el verso 29 nos encontramos con un principio vital universal. El hombre que emplea sus muchos talentos siempre gana más. El que no lo hace los pierde, y la tragedia final: **el siervo inútil** sería echado **en las tinieblas de afuera,** donde **será el lloro y el crujir de dientes** (30).

Mientras que la parábola de las diez vírgenes hace hincapié en la importancia de conservar la vida espiritual al día, fresca y plena, la parábola de los talentos muestra la necesidad de ser fieles y vigorosos en el servicio del reino. Una y otra son necesarias para estar listos para el retorno de nuestro Señor.

Bajo el título de "La Condenación de los Talentos Enterrados", podemos observar: (1) Dios da diferentes dones a los hombres, 14-15; (2) La recompensa de un trabajo bien hecho es más trabajo que hacer 20-23; (3) El hombre que es castigado es el que no trata de hacer algo, 24-28; (4) Al que tiene le será dado y al que no tiene, aun lo que tiene le será quitado (WILLIAM BARCLAY).

3. *Las ovejas y los cabritos* (25:31-46)

El versículo 31 describe la segunda venida de Cristo en poder; cuando **se sentará en su trono de gloria.** Entonces actuará como Juez. Y **serán reunidas delante de él todas las naciones** (neutro) **y apartará los unos de los otros** (masculino, refiriéndose a la gente, no a las naciones) **como aparta el pastor las ovejas de los cabritos** (32). No son las naciones las que son salvas como tales, sino los individuos. El lenguaje de los versículos 32 y 33 es una reminiscencia de Ezequiel 34:17.

Carr llama la atención a la estructura formal de los versos 34-46. Escribe: "Estos versículos están ideados según las reglas de la poesía hebrea. Caen en dos divisiones: la primera se extiende desde los versos 34-40, y la segunda desde el 41-46."[35] Nótese que el 34 es paralelo al 41; 35 y 36 lo son a 42 y 43; 37-39 con el 44; y el 40 responde al 45. También en los versos 35 y 36 se produce un efecto climático en deberes reconocidos; "los últimos tres son actos voluntarios o de amor abnegado".[36]

Mucha discusión se ha suscitado sobre el sentido de las palabras **mis hermanos** (40). Algunos han sostenido que la expresión se refiere a los judíos y que las naciones gentiles serán juzgadas sobre la base de su trato con el pueblo de Dios. Es mejor creer que por su encarnación y su amor compasivo por todos los hombres, Cristo se refiere a la humanidad que sufre como a **mis hermanos**. En su énfasis sobre el separatismo, las iglesias evangélicas muchas veces han fracasado en su reconocimiento de las implicaciones sociales y las aplicaciones del evangelio de Jesucristo. Las obras de misericordia no sólo son la base de las recompensas eternas, sino también de los castigos. Pero, ¿puede un hombre leer las palabras de Jesús y creer que un cristiano puede estar despreocupado e inactivo cuando sus semejantes están en necesidad?

El último versículo de este capítulo tiene fuertes implicaciones teológicas. Lo que hay que notar en especial es que las palabras **eterno** y **eterna** (46) son traducciones de la misma palabra griega *aionion,* "perteneciente a las edades". El **castigo** es tan **eterno** como la **vida**. El que cree en la bienaventuranza eterna también debe creer en las tinieblas eternas. Esta es la clara enseñanza de este pasaje.

Tasker ha hecho un buen trabajo al conectar los tres asuntos de este capítulo. Nota que son los pecados de omisión y no los de comisión los que traen condenación y castigo eterno. Esa es la verdad principal de este capítulo. "La puerta fue cerrada a las vírgenes insensatas por su negligencia; al siervo indolente e inservible por no haber hecho nada. Y los que *estaban a la izquierda* fueron severamente castigados por descuidar las muchas oportunidades de demostrar la bondad que les había sido dada."[37]

NOTAS BIBLIOGRÁFICAS

[1]Carr, *op. cit.,* p. 265.
[2]*Ant.* XV., 11, 3.
[3]W. F. Stinespring, "Temple, Jerusalem", IDB, IV., 550.
[4]*War (Guerra),* VII., 1. 1.
[5]LAE, p. 368.
[6]*Op. cit.,* p. 635.
[7]El sustantivo está traducido (KJV) "tribulación" 21 veces y "aflicción" 17, de un total de 45 en el Nuevo Testamento.
[8]*Op. cit.,* p. 137.
[9]Eusebius, *Ecclesiastical History,* trad. C. F. Cruse (Grand Rapids: Baker Book House, 1955), III., 5.
[10]EGT, I., 292.

[11]H. B. Swete, *The Gospel According to St. Mark* (Londres: Macmillan and Co., 1898), p. 289.

[12]*War (Guerra).* Prefacio. 4.

[13]*Op. cit.,* p. 269.

[14]*War (Guerra).* VI., 9. 3.

[15]*Op. cit.,* p. 270.

[16]John Trapp, *Commentary on the New Testament* (Grand Rapids: Zondervan Publishing House, 1958 [reimpreso]), p. 249.

[17]*Explanatory Notes,* p. 115.

[18]Igualmente M'Neile, *op. cit.,* p. 351.

[19]*Op. cit.,* p. 426.

[20]*Ibid.,* p. 427.

[21]Plummer, *op. cit.,* p. 335.

[22]*Op. cit.,* p. 153.

[23]La adición de Marcos (13:32) también se encuentra aquí en Mateo en los manuscritos griegos más antiguos.

[24]Thayer, *op. cit.,* p. 658.

[25]Los mejores textos griegos nos dan "sabias" y "necias" (cf. RV).

[26]*Notes on the Parables,* p. 193.

[27]*Op. cit.,* II., 455.

[28]*Op. cit.,* p. 494.

[29]El agregado "viene", no está en los manuscritos más antiguos.

[30]Abbott-Smith, *op. cit.,* pp. 254-55.

[31]*Notes on the Parables,* p. 203.

[32]Cf. Carr (*op. cit.,* p. 277): "De esta parábola ha pasado al lenguaje moderno, la acepción de 'aptitudes' o 'dones intelectuales', aunque parece más apropiado el sentido de 'oportunidades' o 'esferas de servicio'."

[33]Meyer, *op. cit.,* pp. 441-42.

[34]Arndt y Gingrich, *op. cit.,* p. 565.

[35]*Op. cit.,* p. 279.

[36]*Ibid.,* p. 280.

[37]Tasker, *op. cit.,* p. 239.

Sección XI   *La Pasión*

Mateo 26:1—27:66

A. Preparativos para la Muerte, 26:1—27:31

1. *Preliminares* (26:1-5)

a. La perspectiva (26:1-2). Por última vez encontramos la fórmula **cuando hubo acabado Jesús todas estas palabras** (1) que ocurre al final de los cinco grandes discursos de Jesús en Mateo (cf. 7:28; 11:1; 13:53; 19:1). **Cuando hubo acabado** es *kai egeneto*, una expresión de la Septuaginta encontrada generalmente en Lucas pero que Mateo usa sólo en esta fórmula.

Tres veces Jesús había predicho su pasión (16:21; 17:22-23; 20:17-19). Ahora habla de su entrega con **dos días** de anticipación (2). Siendo que Jesús comió la **pascua** con sus discípulos el jueves, esto habría sucedido el martes. Parece que el Maestro pasó el miércoles apartado, instruyendo privadamente a sus discípulos. **Será entregado** debería ser "está siendo entregado" (presente profético).[1]

b. El complot (26:3-5). **Los principales sacerdotes, los escribas,**[2] y **ancianos del pueblo** (3) convocaron al gran Sanedrín en Jerusalén; ese era el cuerpo supremo judicial de toda la nación judía. Este grupo se reunió en el **patio** del sumo sacerdote **Caifás,** en ese cargo, desde los años 18 al 36 D.C.

Estos **tuvieron consejo** para prender a Jesús **con engaño**—(la palabra original significa "lazo" o "trampa" y de allí, "astucia", "engaño", —y **matarle** (4). Querían evitar el hacerlo **durante la fiesta** para que no se hiciera **alboroto** ("tumulto", "desorden") **en el pueblo** (5). Los sentimientos fanáticos siempre se excitaban mucho durante la Pascua, en la que se conmemoraba la liberación de los israelitas del cautiverio egipcio. Era una época cuando sólo se precisaba una chispa para encender el fuego de la revolución contra el dominio romano. Esto lo sabían muy bien los líderes judíos. Ellos hubieran preferido esperar hasta que el millón de peregrinos a la Pascua salieran de Jerusalén. Pero cuando Judas les ofreció la entrega de su Maestro evidentemente decidieron seguir adelante en ese momento.

2. *El ungimiento en Betania* (26:6-13)

Juan (12:2-8) coloca esta unción—no debe confundirse con la de

Lucas 7:36-50 (vea allí los comentarios)—"seis días antes de la Pascua" (Jn. 12:1). Eso sería viernes o sábado por la noche precediendo a la semana de pasión. Pero Marcos (14:3-9) y Mateo lo registran aquí, justamente a la cabeza de la entrega. Es mejor seguir la cronología de Juan, donde la conexión del tiempo es más precisa. Andrews sugiere la solución más satisfactoria del problema: "Un examen más minucioso de Mateo y Marcos muestra que su relato de la cena está entre paréntesis."[3] La razón para esto es que ellos querían mostrar que fue la unción lo que precipitó la acción de Judas al acudir a los principales sacerdotes (14). Plummer está de acuerdo con esta deducción cuando escribe: "Evidentemente debemos suponer que el propósito fue una consecuencia... de ese incidente."[4]

La unción sucedió **en Betania** (a unos tres km. de las afueras de Jerusalén; vea el mapa), **en casa de Simón el leproso** (6). Simón era un nombre muy común y el hombre puede haber sido curado de la lepra por Jesús.

Vino a él una mujer—Juan la identifica como María (la hermana de Marta)—**con un vaso de alabastro** (7) (el griego simplemente dice *alabastron*). Arndt y Gingrich definen esta palabra con el significado siguiente: "*alabastro,* entonces un *frasco de alabastro* para unción, vaso que tenía el cuello largo que se rompía para usar el contenido."[5] El ungüento era **de gran precio** (literalmente, de pesado valor). Bien podían constituir los ahorros de toda su vida. **Y lo derramó sobre la cabeza de él.** No se lo fue aplicando gota por gota como generalmente se usa un perfume costoso, sino que rompió el cuello delgado del frasco (Mr. 14:13), y con el abandono del amor y la devoción derramó su contenido sobre la **cabeza** del Maestro. Juan (12:3) dice: "ungió los pies de Jesús." Era la costumbre ungir tanto la cabeza como los pies (cf. Lc. 7:38, 46), por eso, naturalmente hizo ambas cosas. **Estando sentado a la mesa** quiere decir o debería traducirse "mientras estaba reclinado".

Los discípulos se enojaron (8)—la misma palabra que encontramos en 20:24 y 21:15 (véanse las notas correspondientes)—por causa de **este desperdicio**. Juan (12:4) nos dice que Judas Iscariote era el que especialmente se había quejado. Parece que se había enfurecido al ver semejante "desperdicio". Mateo implica que todos los discípulos (Marcos dice "algunos") tenían una mente materialista. Ellos no captaron nada de la fragancia de la devoción de María, simbolizada por el perfume.

Pero Jesús defendió su acción. Dijo (10): "Ha hecho conmigo una buena obra" (RSV).[6] **Siempre tendréis pobres** con vosotros—la historia lo certifica—pero Jesús pronto se iría (11). Entonces el Maestro les explicó el significado de su acción; **lo ha hecho a fin de prepararme para la sepultura** (12). Aunque tenía que morir sobre una cruz y no sentarse sobre un trono, todavía El era el Rey. Como María escuchaba con más cuidado (cf. Lc. 10:39), es posible que haya comprendido mejor su misión que cualquiera de los demás.

Por su amor y lealtad, lo que María había hecho sería relatado a todo el mundo **para memoria de ella** (13). Millones de copias de los evangelios en miles de lenguas han contado esta historia en todos los lugares donde ha llegado el evangelio. Porque ella dio su todo, su nombre es inmortal.

William Barclay llama al ungimiento de María, "La Extravagancia del Amor". En el relato vemos que: (1) Hay ocasiones en que fracasa el sentido común de las cosas, 6-9; (2) Hay cosas que deben ser hechas cuando se presenta la oportunidad, o jamás se harán, 10-12; (3) La fragancia de una acción amorosa dura para siempre, 13.

3. *La traición de Judas* (26:14-16)[7]

La insaciable mentalidad de Judas Iscariote había reaccionado violentamente ante "el desperdicio" de casi el salario de un año (cf. Mr. 14:5; Mt. 20:2). También Judas había esperado que Jesús estableciera su trono en Jerusalén. Pero parecía que el Maestro sólo hablaba de su crucifixión y no de coronación. Es evidente que Judas había actuado con doble motivo, el de su voraz codicia, y su desilusionada ambición política. Algunos creen que él quería que Jesús se levantara abiertamente como rey y pensaba que la traición precipitaría el acontecimiento.

Judas **fue a los principales sacerdotes** (14)—en el momento los mayores enemigos de Jesús—y les preguntó cuánto le pagarían por su traición, es decir, entregarles al Maestro (15). **Y ellos le asignaron.** El griego dice: "ellos le pesaron." El uso de *histemi* por "colocar en la balanza"[8] o "colocar en el platillo", de aquí, "pesar", se encuentra sólo en este lugar del Nuevo Testamento, aunque está en el griego clásico y la Septuaginta. El total llegaba a **treinta piezas de plata**. Se trataba de siclos de plata. Esto equivaldría a 120 denarios, que en moneda actual llegaría a unos 25 dólares. Ese era el precio de un esclavo (Ex. 21:32) lo que le da más fuerza a las palabras de Jesús en 20:28 y a la declaración de Pablo en Filipenses 2:7-8.

4. *La última pascua* (26:17-29)

a. La preparación (26:17-19). Una de las últimas cosas que Jesús hizo con sus discípulos antes de su muerte fue comer la pascua con ellos. Esto era particularmente apropiado porque dentro de pocas horas Él se entregaría a Sí mismo como el Cordero Pascual en sacrificio por los pecados de todos los hombres.

En **el primer día de la fiesta de los panes sin levadura** (17) el cordero pascual era sacrificado (vea Mr. 14:12; Lc. 22:7). Según la ley mosaica esto era denominado la Pascua y le seguían siete días de la fiesta de los panes sin levadura (Lv. 23:5-6). Pero en la época de Jesús todo el período recibía ese nombre. Josefo dice: "Guardamos una fiesta durante ocho días, a la que llamamos la fiesta de los panes ázimos."[9]

Los tres Sinópticos concuerdan en la descripción de Jesús comiendo el cordero pascual con sus discípulos la noche antes de su crucifixión. Pero el Evangelio de Juan parece tener conflicto con esto. Dice que los judíos no quisieron entrar al Pretorio de Pilato la mañana de la crucifixión para no contaminarse "y así poder comer la pascua" (Jn. 18:28).

El problema para tratar de armonizar los relatos sinópticos y los de Juan en este punto es uno de los asuntos cronológicos más difíciles del Nuevo Testamento. La mayor parte de los eruditos actuales piensan que ambos puntos son irreconciliables y eligen la declaración de Juan como correcta y la de los Sinópticos como equivocada. Algunos buscan una posición moderada diciendo que no era la Pascua lo que Jesús estaba comiendo con sus discípulos—los Sinópticos así lo afirman—o bien, intencionalmente pudo comerla antes, sabiendo que moriría en tiempo determinado.[10]

Edersheim insiste en que la última cena de los Sinópticos era realmente la Pascua.[11] Lo mismo hace Jeremías que llama la atención al hecho de que la Pascua fue celebrada en Jerusalén durante la noche, estando los 12, con pan y vino y el canto de un himno.[12] Parece que él demostró su posición de manera conclusiva. Pero no hay manera de desviarse del hecho de que Jesús comió la pascua con sus discípulos antes de su muerte.

¿Cuál es la solución del problema? Andrews sostiene que Juan empleó el término "pascua" en su sentido más amplio. Escribe: ". . . la frase 'comer la pascua', naturalmente llegó a abarcar la totalidad de la fiesta."[13] Otra vez dice: "La Pascua para Juan denotaba toda la fiesta, ¿y por qué si la cena pascual había pasado no podía emplear el término para denominar el resto de la festividad?"[14]

Stauffer tiene otra explicación. Toma en cuenta el hecho sorprendente de que no se menciona ningún cordero, diciendo que a un apóstata no se le permitía comer el cordero pascual. De modo que, sin cordero, "Jesús celebró la Pascua 24 horas antes de la comida pascual oficial de los miembros de la comunidad del templo".[15]

Otras dos soluciones han sido presentadas por escritores recientes. Damos una de ellas: "En ese año particular, los judíos en Palestina observaban la Pascua el sábado; los de la diáspora o dispersión la celebraban el viernes."[16] Marcos sigue el calendario de los judíos de la diáspora. De modo que tanto los Sinópticos como Juan están en lo correcto. ("El viernes" comenzaba el jueves al anochecer pues los judíos comenzaban su día a la puesta del sol).

Freedman pretende que los Rollos del mar Muerto demuestran que muchos judíos piadosos celebraban según el antiguo calendario solar de Israel (364 días) y rechazaban el nuevo calendario lunar. El cree que Jesús comió la pascua con sus discípulos el martes por la noche, mientras que los sacerdotes y otros lo hicieron el viernes, después de la crucifixión.[17] Piensa que Jesús fue mantenido prisionero desde el martes por la noche hasta el viernes.

Con tantas soluciones de las que podemos escoger, es evidente que uno no tiene que quedarse con una irresoluble contradicción entre Juan y los Sinópticos. Mientras que ninguna de ellas tiene aceptación universal, la de Andrews quizá sea la que presenta menos dificultades y la más evidente.

En esta narración notamos otra vez el hábito de Mateo de omitir detalles. El no cuenta quién fue enviado a preparar la Pascua. Marcos dice que eran "dos discípulos" y Lucas los designa como "Pedro y Juan". Mateo dice que encontrarían a **cierto hombre** (18), mientras que Marcos y Lucas lo identifican como "un hombre que lleva un cántaro de agua".

Los discípulos debían llevarle el mensaje: **En tu casa celebraré la pascua con mis discípulos.** Y siguiendo las direcciones, **prepararon la pascua** (19).

b. La última cena (26:20-25). Jesús **se sentó** (más bien, se "reclinó") con los 12 apóstoles (20). Mientras comían El les anunció que uno de ellos le había de entregar (21). Los sorprendidos y entristecidos discípulos le preguntaron uno por uno: ¿**Soy yo, Señor?** (22). El idioma griego indica que se esperaba una respuesta negativa—"Señor, yo no soy, ¿verdad?" El Maestro les respondió: **El que mete la mano conmigo en el plato** (23). Este hecho hizo que el crimen de Judas fuera más horrible, porque comer con una persona significaba entre los orientales su amistad y la seguridad de que no le haría daño alguno. Aun el traidor se unió en la pregunta ya hecha por los demás, aunque se dirigió a Jesús llamándole *Maestro* (gr., "Rabbí"), no Señor. Cristo le respondió: **Tú lo has dicho**, lo que parece ser una respuesta directamente afirmativa. A pesar de la amonestación de Jesús y aun después de esta oportunidad de reconsiderar su decisión, Judas siguió con sus planes de entrega.

    c. La Santa Cena (26:26-29). En conexión con su última cena Jesús instituyó la Santa Cena. **Tomó** . . . **el pan, y bendijo y lo partió** y lo dio a sus discípulos: **Tomad, comed; esto es mi cuerpo** (26). Debería aclararse que significa, "esto *representa* mi cuerpo".

    Entonces el Maestro tomó **la copa** (27). Carr cree que esta era la tercera copa de la comida pascual, llamada "la copa de bendición".[18] El les instruyó: **Bebed de ella todos.** Es lamentable que estas palabras repetidas millares de veces todos los domingos alrededor del mundo hayan sido traducidas tan incorrectamente. El griego dice claramente: "Bebed de ella todos vosotros" (cf. RSV). Jesús procedió entonces a identificar el contenido de la copa como representando su **sangre del nuevo**[19] **pacto** . . . **derramada por muchos, para la remisión de pecados.**

    Cristo declaró que no volvería a beber del fruto de la vid **"hasta aquel día en que lo beba nuevo con vosotros en el reino de mi Padre"** (29). Hay un sentido en el cual Cristo participa con los creyentes en el servicio de comunión. Pablo asevera: "Todas las veces que comiereis este pan y bebiereis esta copa, la muerte del Señor anunciáis hasta que él venga" (1 Co. 11:26).

    5. *En el monte de los Olivos* (26:30-35)

    a. Predicción de la negación de Pedro (26:30-35). Al final de la cena cantaron **el himno** (30). Edersheim dice: "Probablemente debamos pensar que se trata de la segunda parte de *Hallel* [Sal. 115-118], cantando algo después de la tercera copa, o también pudo ser el Salmo 136, que en el presente ritual está cerca de la finalización del culto."[20]

    El Maestro hizo otro triste anuncio a los discípulos (cf. v. 21): **Todos vosotros os escandalizaréis de mí esta noche** (31). Lenski interpreta: "Todos vosotros quedaréis atrapados en relación conmigo."[21] El verbo es *skandalizo.* Es cierto que todos los discípulos cayeron en la trampa de Satanás cuando abandonaron a su Maestro. Cristo citó Zacarías 13:7, cambiando el imperativo (ambos en la Hebrea y la Septuaginta) al tiempo futuro. Agregó: Cuando **haya resucitado, iré**

delante de vosotros a Galilea (32). El último verbo literalmente significa "guiar el camino". Lleva la figura del **pastor** (31).

Pedro siempre tenía algo que decir. Como siempre, estaba lleno de confianza en sí mismo, "aun si todos cayeran" (RSV, NEB), él **nunca** (33) lo haría. Desgraciadamente no conocía su propia debilidad. Cristo tuvo que advertirle que esa misma noche antes que el gallo cantara negaría a su Maestro (34). Típicamente, Pedro replicó que moriría antes de negar a su Señor (35). Hubiera sido más sabio que hubiera pedido humildemente las fuerzas para afrontar la prueba. Y **todos los discípulos** dijeron lo mismo, aseverando su lealtad.

b. La oración en Getsemaní (26:36-46). El nombre Getsemaní sólo se encuentra en este pasaje y en Marcos 14:32. Significa "molienda de aceite". El monte de los Olivos era el lugar apropiado para colocar esa prensa para la oliva, pues el aceite era empleado en esos días como combustible para las lámparas, alimento y la unción.

Jesús dejó ocho discípulos a la entrada del huerto. Llevando consigo sólo al círculo íntimo de tres de ellos—**Pedro, y los dos hijos de Zebedeo** (37)—anduvo por el interior del olivar y exhibió su corazón ante sus asociados más cercanos. Les dijo: Mi **alma está muy triste, hasta la muerte** (38). Era el peso del pecado del mundo sobre sus hombros que lo estaba aplastando. Les rogó: **Quedaos aquí, y velad conmigo.** Pero le fallaron.

Yendo un poco adelante (39), no sólo física sino espiritualmente. Si El no lo hubiera hecho no habríamos podido ser salvos. A menos que nosotros vayamos *un poco adelante*—en compasión y servicio consagrado—muchos otros no serán salvos.

El Maestro **se postró sobre su rostro.** Esto nos revela algo de la agonía de su alma. Oró que si fuese posible esa **copa** pasase de El. ¿Cuál era esa copa? Desde luego más que la muerte física. Jesús no era ningún cobarde; parece que los tragos más amargos de esa copa de tristeza eran la separación del rostro de su Padre, cuando Aquel que no había conocido pecado, "sería hecho pecado" (u Ofrenda por el pecado) por nosotros (2 Co. 5:21). Su oración final fue: **pero no sea como yo quiero, sino como tú.** Esta es siempre la plegaria de una alma consagrada.

Cuando Jesús regresó donde estaban los tres discípulos que se suponía estaban velando (38), **los halló durmiendo** (40). Como Pedro se había jactado con tanta vehemencia, el Maestro lo regañó un poquito. ¿No podía haber permanecido despierto aun una hora? Entonces Cristo pronunció otra solemne amonestación: **Velad y orad, para que no entréis**

en tentación (41). Esa es una amonestación que cada cristiano necesita a toda hora del día. "La vigilancia eterna es el precio de la libertad." Eso es una verdad militar pero también lo es espiritualmente. Jesús reconoció que **el espíritu a la verdad está dispuesto, pero la carne es débil.** Esto no se refiere a la naturaleza carnal, sino al cuerpo físico. Los discípulos estaban tan cansados y entristecidos que quedaron dormidos.

La **segunda vez** Jesús hizo esencialmente la misma oración, quizá con una pequeña variante que daba mayor énfasis a **hágase tu voluntad** (42). Una vez más encontró que los discípulos estaban dormidos, **porque los ojos de ellos estaban cargados de sueño** (43). Ellos habían pasado una semana muy dura. Sus intenciones eran buenas pero su realización dejó mucho que desear.

Por tercera vez el Maestro oró, **diciendo las mismas palabras** (44). Cuando volvió, dijo: **Dormid ya, y descansad** (45). Esta aparente exhortación, en la versión Reina-Valera parece inconsistente con las palabras del verso 46: **Levantaos, vamos; ved, se acerca el que me entrega.** La solución del problema es sencilla. En el idioma griego la cita anterior, la del verso 45, puede traducirse con igual exactitud como una orden o como una interrogación—la forma para ambos es exactamente la misma. Pero en este pasaje el mandato no encaja bien, mientras que la pregunta cabe perfectamente. La traducción correcta debería ser: "¿Estáis durmiendo y descansando?" En una ocasión como ésta, cuando el Hijo del Hombre está siendo entregado ("traicionado")—la acción ya se estaba realizando—¿estáis durmiendo como centinelas en su puesto?

c. Traición y arresto (26:47-56). Aun mientras el Maestro hablaba procurando despertar a sus discípulos, Judas, **uno de los doce**—¡qué nota patética que se encuentra en los tres Sinópticos!—aparece en escena. **Y con él, mucha gente** (47). Stauffer cree que se trataba de "un pequeño ejército de un millar de soldados".[22] Pero esto no parece factible teniendo en cuenta su misión, la de arrestar un Hombre—o aun una docena. Era una gentuza heterogénea **con espadas y palos.** Por cierto que tenían ideas falsas acerca del Príncipe de Paz. Estos hombres habían sido enviados por **los principales sacerdotes y los ancianos del pueblo;** es decir, enviados por el Sanedrín.

Judas les había **dado señal** (48). El identificaría a Cristo, besándole. Se trataba de una acción particularmente atroz, puesto que el beso era símbolo de amistad y honor. Aquí se revela la desvergüenza del carácter de Judas. Dio un paso hacia Jesús y le saludó cariñosamente con un beso y las palabras ¡**Salve, Maestro!** (49) (gr., "Rabbi"). Con gentil compasión el Maestro le dijo: **Amigo** (literalmente, "compañero" o "camarada"), **¿a qué vienes?** (50). Pero no hubo tiempo para más conversación. La chusma rápidamente rodeó a Jesús y se apoderó de El.

Uno de los discípulos—Juan (18:10) nos dice que se trataba de Pedro—sacó su espada y trató de defender a su Maestro. Desenvainó la espada, probablemente intentando cortar la cabeza al hombre que se había atrevido a poner las manos sobre Jesús. Quizá el hombre trató de esquivar el golpe y perdió la oreja en lugar de la cabeza. Juan también relata que el nombre del siervo del sumo sacerdote era Malco. Sin duda estaba informado por su relación con la casa del sacerdote (cf. Jn. 18:15).

Jesús ordenó a su celoso discípulo que guardara su espada con estas significativas palabras: **porque todos los que tomen espada, a espada perecerán** (52). También les insinuó que El podía tener **más de doce legiones de ángeles** (53). No es que le faltara defensa. Pero debía someterse, para que la voluntad de Dios, revelada en **las Escrituras** (el Antiguo Testamento nuestro) pudiera cumplirse (54).

Cristo reprendió a la gente (55): **como contra un ladrón habéis salido con espadas y con palos** (garrotes). Les recordó que habían tenido amplias oportunidades de apresarlo cuando les enseñaba diariamente en el templo. Pero todo esto estaba sucediendo para que **las Escrituras de los profetas** se cumpliesen (56). Como apéndice hay una nota triste: **Entonces todos los discípulos, dejándole, huyeron.** ¿Dónde está la tan jactada lealtad de unas pocas horas antes? (cf. 35).

6. *El juicio judío* (26:57—27:2)

a. Ante el Sanedrín (26:57-68). La gente que había prendido a Jesús lo condujo ante Caifás, el sumo sacerdote, **adonde estaban reunidos los escribas y los ancianos** (el Sanedrín o concilio, 57). Pedro, a pesar de haber sido censurado por tratar de defender al Maestro, **le seguía de lejos** (58). Probablemente ahora estaba dándose cuenta que la situación era seria.

Todo el concilio—compuesto por los principales sacerdotes, ancianos y escribas—**buscaban falso testimonio contra Jesús, para entregarle a la muerte** (59). Estos líderes estaban tan decididos a matarlo que estaban dispuestos a valerse de cualquier falsedad para condenarle. Pero aun este intento fracasó porque los testigos falsos no se ponían de acuerdo en las historias que urdían (60).

Finalmente, dos hicieron una acusación en común. Acusaron a Cristo de haber dicho: **Puedo derribar el templo de Dios, y en tres días reedificarlo** (61). Por supuesto que Jesús nunca había dicho tal cosa. Fue probablemente una falsa interpretación de algo que se relata en Juan 2:19.

El sumo sacerdote retó a Cristo a responder las acusaciones acumuladas contra El (62). Pero el Maestro permaneció en silencio. Finalmente ese líder conjuró a Jesús para que les hablara de su origen (63). Bajo su compulsión, Cristo le replicó: **Tú lo has dicho** (64). Encontramos la misma expresión en el verso 25. Carr escribe: "Esta es una fórmula de asentimiento tanto en hebreo como en griego y en ese sentido todavía se emplea en la Palestina."[23] Jesús entonces agregó una declaración elevadamente apocalíptica en cuanto al Hijo del Hombre sentado a la diestra del **poder**—típico sustituto judío por "dios"—**y viniendo en las nubes del cielo.** Esto era lo que se esperaba que hiciera el Mesías.

El efecto de las palabras de Jesús fue electrificante. Caifás **rasgó sus vestiduras** (65). Esto es lo que sumo sacerdote, bajo circunstancias comunes, no podía efectuar por la prohibición de la ley (Lv. 10:6; 21:10), "pero, la costumbre que lo requería al oir una blasfemia tal vez haya brotado alrededor de la primera centuria".[24]

Ya no había más necesidad de testigos: **Ahora mismo habéis oído** blasfemia. No sería blasfemia el pretender ser un mesías humano, que muchos esperaban. Pero el sumo sacerdote había puesto bajo juramentado al Señor para que El les dijera "si El era el Hijo de Dios" (63). El había respondido afirmativamente. Esto, con el resto del verso 64 nos muestra por qué el Sanedrín pudo condenarle por el delito de blasfemia.

Después de interrogar a Jesús, el tribunal respondió: **¡Es reo de muerte!** (66). Las acciones que siguieron son un triste comentario sobre el nivel ético del judaísmo en aquellos tiempos. El que los líderes religiosos de la nación se rebajaran a acciones indignas tales como escupirle la cara, abofetearle y darle de puñetazos (67) nos muestra el fracaso del judaísmo.

El verso 68 se aclara a la luz de Lucas 22:64, donde se menciona que después de vendarle los ojos le preguntaban quién era el que le había golpeado.

b. Negación de Pedro (26:69-75). Mientras actuaba el tribunal ante Caifás, Pedro estaba sentado **fuera en el patio** (69; así dice en griego). Se le acercó **una criada** con la acusación: **Tú también estabas con Jesús el galileo.** Pedro lo negó, asegurando: **No sé lo que dices** (70).

Entonces, para escapar de ser visto por la brillante luz del fuego (cf. Mr. 14:54) se deslizó hasta el vestíbulo (71). Pero aquí otra muchacha lo acusó y dijo a los que estaban alrededor de él: **También éste estaba con Jesús el nazareno.** Volvió a negarlo, diciendo esta vez: **No conozco al hombre** (72), y lo juró... Ahora Pedro era culpable de perjurio.

Después de un rato, los que andaban por allí le dijeron: **Verdaderamente también tú eres de ellos, porque aun tu manera de hablar te descubre** (traiciona; 73). Una traducción mejor diría: "porque tu acento te pone de manifiesto." Los galileos hablan con acento diferente de los de Judea. Era fácil para la gente de Jerusalén reconocer cuando les hablaba un galileo.

Cuando Pedro se encontró realmente "arrinconado", comenzó a maldecir y a jurar: **No conozco al hombre** (74). Esto podría interpretarse como usando palabras blasfemas. Pero lo que relamente significa es que él estaba pronunciando sobre sí las maldiciones de Dios si no les estaba diciendo la verdad. Y lanzó un juramento de que así era. Ahora se había hecho culpable de doble perjurio (cf. 72). Entonces, en seguida cantó el gallo. Pedro recordó que el Maestro había predicho lo que acababa de hacer (75). **Y saliendo fuera, lloró amargamente.** Eran lágrimas de arrepentimiento genuino como lo demuestra lo sucesivo de su vida.

Cuando Pedro afirmó tenazmente que jamás negaría a su Señor, era sincero. Pero él no conocía las profundidades de depravación de su propia alma. La experiencia de su negación a Cristo se lo reveló. El debía prepararse a esperar, con otros, el ser llenos con el Espíritu Santo en Pentecostés para tener un corazón limpio y ser leales por completo a su Señor.

c. Sesión de la mañana en el concilio (27:1-2). La reunión del Sanedrín por la noche era ilegal. Así que el consejo se reunió durante el día para dictar la sentencia oficial sobre Jesús. Los judíos no tenían permiso del gobierno romano para ejecutar a nadie excepto el caso de un extranjero que invadiese los recintos sagrados del templo, es decir, que pasase más allá del atrio de los gentiles. Todo lo que podía hacer el Sanedrín era atar a Jesús y enviárselo a Pilato para su enjuiciamiento final. **Poncio Pilato** era **gobernador** (2) *(hegemon),* o "procurador" de Judea (26; 36 D.C.).

7. *Remordimiento de Judas* (27:3-10)

Aunque los tres Sinópticos nos relatan el pacto que Judas hizo con los principales sacerdotes para la entrega de Jesús, sólo Mateo se refiere al remordimiento y posterior suicidio del traidor. Es muy solemne pensar en que un hombre a quien Cristo escogiera como apóstol y fuera enviado a predicar terminara su carrera de este modo.

Cuando Judas vio que Jesús **era condenado** por el Sanedrín—y su veredicto era irrevocable,[25] volvió **arrepentido** (3). Este verbo no es *metanoeo* "cambiar la mente", sino *metamelomai,* "lamentar". El lamentó las consecuencias de su acto de traición, pero no sintió verdadero arrepentimiento por su pecado. Devolvió las 30 piezas de plata a **los principales sacerdotes y a los ancianos** (el Sanedrín). El dinero le quemaba en su bolsillo.

Hizo su confesión a los líderes religiosos: **Yo he pecado entregando sangre inocente** (4). Pero no recibió ni ayuda ni consuelo de ellos. Su única respuesta fue: **¿Qué nos importa a nosotros? ¡Allá tú!** Cuando los líderes espirituales podían hablar a su gente de esa manera, las cosas andaban de manera muy triste para el judaísmo.

Judas no pudo soportar más la vista de su mal habida ganancia. Literalmente "habiendo arrojado las piezas de plata en el santuario"— el recinto interior del templo donde sólo los sacerdotes podían entrar —salió **y se ahorcó** (5).

Los **principales sacerdotes** tomaron las **piezas de plata,** pero estaban indecisos sobre qué podían hacer con ellas. No podían usarlas en el templo, porque era **precio de sangre** (6). Tuvieron una reunión y decidieron que con ese dinero comprarían **el campo del alfarero** (7). Así dice el griego, lo que puede sugerir que era un lugar bien conocido cerca de Jerusalén. **Los extranjeros** que ellos querían sepultar eran judíos de otras regiones que morían en las festividades anuales, o volvían en la ancianidad para ser sepultados en la Tierra Santa.[26]

Siguiendo su costumbre, Mateo cita una profecía del Antiguo Testamento (9-10). Se atribuye a **Jeremías.** (Al leer en voz alta nombres prominentes del Antiguo Testamento, mencionados en el Nuevo, siempre debe dárseles la forma familiar que tienen en las Antiguas Escrituras). Pero el pasaje parece pertenecer a Zacarías 11:12-13. Bengel pensó que **Jeremías** era una adición agregada por algún copista.[27] Juan Wesley, que dependía fuertemente del *Gnomon* de Bengel para sus propias *Explanatory Notes on the New Testament* (Notas Explicativas del Nuevo Testamento), escribe: "La palabra Jeremías, que fue agregada al texto en copias posteriores, y pasada de allí a muchas traducciones, es evidentemente un error, porque quien dijo lo que cita aquí San Mateo no fue Jeremías, sino Zacarías."[28] Lo mismo comenta Adam

Clarke: "Es muy posible que la versión original fuera *dia tou prophetou:* ['por el profeta'] y que no se mencionara ningún nombre."[29]

El problema textual es que "Jeremías" es la versión que está prácticamente en todos los manuscritos griegos, incluyendo los más antiguos que están ahora en existencia. El comentador wesleyano Morison piensa que es un error tipográfico que de alguna manera se introdujo "en la edición original del Evangelio", es decir, la primera publicada, como algunos otros, en la Versión King James (cf. 23:24).[30]

8. *El juicio romano* (27:11-31)

a. Jesús ante Pilato (27:11-14). Condenado por los judíos en un pleito modelo de nulidad, Cristo ahora estaba **en pie delante del gobernador** (11). Los tres Sinópticos presentan a Pilato preguntando: **¿Eres tú rey de los judíos?** Y en los tres el Maestro da la misma respuesta: **Tú lo dices.** M'Neile dice que esto simplemente implica: "Verbalmente, estás en lo cierto, pero la verdad está más allá de tu comprensión."[31]

Acusado por los diregentes judíos, Jesús **nada respondió** (12). "El silencio con el que hizo frente a las acusaciones y a la próxima pregunta de Pilato es de la misma categoría que el que encontramos en el 26:62 y siguiente; legalmente podía ser tomado como una confesión de culpa, pero de hecho produjo una sensación de malestar en el juez. Caifás manejaba el asunto para extraer una confesión; Pilato hizo una serie de atentados para desenredar al prisionero y también a sí mismo."[32] Pilato se maravilló ante el perfecto equilibrio de Cristo (14).

b. ¿Jesús o Barrabás? (27:15-23). Durante la **fiesta** (15) anual de la Pascua, el gobernador acostumbraba soltar un preso de la elección de la gente. Ha sido llamada la atención al hecho de que esta costumbre sólo se menciona en los Evangelios. Carr hace una buena sugestión de cómo logró entrada entre los judíos. Después de explicar que la liberación de presos se realizaba en ciertos festivales en Roma, dice: "Por lo tanto no es improbable que Herodes el Grande, que ciertamente familiarizó a los judíos con otras prácticas de los griegos y romanos, introdujera esta costumbre y que el gobernador romano, encontrándola ya establecida y que era agradable a los judíos, en concordancia con la práctica romana... mantuviera su observacia."[33] Es significativo que Pilato les dijo: "Tenéis la costumbre" (Jn. 18:39).

Tenían un preso famoso llamado Barrabás (16). Este es un nombre arameo que significa "hijo [*bar*] de un padre [*abba*]". Marcos (15:7) y Lucas (23:19) declaran que éste había cometido asesinato e insurrección. Preguntó ahora Pilato a los líderes judíos (17) si querían que les soltase a **Barrabás** o a **Jesús,** llamado el **Cristo.** Es obvio que el gobernador esperaba que preferirían al inocente Profeta que estaba entre ellos y no al peligroso criminal. Sabía que el odio que profesaban a Jesús se debía a la **envidia** (18). Esto debería haberlo impulsado a librar a Cristo. Se agregaba a esto un mensaje enviado por su esposa (relatado sólo por Mateo) en el que ella le urgía: "Ten ciudado de no tener nada que ver con ese justo." Lenski hace este comentario: "En su sueño Jesús aparecía completamente inocente, y el sueño quizá le sugirió que Pilato podía estar al borde de condenar a ese hombre justo."[34] Esa era la razón por la que ella había **padecido mucho** (19).

Durante el tiempo que Pilato estuvo ocupado con el mensaje de su esposa, **los principales sacerdotes y los ancianos** encontraron la mayor oportunidad para arengar a la multitud para que liberara a Barrabás y destruyera a Jesús (20). De modo que cuando Pilato reanudó el tema, pidiendo a quién debía soltar, la respuesta fue: a **Barrabás** (21). Entonces, Pilato les hizo una pregunta que ha tomado proporciones cósmicas en su filo evangélico: **¿Qué, pues, haré de Jesús, llamado el Cristo?** (22). La pregunta es el coro de una canción: "¿Qué harás tú con Cristo? No puedes ser neutral." Ningún hombre puede ser neutral ante Jesucristo.

Este pasaje sugiere tres puntos: Pilato fue (1) Confrontado por Cristo, 11; (2) Precupado por Cristo, 17; (3) Condenado por Cristo, 23. El texto principal sería el 22.

Como réplica a la pregunta del gobernador, la gente gritaba: **Sea crucificado.** En su vigorosa novela *Behold the Man* ("He aquí el Hombre"), Kagawa quizá ha captado bien lo que sucedió en ese lugar. Describe al astuto y viejo ex-sacerdote Anás (cf. Jn. 18:13), actuando ahora con desesperación. "Subrepticiamente enviaba a sus criados a distribuir bolsas de monedas entre la multitud para que unos a otros se hicieran pasar las voces mientras repartían el dinero."[35] Lo que les decían a la gente, por supuesto, era que pidieran a Barrabás y la crucifixión de Jesús.

    c. Jesús Azotado (27:24-26). Pilato finalmente se intimidó ante la multitud. Podía ver que la multitud se estaba tornando incontrolable y se estaba levantando un **alboroto.** No había nada que un gobierno romano temiera más. Si llegaba a Roma la noticia de que él había permitido que se alzara un tumulto, su carrera pública quedaba terminada. Era mejor que un prisionero sufriera por un extravío de la justicia que el futuro del gobernador corriera riesgo. De modo que Pilato tomó agua y se lavó las manos, diciendo al público: **Inocente soy yo de la sangre de este justo; allá vosotros** (24). Locamente la gente le respondió: **Su sangre sea sobre nosotros, y sobre nuestros hijos** (25). El horrible holocausto del año 70 D.C. constituye una trágica nota al pie en este epitafio de una nación.

Pilato **entonces les soltó a Barrabás; y habiendo azotado a Jesús, le entregó para ser crucificado** (26). El azote romano era un instrumento cruel; un corto látigo de lonjas de cuero con agudas piezas de metal o huesos aseguradas en los extremos. El prisionero era obligado a encorvar el cuerpo y el látigo era descargado con terrible violencia sobre las carnes desnudas. La piel estirada pronto se cortaba en fragmentos. No era extraño que hubiera hombres que murieran bajo el látigo. Parece que era una costumbre romana azotar a las víctimas antes de ser crucificadas. Josefo toma nota por lo menos de dos de esos casos.[36]

d. Escarnecimiento de Jesús (27:27-31). Los soldados del gobernador llevaron a Jesús **al pretorio** (del latín *praetorium*). Se usaba primero como sede de un campamento militar romano y luego como residencia oficial del gobernador de una provincia. Es punto discutible la ubicación del pretorio de Jerusalén. Algunos eruditos piensan que era el palacio de Herodes que estaba en la zona sudoeste de la ciudad, cerca de la actual puerta Affa. Otros prefieren la torre de Antonia, los cuarteles romanos que estaban sobre la esquina noroeste de la zona del templo. La evidencia de Josefo parece favorecer a la anterior: él menciona al gobernador estableciendo su tribunal "en el palacio".[37] Schurer dice: "En ocasiones especiales, especialmente durante las principales fiestas judías, cuando por causa de las multitudes que acudían a Jerusalén, era necesaria una vigilancia especial, el procurador subía a Jerusalén (desde Cesarea, sede del gobierno romano en la Palestina) y residía allí en lo que se ha denominado el palacio de Herodes."[38] Este criterio está apoyado por M'Neile,[39] por George Adam Smith,[40] por Sherman Johnson,[41] y quizá por la mayoría de los estudiosos de nuestro tiempo.

Los soldados se reunieron alrededor de él, es decir, toda **la compañía** o "cohorte". Generalmente consistía en la décima parte de una legión, o sea, unos 600 hombres. Pero es posible que no todos estuvieran actuando a la vez. **Desnudaron a Jesús y le echaron encima un manto de escarlata** (28)—el capote o vestidura exterior de un soldado romano. Era un hiriente y burlón substituto por la ropa real de púrpura.

Luego colocaron una **corona tejida de espinas** sobre su cabeza y **una caña** (parodia de cetro) en su mano derecha. **E hincando la rodilla** ante él, le escarnecían como **Rey de los judíos** (29). Escupiéndole osadamente, **tomaban la caña y le golpeaban en la cabeza** (30). Jamás persona humana fue tratada con más cruel desdén y sin merecerlo. Después que los soldados se mofaron hasta que se cansaron de su cruel juego, le quitaron el manto, le pusieron sus vestidos y le llevaron para ser crucificado (31).

B. MUERTE Y SEPULTURA, 27:32-66

1. La crucifixión (27:32-50)

a. Las horas de la mañana (27:32-44). Cuando los soldados salieron del pretorio, obligaron a llevar la cruz de Jesús a un hombre de **Cirene** (32)—norte de Africa. Jesús había comenzado a llevarla, pero estaba tan debilitado por todo lo que había pasado que le fue imposible seguir con ella. De modo que los soldados buscaron a uno que pasaba y la cargaron sobre sus hombros.

Gólgota (33) es una transliteración de la palabra aramea que significa "cráneo", **calavera**. Se encuentra en Mateo, Marcos y Juan, pero no en Lucas. En los cuatro evangelios está la palabra griega *kranion* que ha pasado por la forma latina *cranium*. En Mateo, Marcos y Juan, en la Versión King James es traducida *skull*, calavera.* Este es el único lugar que ocurre en la totalidad de la Biblia. Proviene de la Vultaga latina en la que *calvaria* es la traducción de la palabra griega *kraion* (encontrada sólo aquí y en los otros tres pasajes paralelos— Mr. 15:22; Lc. 23:33; Jn. 19:17). Sin embargo el término "Calvario" está sumamente compenetrado en nuestro pensamiento teológico y mantiene un lugar prominente en nuestras homiléticas e himnología.

La ubicación de Gólgota es asunto de gran discusión e incertidumbre. Sin embargo, en nuestros días hay un consenso general que el término no significa "lugar de calaveras"—es decir, de ejecución—sino más bien, alude a una colina en forma de calavera. Los dos lugares considerados son: donde está la iglesia del Santo Sepulcro en la antigua Jerusalén, y el "Calvario de Gordon", fuera del muro norte de la ciudad cerca de la puerta de Damasco. Mientras los arqueólogos tienden a

---

*(En las españolas dice Gólgota, pero con la aclaración de su significado. Pero está traducida "Calvario" en algunas versiones, en Lucas 23:33; "la calavera" en VP.; "Calvario", en la versión Moderna de Pratt, N. del t.).

apoyar la primera, la última parece adecuarse más al "sentir" de la crucifixión, y la Tumba del Huerto, que está cercana, nos da el "sentir" de la resurrección.

Llegando al lugar de la ejecución, los soldados le ofrecieron a Jesús **vinagre mezclado con hiel** (34). La tradición dice que era la costumbre de las mujeres de Jerusalén preparar este narcótico, por compasión hacia los prisioneros que iban a ser crucificados. Pero cuando Jesús lo probó, **no quiso beberlo.** No quería que sus sentidos fueran insensibilizados ni su consciente disminuido cuando sufriera por nuestros pecados.

Finalmente fue **crucificado** (35). Sus ropas fueron repartidas entre cuatro soldados. Juan (19:23-24) nos aclara que la expresión **echando suertes** alude explícitamente a la túnica que era sin costura *(chiton).* Mateo nuevamente presenta su fórmula favorita: **para que se cumpliese.** Esta vez la cita proviene del Salmo 22:18, el gran salmo mesiánico sobre la crucifixión.

Algunas veces el verso 36 es interpretado como otra evidencia de la encallecida crueldad de los soldados. Pero M'Neile está probablemente más cerca de la verdad cuando dice: "No significa que ellos se regocijaban por causa del Hombre que sufría; ellos se sentaron y esperaron, según la costumbre, para evitar toda posibilidad de escape."[42]

Sobre la cabeza de Jesús pusieron **su causa** "acusación" escrita sobre una tablilla (37). La fraseología difiere entre los cuatro evangelios. Marcos da la forma más corta: "Rey de los Judíos", incorporada en los otros tres. Al reunirlas, leemos: "Este es Jesús de Nazaret, el rey de los judíos."

Con Jesús, crucificaron a dos **ladrones** (gr.: "robadores"), uno a cada lado (38). Es posible que fueran insurrectos con Barrabás. Si así fuera, tal vez éste último hubiera sido uno de los destinados a morir en la cruz del medio. Pero Jesús tomó su lugar—una parábola de su toma del lugar de cada pecador sobre la cruz.

Aun los que pasaban se mofaban de Jesús de manera inhumana. Le echaban en cara la acusación de que Él había pretendido tener poder para destruir y reedificar el templo. **Si eres Hijo de Dios** (40), le decían, ¿por qué no demuestras tu poder divino descendiendo de la cruz? Los **principales sacerdotes... escribas... y ancianos** (componentes del Sanedrín) le escarnecían; sin quererlo, pronunciaban una profunda verdad: **A otros salvó, a sí mismo no se puede salvar** (42). Era exactamente así. Si El hubiera salvado su propia vida, nosotros todavía estaríamos muertos en nuestros pecados. La crueldad de estos hombres se declara en su insinuación de que Dios el Padre no quería a Jesús (43). Por supuesto, el hecho era que el Padre le había vuelto las espaldas por así decirlo, y lo dejaba morir solo. Esa era parte del precio de nuestra redención. Aun los ladrones que estaban a su lado crucificados con El (44), **le injuriaban** —sólo una palabra en griego: "le reprochaban."[43]

    b. Las horas de la tarde (27:45-50). Los tres Sinópticos mencionan que se efectuó un cambio desde **la hora sexta** (el medio día) cuando hubo tinieblas hasta la **hora novena** (45) (3 de la tarde). Esto sucedió sobre **toda la tierra** (la palabra griega para "tierra" es *ge*). Puede referirse a toda Palestina o solamente a Judea. Probablemente esta última interpretación sea la mejor. Como hay luna llena en la época de la Pascua, que viene a la mitad de un mes lunar, entre dos lunas nuevas, no pudo haberse tratado de un eclipse de sol. O fue una tiniebla sobrenatural, o fue debido a nubes muy bajas, pesadas, negras. En cualquiera de los casos fue algo milagroso.

    Cerca de la **hora novena**—el momento de la ofrenda del sacrificio de la tarde, Jesús clamó en alta voz: **Elí, Elí, ¿lama sabactani?**—palabras arameas que significan: **Dios mío, Dios mío, ¿por qué me has desamparado?** (46). ¿En qué modo fue Jesús desamparado? M'Neile dice: "Su clamor era una expresión de su agonía de alma y cuerpo; pero en esa agonía está implicado el misterio de la propiciación."[44]

    Algunos de los transeúntes pensaban que Jesús llamaba al profeta Elías. Uno de ellos, empapó una esponja en vinagre y se la ofreció para apagar su intolerable sed (48). Pero el resto procuraba impedirlo. Era mejor que esperaran a ver si venía Elías a librarlo (49). Una vez más Jesús clamó en voz alta y entonces, **entregó el espíritu** (50) —mejor, "despidió a su espíritu". Jesús había declarado que tenía poder para poner su vida y volverla a tomar (Jn. 10:18).

2. *Eventos concomitantes* (27:51-54)

    Cuando Jesús murió, el **velo del templo se rasgó en dos** (51). Se trataba del velo interior que separaba el Lugar Santísimo del Lugar Santo. El significado espiritual de este acontecimiento está aclarado en Hebreos 9:1-14; 10:19-22. A través del velo roto de la carne de Cristo quedaba abierto el camino hasta la misma presencia de Dios. También pudo haber sido una insinuación de que pronto, el antiguo santuario **sería destruido** (70, D.C.). Dondequiera y cuandoquiera, el cristiano puede adorar a Dios. También puede ser una conexión entre este evento y la conversión de muchos sacerdotes (Hch. 6:7).

La ruptura del velo está relatada en los tres Sinópticos (cf. Mr. 15:38; Lc. 23:45); pero el terremoto y la resurrección de algunos santos, sólo se registra aquí (51b-53). No sabemos si hubo alguna relación entre el terremoto y la rotura del velo; aquí no se especifica nada. Parecerían dos consecuencias separadas, sobrenaturales de ese terremoto. Ni tampoco se nos dice qué sucedió con los santos que resucitaron. Cualquier sugestión que hiciéramos sería sobre la base de puras especulaciones.

Cuando **el centurión** (oficial a cargo de 100 hombres) vio las cosas que habían sucedido, se llenó de pavor y dijo: **Verdaderamente éste era Hijo de Dios** (54). (Aquí no hay artículo definido en griego). Es una correctísima versión de "Hijo de Dios". Pero, hay algo que debe decirse por la traducción "el Hijo de Dios", en este lugar. E. C. Colwell ha realizado un vigoroso estudio del uso y los casos inusitados del artículo definido en el Nuevo Testamento griego.[45] Moule aparentemente lo apoya.[46] La omisión del artículo definido no es en absoluto evidencia en contra de la deidad de Jesucristo, enseñada con toda claridad a través de las páginas del Nuevo Testamento. La falta en este pasaje sólo podría significar que un soldado pagano romano no tenía la capacidad de comprender y aseverar la deidad de Jesucristo. Lucas informa que el centurión dijo: "Verdaderamente este hombre era justo."

3. *Mujeres que lo acompañaban* (27:55-56)

En agudo contraste con las actitudes y acciones chocantes de los líderes judíos que rodeaban la cruz (41-43) está la reacción del centurión (54) y de esas mujeres. Con amorosa devoción habían seguido al Maestro de Galilea, **sirviéndole** (55). Carr le llama a esto: "El principio del ministerio de la mujer—el diaconado femenino en la iglesia cristiana."[47] Los hombres habían huido por temor (26:56). Fueron las mujeres que quedaron a la vista de la cruz. ¡Qué consuelo deben haber sido para Cristo!

María Magdalena (56) es mencionada aquí por primera vez en este evangelio. Su nombre indica que provenía de Magdala o de la costa occidental del mar de Galilea. Jesús la había librado de siete demonios (Lc. 8:2) y ella rebosaba de gratitud hacia El. Su profunda devoción la hizo ser la primera en llegar ante la tumba vacía en la mañana de resurrección (Jn. 20:1-18). Poco sabemos acerca de la otra María. **La**

madre de los hijos de Zabedeo probablemente se llamaba Salomé (cf. Mr. 15:40).

4. *Jesús sepultado* (27:57-61)

Cuando llegó la noche (57)—avanzada la tarde antes de la puesta de sol, cuando comenzaba el sábado—José de Arimatea dio los pasos para dar sepultura al cuerpo de Jesús. Entre los judíos se consideraba algo horrible que el cadáver de un amigo o un paisano permaneciera sin sepultar. El libro apócrifo de Tobías hace hincapié muy vigorosa a este respecto.

Se presenta a José como discípulo de Jesús. Parece que era la primera vez que se declaraba abiertamente por Cristo. Necesitaba coraje para presentarse ante Pilato y pedir el cuerpo de Jesús. Pero José lo hizo y su petición le fue concedida.

No había tiempo para tratar el cuerpo. Simplemente **lo envolvió en una sábana limpia, y lo puso en su sepulcro nuevo, que había labrado en la peña** (59-60). Hizo rodar una gran piedra a la entrada del sepulcro y se fue. Las dos Marías estaban contemplando cuidadosamente dónde era colocado el cadáver (1).

5. *La guardia ante la tumba* (27:62-66)

Mientras los cuatro evangelios relatan las exequias de Jesús, solamente Mateo narra el establecimiento de la guardia. Fue **al día siguiente** (62), el sábado. **Los principales sacerdotes** (saduceos) **y fariseos** (representando al Sanedrín) acudieron a Pilato. Habían oído la predicción de Jesús acerca de su levantamiento de la tumba al tercer día. Ahora estaban tomando sus precauciones. Solicitaron que fuera colocada una guardia frente a la tumba para que los discípulos no pudieran acercarse a robar el cuerpo y después pretendieran que había resucitado. La última cláusula del verso 64 es explicada de la siguiente manera por M'Neile: "'El último error' sería la credulidad en la resurrección de Jesús, el 'primero', creer que era el Mesías."[48]

Pilato replicó: **Ahí tenéis una guardia; id, aseguradlo como sabéis** (65). **Guardia** es en griego *koustodian* (custodia). Quizá el verbo **tenéis** debería estar en el imperativo en lugar del indicativo (la forma griega de la segunda persona del plural). Lenski lo traduce de esta manera: "¡Tened una guardia!"[49] Probablemente Pilato estaba enojado y habló rudamente. Estos eran los hombres que lo habían arrinconado, por decirlo así, y sin duda estaba muy disgustado para concederles más

favores. Pero es evidente que les concedió un pequeño grupo de soldados con un oficial de guardia ante la tumba (66).

Notas Bibliográficas

[1]Ver F. Blass y A. Debrunner, *A Greek Grammar of the New Testament and Other Early Christian Literature,* trad. Robert W. Funk (Chicago: University of Chicago Press, 1961), p. 168—"tratándose de profecías, es muy frecuente en el Nuevo Testamento."

[2]Omitido en los manuscritos más antiguos.

[3]*Op. cit.,* pp. 426-27.

[4]*Op. cit.,* p. 354.

[5]*Op. cit.,* p. 33.

[6]La palabra griega *kalos* significa "bueno, hermoso". Carr, (*Op. cit.,* p. 286) comenta: "El Señor encomió esta acción más que cualquier otra registrada en el Nuevo Testamento."

[7]Registrada también en Marcos 14:10-11; Lucas 22:3-6.

[8]Abbott-Smith, *op. cit.,* 219.

[9]*Ant.* II. 15. 1.

[10]Cf. Plummer, *op. cit.,* p. 357.

[11]*Op. cit.,* II., 480-82.

[12]Joachim Jeremias, *The Eucharistic Words of Jesus,* trad. Ehrhardt (Nueva York: Macmillan Co., 1955), pp. 14-37.

[13]*Op. cit.,* p. 456.

[14]*Ibid.,* p. 471.

[15]Ethelbert Stauffer, *Jesus and His Story,* trad. Richard y Clara Winston (Nueva York: Alfred A. Knopf, 1959), p. 113.

[16]Massey H. Shepherd, Jr., "Are Both the Synoptics and John Correct About the Date of Jesus' Death?" *Journal of Biblical Literature,* LXXX (1961), 125.

[17]David Noel Freedman, "When did Christ Die?" *Perspective,* III (1962), 257.

[18]*Op. cit.,* p. 289.

[19]Los más antiguos manuscritos omiten "nuevo".

[20]*Op. cit.,* II., 533.

[21]*Op. cit.,* p. 1033.

[22]*Op. cit.,* p. 120.

[23]*Op. cit.,* p. 290.

[24]M'Neile, *op. cit.,* pp. 402-3.

[25]Stauffer, *op. cit.,* p. 128.

[26]El problema de armonizar los versos 5-8 con Hechos 1:18-19 será tratado en conexión con el último pasaje.

[27]*Op. cit.,* I., 471.

[28]*Op. cit.,* pp. 130-31.

[29]*Op. cit.,* I., 270.

[30]*Op. cit.,* pp. 573-74.

[31]*Op. cit.,* p. 409.

[32]*Ibid.,* pp. 409-10.

[33]*Op. cit.,* p. 303.

[34]*Op. cit.,* p. 1090.

[35]Toyohiko Kagawa, *Behold the Man* (Nueva York: Harper and Brothers, 1941), p. 302.

[36]*War* II., 14. 9; V., 11. 1.

[37]*War* II., 14, 8.

[38]*Ibid.,* I. i. 48.

[39]*Op. cit.,* p. 414.

[40]George Adam Smith, *Jerusalem* (Nueva York: A. C. Armstrong and Son, 1908), II., 574.

[41]IB, VII., 599-600.

[42]*Op. cit.,* p. 18.

[43]Para la diferencia en el relato de Lucas, vea el comentario sobre Lucas 23:29-43.

[44]*Op. cit.,* 421.

[45]"A Definite Rule for the Use of the Article in the Greek New Testament", *Journal of Biblical Literature,* LII (1933), 20.

[46]C. F. D. Moule, *An Idiom Book of the New Testament Greek* (Cambridge: University Press, 1953), p. 116.

[47]*Op. cit.,* p. 312.

[48]*Op. cit.,* p. 428.

[49]*Op. cit.,* p. 1145.

Sección XII La Resurrección

Mateo 28:1-20

Mateo nos presenta dos apariciones de Jesús después de su resurrección. La primera, a las mujeres, el mismo día de su resurrección. La segunda, a los 11 apóstoles sobre el monte de Galilea. Marcos no nos relata ninguna aparición en los ocho primeros versículos del capítulo 16, pero menciona varias en los últimos 12.[1] Lucas relata tres, además de una referencia a una cuarta (a Simón Pedro). Describe las apariciones a los 10 discípulos en camino a Emaús, la reunión en el aposento alto en Jerusalén el primer sábado por la noche y el tiempo final de la Ascensión. Juan relata la primera aparición—a María Magdalena—las visitas a los discípulos los dos primeros domingos en Jerusalén, y la del mar de Galilea (cuatro entre todas).

A. El Día de la Resurrección, 28:1-15

1. *Las mujeres ante el sepulcro* (28:1-10)

Pasado el día de reposo (1) significa "después del sábado".[2] Al **amanecer del primer día de la semana,** es decir, que era el domingo muy temprano. **María Magdalena y la otra María** vinieron a ver **el sepulcro.** Parece que ésta es la misma visita que relata Juan 20:1, en la que sólo se menciona a María Magdalena. Las dos mujeres fueron a contar a los discípulos (Pedro y Juan, según el cuarto evangelio) y quizá la otra María no regresó a la tumba hasta más tarde, después que María Magdalena había visto al Señor resucitado.

Sólo Mateo cuenta del **terremoto** cuando llegó un ángel del Señor y **removió la piedra** (2). Sólo él describe la aparición del ángel (3) y el miedo de los guardas o "guardianes" (4).

Las palabras del ángel (5-7) son similares a las de Marcos (16:6-7). En ambas se ordena a las mujeres ir y decir a los discípulos que El los encontraría en Galilea (7). Uno y otro cuentan de los sentimientos contradictorios de las mujeres cuando salieron del sepulcro vacío (8).

Solamente Mateo relata la aparición de Jesús a estas mujeres mientras se apresuraban a llevar las nuevas a los apóstoles (9). El las saludó con un **¡Salve!** La palabra griega es *chairete.* Literalmente significa "¡Regocijaos!" "¡Alegraos!" Lenski dice: "El verbo *chairein* está empleado para expresar toda clase de saludos, y siempre lleva implicado un deseo de felicidad y bienestar."[3] Para este pasaje, Arndt y Gingrich sugieren: "Buenos días."[4] Las dos mujeres cayeron a sus pies y **le adoraron** como a su Señor viviente y resucitado.

De igual manera que los ángeles les habían recomendado a las mujeres que no tuvieran miedo (5), ahora Jesús les dice: **No temáis** (10). Literalmente significa: "¡Dejad de estar asustadas!" Entonces les repitió las instrucciones del ángel; que debían decir a los discípulos que se dirigieran al norte, a Galilea donde Él los vería. Pero parece que permanecieron en Jerusalén durante una semana antes de partir para Galilea (cf. Jn. 20:28).

Bajo el título de "El Mensaje de la Tumba Vacía" uno podría considerar: (1) El misterio de la tumba vacía—**No está aquí**; (2) El milagro de la tumba vacía—**Ha resucitado**; (3) El significado de la tumba vacía—*(a)* Un sacrificio aceptado, Romanos 4:25; *(b)* Una presencia permanente, Juan 20:16; *(c)* Un juicio señalado, Hechos 17:31.

2. *La guardia sobornada* (28:11-15)

Como Mateo es el único que nos relata el establecimiento de la guardia (27:62-66), es natural que sólo él mencione a los guardas en el verso 4, y que sólo él narre este evento.

Después que las mujeres abandonaron la tumba, algunos de **la guardia** fueron a la ciudad a contar a **los principales sacerdotes,** acerca del ángel, del terremoto y el hecho de que el cuerpo de Jesús había desaparecido (11). Y los sacerdotes reunidos con **los ancianos** (12), convocaron rápidamente al Sanedrín para decidir qué debían hacer. Por decisión de esta reunión dieron **mucho dinero** ("muchas piezas de plata") a los soldados instruyéndoles que debían decir que los discípulos de Cristo habían robado el cuerpo mientras ellos dormían (13). Como un centinela que se durmiera en su puesto era castigado con la pena de muerte, el principal sacerdote les prometió: si el gobernador lo oye, **nosotros le persuadiremos** y os **pondremos a salvo** (14). Carr cita ejemplos para demostrar que ambos verbos tenían un uso técnico en aquellos tiempos, significando "persuadir (por soborno)" y poner **a salvo** "por cohecho judicial". Es un triste comentario sobre la moral de ese tiempo.

El propósito de Mateo al incluir este párrafo fue sin duda contrarrestar la falsa historia acerca del robo del cuerpo de Jesús. Este cuento se ha divulgado entre los judíos hasta el día de hoy (15)—es decir, la época en que se escribió este evangelio.

B. LA GRAN COMISIÓN, 28:16-20

Obedientes al mandato de Cristo, **los once discípulos** se dirigieron hacia el norte, a Galilea, **al monte** donde Jesús les dijo que se encontraría con ellos (16). En ninguna parte se nos dice el nombre del monte. Y cuando vieron a Jesús, **le adoraron; pero algunos dudaban** (17). Esto parece implicar un número mayor que el de los 11 y podría tratarse de la misma reunión donde el Cristo resucitado fue visto por "más de 500 hermanos a la vez" (1 Co. 15:6).

La gran comisión está en los versículos 18-20. Blair la llama "el pasaje clave de este evangelio" y añade: "Es aquí donde uno puede ver condensados los diversos énfasis del libro."[5] Menciona lo absoluto de la autoridad de Jesús, "su carácter derivado", el mandato de evangelizar a todo el mundo, la naturaleza del discipulado y la seguridad de la presencia de Jesús.[6]

Potestad (18) es *exousia,* "autoridad". **Haced discípulos,** es "enseñar"—pero con una palabra diferente por completo de **enseñándoles** (20). **Todos los días.** No importa qué días—buenos, malos; felices o tristes—puedan sobrevenirnos, Jesús ha prometido estar con nosotros "todos los días", **hasta el fin del mundo** (de las edades, *aion*). Blair observa acertadamente: "La declaración de los labios de Jesús colocada al final mismo del Evangelio—'Toda autoridad me es dada en los cielos y en la tierra'—simplemente capta el impacto de la totalidad de la historia."[7]

NOTAS BIBLIOGRÁFICAS

[1]Para discutir su relación al Evangelio, vea las notas correspondientes en el Comentario sobre Marcos.
[2]Blass-Debrunner, *op. cit.,* p. 91 (164, 4).
[3]*Op. cit.,* p. 1157.
[4]*Op. cit.,* p. 882.
[5]Edward P. Blair, *Jesus in the Gospel of Matthew* (Nueva York: Abingdon Press 1960), p. 45.
[6]*Ibid.,* pp. 45-46.
[7]*Ibid.,* p. 46.

Bibliografía

I. COMENTARIOS

ALFORD, HENRY. *The Greek Testament.* Revisado por EVERETT HARRISON. Chicago: Moody Press, 1958.

ALLEN, W. C. *A Critical and Exegetical Commentary on the Gospel According to St. Matthew.* "International Critical Commentary." Nueva York: Charles Scribner's Sons, 1907.

ATKINSON, BASIL F. C. "Gospel According to Matthew." *New Bible Commentary,* editado por F. DAVIDSON. Segunda edición. Grand Rapids: Wm. B. Eerdmans Publishing Co., 1954.

BARCLAY, WILLIAM. *The Gospel of Matthew,* vol. I. Segunda edición. "The Daily Study Bible." Filadelfia: Westminster Press, 1958.

BARNES, ALBERT. *Notes on the New Testament: Matthew and Mark.* Grand Rapids: Baker Book House, 1949.

BENGEL, JOHN ALBERT. *Gnomon of the New Testament,* 5 vols. Edimburgo: T. & T. Clark, 1860.

BROADUS, JOHN A. *Commentary on the Gospel of Matthew.* "An American Commentary on the New Testament." Filadelfia: American Baptist Publication Societey, 1886.

BROWN, DAVID. "Matthew—John", *A Commentary... on the Old and New Testaments,* vol. V., por R. JAMIESON, A. R. FAUSSET, y DAVID BROWN. Grand Rapids: Wm. B. Eerdmans Publishing Co., 1948 (reimpreso).

BRUCE, A. B. "The Synoptic Gospels." *Expositor's Greek Testament.* Grand Rapids: Wm. B. Eerdmans Publishing Co., s.f.

BUTTRICK, GEORGE A. "Matthew" (Exposition). *Interpreter's Bible.* Editado por GEORGE A. BUTTRICK, *et al.,* vol. VII. Nueva York: Abingdon-Cokesbury Press, 1951.

CARR, A. *The Gospel Accoording to St. Matthew.* "Cambridge Greek Testament." Cambridge: University Press, 1886.

CHRYSOSTOM. "Homilies on the Gospel of St. Matthew." *A Select Library of the Nicene and Post-Nicene Fathers of the Christian Church.* Editado por PHILIP SCHAFF. Nueva York: Christian Literature Co., 1888.

CLARKE, ADAM. *The New Testament of Our Lord and Saviour Jesus Christ,* vol. I. Nueva York: Abingdon-Cokesbury Press, s.f.

CLARKE, W. K. LOWTHER. *Concise Bible Commentary.* Nueva York: Macmillan Co., 1953.

COX, G. E. P. "The Gospel According to St. Matthew." *The Twentieth Century Bible Commentary.* Editado por G. H. DAVIES, *et al.* Nueva York: Harper & Brothers, 1955.

DAVIES, J. NEWTON. "Matthew." *Abingdon Bible Commentary.* Editado por F. C. EISELEN, *et al.* Nueva York: Abingdon—Cokesbury Press, 1929.

DE DIETRICH, SUZANNE. "The Gospel According to St. Matthew." Traducido por DONALD G. MILLER, *The Layman's Bible Commentary,* vol. XVI. Richmond: John Knox Press, 1961.

DUMMELOW, J. R. (ed.). *A Commentary on the Holy Bible.* Londres: Macmillan and Company, 1909.

ERDMAN, CHARLES R. *The Gospel of Matthew.* Filadelfia: Westminster Press, 1920.

FILSON, FLOYD V. *A Commentary on the Gospel According to St. Matthew.* "Harper's New Testament Commentaries." Nueva York: Harper & Brothers, 1960.

GIBSON, JOHN M. *The Gospel of St. Matthew.* "The Expositor's Bible." Nueva York: A. C. Armstrong & Son, s.f.

GRANT, FREDRICK C. "Matthew." *Nelson's Bible Commentary,* vol. VI. Nueva York: Thomas Nelson & Sons, 1962.

GREEN, F. W. *The Gospel According to St. Matthew.* "The Clarendon Bible." Oxford: Clarendon Press, 1936.

HENRY, MATTHEW. *Commentary on the Whole Bible.* Nueva York: Fleming H. Revell Company, s.f.

JOHNSON, SHERMAN. "Matthew" (Exegesis). *Interpreter's Bible.* Editado por GEORGE BUTTRICK, *et al.,* vol. VII. Nueva York: Abingdon-Cokesbury Press, 1951.

KENT, HOMER A., Jr. "Matthew." *Wycliffe Bible Commentary.* Editado por CHARLES F. PFEIFFER y EVERETT F. HARRISON. Chicago: Moody Press, 1962.

KRAELING, EMIL G. *The Clarified New Testament.* Nueva York: McGraw-Hill Book Company, 1962.

LANGE, JOHN PETER. "Matthew." *Commentary on the Holy Scriptures.* Editado por J. P. LANGE. Grand Rapids: Zondervan Publishing House, s.f.

LENSKI, R. C. H. *The Interpretation of St. Matthew's Gospel.* Columbus, Ohio: Wartburg Press, 1943.

LEVERTOFF, P. P., y GOUDGE, H. L. "The Gospel According to St. Matthew." *A Commentary on the Holy Scriptures.* Editado por CHARLES GORE, H. L. GOUDGE, y ALFRED GUILLAUME. Nueva York: Macmillan Co., 1928.

MACLAREN, ALEXANDER. *Exposition of Holy Scripture.* "St. Matthew." Grand Rapids: Wm. B. Eerdmans Publishing Co., 1944 (reimpreso).

McLAUGHLIN, G. A. *Commentary on the Gospel According to St. Matthew.* Chicago: Christian Witness Co., 1909.

MEYER, H. A. W. *Critical and Exegetical Hand-Book to the Gospel of Matthew.* Nueva York: Funk & Wagnalls, 1884.

MICKLEM, PHILIP A. *St. Matthew.* "Westminster Commentaries." Londres: Methuen & Co., 1917.

M'NEILE, ALAN H. *The Gospel According to St. Matthew.* Londres: Macmillan & Co., 1915.

MONTEFIORE, C. G. *The Synoptic Gospels.* 2 vols., Londres: Macmillan & Co., 1909.

MORGAN, G. CAMPBELL, *The Gospel According to Matthew.* Nueva York: Fleming H. Revell Co., 1929.

MORISON, JAMES. *A Practical Commentary on the Gospel According to St. Matthew.* Londres: Hodder & Stoughton, 1899.

NEIL, WILLIAM. *Harper's Bible Commentary.* Nueva York: Harper & Row, 1962.

OFFERMANN, HENRY. "The Gospel According to Matthew." *New Testament Com-*

mentary. Editado por H. C. ALLEMAN. Edición revisada. Filadelfia: Muhlenberg Press, 1944.

PLUMMER, ALFRED. *An Exegetical Commentary on the Gospel According to St. Matthew.* Londres: Elliot Stock, 1909.

PLUMPTRE, E. H. "Matthew." *Commentary on the Whole Bible.* Editado por C. J. ELLICOTT. Grand Rapids: Zondervan Publishing House, s.f.

ROBINSON, THEODORE H. *The Gospel of Matthew.* "Moffatt's New Testament Commentary." Nueva York: Harper and Brothers, 1927.

RYLE, J. C. *Expository Thoughts on the Gospels: Matthew—Mark.* Grand Rapids: Zondervan Publishing House, s.f.

SADLER, M. F. *The Gospel According to St. Matthew.* Tercera edición. Nueva York: James Pott & Co., 1887.

STENDAHL, K. "Matthew." *Peake's Commentary on the Bible.* Editado por MATTHEW BLACK y H. H. ROWLEY. Londres: Thomas Nelson & Sons, 1962.

TASKER, R. V. G. *The Gospel According to St. Matthew.* "Tyndale New Testament Commentaries." Grand Rapids: Wm. B. Eerdmans Publishing Co., 1961.

TRAPP, JOHN. *Commentary on the New Testament.* Grand Rapids: Zondervan Publishing House, 1958 (reimpreso).

WARD, A. MARCUS. *The Gospel According to St. Matthew.* "Epworth Preacher's Commentaries." Londres: Epworth Press, 1961.

WESLEY, JOHN. *Explanatory Notes upon the New Testament.* Londres: Epworth Press, 1941 (reimpreso).

WHEDON, D. D. *Commentary on the Gospels: Matthew—Mark.* Nueva York: Hunt & Eaton, 1860.

WILLIAMS, A. LUKYN. "St. Matthew" (Exposition). *Pulpit Commentary.* Editado por JOSEPH S. EXELL. Grand Rapids: Wm. B. Eerdmans Publishing Co., 1950 (reimpreso).

II. OTROS LIBROS

ABBOTT-SMITH, G. *A Manual Greek Lexicon of the New Testament.* Segunda Edición. Edimburgo: T. & T. Clark, 1923.

ANDREWS, SAMUEL J. *The Life of Our Lord.* Grand Rapids: Zondervan Publishing House, 1954 (reimpreso).

ARNDT, W. F., y GINGRICH, F. W. A *Greek-English Lexicon of the New Testament and Other Early Christian Literature.* Chicago: University of Chicago Press, 1957.

BLAIR, EDWARD P. *Jesus in the Gospel of Matthew.* Nueva York: Abingdon Press, 1960.

BONHOEFFER, DIETRICH. *The Cost of Discipleship.* Edición revisada. Nueva York: Macmillan Co., 1959.

BOWMAN, JOHN WICK, Y TAPP, ROLAND W. *The Gospel from the Mount.* Filadelfia: Westminster Press, 1957.

BRANSCOMB, HARVIE. *The Teachings of Jesus.* Nueva York: Abingdon-Cokesbury Press, 1931.

BUTTRICK, GEORGE A. *The Parables of Jesus.* Nueva York: Harper & Brothers, 1928.

CHAMBERS, OSWALD. *Studies in the Sermon on the Mount.* Cincinnati: God's Revivalist Press, 1915.

DEISSMANN, ADOLF. *Bible Studies.* Traducido por A. GRIEVE. Edimburgo: T. & T. Clark, 1901.

_____. *Light from the Ancient East.* Traducido por L. R. M. STRACHAN. Nueva York: George H. Doran Co., 1927.

DODD, C. H. *The Parables of the Kingdom.* Londres: Nisbet & Co., 1936.

EDERSHEIM, ALFRED. *The Life and Times of Jesus the Messiah.* Octava edición. Nueva York: Longmans, Green and Co., 1903.

FARMER, W. R. *Maccabees, Zealots, and Josephus.* Nueva York: Columbia University Press, 1956.

FITCH, WILLIAM. *The Beatitudes of Jesus.* Grand Rapids: Wm. B. Eerdmans Publishing Co., 1961.

FRANZMANN, MARTIN H. *Follow Me: Discipleship According to St. Matthew.* St. Louis: Concordia Publishing House, 1961.

HAYES, D. A. *The Synoptic Gospels and The Book of Acts.* Nueva York: Methodist Book Concern, 1919.

HUNTER, A. M. *Gospel According to Mark.* Londres: S. C. M. Press, 1948.

_____. *Interpreting the Parables of Jesus.* Naperville, Ill.: S. C. M. Book Club, 1960.

_____. *A Pattern for Life.* Filadelfia: Westminster Press, s.f. (Edición británica, 1953).

JEREMIAS, JOACHIM. *The Eucharistic Words of Jesus.* Traducido por ARNOLD ERHARDT. Nueva York: Macmillan Co., 1955.

_____. *The Parables of Jesus.* Traducido por S. H. HOOKE. Nueva York: Charles Scribner's Sons, 1955.

JONES, E. STANLEY. *The Christ of the Mount.* Nueva York: Abingdon Press, 1931.

JOSEPHUS, FLAVIUS, *Works.* Traducido por WILLIAM WHISTON. Filadelfia: Henry T. Coates & Co., s.f.

LADD, GEORGE E. *The Gospel of the Kingdom.* Grand Rapids Wm. B. Eerdmans Publishing Co., 1959.

LIGHTFOOT, J. B. *Notes on the Epistles of St. Paul.* Grand Rapids: Zondervan Publishing House, 1957 (reimpreso).

LLOYD-JONES, MARTIN. *Studies in the Sermon on the Mount.* 2 vv. Grand Rapids: Wm. B. Eerdmans Publishing Co., 1959.

LUNDSTROM, GOSTA, *The Kingdom of God in the Teaching of Jesus.* Traducido por JOAN BULMAN. Richmond: John Knox Press, 1963.

MANSON, WILLIAM. *Jesus the Messiah.* Filadelfia: Westminster Press, 1946.

McARTHUR, HARVEY. *Understanding the Sermon on the Mount.* Nueva York: Harper & Brothers, 1960.

MORGAN, G. CAMPBELL. *The Crisis of the Christ.* Nueva York: Fleming H. Revell Co., 1903.

PINK, ARTHUR W. *An Exposition of the Sermon on the Mount.* Grand Rapids: Baker Book House, 1951.

ROBERTSON, A. T. *Word Pictures in the New Testament,* vol. I. Nueva York: Richard R. Smith, 1930.

SCHURER, EMIL. *A History of the Jewish People in the Time of Jesus Christ,* vol. II. Traducción inglesa. Edimburgo: T. & T. Clark, 1885.

SCOTT, E. F. *The Crisis in the Life of Jesus: The Cleansing of the Temple and Its Significance.* Nueva York: Charles Scribner's Sons, 1952.

SMITH, GEORGE ADAM. *Historical Geography of the Holy Land.* Vigesimaoctava edición. Londres: Hodder & Stroughton, s.f.

_____. *Jerusalem.* Nueva York: A. C. Armstrong & Son, 1908.

STAUFFER, ETHELBERT. *Jesus and His Story.* Traducido por RICHARD y CLARA WINSTON. Nueva York: Alfred A. Knopf, 1959.

STREETER, B. H. *The Four Gospels.* Edición revisada. Londres: Macmillan & Co., 1930.

TAYLOR, VINCENT. *The Names of Jesus.* Londres: Macmillan & Co., 1953.

_____. *The Person of Christ in New Testament Teaching.* Londres: Macmillan & Co., 1958.

TRENCH, RICHARD C. *Notes on the Miracles of Our Lord.* Filadelfia: Wm. Syckelmoore, 1878.

_____. *Synonyms of the New Testament.* Grand Rapids: Wm. B. Eerdmans Publishing Co., 1947 (reimpreso).

_____. *Notes on the Parables of Our Lord.* Filadelfia: Wm. Syckelmoore, 1878.

WIKENHAUSER, ALFRED. *New Testament Introduction.* Traducido por JOSEPH CUNNINGHAM. Nueva York: Herder & Herder, 1958.

ZAHN, THEODOR. *Introduction to the New Testament.* Traducido por JOHN M. TROUT, *et al.* 3 vols. Grand Rapids: Kregel Publications, 1953 [reimpreso].

El Santo Evangelio Según

San Marcos

A. Elwood Sanner

Introducción

A. Origen

Aunque el Evangelio de Marcos en sí es de autor anónimo (los nombres de los cuatro evangelistas fueron agregados más tarde), virtualmente hay certidumbre de que su autor fue Juan Marcos, nativo de Jerusalén, sobrino de Bernabé, compañero íntimo de Pedro y quizá también de Pablo. Desde el principio hasta la segunda centuria, sólo el nombre de Marcos estuvo vinculado con el presente evangelio. Esto es un hecho notable. En una época cuando la iglesia procuraba asignar autoridad apostólica a su literatura, es poco factible que un nombre de segundo orden estuviera tan ligado a un evangelio, a no haber tenido una fundada razón para hacerlo. Papías, Justino Mártir, el *Prólogo Antimarcionista a Marcos,* Ireneo, y el Canon Muratorio, todos atribuyen este evangelio a Marcos, como intérprete de Pedro. Empleando las palabras de Vincent Taylor, diremos: "No hay duda de que el autor de este evangelio fue Marcos, el asistente de Pedro."[1]

Han surgido algunos interrogantes acerca de si el Marcos escritor de este evangelio debe ser identificado como el Marcos del Nuevo Testamento,[2] pero las objeciones no son ponderables y es consenso general que se trata de la misma persona. "Podemos tomarlo como virtualmente cierto que el Marcos que escribió el Evangelio es el mismo al que hacen referencia 1 Pedro 5:13, Los Hechos y las Cartas de Pablo."[3]

La implicación de todo esto debería ser clara. Si el primer evangelio provino de la pluma de un hombre que tuvo íntimo contacto con los primeros líderes de la iglesia cristiana en sus primeros años, podemos confiar en que nos ha dado un relato seguro, cabal e histórico de la vida y ministerio de Jesús. Más que esto, uno puede estar cierto de que Marcos refleja las creencias y convicciones teológicas de la primera generación de cristianos que incluían el testimonio visual de las poderosas obras de Jesús. Esto es inmensamente importante. La única esperanza del hombre está en "Jesús de Nazaret, hombre aprobado por Dios... por milagros, maravillas y señales que el Padre hacía por su intermedio... a quien Dios resucitó, habiéndole soltado de los dolores de la muerte..." (Hch. 2:22, 24). Una narración fidedigna, segura de tales buenas nuevas no tiene precio.

B. Fecha y Lugar

Se considera que fue escrito alrededor de los años 65-70 D.C. Tal cosa, bajo la suposición de que Marcos escribió después de la muerte de Pedro (que probablemente ocurrió durante la persecución de Nerón del 64-65 D.C.), pero antes de la destrucción de Jerusalén del año 70. Sin embargo, muchos creen que el Evangelio fue escrito más temprano, quizá por los 50. Esta fecha se basa en la suposición de que Lucas y Hechos fueron escritos antes de la muerte de Pablo (c. 64 D.C.) y de aquí que Marcos, (una de las fuentes de Lucas) tuvo que ser escrito con anterioridad.

Un caso más sólido puede ubicar a Roma más que a cualquier otra de las ciudades antiguas como lugar de su escritura, aunque también han sido mencionadas Alejandría y Antioquía. Es evidente que no fue escrito para lectores judíos, dadas las explicaciones que da acerca de las costumbres de esa nación, (p. ej. 7:3-4) y la traducción de expresiones arameas (5:41, y en otros pasajes). El testimonio de la tradición (el *Prólogo Antimarcionita,* Ireneo, Clemente de Alejandría) señalan a Roma, y también lo hace la presencia de muchas palabras tomadas del latín, (p. ej.: *centurión, denario,* etc.). Los tonos de persecución y sufrimiento también apoyan este punto de vista. Pedro (1 P. 5:13) específicamente declara que Marcos, su "hijo" estaba con él en "Babilonia", lo que puede ser una referencia a Roma. Si el Rufo de Marcos 15:21 puede identificarse con la persona mencionada en Romanos 16:13, el caso de que el libro fue escrito en Roma queda muy fortalecido.

C. Fuentes

Según Papías, obispo de Hierápolis (c. 140 D.C.), Marcos fue el intérprete de Pedro y escribió un relato digno de confianza de todas las cosas que recordaba de la predicación y enseñanzas del apóstol.[4] Esta tradición, confirmada por otros escritores de la segunda centuria, han sido menospreciadas por aquellos que cuestionan el fundamento histórico de este evangelio. Sin embargo hay considerable evidencia interna que liga al Evangelio con Pedro: Marcos comienza en el punto donde el Apóstol llegó a ser discípulo y coloca el ministerio de Galilea como centralizado en Capernaum, la ciudad residencial de Pedro; vívidos detalles demuestran que fue testigo ocular del relato; eventos favorables a Pedro son omitidos mientras que algunos menos recomendables, como su negación son relatados con suma plenitud. La opinión que prevalece es que la fuente principal de Marcos fue: "Lo que oyó de Pedro, complementándolo con otros materiales que conocía como de absoluta confianza."[5]

Otro factor que debe considerarse, y que a menudo está asociado con resultados negativos se conoce con el nombre de crítica formal. Esta disciplina procura descubrir las fuentes orales que están detrás de los evangelios. Si Marcos fue el primer evangelio que se escribió como ampliamente se cree, hubo un período de unos 25 años o más durante el cual el mensaje evangélico circulaba principalmente en forma verbal.[6] Los críticos formales han estudiado lo que se creyó ser unidades de tradición en los evangelios y las han clasificado bajo una amplia variedad de categorías o "formas" (por ejemplo, Historias de Discursos, de Milagros, etc.). Los críticos más radicales han enseñado, aunque no formalmente expresado, que estas unidades fueron creadas por la iglesia y que carecen de fundamento histórico.

El subjetivismo de los defensores radicales del criticismo de forma, como lo evidencia la ausencia de acuerdo entre ellos mismos, ha desacreditado el movimiento en forma negativa. Por otro lado algunos eruditos han usado el criticismo de forma para demostrar la exactitud y **seguridad de poder depender de los relatos evangélicos.** Es indudable que las diversas unidades de la historia evangélica fueron predicadas y enseñadas ampliamente por medio de ciertas formas ventajosas de memorización y modo catequístico. Pero "esas formas se cristalizaron cuando existían todas las posibilidades de confrontar su exactitud".[7] Juan Marcos difícilmente pudo haber escrito y hecho circular exitosamente un relato sobre la vida y enseñanzas de Jesús contrarios a los hechos todavía sumamente conocidos por aquella generación después de la crucifixión. En cierto sentido el Evangelio de Marcos es el fruto de los testimonios combinados de la primera generación de creyentes.

Este punto de vista ha sido elocuentemente compendiado: "Como a través de un cristal, oscuramente podemos ver al Evangelista en su obra y en el fondo a muchos otros a quienes es deudor... Detrás de él se halla la actividad didáctica de una iglesia viviente. El había sido parte de ella y también de ella dependía... Su evangelio es más que una empresa privada; es el producto de la vida de la iglesia inspirada por el Espíritu de Dios."[8]

Así que las fuentes de Marcos fueron principalmente la predicación y el ministerio de enseñanza de Pedro, junto con elementos de tradición verbal, sus propios recuerdos y posiblemente ciertos documentos escriturales.

D. Los Milagros

Quizá sea correcto decir que la iglesia ha pasado por un período a través del cual el elemento milagroso en la Biblia ha quedado muy desacreditado. La atmósfera de nuestra época es más amigable a la idea de los milagros. La ciencia tiene una noción más humilde de los límites de las leyes naturales. "Sobre la base de la ciencia o la filosofía no hay razón alguna para negar que Dios puede utilizar fuerzas o leyes aún desconocidas para el hombre."[9]

También ha llegado a ser más claro en los estudios bíblicos y teológicos que la tradición cristiana primitiva está saturada por la creencia en los milagros de los evangelios. Por supuesto que uno está en libertad, sobre la base de su propia filosofía y presuposiciones, de rechazar los milagros, pero a la vez tiene que admitir que tal posición es inconsistente con el cristianismo histórico. Estamos agradecidos por el resurgimiento contemporáneo del cristianismo evangélico histórico con su firme confianza en que Jesús de Nazaret era verdaderamente "varón aprobado por Dios... con las maravillas, prodigios y señales" (Hch. 2:22).

Sin embargo, no importa cuán dignos sean los motivos de hombres como Bultmann, es posible que ellos hayan mal interpretado la mente moderna, porque en ella hay un hambre profunda. De cualquier manera, la predicación de la cruz siempre ha sido necedad para los que se pierden, y todavía es verdad que en la sabiduría de Dios, a El le plugo salvar a los hombres "por la locura de la predicación" (1 Co. 1:21). Y "felizmente, muchos de los más grandes hombres de ciencia, filósofos y eruditos de la Biblia son humildes creyentes en una aproximación sobrenatural a un cristianismo histórico".[10]

E. Propósito

Una de las seguras conclusiones de estudios bíblicos es que los evangelios fueron escritos con un propósito religioso y teológico. Aunque Marcos no declara su objeto tan manifiestamente como lo hace Juan, no es esencialmente distinto al de éste. "Estas cosas os he escrito para que creáis que Jesús es el Cristo, el Hijo de Dios; y para que creyendo tengáis vida en su nombre" (Jn. 20:31).

Esto no quiere decir que los evangelistas no tenían interés en la historia. Hay buena razón para creer que su obra es absolutamente digna de confianza en lo que a historia se refiere. Debemos decir sin embargo, que ellos escribieron con un propósito religioso y no con el de conformarse a los cánones de investigación histórica moderna.

Mediante el testimonio de Pedro y otros testigos oculares (incluyendo posiblemente sus propias reminiscencias), Juan Marcos captó la visión del Hombre de Nazaret, que también era el Mesías, el celestial Hijo del Hombre y el Hijo de Dios. En El, el reino de Dios se había acercado. Este potente Hijo de Dios empeñó a Satanás y sus secuaces— demonios, enfermedades y muerte—en un conflicto mortal del que emergió como el Victorioso. Marcos quería que toda la humanidad viera al Siervo Sufriente y le siguiera por todo el camino al Gólgota, por la tumba vacía y hasta la gloria que ha de venir. Quería estimular y galvanizar a los creyentes ahora que ellos se preparaban a hacerle frente al ostracismo, al ridículo y al martirio brutal bajo los hostiles emperadores romanos.

Y así fue cómo Juan Marcos, el que una vez fracasó y desilusionó al apóstol Pablo (Hch. 13:13; 15:36-39), aplicó la pluma de caña al papiro y registró su historia para todos los tiempos. La contó dinámicamente, usando el presente histórico y el pretérito imperfecto, como si los acontecimientos fueran transcurriendo ante sus ojos. Acentuando el relato con las palabras *euthus* ("inmediatamente", "entonces") y conectando sus cláusulas con *kai* ("también", "y"), escribió el evangelio de acción con intensidad, colorido y detalles tales que sólo un testigo ocular podía recordar. Aunque aparentemente sencillo y sin arte, en realidad el resultado fue un profundo documento religioso, firmemente basado en la realidad y verdaderamente la Palabra de Dios.

> *Potente Hijo de Dios, eterno, vivo Salvador—*
> *El sabe el camino; y nos guiará seguros hasta el fin.*[11]

NOTAS BIBLIOGRÁFICAS

[1]*The Gospel According to St. Mark* (Londres: Macmillan and Co., Ltd., 1959), p. 26.

[2]Hechos 12:12, 25; 13:13; 15:37-39; Colosenses 4:10; 2 Timoteo 4:11; Filemón 24; 1 Pedro 5:13. *Juan* era su nombre judío, Marcos su nombre griego.

[3]C. E. E. Cranfield. "Mark, Gospel of," *The Interpreter's Dictionary of the Bible* (Nueva York: Abingdon Press, 1962), III., 268.

⁴Papías, cuyas declaraciones han sido conservadas por Eusebio en su *Ecclesiastical History* (III, 39) citaba de alguien a quien llamaba "El Anciano", probablemente el anciano Juan de Efeso. *Ibid.*, p. 267.

⁵C. L. Milton. *The Good News: Bible Guides No. 13*, eds. William Barclay y F. F. Bruce (Londres: Lutterworth Press 1961), p. 24.

⁶Numerosos esfuerzos se han realizado con el fin de establecer la existencia de fuentes escritas, anteriores a Marcos, con poco éxito, aunque es de consenso general que hayan existido tales documentos.

⁷Samuel A. Cartledge, "The Gospel of Mark", *Interpretation*, IX, No. 2 (Abril, 1955), 189.

⁸Taylor, *op. cit.*, pp. 103-4.

⁹Cartledge, *op. cit.*, p. 191.

¹⁰*Ibid.*, p. 192.

¹¹Kathryn Blackburn Peck, de "No Other Name" (No hay otro nombre).

Bosquejo

Sección I El Principio del Evangelio

Marcos 1:1-13

A. "LA CLAVE", 1:1

Estas palabras de introducción **Principio del evangelio** (1) nos recuerdan de Génesis 1:1, "En el principio creó Dios"; y Juan 1:1, "En el principio era el Verbo". ¿Debe ser considerado este versículo como título del libro completo o simplemente como introducción al ministerio de Juan, descrito en 2-8? El criterio de que sirve como título para la totalidad del Evangelio es ampliamente apoyado y es razonable, aunque también son posibles otras interpretaciones.[1] Marcos podía pensar en el ministerio de Juan el Bautista como punto de partida de la proclamación **del evangelio** de Cristo. Esto estaría de acuerdo con Hechos 10:36 ss.

Una refrescante interpretación nos ofrece Sherman E. Johnson,[2] refiriéndose a este versículo como "clave" del Evangelio de Marcos. El pensamiento de 1:1 satura el libro y manifiesta su esencia.

La palabra **evangelio** *(euangelion)* y su correspondiente verbo *(euangelidzo)* son ricos en asociaciones bíblicas e históricas. En el Antiguo Testamento griego (la Septuaginta), ambos términos están relacionados con el anuncio de buenas nuevas, especialmente de victoria (vea 1 R. 1:42; 1 S. 31:9). También se empleaban en el lenguaje pagano para anunciar el nacimiento del heredero real y de su progreso. El **evangelio** es la publicación de buenas nuevas, la aparición del reino tan largamente esperado.

¿Qué significan las palabras el **evangelio de** o *acerca* de Jesucristo, o *por* o *a través* de El? Jesús vino para que pudiera haber un **evangelio.** La historia de su encarnación, crucifixión, resurrección y ascensión son los hechos del evangelio. Sin embargo, Jesús vino predicando (hablando de) el **evangelio.**

Sea que este versículo pueda considerarse como título del libro o solamente un indicador del ministerio de Juan el Bautista, de todos modos, sirve bien como "clave" para la totalidad del Evangelio de Marcos. En la frase **Jesucristo, Hijo de Dios,** Marcos nos ha dado el corazón de su historia. Jesús es el equivalente griego de *Joshua* ("el Señor es salvación"); *Christo* es el término del Nuevo Testamento para

277

su correspondiente *Messiah;* e **Hijo de Dios**[3] el más sublime posible de los títulos. La deidad de nuestro Señor era la roca sobre la cual los primeros cristianos basaron su fe.

B. JUAN EL BAUTISTA, 1:2-8

Como está escrito (2) debe tener un énfasis especial sobre el cumplimiento de la Escritura. *Tal* como ha sido escrito. **En Isaías el profeta,** son las palabras que encontramos en los mejores manuscritos griegos. Los versículos 2-3 citan a Malaquías 3:1 y a Isaías 40:3, pero Marcos evidentemente se refiere a Isaías como representante de la dos citas mencionadas.[4] El evangelio ya había comenzado en los "inmensos designios de Dios", encontrados en los profetas. El Padre había prometido enviar un predecesor antes del Ungido, con el fin de preparar el camino para su advenimiento. **Mi mensajero. . . voz del que clama** (2-3) se refiere a "Elías" a quien los judíos esperaban antes de la venida del Mesías (9:11 ss.). Sobre la base de Malaquías 3:1 ss., el precursor amenazaría con los juicios que vendrían y por lo tanto les instaría a su purificación. Los que recibieran al que había de venir debían andar por caminos derechos y tener rectitud personal. Por lo tanto podemos relacionar los versos 2 y 4 de la siguiente manera: **Como está escrito. . . bautizaba Juan.**

¿Por qué apareció el Bautista **en el desierto?** (4). Encontramos la respuesta en la larga asociación de Israel con los desolados lugares del Cercano Oriente. Fue en el desierto donde Dios les dio la ley y guió a su pueblo con mano poderosa y brazo extendido. También los judíos creían que el Mesías iba a aparecer en el desierto para conducir a Israel a su salvación final. La comunidad de Qumran que llegó a ser famosa por los Manuscritos del Mar Muerto, se hallaba ubicada en un paraje desolado. Juan, evidentemente predicó en Perea, pues fue Herodes Antipas quien finalmente lo arrestó.

Bautizaba Juan, por supuesto, pero más que esto era un fogoso predicador. Era la voz que clamaba en el desierto. Predicar, en el sentido griego del término, significa anunciar en voz alta. En el Bautizador Israel oyó la voz auténtica de la profecía que había permanecido en silencio durante tanto tiempo en la tierra. Juan proclamaba el arrepentimiento—no una penitencia sentimental o tristeza, sino un radical volverse a Dios. Sin esto, el **perdón de** los **pecados** era imposible. Se requería de los convertidos al judaísmo (prosélitos), entre otras cosas, que se bautizaran. Pero aquí había un rústico profeta que exigía el arrepentimiento, el bautismo y la confesión de pecados, aun de los descendientes de Abraham.

A pesar del hecho de que sus oyentes tenían que caminar unos 30 kilómetros y descender unos 1300 metros, **salían a él** (5), grandes cantidades de gente de toda Judea, incluyendo, por supuesto, Jerusalén. Josefo[5] confirmó que Juan realmente fue el líder de un gran movimiento religioso. La influencia del Bautista eventualmente llegó a despertar la atención de Herodes Antipas con sus trágicos resultados; esa influencia todavía era un factor en la perspectiva del pueblo poco antes de la crucifixión (11:27-33). Los convertidos que se arrepentían eran bautizados, **confesando sus pecados.** Algunos toman el verbo *bautizar* en la voz media (que en griego es igual a la pasiva). Grant escribe: "Bautizados por él, quiere decir 'en su presencia', o 'en su dirección'; el bautismo judío, y posiblemente también el de los primitivos cristianos, era autoadministrado: 'se bautizaban en su presencia'."[6] Pero esta no es la manera más natural de tomar las palabras aquí expresadas, ni tampoco lo que está en Hechos 8:38; 16:33.

La apariencia de Juan era tan ruda como la de la región donde ministraba, pues **estaba vestido de pelo de camello** (6) y llevaba un cinto de cuero de animal. Su dieta incluía **langostas,** despreciadas aun por los más pobres (aunque aprobadas en Lv. 11:22), **y miel silvestre,** proveniente de las hendiduras de las rocas. Juan era un profeta en línea con los del Antiguo Testamento y su aspecto exterior lo confirmaba (2 R. 1:8; Zac. 13:4). Más tarde Jesús se refirió a él con afecto, y lo ubicó entre los hombres más nobles de su generación (Mt. 11:11). A pesar de todo esto, Juan sabía que su ministerio sólo era de preparación: **Viene tras mí**... (7). Juan era un hombre genuinamente humilde. Por importante que fueran su mensaje y ministerio, él sabía y reconocía que sólo era predecesor de Uno más poderoso que él. Era el deber de los esclavos llevar las sandalias de sus amos y desatar su calzado; pero el Bautista se sintió indigno hasta de realizar el servicio de un esclavo para Aquel que bautizaría con el **Espíritu Santo** (8).

Sin duda, al hablar del Espíritu Santo, Marcos debe haber estado pensando en Pentecostés. En numerosos lugares del Antiguo Testamento se predice la venida del Espíritu Santo (Vea Jl. 2:28 s.; Ez. 36: 25-27; *et al.*). También, el derramamiento del Espíritu estaba vinculado con la venida del Mesías.[7] Una vuelta (crisis) radical hacia Dios confesando el pecado—simbolizada por el lavacro del bautismo—es significativa, pero sólo preparatoria para el advenimiento de Aquel que bautiza con el Espíritu Santo purificador.

C. El Bautismo de Jesús, 1:9-11

En aquellos días, en algún momento durante el gran avivamento religioso de Juan, quizá casi al final, Jesús llegó desde Galilea para comenzar su ministerio. Nazaret estaba ubicada en el norte y oeste; **Perea, donde Juan bautizaba, estaba hacia el sur y este del Jordán. (Vea el mapa).** La hora crucial de la decisión de Jesús había llegado. La aldea de la cual partiera, **Nazaret (9)**, había sido su hogar desde su infancia (Mt. 2:23), pero era un lugar oscuro. No está mencionada en el Antiguo Testamento, ni en Josefo, ni el Talmud. Esto estaba en línea con el encubrimiento del mesianismo de nuestro Señor. Pero la palabra del poderoso ministerio de Juan había llegado hasta Nazaret, mucho más lejos que Judea y Perea.

Muy a menudo los cristianos han leído con perplejidad que Jesús pidiera ser bautizado por Juan. Aparte del hecho de que El quería ser identificado con el movimiento religioso del Bautista, se levanta la pregunta: ¿Por qué? El no sentía necesidad personal de ello tal como lo aclara su testimonio mencionado en Juan 8:46a. El no tenía necesidad como otros de confesar pecados. Además, como lo registra Mateo, **Jesús tuvo que vencer las objeciones del mismo Juan (Mt. 3:14 s).** Cranfield responde bien al asunto: "la sumisión de Cristo al bautismo de arrepentimiento de Juan era su perfecta autodedicación a su misión que le identificaba con los pecadores, misión que a su debido tiempo le llevaría a la cruz."[8] Aquí, literalmente "El se contó entre los transgresores" (Is. 53:12).

Poco más tarde (10:38), Jesús se refirió a sus sufrimientos y muerte como a un bautismo. Podemos creer que este simbolismo estuvo presente aquí. Puede mencionarse otra consideración. El hecho de que nuestro Señor se sometiera al bautismo es suficiente garantía para la práctica de ese sacramento cristiano.

Cuando Jesús **subía del agua (10)** inmediatamente **vio abrirse los cielos;** "se tornaron abiertos". En este pasaje la palabra griega *schizomenous* es una vívida expresión apocalíptica y será reconocida al instante por sus connotaciones modernas. Se trata de un participio presente lo cual indica que la acción estaba en progreso. La oración angustiada del hombre: "¡Oh si rompieses los cielos!" (Is. 64:1) fue cumplida plenamente en la experiencia de Jesús. Descendiendo desde los cielos sobre (o posiblemente en dirección a) Jesús, vino el **Espíritu** en la "ternura, pureza y mansedumbre"[9] de una **paloma**. El Espíritu como si fuera un gran pájaro, nos recuerda a Génesis 1:2.

Tenemos muchas ocasiones de observar el énfasis de Marcos sobre la auténtica deidad de Jesucristo. Aquí haremos bien en notar la **voz de los cielos** (11), expresando la aprobación del Padre que debe haber sido una fuente de indecible seguridad para nuestro Señor. Como nosotros, El andaba por fe y no por vista (He. 4:15). **Mi Hijo amado** puede vertirse: "Mi Hijo, el amado." Las palabras significan que El era el *unigénito* del Padre. F. C. Grant advierte que la voz divina generalmente habla con las palabras de las Escrituras; en este caso, Salmos 2:7 combinado con Isaías 42:1. Más que un título mesiánico, estas palabras de aprobación divina fueron para Jesús una confirmación de su propia consciencia de que El era el Hijo de Dios. "No puede haber duda de que para Marcos... la filiación divina de Jesús era única y completamente sobrenatural."[10] Lucas agrega una conmovedora nota a su relato al decirnos que Jesús estaba orando (Lc. 3:21) durante esta experiencia.

Aunque la descripción que Marcos hace de esta escena es breve, no podemos dudar de que para Jesús fue un pivote. Este bautismo fue para El, "el momento decisivo... de identificación... aprobación... preparación."[11]

Colocando el énfasis en el verso 9, G. Campbell Morgan nota que Jesús fue (1) Al Bautismo; (2) A ser Ungido; (3) A la Tentación; y explica todo esto, respectivamente, como viniendo: (1) Al Hombre en Sus Pecados, (2) A Dios por la Unción del Espíritu, (3) A Satanás para el Conflicto.

D. La Tentación, 1:12-13

Marcos relata solamente los detalles más simples de la tentación. Vea los pasajes paralelos en Mateo 4:1-11 y Lucas 4:1-13 para tener una descripción más amplia. Probablemente éstos representen relatos ampliados de la sucinta historia de Marcos. Como Jesús estaba solo en el período de la tentación, podemos estar seguros de que toda la información sobre los tres relatos proviene de nuestro Señor.

Y luego (12), el adverbio favorito de Marcos, indica la relación inmediata entre el bautismo y la tentación. Las cimas de la visión a menudo son rápidamente seguidas por los valles de la tentación. "Una persona comienza la vida del discipulado con la elevación y regocijo. Luego llega el desierto de la duda y el asombro."[12]

No era por casualidad o fantasías que Jesús encontró a Satanás **en el desierto** (13). **El Espíritu le impulsó** a ir allí (12). El verbo *(ekballo)* tiene un sentido muy fuerte, y quiere decir "arrojar", y se emplea más tarde en los relatos acerca de Jesús echando demonios. Una vigorosa persuasión interior del Espíritu le impeló a tomar la ofensiva en este encuentro con Satán. Ante El estaba la carrera del Siervo Sufriente. La ubicación del desierto es desconocida, pero se trataba de un lugar desolado tal como los que en otros pasajes están asociados con demonios (p. ej. Lc. 8:29; 11:24). El lugar de prueba y aflicción siempre es solitario.

Y era tentado por Satanás (13) significa, en primer lugar, que Jesús fue puesto a prueba como lo implica el verbo *peirazzo*. Sin embargo, el contexto sugiere más. No era "un simple 'ser tentado' sino tentado a desviarse del camino señalado".[13] La tentación era persistente y larga, unos **cuarenta días** (cf. la experiencia de Moisés en Ex. 34:28 y la de Elías en 1 R. 19:8). **Satanás,** el agente, significa "adversario". Mateo y Lucas usan el término "diablo", que quiere decir "calumniador". La gran **misión de Jesús fue oponerse y derrotar el reino de Satanás;** por lo tanto deseaba al principiar tal misión trabar armas con el enemigo en un encuentro decisivo. Jesús repudió el método de un Mesías revolucionario y escogió el camino del amor que se sacrifica. Sólo el Gólgota y el Getsemaní pueden revelar cuán costosa fue su elección.

Los que acompañaron a Jesús en ese lugar solitario de, prueba son un contraste: **Las fieras** estaban con El **y los ángeles le servían.** Sólo Marcos hace mención de los animales, posiblemente para presentar un cuadro de la desolación y ausencia de ayuda humana, pero también quizá como un indicio de compañerismo. El ayuno y la oración siempre están implicados en la ministración de los ángeles. El verbo está en el tiempo imperfecto y puede indicar una acción continua, aunque la vigorización puede venir por la larga prueba. Los ángeles le trajeron la seguridad de la presencia de Dios tanto como fortaleza física, experiencia que se repetiría más tarde bajo la sombra de la cruz (Lc. 22:43).

NOTAS BIBLIOGRÁFICAS

[1]C. E. B. Cranfield, *The Gospel According to St. Mark* ("The Cambridge Greek Testament Commentary"; Nueva York y Londres: Cambridge University Press, 1959), pp. 34-35 cita 10 posiciones posibles acerca de la relación de 1:1 con el libro como un todo.

[2]*A Commentary on the Gospel According to St. Mark* ("Harper's New Testament Commentaries"; Nueva York: Harper and Brothers Publishers, 1960), p. 31.

[3]Si bien es verdad que esta frase no aparece en algunos de los mejores manuscritos, es generalmente aceptada como genuina porque caracteriza la teología de Marcos y porque su omisión sería un error más que su inclusión. Seis genitivos singulares, varios de los cuales fueron probablemente abreviados, le siguen sucesivamente.

[4]Para una traducción más exacta, vea cualquiera de las versiones recientes.

[5]*Ant.* XVIII., 5. 2.

[6]F. C. Grant, "The Gospel According to St. Mark" (Exegesis), *The Interpreter's Bible.*, ed. George A. Buttrick, *et al.*, VII (Nueva York: Abingdon-Cokesbury Press, 1951), 650.

[7]Cranfield (*op. cit.*, p. 50) dice: "Hay evidencias de que un derramamiento general del Espíritu era esperado como carácter distintivo de los últimos días."

[8]*Ibid.*, p. 52.

[9]Ralph Earle, *The Gospel According to Mark* ("The Evangelical Commentary of the Bible", ed. George A. Turner, *et al.*; Grand Rapids: Zondervan Publishing House, 1957), p. 31.

[10]IB, VII, 654.

[11]William Barclay, *The Gospel of Mark* ("The Daily Study Bible"; Filadelfia: The Westminister Press, 1954), pp. 9-11.

[12]Halford E. Luccock, *The Gospel According to St. Mark* (Exposition), IB, VII, 654.

[13]Cranfield, *op. cit.*, p. 58.

Sección II *Principios del Ministerio en Galilea*

Marcos 1:14—3:6

A. PRIMEROS PASOS EN GALILEA, 1:14-20

1. La Predicación de Jesús (1:14-15)

El progreso del reino no puede ser bloqueado. El amordazamiento de Juan por Herodes Antipas fue una señal para que Jesús comenzara su ministerio de predicación. **Encarcelado** (14) significa literalmente "agarrado y pasado a otro", o "pasado de uno a otro". Era evidentemente un término técnico en la jerga policial de la época. Pero es más que esto lo que indica, porque lo mismo se dice de Jesús cuando fue traicionado; El también "fue pasado de una mano a otra" y "entregado" a sus enemigos.

Jesús vino... predicando (14) las "buenas nuevas de Dios".[1] ¡Ojalá pudiéramos captar la brillante promesa de estas palabras! No tinieblas y perdición sino buenas nuevas—y de Dios mismo. Esperanza, salvación, vida abundante—todo está implicado. Por fin "estaba sonando el reloj de Dios".[2] **El tiempo se ha cumplido.** Este es un lugar en que la palabra **tiempo** no se refiere a *chronos* (espacio de tiempo) sino a *kairos* "tiempo oportuno o a propósito".[3]

> *Hay un tiempo en las vidas de los hombres*
> *en que la corriente los lleva a la fortuna;*
> *suprimido, todo el viaje de sus vidas*
> *está ligado a bajíos y miserias.*
> *Tomemos la corriente cuando sirve*
> *o perderemos nuestras venturas.*[4]

Es lo que sucedió con Israel. La hora crucial de su destino había llegado y la perdió. Una generación más tarde Jerusalén quedaba destruida mientras los gentiles escuchaban el evangelio (cf. Ef. 1:10).

El reino de Dios (15) puede ser considerado como el tema unificador de toda la Biblia.[5] No era desconocido para los oyentes de Jesús. La palabra **reino** *(basileia)* puede ser empleada con sentido abstracto o concreto. La soberanía o autoridad de Dios es un hecho presente en nuestro mundo moral, pero es disputada por la rebelión del hombre. Pero a pesar de todo, "Dios está en el trono" y *reina* haciendo que la ira del hombre le alabe. No obstante, llegará el día en que el reino llegará a ser un mundo concreto sobre el cual Dios dominará sin contradicciones. Estos dos temas se entrelazan con la idea del **reino de Dios** a través de las Escrituras; realidad presente y futura expectación y esperanza. Cuando **Jesús vino a Galilea. . . predicando,** verdaderamente el reino de Dios se había **acercado.** "El reino de Dios se había acercado a los hombres en la persona de Jesús, y en Ella realmente los confronta."[6] En 14:42 está empleada la misma palabra griega, refiriéndose a cuando el traidor "se acercaba".

Como Juan, la primera palabra de Jesús fue: **arrepentíos, volveos a Dios con un** *cambio* radical *de mente.* Como quiera que sea, Juan sólo vio la amenaza del juicio y dijo muy poco más. Jesús también vio la promesa de redención y la incluyó en una nota positiva: **creed** (en) el **evangelio.** Esto es una traducción literal del griego y se dice que es el único ejemplo claro de la frase del Nuevo Testamento. "Arrepentimiento para con Dios y fe en nuestro Señor Jesucristo" (Hch. 20:21) siguen siendo las dos palabras claves del evangelio.

2. *El llamamiento a los cuatro pescadores* (1:16-20)

Esta historia es una secuencia natural de la proclamación del evangelio en la sección anterior. Hubo hombres que sintieron la autoridad de las palabras de Jesús y respondieron a su llamado como al de Uno que tenía el derecho de hacer tales demandas.

Fue un momento casual aunque crítico cuando Jesús anduvo **junto al mar de Galilea** (16). Lucas, que había viajado por un verdadero mar (el Mediterráneo), habla "del lago" de Genesaret (5:1). La dimensión del **mar de Galilea** era aproximadamente de 12 por 20 kilómetros, no muy caudaloso, pero sí era el centro de la actividad pesquera en Galilea. **Simón** (equivalente del Nuevo Testamento por Simeón) y **Andrés** estaban en su labor: **echaban la red en el mar.** Se trataba de una malla circular, pesada, con una soga para arrastrarla y encerrar a los pescados como si fuera en una bolsa.

Cuando Jesús les dijo: **Venid en pos de mí** (17), estaba llamando a hombres rudos y trabajadores. Acostumbrados a los peligros imprevisibles del mar y conocedores de los requisitos de paciencia de los pescadores, estaban bien calificados para ser **pescadores de hombres.** Por supuesto, tenían más que aprender como lo implican las palabras

haré que seáis. Vemos el propósito real del discipulado en la razón dada por Jesús para el llamado de estos hombres. "Cristo los llama no tanto por lo que son sino por lo que puede ayudarlos a llegar a ser."[7]

El llamamiento y la respuesta parecen muy abruptos—dejando **luego** (18) en el lenguaje de "estilo nervioso" de Marcos—pero es posible que ambos ya conocieran a Jesús por el ministerio de Juan el Bautista.

A corta distancia, Jesús se encontró con otro par de pescadores, **Jacobo... y a Juan su hermano** (19). Los coloridos detalles de esta escena han convencido a muchos eruditos de que estamos junto al testimonio de un testigo ocular, Pedro. La primera pareja de hermanos ha sido descrita activa en la pesca. La segunda, remendando tranquilamente las redes, "poniéndolas en orden" (Goodspeed). El término **remendaban** es interesante y se emplea también "en la reconstrucción de una ruina o al componer un hueso fracturado".[8]

Jesús rápidamente llamó a los hijos de **Zebedeo**. Sólo se era discípulo por invitación. El término bíblico está saturado de significado teológico. Jesús les recordó más tarde a sus discípulos: "No me elegisteis a mí, sino que yo os elegí a vosotros" (Jn. 15:16).

Simón y Andrés, dejaron luego sus redes (18), sus medios de vida, mientras que **Jacobo y Juan** dejaron a **su padre Zebedeo** (20), tanto como su próspero negocio (indicado por la presencia de **jornaleros**). Se trataba de una elección costosa, pero no distinta de la de cualquier seguidor del Señor. "Así, pues, cualquiera de vosotros que no renuncia a todo lo que posee, no puede ser mi discípulo" (Lc. 14:33).[9]

B. Un Día de Reposo en Capernaum, 1:21-34

1. *Un endemoniado en la sinagoga* (1:21-28)

En esta sección pueden notarse varios de los aspectos característicos de Marcos (Earle): el presente histórico, el empleo constante de *kai* "y", ("también") y *euthus* ("inmediatamente", "entonces"). Todo esto redunda en la vivacidad de la expresión y es posible que refleje el estilo de predicación de Pedro, según lo que recuerda Marcos.

Aunque Jesús había crecido en Nazaret, Capernaum llegó a ser su sede en Galilea. **Capernaum** (21), ciudad importante al noroeste de la costa del mar (vea el mapa) y a tres kilómetros del Jordán, estaba cerca del territorio de Antipas; de aquí la presencia de una aduana receptora de impuestos (2:14). Aquí Jesús, en el día **de reposo**. . . **entró en la sinagoga,** para adorar y enseñar.

Jesús acostumbraba adorar en el templo de Jerusalén y en las sinagogas por dondequiera que iba. Las últimas, construidas de tal modo que apuntaban a Jerusalén, eran el lugar señalado para el culto de los sábados y, durante la semana funcionaban como escuela para niños y también como sala de juicio para trangresores leves. Aquí Jesús **enseñaba.** Marcos registraba los hechos de Jesús más que sus palabras; pero esto no quiere decir que el Evangelista sintiera que el ministerio de enseñanza de Jesús fuera secundario. El verbo **enseñaba** aparece en el evangelio de Marcos 16 ó 17 veces refiriéndose a Jesús.

Los oyentes se **admiraban** (22) no meramente de la **doctrina,** es decir de *lo que* enseñaba, sino mayormente de la *manera* cómo enseñaba. Su palabra tenía **autoridad,** no era sólo el eco de otros líderes religiosos y sus ideas, como lo eran **los escribas.**

Entre los presentes había un hombre que hasta entonces no había sido ni ayudado ni molestado, **con espíritu inmundo** (23). Marcos usa esa expresión 10 veces; Mateo 12, Lucas 6. La posesión de demonios es una idea ofensiva para algunas mentes modernas, ¡a pesar de que hablamos de las fuerzas *diabólicas* de nuestros días! Quizá nada agrade más a Satanás que la iglesia lo considere a él y a sus agentes como mitológicos. Pero meditemos en los espíritus inmundos que controlan a los hombres: la malicia, la vanidad, la codicia, la sensualidad, la desesperación, la brutalidad. Una traducción literal de este verso sería "un hombre *en* un espíritu inmundo".

Reconociendo a Jesús como **el Santo de Dios** (24), el endemoniado clamaba consternado: **¿qué tienes con nosotros?** El demonio inmundo nada tenía que ver con Jesús. Su yo estaba deteriorado, porque el hombre era solamente un instrumento de su atormentador. **Sé quién eres** es una declaración de hecho que se halla varias veces en los evangelios. "Los demonios a menudo sentían el poder del conjurador."[10]

La respuesta a la interrogación: **¿Has venido para destruirnos?** era: "¡Por cierto que sí!" "Para esto apareció el Hijo de Dios" (1 Jn. 3:8). Lo que aquí está en forma de pregunta también pudo haber sido una declaración. Los demonios expresaron temor y provocación.

Jesús le reprendió (25). El verbo está empleado en la Septuaginta para representar la palabra divina de increpación; una contraparte de la palabra divina creadora. **¡Cállate!** a menudo está traducido "¡Enmudece!" (VM.) cf. Mateo 22:1, donde el que había asistido a las bodas sin la debida vestidura quedó enmudecido; también en Mateo 22:34, donde Jesús hizo callar a los saduceos. El Señor no aceptaba el testimonio de fuente inmunda o indigna ni El quería en ese momento recalcar su mesianismo.

El espíritu **inmundo. . . salió de él** (26) pero no antes de haber atormentado al hombre. Los demonios en su venganza parecían siempre dispuestos a hacer toda la destrucción posible, gritando, convulsionando a sus víctimas, dejándolas a menudo como muertas. No obstante, el reino de Satanás tuvo que dar paso al reino de Dios.

En el verso 27 como en el 22, tenemos una indicación de cuán impresionada quedó la gente. Los hombres se **asombraron** de su enseñanza y quedaron perplejos ante sus obras. Los hechos autenticaban las palabras. "La admiración (v. 22) se profundizó hasta el pavor."[11] "¿Qué es esto? ¿Una nueva enseñanza?" (RSV). Naturalmente, **muy pronto se difundió su fama por toda la provincia** (28), aunque no era del todo una bendición.

2. *Sanidad de la suegra de Pedro* (1:29-31)

Estos versículos contienen otra reminiscencia de Pedro; la historia está relatada desde su punto de vista y está específicamente ubicada en su hogar.

La curación evidentemente fue realizada en sábado, porque Jesús y sus discípulos, al salir, es decir, **en seguida,** *(euthus)* de la sinagoga, fueron **a casa de Simón y Andrés** (29). No es claro si esto implica que fuera el hogar de Simón o el de Andrés. Quizás se incluyó su nombre por causa de su parentesco. En cualquiera de los casos, esta casa llegó a ser como una especie de oficina central para el ministerio de Jesús en Galilea.[12] Con **Jacobo y Juan** presentes, es obvio que los cuatro discípulos acompañaban a Jesús por donde iba.

Sin duda Pedro se quedó boquiabierto al encontrar que **su suegra estaba acostada con fiebre** (30). ¡Y con huéspedes en el día de reposo! De modo que Pedro era un hombre casado cuando Jesús lo llamó. A la luz de 1 Corintios 9:5, podemos creer que su esposa debe haber viajado con él en sus últimos viajes misioneros. Lucas habla de "una gran fiebre" (4:38), posiblemente malaria debido a los pantanos que rodean el lago.

En tal momento de necesidad, Pedro se dirigió a su Huésped por ayuda. **En seguida le hablaron de ella.** Con su característica compasión y ternura, Jesús **se acercó y la tomó de la mano** (31) (cf. v. 41). El médico Lucas dice que se inclinó sobre ella (4:39). E inmediatamente **le dejó la**

fiebre. El memorable evento causó una indeleble impresión sobre la mente de Pedro. Sin ninguno de los remedios típicos, su suegra se levantó y **servía** a los distinguidos visitantes. "De manera que siempre la gratitud encuentra su expresión en el servicio."[13]

3. *Un culto de sanidad al ponerse el sol* (1:32-34)

Era imposible que un Hombre con tanta autoridad y milagros pudiera quedar oculto. Las multitudes acudieron más temprano a Jesús aquel día, pero fueron restringidas por la ley judía que les prohibía llevar cargas los sábados (Jer. 17:21-22). Ahora, cuando al llegar **la noche, luego que el sol se puso,** ya había terminado el sábado,[14] **le trajeron todos los que tenían enfermedades, y a los endemoniados** (32). (La palabra griega que muchos traducen por "diablos" debe ser demonios, [así en las versiones hispanas], porque *diabolos* es singular y debe ser "diablo" en el mismo número). Después de echar los demonios del hombre de la sinagoga y sanar a la suegra de Pedro en su hogar, por supuesto le eran llevados los que padecían los mismos males.

Las grandes multitudes, tan evidentes más tarde, comenzaban a aparecer. **Toda la ciudad se agolpó a la puerta** (33). Dondequiera que iba, Jesús era sensible a las necesidades humanas. En la sinagoga, en el hogar, y ahora en las calles, El respondía al clamor por salud y sanaba a muchos. A **todos,** dice el verso 32 y a **muchos,** en el 34. Pero las palabras no están en contraste. Los términos están transpuestos en Mateo 8:16.

Una vez más los poseídos por **demonios** le conocían; pero El **no dejaba hablar a los demonios** (34). El secreto mesiánico no debía ser descubierto prematuramente, especialmente por testigos indignos. Johnson escribe al respecto: "La naturaleza de Jesús no tenía que revelarse hasta que El estuviera listo para hacerlo."[15]

C. Primera Gira de Predicación, 1:35-45

1. *Jesús a solas en oración* (1:35-39)

Muy temprano, a la mañana siguiente, "mientras todavía era oscuro" (35, Phillips), Jesús **salió y se fue a un lugar desierto** para estar a solas con su Padre. La frase temporal del verso 35 es inusitada, y significa "a una hora temprana, mientras todavía era de noche."[16] A. T. Robertson piensa que Marcos se refiere a la primera parte de la última vigilia de la noche, desde las 3 a las 6 de la mañana.[17] A pesar de las demandas exhaustivas de la predicación y sanidad del día anterior,

Jesús buscó la revigorización de su espíritu en la oración.

> *¡Señor, qué cambio se obra en nosotros en una hora pasada*
> *en tu presencia para prosperar!*
> *¡Qué cargas pesadas salen de nuestros pechos!*
> *¡Qué tierras resecas se refrescan como por lluvia!*[18]

Marcos nota especialmente a Jesús orando al principio, a la mitad y al final de su ministerio (aquí y en 6:46 y 14:32). El oró en muchas otras ocasiones, por supuesto, como especialmente Lucas lo relata. ¿No es esta una pregunta que nos acosa? Si Jesús necesitaba orar, ¿cuánto más lo necesitamos nosotros?

Con una sugerencia de desmayo, **le buscó Simón, y los que con él estaban** (36). "Le siguieron la pista" (Barclay). Pedro no podía entender frente a una creciente popularidad, cómo Jesús adoptaba semejante curso de acción. Debe haberlos sorprendido cuando el Maestro les dijo: **Vamos a los lugares vecinos, para que predique también allí** (38). Las multitudes llegaban y se sorprendían de sus milagros, pero eran pocos los que permanecían para creer el evangelio. Casi con fiera determinación, Jesús persiguió el propósito por el cual había **venido** de Dios (cf. Jn. 8:42; 13:3). Predicar el evangelio era más importante para El que sanar a los enfermos. Por lo tanto El dejó los alrededores de Capernaum para emprender la predicación en las villas **en toda Galilea** (39). "Literalmente 'villas-ciudades'. . . Pueblos en cuanto al tamaño, villas porque no tenían muros."[19] Esto parece sugerir un viaje que se extendería a varias semanas o meses. Sin embargo, por larga que haya sido la primera gira, Jesús **predicaba** las buenas nuevas y **echaba fuera** los demonios. El reino de Satanás estaba siendo atacado por el poderoso Hijo de Dios.

2. *La curación de un leproso* (1:40-45)

Como la fama de Jesús se iba extendiendo, la palabra de esperanza llegó hasta un lúgubre lugar donde moraba **un leproso**. En la desesperación de su miseria, "viene (lit.) a él [a Jesús], hincándose y rogándole: 'Si quieres, puedes limpiarme' ". El leproso tenía más fe en el poder de Jesús que en su buena voluntad.

Se exigía que los leprosos evitaran todo contacto humano, que vivieran fuera de los lugares habitados y que clamaran: "Inmundo", como un advertencia a otros (cf. Lv. 13). Este leproso debe haber sido un espectáculo conmovedor: "Vestido de andrajos, con su cabello en desorden, sin su labio superior y exclamando: '¡Inmundo!' "[20] En la Biblia, la lepra incluye otras enfermedades de la piel y no sólo la verdadera lepra; también estaban implicados los hongos en las ropas o en las paredes de la casa (Lv. 13:47; 14:34). Este hombre estaba "lleno de lepra" (Lc. 5:12).

Teniendo misericordia de él (41) (Earle traduce: "Oprimido por la compasión"[21]), Jesús **extendió la mano,** y arriesgando la contaminación ceremonial, **tocó** lo intocable.[22] Jesús a menudo tocaba a aquellos a quienes sanaba (p. ej. 7:33) y era tocado a su vez por aquellos que buscaban sanidad (cf. 3:10). Pero el Maestro podía y quería limpiar y curar al leproso **y le dijo: Quiero, sé limpio.** La inexplicable compasión de Aquel "que se compadeció de nuestras debilidades" (He. 4:15) difícilmente podría ser descrita con lenguaje más conmovedor.

La limpieza de la lepra fue instantánea y completa: **al instante la lepra se fue** (42). La palabra de Jesús: **Quiero, sé limpio** fue similar a la expresión empleada por los sacerdotes y bien puede ser una insinuación de su sacerdocio.

Cuando Jesús le **encargó rigurosamente, y le despidió luego** (43). Se sentía seguro. *Embrimesamenos,* le encargó **rigurosamente,** "originalmente significaba bufar, gemir y es empleado en la Biblia griega para expresar indignación, desaprobación y otras emociones fuertes; cf. 14:5; Juan 11:33, 38".[23] Al hombre se le **encargó,** antes que otra cosa, **no digas a nadie nada** (44) acerca de esa maravillosa liberación, sino que debía mostrarse al **sacerdote... para testimonio.**

La desobediencia del ex-leproso al primer mandato, por nobles que hayan sido sus motivos, sólo sirvió para impedir la obra del Señor en las ciudades; Jesús ya **no podía entrar abiertamente en la ciudad** (45) **sino que se quedaba fuera en los lugares desiertos.** No hay duda de que el hombre sanado hizo el viaje a Jerusalén para ofrecer **por** su **purificación lo que Moisés mandó** (Lv. 14:1-7). Esto era una expresión de gratitud a Dios tanto como el cumplimiento de un deber legal. Al hacerlo daba **testimonio** a los sacerdotes y a los demás de la poderosa obra considerada por los rabíes "tan difícil como levantar los muertos".[24]

Bajo el tema "El Maestro y sus Hombres", podríamos considerar: (1) El Mensaje del Maestro, 14-15; (2) Los Hombres del Maestro 16-20; (3) El Ministerio del Maestro, 21-45.

D. CONFLICTOS CON LOS FARISEOS, 2:1—3:6

1. *Sanidad y perdón* (2:1-12)

Este capítulo abre una sección en la que describe la creciente oposición a Jesús. Al principio, ese antagonismo era silencioso y ·afectaba sólo las mentes de los escribas (2:6), pero pronto encontró su expresión en ataques a los discípulos (2:16) y en complots en contra del mismo Señor (3:6).

Como lo indica Mateo (9:1) **Capernaum** (1) (vea el mapa) había llegado a ser como la "propia ciudad" del Señor y fue la base de sus operaciones a través de todo su ministerio en Galilea. Cuando Jesús regresó, **se oyó que estaba en casa**, muy probablemente en la de Pedro. "No podía esconderse" (7:24). El exacto sentido de la indicación del tiempo de Marcos, **después de algunos días**, permanece en el misterio. Sugiere que pocos días después de su llegada a Capernaum circularon las nuevas de su presencia.

Se juntaron muchos (2) de modo que no cabían en la casa, **ni aun a la puerta.** Era un hogar humilde, sin vestíbulo ni pórtico; a pesar del congestionamiento, Jesús **predicaba**, o proclamaba **la palabra**, "el mensaje" (NEB), a la gente.

A esta casa tan llena de gente, cuatro hombres trajeron un paralítico con la fe de que Jesús lo sanaría. Trepando por la escalera exterior de la morada de un solo piso, los hombres **descubrieron el techo** (4) rompiendo el barro amasado (o tejado, Lc. 5:19), tanto como las ramas, varillas y ramitas que lo sostenían y **bajaron el lecho** (un tipo de colchoneta que se extendía durante la noche y se enrollaba durante el día). Su cooperación y laboriosidad habían encontrado una manera.

Al ver Jesús la fe de ellos—visible por sus obras—Jesús anunció con afecto al perturbado hombre: **Hijo, tus pecados te son perdonados** (5). Es un interrogante en discusión si la aflicción de éste tenía un motivo espiritual. Algunos piensan que sí;[25] mientras otros sostienen que Jesús estaba tomando posición contra la enfermedad y el pecado.[26]

Al momento, los escribas (6), instructores profesionales de la ley cuestionaron la declaración del Señor. Ellos razonaban: **Este...** (implicando menosprecio) **blasfemias dice** (7), lo que según Levítico 24:15 era una acción digna de muerte; solamente Dios **puede perdonar pecados.** Es sorprendente que los críticos estuvieran **sentados** quizá en los lugares de honor, cerca de Jesús, mientras el resto estaba de pie adentro y afuera. Sin saberlo, **los escribas** estaban haciendo una profunda confesión. El **Hijo del Hombre** (10) era más que un mero hombre. Era el Mesías esperado y como poderoso Hijo de Dios podía hacer tal declaración sin blasfemar.

Y conociendo luego *(euthus)* (8) lo que sus opositores razonaban en su interior, Jesús les preguntó: ¿Qué es más fácil, **decir. . . tus pecados te son perdonados, o levántate. . . y anda?** La respuesta era sencilla. Ninguno, porque ambas son imposibles para los hombres, pero posibles para Dios. Pero eran evidencias del poder divino.

Entonces Jesús procedió a "probar la validez de sus palabras de perdón por el poder de sus palabras de sanidad".[27] Así, todos los presentes sabrían que el **Hijo del Hombre**[28] tenía **potestad en la tierra para perdonar pecados** (10). El **paralítico** en la camilla recibió la orden: **Levántate, toma tu lecho y vete a tu casa;** y se fue sin ayuda.

Nuevamente Marcos recuerda el asombro producido por los poderosos milagros de Jesús: **Nunca hemos visto tal cosa** (12). Con relación al tema "La Fe que Obra", podemos notar: (1) El ambiente, 1; (2) La escena 2-4; (3) El resultado, 5-11.

2. *El llamamiento de Leví* (2:13-14)

Como las puertas de las sinagogas comenzaron a cerrarse para el ministerio de Jesús, le llamaban las laderas y las costas del mar. De modo que **volvió a salir al mar** (13) (el de Galilea, vea el mapa) y **enseñaba** a las multitudes que iban y venían (indicado por el imperfecto). **Y al pasar,** andando y enseñando a la manera rabínica, **vio a Leví** (14), más conocido por Mateo,[29] **sentado al banco de los tributos públicos,** lugar donde se cobraban ciertos tipos de impuestos.

Varias de las antiguas rutas del mundo antiguo cruzaban Galilea; una de ellas pasaba por Capernaum, ciudad cercana a la frontera del territorio de Herodes Antipas. Leví era uno de los menospreciados agentes de Herodes. Su trabajo era cobrar los impuestos ya fuese a los que cruzaban hacia Galilea, o posiblemente a los que se dedicaban a la industria pesquera. Para un judío ortodoxo, un publicano estaba tan contaminado ceremonialmente como un leproso. Muchos de ellos no sólo eran avaros en la recepción de los impuestos, sino corrompidos en la área moral de su persona. Eran odiados por todos. Sin embargo, Jesús **le dijo: Sígueme.** El hombre, quien evidentemente había estado anhelando una nueva vida, **levántándose, le siguió.**

Es digno de notar, que Leví dejó más que cualquiera de los cuatro recientemente llamados para seguir a Jesús. Ellos podían regresar a sus redes y botes, pero Leví había tomado una decisión irrevocable. Sin embargo, ningún hombre renuncia a más por seguir a Cristo de lo que va a recibir en retorno. La contribución de Leví (o Mateo) mediante el primer evangelio ha hecho que su nombre sea imperecedero.

3. *Banquete de despedida de Leví* (2:15-17)

Estando Jesús **a la mesa** (o "reclinado" según la costumbre) (15) en la casa de Leví, "era una especie de recepción que daba a sus ex-colegas de negocio, para hacer que ellos también conocieran a su recién hallado Maestro"[30] (cf. Lc. 5:29). De modo que tenía un motivo misionero. Los huéspedes, que eran muchos de los que habían seguido a Jesús, pertenecían a una clase de baja reputación. Los **publicanos** eran los aborrecidos cobradores de impuestos, y los **pecadores** eran judíos que ignoraban la ley, tanto moral como ritual.[31] Los judíos más ortodoxos, como los **escribas y los fariseos** (16), no se asociaban con personas de ese tipo, especialmente cuando se trataba de una comida, para no contaminarse ceremonialmente. Estos legalistas se quejaron a **los discípulos,** quizá por hacer alarde a su lealtad, de que Jesús era descuidado en lo que concernía a las exigencias de la ley cuando comía y bebía con tales personas.

Jesús estaba ansioso de ayudar a los pecadores, pero jamás era "blando" en lo que concernía al pecado. La implicación de los escribas, que también eran fariseos, carecía de fundamento. Cuando un hombre comienza a seguir a Jesús tiene que abandonar sus pecados. Jesús comía y bebía con los **publicanos** y los **pecadores** (frase empleada tres veces en este párrafo) porque sentían su necesidad.

Al oir esto (la crítica), Jesús les replicó con una vigorosa declaración irónica. El no había venido a curarlos a ellos, que no tenían **necesidad de médico,** ni a llamar a los que eran **justos.** Estos pobres, ciegos fariseos, cuyo nombre era un símbolo de tenaz lealtad al judaísmo, estaban satisfechos con su propia condición, confiados que ellos no estaban entre los **enfermos** ni los injustos. Sin embargo, los despreciados publicanos y los rechazados pecadores, sensibles a su necesidad, eran bienvenidos por el Médico que no temía su contaminación. Efectivamente, Jesús vino del Padre para **llamar** a los tales.

4. *Debate sobre el ayuno* (2:18-22)

Los discípulos de Juan (18) el Bautista, que formaron un grupo separado por algún tiempo, y los **fariseos** estaban ayunando. Los discípulos del Bautista, cuyo maestro ya había sufrido el martirio, quizá sentían que las festividades no estaban en regla. Su queja es también un reflejo de su ortodoxia judaica. Los fariseos, que ahora sospechaban que Jesús repudiaba la ley, establecieron un nuevo nivel de oposición abierta contra El: **¿Por qué... tus discípulos no ayunan?**

Jesús no había requerido el ayuno de los discípulos, pero les había enseñado (Mt. 6:16) que tal práctica debía surgir de motivos espirituales y no para exhibirse. "Jesús menciona el ayuno sin ordenarlo."[32]

Contestando con lenguaje parabólico, Jesús les preguntó a sus críticos si ellos esperaban que los invitados a una boda ayunarían **mientras estaba**[33] **con ellos el esposo** (19). Difícilmente. En tales días **no pueden ayunar.**

La metáfora bíblica de la esposa y el esposo es rica en significado. A la luz de Isaías 54:5, Jesús puede haberse referido a su consciencia como Hijo de Dios.[34] Además, en cuanto a la relación entre Juan el Bautista y Jesús, fue el primero quien dijo: "El que tiene la esposa, es el esposo; mas el amigo del esposo que está a su lado... se goza grandemente" (Jn. 3:29). Era apropiado que ayunaran los discípulos de Juan, porque estaban de duelo por su maestro, pero no los discípulos de Jesús, puesto que tenían **consigo al esposo.**

Aquí y en el verso 20 hay un claro indicio, el primero en Marcos, de la pasión y muerte de Jesús. Como Juan, **el esposo les** sería **quitado** violentamente. Entonces sería correcto que los discípulos ayunaran. Quizá mientras Marcos escribía estas palabras, sabía demasiado bien el significado de **en aquellos días,** cuando el ayuno fue inevitable. H. Orton Wiley solía decir a sus estudiantes. "Ningún hombre realmente ora hasta que alguna carga que lo aplasta lo hace caer de rodillas."

Siguen dos parábolas en los versos 21-22 "para enseñarnos que en el mensaje y en la comunión del evangelio hay un espíritu de gozo y poder que debe encontrar su propia y adecuada forma".[35] Algunas veces se ha pensado que estos dos versículos están fuera de su lugar, pero de hecho Jesús procura responder a sus críticos sobre un nivel más profundo.

La nueva vida espiritual apela a nuevas formas de expresión. Si uno cose un **remiendo de paño nuevo** (21), sin uso y no encogido sobre un **vestido viejo,** con el proceso del tiempo, el paño nuevo se va a encoger y tirará **de lo viejo,** haciendo peor la rotura. Lo mismo sucede con el **vino nuevo. Los odres viejos** no pueden contener el vino nuevo. El vigor del nuevo destruirá la rigidez del odre viejo, lo echará a perder y hará que se derrame el vino.

Algo nuevo dinámico ha llegado con el evangelio. Cuando los críticos zaherían a Jesús por no ayunar, no veían que el movimiento cristiano no podía ser forzado en las estáticas y antiguas formas del judaísmo. **El vino nuevo en odres nuevos se ha de echar** (22).

5. *El Señor del sábado* (2:23—3:6)

a. Recogiendo espigas el día de reposo (2:23-28). En esta sección (2:1—3:6) notamos el crecimiento de la oposición hacia Jesús. Los fariseos lo criticaban por cuatro asuntos: le negaban el derecho a perdonar pecados, objetaban a su amistad con los indeseables, se quejaban de que sus discípulos no ayunaran y de que El no observara el sábado.

Marcos describe, en la narración que está ante nosotros, cómo Jesús y sus discípulos pasaban **por los sembrados**[36] **un día de reposo** (23). Era perfectamente legal que los viandantes arrancaran uvas de los viñedos o granos en un campo de cebada o trigo, mientras no usaran un cesto para las uvas ni aplicaran la hoz a los sembrados (Dt. 23:24-35).

Atacando a Jesús al atacar a sus discípulos, **los fariseos le dijeron: Mira, ¿por qué hacen. . . lo que no es lícito?** (24). ¡El simple hecho de arrancar unos pocos granos de trigo y refregarlos en las manos se había vuelto la tarea de segar, sólo por haberlo hecho en el día de reposo! Aunque la ocasión era insignificante, la acusación era seria, porque quien violaba el sábado debía ser apedreado, siempre y cuando el ofensor ya hubiera sido amonestado.

El **Hijo del Hombre** (28), que es. . . **Señor del día de reposo**, defendió la acción "ilegal" de sus seguidores con el argumento de que la necesidad humana está sobre la ley ritual. Jesús citó un ejemplo de las mismas Escrituras para mostrar que aun el inmortal David, cuando huía con urgencia comió el pan de la proposición que legalmente le estaba vedado, dándoles también a los hombres que iban con él (vease 1 S. 21:1-7). Esto no quiere decir que la necesidad siempre dicta lo que es correcto; pero sí indica que en similares condiciones, el acto de David no fue condenable; de manera que los fariseos no entendían ni las implicaciones de su propia ley. "Los panes de la proposición" (de la Presencia en RSV, 26), normalmente sólo debían ser comidos por los sacerdotes como parte de un ritual significativo, y no eran tan sagrados que no pudieran servir para satisfacer las necesidades humanas.

De esa manera fue enunciado el gran principio que dice: **El día de reposo fue hecho por causa del hombre, y no el hombre por causa del día de reposo** (27). Notemos, sin embargo, que el día de roposo es para beneficio de la totalidad del hombre: necesidades físicas, mentales y espirituales. "Ignorar esta ley es sólo probar su necesidad."[37] D. Elton Trueblood advierte que el descuido de instituciones tales como el día de reposo, sólo puede conducir a la disolución de la religión bíblica.[38] Judá, con el sábado, sobrevivió en el exilio, mientras que Israel, sin él, no.

Jesús concluyó la controversia con lo que debió haber sido para sus críticos una aseveración chocante: **Por tanto** (ya que el día de reposo es para el hombre), **el Hijo del Hombre es Señor aun del día de reposo.** "El sábado fue dado para beneficio del hombre. Por esa causa su Hombre representativo puede decidir cómo puede usarse."[39]

b. El día de reposo para el hombre (3:1-6). "Conforme a su costumbre" (Lc. 4:16), **entró Jesús en la sinagoga... en el día de reposo** (1-2). Lo que sigue es el quinto de una serie de conflictos con los escribas y fariseos (vea sobre 2:23-28). **Había allí un hombre** (1) en la sinagoga, **que tenía seca una mano;** probablemente era una "parálisis de mano seguida por contracción".[40] En eso hay una parábola. ¡Cuántos hay en la casa de Dios con ideas rectas pero sin la capacidad de llevarlas a las buenas obras! En Lucas (6:6) leemos que era la mano derecha la que estaba seca. Hay una antigua tradición de que el hombre era albañil y necesitaba ambas manos para ganarse la vida.

"Con ojos escrutadores... sobre cada cosa que Jesús hacía",[41] los fariseos **le acechaban** (2). ¡Aquí hay un cuadro desolador del legalista tanto antiguo como moderno, que solamente mira para encontrar faltas, completamente insensibles a los sufrimientos humanos! Los fariseos permitían la curación en sábado sólo si se trataba de un caso de vida o muerte; pero este no era el problema.

Entonces **dijo al hombre... Levántate** (3), literalmente: **levántate y ponte en medio.** Johnson traduce: "Levántate al frente."[42] Conociendo la malicia de sus pensamientos, Jesús colocó el asunto de la observancia del sábado a un nivel más positivo y real. **¿Es lícito... hacer bien, o hacer mal?** (4). Es decir, ¿qué es más consistente con la ley, restaurar la vida a la mano enferma del hombre aunque sea en sábado, o matar sus esperanzas y futuro para observar una insensible tradición humana? **Pero ellos callaban.** "No podían negar sus argumentos y se negaban a admitir su validez."[43]

.

Nuestro Señor, **mirándolos alrededor con enojo, entristecido por la dureza** (o ceguera) **de sus corazones** (5). Este es el único lugar en los evangelios donde se atribuye el enojo a Jesús. ¿De qué naturaleza de enojo? Quizá Hebreos 1:9 nos dé la clave: "Has amado la justicia y aborrecido la maldad." Pero, nótese también la explicación de Marcos por esta mirada de enojo—Jesús estaba **entristecido** ("conmovido hasta el dolor por la simpatía")[44] sobre su trágica situación. Ninguna otra clase de enojo tiene lugar en el reino de Dios.

Dando la espalda a sus críticos, Jesús se dirigió al hombre con una orden: **Extiende tu mano** (5). La voluntad del hombre combinada con el poder de Cristo, trajo lo imposible a la realidad. **Y él la extendió, y la mano le fue restaurada.**

En la ceguera de sus corazones, los fariseos se dirigieron a conferenciar con los herodianos sobre cómo podían destruir a Jesús. ¡Qué extraños compañeros hace el odio! Los fariseos aborrecían a los herodianos como traidores a su nación, sin embargo, en una ocasión posterior (12:13) unieron sus fuerzas para destruir al Hombre que los molestaba.

NOTAS BIBLIOGRÁFICAS

[1] La frase *del reino* no está en los dos manuscritos más antiguos; pero no todos los eruditos concuerdan en que debe omitirse aquí.

[2] Earle, *op. cit.,* p. 33.

[3] Abbot-Smith, *A Manual Greek Lexicon of the New Testament* (tercera edición, Edimburgo: T. & T. Clark, 1937), p. 226.

[4] *Julius Caesar,* Act IV, sc. 3.

[5] John Bright, *The Kingdom of God* (Nueva York: Abingdon-Cokesbury, 1953).

[6] Cranfield, *op. cit.,* p. 68.

[7] C. E. Graham Swift, "The Gospel According to Mark", *The New Bible Commentary,* ed. F. Davidson (Grand Rapids: Wm. B. Eerdmans Publishing Co., 1953), p. 810.

[8] Earle, *op. cit.,* p. 35.

[9] R. A. Cole, *The Gospel According to St. Mark* ("The Tyndale New Testament Commentaries"; Grand Rapids: Wm. B. Eerdmans Publishing Co. 1961), p. 60.

[10] Grant, IB, VII, 662.

[11] Henry Barclay Swete, *The Gospel According to St. Mark* (Grand Rapids: Wm. B. Eerdmans Publishing Co., 1956 [Reimpreso]), p. 21.

[12] Juan 1:44 declara que Betsaida era el hogar de Pedro y Andrés, pero sin duda había alguna conexión entre las dos ciudades; tal vez por la industria pesquera; vea NBC *in loco.*

[13] A. M. Hunter, *The Gospel According to Saint Mark* ("A Torch Bible Commentary", ed. David L. Edwards, *et al.*; Nueva York: Collier Books, 1962 [reimpresión]), p. 35.

[14]La ley decía que el sábado había terminado y había concluido el día cuando tres estrellas salían en el firmamento" (Barclay, *op. cit.,* p. 31).

[15]Sherman Johnson, *A Commentary on the Gospel According to St. Mark* ("Harper's New Testament Commentary", Nueva York: Harper and Brothers, 1960), p. 50.

[16]Vincent Taylor, *The Gospel According to St. Mark,* (Londres: Macmillan & Co., Ltd., 1959). p. 182.

[17]*Word Pictures in the New Testament:* Nashville: Broadman Press, 1930), I, 263.

[18]Robert C. Trench, "Prayer", *The World's Great Religious Poetry,* ed. Caroline M. Hill (Nueva York: The Macmillan Co., 1943), p. 416.

[19]Hunter, *op. cit.,* p. 36.

[20]*Ibid.,* p. 36.

[21]Earle, *op. cit.,* p. 40.

[22]Aquí hay un interesante problema textual. Unos pocos manuscritos dicen "Movido a ira" *(orgistheis)* en lugar de **compadecido.** Algunos comentadores ven una relación entre este texto y el 43, donde Jesús **encargó rigurosamente** al hombre. Si Jesús se airó, por cierto que no fue con el pobre leproso a quien tocó con amor y ternura sino con las causas de la lepra, incluyendo el reino de Satán. La otra lectura opcional no se recomienda a sí misma generalmente, aunque Cranfield la acepta (*op. cit.,* p. 92).

[23]Johnson, *op. cit.,* p.53.

[24]*Ibid.,* p. 51.

[25]NBC, p. 811.

[26]Cranfield, *op. cit.,* p. 98.

[27]IB, VII, 672.

[28]Esta es la primera vez en Marcos en que encontramos esta autodesignación de Jesús. Ocurre una vez más en este evangelio (2:28) antes de la gran confesión de Pedro (8:27-30), pero con frecuencia de allí en adelante. No hay duda de que se refiere tanto al celestial "Hijo del hombre" en Daniel 7:13-28 como al hecho de que Jesús era el Hombre representativo, el segundo Adán. En los evangelios se encuentra sólo en los labios de Jesús, encontrándose además en el Nuevo Testamento en Los Hechos 7:56 y Apocalipsis 1:13. Vea la nota especial sobre este tema en Earle (*op. cit.,* p. 44), y las referencias adicionales que allí presenta Earle.

[29]Existen algunos interrogantes en cuanto a la relación entre Leví y Mateo. El nombre *Leví* está usado tres veces: aquí y en Lucas 5:27, 29. En vez de ello (9:9) emplea *Mateo.* Mientras algunos problemas textuales permanecen al reconciliar las listas de los Doce, es probablemente lo mejor aceptar que Leví, como Pedro, tenía más de un nombre. Barclay, de plano lo llama Mateo (*op. cit.,* pp. 45-49).

[30]Cole, *op. cit.,* p. 69.

[31]La KJV, siguiendo a Wycliffe y a la Vulgata Latina, emplea el término *publicanos* para traducir *telonai,* palabra del Nuevo Testamento. Los *telonai* eran sucesores de los publicanos, cuya tarea principal era el cobro de impuestos para la república de Roma. Ellos no tenían responsabilidades en cuanto a los impuestos mayores, pero hostigaban al populacho con numerososas tasas pequeñas, sobre caminos, puentes, puertos, comercio, sal, etc. Vea *Harper's Bible Dictionary,* ed. Madeleine S. Miller y J. Lane Miller, (sexta edición; Nueva York: Harper and Brothers, Publishers, 1959), p. 592.

[32]NBC, p. 812.

[33] El término empleado aquí es *numphios* y se refiere a "los amigos del novio que tienen a su cargo los preparativos nupciales" (Abbott-Smith, *op. cit.,* p. 306).

[34] Cranfield, *op. cit.,* p. 110.

[35] *The Westminster Study Edition of the Holy Bible* (Filadelfia: The Westminster Press, 1948), *in loco.*

[36] Más exactamente, "campos de granos", donde los discípulos **arrancaban** "las cabezas del trigo" (23, Goodspeed).

[37] Earle, *op. cit.,* p. 49.

[38] *Foundations for Reconstruction,* Nueva York: Harper & Brothers, 1946), c. 4.

[39] NBC., p. 812.

[40] Hunter, *op. cit.,* p. 48.

[41] IB, VII, 680 (Exposition).

[42] *Op. cit.,* p. 70.

[43] Earle, *op. cit.,* p. 51.

[44] Abbott-Smith, *op. cit.,* p. 431.

Sección **III** *Posterior Ministerio en Galilea*

Marcos 3:7—6:13

A. Retiro a la Costa del Mar, 3:7-12

Cuando la oposición a Jesús ascendió hasta el grado de intensidad descrito en el 3:6, **Jesús se retiró al mar con sus discípulos** (7), a la playa abierta donde estaba rodeado por sus amigos. Este acto de retiro sugiere la brecha que se iba abriendo entre Jesús y los líderes del judaísmo. "A los suyos vino, y los suyos no le recibieron" (Jn. 1:11). Una **gran multitud de Galilea,** de hecho una tumultosa muchedumbre, **le siguió,** mientras que iban llegando tropeles adicionales desde tan lejos como el sur de Judea y de **Idumea** (8), sobre el este desde la Transjordania y de la provincia romana de Siria **(Tiro y Sidón)** al norte (véase el mapa). Estas palabras nos presentan un cuadro notable de la extensión geográfica del ministerio de Jesús aun en esta temprana etapa.

Oyendo cuán grandes cosas (Jesús) hacía, vinieron a él (8). "Grandes acontecimientos atraen grandes multitudes; donde realmente se mitiga la necesidad no faltarán almas suplicantes."[1]

Como medida de precaución, Jesús instruyó a sus ex-pescadores discípulos que le tuviesen siempre lista **la barca** (9) para poder escapar de los que le oprimían **por tocarle** (10).

Es conmovedora la esperanza de aquellos plagados (azotados)[2] por sus enfermedades y que sabían que Jesús **había sanado a muchos.** Como la mujer que más tarde se dijo a sí misma: "Si tocare tan solamente su manto seré salva" (5:28) ellos también deseaban **tocarle.** Era característico de Jesús responder a tales anhelos, porque a menudo ponía la mano sobre la persona afligida (p. ej. 1:31, 41, *et al.*).

Sin embargo, cuando **los espíritus inmundos... al verle... daban voces, diciendo: Tú eres el Hijo de Dios** (11), Jesús "les advirtió repetidamente para que no le descubriesen" (12 Phillips). Firme y enérgicamente rechazó el testimonio indigno de los endemoniados y generalmente encargó a los que habían sido testigos de un milagro que guardaran silencio. Aparte de sus deseos de no inflamar esperanzas nacionalistas por un Mesías político, Jesús rechazó tal testimonio para que los hombres no lo siguieran por motivos impropios. Sus palabras y obras poderosas tenían que guiarles a ver quién era, si eran capaces de ver (cf. Lc. 7:19-23).

B. LLAMAMIENTO DE LOS DOCE, 3:13-19

Conforme se fue ensanchando más y más la brecha entre Jesús y el judaísmo oficial, nuestro Señor comenzó a construir su propia *ecclesia,* el nuevo Israel. Subiendo **al monte** (la zona montañosa de Galilea), **llamó a sí a los que él quiso** (13). El vocabulario literal ("a aquellos que él deseaba") hace hincapié en la soberana elección de Jesús: "No me elegisteis vosotros a mí, sino que yo os elegí a vosotros" (Jn. 15:16). En el misterio de su propia voluntad, Jesús llamó a los doce, incluyendo a Judas Iscariote y ellos **vinieron a él** en el libre ejercicio de su voluntad.

Y estableció (mejor dicho, "designó") **a doce** (14) **para que estuviesen con él** para éntrenamiento formal e informal. Tal instrucción conducía a la misión de predicar, sanar y liberar. Por medio de una íntima comunión con el Señor los discípulos recibirían una comisión para **predicar** y una **autoridad** (*exousia,* poder en el sentido de autoridad delegada) **para sanar enfermedades y para echar fuera demonios** (15). ¿Hubo jamás un programa de entrenamiento ministerial más simple y efectivo? "Su nombramiento implicaba comunión... compañerismo, misión."[3]

El Nuevo Testamento nos da cuatro listas de los Doce: en adición a la lista de Marcos, Mateo 10:2-4; Lucas 6:14-16; Hechos 1:13. **Simón ... por sobrenombre Pedro** (16) siempre encabeza la lista, y Judas Iscariote siempre está al final (excepto en Los Hechos, donde su nombre es omitido). **Jacobo... y Juan... a quienes apellidó... hijos del trueno** (17), completan el círculo.

El empleo de Marcos de "cariñosos sobrenombres personales"[4] es único. Pedro, el nombre que Jesús le dio a Simón, significa "una piedra" y era más una promesa que una evaluación. Los hijos de Zebedeo eran personalidades tempestuosas (cf. 9:38, Lc. 9:54); pero su sobrenombre bien pudo haber sido un elogio, implicando que sus testimonios cristianos serían tan potentes como el trueno.

Andrés, el cuarto miembro de la familia de pescadores, fue un discípulo efectivo, pero no un miembro del "círculo íntimo". Bartolomé y Natanael son considerados como la misma persona; en cuanto a Juan, vincula a Felipe con Natanael, mientras que los Sinópticos relacionan a Felipe con Bartolomé (que significa "hijo de *Talmai*"). Mateo también es llamado Leví y considerado como un publicano sólo en el primero de los evangelios. Tomás significa "mellizo". **Jacobo, hijo de Alfeo** (18) es algunas veces identificado con "Jacobo el menor" (15:

40) y puede haber sido hermano de Leví quien también era "un hijo de Alfeo" (2:14). **Simón el cananita,** debería leerse "el cananeo", un grupo judío revolucionario llamado también zelote (Lc. 6:15 y Hch. 1:13).

Iscariote puede significar que Judas era un natural de Kerioth, pueblo del sur de Judea, o puede ser un sobrenombre que significa "asesino". Grant piensa que el término "quizá quiera decir 'sicario', 'asesino', un nombre ('sicarii') dado a los zelotes... en el año 70 D.C."[5] Jesús debe haber visto alguna vez en el hombre **que le entregó** (19), posibilidades para lo bueno. Judas cayó por transgresión, no por un inexorable determinismo divino.

Eran 12 discípulos. Todos eran hombres comunes con personalidades distintas e imperfectas. Sin embargo, con excepción de Judas, gracias a su compañerismo con Jesús estaban destinados a ser eficientes testigos cristianos.

C. AMIGOS Y ENEMIGOS, 3:20-35

1. *El pecado imperdonable* (3:20-30)

Y vinieron a casa (19).[6] Al volver a su hogar en Capernaum, después de una breve tregua en la zona montañosa (3:13), Jesús una vez más, se sumergió en el demandante ministerio que estaba ante El. Se agolpó **de nuevo la gente** (20) al grado que Jesús y sus discípulos **ni aun podían comer pan;** no había tiempo siquiera para comidas.

Temiendo por la salud y el sano juicio de Jesús, ciertos amigos, evidentemente de Nazaret, **vinieron para prenderle** (21). Es probable que el verso 21 anticipe al verso 31, donde **sus hermanos y su madre** entran en acción alarmados por su seguridad. Ellos estaban seguros de que estaba **fuera de sí.** Marcos nos presenta un cuadro de increíble celo y agotadora actividad de parte de Jesús.

Pero ahora aparece otro grupo—una delegación de **escribas** (fariseos) **que habían venido de Jerusalén** (22). Estos hombres tenían mayor prestigio y autoridad que los escribas locales. Cuando un judío devoto venía de Jerusalén, "descendía"; mientras que "subía" cuando viajaba a la ciudad santa. Estos examinadores oficiales tenían otra acusación más seria: **Tenía a Beelzebú**[7] y estaba en liga con **el príncipe de los demonios.**

Replicándoles **en parábolas** (23) (o con dichos parabólicos; el primer empleo del término en Marcos), Jesús les dijo tres cosas: Primero: **¿Cómo puede Satanás echar fuera a Satanás?** Satanás es demasiado sabio para tolerar divisiones destructivas en su reino. Segundo, el que expulse a Satanás debe ser más fuerte que él; de aquí, que hay alguien más poderoso que Satanás. Jesús implica en el verso 27 que El mismo ha venido a entrar en la casa de un hombre fuerte para saquear sus bienes. Más potente que Satanás, El puede atarlo y despojar su casa. Esta es la razón por la que "apareció el Hijo de Dios, para deshacer las obras del diablo" (1 Jn. 3:8).

Tercero y finalmente, Jesús proclamó una estremecedora advertencia contra los que atribuyen a Satanás las obras de Dios. **De cierto os digo. . . que cualquiera que blasfeme contra el Espíritu Santo, no tiene jamás perdón** (28-29). Comienza con la solemne afirmación **De cierto,** (literalmente: "Amén"; la primera de los 13 casos en Marcos), declaración que contiene una promesa sublime y la amonestación más seria posible. Que todos los pecados serán perdonados es la maravilla del evangelio. Que uno está en peligro de cometer el pecado eterno[8] es grave.

¿Qué es el pecado *imperdonable*? La respuesta está en la misma explicación de Marcos: Porque ellos habían dicho: **Tiene espíritu inmundo** (30). Los escribas habían atribuído las poderosas obras de Jesús a *Beelzebú* el nombre de un corrompido dios pagano que los judíos de la época habían aplicado a Satanás. Atribuirle al poder del diablo la obra del Espíritu Santo en el ministerio de Jesús era exhibir una ceguera espiritual sin esperanza. Equivalía a llegar a ser culpable de un pecado eterno y por lo tanto reo de **juicio eterno** (29). ¿Por qué? Porque cuando alguien dice: "Mal, sé tú mi bien",[9] ha vuelto su rostro hacia las tinieblas y la espalda a la luz. "Por esto Dios les envía un poder engañoso, para que crean a la mentira, a fin de que sean condenados todos los que no creyeron a la verdad" (2 Ts. 2:11-12a).

La predicación antiescritural sobre este texto ha causado mucho daño a almas sensibles. Nadie ha cometido el pecado imperdonable si está preocupado por ello.[10] Con esto no queremos restarle importancia sino sólo pensar claramente en cuanto a la grave amonestación de Jesús. "Si la luz que hay en ti son tinieblas, ¿cuántas no serán las mismas tinieblas?" (Mt. 6:23b).

2. *"Mi madre y mis hermanos"* (3:31-35)

Entre aquellos que vinieron "a prender" a Jesús (21) temiendo que estaba "fuera de sí" estaban **sus hermanos y su madre** (31). Imposibilitados para acercarse a El por causa de la multitud (Lc. 8:19), **quedándose afuera, enviaron a llamarle.**

María, que en Marcos recién aparece a esta altura del evangelio, y sus hijos[11] estaban afligidos por el intenso celo y actividad de Jesús. Muchas cosas María había "guardado"... y "meditado... en su corazón" (Lc. 2:19). Ella no comprendía completamente a su Hijo "ni sus hermanos creían en él" (Jn. 7:5). Ahora, parados fuera de la casa o a las orillas de la multitud, enviaron un ansioso mensajero para avisarle que habían venido por El.

Lo que sigue es una aplicación de las exigencias propias de Jesús. "Si alguno viene en pos de mí y no aborrece a su padre y madre... y hermanos... no puede ser mi discípulo" (Lc. 14:26). Marcos presenta una vívida descripción de un gesto característico, Jesús miró alrededor a los que estaban sentados y dijo: **¡He aquí mi madre y mis hermanos!** (34). Jesús no quería herir a los que le estaban vinculados por la sangre; esto es evidente por la manera como se preocupó por su madre aun en la agonía de la cruz (Jn. 19:26-27). Nuestro Señor simplemente estaba haciendo hincapié en un punto con un gesto dramático. **Todo aquel que hace la voluntad de Dios, ése es mi hermano, y mi hermana, y mi madre** (35).

"La obediencia a Dios, no la relación física es lo que une a los hombres a Jesús."[12] Grant nota que este episodio debe haber sido muy alentador para la iglesia primitiva, herida por las familias deshechas, el ostracismo y la persecución.[13] También debe decirse, que si la voluntad de Dios ordena tal cosa, cumplirla es, por su gracia, una posibilidad humana.

D. Ministerio en Parábolas, 4:1-34

1. *Parábola del sembrador* (4:1-9)

Volviéndose de aquellos que mal le representaban y entendían, **otra vez** (ver 3:7) comenzó **a enseñar a mucha gente, junto al mar** (1). Entre ellos estaban sus seguidores cuya vinculación espiritual con El era más fuerte que los lazos familiares.

Quizá para escapar de la presión de la muchedumbre, que a menudo era una amenaza personal, Jesús entró **en una barca.** Aquí tenía "un púlpito flotante" (Hunter), **se sentó en ella** y con un anfiteatro natural, **toda le gente estaba en tierra junto al mar.** Que Jesús predicara sentado es una evidencia del poder de sus palabras. La verdad vívida más que la presentación dramática captaba la atención de la gente. La doctrina que El enseñaba no era en este caso un discurso teológico sino que por **parábola les enseñaba muchas cosas** (2), como se ve en este capítulo.

Será útil en este punto considerar el significado de la palabra *parábola*. En el Nuevo Testamento esta palabra podría definirse como "algo paralelo... comparación, confrontación... ilustración, analogía, figura".[14] Puede referirse no sólo a las historias que relató Jesús sino también a la figura del lenguaje y analogías que usaba a menudo (p. ej. 2:17, 19 ss.). "Una parábola es una historia terrenal con significado celestial."[15]

El uso de parábolas era común entre los hebreos, pero Jesús las empleó con un propósito penetrante, especialmente cuando aumentó el número de sus oyentes, que podrían interpretar mal o no captar sus enseñanzas. Una historia naturalmente captaría y conservaría la atención tanto de un amigo como también de un adversario; más aún, la parábola sondeaba el corazón, pidiendo un pensamiento y aplicación más profunda. Las parábolas eran "armas morales para sorprender y despertar la conciencia".[16]

Jesús comenzó llamando cuidadosamente la atención de sus oyentes: **Oíd** (3). La amonestación secreta del versículo 9, que finaliza la parábola, va junto con esta petición que parece recalcar la necesidad de oir cuidadosamente.

Esta parábola del sembrador está a la cabeza de una serie en todos los Sinópticos. Tiene que ver con la recepción de las enseñanzas de Jesús, **el sembrador** divino que **salió a sembrar.**

La ocasión para esta parábola se encontraba en la actitud del judaísmo oficial que representaba falsamente a Jesús, y en la reacción de su propia familia que no logró comprenderle. ¿Por qué la predicación del evangelio no produce idéntico resultado en todos los oyentes? La réplica de la parábola es: "La operación de la palabra divina no es automática... la naturaleza de la respuesta divina es dictada por la naturaleza del corazón que la recibe."[17]

El Padre "hace que su sol salga sobre buenos y malos y manda su lluvia sobre justos e injustos" (Mt. 5:45); de igual manera El siembra la simiente en toda clase de terrenos; los de **junto al camino** (4) **en pedregales** (5); **entre espinos** (7) y **en buena tierra** (8). "El corazón duro, el corazón superficial, el corazón congestionado, y el corazón bueno—de hecho todos están presentes cuando se predica la Palabra de Dios."[18]

Combinando metáforas, es sin duda una responsabilidad para aquellos que también van a "preparar... el camino del Señor" (1:3) el ayudar al cultivo de la tierra. Sin embargo, cada uno que oye la Palabra de Dios tiene un pleno deber: **El que tiene oídos para oir, oiga** (9).

2. *Explicación de las parábolas* (4:10-20)

Las multitudes se habían ido y Jesús estaba **solo,** excepto **los que estaban cerca de él con los doce** (10). Se trataba de seguidores simpatizantes que habían estado en un auditorio mayor. Y ellos **le preguntaron sobre la parábola.**[19]

La misma pregunta ilustra el propósito y la eficiencia de las parábolas: hacer que la gente piense con el fin de que el mensaje pueda penetrar profundamente en sus oídos (cf. Lc. 9:44).

Antes de explicarles la parábola, Jesús recordó a sus discípulos que ellos estaban bendecidos con discernimiento espiritual que les daba la revelación, pero a los que estaban **fuera,** (11), es decir los que no pertenecían a su círculo, no les había sido concedido ese privilegio.

El misterio ("secreto", RSV) **del reino de Dios,** les había sido aclarado a ellos, mediante la fe y la obediencia. A aquellos que permanecían en ceguera moral, Jesús a propósito les decía **por parábolas todas las cosas.**

Aquí sigue (12) un versículo que nos deja perplejos. Tal como se presentan las palabras, parece que Marcos quisiera decir que el propósito de las parábolas era (*hina,* "con el fin de") obstruir el entendimiento e impedir la conversión. El lenguaje es tan fuerte que un exégeta moderado como Vincent Taylor llega a la conclusión de que "Marcos ha dado una versión no auténtica de un aserto genuino".[20]

Ninguna conclusión tal es exigida por la evidencia. El fundamento de este verso está en Isaías 6:9-10, donde se le da la comisión al profeta en lenguaje irónico. La exposición de Barclay nos ayuda; "La explicación es que ningún hombre puede traducir o producir con letras de imprenta cierto tono de voz. Cuando Jesús habló, lo hizo un poco con ironía, otro poco con desesperación y todo con amor."[21]

Isaías quien dijo: "Heme aquí; envíame a mí" (6:8) y Jesús a "quien el Padre... santificó y envió al mundo" (Jn. 10:36) trabajaron arduamente para que los hombres vieran. El lenguaje del verso 12 es irónico. Primero Jesús había empleado un acercamiento directo, pero cuando sus palabras fueron rechazadas se volvió a la forma más indirecta de las parábolas, con la esperanza de que la curiosidad los condujera a una reflexión más profunda, y finalmente a la aceptación. Sin embargo, al fin supo que los corazones endurecidos, superficiales y demasiado ocupados menospreciarían la verdad.

La comprensión de esta parábola era crucial. Los que no sabían ... **esta parábola** (13) difícilmente entenderían **todas las parábolas.** Esto es así, no sólo porque la parábola del sembrador es sencilla, sino porque reflejaba su reacción a la enseñanza parabólica en general. Esta es la clave del valor de la enseñanza de las demás parábolas.

La simiente es **la palabra** (14); y si Jesús tenía confianza en la vitalidad de la semilla, nosotros también debemos tenerla. La cosecha es segura. Pero, ¿qué podemos decir de los terrenos en los cuales se siembra la simiente? Las cuatro clases simbolizan: (1) La vida endurecida, 4, 15; (2) La vida superficial, 5-6, 16-17; (3) La vida demasiado ocupada, 7, 18-19; y (4) La vida receptiva, 8, 20.[22]

El corazón endurecido no permite que entre la semilla; de aquí que **en seguida viene Satanás, y quita la palabra que se sembró en sus corazones** (15). De alguna manera este terreno tendrá que ser quebrantado si es que alguna vez la semilla ha de alojarse en él.

En pedregales, donde la tierra es poco profunda y cubierta con piedras, la producción es pasajera. Pero como no tienen raíz en sí, estos seguidores de Cristo **son de corta duración** (17), sólo "tropiezan *y* caen" *(Amp. N.T)* al afrontar **la tribulación o la persecución.** Una teología que enseña una salvación *posicional* no encuentra ningún apoyo en este pasaje, ni tampoco la de "la seguridad eterna". Ni hay tampoco lugar para el pesimismo que no ve esperanza para los creyentes que "fácilmente vienen y van". Si en un momento ese creyente inestable puede "tocar" a Dios para la limpieza del pecado original en su corazón, su superficialidad puede ser reemplazada por profundidad y su titubeo por estabilidad.

¡Es alarmante que existan fuerzas capaces de sofocar la palabra y la hagan **infructuosa!** (19). Los **afanes** de este siglo, **el engaño**[23] **de las riquezas y las codicias,** o ansias **de otras cosas** fuera de la voluntad divina, pueden combinarse para ahogar **la palabra.** (La palabra traducida **ahogan** literalmente significa "apretar juntos", de allí "estrangular, ahogar").[24]

Hasta aquí el cuadro es pesimista, pero no lo es el clímax. También hay **buena tierra** (20), y quizá más de ella en un campo que es menos productivo. **Estos... son los que oyen la palabra y la reciben** (20; "le dan la bienvenida", Goodspeed). La fe es más que un asentimiento a la verdad o consentimiento al deber; también es una consagración y buena acogida del corazón. Estos **dan fruto** en inmensas cantidades.

3. *Exhortación al entendimiento* (4:21-25)

Una vez más Jesús toma las cosas pequeñas de la vida diaria y las hace luminosas y con significado. Notemos **la luz** ("la lámpara"), **el almud** (una vasija que tenía una capacidad de 7,5 litros) **el candelabro** (un pequeño anaquel que sobresalía de la pared), **la cama** (una colchoneta para ser doblada durante el día). Todas estas cosas eran básicas en un típico hogar palestino.

> *La tierra está henchida con el cielo*
> *y cada arbusto se inflama con Dios,*
> *pero sólo el que lo ve quita su calzado...*[25]

¿Por qué **se trae la luz** (21) a la casa? ¿Es para ponerla **debajo del almud** o **debajo de la cama**? (Poner la lámpara debajo de una cama no era imposible, porque la colchoneta podía levantarse ligeramente para cubrir la luz). La respuesta es obvia. La lámpara se lleva a la casa para disipar las tinieblas, de modo que se coloca en un lugar donde no sea obstruida.

¿Por qué, entonces, vino Cristo al mundo? Desde luego, El hablaba con parábolas misteriosas y andaba de incógnito, revelando el "misterio del reino de Dios" (4:11) a sólo unos pocos. Sin embargo, **no hay nada oculto que no haya de ser manifestado** (22), **ni escondido, que no haya de salir a luz** "a no ser para venir a la luz" (RSV).

El esconder u ocultar temporalmete su mensaje en forma parabólica, y el velar su persona por un tiempo ("les reprendía mucho para que no le descubriesen", 3:12) era realmente para revelar su verdad. "El velo estimula la atención. La curiosidad vivifica el esfuerzo, y así llega a ser positivamente subsidiaria del gran propósito de la revelación..."[26]

Es bien claro que el oyente tiene una obligación: **si alguno tiene oídos para oir, oiga** (23). **Mirad lo que oís** (24) y "cómo oís" (Lc. 8:18). Si el hombre que está en el púlpito tiene que preocuparse para que no suceda que "las ovejas hambrientas miren hacia él, pero no sean alimentadas",[27] asimismo el hombre que está allí en el banco tiene la responsabilidad de escuchar con cuidadosa atención. "Con la medida que medís, seréis medidos" (24, RSV). "Responder a la verdad es la condición para recibir mayor verdad."[28] Más aún, negarse a ajustarse a la verdad conducirá a la atrofia y deterioramiento moral. En este sentido, "el rico se hace más rico y el pobre más pobre". **Y al que no tiene, aun lo que tiene se le quitará** (25). "En cuanto al hombre que no tiene nada, aun la nada le será quitada" (Phillips).

4. *Parábola del crecimiento secreto de la semilla* (4:26-29)

Esta parábola que se encuentra solamente en Marcos, sigue en línea con la del sembrador, pero ha sido objeto de las más diversas interpretaciones. El tema central de la parábola es seguramente que "el crecimiento del reino de Dios en el mundo está más allá del entendimiento y control humano".[29] **Así es el reino de Dios, como cuando un hombre echa semilla en la tierra. . . y la semilla brota y crece sin que él sepa cómo** (27). Conforme el sembrador sigue su rutina diaria, durmiendo y levantándose noche y día, **de suyo lleva fruto la tierra,** (28) (lit., "automáticamente", *automate*).

Desde luego que el siervo del Señor tiene el deber de cultivar el terreno, sembrar la semilla, regar las plantas, pero es "Dios que da el crecimiento" (1 Co. 3:7). Podemos deducir otras verdades tales como las limitaciones del hombre y la necesidad de paciencia; pero la parábola enseña, en primer lugar, "la certidumbre. . . lo inevitable de la venida del reino, una vez que la simiente"[30] haya sido echada en la **tierra** (26).

Es posible que no haya sido el propósito de la parábola enseñar lo gradual de la venida del reino, pero esa venida con seguridad ocurrirá en etapas ordenadas: **primero hierba, luego espiga, después grano lleno en la espiga** (28). Como nos recuerda Halford Luccock,[31] la primera y la última etapa de este proceso son estimulantes. Pero la intermedia, "la adolescencia" del crecimiento cristiano, es menos fascinante. Sea en la vida del joven cristiano, una iglesia joven, o una sociedad en general, la **hierba** y el **grano lleno en la espiga** son causa de regocijo. La experiencia más penosa del crecimiento requiere paciencia y fidelidad.

Y cuando el fruto está maduro (29), es decir, "cuando está listo para la cosecha" (RSV), **en seguida se mete la hoz** (cf. Jl. 3:13), **porque la siega ha llegado.** La visión que uno tenga de la parábola en su totalidad dirigirá su interpretación de la cosecha. Algunos consideran la siega como el fin del mundo. En ese caso, el obrero cristiano no tiene responsabilidad de meter **la hoz.** Parece mejor, aunque no rechazamos las interpretaciones escatológicas, aplicar esta parábola al crecimiento del reino cuando y dondequiera tenga lugar. El **hombre** que **echa semilla en la tierra** (26) y que aguardaba que la tierra diera fruto de sí, todavía tendrá una tarea apremiante. "La mies a la verdad es mucha, mas los obreros son pocos" (Mt. 9:37).

5. *Parábola de la semilla de mostaza* (4:30-32)

Jesús aquí estaba continuando su esfuerzo por ayudar a los discípulos a entender la verdadera naturaleza del **reino de Dios** (30). (¡Y cuán lentos eran para aprender! Cf. Hch. 1:6). El preguntó: **¿A qué haremos semejante?** incluyendo graciosamente a sus oyentes en el proyecto. Entre paréntesis podemos notar la importancia del pensamiento pictórico en los asuntos espirituales. **¿Con qué parábola lo compararemos?** Traducido literalmente diría: "¿En qué parábola lo podemos poner?"[32] Las ideas abstractas necesitan ser revestidas con historias y cuadros si es que van a alcanzar la mente y el corazón.

El punto de la parábola es que aunque el reino pueda haber tenido el más pequeño comienzo posible, crecerá hasta que un día será un árbol de tamaño gigantesco. **El grano de mostaza** (31) fue proverbialmente empleado para representar algo pequeñísimo (vea Mt. 17:20). Sin embargo, a pesar de su tamaño, la semilla de mostaza produce una planta o arbusto más grande que cualquiera otra de las plantas en el huerto, de tres metros o más de altura. Las ramas de la planta son de suficiente tamaño como para permitir **que las aves del cielo** (32) hagan sus nidos y puedan **morar bajo su sombra**. (Los pájaros buscan el árbol de la mostaza).

La figura de un gran árbol, con las aves morando en sus ramas y los animales descansando a su sombra, es reminiscencia de la enseñanza del Antiguo Testamento sobre el destino de grandes imperios y el levantamiento del reino de Dios. El gran cedro de Asiria fue derribado y también lo fue el fuerte y vigoroso árbol de Nabucodonosor (Ez. 21:3-13; Dn. 4:10-14), pero el árbol del Señor floreció (Ez. 17:22-24). En los días de Marcos, debe haber sido una fuente de estímulo para la joven y perseguida iglesia escuchar la seguridad que Cristo ofrece en esta parábola. Esta aseveración todavía nos hace pensar: "Porque los que menospreciaron el día de las pequeñeces se alegrarán" (Zac. 4:10).

6. *Sobre el uso de las parábolas* (4:33-34)

Es evidente por las palabras **con muchas parábolas como estas** (33) que Marcos estaba presentado una selección de un gran grupo. "De acuerdo con el énfasis que Marcos le da a la acción, este evangelista nos dice menos de las enseñanzas de Jesús que los otros Sinópticos; pero, proporcionalmente, más de sus milagros."[33]

Por medio de tales parábolas o figuras, Jesús **les hablaba la palabra** (33), las buenas nuevas del Reino. Por cualquier medio, que el hombre de Dios "predique la Palabra" (2 Ti. 4:2) y así "siga en sus pisadas" (1 P. 2:21).

Como Maestro, Jesús hablaba... la palabra, conforme a lo que podían oir (33). Un buen maestro adapta sus materiales y métodos a la capacidad de sus discípulos. Aun al fin, Jesús les dijo a sus apóstoles: "Aún tengo muchas cosas que deciros; pero ahora no las podéis sobrellevar" (Jn. 16:12). Esto le dice algo al maestro y al estudiante. Que el primero tenga un sincero interés por sus alumnos, por su propio bien; y que el segundo recuerde que "nada podrá hacerlo avanzar a estudios superiores hasta que no haya dominado los elementales".[34]

Era la práctica de Jesús no dirigirse a las multitudes **sin parábolas** (34), o alguna clase de figura del lenguaje. "Si hubiera hablado a las multitudes en forma directa los habría forzado a tomar inmediatamente una decisión final... una decisión de incredulidad y rechazo."[35] (Vea el comentario sobre 4:10-20); pero cuando sus discípulos estaban solos con El, **en particular les declaraba todo** (lit., "cuando se sentía suelto", "libre"). ¡Ansiosos de aprender, se quedaban después de clase para mayor explicación!

Por descuidar la exposición de las Escrituras, los predicadores no han superado el método de Jesús. Todavía es verdad que los corazones de los hombres arderán cuando alguien les abra la Palabra (cf. Lc. 24:32).

E. Ministerio de Obras Poderosas, 4:35—5:43

1. *Calmando la tempestad* (4:35-41)

La escena "del ministerio en parábolas" registrada en el capítulo 4, fue "junto al mar" (1). Jesús se había "sentado en medio del mar" con una barca como púlpito. **Aquel día** (35), que había estado lleno con la enseñanza pública y las explicaciones en privado, El **dijo: Pasemos al otro lado.** Se refería por supuesto al mar de Galilea (vea el mapa) un lago de aguas frescas al norte de la Palestina, en forma de corazón, de unos 20 kilómetros de largo por 12 de ancho, a 220 metros bajo el nivel del mar. Se trataba de un lugar de inspiradora belleza; era el centro de la actividad comercial en los días de Jesús. Como tenía montañas bordeando la mayor parte del lago, estaba sujeto a violentas tormentas por causa de las tremendas corrientes de aire frío que corrían desde las mayores elevaciones hasta las más bajas.[36]

Llegaba la **noche** cuando Jesús les dijo: **Pasemos al otro lado.** Hay aquí una palabra sugestiva de tierna compasión en los labios de un pastor mientras comparte una hora de aflicción con su rebaño.

Dejando a **la multitud**, los discípulos **le tomaron como estaba** (36), quizá sin abandonar el bote mencionado en el verso 1. Llega la hora cuando uno debe desviarse de la vida agitada para buscar un lugar de reposo y recuperación. Jesús procuró poner varios kilómetros de agua entre El y las ciudades de la costa occidental cuando todos ellos "tomaron el barco" hacia la más desolada zona oriental. Que tal soledad era rara es evidente por las palabras y **había también con él otras barcas.** Este detalle, innecesario para la historia, es otra reminiscencia auténtica, probablemente del mismo Pedro. Aparentemente la tempestad hizo volver atrás a los otros botes.

Por las razones geográficas ya descritas, pronto **se levantó una gran tempestad de viento** (37) de proporciones huracanadas que arrojaban un oleaje capaz de hundir el bote.[37] Evidentemente la fatiga y la fe hicieron que Jesús estuviera **durmiendo sobre un cabezal** (38) en la popa de la barca. Pero no se trataba de "una lujosa y mullida almohada... [sino] más bien un banco bajo que estaba en la popa y donde muchas veces se sentaba el timonero y el capitán apoyaba su cabeza para dormir".[38] Quizá el **cabezal** era un cojinete de cuero. Solamente en este pasaje se hace referencia a Jesús durmiendo, aunque Juan 4:6 narra que el Maestro "cansado... se sentó junto al pozo".

Presas de un terror mortal, los discípulos despertaron a Jesús y le dijeron vituperiosamente: " 'Maestro, nos estamos hundiendo, ¿no te preocupas ni un ápice?' " (38, Moffatt). La rudeza de su reproche y la severidad de la represión del Señor son ejemplos de detalles en la memoria de Pedro, de quien se cree que Marcos obtuvo mucho del contenido de este evangelio.

Asperamente despertado, Jesús se dirigió a la tormenta con el lenguaje de un exorcista haciendo frente a un endemoniado. Sólo le dijo dos palabras: **Calla** al viento huracanado, y: **enmudece** a las rugientes aguas. Como si estuviera cansado, **cesó el viento y se hizo grande bonanza.**

Bajo el título "Con el Maestro a Bordo", podemos notar: (1) Crisis, 37-38; (2) Cristo, 39; (3) Calma, 39.

Los milagros de Jesús, especialmente "los de la naturaleza", son una ofensa para los que rechazan lo sobrenatural. Pero, ¿acaso no ha sido siempre así? (Cf. 1 Co. 1:23). Cuando uno acepta el mayor de los milagros, la encarnación, los demás milagros del Nuevo Testamento están completamente en regla. En cualquier caso, el rechazo del que tratamos, sencillamente arroja dudas sobre lo fidedigno del relato.[39]

Después de reprender los elementos Jesús se volvió a sus atemorizados seguidores y les regañó: **¿Por qué... así amedrentados?** (40). Si El los reprendió por su falta de coraje, ¿elogiaría El nuestros temores? Vivimos en una edad de ansiedades. La preocupación no es un enemigo débil. Pero en oposición al **temor** Jesús establece la **fe**. En este punto, nuestro Señor tiene ayuda para nosotros. "En el día que temo, yo en ti confío" (Sal. 56:3).

No pudiendo responderle, los discípulos ahora tuvieron **gran temor** (41). Literalmente, "estaban asustados con un gran temor". Los discípulos hicieron el interrogante más grande de la vida: **¿Quién es éste?** La respuesta correcta a esta pregunta es la única solución al problema de los milagros. **Obedecen** (41) se traduce algunas veces en singular.[40]

El texto **¿Quién es éste?** puede emplearse para una exposición de 4:39—5:43. El tema: "El Poder de Cristo": (1) Sobre el peligro, 4:36-41; (2) Sobre los demonios, 5:1-19; (3) Sobre la enfermedad, 5:24-34; (4) Sobre la muerte, 5:20-23, 35-43.

2. *El endemoniado gadareno* (5:1-20)

¡Cuán tranquilas eran las palabras, **Vinieron al otro lado del mar!** (1). Sin embargo, cuánto más sabios y fuertes deben haber sido los discípulos tras la reciente experiencia (cf. 4:35-41). "Ninguna disciplina al presente parece ser causa de gozo, sino de tristeza; pero después..." (He. 12:11). Cuando Jesús y sus discípulos **vinieron... a la región de los gadarenos,**[41] dejando atrás un mar embravecido, inmediatamente tuvieron que hacer frente a un alma sacudida también por la tormenta, **un hombre con un espíritu inmundo** (2).[42]

La descripción del endemoniado gadareno (3-5) es la de un cuadro de la miseria y brutalidad del pecado. **Su morada** [estaba] **en los sepulcros** (3), algo muy posible, porque las tumbas a menudo estaban ubicadas en las concavidades de las cuevas. **Nadie podía atarle, ni aun con cadenas.**[43] **Las cadenas habían sido hechas pedazos por él, y desmenuzados los grillos** (4). El endemoniado era simplemente incontrolable.

(Una serie de negativos en el lenguaje griego nos llevan a esta conclusión). Su gran fuerza sólo le producía miseria porque **de día y de noche, andaba dando voces en los montes y en los sepulcros, hiriéndose con piedras** (5).

El "Pecado Es el Enemigo Público Número 1", porque significa: (1) Suicidio—morada en el lugar de los muertos, 3; (2) Locura, 4; (3) Autodestrucción, 5.

Aquí vemos nuevamente el misterioso reconocimiento de la naturaleza de Jesús por aquellos que estaban poseídos por demonios. Aunque había alguna distancia desde la costa, cuando el endemoniado **vio... a Jesús... corrió, y se arrodilló ante él** (6), es decir, cayó postrado ante El. Aun los discípulos no habían llegado todavía a comprender quién era Jesús, pero el endemoniado gritaba: "Qué tienes que hacer conmigo, Jesús, Hijo del Dios Altísimo?" (7, *Amp. N.T.*). La expresión **Dios altísimo** refleja un nombre para Dios dado en el Antiguo Testamento, que los "no israelitas empleaban especialmente para referirse al Dios de Israel".[44] Las palabras: **Te conjuro por Dios** pertenecen al lenguaje de uno que echa demonios. ¿Es este algún atentado de exorcismo a la inversa?[45] **No me atormentes** probablemente refleja las batallas de los demonios que Jesús iba a echar fuera (cf. Mt. 8:29). El atormentador estaba clamando para escapar del tormento; "Jesús le decía 'Espíritu inmundo, sal de este hombre' " (8, Goodspeed).

Quizá con el propósito de ayudar a esta alma desequilibrada a volver en sí, Jesús **le preguntó: ¿Cómo te llamas?** (9). Se creía que cuando un adversario obtenía el nombre de su opositor ya había dado el primer paso para dominarlo. **Y respondió... Legión me llamo; porque somos muchos.** El intercambio de *nosotros* y *yo* en la conversación del endemoniado sugiere la extensión de su múltiple personalidad debido a la presencia de fuerzas demoníacas. Estaba vencido por "un conglomerado de malas fuerzas",[46] y los 4.000 ó 6.000 de una legión romana pueden haber sido un cuadro exacto de su condición.

El desesperado clamor de los demonios para que Jesús **no los enviase fuera de aquella región** (10) evidentemente refleja sus temores del castigo eterno (cf. Lc. 8:31, "al abismo" o al "abismo sin fondo", *Amp. N.T.*). Reconociendo la autoridad de Jesús y su propia derrota, **le rogaron todos los demonios**[47] (12) que los dejaran ir entre **un gran hato de cerdos paciendo** (11) y entrar **en ellos.**

La historia de allí en adelante "está erizada de dificultades" (Cranfield) porque **Jesús les dio permiso** (13). Los numerosos **espíritus**

inmundos dejaron a su víctima y **entraron en los cerdos;** y el hato que **eran como dos mil . . . se precipitó en el mar** y se ahogaron.

¿Por qué permitió Jesús que se perdiera esa propiedad? Algunos eruditos procurando suavizar la ofensa sostienen que el último grito salvaje de los demonios asustó a los animales y causó el desastre. Otros lo describen como un legendario cuento judío.

La historia permanece como parte integral del registro de los Sinópticos y debe tener una verdad significativa. Quizá la mejor explicación sea que el pobre demente gadareno necesitaba alguna evidencia exterior de su liberación. La huída y destrucción de los cerdos, "eran una demostración ocular para el ex-endemoniado de que los demonios ya habían salido de él".[48] También es interesante la observación de Barclay.

> ¿Cómo podía jamás compararse el destino de los cerdos con el del alma inmortal de un hombre? . . . Hay un sentimentalismo barato que languidece triste por la pena de un animal y que no destinaría un cabello para el miserable estado de millones de los hombres y mujeres de Dios. En la escala de proporciones del Señor, no hay nada tan importante como el alma humana.[49]

"Los porqueros huyeron y se fueron a la ciudad y al campo" (14, RSV), y contaron **aquello que había sucedido** (14). ¿En dónde más podían contar su historia? **Vienen a Jesús** (15), pero vieron al ex-endemoniado y que **había tenido la legión** y "realmente se asustaron" (15, Phillips). ¡Miedo de la sanidad! El que otrora vagaba herido por las tumbas, "sin ropas" (Lc. 8:27), ahora está completamente razonable, **sentado,** tranquilamente **vestido y en su juicio cabal** (de una palabra que significa "sano de la mente").[50]

La poderosa obra de Jesús produjo asombro y miedo en aquellos que la contemplaban. Recordamos que los discípulos "temieron con gran temor" cuando fueron testigos de la calma de la tempestad en Galilea (4:41). Los hombres siempre han sentido un *misterium tremendum* en la presencia de Dios. Moisés quitó su calzado ante la zarza ardiendo (Ex. 3:5); Isaías clamó: "¡Ay de mí!" (Is. 6:5) en el templo lleno de la gloria; y cuando Juan vio al Cristo glorificado "cayó a sus pies como muerto" (Ap. 1:17). Marcos quiere que al leer sus palabras sintamos que Jesús es el Cristo, "el Hijo de Dios" (1:1).

Cuando los testigos oculares describieron la liberación del que había estado endemoniado y la destrucción de los cerdos, los moradores de Gerar **comenzaron a rogarle** (17) ("suplicar", "implorar") **que se fuera de sus contornos.** Quizá temían que pudiera ocurrir una pérdida mayor de cualquier otra cosa. No dispuesto a quedarse donde no lo querían, Jesús "les concedió lo que pedían pero envió flaqueza a sus almas" (Sal. 106:15).[51] Se ha dicho que ningún otro milagro de Jesús tuvo jamás resultados tan negativos.

En agudo contraste estaba el elocuente clamor del hombre **que había estado endemoniado** (18). **Al entrar él** [Jesús] **en la barca** (mejor, "mientras estaba entrando al bote" RSV), **le rogaba** (imploraba) **que le dejase estar con él.** Jesús puso bastante responsabilidad sobre el gergeseno, tan joven en la fe y **no se lo permitió** (19). **Vete a tu casa. . . y cuéntales cuán grandes cosas el Señor ha hecho. . . y cómo ha tenido misericordia de ti.** Los que habían expulsado a Jesús de sus contornos tendrían así un mensajero predicando en su lugar.

Valiente y vigorosamente, el ex-endemoniado obedeció, aparentemente al momento y **comenzó a publicar** (20)[52] en Decápolis[53] **cuán grandes cosas había hecho Jesús.** Note que los geresenos identificaban al **Señor** con **Jesús** (19-20, vea Lc. 8:39). Su indisputable testimonio provocó sorpresa. **Y todos se maravillaban.**

3. *Resurrección de la hija de Jairo* (5:21-43)

En la sección que está ante nosotros se describen "dos estupendos milagros".[54] Son únicos, en el sentido que uno interrumpe el progreso del otro sin frustrarlo. El primero representa a aquellos que buscan ayuda, el segundo a aquellos que la reciben mediante la instrumentalidad de otros. Uno ilustra el poder de Cristo sobre la enfermedad; el otro, su **poder sobre la muerte.**

a. El clamor de un padre (5:21-24). Regresando del lado oriental del mar de Galilea y la experiencia con el endemoniado gergeseno, Jesús pasó **otra vez en una barca** (21) al más poblado lado occidental. En agudo contraste con la hostil recepción entre los gergesenos, **se reunió** alrededor de él una gran multitud tan pronto como desembarcó en la costa cercana a Capernaum.

El primero en romper la curiosa muchedumbre fue uno de los más distinguidos miembros de la comunidad, **uno de los principales de la sinagoga, llamado Jairo** (22). Era algo así como el jefe de la congregación "en todo lo relacionado con el culto público y sus varias partes de oración, lectura de las Escrituras y exhortación".[55] En su desesperación, Jairo olvidó sus "prejuicios. . . dignidad. . . orgullo. . . amigos".[56]

Y cayó a los pies de Jesús. Ningún hombre realmente ora hasta que está aplastado sobre sus rodillas.

Mi hija (en griego está en diminutivo, lenguaje peculiar de Marcos y era un término cariñoso) **está agonizando. . . ven y pon las manos sobre ella** (23). Jairo tenía una gran fe en Jesús y debe haber conocido su poder para sanar. Es una atractiva especulación que "puede haber pertenecido a los ancianos de los judíos" que buscaron a Jesús para que curara al siervo de un amigable centurión de Capernaum (Lc. 7:2-5).

Aunque presionado por todas partes y por los que le **apretaban** (24), Jesús **fue** con el atribulado padre, llevando la esperanza de que su hija sería **salva**.

b. Una patética interrupción (5:25-34). Entre los que **apretaban** a Jesús (24), mientras se dirigía a la casa de Jairo, había **una mujer** (25) "que había tenido flujo de sangre durante 12 años" *(Amp. N.T.)*. Su dolencia eran tan antigua como la edad de la niña que en esos momentos yacía "a punto de muerte" (23). La anónima mujer había buscado ayuda y **sufrido. . . de muchos médicos** (26) **y nada había aprovechado, antes le iba peor.** Marcos es descortés y nada lisonjero con los médicos de su tiempo. La mujer **había sufrido** mucho en sus manos **y gastado todo lo que tenía y** estaba peor. Lucas, el médico amado, es un poco más amigable con los de su profesión y nota que la enfermedad "no había podido ser curada" (Lc. 8:43).

El aprieto de la mujer era patético—"presumiblemente una de esas hemorragias crónicas, debilitantes, embarazosas, empobrecedoras ... desanimadoras".[57] No es de sorprender que **cuando oyó hablar de Jesús** (27), cuya fama ya se había divulgado, buscara la liberación por su intermedio. Esperando "robar un milagro",[58] se puso entre la multitud detrás de Jesús y **tocó su manto.**

La práctica de la sanidad generalmente ha sido asociada con un toque. Ya hemos notado como Jesús "movido a compasión puso su mano sobre un leproso y le sanó" (1:41). Las multitudes a menudo "caían sobre él" para poder tocarle (3:10). Esto también concuerda con Santiago que da instrucciones con respecto a la oración por los enfermos (Stg. 5:14). **Si tocare tan solamente su manto** (28), pensó ella con una profunda esperanza, **seré salva.** Se exigía que los hombres de Israel llevaran un ribete en sus vestiduras: "en cada franja de los bordes, un cordón azul" (Nm. 15:38). Quizá sea esto lo que ella tocó (Lc. 8:44).

Y en seguida (adverbio favorito de Marcos, *euthus*) **la fuente de su sangre** (cf. Lv. 12:7) **se secó** (29); y **sintió en el cuerpo que estaba sana de**

ese **azote**. La palabra traducida **estaba sana** es *iatai* y está en el tiempo perfecto e implica que "los resultados permanecen".[59]

Por el momento, el indecible gozo de la mujer se tornó en alarma, porque Jesús **conociendo**[60] en sí mismo el **poder** *(dynamis)* que "había salido de él" (30, RSV), **volviéndose a la multitud dijo: ¿Quién ha tocado mis vestidos?** ¿Por qué hizo Jesús esta pregunta? Probablemente para ayudar a la mujer a hacer una confesión abierta, asunto tan importante para la salvación (Ro. 10:10); y también para aclarar que el objeto de su fe era El mismo y no su ropa.

Los discípulos evidentemente se sorprendieron y se exasperaron un poco por la pregunta de Jesús cuando la multitud le estaba apretando[61] por todos lados: **¿Quién me ha tocado?** (31). La interrogación no era muy respetuosa, pero sí un poco sarcástica. Empero, nos demuestra que la fuente de Marcos era digna de confianza.

La sanidad de la mujer nos recuerda que "hay un mundo de diferencia entre apretar a Jesús y tocarle con fe personal".[62]

Ignorando el comentario de sus discípulos, Jesús **miraba alrededor** (32) para ver **quién había hecho esto.** Nuevamente tenemos el detalle que sólo puede provenir de un testigo ocular. Marcos nos presenta un cuadro vívido de Jesús escudriñando los rostros de la multitud, como en 3:5, con excepción de que en esta ocasión era con bondad y no con ira.

Perfectamente consciente de que ella había hecho que Jesús quedara ceremonialmente inmundo (Lv. 15:19) y **temblando** por la incertidumbre de ignorar si El estaría enojado, la mujer, "sin embargo vino y le dijo toda la verdad" (33, RSV). Las palabras **bondadosas de** Jesús mitigaron su espíritu temeroso. **Hija, tu fe te ha hecho salva (34).** Ningún grupo puede ganar más por servir a Cristo, o tener más que perder por rechazarle, que las mujeres del mundo.

Jesús aclaró que era la fe de la mujer en El, no nada mágico al tocar sus ropas, lo que la había sanado. Sus palabras también fueron una confirmación exterior de lo que había acontecido en ella.

Vé en paz, y queda sana. Ahora que ella sabía que ya estaba sana y era libre de su azote, la mujer podía irse **en paz.** Las bendiciones de la buena salud y el consecuente sentir de bienestar son dones de Dios. En sustancia, Jesús dijo: "Que tu preocupación nunca más vuelva a afligirte."[63]

Marcos así ha preservado para todos los tiempos otra de las

poderosas obras de Jesús, "porque él es el mismo ayer, hoy y por los siglos" (He. 13:8).

    c. Vida desde la muerte (5:35-43). Uno puede imaginar la intensa ansiedad de Jairo durante la interrupción descrita en los versos 25-34. Si abrigó tales temores, éstos fueron confirmados cuando una persona endurecida apareció **mientras él** [Jesús] **aún hablaba** (35) a la mujer, para informarle: **Tu hija ha muerto.** Su pregunta: **¿para qué molestar**[64] **más al Maestro?** implica que Jairo le estaba importunando. Ellos no esperaban una resurrección.

    Después de oir **lo que se decía** (36), pero ignorando la implicación,[65] Jesús rápidamente le dijo a Jairo: **No temas, cree solamente.** ¡Cuán a menudo Jesús reprendía el temor y fortalecía la fe!

    En ese momento hizo volver a la curiosa muchedumbre **y no permitió que le siguiese nadie,** excepto los del círculo íntimo, **Pedro, Jacobo y Juan** su hermano. El privilegio de estos tres de ser testigos de éste y otros acontecimientos notables (la transfiguración, 9:2; la agonía de Getsemaní, 14:33) fue equilibrado por las posteriores responsabilidades. Pedro fue el principal orador del día de Pentecostés; Jacobo fue uno de los primeros mártires y Juan ejerció una inmensa influencia con su apostolado de amor.

    Cuando por fin Jesús y los que le acompañaban llegaron **a casa del principal de la sinagoga** (38), se había hecho un **alboroto** y grande confusión causada por el llanto a gritos y los lamentos.[66] Era costumbre emplear lamentadores profesionales, aunque no hay duda de que estaban presentes los amigos cercanos que lloraban con dolor sincero.

    Posiblemente apenado por causa de algunos que **lloraban y lamentaban** por ganancia, Jesús entrando a la casa o en el atrio, **les dijo: ¿Por qué alborotáis y lloráis?** (39, lit.: "por qué hacéis un tumulto"), **"la niña** no está muerta, está durmiendo" (39, NEB).

    La muerte de la niña tiene que haber sido real, porque el relato es el clímax de las "obras poderosas". Para el poder de Dios en Jesús su muerte no era un obstáculo mayor si hubiera sido una persona dormida. "El otro mundo... está dentro de los límites de la voz del Salvador."[67]

    Seguros de que **la niña** no estaba dormida sino realmente **muerta,** los lamentadores **se burlaban de él** (40). El término *kategelon* implica escarnio. "Ellos... le escarnecían" *(Amp. N.T.).* La mofa no sirve para contribuir a la atmósfera de fe, de modo que Jesús los echó **fuera a todos.**[68] "Sólo los verdaderos dolientes tenían que ser confortados; únicamente ellos lo necesitaban."[69]

Acompañado por los tres discípulos, Jesús hizo un verdadero servicio pastoral, tal como lo hace a menudo un buen ministro de Jesucristo. **Tomó al padre y a la madre. . . y entró donde estaba la niña.** La presencia de otros con Jesús en la habitación tendría el valor de la evidencia y satisfaría la insistencia judía en la manera correcta de proceder.

Con un movimiento característico, (cf. 1:31), Jesús tomó **la mano** a la niña (41) y la llamó como generalmente lo hacían los padres cuando estaba dormida: " 'Levántate, hijita' " (NEB). **Talitha cumi** son probablemente las palabras arameas que Jesús hablo, porque ese era su idioma. La respuesta de **la niña** fue inmediata. **Luego** (42). . . **se levantó y andaba.** Marcos nota que la niña tenía doce años, es decir, que tenía edad para caminar.

Una vez más nos enteramos de la reacción emocional de los testigos del poder divino de Jesús. **Y se espantaron grandemente,** es decir, "quedaron completamente maravillados" (42, Goodspeed). "La gente quedó muy admirada" (VP.); "se asombraron con grande asombro" (VM.). "La gran realidad de la vida cristiana es que aquello que es completamente imposible para los hombres, es posible para Dios."[70]

Por supuesto que era imposible ocultar el hecho de que se había realizado un tremendo milagro a pesar de que Jesús les había ordenado **que nadie lo supiese** (43). Nuestro Señor se negaba a inflamar las falsas esperanzas de los judíos de que El era el Mesías político que ellos esperaban. La historia termina con una nota de la consideración y sentido práctico de Jesús: **Y dijo que se le diese de comer.** Esto también serviría para demostrar la realidad del milagro efectuado. "La muerta ahora estaba viva y comiendo."[71]

Este capítulo pinta a "Cristo el Vencedor": (1) Sobre los demonios, 1-20; (2) Sobre la enfermedad, 25-34; (3) Sobre la muerte, 35-43.

F. UN PROFETA SIN HONRA, 6:1-6

Partió Jesús **de Capernaum** (1), la primera parte de un circuito de enseñanza en Galilea. Como a un día de camino, él y **sus discípulos** (que ahora estaban recibiendo enseñanzas "vocacionales") vinieron **a su tierra,** es decir, Nazaret (su tierra de adopción; vea el mapa).

Y llegado el día de reposo (2), Jesús **comenzó a enseñar en la sinagoga.** Aquí había "un gran auditorio" (Moffatt) de viejos amigos. El ministerio de Jesús siempre provocaba admiración (5:42), pero era distinto en Nazaret. " '¿De dónde sacó este hombre todas estas cosas?' " (RSV). Allí podía haber insinuaciones oscuras de que la **sabiduría** y los **milagros** que le habían sido dados a Jesús provenían de alguna fuente que no era Dios (cf. 3:22).

" 'Siempre hay una sombra bajo la lámpara' "[72] y así era en Nazaret. "A lo suyo vino, y los suyos no le recibieron" (Jn. 1:11). Le habían conocido como el **carpintero** ("el ebanista", Moffatt) **el hijo de María** (3).[73] Podían nombrar a sus hermanos y hermanas.[74] Y se escandalizaban **de él.**[75] "Atónitos" ante su sabiduría y poder; sin embargo tropezaban ante su Persona.

Jesús les replicó con un proverbio común de la época y región: " 'No hay profeta sin honra sino en su propia tierra' " (4, NEB). En otros pasajes es evidente (Lc. 13:33) tanto como en este pasaje, que Jesús se está refiriendo a Sí mismo como Profeta y así era popularmente reconocido (15). Era un Portador de la verdad.

Luego sigue en el verso 5 lo que se ha llamado "la declaración más audaz del evangelio", una que crea "una profunda impresión de exactitud histórica".[76] **Y no pudo hacer allí ningún milagro** (5, lit., "nada pudo hacer..."). Lo que nosotros denominamos "milagros" Juan le llama "señales", y los Sinópticos "obras poderosas" *(dynameis).* Excepto que **sanó a unos pocos... poniendo sobre ellos las manos,** nadie fue testigo de "señales" u "obras poderosas" en la propia ciudad de quien siempre ha sido conocido como Jesús de Nazaret.

Por dondequiera que iba el Maestro su ministerio sorprendía, pero en Nazaret sucedió lo contrario. La **incredulidad** de sus consanguíneos y amigos lo maravillaba. **Y estaba asombrado de la incredulidad de ellos** (6). Mientras **recorría las aldeas de alrededor** de Galilea **enseñando,** sin duda alguna llevaba una herida en su alma (cf. Mt. 17:17).

G. La Misión de los Doce, 6:7-13

La verdad es que esta sección parece comenzar en el verso 6*b*. El ministerio de enseñanza de Jesús en Galilea se extendió a través de la obra de **los doce** a quienes **llamó** y **comenzó a enviarlos** (*apostollein,* de donde proviene nuestra palabra "apóstoles") y les dio **autoridad** *(exousía)* **sobre los espíritus inmundos** (7).

¡Qué incomparable educación teológica recibieron estos iletrados pescadores! "Aprendieron, al hacer", bajo la dirección de Aquel que habló como "jamás habló hombre alguno" (Jn. 7:46). Salieron de **dos en dos** "con el propósito de testimonio y compañerismo"[77] y debían viajar frugal y urgentemente, dependiendo de Dios y de la hospitalidad de aquellos que los recibirían. Nótese la progresión en las restricciones: **solamente bordón** (8)[78] (posiblemente como protección en contra de los perros), no debían llevar **alforja**,[79] **ni pan, ni dinero** (moneda de cobre) **en el cinto** para comprar alimento. Calzarían **sandalias (9)**; no usarían **dos túnicas** (una túnica o camisa justo a la piel). "Dos camisas constituyen un lujo extraordinario para viajar."[80]

Tales requisitos tenían que cumplirse solamente durante el breve lapso de este ministerio en Galilea; pero el principio que expresan es aplicable para todos los tiempos. "El servicio de Dios es todavía asunto de extrema urgencia y exige absoluta autodedicación."[81]

Además, Jesús les recomendó a sus discípulos que posaran en **una casa** hasta que salieran de **aquel lugar** hacia otra villa. No debían ofender a sus hospedadores buscando otra situación más cómoda o quizá quedándose demasiado tiempo. En la segunda centuria se hizo necesario que la iglesia estableciera reglas para dirigir a los profetas itinerantes.[82]

Por otra parte, todos aquellos que **en algún lugar no** los recibieran ni oyeran (11), debían recibir una severa amonestación. Cuando los discípulos salieran **de allí,** tenían que sacudir **el polvo** que estaba **debajo de** sus **pies, para testimonio a ellos.** La responsabilidad del rechazo quedaba sobre éstos. Era costumbre de los judíos, cuando salían de un país de paganos, sacudir el polvo de sus calzados para que no se contaminara su tierra sagrada. La acción requerida por Jesús declararía que esa villa era pagana, con la esperanza de que siguiera el arrepentimiento (cf. Hch. 13:51).[83]

Los discípulos, que habían sido (1) *llamados* a dejar sus labores seculares, (2) *escogidos* para ser apóstoles, y finalmente (3) *comisionados*[84] para ir con "poder sobre los espíritus inmundos" (7), **saliendo, predicaban que los hombres se arrepintiesen.**[85] No sólo recibieron autoridad pero la emplearon con éxito. ¡No importa cuán maravillosa sea la preparación y el programa, lo de suma importancia es la realización!

> *No te pedimos conocimiento, pues éste Tú nos lo has prestado,*
> *Pero, Señor, la voluntad—allí está nuestra necesidad amarga,*
> *Danos que podamos construir por encima del más profundo*
> *intento: Los hechos, los hechos.*[86]

Con el poder que Jesús les dio, los discípulos **echaban fuera muchos demonios** (13) y **ungían con aceite a muchos enfermos** (cf. Lc. 10: 34; Stg. 5:14) **y los sanaban.** El reino de Dios verdaderamente se había acercado en la persona de Jesús y en la predicación de los discípulos (cf. 1:15).

NOTAS BIBLIOGRÁFICAS

[1]NBC, p. 813.

[2]La palabra "plagas" *(mastigas)* literalmente significa látigo, calamidad.

[3]NBC, p. 813.

[4]Cole, *op. cit.,* p. 80.

[5]IB, VII, 689.

[6]La lista de los apóstoles termina en la mitad del versículo 19. La última parte del texto lógicamente debe ir con lo que sigue.

[7]La mayoría de los manuscritos griegos tienen *Beelzebul.* Balzebul o "Baalzebul que era una caricatura intencional de Baalzebub, significa 'dios-mosca'. Los judíos decían Baalzebul, es decir 'dios de la suciedad' y lo aplicaban a Satanás" (Hunter, *op. cit.,* p. 51). Otra explicación del término es "Señor de la casa", o "morador" que en el caso del versículo 27 sería un juego de palabras.

[8]El texto correcto es *hamartematos* ("pecado") más que *kriseos* ("condenación o juicio").

[9]*Paradise Lost,* Bk. IV, I, 110. *(El paraíso perdido).*

[10]Cf. la sana opinión de Cranfield al respecto, *op. cit.,* p. 142.

[11]¿Cuál era la vinculación de Jesús con sus hermanos? Ha habido varias explicaciones: que eran hijos de un matrimonio anterior de José; que eran primos; o que eran los hijos menores de José y María. La referencia a Jesús como primogénito de María (Lc. 2:7) parece apoyar esta posición. Vea Taylor, *op. cit.,* pp. 247-49, donde se encuentra una discusión detallada.

[12]Cranfield, *op. cit.,* p. 146.

[13]IB, VII, 694.

[14]Abbott-Smith, *op. cit.,* p. 338.

[15]Barclay, *op. cit.,* p. 81.

[16]NBC, p. 814.

[17]Cole, *op. cit.,* p. 89.

[18]*Ibid.,* p. 90.

[19]Aunque versiones más recientes usan **parábola** en plural, Grant (IB, VII, 699) cree que la versión KJV es "probable".

[20]*Op. cit.,* p. 257. Vea Cranfield, *op. cit.,* pp. 158-61, para un cuidadoso estudio de los puntos y sus razones para aceptar la autenticidad de estos versículos.

[21]*Op. cit.,* p. 90.

[22]Earle, *op. cit.,* p. 63.

[23]Este término, *aparte,* también puede traducirse *delicia* o *placer.*

[24]Robertson, *op. cit.,* p. 284.

[25]Elizabeth Barrett Browning, de *Aurora Leigh.*

[26]Alexander Maclaren, *Exposition of Holy Scriptures: St. Mark* (Grand Rapids Michigan: Wm. B. Eerdmans Publishing Co., 1938, [reimpresión]), p. 150.

[27]John Milton, de *Lycidas*.

[28]NBC, p. 815.

[29]*The Oxford Annotated Bible,* eds. Herbert G. May y Bruce M. Metzger (Nueva York: Oxford University Press, 1962), p. 1218.

[30]IB, VII, 706.

[31]IB, VII, 705, (Exposition).

[32]Marving R. Vincent, *Word Studies of the New Testament* (Grand Rapids, Michigan: Wm. B. Eerdmans Publishing Co., 1946), I, 183-84.

[33]Ralph Earle (ed.), *Exploring the New Testament* (Kansas City, Missouri: Beacon Hill Press, 1955), p. 114; existe versión castellana.

[34]Cole, *op. cit.,* p. 95.

[35]Cranfield, *op. cit.,* p. 171.

[36]*Harper's Bible Dictionary,* eds. Madeleine S. y J. Lane Miller (Nueva York: Harper and Brothers, Publishers, 1952) pp. 213-214.

[37]Cf. traducción literal de Earle, *op. cit.,* p. 67.

[38]A. B. Bruce, "The Synoptic Gospels", *The Expositor's Greek Testament,* ed. W. Robertson Nicoll (Grand Rapids Michigan: Wm. B. Eerdmans, s.f.), I, 370.

[39]Véase Hunter, *op. cit.,* pp. 61-62 para una ayuda eficaz sobre los milagros.

[40]EGT, I, 370.

[41]En este pasaje de los Sinópticos hay una variedad de lecturas incluyendo *gerasenos* (que es la lectura mejor confirmada en Marcos) y *gergesenos.* Como a un kilómetro y medio de la moderna Kersa o Kousi hay una cuenca que dista unos 35 metros del lago. El sitio está en la región general de Gadara.

[42]Sherman, *op. cit.,* p. 101, se refiere "a historias bien documentadas de posesionados". Aquí está implicado algo más que una psicosis. El doctor F. C. Sutherland, un distinguido médico nazareno en la China afirma que la creencia en la posesión de demonios es algo "que nadie puede sacar de nosotros".

[43]El único y otro pasaje en el Nuevo Testamento para la palabra traducida **dominar** *(damasai)* se vincula a la lengua, la cual "ningún hombre puede dominar" (Stg. 3:7-8).

[44]Cranfield, *op. cit.,* 177.

[45]Sherman, *op. cit.,* p. 102.

[46]NBC, p. 816.

[47]Cf. cualquier versión reciente.

[48]NBC, p. 816.

[49]*Op. cit.,* p. 119.

[50]*A Greek English Lexicon of the New Testament,* eds. William F. Arndt y F. Wilbur Gingrich (Chicago: The University of Chigago Press, 1957) p. 809.

[51]C. F. Cole, *op. cit.,* pp. 99-100.

[52]Una palabra que también es traducida "predicar".

[53]Una liga de 10 ciudades se había desarrollado bajo la influencia de Alejandro el Grande, de modo que eran de cultura griega. La presencia de los cerdos, tan repugnante para un judío leal, demostraba la influencia gentil. Nueve de las ciudades estaban al este del Jordán, una al oeste. Estaban dispersas desde Damasco por el norte hasta Filadelfia al sur (Rabbatt-Amón). Gergesea y Gadara estaban a mitad de camino entre éstas.

[54]IB, VII, 718.

[55]S. D. F. Salmond, *St. Mark*, "The Century Bible" (Edimburgo: T. C. & E. C. Jack, s.f.), p. 173.

[56]Barclay, *op. cit.*, pp. 126-27.

[57]IB, VII, 720.

[58]Hunter, *op. cit.*, p. 66.

[59]Cranfield, *op. cit.*, p. 184.

[60]Una palabra que significa conocimiento exacto, terminante y completo.

[61]En el Nuevo Testamento, sólo aquí y en el verso 24, significa "apretados, juntos" (Earle).

[62]NBC, p. 817.

[63]Hunter, *op. cit.*, p. 66.

[64]Forma suavizada de un término que significa "desollar, despellejar, hacer pedazos", Abbott-Smith, *op. cit.*, p. 411.

[65]La mejor versión es *parakousas*, "oir de pasada" u "oir descuidadamente"; de aquí, "menospreciar", o "pasar por alto", como en Mt. 18:17.

[66]Palabra descriptiva de los lamentadores asalariados que clamaban "¡al-a-lai!" (Vincent, *op. cit.*, p. 191).

[67]NBC, p. 817.

[68]"Está implicado algún grado de fuerza" (Vincent, *op. cit.*, p. 396).

[69]Hunter, *op. cit.*, p. 68.

[70]Barclay, *op. cit.*, p. 137.

[71]IB, VII, 725.

[72]Hunter, *op. cit.*, p. 70.

[73]Cranfield, *op. cit.*, p. 195, toma esto "como una pieza importante de evidencia en apoyo de la historicidad del nacimiento virginal". Para una noción contraria, vea IB, VII, 727.

[74]La familia evidentemente era devota, porque los hijos tenían nombres de héroes del Antiguo Testamento: Jacobo, José, Judas, Simeón y Josué (Jesús) (Hunter, *op. cit.*, p. 71). Jacobo parece haber llegado a ser el jefe de la iglesia de Jerusalén. Las hermanas no son mencionadas en otros lugares.

[75]"El nombre cognado es *skandalon* . . . la varilla de una trampa donde se pone el cebo, que al saltar, cierra la trampa en cuanto la toca el animal" (Vincent, *op. cit.*, p. 41).

[76]Taylor, *op. cit.*, p. 301.

[77]NBC, p. 818.

[78]"La prohibición de Mateo (10:10) y Lucas (9:3) parece significar que no debían adquirir un cayado si ya tenían otro" (Earle, *op. cit.*, p. 80).

[79]Orden en que las palabras aparecen en los manuscritos más antiguos.

[80]Taylor, *op. cit.*, p. 305.

[81]Cranfield, *op. cit.*, p. 200.

[82]Cf. *Didache*, XI. 3—XII. 5. Johnson, *op. cit.*, p. 116.

[83]"La última parte del verso 11 es omitida por R-V., RSV, NEB, siguiendo el principal manuscrito uncial. No hay duda de que fue agregada aquí por causa de Mateo 10:15" (*op. cit.*, p. 109).

[84]Hunter, *op. cit.*, p. 72.

[85]Vea el comentario sobre 1:15.

[86]John Drinkwater, en *"A Prayer"* (Una Oración).

Sección IV *Un Ministerio más allá de Galilea*

Marcos 6:14—8:26

La historia de Herodes y el martirio de Juan el Bautista (6:14-29) introducen un período en el ministerio de Jesús donde El comienza a retirarse de Galilea y prepararse para volver a Jerusalén y a la cruz. Esta acción pudo haberse debido a la creciente hostilidad de Herodes Antipas (Lc. 13:31), tanto como a la necesidad de reposo y soledad ya que El y sus discípulos iban entrando a la sombra de la cruz.

Esta sección proporciona un interludio entre la misión de los Doce (7-13) y su retorno (30). Marcos no nos relata lo que Jesús estuvo haciendo durante la gira de predicación de los discípulos, aunque por el versículo 6*b* es evidente que El estaba ocupado similarmente.

A. Los Fantasmas de los Temores de Herodes, 6:14-29

Herodes Antipas, popularmente llamado rey, fue tetrarca[1] de Galilea y Perea desde el 4 A.C. hasta el 39 D.C. Su reinado abarcó toda la vida y el ministerio público de Jesús. Proveniente de una familia caracterizada por las intrigas y la violencia, "aparece como un príncipe sensual, astuto, caprichoso, cruel, débil, sin escrúpulos, supersticioso y déspota (Mt. 14:9; Lc. 3:19; 13:31, 32)".[2]

Como era perfectamente natural, especialmente después de la misión de los Doce, **oyó el rey Herodes** (14) de la fama de Jesús. Era un rumor que había cundido[3] y en el que Herodes concurría, que **Juan el Bautista ha resucitado de los muertos.** "Por esa causa", razonaba Herodes, "tan maravillosos poderes se obraban por medio de él". Otros decían: "Es Elías" (cf. Mal. 4:5; Mt. 16:14), mientras que todavía algunos aseveraban: "'Es un profeta, como uno de los antiguos'" (15, RSV).

Es un comentario sobre el poder profético de la predicación de Jesús que sus contemporáneos lo comparaban a hombres rudos como Elías y Juan el Bautista. Cualquiera que haya sido la opinión pública, el alma de Herodes se atormentaba a sí misma con la conclusión: **Es Juan, el que yo decapité, que ha resucitado de los muertos** (16).

En este punto (17) Marcos recuerda una historia anterior, cuyos tristes detalles ahora perturbaban a Herodes. Un tiempo atrás él había estado en Roma, donde se había enamorado de Herodías, **mujer de Felipe su hermano.**[4] Herodías, de hecho una sobrina de Antipas, abandonó a Felipe su marido por irse con el gobernador de Galilea. Herodes se divorció de su primera esposa, hija del rey árabe Aretas IV, provocando un incidente internacional. Según Josefo,[5] Aretas se enfrentó a los ejércitos de Herodes con mucho éxito.

Juan el Bautista había reprendido al rey por ese matrimonio incestuoso: **No te es lícito tener la mujer de tu hermano** (18). Ni las normas judías ni las cristianas apoyarían ese casamiento. Las palabras de Juan atormentaban a Herodías, de modo que desde entonces "alimentaba inquina contra él y de buena gana lo hubiera matado" (19, NEB), pero no podía. Paradójicamente, Herodes era la mano que la detenía, porque él **temía a Juan** (20) sabiendo que **era varón justo y santo.**

Juan era un predicador de santidad por su vida y su palabra. Lleno con el Espíritu Santo, "aun desde el vientre de su madre" (Lc. 1:15), Juan el Bautista llamaba a los hombres al arrepentimiento y a una vida de justicia. Que la santidad de su carácter era ética y no meramente ceremonial, o "de posición" se ve en el hecho de que esta santidad está vinculada con la justicia. Juan era **varón justo y santo** (20). En un estado de indecisión mental, Herodes mantenía a Juan a salvo en la prisión (que significa que lo observaba) y sin embargo **le escuchaba de buena gana.** Como gobernantes del pueblo judío, "Herodes era un diletante en religion"[6] y a menudo recibía instrucciones religiosas (cf. Hch. 26:1-3). Sin embargo, cuando Herodes oyó a Juan, "quedó muy perplejo"[7] (20, *Amp. N.T.*). Uno recuerda la perplejidad y confusión de Festo y Agripa, en aquella ocasión cuando Pablo les predicó (Hch. 26:24, 28).

Como otra Jezabel, Herodías aguardó la oportunidad para ponerle una trampa al franco profeta. Ella encontró el **día oportuno** (21) cuando Herodes en la fiesta de **su cumpleaños,** daba **una cena a sus príncipes** ("grandes"), **tribunos** (*chiliarch,* "capitanes de mil") y **a los principales de Galilea** ("dirigentes"). El banquete era característico de la sensualidad de un monarca oriental. Borracheras y las voluptuosas danzas de Salomé, la propia hija de Herodías,[8] influyeron para que el rey hiciera un irreflexivo juramento. **Todo lo que me pidas te daré** (23) le **juró** a la mujer. "Los votos precipitados son condenados por el Señor en

Mateo 5:34; ellos condujeron a la agonía de Jefté (Jue. 11:31 ss.) y casi lo hicieron con Saúl (1 S. 14:38 ss.)."[9]

La acción de Salomé sirve para ilustrar la influencia decisiva del hogar. Se fue directamente **a su madre** (24) con la pregunta: **¿Qué pediré?** Las vidas de los hijos y los jóvenes pueden ser torcidas y esterilizadas o bien ennoblecidas y refinadas por sus padres. ¡Tal poder es aterrador! La madre que ultrajó las normas aun de ese pobre día exponiendo su hija la princesa a la danza sensual, ahora se apoderaba de la oportunidad que había buscado su malicia que ardía como lava. Le contestó: **La cabeza de Juan el Bautista.** La urgencia febril se nota en las palabras que siguen: la hija **entró prontamente** al rey (25) y demandó "al momento" (que es lo que significa) su espantoso trofeo. Herodes no tuvo ninguna oportunidad de cambiar su modo de pensar.

Y el rey se entristeció mucho (26). Este es un lenguaje muy fuerte y usado por Marcos sólo una vez más (14:34; donde Jesús dice: "Mi alma está muy triste; hasta la muerte"). La tristeza y el dolor del rey corren paralelos con su actitud hacia Juan y deben haber sido genuinos. La presión de la opinión pública era más de lo que podía soportar. Por causa del juramento que había hecho en presencia de los que **estaban con él a la mesa** "no quiso romper su palabra" (26, RSV).

Igual que el voluble Acab, dominado por Jezabel, el rey envió **uno de la guardia** (27, probablemente un guardián)[10] y al momento **decapitó** a Juan en la **cárcel.** La escena sucedió en Machaerus, "situada sobre una loma solitaria, rodeada por terribles gargantas que miran al lado oriental del mar Muerto. Era una de las fortalezas más solitarias y horrendas y la más imposible de asaltar en el mundo".[11] Los oscuros calabozos con sus instrumentos de prisión todavía están a la vista de los visitantes. "Herodes el Grande había construido un palacio allí",[12] de modo que no es imposible que el banquete haya sido celebrado en Machaerus. Sin amigos, pero con Dios por testigo de su ejecución, Juan el Bautista pagó un precio muy alto por ser predicador de la justicia.

Para completar el espantoso negocio, Herodes hizo que **fuese traída** (28) la cabeza de Juan en un plato y **la dio a la muchacha** y ella a su vez, **la dio a su madre.**[13] Los **discípulos** de Juan (cf. 2:18; Hch. 19:3), oyéndolo, vinieron y tomaron su cuerpo y **lo pusieron en un sepulcro** (29). Mateo agrega (14:12) una tierna nota, que ellos fueron y "le avisaron a Jesús". Las labores de Jesús y de Juan se entrelazaban y en breve tiempo, Jesús también confrontaría su pasión y muerte.

Al discutir, "Un Rey con la Conciencia Desasosegada", podemos notar: (1) Acallando la conciencia, 16-18; (2) Disimulación astuta, 19-25; (3) Cruel condescendencia, 26-28.

B. MILAGROS Y ENSEÑANZAS ALREDEDOR DEL MAR, 6:30-56

1. *Alimentación de los cinco mil* (6:30-44)

Marcos ahora está listo para describir el retorno de los Doce después de su gira de predicación y sanidad por Galilea. Sin duda, llenos de gozo **los apóstoles** (30), llamados así por causa de su misión (un apóstol es "un enviado") "se reunieron con Jesús" (Goodspeed) y **le contaron todo lo que habían hecho, y lo que habían enseñado.** Hechos y palabras, ¡un feliz orden! Trae a la memoria el verso de Chaucer.

Primero, El hizo, después, enseñó.

Después de escuchar sus informes, el Buen Médico, conociendo el cansancio físico y emocional de sus discípulos, les dijo: **Venid vosotros aparte a un lugar desierto** (solitario), **y descansad un poco** (31).

> El cuidado vigilante de la salud y la fuerza es un deber religioso primario. Cuando no lo hacemos, pecamos contra Dios. Arrebatamos de su pleno uso el instrumento que El debe tener. Si estamos demasiado ocupados para renovar nuestras energías por medio del retiro y el reposo, estamos demasiado ocupados para servir a Dios de la mejor manera.[14]

Como en otras numerosas ocasiones,[15] la pequeña banda tomó un bote y se preparó para el viaje por el lago. Buscaban **un lugar desierto. . . aparte** (32). No se dice cuál era su destino, quizá la costa noreste del mar. **Muchos fueron allá a pie. . . y llegaron antes que ellos.** Si sólo había una ligera brisa o el viento contrario, la barca se movería lentamente; circunstancia afortunada que les permitía tener un poco de descanso de las multitudes.

Cuando Jesús salió del bote **vio una gran multitud** (34) que se le acercaba y "fue movido a compasión" (Earle). **Compasión** es un término usado en relación con Jesús o por El en los personajes de sus parábolas y "denota una gran piedad, que se manifiesta a sí misma en ayuda."[16] Lo indefenso y la confusión **de las ovejas sin pastor,** son proverbiales en muchos países (cf. Nm. 17:15-17; Ez. 34:1-6). **Y comenzó a enseñarles muchas cosas** ("detalladamente", Moffatt). Mateo (14:13) y Lucas (9:11) agregan que El sanó a muchos enfermos "aunque en una multitud de vigorosos corredores no debió de haber tantos".[17] Luego iba a alimentarlos a todos.

En agudo contraste con la actitud de Jesús, los discípulos sabiendo que ya **era muy avanzada la hora** (35), y que estaban en un lugar **desierto** se acercaron a El sugiriéndole que despidiera a la gente. Con seguridad podrían comprar **pan** para ellos mismos en **los campos** (36) y **aldeas de alrededor.**

Jesús resistió la sugestión con las palabras: **Dadles vosotros de comer** (37). "Tales palabras vienen como un reproche duradero a la impotencia de la iglesia, ante un mundo que perece de hambre..."[18] La réplica de los discípulos, tan característica del ardiente estilo de Marcos, nuevamente refleja su auténtica fuente de recursos. **¿Que vayamos y compremos pan por docientos denarios?** El denario era una moneda de plata equivalente a 20 centavos de dólar, pero representaba un día de trabajo (Mt. 20:2). **Doscientos denarios** serían unos 35 ó 40 dólares, con un poder adquisitivo entonces de muchas veces esa suma— probablemente una cantidad imposible.

¿Cuántos panes tenéis? (38). Jesús los envió a ver cuánto tenían. Y **al saberlo dijeron: Cinco, y dos peces.** "Los cinco *panes* serían unas pequeñas tortas redondas apenas más grandes que las que venden nuestros panaderos."[19] Juan agrega el hecho de que tal alimento era la merienda de un muchacho de la multitud (6:9).

No importa cuán magros sean nuestros recursos, Jesús puede adecuarlos a las necesidades de la demanda, pero El requiere la entrega de todo lo que poseemos. ¿Qué tienes en tu mano? (Ex. 4:2). Las miserables provisiones disponibles fueron suficientes. Inmediatamente Jesús les ordenó que **hiciesen recostar a todos** (39) (reclinar) por grupos **sobre la hierba verde.** Lo que sigue es la descripción de un testigo ocular. **Y se recostaron** (lit., "se tiraron") **por grupos** (lit., "por plantíos"), **de ciento en ciento, y de cincuenta en cincuenta** (40)—"con la regularidad, por plantíos, de modo que semejaban a otros tantos sembrados *(Amp. N.T.).* Quizás eran 50 grupos de 100 cada uno, ubicados en círculos que con sus vestimentas de destintos colores parecerían flores sobre "la hierba fresca" (Goodspeed).

Actuando como Señor y Anfitrión, Jesús tomó los **panes** y los **peces** y en una actitud característica (7:34; Jn. 11:41) **levantando los ojos al cielo, bendijo, y partió los panes** (41). "La forma reconocida de bendición era: 'Bendito eres, oh Señor, nuestro Dios, Rey del mundo, que mandas tu pan sobre la tierra.' "[20] Se dice que el objeto de la bendición no eran los panes ni los peces sino Dios, que lo enviaba sobre la tierra (Dt. 8:10).[21] Sin embargo, "el pan fue partido para ser santificado..."[22] Evidentemente siguió la multiplicación de los panes y los peces. El verbo **partió** está en aoristo, significando una acción instannea y completa, mientras que **repartió** (en el griego) está en el imperfecto, que indica la acción prolongada del pasado: "les seguía dando a los discípulos" *(Amp. N.T.)*. Los discípulos que una vez se veían tan renuentes, ahora estaban absortos en el milagro mientras ponían **delante** de la gente los panes y los peces. El lenguaje aquí nos hace pensar en la Santa Cena (cf. 14:22).

Y comieron todos (unos 5.000 hombres) y **se saciaron** (42). La palabra griega *(echortasthesan)* estaba vinculada a los animales y significaba "apacentar, engordar... sentirse llenos o satisfechos de comida".[23] Con la debida consideración al don divino del alimento, los discípulos **recogieron de los pedazos doce cestas llenas** (43). "Cada mozo recibió su propina—una canasta llena de pan para el día siguiente."[24] Las canastas de mimbre eran usadas por los judíos para llevar los alimentos. **Los pedazos** que sobraron eran más que la cantidad original como testimonio a la generosidad divina.

Marcos ilustra la compasión de Jesús, se anticipa a la Cena del Señor y describe a Jesús como el Verdadero Pan del Cielo. El Hijo Encarnado de Dios había hecho otra de sus "obras poderosas".

Este incidente sugiere: (1) El problema de los discípulos, 34-37; (2) La provisión de los discípulos, 38-40; (3) La presentación de los discípulos, 41-44.

2. *Andando sobre las aguas* (6:45-52)

En seguida (inmediatamente) después de la alimentación de los 5.000 (30-44) Jesús **hizo... entrar** (45) o dirigió a sus discípulos **en la barca** para ir a **la otra ribera,** en tanto que El despedía **a la multitud.** El vigor de la coacción (puede significar impeler) era aparentemente necesario por causa de una excitación mesiánica en el ambiente. Jesús comprendía "que iban a venir para apoderarse de él y hacerle rey" (Jn. 6:15) y no quería que sus discípulos participaran en el movimiento.

Existe un problema geográfico por causa de su destino, Betsaida. Los discípulos partían de la costa noreste. **La otra ribera** aparentemente no sería **Betsaida,** que se encuentra ubicada al este de la desembocadura del Jordán. Además, cuando llegaron a la tierra estaban en Genesaret (53), una distancia corta descendiendo la costa occidental desde

Capernaum. Sin embargo, como el lago tiene forma ovoide, Bestsaida pudo haber sido descrita como en la **otra ribera** desde la costa oriental. El efecto del viento contrario (48) puede haberlos impulsado a la costa occidental en Genesaret.[25]

Anteriormente, (36) los discípulos habían tratado que Jesús enviara a la gente a sus hogares. Ahora que ya estaban satisfechas sus necesidades de enseñanza, sanidad y alimentación, Jesús estaba gentilmente dispuesto a enviarlos. El mismo estaba impulsado a ir **al monte a orar** (46). "La muerte de Juan y la actitud de la gente marcaron otra crisis en su carrera que requería oración y meditación."[26] ¿Acaso tuvo que hacer frente otra vez a la tentación de ganar las multitudes mediante la aclamación popular, antes que por el camino de la cruz? (Lc. 4:5-8). Así que, por un tiempo los discípulos estuvieron separados del Señor; ellos **en medio del mar, y él solo en la tierra** (47).

Desde las montañas que miran el mar de Galilea (a unos 230 metros bajo el nivel del mar), Jesús pudo ver a los discípulos **remar con gran fatiga** (48) porque **el viento les era contrario.** El lenguaje es fuerte: "estaban remando angustiados" (RSV). Moffatt traduce: "luchaban mientras remaban contra las olas." La expresión **con gran fatiga** *(basanizomenous)* significa "ser examinados por el tormento", de aquí, "atormentados" o "acongojados". Sin duda estaban luchando no sólo por el viento, sino también por la realización de que la tormenta había venido en el camino del deber y que Aquel que los había enviado estaba ausente.

Cerca de la cuarta vigilia de la noche (3 a.m.), Jesús vino a sus asediados discípulos, **andando sobre el mar** y, literalmente, "con el objeto de pasarlos". Como en el caso de los discípulos de Emaús (Lc. 24:28) "el propósito... era probar, y por la prueba, fortalecerles la fe (cf. Jn. 6:6)".[27] Espantados por lo que parecía ser un fantasma, tanto como alarmados por miedo que pasase junto a ellos, los discípulos **gritaron** (49). No era una aparición. **Todos lo veían y se turbaron** (50), porque no podían comprender a ese Hombre que había calmado la tempestad, alimentado a millares, ¡y que ahora venía a ellos andando **sobre el mar!** ¡Con qué lentitud se desarrolla la fe! La razón residía en la dureza de sus corazones (cf. 8:17). La palabra "endurecidos" *(peporomene)* sugiere al concreto cuando se ha fraguado, de manera que eran inimpresionables. Superficialmente ellos con frecuencia estaban sorprendidos y maravillados pero su sorpresa les duraba poco y tenía poca profundidad. Esta tendencia a regresar a la dureza espiritual es una de las más profundas tendencias del corazón carnal. Después de Pentecostés no volvió a ocurrir tal cosa. Una de las promesas centrales pertenecientes al nuevo pacto fue la declaración: "Quitaré de vuestra carne el corazón de piedra" (Ez. 36:26).

Si este milagro nos parece misterioso, recordemos que aquellos que fueron testigos **se asombraron en gran manera, y se maravillaron** (51). Sin embargo, Jesús acudió a ellos en su desesperación, diciéndoles: **¡Tened ánimo! yo soy; no temáis. Y subió a ellos en la barca, y se calmó el viento.** "Es el simple hecho de la vida... que cuando está Cristo, la tormenta se transforma en calma... lo intolerable se hace tolerable y los hombres pasan el punto de quebrantamiento sin ser quebrantados."[28]

3. *Sanidades en la región de Genesaret* (6:53-56)

Lo que sigue es una declaración sumaria de las actividades de Jesús quizá durante algunos días en la zona de Genesaret, una planicie agradable y fértil, densamente poblada, quizá de unos cinco kilómetros de extensión por uno y medio de ancho, situada justamente al sur de Capernaum. **Terminada la travesía** (53) del mar, siguiendo a la alimentación de los 5.000 y a la noche de tempestad y fatiga, **vinieron a tierra de Genesaret y arribaron a la orilla.** Aunque debe haber sido de mañana muy temprano, Jesús fue reconocido inmediatamente. Su popularidad había escalado su punto más alto en este período. Ansiosos por ayudar a sus amigos en aflicción, "la gente corría de toda la tierra" (55, Goodspeed) y traían en **lechos**[29] **a los que estaban enfermos.**

Evidentemente, Jesús andaba recorriendo la zona, porque los enfermos eran traídos de todas partes **adonde oían que estaba,** fueran **aldeas, ciudades o campos** (56). **Ponían... a los que estaban enfermos** "en las plazas" (NEB), es decir, en algunos lugares prominentes junto a la ruta de Jesús y le **rogaban que les dejase tocar siquiera el borde de su manto,** "aun el roce de su ropa"[30] (Barclay). **Y todos los que le tocaban quedaban sanos** (lit. "quedaban salvos").

La insistente demanda de las multitudes nunca fue más allá de sus necesidades físicas; sin embargo, Jesús les ministraba, aunque debió estar ansioso para suplirles necesidades más profundas. Marcos no registra ninguna enseñanza en ese tiempo. Quizá Jesús todavía estaba procurando un lugar aparte, solitario de las multitudes.

C. CONFLICTO SOBRE LA TRADICIÓN DE LOS ANCIANOS, 7:1-23

El material que tenemos ante nosotros, se divide naturalmente en tres partes: Versos 1-8, el asunto de la contaminación ceremonial; versos 9-13, la recriminación de Jesús; versos 14-23, explicación sobre la contaminación, su naturaleza y fuente. Jesús se dirige a tres grupos: Los críticos hostiles (6), el pueblo (14), los discípulos, (18). Aquel "que es el fin de la ley" (Ro. 10:4), es decir, el cumplimiento *(telos)* de la ley, rechaza aquí el legalismo para siempre.

En otro choque con el judaísmo oficial (cf. cc. 2 y 3), Jesús fue confrontado por una delegación de **fariseos,** algunos de los cuales eran de la zona; otros, **los escribas** (también **fariseos**) de **Jerusalén** (1). Informes sobre el Profeta de Galilea habían comenzado a perturbar la Ciudad Santa. Los críticos no tardaron en encontrar faltas.[31] Los fariseos se fijaban que **algunos de los discípulos** de Jesús (2) comían pan **con manos inmundas.** No se trataba de higiene sino de religión y ceremonia.

Marcos sigue explicando a los lectores gentiles que los **judíos** practicaban toda clase de abluciones para evitar la contaminación ceremonial,[32] para aferrarse a la **tradición de los ancianos** (3) y si **muchas veces** no se lavaban las manos "en una manera particular" (Goodspeed),[33] no comían. Había **otras muchas cosas** (tradiciones) que observaban fielmente, como **volviendo de la plaza** (4)[34] se lavaban, hasta las abluciones ceremoniales de todas las cosas tales como los **vasos** de beber, **los jarros, los utensilios de metal** y los **lechos** (más claramente, "camas").[35] Tan abrumadora llegó a ser **la tradición de los ancianos** (5),[36] que no es extraño que la gente común, y entre ellos los discípulos, **no** anduvieran **conforme** a ella.

Jesús replicó con una cita de Isaías (29:13, Septuaginta) y llamó a sus críticos: **Hipócritas** (6) (lit., "actores"), cuya apariencia exterior era muy distinta de su realidad interior. Honraban a Dios con **sus labios** pero **su corazón** estaba **lejos** de El. Su adoración era **en vano** (7) porque enseñaban **mandamiento de hombres** en lugar del **mandamiento de Dios** (8).[37] Su tradición oral no era un vallado para proteger la ley, sino una subversión humana masiva de la ley divina. Una acusación tan seria, por supuesto tenía que suscitar furia.

Prosiguiendo con su cargo contra los fariseos, Jesús con gran ironía les replicó: **Bien** ("Cuán espléndidamente", 9 Johnson) **invalidáis el mandamiento de Dios para guardar vuestra tradición.** Siguió mencionando lo que debió ser un flagrante ejemplo de practicar **mandamientos**

... de los hombres para distorsionar la Palabra de Dios. Su ejercicio fue denominado "Casuística Corbán"[38] que era un desvío para evitar el quinto mandamiento. Moisés había dicho: **Honra a tu padre y a tu madre** (10) (Ex. 20:12), y **El que maldiga al padre o a la madre, muera irremisiblemente** (Ex. 21:17; Lev. 20:9). Esto era **el mandamiento de Dios**. Sin embargo, si un hijo se enojaba y hacía un voto de hacer una ofrenda (quizá para el templo) de lo que realmente necesitaba para sostener a sus padres, el voto lo ataba no importa cuánto daño causara. El significado del verso 11 es: Este dinero, con el cual podría haberte ayudado, ha sido dedicado a Dios. **Corbán** así se transformaba en una "casuística lógica inhumana, despiadada y rigurosa".[39] No sólo proveía los medios por los que los hijos egoístas pudieran escapar de cuidar a sus progenitores (porque esa **ofrenda** no era necesaria), pero se transformaba en una barrera si algún hijo arrepentido lamentaba el voto y deseaba romperlo. Los fariseos no le dejaban **hacer más por su padre o por su madre** (12). ¡Un voto era un voto!

A través de una tradición como ésta, que los fariseos se preocupaban de que pasara a la otra generación, estaban **invalidando la palabra de Dios** (13) ("Haciéndola inválida", Barclay). **Y muchas cosas** hacían **semejantes a éstas.** ¡Qué tremendo poder ha puesto en los hombres mortales el infinito Dios, que puedan sofocar la palabra divina (4:19) y hacerla infructuosa!

Y volviéndose de sus adversarios a **la multitud** que siempre parecía estar cerca, Jesús les recomendó severamente: **Oídme todos... y entended** (14). "¡Atención!" Jesús a menudo pedía que escucharan atenta y meditativamente. Consideraba el principio siguiente como de capital importancia: La fuente de la contaminación no está **fuera del hombre** como enseñaban los fariseos, sino de dentro del corazón, **lo que sale de él, es lo que contamina al hombre.** "Las cosas puramente exteriores no pueden contaminar al hombre... [ni] tampoco purificarlo."[40] ¿Qué hubiera dicho el Señor en nuestros tiempos a algunos que "quieren hacer demostraciones exteriores en la carne" (Gá. 6:12) identificando la santidad cristiana sencillamente con lo exterior? "Limpia primero lo de dentro del vaso y del plato, para que también lo de fuera sea limpio" (Mt. 23:26).[41]

Cuando la multitud se hubo dispersado y Jesús estuvo solo con sus **discípulos** (estudiantes), le preguntaron **sobre la parábola** (17) (cf. 4:10). La palabra "parábola" es un término de significado amplio e incluye lo que podría llamarse "dichos oscuros" (15).[42] Perturbado y perplejo por su lentitud en aprender, Jesús les preguntó: "¿También vosotros estáis así sin entendimiento?" (18, Moffatt). La verdad es que ellos, tanto como la iglesia más tarde, no entendían que la comida ceremonialmente inmunda no podía **contaminar** a un hombre (18), **porque no entra en su corazón** (19) sino en las vías digestivas y así "sale" (RSV). Fue después de Pentecostés que Pedro oyó las palabras: "Lo que Dios limpió, no lo llames tú común" (Hch. 10:14; cf. Gá. 2:12). La frase **haciendo limpios todos los alimentos** no es una parte de la declaración de Jesús. Es una parte de la aclaración de Marcos que comenta que "de esa manera... Jesús declaraba limpias a todas las comidas" (19, NEB).

¿Qué es entonces, **lo que sale del hombre** que lo **contamina?** La corrupción de su ser interior, que sale **del corazón** (21) es lo que contamina y mancha al ser humano. El catálogo de lo no santo que sigue (21-22) es evidencia de que "engañoso es el corazón más que todas las cosas, y perverso, ¿quién lo conocerá?" (Jer. 17:9). Solamente una salvación radical puede limpiar al corrupto corazón humano. Pero esto es exactamente lo que Jesús vino a hacer al mundo.

Los **malos pensamientos** generalmente son tomados como el origen de todos los actos pecaminosos y los vicios descritos. "Marcos empieza donde comienza el pecado, en la zona del pensamiento."[43]

Los primeros seis términos en griego se encuentran en plural, los seis restantes en singular.[44] Es posible que aquellos se refieran a actos de pecado y los últimos a defectos morales o vicios. **Adulterios** son los pecados de los casados, **las fornicaciones** "generalmente de los solteros",[45] mientras que los **homicidios** son frutos de ambos. Los **hurtos** (22): robos de cualquier clase; **las avaricias:** "el insaciable deseo de más y más";[46] **las maldades:** iniquidades, "malicia" (NEB); **el engaño:** literalmente, anzuelo, trampa, de ahí "fraude"; **lascivia:** "irrestricción de los deseos sexuales" (Robertson), licencia, indecencia; la **envidia:** "codicia celosa" (Swete); la **maledicencia:** infamación sea contra Dios u hombre;[47] **soberbia,** literalmente, "demostrarse sobre los demás", de ahí, arrogancia; **insensatez:** falta de sentido moral, un final apropiado de la sórdida lista.

Si este es el carácter del hombre no regenerado, su condición es desesperante. **Todas estas maldades** (23) proceden del corazón carnal, y de hecho **contaminan al hombre.** Por lo tanto, el perdón no es suficiente. El hombre requiere "el lavamiento de la regeneración... y la renova-

ción del Espíritu Santo" (Tit. 3:5). El único remedio adecuado es la
santidad de corazón y vida.

Bajo el título "Ritualismo versus Realidad" podemos considerar:
(1) Críticos censurantes, 1-2; (2) Limpieza ceremonial, 3-8; (3) El caso
de Corbán, 9-13; (4) Contaminación carnal, 14-23.

D. Dos Sanidades entre los Gentiles, 7:24-37

1. *La mujer sirofenicia* (7:24-30)

Quizá por causa del levantamiento religioso y la oposición
política, o más probablemente por deseo de descanso y retiro, Jesús se
fue a la región de Tiro y de Sidón (24).[48] Estas ciudades independientes
ubicadas a unos 60 u 80 kilómetros al norte de Capernaum (vea el mapa)
tenían una larga historia que se remonta a la antigüedad, cuando los
fenicios estaban al frente de la navegación mundial. Tanto Tiro como
Sidón tenían puertos naturales y su posición era inexpugnable. Fenicia,
que casi rodeaba al norte de Galilea, era parte de Siria. Por causa de su
proximidad, era natural que un viajero en Galilea tuviera que cruzar
por el territorio de Tiro. El profeta Elías una vez hizo ese viaje por esa
zona y le dio una ayuda milagrosa a otra viuda (1 R. 17:8-23). Jesús
entró **en una casa** de un amigo anónimo (cf. 3:19) procurando la
seclusión en vano, porque **no pudo esconderse.** Una abrumada madre,
cuya hijita (un diminutivo y término de afecto) estaba sumamente
afligida, llegó con gran desesperación y **se postró a sus pies** (25).

Griega (26) por su cultura y religión, posiblemente también por su
lenguaje y **sirofenicia** por su raza (en consecuencia, no la hemos de
confundir con la Fenicia cartaginesa), la mujer clamaba a Jesús que
liberara a su hija de un espíritu inmundo. El relato de Mateo (15:21-28),
tanto como el uso del imperfecto en este pasaje, indican que su mal debe
haber persistido por algún tiempo.

La respuesta de Jesús llama a reflexión: **No está bien** (no es justo)
tomar el pan de los hijos y... echarlo a los perrillos (27). El término
"hijos" representa a Israel (Is. 1:2) y "los perrillos" representa a los
gentiles. Esto parece ser una respuesta áspera, pero hay varios factores
que suavizan la expresión. Jesús estaba en territorio de gentiles y sentía
el costo de llevar su misión a la casa de Israel. En el plan divino el Siervo
Sufriente debía ir "a las tribus de Jacob" antes de poder ser "luz a los
gentiles" (Is. 49:6). El evangelio debía ser anunciado "a los judíos

primeramente" (Ro. 1:16 cf. 15:8-9). Jesús no podía apartarse del camino que conducía a Jerusalén y a la cruz.

La aparente dureza es suavizada aún más por el hecho de que Jesús no se refirió a los perros vagabundos que pululaban por las calles, sino a los pequeños perritos domésticos *(kunarioi)*, con los que jugaban los niños. Esos bien podían andar **debajo de la mesa** (28), especialmente si recibían **las migajas de los hijos** a hurtadillas. "Un hermoso cuadro. Perritos, pequeñas migajas de pan... niñitos."[49]

El ingenio de la mujer, su fe y persistencia se abrieron camino a través de las dificultades. Concordando en que **primero** debían saciarse **los hijos** y aceptando la implicación de que los gentiles eran una especie de **perrillos,** ella pidió, buscó y llamó (Lc. 19:9-10) hasta que su oración fue respondida. **Entonces** Jesús **le dijo: Por esta palabra, vé; el demonio ha salido de tu hija... Y cuando llegó a su casa, halló** (29-30) que así era. El demonio había salido, pero evidentemente no sin dejar señales de su partida. La madre encontró a su **hija acostada en la cama** ("tirada", 30, *Amp. N.T.*).

2. *El sordomudo de Decápolis* (7:31-37)

Volviendo **de la región de Tiro** (31), Jesús tomó la ruta por **Sidón** al mar de Galilea pasando por el territorio de **Decápolis**[50] (vea el mapa) **el mar de Galilea.** De esta manera ladeaba la zona del hostil Herodes Antipas mientras evitaba las regiones más densamente pobladas.

La gente de Decápolis, en las vecindades del mar de Galilea, trajo un sordomudo a Jesús. Es muy posible que esto haya ocurrido en el país de los gergesenos; sí así hubiera sido, se habría realizado un notable cambio (cf. 5:17) en la actitud de ellos. El testimonio del ex-endemoniado de Gerasa debe haber sido fructífero (5:20). Lejos de pedirle que se fuera, la gente le rogó que **le pusiera la mano encima** (32) del hombre que era **sordo y tartamudo.**

Para evitar publicidad, tanto para poder comunicarse con el hombre más claramente, Jesús lo tomó **aparte de la gente** (33). El Maestro restauró su oído y su habla a través de una serie de acciones, evidentemente para incrementar y fortificar la fe. Poniendo los **dedos en las orejas** del hombre (33), y tocando su lengua con la saliva de su boca, Jesús miró al cielo—una oración sin palabras (cf. Ro. 8:26 y también Jn. 11:33, 38). Jesús así habló por señales al hombre que no podía oírle. Sus gestos le declararon que con el poder de arriba y la palabra de su boca, los oídos cerrados del sordomudo quedarían abiertos y su lengua quedaría suelta. El sordomudo debió haber leído los labios del Señor mientras decía: **Efata**... **Sé abierto** (34) ("completamente abierto", Earle).

Al momento, el hombre afligido pudo oir y también hablar con claridad (sosteniendo la noción de que no era completamente mudo sino que hablaba con dificultad). Se había cumplido la promesa de Isaías 35:6: "Cantará la lengua del mudo."

Aquí tenemos una parábola: La mudez sigue a la sordera. Hasta que uno haya oído la palabra de Dios no tiene nada significativo qué decir. "Si nuestros oídos son abiertos para escuchar el mensaje del Señor, nuestras lenguas seguramente se soltarán en alabanza, oración y testimonio."[51] Quizá Marcos también deseaba que sus lectores vieran que los discípulos, que habían sido espiritualmente sordos, mudos y ciegos, ahora estaban comenzando a oir y ver al Maestro cuando los sacaba aparte para darles instrucciones. Pronto ellos comenzarían a hablar (8:27 ss.).

Como en tantas otras ocasiones Jesús les encargó que **no lo dijesen a nadie** (36). Pero era en vano. Porque **cuanto más les mandaba, tanto más y más lo divulgaban.** Por supuesto, no es extraño que siguiera tal desobediencia, porque **en gran manera se maravillaban**[52] (37). Haciendo eco a Génesis 1:31, "todo era bueno en gran manera" y la gente decía de Jesús: **Bien lo ha hecho todo.**

Centralizando su pensamiento en el versículo 37, G. Campbell Morgan une alrededor de este texto no sólo la sanidad del sordomudo, sino los tratos de Cristo con la mujer sirofenicia (7:24-30), los fariseos, (8:11-21), y el ciego de Betsaida (8:22-26). Nota: (1) Cristo entiende cada caso en particular; (2) Su simpatía espontánea; (3) Su inflaqueable lealtad a los principios.

E. Dones de Alimento y Vista, 8:1-26

1. *Alimentación de los cuatro mil* (8:1-10)

El asunto ha sido discutido a menudo si este relato es la repetición de otro más temprano, cuando fueron alimentadas 5.000 personas (6: 30-44). La diferencia significativa en detalles y propósito, conducen a la conclusión de que esa posición es sumamente improbable. Marcos, "deliberadamente registra ambos milagros de alimentación con un propósito que lleva al desarrollo de un tema principal de la primera mitad de su Evangelio, la apertura de los ojos ciegos de los discípulos".[53]

Mientras Jesús y los suyos estaban todavía en la tierra de Decápolis (7:31-37), volvió a congregarse una gran multitud. Debemos recordar una vez más que esta es la zona donde el endemoniado gadareno obtuvo su liberación y en la que había sido comisionado para contar las grandes cosas que el Señor había hecho con él (5:19). Aquí podemos tener "una vislumbre de lo que el testimonio de un hombre puede hacer para Jesús".[54]

Movido a **compasión** porque **la gente no** tenía **qué comer** (2), Jesús no quería mandarlos **en ayunas** (3) para que no desmayaran **en el camino.** Habían estado con El, **tres días,** y sus alimentos se habían terminado. **Algunos de ellos han venido de lejos** (cf. 3:8 como ejemplo de la distancia que la gente viajaba con el fin de escuchar al Señor).

La compasión de Jesús le llevó a desafiar la incertidumbre de los discípulos.[55] Su pregunta parece singularmente obtusa: **¿De dónde podrá alguien saciar de pan a éstos aquí en el desierto?** (4). ¿No recordaban el milagro de los panes y los peces con los que se habían alimentado 5.000 personas? En su defensa, podría decirse que cristianos más maduros han dudado después de haber tenido una gran experiencia con Dios. Más aún, ya había transcurrido bastante tiempo desde ese evento. Quizá su actual actitud no era de falta de respeto sino de perplejidad personal por su incapacidad para cooperar, aun considerando la expectativa de lo que Jesús podría hacer.[56]

Esta vez, con **siete panes** (6) y **unos pocos pececillos** (7) a mano, Jesús nuevamente **mandó a la multitud** que se recostase **en tierra,** mientras tomaba el pan y daba **gracias.**[57] Nada se dice en este relato si la gente se reclinaba en grupos, ni si había pasto para sentarse. Una vez más los discípulos tomaron el pan de las manos de Jesús y lo **pusieron delante de la multitud.** Lo mismo hicieron con **unos pocos pececillos.** Jesús **los bendijo y mandó que también los pusiesen delante** y los distribuyeran.

La gente comió **y se saciaron** (8). La versión de que "todos comieron hasta tener el corazón contento" (NEB) participa de la implicación de la lengua original. Los preciosos **pedazos que habían sobrado** fueron llevados en **siete canastas.** La palabra usada aquí probablemente indique que había quedado más comida que en las ocasiones previas cuando "se recogieron 12 cestas llenas" (6:43). La **canasta** en el caso presente *(sphuris)* era más grande que la cesta de mimbre empleada en la ocasión anterior *(kophinos).* La de menos contenido, cuya forma se asemejaba a una tinaja era usada por los judíos para llevar su alimento y evitar de esa manera la contaminación ritual. La más grande estaba hecha de soga o junco y era semejante a una canasta grande. Fue en una de éstas en la que el apóstol Pablo se escapó, cuando fue bajado por el muro de Damasco (Hch. 9:25).

Los **cuatro mil** (9) a quienes Jesús envió satisfechos, representaban al mundo no judío (Decápolis tenía una gran población gentil). Los primeros 5.000 alimentados, simbolizaban al mundo judío. El "pan que descendió del cielo" era adecuado para satisfacerlos a ambos.

Y luego (10), siguiendo este episodio, Jesús y sus discípulos tomaron un bote para la **región de Dalmanuta,** un lugar no identificado sobre la costa occidental del mar de Galilea. Algunas versiones dan Magdan o Magdala, de donde es posible que viniera María Magdalena.

2. *Una demanda capciosa por prueba* (8:11-13)

Como en otras ocasiones (cf. 7:1) **los fariseos** (11) unidos esta vez con los saduceos (Mt. 16:1) **vinieron** para **discutir** con El. Pedían **señal del cielo, para tentarle;** es decir, probarle en su pretensión de que era Hijo de Dios. Pasando por alto las señales serenas y saludables que ya había dado, los críticos pretendían algo espectacular, quizá un rayo, un relámpago o una voz desde los cielos.

Jesús ya había rechazado la tentación de deslumbrar los hombres para que entraran al reino (Mt. 4:6-7). Bajo tales condiciones, la fe como decisión personal es imposible. Dios tiene sus señales, pero no son como las que quiere la incredulidad. Con gran[58] sentimiento, Jesús **gimiendo en su espíritu** (12), replicó: **No será dada señal a esta generación.** El lenguaje del original implica: "¡Qué Dios me castigue si yo hago tales cosas!"[59]

La consecuencia sugiere cómo la incredulidad aparta a los hombres de Cristo. Y **dejándolos** (13), y regresando a la barca se **fue a la otra ribera.** La religión espiritual también está impedida en nuestro tiempo por aquella que "requiere una señal" (1 Co. 1:22). Jesús prometió solamente una señal, la del profeta Jonás (Lc. 11:29), es decir, Cristo mismo crucificado y resucitado. "Una vida santa y la manifestación del amor perfecto son... señales más seguras de que uno ha sido llenado con el Espíritu Santo"[60] que cualquier evidencia física.

3. *La levadura de los fariseos* (8:14-21)

Para entender la enseñanza de Jesús en estos versículos, uno debe referirse al material anterior (11-13) y uno debe leer las referencias paralelas en Mateo 16:5-12. Aparentemente aquí hay dos pensamientos entretejidos. Los discípulos **habían olvidado de traer pan. . . en la barca.** Como les causaba preocupación, Jesús les reconvino por su poca fe y corta memoria. Les recordó cuando había partido **los cinco panes entre cinco mil** (19) y que habían recogido **doce. . . canastas llenas** de pedazos y **siete canastas** de los siete panes cuando alimentó a los **cuatro mil** (20). No debían haberse preocupado porque estaban escasos de provisiones. Algunos meses más tarde Jesús les interrogó si les había faltado algo cuando habían salido a cumplir su misión sin llevar nada. "Y ellos respondieron: Nada" (Lc. 22:35). Hasta este punto ellos no habían aprendido completamente que Dios supliría todas sus necesidades (Fil. 4:19).

Sin embargo, otro pensamiento domina esta sección, haciéndonos preguntar si todavía Jesús nos está diciendo: **¿Cómo aún no entendéis?** (21). Porque los discípulos estaban razonando acerca del pan, Jesús aprovechó la ocasión para advertirles de algo que se sugiere en el pan, o sea, la **levadura,** el poder saturador del mal. **Mirad** ("Estad en guardia", 15; NEB), **guardaos de la levadura de los fariseos y de. . . Herodes.** Al hacer el pan, se dejaba un poco de masa sin usar para que su fermentación se efectuara y así proveyera el fermento para la próxima masa. En la mente hebrea, esta levadura podía simbolizar lo siniestro con la influencia expansiva del pecado en el corazón humano.

La levadura de los fariseos es la hipocresía, propagada por su enseñanza (Mt. 16:12; Lc. 12:1). Críticos, rudos y ciegos, demandaban de Jesús una señal del cielo, aún cuando éstas abundaban. **La levadura de Herodes** era la mundanalidad impía de un gobernante de tercera clase que había silenciado a Juan y también lo hubiera hecho con Jesús. El Señor lo llamó una vez "esa zorra" (Lc. 13:32).

Ansiosos por la falta de pan y perplejos por la enseñanza que Jesús estaba tratando de darles, los discípulos parecían tener ojos sin visión y oídos que no podían oir (cf. Jer. 5:21; Ez. 12:2). Sin embargo, ellos querían aprender; de modo que el Señor continuaba tratándolos pacientemente. Como contraste, dejó a los fariseos en su ceguera voluntaria y partió a otro lugar.

La fuerza de este párrafo debería clavársenos. Que todos los creyentes se preocupen por deshacerse de la levadura del mal, ya sea de la hipocresía, la mundanalidad, y huyan de ella como una plaga.

4. *El ciego de Betsaida* (8:22-26)

Moviéndose lentamente hacia la costa occidental del mar de Galilea (10-13) hacia **las aldeas de Cesarea de Filipo** (27) al norte (vea el mapa), Jesús y sus discípulos, naturalmente llegaron pronto a **Betsaida,** Julias, ciudad grande ubicada a un kilómetro y medio del rincón noreste del mar.[61] "En su origen era una ciudad pequeña, pero Filipo el tetrarca la había levantado a la categoría de ciudad, llamándola Julias, por causa de Julia, la hija del emperador."[62]

Alguien que tenía fe en Jesús y compasión por los necesitados le trajo **un ciego** (22) al Maestro y **le rogaron,** que hiciera lo que normalmente hacía, **que le tocase.** Característicamente, Marcos nota detalles que sólo un testigo ocular podía recordar. Jesús **tomó la mano del ciego, le sacó fuera de la aldea** (23) buscando "soledad y quietud para su tratamiento".[63] Poniendo saliva en los ojos del ciego (era generalmente creído que la saliva era sanadora), Jesús le puso **las manos encima, y le preguntó si veía algo.** Paso a paso, como en el caso del sordomudo de Decápolis (7:31-37), Jesús animó y fortaleció la fe del hombre ciego.

El lenguaje de réplica del hombre, en el original, expresa su excitación. Podemos traducir: "Ya puedo ver la gente; me parecen como árboles sólo que caminan."[64] El punto es que el hombre podía ver, pero no con claridad. Cole, un inglés, hace notar que "cualquiera que haya sido forzado a disculparse a un farol de pie, que lo ha golpeado en la niebla de Londres, apreciará... enseguida", "la similaridad" entre el "tronco de un árbol y el de un hombre".[65]

Luego **le puso otra vez las manos** (25) sobre los ojos enfermos. "El hombre miró atentamente... y fue restaurado y vio todo con claridad aun a la distancia" *(Amp. N.T.)*.[66] La obra estaba terminada y completa. ¡El hombre ya no era ni miope ni hipermétrope! La razón por la cual Jesús realizó este milagro en dos etapas no es clara en las Escrituras, aunque los eruditos de la Biblia nos han presentado muchas explicaciones. Puede ser que Marcos haya introducido la historia como una especie de parábola concerniente a los discípulos que sólo habían comenzado a comprender a Jesús. De hecho, sólo después del segundo toque del Espíritu Santo en el día de Pentecostés, ellos verían todas las cosas con claridad."[67]

Como en el caso del paralítico (2:11), Jesús **envió** al hombre **a su casa** (26), aparentemente en el campo, donde su familia sería la primera en conocer las gozosas nuevas. No le fue permitido entrar **en la aldea** ni dar las gloriosas nuevas a **nadie en la aldea,** por miedo a que la publicidad frustrara el viaje a Cesarea de Filipo. Jesús rechazó la tentación de ser conocido como hacedor de milagros.

NOTAS BIBLIOGRÁFICAS

[1]Literalmente, el que gobierna un cuartel de dominio.

[2]CB, p. 184.

[3]Algunos manuscritos leen (14) "él dijo" y otros "ellos dicen".

[4]Aparentes dificultades en este relato han conducido a algunos críticos a rechazarlo como legendario. Para un análisis punto por punto de cada objeción, vea a Cranfield, *op. cit.,* p. 208. Ante "una fría apreciación" (Taylor) las dificultades carecen de peso.

[5]Vea en su *Ant.* XVIII, 5, 1 ss. otro relato del asunto completo.

[6]Cole, *op. cit.,* p. 110.

[7]Mejor versión, "hacía muchas cosas".

[8]Más tarde se casó con su tío paterno Felipe, y a su muerte con un primo segundo, Aristobulus. Marrill F. Unger, *Unger's Bible Dictionary* (Chicago: Moody Press, 1957), p. 955.

[9]Cole, *op. cit.,* p. 112.

[10]"Una de las palabras latinas de Marcos, *speculator.* Un *speculator* era un guarda, cuya ocupación consistía en *vigilar* o *espiar (speculari).* Gradualmente llegó a significar guardia armado en el servicio del emperador romano. . . Herodes imitaba las costumbres de la corte romana" (Vincent, *op. cit.,* pp. 194-95).

[11]Barclay, *op. cit.,* p. 150.

[12]Taylor, *op. cit.,* 317.

[13]Herodías fue últimamente la causante de la caída de su esposo. Ella aguijoneó a Herodes para que procurara el título de "rey", en una acción que lo llevó a su destierro. Debe decirse en su favor que compartió su desgracia. Vea Branscomb, *op. cit.,* p. 110.

[14]IB, VII, 738 (Exposition).

[15]"Marcos sólo nota no menos de 11 ocasiones cuando Jesús se retiró de su trabajo. . ." (Vincent, *op. cit.,* p. 175).

[16]Cranfield, *op. cit.,* p. 216.

[17]Robertson, *op. cit.,* 315.

[18]NBC, p. 819.

[19]IB, VII, 741.

[20]Swete, *op. cit.,* p. 134.

[21]Cranfield, *op. cit.,* p. 219.

[22]Cole, *op. cit.,* p. 144 sf.

[23]Abbott-Smith, p. 482.

[24]Earle, *op. cit.,* p. 87.

[25]Cf. Johnson, *op. cit.,* p. 126. Otros ubican dos Betsaidas, una asociada con Capernaum y la otra, al este de donde el río Jordán entra al mar de Galilea.

[26]CB. p. 194.

[27]Swete, *op. cit.,* p. 138.

[28]Barclay, *op. cit.,* p. 163.

[29]"La palabra 'lechos'... significa colchones o quizá colchonetas. Tales como aquella en la que conducían al paralítico cuando Jesús le dijo: 'Toma tu lecho' " (H.D.A. Major, *et. al., The Mission and Message of Jesus* [Nueva York: E. P. Dutton and Co., Inc., 1938], p. 96).

[30]Cf. Números 15:37-39.

[31]Las tres últimas palabras del verso 2 no se encuentran en los más antiguos manuscritos. Los versos 3-4 a menudo son tomados como un paréntesis, terminando con el verso 5, pues de otra manera quedaría incompleto el pensamiento. Cf. Cranfield, *op. cit.,* p. 231.

[32]La palabra *contaminación* proviene de un término *(koinos)* que significa " 'común' en oposición a 'privado' " y llegó a significar en los tiempos del Nuevo Testamento "contaminado ritualmente" (*Ibid.,* p. 232).

[33]Detrás de la expresión **muchas veces** *(pykna)* hay un problema textual. Otra palabra, *pygme,* tiene más apoyo, pero es difícil de traducir (la RSV la deja sin traducir). Probablemente signifique " 'con el puño', es decir, en el hueco de la otra mano... quizá con un puñado de agua" (IB, VII, 748).

[34]O posiblemente desparramando lo comprado en el mercado.

[35]**Mesas** está generalmente omitido por la evidencia del manuscrito.

[36]"La tradición oral de la interpretación legal usada en las escuelas, eventualmente culminó en los escritos Mishnah y los dos Talmudes y los últimos comentarios sólidos al respecto" (IB, VII, 749).

[37]El verso 8 debería terminar con la palabra hombres. El resto del versículo no se halla en los mejores manuscritos.

[38]Major, *op. cit.,* p. 99.

[39]IB, VII, 751.

[40]Swete, *op. cit.,* p. 150.

[41]Muchas versiones recientes omiten el verso 16 porque no se encuentra en los mejores manuscritos. Sin embargo, Taylor lo incluye en su texto griego. La expresión es empleada por Jesús en otros lugares (cf. Mt. 11:15).

[42]Taylor, *op. cit.,* p. 34.

[43]NBC, p. 820.

[44]El orden de estos términos en la KJV difiere algo del texto griego aceptado.

[45]Robertson, *op. cit.,* p. 325.

[46]*Ibid.,* "Algunas veces... asociado con términos que describen pecados sexuales (cf. Ef. 4:19...)" (Taylor, *op. cit.,* p. 345).

[47]En el Nuevo Testamento, la blasfemia puede ser hablar mal generalmente o también injuriando a Dios. La palabra aquí está usada con diferente sentido al 3:29, donde se la identifica con el pecado imperdonable. Vea 3:28-29 para tener un ejemplo claro de ambos casos.

[48]Algunos manuscritos antiguos omiten las palabras "y Sidón".

[49]Robertson, *op. cit.,* 326.

[50]Vea las notas sobre 5:20.

[51]NBC, p. 821.

[52]Una palabra inusitada, *hyperperissos,* "término que sólo se encuentra aquí en toda la literatura griega" (Earle, *op. cit.,* p. 98).

[53]Alan Richardson, *Interpretation,* IX (1955), 144; cf. Earle, *op. cit.,* pp. 98-99.

[54]Barclay, *op. cit.,* p. 188.

[55]*Ibid.,* p. 186.

[56]Cf. Cranfield, *op. cit.,* p. 205.

[57]*Eucharistesas,* de donde proviene la palabra *Eucaristía.*

[58]Forma fortalecida de *stenazo* (cf. 7:34), se encuentra sólo aquí en el Nuevo Testamento.

[59]Cf. EGT, p. 394.

[60]Earle, *op. cit.,* p. 101.

[61]Véase la discusión sobre el 6:45 y también el artículo sobre "Betsaida" en *Harper's Bible Dictionary,* p. 70.

[62]*Unger's Bible Dictionary,* p. 142.

[63]IB, VII, 763.

[64]Cranfield, *op. cit.,* p. 265.

[65]*Op. cit.,* p. 133.

[66]Esta versión refleja el mejor texto griego, tal como se encuentra en WH y en Nestle.

[67]NBC, p. 822.

Sección V — El Camino a Jerusalén

Marcos 8:27—10:52

A. LA GRAN CONFESIÓN Y LA TRANSFIGURACIÓN, 8:27—9:29

Los comentaristas generalmente concuerdan en que este es el punto medio del Evangelio de Marcos y el principio de una importante división. La cruz estaba a unos escasos seis meses y todavía quedaba mucho que hacer para la preparación de los discípulos para ese traumático evento. Hasta aquí, el ministerio de Jesús se había realizado principalmente entre las multitudes; pero desde este momento sería dedicado principalmente a sus inmediatos seguidores.

1. *La confesión de Pedro* (8:27-30)

Era imperativo que Jesús separara a su pequeño grupo de las multitudes y lejos de la jurisdicción del hostil Antipas. Por eso **salieron ... por las aldeas de Cesarea de Filipo** (27). Se dice que Herodes Filipo era el mejor de los hijos de Herodes el Grande, y que había hecho reedificar y restaurar esta ciudad en honor del emperador Tiberio. Situada al pie del imponente monte Hermón y cerca de las fuentes principales del río Jordán, era una hermosa ciudad. Allí florecía el culto del dios griego Pan y también el del emperador romano. La ciudad era un centro de paganismo. Se trataba de una ubicación dramática para la gran confesión.

Para probar la visión espiritual de sus discípulos, Jesús les preguntó: **¿Quién dicen los hombres que soy yo?** Es digno de notar que ninguno de ellos informó que la gente pensara en El como el Cristo, el Mesías; **Juan el Bautista... Elías** (28), Jeremías (Mt. 16:14), o **alguno de los profetas,** pero no el Cristo. Bastante extraño, pero esto era afortunado. El concepto popular del Mesías era tal que Jesús tuvo gran trabajo en impedir que las masas lo aclamaran.

Entonces siguió la escudriñadora pregunta que ningún hombre puede evitar al estar en contacto con Cristo: **Y vosotros, ¿quién decís que soy yo?** (29). En una revelación repentina Pedro contestó: **Tú eres el Cristo.** Jesús de Nazaret era por cierto el Cristo, el largamente esperado Mesías. Pero su pueblo estaba esperando un líder político, la gloria de cuyo advenimiento más o menos correría pareja con el entendimiento cristiano de la segunda venida.[1] Tales vanas esperanzas podían entonces

348

conducir solamente a un holocausto, y bajo pretendidos Mesías ocurrirían tragedias. Sin embargo, por muy feliz que Jesús estuviera por la confesión de Pedro (Mt. 16:17), era comprensible que les mandara **que no dijesen esto de él a ninguno** (30). Lo que Pedro había intentado estaba mucho más allá de lo que podía alcanzar, como lo indican los versos siguientes.

2. *Primera predicción de la pasión* (8:31-33)

Pedro había terminado de confesar que Jesús era el Cristo, el tan aguardado Mesías (29). Porque sus discípulos compartían el equivocado concepto de un Mesías que dominaría los enemigos del judaísmo con una apocalíptica venganza, Jesus **comenzó a enseñarles** (31) acerca de los sufrimientos que pronto le sobrevendrían. Es la primera predicción de su pasión; otras las seguirían (9:31; 10:32-34). **Le era necesario al Hijo del Hombre**[2] **padecer mucho.** Como Aquel que vino para hacer la voluntad del Padre era necesario (como lo dicen los Sinópticos) que El sufriera.

Aunque los profetas habían hablado de un Siervo Sufriente (cf. Is. 52:13—53:12) la idea de que el Cristo invencible sería desechado[3] por el gran Sanedrín (constituido por los tres grupos mencionados en el verso 31) y **ser muerto,** era incomprensible para Pedro y sus seguidores. La seguridad de que iba a **resucitar después de tres días**[4] era desconocida. Probablemente con una actitud condescendiente, **Pedro. . . tomó aparte** (32) a Jesús **y comenzó a reconvenirle.**

La réplica de Jesús debió de haber dejado estupefacto al grupo. **Volviéndose hacia Pedro** y **mirando a los discípulos** (33), **reprendió a Pedro** delante de todos: **¡Quítate de delante de mí, Satanás!**

¿Por qué fue tan fuerte la represión? Porque con la noción popular del Mesías en la mente, Jesús una vez más oía la voz de Satanás tratando de desviarle de la cruz (Mt. 4:3-10). "El tentador no puede atacarnos de manera más terrible que cuando nos golpea con la voz de los que amamos y que piensan que sólo procuran nuestro bien."[5] Pedro no tenía la mentalidad divina sino la humana. "No estás de parte de Dios, sino del hombre" (33, RSV).

Aquí encontramos: (1) La confusión de la gente, 27-28; (2) La confesión de Pedro, 29-30; (3) La consagración de Cristo, 31; (4) La contradicción de la cruz, 32-35.

3. *El costo de rechazar el discipulado* (8:34—9:1)

Llamando a la gente (34), que parecía que jamás estaba lejos, Jesús les aclaró a ellos y a los **discípulos** que el siervo no es mayor que su señor (Mt. 10:24). Si el Hijo del Hombre iba a sufrir rechazo y muerte (31), cualquiera que quisiera ir **en pos** de El tendría que negarse **a sí mismo, tomar su cruz** y seguirle. En los actos decisivos quien quisiera ser su servidor debía decirse "no" a sí mismo y cargar su cruz. Esto debe conducir a una relación continua de seguimiento del Líder. Era como si Jesús hubiera dicho: "Si ustedes quieren ser mis discípulos, deben comenzar a vivir como hombres que van en camino al cadalso."[6]

Para aquellos que pensaban que el costo del discipulado era demasiado alto, Jesús añadió una palabra más acerca de rechazar el discipulado: "Cualquiera que quisiera salvar su propia vida, la perderá" (35, Goodspeed). **Alma** y **vida** aquí alternan porque son traducciones de una misma palabra *(psyche),* pero se implica una doble referencia. Un apóstata puede **salvar su vida** (35) negando al Hijo del Hombre **en esta generación adúltera** (38), pero perdería **su alma** (36). Si en este proceso, **ganare todo el mundo,** ¿qué aprovecharía? La parábola del rico insensato es una ilustración para este caso (Lc. 12:16-21). Cuando uno haya pagado su última multa y perdido su **alma, ¿qué recompensa dará** (37) **por su alma?** Por grandes que hayan sido sus bienes con nada la podrá comprar.

Como contraste, los mártires que perdieran **su vida por causa** de El **y del evangelio,** la salvarán (35). El ridículo es un arma que ha matado a miles; pero ¿qué será de aquellos de quienes **el Hijo del Hombre se avergonzará. . . cuando venga en la gloria de su Padre con los santos ángeles?** (38). Aquí **adúltera** significa desleal espiritualmente.

Esta descripción de la *parousia* animó a Jesús a seguir adelante diciendo algo enigmático (9:1). ¿Qué habrá querido decir con las palabras de que **algunos** de los que estaban allí no morirían hasta ver **el reino de Dios venido con poder?** (1). El *no* dijo que su segunda venida ocurriría durante la vida de los presentes. A los seis días (9:2), tres de los discípulos fueron testigos de la transfiguración. Al año, todos ellos excepto uno, lo serían del poder de su resurrección y de Pentecostés, y durante las vidas de muchos de ellos el evangelio sería esparcido con sorprendente vigor a través del mundo de entonces. De esa manera, ellos vieron el **reino de Dios venido con poder.**

4. *La transfiguración* (9:2-8)

Una semana después de la confesión de Pedro y de la enseñanza resultante sobre los sufrimientos del Mesías (8:27—9:1), Jesús llevó al círculo íntimo de sus discípulos **aparte solos a un monte alto** (2) (probablemente una estribación del monte Hermón), lejos de la multitud, **y se transfiguró delante de ellos.**

¿Cuál fue la naturaleza y el propósito de la transfiguración? El término proviene de *metamorphoo,* que significa "transformar". En el Nuevo Testamento se usa sólo aquí y en Mateo 17:2, (la referencia paralela); Romanos 12:2 y 2 Corintios 3:18. El cambio de forma hizo que sus **vestidos** (3) se volvieran **resplandecientes** como la nieve, al grado "que ningún jabón en la tierra los podría hacer tan blancos así" (Goodspeed); esto debe de haber sido "una refulgencia desde el interior... una manifestación del Hijo de Dios en su verdadera naturaleza".[7] Fue una restauración de la gloria que El había tenido con el Padre desde antes de la fundación del mundo (Jn. 17:5; cf. Mr. 14:62; Hch. 7:55).

El propósito de la transfiguración fue, primero fortalecer a Jesús para la prueba de la cruz. El Hijo del Hombre encontró una seguridad fresca desde los cielos en los momentos cruciales de su ministerio (p. ej. 1:11: Lc. 22:43). En esta ocasión, **apareció Elías con Moisés, que hablaban con Jesús** (4) acerca de su (lit.) "éxodo" (Lc. 9:31). Ambos hombres que representaban la ley y los profetas respectivamente, habían experimentado algo parecido a una transfiguración: Moisés, en el Sinaí (Ex. 34:35), y Elías en el carro de fuego (2 R. 2:11).

La transfiguración también servía para convencer a los discípulos que la inspirada confesión de Pedro (8:29) era verdad. La idea de un Mesías Sufriente no estaba en desavenencia con el Antiguo Testamento. Los discípulos, que no siempre habían escuchado bien, fueron instruidos a prestar mayor atención a las enseñanzas de Jesús. **Este es mi Hijo amado; a él oíd** (7).

Lucas registra que Pedro y los otros "estaban rendidos de sueño" (9:32), lo que puede explicar la aparente confusión. **Espantados** en gran manera, Pedro **no sabía lo que hablaba** (6). Sabiendo que era **bueno** para ellos estar en el monte de la visión, y esperando aferrarse a esa hora sagrada, propuso construir **tres enramadas.** Debe haber estado pensando en cabañas tales como las que usaban en la fiesta de los Tabernáculos, o algo más permanente, posiblemente como el tabernáculo de reunión, donde Dios se había encontrado con su pueblo en el desierto (Ex. 35:11).

La nube (7) **que les hizo sombra** o los envolvía[8] era símbolo de la Divina Presencia, la Shekinah del Antiguo Testamento (cf. Ex. 13:21; 14:19; Sal. 78:14). Las nubes también estaban vinculadas en el Nuevo

Testamento con la presencia de Dios (p. ej. 13:26; 1 Ts. 4:17). Dios se acercó y anunció que su Hijo también era un Profeta[9] (Dt. 18:15): **a él oíd.**

Mateo describe la transfiguración como una "visión" (17:9). Era realmente una visión milagrosa efectuada como una revelación a los discípulos. Anticipando la resurrección y la parousía, la transfiguración fortaleció a Jesús y a los discípulos para las aplastantes experiencias que les aguardaban en el cercano futuro, y les anunció a todos que Jesús era inequívocamente el Hijo de Dios.

Alexander Maclaren deduce del verso 8: (1) El Salvador solitario, (2) Los testigos que desaparecen, (3) Los discípulos que esperan.

5. *La venida de Elías* (9:9-13)

Y descendiendo (9) del monte de la transfiguración, los discípulos deben haber meditado profundamente lo que habían visto. Deben haber estado cavilando por qué Jesús les había encargado que **a nadie dijesen** lo que habían visto, sino cuando **el Hijo del Hombre hubiese resucitado de los muertos.** Todavía era peligroso revelar el secreto mesiánico. Hasta que la cruz y la tumba vacía les enseñaran lo que debían aprender acerca del Mesías, no sería conveniente que ellos describieran la trascendental experiencia que habían tenido.

Y guardaron la palabra entre sí (10). "No olvidaron lo que les encargó" (10, Goodspeed), pero quedaron muy perplejos acerca del significado de **resucitar de los muertos.** Ellos no estaban listos para aceptar la idea de que era necesario que el **Hijo del Hombre . . . padezca mucho** (12); de manera que no podían imaginar una resurrección de los muertos. Esto suscitó otro interrogante: Si Jesús era en realidad el Cristo, como ahora ellos creían, ¿cómo decían los escribas que era necesario que **Elías**[10] viniera **primero?** (11). Los dos últimos versos del canon del Antiguo Testamento (Mal. 4:5-6) eran muy significativos para el pueblo judío.

Concordando con los escribas, Jesús respondió: **Elías a la verdad** vendrá primero "para restaurar todas las cosas" (12, RSV), un proceso que estaba en camino, pero aún incompleto. Pero a su vez, los examinó a ellos con otra pregunta: **¿Cómo está escrito del Hijo del Hombre, que es necesario que padezca mucho y sea tenido en nada?** ("tratado con desprecio", NEB).[11] En otras palabras, los escribas estaban en lo cierto cuando anunciaban que Elías tendría que ser el precursor del Mesías, pero equivocados en su ceguera sobre los sufrimientos del Mesías.

Elías ya había sufrido en manos de otra Jezabel. Si los hombres hicieron esto con el precursor, ¿qué harían con el Mesías? "Como el advenimiento de Elías era para proclamar la venida del Señor, también su rechazo era una advertencia del repudio de Cristo, y todo era en cumplimiento de las Escrituras."[12]

6. *Los discípulos impotentes* (9:14-29).

La escena que sigue es un contraste agudo con el relato de la transfiguración (2-8). Rafael ha pintado este contraste conmovedoramente, mostrando a Jesús en la gloria del monte mientras que los discípulos estaban en la lobreguez del valle. Cuando Jesús y el círculo íntimo de sus seguidores regresaron, vieron al resto de **los discípulos** rodeados por **una gran multitud** y **escribas que disputaban con ellos:** estaban confrontado al mundo en miniatura: "Jóvenes en las garras del mal, angustia paterna, nueve discípulos a quienes les había sido dado poder... de modo que no tuvieran que fracasar... y finalmente... un conjunto de religiosos críticos y hostiles."[13]

Inmediatamente, toda la gente **se asombró** (15) ante su aparición y corrieron emocionados hacia donde El estaba. ¿Qué es lo que asombró a tal grado,[14] y les hizo estar "sobrecogidos de temor"? (NEB). El había llegado inesperadamente y en el momento más oportuno, pero difícilmente puede haber sido la razón de la sorpresa de la multitud. Jesús sin duda regresó "del monte santo", cuando "su rostro y su persona aún resplandecían" (15, *Amp. N.T.*).

Cuando Jesús les preguntó: **¿Qué disputáis con ellos?** (16), la respuesta no vino de los escribas sino de **uno de la multitud** (17), un padre perturbado porque su hijo era epiléptico. Mateo lo describe como "lunático" (17:15), es decir "herido por la luna"; se suponía que la "epilepsia era producida por la influencia de la luna".[15]

El padre había llevado a su hijo esperando que Jesús lo viera. Desilusionado al no encontrarlo, el angustiado padre había hablado con los **discípulos** para **que lo echasen fuera,** y no habían podido (18). (Lit. "no fueron bastante fuertes"). "No tenemos la trágica brevedad de las palabras finales."[16] La desesperación del hombre era comprensible.

La réplica de Jesús ha sido llamada "un grito de nostalgia... por su Padre celestial".[17] **¡Oh generación incrédula! ¿Hasta cuándo he de estar con vosotros?... Traédmelo** (19). El no sólo reprendió a los presentes, sino a todo el mundo de incredulidad que se vuelve un estorbo. **Y cuando el espíritu vio a Jesús,** reconociéndole, sacudió convulsivamente al muchacho. Jesús entabló conversación con el padre procurando levantar su fe (21-22). **Si puedes hacer algo** fue el clamor lastimoso del padre, "ayúdanos, teniendo compasión de nosotros" (22, Earle). La real implicación de la respuesta de Jesús está algo oscurecida en la KJV. Phillips tiene una versión más clara: *" '¡Si tú puedes hacer algo!' " respondió Jesús.* " 'Todas las cosas son posibles al que cree.' "[18] La confianza de Jesús en el poder de la fe es asombrosa. "Con la misma confianza en Dios con que reprendió la airada tempestad (4:39); y con la que confrontó al endemoniado de los sepulcros (5:8) y con la que tomó a la hija de Jairo de la mano (5:41), aquí avanza sobre el poderoso espíritu que tiene entre sus garras al epiléptico (cf. 5:36)."[19] Quizá, reaccionando ante el desafío de Jesús, **el padre** (24), **inmediatamente. . . clamó** una confesión de su paradójica condición: **Creo; ayuda mi incredulidad.** ¡Que arroje la primera piedra el que no haya pasado por la experiencia de este hombre!

Bajo el tema "Creencia Incrédula" Alexander Maclaren desarrolla el verso 24 de la siguiente manera: (1) Nacimiento de la fe; 17-18; (2) Infancia de la fe, 21-22; (3) El grito de la fe, 23-24; (4) Educación de la fe, 25-29.

Cuando Jesús vio que **la multitud se agolpaba** (25), al momento quiso impedir el paso a la ociosa curiosidad. Le dijo: **Espíritu mudo y sordo** (un nuevo detalle). . . **sal de él, y no entres más en él.** Estas sin duda eran palabras alentadoras para un padre angustiado diciéndole que la curación iba a ser permanente. El Maestro habló al demonio como un agente separado del muchacho. "Esto hace difícil creer que Jesús estaba simplemente tolerando una superstición popular."[20]

"Convulsionándole violentamente" (26, RSV) el espíritu inmundo **salió,** dejando al muchacho **como muerto.** La mayor parte de los presentes dijeron: **Está muerto.** Característicamente, los poderes de las tinieblas dan su último golpe cuando dejan su víctima. Así fue en el caso de la hija de Jairo (5:41). Pero Jesús, **tomándole de la mano, le enderezó y se levantó** (27). Este toque de la tierna compasión de Jesús tiene un corolario en un detalle que Lucas registra: "Y sanó al muchacho y se lo devolvió a su padre" (9:42).

En algún lugar, entre la multitud, había un grupo de nueve discípulos mortificados y derrotados. Por fin, cuando todos se hubieron ido, le **preguntaron aparte: ¿Por qué nosotros no pudimos echarle fuera?** La razón de su fracaso estaba en su falta de fe (Mt. 17:20), la que a su vez era el resultado de su carencia de oración y la ausencia de autodisciplina. **Este género con nada puede salir, sino con oración y ayuno** (29).[21]

Los discípulos evidentemente pensaban que el poder y la autoridad que habían recibido antes (6:7) eran de ellos y que podían ejercerlos a su voluntad. "Ellos tenían que aprender que el poder de Dios no se da a los hombres en esa manera. Siempre debe pedirse fresco y ser renovado."[22] Cualquier don que hayamos recibido no puede ser mantenido en fortaleza y poder sin la continua dependencia de Dios, el Dador. La clase de problemas que confrontaron los discípulos no pueden ser manejados sin una vida de oración persistente y efectiva. Las peticiones espasmódicas en emergencias no son suficientes. Sin embargo, la amonestación implica una promesa. "La oración eficaz del justo puede mucho" (Stg. 5:16).

Los dos primeros incidentes de este capítulo sugieren: (1) Adoración en la montaña, 2-13; (2) La obra en el valle, 14-29. Pedro quería disfrutar la situación placentera del monte, pero abajo había una obra que realizar. Debemos adorar en el lugar de la oración y luego ir a trabajar en el lugar de la necesidad.

B. En Camino a Través de Galilea, 9:30-50

1. *Segunda predicción de la pasión* (9:30-32)

Habiendo salido de **allí** (30), evidentemente de las regiones de Cesarea de Filipo, Jesús y sus discípulos **caminaron por Galilea**[23] con el propósito de evitar el ser reconocidos. El viajar de incógnito era difícil para cualquiera tan bien conocido como Jesús, y no siempre había sido posible (7:24). La reserva era necesaria para poder estar solo con sus discípulos e instruirles con mayor amplitud sobre los eventos inminentes en Jerusalén.

La labor de Jesús de cambiar el razonamiento de sus discípulos es una lección del proceso enseñar-aprender. Repetidamente les advertía acerca de sus sufrimientos y muerte, **pero ellos no entendían** (32). ¡Con qué persistente paciencia, entonces, el pastor y el maestro deben enseñar a sus oyentes para que tengan una comprensión plena de la vida cristiana!

Las palabras del verso 31 son una síntesis de lo que Jesús les iba enseñando por el camino: **El Hijo del Hombre será entregado**[24] **en manos de hombres.** Estas palabras se refieren al plan divino (como en Ro. 8:32) o al nefando proceso por el cual Jesús sería entregado por Judas al

Sanedrín y de aquí a Pilatos y a los soldados. Quizá ambos estén implicados (cf. Hch. 2:23).

Aunque **ellos no entendían esta palabra** (32) los discípulos **tenían miedo de preguntarle.** Quizá no querían hacer frente a la realidad que echaría por tierra todas sus expectativas políticas.

2. *Disputa sobre la grandeza* (9:33-37)

Cuando **llegó a Capernaum,** Jesús y sus discípulos volvían a lo que había sido su base de operaciones durante el ministerio galileo. Una vez **en casa,** probablemente la de Pedro, les preguntó: **¿Qué disputabais vosotros en el camino?** La pregunta era embarazosa porque mientras Jesús había estado hablando de su muerte cercana, ellos **habían disputado entre sí, quién había de ser el mayor** (34). No es extraño que **ellos callaron.**

¿Qué fue lo que sugirió esta disputa? Estos asuntos eran de actualidad en la Palestina, tierra donde una posición en la sinagoga o en las comidas ya era causa de comentarios. El argumento también puede haber sido provocado por el reconocimiento que el círculo íntimo—Pedro, Jacobo y Juan—recibía a menudo como en la transfiguración. En cualquiera de los casos su disputa fue una demostración de mediocridad.

En un gesto de inspiradora paciencia, Jesús **se sentó** (35), que era la posición característica de un maestro judío, y **llamó a los doce.** Les enseñó: Cualquiera que quiere **ser el primero, será el postrero de todos** y **el servidor de todos.** No hay duda en cuanto al significado de este ideal ético. Es idéntico a lo que se dice de los principales mandamientos, la llamada regla de oro y los dichos de Jesús preservados en los Hechos: "Es más bienaventurada cosa dar que recibir."[25]

En un "sermón—acción"[26] Jesús "tomó a un niño y lo sentó al frente de ellos y puso su brazo en derredor de él" (36, NEB). **El que recibe en mi nombre a un niño como este, me recibe a mí** (37). Aparte de la intención subyacente en estas palabras, debería notarse su efecto en cuanto a la evaluación del niño. "Si actualmente los hombres muestran tal solicitud por los pequeños que hubiera sorprendido a los antiguos, esa preocupación ha partido de un Hombre."[27]

El propósito de la acción de Jesús era ilustrar el principio que se encuentra en el verso 35. La grandeza se ve en la humildad de servicio. Cuando uno recibe (lit., "da la bienvenida") a un niño sin miramientos por Cristo (es decir, en su nombre), si lo hace sin pensar en la recompensa, sin saberlo "da la bienvenida" a Cristo. Al recibirle a El, lo hace al Padre que lo envió, porque un mensajero del rey es el mismo rey.

La lección objetiva era un dramático repudio de la búsqueda de los discípulos por los primeros puestos.

3. *El exorcista desconocido* (9:38-41)

Estos versículos han sido llamados "una lección de tolerancia" y "una advertencia contra el sectarismo". Juan que pocas veces es prominente en los Sinópticos, habló sobre este particular diciendo: **Maestro, hemos visto a uno que en tu nombre echaba fuera demonios. . . y se lo prohibimos** (38), (lit., "tratamos de detenerle"). El hijo del Trueno, que poco tiempo antes había querido hacer descender fuego del cielo sobre una inhospitalaria villa samaritana ("aun como lo había hecho Elías", Lc. 9:54), era muy riguroso en cuanto a la lealtad.

En un repudio de la intolerancia y el sectarismo, Jesús dijo: **No se lo prohibáis. . . el que no es contra nosotros, por nosotros es** (38-39). Un paralelo interesante lo hallamos en Números 11:26-29. En un tiempo de crisis el Señor había derramado su Espíritu sobre los líderes de Israel, y también sobre dos hombres "no autorizados", Eldad y Medad. Josué urgió a Moisés a que les impidiera profetizar. Pero Moisés se negó diciendo: "¿Eres tú celoso por mí? Ojalá todo el pueblo de Jehová fuese profeta" (Nm. 11:29). No es fácil combinar el compromiso de uno con su propia causa a la caridad para otros movimientos, pero el intentarlo nos traerá la bendición de Cristo. Dijo bien Edwin Markham:

> *Trazó un círculo que me dejó fuera—*
> *Rebelde, herético, objeto de mofa,*
> *Pero el amor y yo supimos cómo ganar—*
> *E hicimos un círculo que lo hizo entrar.*

El súmmum del asunto está en el verso 41. Los cristianos deben brindar bienvenida a la cooperación sincera aunque provenga de fuentes inesperadas. Si alguno diera **un vaso de agua** (41) a un creyente, sólo por ser seguidor de Cristo, el tal, afirma Jesús, **no perderá su recompensa**.

4. *La amenaza de la gehenna* (9:42-50)

Estos versos son una colección de ciertos dichos de Jesús que a menudo resultan de otro. Es posible que la relación no sea cronológica. Algunas veces el verso 41 es incluido en este párrafo.

Estos pequeñitos que creen en mí (42) se refiere a creyentes jóvenes y aún no maduros, quizá "el hermano débil" de Romanos 14. **Cualquiera** que hace **tropezar,** "escandalizar" o causar caída en pecado **a uno de éstos,** le sería mejor el haber muerto primero. La piedra de molino "era una enorme piedra trituradora movida por el asno de un molino".[28] El ser arrojado **en el mar** con este peso pendiente del **cuello** seguramente que significaba la muerte. Ejecutar a una persona ahogándola era una de las formas de la pena capital entre los romanos. Agostar o cortar la fe de otro para hacerle caer de la gracia es un crimen nefando.

Se nos advierte que las ofensas, es decir, "las ocasiones de caer" (Lc. 17:1, ERV) han de venir con seguridad. Algunas pueden provenir de los de afuera, como dice el verso 42, pero otras provocaciones pueden ser causadas por nosotros mismos (43-48). En lo que concierne a estas últimas, Jesús hizo la más severa de las amonestaciones.

Aunque uno puede referirse "a la mano que roba; el pie que viola; el ojo lujurioso o que codicia",[29] no debemos concluir que estos miembros físicos son considerados como los causantes del pecado. Es el corazón lo que controla la mano, el pie o el ojo. Aunque nos desmembráramos nosotros mismos para liberarnos de cometer ciertos pecados exteriores, aun así no se quitaría el deseo provocado por la corrupción interior. Jesús estaba hablando en forma hipotética y metafórica. Sobre la hipótesis de que la pérdida de miembros físicos nos salvaría del pecado, entonces sería mejor perderlos no importa cuán indispensables nos parezcan en la vida humana, antes de ser arrojados al infierno. Aquí se nos recuerda metafóricamente que cosas tan legítimas y naturales como la mano, el pie y el ojo pueden llegar a ser ocasiones de tentación; si así fuera, es mucho mejor sacrificarlas, no importa cuán penosa pueda ser la separación. El miembro causante de ofensa puede ser una amistad, una membresía, una ambición o cualquier cosa que nos sea muy querida y que resulte ser un obstáculo para la victoria espiritual.

En los versos 45 y 47 el juicio divino está descrito con las palabras **echado al infierno.** Pero al comenzar el verso 43, es evidente que se trata del ofensor quien voluntariamente escoge (lit.) "ir" al **infierno** por su propia acción.

La palabra traducida **infierno,** ese melancólico lugar donde el **fuego nunca se apaga** (gr., *asbestos),* puede ser vertida *Gehenna,* el valle de Hinnón. Este valle, abajo de Jerusalén, había llegado a ser infame durante el tiempo de los últimos reyes de Judá por causa del sacrificio de niños al dios pagano Moloch (Jer. 7:31; 19:5-6; 32:35). Más tarde fue oficialmente profanado (2 R. 23:10), y por fin llegó a ser el depósito de restos de reses muertas y desperdicios de Jerusalén. "Allí serpenteaban los gusanos corruptores, mientras que el fuego ardía continuamente con el objeto de destruir los desperdicios."[30]

Debería recordarse que es Jesús mismo quien hace la descripción del estado futuro de los inconversos. No importa cuán severo pueda parecer el lenguaje, es bíblico (Is. 66:24) y parte integrante de las enseñanzas de nuestro Señor.

El mensaje es claro: Ningún sacrificio es demasiado grande para entrar al **reino de Dios** (47) (sinónimo de **vida** eterna, vv. 43 y 45), y evitar la *Gehenna,* [31] **donde el gusano de ellos no muere, y el fuego nunca se apaga** (48).[32] El **gusano** puede referirse a la memoria carcomedora y el **fuego** a los deseos insatisfechos.

Los versículos restantes (49-50) contienen tres dichos bien resumidos en la frase "el salar inevitable e indispensable".[33] Las palabras **todos serán salados con fuego** (49), se toman por lo general con el sentido de que los discípulos tendrían que pasar por el fuego de la purificación, principalmente por el Espíritu, pero también por la disciplina y la persecución. Exactamente como todo sacrificio requería ser **salado con sal** (Lv. 2:13),[34] asimismo todo seguidor de Cristo debe ser limpiado por el fuego para ser aceptable a Dios.

Buena es la sal (50). ¡Cuánta insipidez y corrupción resultan de su ausencia! Cuando un creyente ha perdido su *sal,* queda inútil (cf. Mt. 5:13). "Es semejante a un proyectil explotado, un cráter apagado, una fuerza gastada."[35] Los creyentes tienen que cuidarse de tener **sal** en sí mismos, es decir, poseer las gracias cristianas para estar en **paz unos con otros.** Los envidiosos discípulos (33) necesitaban esta amonestación.

C. EL MINISTERIO EN PEREA, 10:1-52

Esta sección marca otro punto decisivo en el ministerio de Jesús. Por **última** vez salió de Galilea y con resolución se volvió a Jerusalén. En realidad era el camino a la cruz. El viaje lo llevó a través de la hendidura del valle del Jordán, hacia la **región de Judea** y desde allí, **al otro lado** del río Jordán, la tierra de Perea.

1. *Enseñanza sobre el divorcio* (10:1-12)

Los días de retiro y aislamiento para Jesús y sus discípulos habían tocado a su fin porque **el pueblo** (1) había vuelto **a juntarse a él.** Siguiendo su costumbre, **les enseñaba.**[36]

Una vez más, **se acercaron los fariseos** (2) y le preguntaron para **tentarle** (probarle). Querían atrapar a Jesús en sus propias palabras procediendo apresuradamente hasta el fin. Ellos esperaban embrollarlo o con Antipas, por el asunto del divorcio, o con el Sanedrín, poniéndolo en conflicto con la ley. Su pregunta tenía como tema el divorcio. **¿Era lícito?** (2). La frase de Mateo expresa la pregunta en forma distinta: "¿Es lícito al hombre repudiar a su mujer por cualquier causa?" (19:3). Jesús replicó a su capciosa pregunta con otra: **¿Qué os mandó Moisés?** (3).

La disputa tenía su centro en Deuteronomio 24:1-2, donde Moisés ordenaba "dar carta de repudio" a la mujer en el momento de su separación, de modo que ella quedara libre para volver a casarse. Este mandamiento no daba aliciente alguno a la práctica del divorcio. Se trataba más bien de una provisión misericordiosa en una época cuando la mujer carecía de derechos. Los fariseos atemperaron las palabras diciendo: **Moisés permitió** (4) la práctica del divorcio. Al hacerlo, ellos perdieron terreno en el debate. Tuvieron que aceptar que la **carta de divorcio** era una concesión por **la dureza de** su **corazón** (perversidad, Goodspeed). Jesús les recordó que no había sido así al **principio** (6), cuando Dios los había hecho **varón y hembra** y había ordenado al hombre dejar a su padre y a su madre, es decir, sus vínculos anteriores y unirse a **su mujer** (7).[37]

La monogamia fue el ideal de Dios para toda la familia humana; ese ideal expulsa a la poligamia y el divorcio. La santidad del matrimonio se deriva del mandato divino: **Lo que Dios juntó, no lo separe el hombre** (9). La concesión posterior de la ley (5), que Jesús con su implicación a la vez criticaba y reconocía, "está en consonancia con la idea de la adaptación divina de su propósito general a las circunstancias inmediatas de las necesidades".[38] Las excepciones permitidas en Mateo 19:9 (cf. 5:32) y 1 Corintios 7:15 están aparentemente de acuerdo con este principio.

Había llegado a ser práctica entre muchos judíos el tomar la concesión mosaica como un estímulo de la licencia. El punto era entonces debatido entre los eruditos de las escuelas del rabí Hillel y del rabí Shammai. Este último concedía el divorcio sólo por adulterio. Los puntos de vista del primero animaban la laxitud. Por ejemplo, uno de sus seguidores permitía a un hombre despedir a su esposa cuando descubría a otra que le era más atractiva, bajo la acusación de que su esposa ya "no hallaba favor en sus ojos" (Dt. 24:1, VM.). La misma referencia era empleada para permitir el divorcio sobre bases triviales: " 'Si una esposa cocinaba mal la comida para su esposo, ya por haber salado de más o quemado la comida, ella debía ser repudiada.' "[39] Jesús rechazó su endurecido desprecio de la intención de Dios (cf. Mal. 2:13-16).

Ojalá nosotros, como **los discípulos,** pudiéramos estar aparte con Jesús para **preguntarle de lo mismo** (10). Su réplica **en la casa** fue que el hombre no debe repudiar **a su mujer** (11), ni la mujer repudiar **a su marido** (12) (algo nunca escuchado en el judaísmo, pero posible entre los romanos a quienes Marcos está escribiendo). Mateo recuerda la consternación de los discípulos: "Si tal es el caso... no conviene casarse" (19:10, RSV).

Intérpretes devotos están divididos en cuanto a las implicaciones de las palabras de Cristo en los versos 11 y 12. Algunos sostienen que realmente se trata de una nueva legislación. Lo siguiente es un ejemplo de este punto de vista: "La noción de Cristo sobre el divorcio... era prohibirlo en absoluto. Según El, el vínculo matrimonial es indisoluble para siempre hasta que la muerte haga la separación; por lo tanto, un nuevo matrimonio no sería permisible mientras el otro cónyugue viviera."[40] Otros opinan que: "Jesús no estaba tratando de legislar sobre el divorcio sino de establecer principios que levantaran la totalidad del asunto... al nivel espiritual de la voluntad de Dios."[41] Disolver la unión matrimonial coloca a la persona bajo juicio; pero "no obstante es propio que el estado y aun la iglesia hagan provisión para esas situaciones en las cuales la perversidad humana haga del divorcio el mal menor".[42] No han cambiado ni la dureza del corazón del hombre ni la misericordia de Dios, tal como está reflejada en Deuteronomio 24:1-2.

2. *Los niños en el reino* (10:13-16)

Esta discusión sobre los niños y su relación con el reino apropiadamente sigue a la enseñanza sobre el divorcio. Los niños son los primeros y más tristemente afectados en un hogar quebrantado. Tanto la mujer como la niñez deben mucho a la defensa que Jesús les dio.

Cuando le **presentaban niños** (13) para que **los tocase,** como en los casos de sanidad, los discípulos **reprendían a los que los presentaban.** Esta actitud seguramente fue tomada con el propósito de defender a Jesús de las multitudes.

Notando lo que habían hecho los discípulos, Jesús **se indignó;** quedó "indignado y entristecido" (14, *Amp. N.T.*). Jesús era capaz de indignación moral (cf. 3:5; 9:19): **Dejad que los niños vengan a mí y no se lo impidáis.** En griego no está la *y* antes de **no se lo impidáis,** lo que sugiere impaciencia.[43] **El reino de Dios** pertenece a quienes tienen las cualidades inherentes a los niños. Un niño es receptivo y confiado; tiene "la capacidad de actuar al momento"[44] en lo que él entiende. Nadie puede entrar por méritos propios al reino; debe recibirlo por gracia. **El que no reciba el reino de Dios como un niño, no entrará en él,** "en absoluto" (13, NASB). Debe ser claro por qué Jesús estaba molesto con sus discípulos.

Para ilustrar la intensidad de sus sentimientos, Jesús tomó a los niños **en los brazos[45] poniendo las manos sobre ellos y los bendecía.** "Los bendecía fervorosamente, no de modo superficial, sino con énfasis como correspondía a quienes eran capaces de recibir una bendición con más sencillez que sus mayores."[46]

3. *El joven rico y el discipulado* (10:17-31)

Cuando Jesús estaba por comenzar otra etapa de su viaje, **vino uno corriendo** (17),[47] como si temiera llegar demasiado tarde para encontrar al Maestro; e **hincando la rodilla** con respeto y reverencia. Los detalles que da Marcos ("corriendo", "hincada la rodilla") son un testimonio de la impresión que Jesús causaba sobre los hombres.

La pregunta del joven, **Maestro bueno ¿qué haré. . .?** revelaba una insatisfacción interior. Aquel cuyos juicios están de acuerdo con la verdad, replicó: **¿Por qué me llamas bueno?** (18). La aseveración de Jesús de que ninguno hay bueno **sino sólo uno, Dios,** no era una admisión de pecaminosidad, sino un rechazo de la idea, como era la noción de este hombre, que la bondad es un logro. No hay nada que uno puede hacer **para heredar la vida eterna.** "Jesús no descansaba en Sí mismo, pero se encomendaba completamente. . . a su Padre."[48] (Véase especialmente Jn. 5:19).

Los mandamientos sabes (19) de este buen Dios, dijo Jesús, y repasó en sustancia la segunda tabla del Decálogo. Quizá el Maestro omitió la mención del primer mandamiento, porque en un momento trataría de examinar al joven rico más profundamente en cuanto a su devoción a Dios. La respuesta del joven gobernante fue emocionante. **Maestro,** (ahora omitía llamarle "bueno"), **todo esto lo he guardado desde mi juventud** (20). Se dice que los antiguos judíos eran los hombres más conscientes. Otro hebreo, que más tarde hizo una profesión similar (Fil. 3:6), también encontró que "por las obras de la ley, ninguna carne será justificada" (Gá. 2:16).

Como si quisiera escudriñar el alma de este joven, Jesús mirándole "directamente" (21, NEB) **le amó.** ¡Qué promesa y posibilidad! y sin embargo, ¡qué pobreza espiritual debe haber visto el Maestro! La pregunta del joven: "¿Qué más me falta?" que hallamos en Mateo (19:20) encontró respuesta en la cándida réplica de Jesús. **Una cosa te falta... vende todo lo que tienes... Y ven... sígueme.** Este sincero buscador, a quien no le faltaba nada de lo que el dinero pudiera comprar, tenía sin embargo una gran necesidad (cf. Ap. 3:17-18). El joven líder que no había hecho daño alguno a su prójimo (19) tenía un amor al dinero y a sí mismo que violaba el primer mandamiento.

En contraste a cómo había venido, el rico ahora se iba **afligido** (22). Rechazando la extraña invitación de seguir a Jesús a Jerusalén, eligió aferrarse a sus **posesiones** antes que tener **tesoro en el cielo.**[49] Esta es una parábola sobre el gozo de la obediencia y la tragedia de desobedecer, que lo hizo irse **triste,** con el trostro triste, como el firmamento en un día sobrío, nublado.[50]

Viendo que el hombre de fortuna se negaba a hacer lo que ya antes había pedido a sus discípulos, Jesús mirando alrededor[51] les dijo: "¡Cuán difícilmente los que tienen dinero entrarán en el reino de los cielos!" (23, Barclay). Los discípulos no estaban preparados para semejante declaración y **se asombraron de sus palabras** (24). El fiel Abraham, Job el justo, y Salomón el sabio fueron hombres acaudalados. ¿No es la riqueza una señal de aprobación divina? Pero Jesús, **respondiendo, volvió a decirles** con un tierno reproche: "¡Hijitos, cuán difícil es[52] entrar al reino de Dios!" (24, NASB). Si es verdad que son pocos los que hallan y andan por la puerta estrecha y el camino angosto (Mt. 7:14), ¡con cuánta dificultad los que descansan en la falsa seguridad de las riquezas entrarán **en el reino de Dios!**

El lenguaje del verso 25 ha suscitado varias explicaciones ingeniosas, pero la "dificultad está solamente en las mentes de los occidentales que son muy poco imaginativos".[53] El punto, vestido con la hipérbole oriental es simplemente que desde el punto de vista humano es imposible para **un rico** ser salvo. La figura del **camello** y la del **ojo de la aguja,** como la de la viga y la paja de Lucas 6:41, y la de colar el mosquito y tragar el camello de Mateo 23:24, son dramáticas maneras de expresión de lo que "humanamente hablando es imposible o absurdo".[54]

Todavía se **asombraban aún más** (26) los discípulos, cuando Jesús les aseguraba que **todas las cosas son posibles para Dios.** El entrar en el reino y en la vida eterna está más allá de la conquista del hombre; pero en la gracia de Dios todos los hombres, ricos o pobres, son iguales y pueden entrar. El costo de la entrada es igual para todos; la perla de gran precio cuesta todo lo que el hombre posee (Mt. 13:45-46).

Haciendo una rápida aritmética mental, **Pedro** (28), que era generalmente la voz del grupo (8:29; 9:5; 11:21), **comenzó a decirle...** **He aquí, nosotros lo hemos dejado todo, y te hemos seguido.**[55] Mateo agrega: **"¿Qué, pues, tendremos?"** (19:27). La respuesta de Jesús implica que El no quedará en deuda con ningún hombre. Si alguien dejara **casa**, o familia, **o tierras, por causa de mí y del evangelio** (29), "ese hombre recibirá cien veces más" (30, Phillips) en esta *edad presente,* **casas** *y* familia[56] **y tierras, con persecuciones**[57] y en el siglo venidero, **la vida eterna.** Contraste la **o** del verso 29 con la **y** del 30. "Las ganancias sobrepasarán las pérdidas."[58] Para que los discípulos no llegaran a la conclusión de que ellos estaban en un lugar especial, les recordó el Maestro que muchos **primeros serán postreros y los postreros, primeros** 31). Mateo agrega a este punto la parábola de los labradores de la viña que recibieron igual paga no importa cuán largo hubiera sido su día de labor (20:1-16).

4. *La pasión predicha por tercera vez* (10:32-34)

La historia de Marcos acumula vigor mientras uno la sigue consecutivamente. Los eventos y enseñanzas de Galilea y Perea ya quedaban en el pasado, ahora que Jesús y los Doce **iban por el camino subiendo**[59] **a Jerusalén** (32). Se aproximaba el clímax del ministerio de Jesús.

Reflexionando sobre el solemne hecho de que iba a ser **entregado a los principales sacerdotes** (33) y condenado **a muerte** en medio del escarnio y el abuso, Jesús **iba delante de ellos.** ¡Qué escena ante nuestros ojos: "¡Jesús el gran Solitario marchando adelante, y los discípulos siguiéndole, poseídos de temor, a la distancia!"[60] Los discípulos **se asombraron** ante el coraje con que Jesús se movía hacia el encuentro con sus enemigos, "y aquellos que todavía le seguían estaban asustados" (32, Goodspeed).

Parece que iban dos grupos en camino con Jesús, los Doce y otra partida de peregrinos (que posiblemente incluían a las mujeres de 15:40). Esta conclusión encuentra apoyo en la declaración de que **volviendo a tomar a los doce aparte,** es decir, los separó del resto, una vez más **comenzó a decir las cosas que le habían de acontecer** (32) (cf. 8:31; 9:31). Esta vez la predicción fue detallada:[61] El Hijo del Hombre (33) **será entregado** a los miembros del Sanedrín y **le condenarán a muerte,** entregado a los romanos. Y le escarnecerán, escupirán y estos gentiles **le matarán** (34). Sin embargo, tres días después, resucitaría. Es sorprendente que "los discípulos no sólo no hayan entendido nada de estas cosas" (Lc. 18:34), sino que continuaran con sus planes de lograr ganancia personal, como lo vamos a ver con claridad en los versos siguientes (35-45).

Considerando a "Cristo en el Camino a la Cruz", Maclaren lo describe como: (1) El Cristo heroico; (2) El Cristo que se sacrifica; (3) El Cristo estremecido; (4) El Cristo solitario.

5. *La ambición de Jacobo y Juan* (10:35-45)

Al leer estos versículos, uno queda impresionado por la falta de espiritualidad de los discípulos—su escasa memoria (9:33-35) y su desvergonzado egoísmo. Pero uno queda igualmente impresionado ante la paciencia y sabiduría del Maestro. Apenas Jesús había acabado de darles la predicción de su detallada pasión a breve plazo, cuando **Jacobo y Juan** (35), evidentemente instigados por su madre (Mt. 20: 20:21) se le aproximaron con una petición pueril: **querríamos que nos hagas lo que pidiéremos.** ¡Esto es como pedirle que firmara un cheque en blanco! Pacientemente Jesús les preguntó: **¿Qué queréis que os haga?** (36).

Creyendo que Jesús iba a establecer un reino mesiánico, los hijos del Trueno le pidieron tanto como era posible. **Concédenos que en tu gloria nos sentemos el uno a tu derecha, y el otro, a tu izquierda** (37). "El gran visir estaba a la derecha del soberano, y el comandante en jefe a la izquierda."[62] Buscaban las posiciones de mayor autoridad. ¡Qué tristeza debe haberle causado esto al Señor!

> Mientras El estaba pensando en una cruz, ellos pensaban en coronas. La carga de El se topaba con la ceguera de ellos; el sacrificio de El con el egoísmo de ellos. El sólo quería dar, ellos obtener. Su motivo era el servicio; el de ellos, la autosatisfacción.[63]

No sabéis lo que pedís (38) fue la triste respuesta de Jesús. Entonces llegaron interrogaciones con el fin de sondear los espíritus de estos jóvenes ambiciosos y llevarlos a comprender mejor el reino. **¿Podéis beber del vaso que yo bebo,** de sufrimiento y agonía (cf. Sal. 75:8; Is. 51:22; Jn. 18:11) **o ser bautizados** por la aplastadora tristeza (cf. Is. 43:2; Lc. 12:50)—o persecución y aflicción exterior—**con el bautismo con que yo soy bautizado?** En otras palabras: "¿Podéis ser sumergidos en las pruebas en las cuales yo soy sumergido y que casi están por hundirme?" Como hombres listos a ser mártires de los días de los Macabeos, Jacobo y Juan le **dijeron: Podemos** (39). Su impetuosidad es asombrosa, casi aterradora. Y sin embargo estaban diciendo algo de verdad. A su debido tiempo, ellos también beberían del **vaso** de la agonía de Cristo y experimentarían algo del **bautismo** de muerte como lo confirman Hechos 12:2 y Apocalipsis 1:9.[64]

Con respecto a la petición de posiciones de autoridad, Jesús les implicó que es "el mérito, no un favor... no un autobuscar, lo que asegura los ascensos en el reino de Dios".[65] **El sentaros a mi derecha y a mi izquierda, no es mío darlo,** "pero es para aquellos para quienes está preparado" (40, RSV). Lugares de honor—y *su correspondiente responsabilidad*—no son distribuidos por solicitud. Estos vienen, en la misma naturaleza del reino a aquellos para quienes ha sido aparejado por sus cualidades de carácter y espíritu (cf. Sal. 75:6).

Si esta escena deja muy mal a los dos hijos de Zebedeo, los otros 10 no eran mejores, porque cuando **lo oyeron,** "estallaron indignados contra Jacobo y Juan" (41, Moffatt). La disputa anterior sobre "quién sería el más grande" (9:34) había aparecido nuevamente. Con persistencia continuada, **Jesús, llamándolos** procuró demostrarles "su apreciación de los valores".[66] **Sabéis que los que son tenidos por gobernantes** (lit. "parecen gobernar") **de las naciones se enseñorean** (42). Los discípulos sentirían la espina de estas palabras al recordar las tácticas opresivas de los gobernadores provinciales. Ser **grande** entre los seguidores de Jesús era el estar ansioso para ser **servidor** y **siervo** (esclavo) **de todos** (44).

> *Los reinos de la tierra se ven*
> *en púrpura y en oro;*
> *Se yerguen, florecen y mueren*
> *y ya todo terminó.*
> *Hay un solo reino divino,*
> *una bandera que siempre vencerá.*
> *Su Rey es un siervo y su señal*
> *un patíbulo en el cerro.*[67]

¿Y por qué sería eso? "Porque el Hijo del Hombre mismo no había venido para ser servido sino para servir y dar su vida" (45, Goodspeed). En esto Cristo nos ha dejado el ejemplo, para que sigamos sus pisadas (1 P. 2:21).

La restante porción del verso 45 es fundamental para la doctrina de la expiación. **El Hijo del Hombre vino... para dar su vida en rescate** (*lutron*, "el dinero de redención pagado para la manumición de un esclavo"[68]) **por muchos.** La palabra "por" *(anti)*, literalmente significa "en lugar de", "a favor de" y señala el elemento de sustitución esencial para una comprensión bíblica de la expiación. Este gran pasaje "muestra claramente cómo Jesús se dio cabal cuenta de que El había sido llamado a fundir en su propio destino las dos misiones: la de Hijo del Hombre (Dn. 7) y la de Siervo del Señor (Is. 53)".[69]

Los versos 32-45 pueden ser bosquejados de la manera siguiente: (1) Entregándose en sacrificio, 32-34; (2) Búsqueda egoísta, 35-40; (3) Servicio de abnegación, 41-45.

6. *Bartimeo, el ciego de Jericó* (10:46-52)

Como vimos previamente (32), Jesús había salido de Perea, cruzando el Jordán a corta distancia arriba del mar Muerto y comenzando el ascenso hacia Jerusalén. Jericó estaba situada a lo largo de esta ruta. Como Jesús y sus **discípulos** y una multitud (46) salían de **Jericó,**[70] pasaron cerca de **Bartimeo el ciego** (que significa **hijo de Timeo**) que estaba sentado junto al camino **mendigando.** En el oriente son comunes la ceguera y las enfermedades oculares.[71]

Oyendo que **era Jesús** (47) el Nazareno que pasaba con la multitud, comenzó **a dar voces** en un lenguaje que hasta ese entonces nadie había empleado. **¡Jesús, Hijo de David, ten misericordia de mí!** "El secreto mesiánico había comenzado a desparramarse."[72] Los **muchos** que **le reprendían para que callase** pueden haber considerado sus gritos como una molestia (cf. 10:13), o podían temer que la banda de peregrinos fuera tomada como revolucionarios. Cualquiera que haya sido la razón, Bartimeo vislumbró un rayo de esperanza y "gritaba más aún" (48, NEB): **¡Hijo de David, ten misericordia de mí!** De parte de Jesús no salió ni una palabra de repudio o amonestación.

Lo que sigue es dramático, especialmente en el lenguaje vívido de Marcos. Entonces **Jesús deteniéndose** (49). Ya nadie trató de impedirle. **Ten confianza; levántate, te llama,** le dijeron. Las consoladoras palabras **ten confianza** (" 'Está bien, ahora' ", Phillips) aparecen siete veces en el

Nuevo Testamento, todas, de labios de Jesús, excepto en esta ocasión, aunque están vinculadas con El. Pablo más tarde recibió el mismo mensaje animador del Cristo glorificado (Hch. 23:11). **El ciego no necesitó más estímulo. Arrojando su capa,**[73] **se levantó y vino a Jesús (50). ¿Qué quieres que te haga?** (51) puede parecer una pregunta superflua. Pero indudablemente sirvió para fortalecer la fe del hombre, haciendo que expresara su propio deseo. Al preguntar, Jesús "animaba a los demás, a hacer presentes sus peticiones y les daba oportunidad de manifestar su fe, sobre la que El a su vez actuaría y edificaría".[74] Bartimeo replicó: "Maestro, [75] ¡quiero recobrar la vista!" (51, NASB). Sin ninguno de sus habituales gestos de sanidad, **Jesús le dijo... tu fe te ha salvado** (52).

En seguida **recobró la vista** y, literalmente, también espiritualmente, **seguía a Jesús en el camino** a Jerusalén y a la cruz. "Bartimeo... había recibido la mejor limosna de su vida."[76]

NOTAS BIBLIOGRÁFICAS

[1]Vea la discusión de Barclay: *"The Jewish Ideas of the Messiah", op. cit.,* pp. 197-203.

[2]Para una provechosa discusión de los puntos críticos en el uso de esta frase, vea Cranfield, *op. cit.,* pp. 272-77. Era la autodesignación más favorita de Jesús, referida a la expectativa mesiánica, pero no identificándolo con el entendimiento popular del asunto.

[3]Literalmente, rechazado después de examinado.

[4]Mateo y Lucas aclaran esta frase al decir "al tercer día". Lejos de ser una predicción "después del hecho", el lenguaje intacto de Marcos puede ser una evidencia contraria.

[5]Barclay, *op. cit.,* p. 205.

[6]Hunter, *op. cit.,* p. 94.

[7]IB, VII, 775.

[8]Probablemente Jesús, Elías y Moisés, porque la voz habló fuerte a los discípulos desde la nube.

[9]En el pensamiento semítico "la categoría de la revelación divina más elevada posible" (IB, VII, 777).

[10]La KJV usa una trasliteración de la palabra griega *Elías,* que a su vez emana de la versión griega del Nuevo Testamento, la Septuaginta (LXX).

[11]Este término es un reflejo de las ideas de Isaías 53:3, "desechado y despreciado".

[12]Cole, *op. cit.,* p. 145.

[13]NBC, p. 824.

[14]"Usado por Marcos solamente en el Nuevo Testamento aquí y en 14:33 y 15:5 en usos que exigen un fuerte sentido" (EGT, p. 26).

[15]Abbott-Smith, *op. cit.,* p. 404.

[16]IB, VII, 780.

[17]Hunter, *op. cit.,* p. 99.

[18]*The Westminster Study Edition of the Holy Bible* refleja el original así: "En cuanto a tu frase, *si puedes,* todas las cosas son posibles..." *(in loco).*

[19]IB, VII, 782.

[20]Robertson, *op. cit.,* p. 343.

[21]Las palabras "y ayunó" no se encuentran en los más antiguos manuscritos. Algunos eruditos, sin embargo, no consideran esta evidencia como conclusiva (NBC, p. 824, Cole, *op. cit.,* p. 148.

[22]Cranfield, *op. cit.,* p. 305.

[23]"Algunos toman el *para* en el verbo compuesto para significar, iba por los caminos desviados para evitar la publicidad" (EGT, p. 404).

[24]Presente profético o futurístico, "es entregado".

[25]Branscomb, *op. cit.,* p. 169.

[26]Hunter, *op. cit.,* p. 100.

[27]*Ibid.,* Vea Johnson, *op. cit.,* p. 164, que sirve como ejemplo de la crueldad con que se trataba a los niños entre los egipcios de aquella época.

[28]IB, VII, 791.

[29]Major, *op. cit.,* p. 123.

[30]*Ibid.*

[31]**Infierno,** la traducción de *Gehenna* no debe ser confundida con *Hades,* el reino de los muertos, que también se traduce "infierno" (p. ej. Ap. 1:18; 6:8; 20:13-14).

[32]"Nótese que los mejores manuscritos (seguidos por R-V., RSV, NEB) omiten los versos 44 y 46 que son iguales al 48" (Cole, *op. cit.,* p. 153).

[33]EGT. p. 407.

[34]El verso 49*b* es omitido por los más antiguos manuscritos, pero agrega una pista para el sentido del verso.

[35]Robertson, *op. cit.,* p. 347.

[36]El ministerio de Jesús en Perea es descrito en su totalidad por Lucas, incluyendo algunas de sus más memorables enseñanzas parabólicas como el Buen Samaritano y el Hijo Pródigo.

[37]Earle nota que la palabra *unirse* realmente significa "adherirse" y observa: "Que Dios le dé más pegadura al matrimonio moderno" *(op. cit.,* 123).

[38]IB, VII, 796.

[39]*A Commentary on the Holy Bible,* ed. J. R. Dummelow (Nueva York: The Macmillan Co., 1956 [reimpresión]), p. 688.

[40]A, R, G. Deasley, "The New Testament and Divorce", *Interchange,* I, No 1, 16

[41]Earle, *et al.,* ENT, p. 136.

[42]Cranfield, *op. cit.,* p. 321.

[43]*Ibid.,* p. 323.

[44]IB, VII, 800.

[45]"Tomándolos en sus brazos" (Earle, *op. cit.,* p. 125).

[46]Swete *op. cit.,* p. 222. Algunos creen que este incidente sirvió de estímulo en el bautismo infantil en partes de la iglesia cristiana primitiva.

[47]La narración combinada de los Sinópticos, de que él era joven (Mt. 19:22), rico (Mr. 10:22) y un "cierto principal" (Lc 18:18), nos da la descripción tradicional del "joven rico gobernante".

[48]Cranfield, *op. cit.,* p. 327. "En un sentido absoluto, la bondad pertenece a Dios el Padre solamente. En contraste, la bondad de Jesús estaba en cierto sentido sujeta a

crecimiento y a prueba en las circunstancias de la encarnación, por lo cual El aprendió la obediencia por las cosas que sufrió" (He. 5:8) (NBC, p. 826).

[49]"¿Acaso reflexionó este hombre y regresó? "Es interesante la conjetura de que él lo hizo, y que se llamaba Bernabé" (NBC, p. 826).

[50]El significado literal del verbo *stygnazo*, aquí traducido *triste* (22); cf. Mateo 16:3.

[51]Otra vívida reminiscencia de Pedro, como en el verso 21.

[52]Los últimos manuscritos agregan: "para los que confían en las riquezas."

[53]Earle, *op. cit.*, p. 128.

[54]Taylor, *op. cit.*, p. 431.

[55]"El aoristo y el perfecto se distinguen aquí uno del otro. El aoristo *dejamos* denota acción simple, pasada; el perfecto, *te hemos seguido*, denota el resultado de la acción continuando en el presente" (Ezra. P. Gould, *A Critical and Exegetical Commentary on the Gospel According to St. Mark*. "The International Critical Commentary" [Edimburgo: T & T Clark, impresión de 1955], p. 195 n.).

[56]Cf. Romanos 16:13. "Saludad a Rufo... a su madre y mía."

[57]"Agrega un elemento para suavizar las compensaciones del presente, y amonesta contra sueños de paz ininterrumpida" (Swete, *op. cit.*, p. 232).

[58]Cranfield, *op. cit.*, p. 333.

[59]Muy literalmente cierto. El Jordán tiene su hendidura a centenares de metros bajo el nivel del mar. Jerusalén está a 8 metros sobre el nivel del mar.

[60]Hunter, *op. cit.*, p. 110.

[61]Vea Cranfield, *op. cit.*, p. 334-35, para el repudio de la posición de que tal detalle debe haber sido dado "después del acontecimiento".

[62]Major, *op. cit.*, p. 135.

[63]Earle, *op. cit.*, p. 130.

[64]Para el pro y el contra sobre si Juan experimentó martirio antes, como algunos piensan que implican estos versos, cf. los argumentos de Grant (IB, VII, 814-15) y Cranfield, (*op. cit.*, p. 339).

[65]Major, *op. cit.*, p. 135.

[66]Cranfield, *op. cit.*, p. 341.

[67]G. F. Bradby, citado en Major, *op. cit.*, p. 135.

[68]Earle, *op. cit.*, p. 132.

[69]Hunter, *op. cit.*, p. 112.

[70]En los relatos sinópticos, aparecen detalles divergentes. Mateo (20:30) habla de dos mendigos, y Lucas (18:35) ubica el evento en las cercanías de la ciudad. "Estas diferencias no afectan nada vital, siendo tales como uno podría esperar encontrar en toda evidencia dada por testigos confiables" (NBC, p. 828). Lucas no quiere decir nada más que la sanidad ocurrió en las vecindades de Jericó, y Marcos puede recordar sólo al más conocido de los dos hombres mencionados por Mateo. Cf. Earle, *op. cit.*, p. 132.

[71]Vincent, *op. cit.*, p. 213.

[72]Hunter, *op. cit.*, p. 112.

[73]El único uso de esta palabra *(anapedesas)* en el Nuevo Testamento.

[74]IB, VII, 822.

[75]Un término afectivo de reverencia y respeto (cf. Jn. 20:16).

[76]Hunter, *op. cit.*, p. 133.

Sección VI Ministerio en Jerusalén

Marcos 11:1—13:37

A. Eventos que Precedieron a este Ministerio, 11:1-26

1. *La entrada en Jerusalén* (11:1-11)

Jesús y sus discípulos junto con otros peregrinos ahora **se acercaban a Jerusalén** (1), la meta a la que había señalado su ministerio por mucho tiempo. **Betfagé** ("la casa de los higos verdes") y **Betania** ("la casa de los dátiles") eran dos pueblos pequeños situados en los declives del **monte de los Olivos,** siendo probablemente el primero un suburbio de Jerusalén y el segundo situado como a unos tres kilómetros de Jerusalén (véase el mapa).

Jesús se detuvo en Betania donde se retiraba a descansar durante la semana de la pasión, y **envió dos de sus discípulos** a la villa opuesta, probablemente Betfagé (cf. Mt. 21:1). Quizá Pedro era uno de los dos y por eso tiene registrados todos los detalles. Allí debían encontrar **un pollino atado en el cual ningún hombre** había **montado** (2); tenían que desatarlo y traerlo a Jesús. El Maestro, que había nacido de una virgen, y que al fin ascendería a la diestra de Dios, montaría un asno cerril. "En el mundo antiguo... un animal dedicado a los usos sagrados debía ser cerril."[1]

Si el propietario, que bien pudo haber sido uno de los seguidores de Jesús, ponía alguna objeción, debían decirle: **el Señor lo necesita** (3) y pronto lo devolverá. Esta es la única circunstancia en Marcos donde las palabras **el Señor** son empleadas como una descripción de Jesús. Era suficiente identificación para el dueño del asno y suficiente razón para dedicar su propiedad al servicio del Señor. ¿Quién seguirá el ejemplo de ese seguidor anónimo? Los discípulos **hallaron el pollino atado a la puerta** "afuera en la calle" (4, RSV) y lo desataron.

Cuando **unos de los que estaban allí** (5) les inquirieron por su acción, ellos les contestaron **como Jesús había mandado** y les permitieron traer **el pollino a Jesús** (7). Se ha sugerido que estos misteriosos arreglos fueron el resultado de un plan previo, o quizá fue efectuado en uno de los viajes a Jerusalén mencionados en Juan, o que fueron una evidencia del conocimiento sobrenatural de Jesús. Uno y otro argumentos son posibles.

La pregunta importante es: ¿Por qué Jesús escogió ir montado a la Santa Ciudad? Su propósito era cumplir la profecía de Zacarías (9:9):

Alégrate mucho, hija de Sion; da voces de júbilo,
hija de Jerusalén; he aquí tu rey vendrá a ti, justo
y salvador, humilde, y cabalgando sobre un asno,
sobre un pollino hijo de asna.

Era una "verdadera y abierta aseveración de su mesianismo",[2] pero el judaísmo no esperaba esto, y como consecuencia, no podía entender ni aceptarlo. "Su propósito no era destituir a Roma sino romper el poder del pecado."[3] Su papel de Mesías todavía estaba velado para el pueblo por su ceguera, un hecho que hizo llorar a Jesús sobre la ciudad (Lc. 19:41-42).

Después de echar **sus mantos** sobre el pollino sin ensillar, **Jesús ... se sentó sobre él** y partió hacia Jerusalén (a unos tres kilómetros al oeste de Betania) en medio de la excitación y aclamación de aquellos que "alfombraban el camino con sus capas" (8, NEB) y con "hojas de las ramas que habían cortado de los campos" (RSV). **Y los que iban delante** (9) en la procesión, posiblemente algunos que habían venido desde la ciudad, **y los que venían detrás,** quizá peregrinos de Galilea, **daban voces, diciendo: ¡Hosanna!** ("Dios salve" o "¡Salve ahora!" cf. 1 S. 14:4; Sal. 20:9).

Los clamores de **¡Hosanna! ¡Bendito el que viene en el nombre del Señor!** son ecos de los Salmos de Hallel (118:25-26), "que eran cantados antifonalmente por los peregrinos que se acercaban a Jerusalén y los levitas que los recibían en la puerta santa".[4] Sin duda, sin embargo, muchos en la multitud esperaban que este "profeta de Nazaret" (Mt. 21:11) en alguna manera apresuraría el reino mesiánico. "¡Bendita es la venida del reino de nuestro padre David; Hosanna en las alturas!"[5] (10, NASB). Eran esos zelotes nacionalistas los que estarían apenados al aprender que Jesús había venido en paz y por la justicia, no como un soldado para una revolución política. Empero Jesús estaba determinado a ofrecerse al pueblo elegido en las mismas puertas de la Ciudad Santa, cualquiera que fuese su reacción. "A lo suyo vino, y los suyos no le recibieron" (Jn. 1:11).

En la llamada entrada triunfal, **entró Jesús en** (11) la ciudad **y en el templo; y habiendo mirado alrededor todas las cosas** sintió dolor y enojo por la evidente corrupción. Pero debido a que era tarde ese día, **se fue a Betania con los doce** y esperó la hora propicia hasta la mañana.

En este punto, sería útil incluir un bosquejo de la cronología de Marcos para la semana de pasión:

Domingo ("Ramos"): Entrada en Jerusalén y regreso a Betania (11:1-11)

Lunes: Maldición de la higuera y la limpieza del templo (11: 12-19)

Martes: Parábolas, historias de controversia, y otras enseñanzas (11:20—13:37)

Miércoles: Unición en Betania y la traición de Judas (14:1-11)

Jueves: Preparación para la Pascua, la última cena, Getsemaní, arresto y el juicio eclesiástico (14:12-72)

Viernes: Juicio ante Pilato, condenación, crucifixión, sepultura (15:1-47)

Sábado: Jesús en el sepulcro

Domingo: (Pascua): Resurrección (16:1-20)[6]

2. *La higuera infructuosa* (11:12-14)

Al día siguiente (12), es decir, el lunes, día después de la entrada triunfal, Jesús y los discípulos volvieron a Jerusalén de la villa vecina **de Betania**. Este iba a ser el programa de la semana: Jerusalén durante el día, Betania por la noche.

Evidentemente era muy temprano en el día, y Jesús **tuvo hambre.** La humanidad de Jesús estuvo siempre en íntima yuxtaposición con su naturaleza divina. **Viendo de lejos una higuera que tenía hojas,** "fue a ver si hallaba algo en ella" (13, RSV).

La presencia de las hojas en el árbol era señal de que normalmente ya debía tener fruto, aunque todavía **no era tiempo de higos.**

> Mientras que la principal recolección de higos no se realiza en las vecindades de Jerusalén hasta agosto, los higos pequeños comienzan a aparecer... tan pronto como brotan las hojas... Los transeúntes comían aún de estos higos verdes... La falta absoluta de fruto en el árbol era prueba de su esterilidad.[7]

Lo que siguió fue otra "parábola en acción". La semana traería un encuentro de pugilato con un judaísmo estéril, sin fruto. Cuando **Jesús le dijo a la higuera: Nunca jamás coma nadie fruto de ti** (14), estaba pronunciando simbólicamente la segura perdición de la Ciudad Santa. **Y lo oyeron sus discípulos.**

3. *Limpieza del templo* (11:15-19)

En su llegada a Jerusalén el día anterior, Jesús había "entrado en... el templo y... había mirado todas las cosas" (11). Lo que vio, debió haber provocado su indignación moral, pero esperó al día siguiente para entrar en acción.

El lugar de **los cambistas** (15) y el de **los que vendían palomas** era llamado el monte de la casa o el atrio de los gentiles. Era un patio espacioso que rodeaba el templo propiamente dicho y estaba abierto para los gentiles tanto como para los judíos.[8]

Se requería que cada varón adulto judío pagara una tasa anual de medio ciclo para el sostén del templo. Allí estaban presentes cambistas especiales de dinero para cambiar moneda extranjera por la moneda "antigua hebrea o el tirio, que era la clase de dinero exigido".[9] La transacción costaba un 15 por ciento. El principal abuso, sin embargo, estaba en la venta de palomas y animales para el sacrificio, controlada por la opulencia y aborrecida por los sacerdotes saduceos. Estas prácticas eran reprendidas por los rabinos judíos, y los mercados fueron destruidos en público en el año 67 D.C.[10]

La ira de Jesús se levantó principalmente por los olores ofensivos, el ruido y la confusión del lugar que hacía imposible que los gentiles adoraran a Dios en el único lugar del templo en donde se les permitía. Isaías había descrito el día cuando judíos y gentiles adorarían a Dios juntos en "casa de oración para todos los pueblos" (véase Is. 56:6-7). Aquellos que **vendían y compraban en el templo** habían convertido la **casa de oración** (17) en "cueva de ladrones" (Jer. 7:11). El que ha "amado la justicia, y aborrecido la maldad" (He. 1:9), **volcó las mesas de los cambistas, y las sillas de los que vendían palomas,** poniendo alto a la práctica de aquellos que hacían del templo sólo una zona para ganancias convenientes (16).

Cuando **los escribas y los principales sacerdotes** (18) (fariseos y saduceos) vieron que amenazaba una de las fuentes de ganancia del templo, **buscaban cómo matarle; porque le tenían miedo,** "pues toda la multitud estaba admirada de su doctrina" (NEB). Conociendo su malicia, Jesús **salió de la ciudad** (19) para descansar entre sus amigos de Betania. En el segundo acto mesiánico de la semana, el Señor del templo, "repentinamente había venido a su templo... como fuego refinador, y como jabón de lavadores" (véase Mal. 3:1-3).

4. *La higuera seca* (11:20-26)

Marcos registra que en **la mañana** (20) después de la limpieza del templo (15-19), pasando por la ruta de regreso a Jerusalén, los discípulos vieron que **la higuera se había secado desde las raíces.** Jesús había increpado a la higuera el día anterior por la pretensión de llevar hojas y no producir fruto (véase el comentario sobre 12-14). **Pedro, acordándose** (21), presumiblemente con algo de excitación dirigió la atención de Jesús a **la higuera** que **se había secado.** La destrucción de la higuera era tan completa como para asustarse.[11]

Cuando Jesús maldijo la higuera, quería mostrar su desagrado ante la falsedad y la hipocresía. Los resultados de su increpación para que la higuera se secara se volvieron la ocasión para una lección sobre otro tema: El poder de la fe cuando va unido a la oración efectiva. **Tened fe en Dios** (22), dijo Jesús, y más que esto os será posible. Quizá señalando al monte de los Olivos, sobre el cual estaban, y mirando a la distancia el mar Muerto, Jesús dijo que una persona de fe y oración podría decir a **este monte:** " 'Levántate y arrójate en el mar' " (23, Phillips), y **le será hecho.**

Las montañas eran consideradas por los hebreos como símbolos de grandes obstáculos y dificultades. En la literatura rabínica, un maestro que pudiera explicar un pasaje difícil sería considerado un "removedor de montañas". Zacarías había dicho de un respetable líder judío: "¿Quién eres tú, oh gran monte? Delante de Zorobabel serás reducido a llanura" (Zac. 4:7). Llegaría el día cuando los discípulos tendrían que enfrentar problemas tan grandes como montañas. Jesús los desafió a orar "la oración de fe" (Stg. 5:15). Este tipo de oración lleva las dificultades a Dios para su solución, y promueve un espíritu de expectativa y caridad. "Creed que recibiréis cualquier cosa por la cual oráis y pedís, y os será hecho" (24, Barclay).[12] Jesús no establece limitaciones a las posibilidades de la oración.

El que ora con esperanza y con **fe en Dios** también debe cumplir con otra condición. Cuando **estéis orando** (cf. 1 R. 8:14, 22; Lc. 18:11, 13), "si tienes algo contra alguno, perdónale" (25, NEB), pues de otra manera, el Padre **tampoco... os perdonará vuestras ofensas.**[13] Quien retiene el perdón no puede recibirlo, porque un espíritu rencoroso es discorde con una petición de perdón.[14]

B. ENSEÑANZA Y DEBATE EN JERUSALÉN, 11:27—12:44

1. *La cuestión de la autoridad* (11:27-33)

Jesús y sus discípulos **volvieron**[15]... **a Jerusalén** (27) y **andando él por el templo** (27), ocupado "en enseñar la gente... y predicar el evangelio" (Lc. 20:1; RSV), una delegación oficial del Sanedrín[16] disputó la acción de Jesús al librar el área del templo de los cambistas y mercaderes. La oposición de ellos fue inmediata y enérgica. " '¿Con qué autoridad haces todas estas cosas?' " (28, Phillips). Su pregunta era retórica, porque no reconocían más autoridad en el templo que la suya propia.

Mientras Jesús enseñaba y sanaba en Galilea, el judaísmo oficial le sospechaba (cf. 7:1), pero en la provincia septentrional El estaba bajo el gobierno de Herodes Antipas y fuera de la jurisdicción del judaísmo. Ahora que el profeta de Nazaret estaba en el umbral, ellos tramaron una trampa para atraparle. Si en respuesta a su pregunta Jesús pretendía tener autoridad divina, sería acusado de blasfemia. Si pretendía autoridad como el Hijo de David, sería acusado de traidor contra Roma. Si pretendía no tener autoridad en absoluto, sería infamado como impostor.

En el estilo de la discusión rabínica Jesús les replicó con otra pregunta: **El bautismo de Juan, ¿era del cielo o de los hombres?** (30). Y entonces, con un modo imperativo, les hizo saber claramente quién estaba en juicio: **Respondedme.** La pregunta carecía de respuesta, porque los ministerios de Juan y de Jesús estaban relacionados (véase sobre 1:2 ss.; 6:14 ss.). La autoridad de ambos era **del cielo** y *no* de **los hombres.** Los miembros del Sanedrín estaban atrapados entre los cuernos de un dilema. **Todos temían a Juan como un verdadero profeta** (32). El negarlo pondría en peligro sus vidas: "todo el pueblo nos apedreará" (Lc. 20:6). Tampoco podían admitir la inspiración divina de Juan, porque no le habían creído. Más aún, tal admisión sería una confesión tácita de que la autoridad de Jesús también provenía **del cielo.** Su respuesta, después de razonar entre ellos mismos, fue pretender ignorancia: **No sabemos** (33). Al hacerlo, "virtualmente abdicaban de su oficio de maestros de la nación, y carecían de derecho para poner en tela de juicio la autoridad de Jesús".[17] La contestación del Maestro cerró el debate. **Tampoco yo os digo.** Jesús no les dijo: "Yo no sé", sino que no se los diría. Uno de los trágicos frutos de la desobediencia es impedir la entrada de la Fuente de verdad y luz.

Bajo el título: "Jesús Asevera Su Autoridad", podemos notar. (1) La demostración de su autoridad, 15-18; (2) La defensa de su autoridad, 27-33.

2. *Los arrendatarios rebeldes* (12:1-12)

Jesús continuó su ministerio público de enseñanza y **comenzó. . . a decirles** (1) (a la gente en el área del templo, incluyendo sus enemigos) nuevamente **por parábolas,** o "figuras". Había sido la costumbre de Jesús hablar a las multitudes por medio de parábolas para captar su atención y dejar perplejo su pensamiento. "Y sin parábolas no les hablaba" (véase 4:33-34). Cuando estaba solo con sus discípulos les hablaba más directa y claramente.

La parábola que ahora estaba usando era alegórica en su forma y una clara adaptación de Isaías 5:1-7, una historia conocida para sus oyentes. En una tierra donde los viñedos bordeaban las laderas de las colinas, los detalles de la parábola constituían un lugar común: **Un hombre plantó una viña, la cercó de vallado,** probablemente hecho de piedras levantadas desde el suelo; le cavó un pozo para lagar;[18] **una torre** (de unos cinco metros de altura por dos metros cuadrados de base), que serviría tanto como torre de vigilancia y "vivienda para el celador";[19] y la costumbre de dejar la viña a **labradores** (lit., "trabajadores de la tierra")[20] mientras estaba **lejos** el dueño del terreno.

El punto de la parábola debe haber sido penosamente claro desde el principio. Dios era el dueño de la viña. Israel era el viñedo. Los labradores malvados eran los líderes y gobernantes de Israel, mientras los siervos, que fueron golpeados ("desollados" o "despellejados") heridos **en la cabeza** (4), e insultados, eran los profetas que Dios les había enviado (véase 2 Cr. 36:15-16; Neh. 9:26; Jer. 25:3-7; Mt. 23: 29-30). El único **hijo** (6), el **amado,** a quien **mataron, y le echaron fuera de la viña,** fue Jesús mismo. La destrucción de los **labradores** por el **Señor de la viña** ("dueño", "propietario", 9) señala el año 70 D.C. y la caída de Jerusalén. Tan severa como era esta condenación, más tremenda era la predicción de que su viña sería dada **a otros.** Que la heredad escogida de Israel llegara a ser posesión de los gentiles era una posiblilidad inimaginable para el pueblo judío (cf. Hch. 22:21-22).

La parábola nos dice que Dios es generoso, confiado, paciente y justo. Nos dice que Jesús se consideró como el **hijo** amado, no como uno de los siervos; que claramente previó su muerte segura y su rechazo fuera **de la viña,** pero también su vindicación final.[21] Tan proféticos son los detalles de esta parábola—la cruz, la resurrección, la destrucción de Jerusalén en el año (70 D.C.), la misión a los gentiles—que muchos la rechazan como espuria. Es triste que para las mentes de algunos críticos cualquier predicción del futuro en los Evangelios es evidencia *prima facie* de que fue tramada después del evento. Esto es sólo sobre la suposición *a priori* de que Jesús no conocía ni podía conocer el futuro. Por medio del conocimiento sobrenatural que aquí ejercía, Jesús estaba mostrando a los líderes judíos la más clara advertencia posible.

La parábola describe un fracaso en mayordomía. En una historia que el judaísmo conocía (Is. 5:1-7), el dueño de la viña le había prodigado sus cuidados "y esperaba que diese uvas, y dio uvas silvestres" (Is. 5:2). La viña del Señor era "la casa de Israel, y los hombres de Judá, planta deliciosa suya", pero cuando Él buscó la justicia, halló opresión y derramamiento de sangre, y cuando buscó la "justicia... he aquí clamor" (Is. 5:7). Ante tal desilusión, el Señor prometió que una destrucción tremenda vendría sobre su viña: "Haré que quede desierta."

Si Jerusalén, esa deliciosa "viña en tierra fructífera", fue finalmente aplastada por la destructora aplanadora del ejército romano, ¿cuán seria será, personal y colectivamente, nuestra recompensa en cuanto a la mayordomía del evangelio que nos ha sido confiado por el Señor? (Cf. Ro. 11:13-24).

Llevando su punto aún más allá, Jesús les preguntó: **¿Ni aun esta escritura habéis leído** (10; Sal. 118:22-23) que **la piedra que desecharon los edificadores** del templo, más tarde se dieron cuenta que había sido puesta por **cabeza del ángulo?** (La que une dos paredes, ya sea como esquina o como corona en la parte superior). En el original el Salmista considera a Israel como la piedra desechada y rechazada por los poderes mundiales "pero finalmente restaurada al lugar de honor designado por Dios entre las naciones".[22] **El Señor ha hecho esto, y es cosa maravillosa a los ojos** de Israel (11). Evidentemente, Jesús aplicó esta cita de carácter mesiánico a Sí mismo, como lo hizo la iglesia más tarde (Hch. 4:11; Ef. 2:20; 1 P. 2:4-8).

Los miembros del Sanedrín no podían escapar a esta implicación, porque **entendían que decía contra ellos aquella parábola.** "Procuraron arrestarle" (12, RSV), pero temiendo a la multitud, **dejándole, se fueron.**

C. H. Spurgeon encontró en estos versos: (1) La sorprendente misión, 6; (2) El crimen consternador, 8; (3) El castigo apropiado, 9.

3. *La cuestión del tributo a César* (12:13-17)

Los principales sacerdotes, escribas y ancianos (11:27), que se habían retirado después de la previa escaramuza (12), ahora enviaron sus representantes de **los fariseos** (13) y de **los herodianos** para que le **sorprendiesen**[23] **en alguna palabra** (lit., "en una palabra"; cf. 3:6).

Se aproximaron a Jesús con repugnante adulación: **Sabemos que eres hombre veraz** y "que no tratas de ganarte el favor de los hombres, no importa quién sea" (14, NEB). **¿Es lícito,** para nosotros, **dar tributo a César o no?** El tributo era una irritante tasa *per cápita* pagada anualmente al emperador. Como líder popular, se esperaba que Jesús tuviera una vigorosa opinión sobre las tasas. Sus enemigos presentaron el dilema. Si El respondía que no debían pagar tributos sería sujeto a arresto por el gobernador romano Pilato. Si les decía que debían pagar **tributo,** enajenaría la gente. "Quedaría desacreditado o se arriesgaría."[24]

Percibiendo la hipocresía de ellos, les dijo: " '¿Por qué me tendéis esta trampa?' " (15, Phillips). **Traedme la moneda.** Jesús les pidió un *denarius,* una moneda de plata que equivaldría a 20 centavos de dólar y que llevaba la imagen del emperador. Esta moneda les era particularmente ofensiva. Otras monedas locales estaban grabadas con inscripciones menos ofensivas, tales como "hojas de los árboles nativos".[25] Cuando ellos le trajeron el dinero, Jesús les preguntó: **¿De quién es esta imagen y la inscripción?** (16). Y ellos replicaron: De César. Profesaban odiar a César, ¡pero llevaban su efigie en sus bolsas!

La respuesta de Jesús los dejó atónitos. Ellos preguntaron: "*¿pagaremos* este injusto impuesto?" Jesús **les dijo: Dad** (17) como una obligación justa **a César lo que es de César.** "El impuesto no es mucho, y la moneda de todos modos es de César, ¡devolvédsela!" Y entonces, para demostrarles que necesariamente no hay conflicto entre los deberes civiles y religiosos, Jesús concluyó: **Y a Dios, lo que es de Dios.** (Quizá Jesús también implicaba que si la nación judía hubiera seguido la voluntad de Dios, **César** no habría estado en la tierra de ellos). "El deber para con Dios y la obligación hacia el estado no son incompatibles; tenemos deuda con ambos, y es evidentemente posible ser un buen cristiano y un ciudadano leal"[26] (Véase Ro. 13:7; 1 P. 2:13-14).

4. *Controversia sobre la resurrección* (12:18-27)

El siguiente grupo que se presentó para desafiar a Jesús en esta serie de preguntas fue el de **los saduceos** (18); un partido menos numeroso que el de los fariseos, pero poderoso por su control del templo.

Eran ricos, mundanos, ásperos y arrogantes. Se adherían a las antiguas creencias del judaísmo y rechazaban los nuevos postulados de los fariseos, incluyendo la doctrina de **la resurrección**. Los saducesos desaparecieron con la caída de Jerusalén, mientras que los fariseos persistieron.

Estos bien educados aristócratas se acercaron al Profeta de Galilea (la "boscosa" zona de Palestina) con la pregunta típica del escepticismo y del esnobismo intelectual. Su pregunta era con respecto a la ley del levirato de Israel (Dt. 25:5-10) que tenía por objeto perpetuar la línea familiar de un hombre que hubiera sufrido una gran calamidad y muerto sin hijos, "para que su nombre no fuera raído de Israel". **En la resurrección** (23), inquirieron, **¿de cuál**. . . será mujer? ya que se había casado sucesivamente con **siete** hermanos, todos los cuales habían fallecido sin dejar generación. Este enigma bien puede haber sido el punto de debate de los saduceos en sus discusiones con los fariseos. Era un problema que procuraba reducir al absurdo la creencia en la resurrección de los muertos. Uno puede imaginar que los cuestionantes apenas podían contener su júbilo.

Jesús no debatió el punto en el terreno de sus opositores, sino que fue al corazón del asunto: su ignorancia de **las Escrituras, y el poder de Dios** (24), principios que debían saber al ser sacerdotes en el templo de Dios. Los saduceos eran unos nacionalistas conservadores (aceptando, como los samaritanos, sólo la Torá como Escritura). Ellos se atrasaron en el desarrollo de la revelación de Dios. "¿No es este el punto donde os extraviáis y andáis mal. . .?" (24, *Amp. N.T.*). Estos son correlativos: **las Escrituras y el poder de Dios**. Aparte de un conocimiento del evangelio, disponible solamente en la Biblia, la búsqueda del Dios viviente por cuenta propia no sólo nos frustra pero es inútil. Aparte del poder del Espíritu de Dios, las Escrituras están exentas de vida espiritual, "porque la letra mata, mas el espíritu vivifica" (2 Co. 3:6). La Palabra escrita correctamente vinculada con la Palabra viviente nos da nuestra única esperanza segura de la preservación de la religión pura.

Aquellos que ignoran **el poder de Dios** mediante **las escrituras** no encuentran que la creencia en **la resurrección** es inverosímil. El Dios de la Biblia es un Dios de milagros y tiene la habilidad "de crear un nuevo orden de existencia"[27] muy distinto del que conocemos. En las palabras de Lucas: "los que fueren tenidos por dignos de alcanzar aquel siglo y la resurrección de los muertos ni se casan ni se dan en casamiento,

porque no pueden ya más morir, pues son iguales a los ángeles..."
(20:35-36, RSV). Los saduceos estaban equivocados al rechazar la
resurrección, pero los fariseos (como los musulmanes más tarde) erra-
ban al suponer que el cuerpo resucitado realizaría funciones matrimoniales. **Los ángeles** (25; cuya existencia también negaban los saduceos)
fueron creados directamente por Dios, no por procreación. La "igual-
dad de los creyentes con los ángeles consiste en su liberación de la
mortalidad y sus consecuencias".[28]

Y entonces, con **respecto a que los muertos** (26), ya sea que resuci-
ten o no, Jesús "devolviendo la pelota" a sus adversarios les citó
directamente de las Sagradas Escrituras. **¿No habéis leído... cómo le
habló Dios en la zarza**[29] **diciendo: Yo soy el Dios de Abraham... de Isaac
... y de Jacob?** (Ex. 3:6). **El Dios** viviente **es Dios de vivos.** "Dios llamó
a estos hombres sus amigos (dice Jesús) y Dios no deja a sus amigos en
el polvo... Cuando Dios ama a uno, lo ama para siempre."[30]

El argumento de Jesús a favor de la vida después de la muerte no
está basado en análisis filosóficos de la naturaleza del hombre sino
sobre el carácter de Dios. Si Abraham, Isaac y Jacob estaban entre los
vivos en los días de Moisés, "podemos confiar en que al final Dios
levantará sus cuerpos para que puedan participar de la bienaventuranza
final".[31] A los escépticos de cualquier época—saduceos o modernos—
Jesús les diría: "Mucho erráis" (27, RSV).

5. *El primer mandamiento de todos* (12:28-34)

Uno de los **escribas** de mentalidad más noble, **que los había oído
disputar** se acercó, sabiendo **que les había respondido bien.** La atmósfera
en la cual se había realizado la discusión era cálida y amigable, en agudo
contraste con los debates previos. Aparentemente con motivo sincero el
escriba **le preguntó: ¿Cuál es el primer mandamiento de todos?** Lo que
quiso decir tal vez fue: "¿Qué *clase* de mandamiento está catalogado
para ocupar el primer puesto?"[32] Muchos esfuerzos se habían hecho
para distinguir entre mandamientos "pesados" o "graves" y "livianos"
o "leves". Algún principio de clasificación o alguna manera de resumir
el complejo sistema de leyes ya había sido buscado. Se cuenta que un
gentil en una ocasión se acercó al gran Rabí Hillel y convino en hacerse
prosélito si la totalidad de la ley le podía ser enseñada mientras estaba
parado sobre un pie.[33]

Jesús... respondió al escriba citándole la primera parte del Shema
(Dt. 6:4-5): **Oye, Israel; el Señor nuestro Dios, el Señor uno es.**[34] Era una

vigorosa confesión de monoteísmo. " 'El Señor vuestro Dios es el único Señor' " (NEB). El Dios que es uno e invisible exige amor y lealtad indivisibles. **Amarás al Señor tu Dios** (lit., en cada caso "con todo lo que comprende") **tu corazón... alma... mente y... fuerzas** (30). Es imposible definir exactamente cada una de estas facultades aunque parece claro que se procura una diferenciación. El mandamiento llama al hombre a una completa respuesta de su totalidad. Esto es el amor perfecto de la perfección cristiana.

Aunque no fue solicitado, Jesús siguió agregando un **segundo** (31) mandamiento **semejante** al primero: **Amarás a tu prójimo como a ti mismo**. Hasta donde es sabido, nadie había unido antes estas dos declaraciones (Dt. 6:4-5; Lv. 19:18) como la sustancia de toda la ley. Jesús no estaba diciendo que esos eran el primero y el segundo mandamientos, respectivamente, en una lista de requerimientos, sino más bien, que ellos se combinaban para dar una destilación de la totalidad de la obligación moral del hombre. "De estos dos... pende toda la ley y los profetas" (Mt. 22:40).

Tan significativo como es el segundo mandamiento, es importante ver su dependencia del primero. "El amar a Dios es la única base segura y permanente para amar al hombre... Un amor al hombre que no esté fundado en el amor divino está siempre expuesto a sucumbir a las tentaciones de la auto-gratificación, el interés propio y el sentimentalismo."[35]

El escriba quedó completamente conmovido por la respuesta de Jesús. "¡Excelentemente... respondido, Maestro!" (32, *Amp. N.T.*). Hacer esto **es más que todos los holocaustos y sacrificios** (33). A su vez, Jesús quedó impresionado por la respuesta del escriba. **Viendo que había respondido sabiamente** (34; "inteligentemente"),[36] Jesús le dijo con patetismo: **No estás lejos del reino de Dios**. ¿Podría este escriba ser uno de aquellos que se convirtieron en Jerusalén después de Pentecostés? (cf. Hch. 6:7). Bien pudo haber sido así.

Los enemigos de Jesús ahora fueron enmudecidos. "Después de esto, nadie osaba preguntarle" (34, RSV).

Los tres párrafos precedentes podrían ser tratados juntos bajo el tópico: "Cristo Puede Responder Todas Vuestras Preguntas." Aquí tenemos interrogaciones: (1) Con respecto a la vida presente—impuestos, 13-17; (2) Con respecto a la vida futura—resurrección, 18-27; (3) Con respecto al corazón de la vida religiosa—el gran mandamiento, 28-34.

6. *El Mesías y David* (12:35-37)

Cuando los enemigos de Jesús no se atrevieron más a preguntarle, El tomó nuevamente la iniciativa (cf. 11:30) y **enseñando** les **contestaba** la implicada negación de su mesianismo con una pregunta propia: **¿Cómo dicen los escribas** (los maestros de la ley) **que el Cristo es hijo de David?** (35). Tal interrogante debe haber captado la atención de todos sus oyentes **en el templo,** porque tanto el pueblo judío como el Antiguo Testamento enseñaba que el Mesías sería un descendiente de la línea de David (Is. 9:6; 11:1 s.; Jer. 23:5 s.).

Citando Salmos 110:1, del principal salmo mesiánico y al cual se alude a menudo en el Nuevo Testamento (p. ej. 2:34; He. 1:13), Jesús notó que **David mismo** (37) inspirado por el Espíritu Santo, había llamado al Cristo su **Señor. ¿Cómo, pues, es su hijo?** En otras palabras, este no es el lenguaje de un padre dirigiéndose a su hijo, sino viceversa.

Jesús, que realmente era "del linaje de David según la carne" (Ro. 1:3), estaba procurando corregir las ideas erróneas de los escribas tocante al Mesías. Para ellos, **el hijo de David** tenía que ser otro líder político, popular. David, por inspiración divina, plenamente vio que el Mesías era más que eso, como Jesús mismo sabía que así era. El Padre había dicho: "Tú eres mi Hijo amado" (1:11). ¡Cuánto mayor era el Mesías que cualquier vástago de David! "La inmensa multitud escuchó esto con gran alegría" (37, Phillips).

7. *Advertencia contra los escribas* (12:38-40)

A la **multitud del pueblo** (37), que le escuchaba de buena gana, Jesús le dijo en el curso de su enseñanza: **Guardaos de los escribas** (38). El oficio de escriba tenía una larga historia en Israel (cf. Jer. 8:8) y había incluido al "escriba diligente" Esdras (Esd. 7:6). En el tiempo de Jesús el número e influencia de este grupo se había multiplicado de tal manera que sus responsabilidades como intérpretes y maestros de la Ley, tanto como juristas, hicieron de ellos una influencia dominante en el judaísmo. Jesús había condenado sus enseñanzas y las había declarado erróneas, y ahora atacaba sus prácticas religiosas, y las declaraba simuladas.

Había cuatro cosas que estos hombres amaban, todas las cuales indicaban su hambre de reconocimiento y preferencia (véase 5:44, 12:43): Andar con **largas ropas** de eruditos, recibir las **salutaciones** en los lugares públicos (Mt. 23:7-8), sentarse en las **primeras sillas en las sinagogas** (mientras la congregación permanecía de pie), y tener **los** primeros asientos en las cenas de honor. Sus largas oraciones (40) no eran más que "un pretexto de codicia" (1 Ts. 2:5; RSV) porque devoraban las casas de las viudas mediante exorbitantes retribuciones o por su abuso de hospitalidad y generosidad. Serían juzgados en proporción directa a su pretendida piedad.

Estas severas críticas no eran injustas. Josefo habla de la "gran influencia" que ciertos fariseos tenían con las mujeres, y el Talmud alude a algunos de ellos como una "plaga".[37] ¡Que estas amonestaciones no caigan en saco roto en el siglo veinte!

8. *La ofrenda de la viuda* (12:41-44)

Marcos ha concluido este relato de la controversia entre Jesús y sus opositores (11:27—12:40) y ahora introduce como un descanso bienvenido la inspiradora historia de la **viuda** (42) y la ofrenda que dio con mucho sacrificio.

El arca de la ofrenda (41) "era probablemente una sección o un salón ubicado en uno de los pórticos del atrio de las mujeres"[38] en el mismo templo. En el **arca** había 13 receptáculos con bocas en forma de trompeta para recibir distintos tipos de ofrendas. Se dice que se requería que los contribuyentes declararan el monto de su donación y su propósito.[39] De esta manera **Jesús** se sentó **delante del arca** desde donde probablemente podía ver y oir las dádivas del **pueblo.**

Mientras miraba cómo... **muchos ricos echaban mucho...** vino **una viuda pobre, y echó dos blancas,** lo que equivaldría a la mitad de un centavo. Eran las monedas más pequeñitas en circulación, y representaban la contribución legal mínima.

Aquel que siempre mira el plato de la ofrenda mientras éste es pasado entre la congregación, **llamando a sus discípulos, les dijo...** Esta **viuda pobre echó más que todos los** ricos y sus grandes ofrendas que **han echado en el arca** (43). Aquellos que tenían mucho habían echado fácilmente de lo que les **sobra** (44); pero la viuda en amor, de **su pobreza** (cf. Fil. 4:11) había **dado todo su sustento** para depender completamente en Dios. ¿Podía haber sido esta **viuda pobre** una de aquellas cuyas casas habían sido devoradas por los escribas? (40). ¿Podían los dones de los ricos haber sido el producto de tal avaricia?

De esta historia de la viuda pobre aprendemos el valor de su dádiva, no importa cuán magra; y los ricos pueden descubrir una medida para su ofrenda, no importa cuán abundante.

Dé, como si un ángel
   Aguardara su dádiva en la puerta.
Dé, como si mañana
   Su dádiva terminara.

Dé, como le daría al Maestro
   Si se encontrara con su amorosa mirada,
Dé, de su sustancia, como
   Si la mano de Dios tomara su don.[40]

C. Sermón del Monte de los Olivos, 13:1-37

Se dice que este capítulo ha sido calificado como "uno de los más difíciles. . . en el Nuevo Testamento para la comprensión de un lector moderno".[41] Esto se debe a varias razones. El lenguaje refleja ideas e historias judías que la gente de aquella época entendía bien pero que a nosotros nos parecen extrañas. Además, por lo menos dos temas están entretejidos: las profecías concernientes a la destrucción de Jerusalén y las amonestaciones concernientes a la segunda venida de Cristo. También hay predicciones de persecución y advertencias acerca de los peligros que aparecerán en los últimos días. Debido a esto, algunas veces se hace la acusación de que el capítulo es una composición de dichos auténticos de Jesús mezclados con escritos apocalípticos (el "quitar el velo") judeo-cristianos acerca de la víspera de la destrucción de Jerusalén. Es alentador leer comentarios de eruditos como Barclay y Cranfield quienes aceptan todo el capítulo como genuino.[42]

1. *La destrucción amenazadora* (13:1-2)

La ocasión de este discurso fue una exclamación de temor de parte de **uno** de los **discípulos** (1) mientras que el grupo salía del templo. "Mira, Maestro, ¡qué hermosas piedras. . . y qué edificios!" (RSV). El templo de Herodes era reconocido como una de las maravillas del mundo. Se dice que algunas de las **piedras** medían 13 metros de largo por 3 de alto y 6 de ancho. Estaba situado sobre una loma que daba hacia el lado oriental del monte de los Olivos, los **edificios** del grupo del templo eran impresionantes.[43] En el corazón de todo judío leal había un amor profundo para la casa de Dios que estaba sobre el monte de Sion:

¡Cuán amables son tus moradas, oh Jehová
de los ejércitos! Anhela mi alma y aun
ardientemente desea los atrios de Jehová (Sal. 84:1-2).

Y sin embargo, ese sólido templo representaba una oposición implacable al Profeta de Nazaret. "Uno mayor que el templo" (Mt. 12:6) había venido y había salido escarnecido sin el debido reconocimiento. El judaísmo marchaba cada día hacia una rebelión abierta contra Roma y como consecuencia hacia su aniquilación. La predicción de Jesús se cumplió con terrible exactitud cuando Jerusalén fue destruida completamente en el año 70 D.C. **No quedó... piedra sobre piedra** (2).

2. *Preguntas y respuestas concernientes al fin* (13:3-8)

Por la ruta natural de Betania a Jerusalén, Jesús y los discípulos llegaron al **monte de los Olivos, frente al templo** (3), es decir al lado opuesto del templo, al otro lado del valle de Cedrón como a un kilómetro al oriente. Las expectativas mesiánicas estaban asociadas con ese **monte** (cf. Zac. 14:4). Con una altura como de 66 metros sobre la ciudad, su cúspide proporcionaba al observador un paisaje encantador.

Jesús se **sentó** allí, y los miembros del "círculo íntimo" **(Pedro, Jacobo, y Juan)** además de **Andrés** (3) le **preguntaron aparte: ¿cuándo serán estas cosas?** (4) y qué **señal** podían esperar que les asegurara su cumplimiento. Muy naturalmente, los dicípulos asociaban la destrucción del templo con toda la serie de eventos del tiempo del fin (Mt. 24:3). En general, Jesús les dijo que antes del fin tendrían que suceder muchas cosas (5-23), y que ciertas señales serían como heraldos de la segunda venida (24-27), y que era imperativo velar (28-37).[44]

Los discípulos, como muchos otros desde ese tiempo, querían señales inequívocas, de manera que les fuera innecesario velar. Jesús les dio, no una, sino muchas señales. "El propósito de su contestación no era impartirles información esotérica sino fortalecer y apoyar su fe."[45] En cuanto a esos asuntos existe una curiosidad que es puramente intelectual y también hay una reserva divina en quitar el velo de los acontecimientos futuros (cf. Hch. 1:7). "La Biblia no reconoce solamente la verdad intelectual; todo es también moral."[46]

Jesús advirtió a sus discípulos acerca de "impostores... conmociones y calamidades".[47] **Vendrán muchos en mi nombre, diciendo: Yo soy el Cristo** (6).[48] La fe cristiana es más que sana doctrina, pero no es menos. La herejía pervierte la fe.

Falsos mesías (p. ej., Bar Cochba en el año 132 D.C.), **guerras** (7), **terremotos** (Pompeya y Laodicea en los años 61 y 62, D.C.), **hambres** (Hch. 11:28)—todos éstos son acontecimientos que literalmente aparecieron en breve plazo. Pero los discípulos **no** debían turbarse, porque estas cosas eran **principios de dolores**. El término traducido **principios** (de *odin*) significa "un dolor de nacimiento, dolor de parto... es una metáfora del sufrimiento extremo".[49] "Estos son meramente el principio de los dolores del alumbramiento" (8, NASB). **Pero aún no es el fin** (7). Eso es también "un cuadro incesante de la edad presente de disturbios, en medio de los cuales debe vivir y testificar la iglesia cristiana".[50]

3. *Preparativos para la persecución* (13:9-13)

Jesús podía predecir que sus seguidores experimentarían amarga oposición, a menudo proveniente de fuentes desoladoras. El trató de prepararlos. Cuatro veces en este capítulo el Señor dijo: **Mirad** (5, 9, 23, 33): " 'Tened cuidado'... 'Estad en guardia'... 'Estén alerta' " (NEB). Esta amonestación es muy apropiada para todas las edades. El peligro de la derrota espiritual está siempre presente. Es una verdad muy olvidada "que el papel de la iglesia cristiana en esta edad es incuestionablemente de sufrimiento... El favor mundano y la prosperidad... han tenido siempre un efecto enervante y debilitador sobre ella".[51]

Las primeras generaciones de cristianos tuvieron que hacer frente a una intensa persecución, primero de los judíos y más tarde de los gentiles, como se nos indica aquí y en Los Hechos. Los **concilios** (9) locales, o sanedrines, tenían autoridad para hacer juicio y castigar la herejía por medio de la flagelación. Al expandirse el evangelio, los discípulos fueron llevados **delante de gobernadores y de reyes** por causa de Cristo, **para testimonio a ellos** (lit., "hacia ellos").[52] Es importante notar que en el libro de Los Hechos, la mayor parte de la predicación no fue ante multitudes dispuestas a oir sino ante tribunales y también oyentes hostiles. Pablo es el ejemplo clásico, y él consideró sus prisiones como oportunidades providenciales para la predicación de Cristo (cf. Hch. 26:2). En esta y en incontables maneras, era **necesario que el evangelio** fuese **predicado... a todas las naciones** (10) antes del fin (Mt. 24:14). La necesidad divina **(es necesario)** promete la predicación universal del evangelio como parte del propósito de Dios para el fin de esta edad.

Siguen instrucciones especialmente para el período apostólico, y advertencias de traiciones familiares. Cuando fueran llevados ante las autoridades, los creyentes "no debían premeditar y quizá suavizar su respuesta".[53] Los mártires fueron más tarde cuidadosamente preparados para el juicio. ¡Este mandamiento no intenta dar alas al descuido en la preparación de los sermones!

¿Ha olvidado nuestra época las escalofriantes palabras de Jesús: **y seréis aborrecidos de todos por causa de mi nombre?** (13). Que el hombre de Dios disturbe la atrincherada ignorancia, el prejuicio o el mal—personal y social—y tendrá que confrontar la cara siniestra e impasible del odio. Es entonces cuando la paciencia llega a ser una virtud y un deber. El que soportare **hasta el fin,** "hasta el último grado",[54] ese **será salvo.**

4. La desolación de la profanación (13:14-23)

Ya se ha notado que los dos temas, la destrucción de Jerusalén y la segunda venida de Cristo, están entrelazados en el capítulo 13. Los comentadores generalmente concuerdan en que la sección que está ante nosotros se refiere especialmente al saqueo de Jerusalén. Sin embargo parece sabio considerar la presencia de una doble referencia en estas palabras. Jesús vio en la destrucción de la Ciudad Santa un cuadro de los últimos juicios y, por último, el fin de todas las cosas. La profecía puede ser a la vez, manifestación de la mente de Dios y *predicción* del propósito divino. "Aquí, el juicio de Dios sobre el judaísmo es en forma casi insensible atado a sus juicios sobre toda la humanidad al final de los tiempos."[55]

La abominación desoladora, o "el sacrilegio desolador" (14, RSV), es reminiscencia de Daniel[56] (9:27; 11:31; 12:11). "La espantosa profanación" (Goodspeed) se refiere a una detestable profanación del templo que sacará a Dios y a su pueblo y lo dejará desolado. **La abominación desoladora** fue considerada por los judíos como una referencia a la contaminación del lugar santo por Antíoco Epífanes en el año 168 A.C. El odiado mandatario sirio había levantado un ídolo en el templo, haciendo sacrificar un cerdo en el gran altar. En el caso presente se refiere a la amenaza de abominación perpetrada por los ejércitos romanos (Lc. 21:20). Esta era la señal para que los creyentes de Judea huyeran a los **montes** al este del Jordán para su seguridad. **El que lee, entienda** es una nota insertada por el Evangelista que urge a sus lectores a prestar cuidadosa atención a lo que Jesús decía.

El peligro era tan apremiante que se instaba al apresuramiento. Cualquiera que estuviere **en la azotea** (15) debía descender por la escalera exterior y que **ni entre** para **tomar algo de la casa.** Los que estuvieren trabajando **en el campo** (16) no debían volver atrás **a tomar su capa,** no importa cuánto la necesitaran en la noche fría. Esta huida tan desesperada sería especialmente difícil para los niños. Puesto que las grandes lluvias anegarían el río Jordán y sus contornos, debían orar (18) para que su huida no fuese **en invierno.** La advertencia de Jesús evidentemente salvó a la comunidad judeo-cristiana. "Poco antes del año 70 D.C., los cristianos de Jerusalén escaparon de esta manera, y Eusebio, el historiador de la iglesia, nos dice que huyeron a Pella, en Perea al oriente del Jordán."[57]

Relatos contemporáneos confirman la **tribulación** o "aflicción" (19, ASV)[58] de **aquellos días.** Josefo relata[59] los horrores del sitio de Jerusalén en el año 70 D.C. como uno de los eventos más horrendos de la historia. Las masas se amontonaron en la ciudad, y los romanos literalmente los acosaron a la muerte por inanición. Cerca de 100.000 fueron capturados y más de un millón perecieron en agonía. Quizá en respuesta a las oraciones de los creyentes **(por causa de los escogidos, 20)** en Pella (véase arriba) **el Señor...** acortó **aquellos días,** como lo había hecho en los tiempos del Antiguo Testamento (2 S. 24:16; Is. 65:8). Impelidos por asuntos personales de urgencia, los generales romanos se apresuraron a volver a Italia.

La "doble referencia" que notamos al principio de esta sección puede mencionarse de nuevo. La proyección profética de eventos futuros y el consecuente acortamiento del tiempo son evidentes. Los juicios de los últimos tiempos están prefigurados en la tribulación de aquellos días y la advertencia sobre **falsos Cristos** (22) es la amonestación a velar sobre los **falsos profetas** al fin de los tiempos. "Así es como, en las grandes crisis de la historia lo escatológico es simbolizado. Por así decir, los juicios divinos en la historia son ensayos del juicio final... El cumplimiento de estos versículos es pasado, presente y futuro."[60]

Hemos sido amonestados y debemos estar en guardia. **Mas vosotros mirad; os lo he dicho todo antes** (23).

5. *La parousia* (13:24-27)

Estos versos son generalmente considerados como una descripción de la segunda venida, *la parousia* ("presencia", "venida", es el principal término del Nuevo Testamento para la segunda venida de

Jesús). El lenguaje contiene imágenes extrañas para nosotros, pero familiares para los discípulos. Jesús no creó estos símbolos sino que empleó terminología profética y apocalíptica bien conocida (Is. 13:10; 24:23; 34:4).[61] Hasta qué extremo estas palabras deben ser tomadas literalmente, es un punto en el cual se dividen los comentadores. En el drama apocalíptico de nuestra edad atómica-espacial, estas figuras ya no nos parecen increíbles. La segunda venida de nuestro Señor ciertamente será un acontecimiento de cataclismo.

De cualquier manera, **después de aquella tribulación** (24) (un resumen de la totalidad de los sufrimientos por los que ha pasado la iglesia), el **Hijo del Hombre** (26) (Dn. 7:13-14) **vendrá en las nubes con gran poder y gloria** poniendo punto final a este período penoso de andar por fe y no por vista. **Entonces le verán.** El Hijo del Hombre **juntará a sus escogidos** "de los cuatro vientos del cielo" (27, NEB). No importa qué tormentas pueda pasar la iglesia en este inestable mundo, debemos mantener esta confianza: que el **Señor** va a "reunir a sus escogidos de cada rincón" (27, Phillips).

6. *La lección de la higuera* (13:28-31)

La higuera (28), algo muy común y familiar en la Palestina, junto con "todos los árboles" (Lc. 21:29), tiene una lección para quienes quieran aprenderla. En la primavera, cuando la agitación de la vida hace que la rama esté **tierna** en preparación para el brote de las hojas, todo el mundo sabe **que el verano está cerca.** De igual manera cuando **sucedan estas cosas** (29) los discípulos deben saber que **está cerca,**[62] **a las puertas.** Con la más solemne afirmación, Jesús siguió diciendo: **No pasará esta generación hasta que todo esto acontezca** (30). Como una seguridad final de que estas palabras se cumplirían, Jesús agregó: **mis palabras no pasarán** (31).

¿A qué se refiere la frase **todo esto?** En primer lugar parece referirse a la caída de Jerusalén, un evento trágico que sucedió antes que los componentes de esa **generación** pasaran. Sin embargo, también está implicada la inminencia del fin. La venida de Cristo en la carne era el "día de la invasión". Su venida en gloria será el día de la victoria. "Aun desde su encarnación los hombres han estado viviendo en los últimos momentos."[63] Para una discusión más amplia de este punto véanse las notas sobre Mateo 24:32-35.

7. *La virtud de la vigilancia* (13:32-37)

El propósito de este párrafo conclusivo en el Sermón de los Olivos es, como el del capítulo en su totalidad, práctico y moral. El objeto de este "pequeño apocalipsis", como generalmente se le denomina a este discurso, "no es especulativo sino práctico; no para ayudarnos a pronosticar el futuro sino para interpretar el presente; no para satisfacer la curiosidad sino para librarnos de perplejidad".[64]

Estos elementos se destacan: Primero, el Señor definitivamente vendrá otra vez[65] (36); segundo, **nadie** (32), ni **aun los ángeles** ni aun **el Hijo**[66] saben cuándo; tercero, por lo tanto, **todos** (37) debemos velar, estar alerta, orar y estar preparados para su repentino retorno.

La muy enfática aseveración del verso 32, de que absolutamente nadie sabe **el día ni la hora** debería dejar mudos a los declaradores de fechas. Sin embargo, a pesar de todo lo que Jesús declaró, ellos insisten en que **el año** de la parousia puede conocerse, ¡aun cuando el **día** y la **hora** no puedan conocerse! Su condenación es justa. **No sabéis cuándo será el tiempo** (33).

El símil del **portero** (34) ("cuidador de la puerta de entrada", 34-35) transmite el mensaje de Jesús. Los porteros del templo estaban de guardia toda la noche y tenían la obligación de velar y estar alerta. "Cualquier guardia que se hallara durmiendo en el cumplimiento de su deber era castigado y sus ropas echadas al fuego"[67] (cf. Ap. 16:15). Es conmovedor notar que **cuando** venga **el señor de la casa** (35), tarde o temprano,[68] será durante la noche, cuando es más difícil velar y estar alerta.

Lo que Jesús dijo a los discípulos, lo dijo a todos:... **Velad** (37).

El contenido de este capítulo puede ser bosquejado así: (1) Predicción de la destrucción del templo, 1-8; (2) Paciencia en la persecución, 9-23; (3) Preparación para la venida de Cristo, 24-37.

NOTAS BIBLIOGRÁFICAS

[1]IB, VII, 825.
[2]NBC, p. 828.
[3]*Ibid.*
[4]*The Westminster Study of the Holy Bible, in loco.*
[5]La segunda cláusula posiblemente signifique: "Salva, tú que moras... en las alturas" (IB, VII, 826).
[6]Adaptado de C. Milo Connick, *Jesus: The Man, the Mission, and the Message* (Englewood Cliffs, Nueva Jersey: Prentice-Hall, Inc, 1963), p. 327.

[7]Earle, *et al.*, ENT, p. 139.

[8]Véase Connick, *op. cit.*, pp. 331-33 para una valiosa descripción del templo.

[9]IB, VII, 830.

[10]Branscomb, *op. cit.*, pp. 204-5; Connick, *op. cit.*, p. 335.

[11]Mateo resume el relato y al hacerlo le da un carácter telescópico (21:18-20).

[12]"Todas las cosas por las cuales oráis y pedís, creed que las habéis recibido" (Gould, *op. cit.*, p. 216). "El aoristo es una exageración retórica de la respuesta inmediata: se anticipa aun a la oración en la mente del peticionario" *(ibid.)*.

[13]"'Una caída o apostasía'... Primero... 'un paso en falso, un desatino.' 'Entonces... el delito o la transgresión'" (Earle, *op. cit.*, p. 141).

[14]El verso 26 es claramente una exacta reflexión de las enseñanzas de Jesús y es apropiado al pensamiento de este pasaje, pero "está omitido en varios manuscritos importantes y puede ser, 'por atracción' de las palabras muy similares de Mateo 6:15" (Cole, *op. cit.*, p. 182).

[15]Martes, de acuerdo a la cronología de Marcos.

[16]**Los principales sacerdotes** (Saduceos), **los escribas** (fariseos), y **los ancianos** ("laicos de posición e influencia") (Johnson, *op. cit.*, p. 149) eran los elementos constitutivos del alto tribunal.

[17]NBC, p. 829.

[18]*Winefat* (KJV) es una antigua expresión inglesa para **lagar**, lugar donde se pisoteaba la uva.

[19]Gould, *op. cit.*, p. 220.

[20]Robertson, *op. cit.*, p. 364.

[21]Cf. Barclay, *op. cit.*, pp. 294-95.

[22]CB, p. 277.

[23]"Agarrar o tomar cazando o pescando" (Abbott-Smith, p. 7).

[24]Taylor, *op. cit.*, p. 479.

[25]CB, p. 279.

[26]NBC, p. 830.

[27]Hunter, *op. cit.*, p. 123.

[28]Swete, *op. cit.*, p. 124.

[29]Algunos eruditos han sostenido que esta frase se refiere a un pasaje en el canon saduceo titulado "La Zarza". "Las Escrituras judías en aquel entonces fueron divididas en secciones, las más notables tenían títulos distintivos" (Major, *op. cit.*, p. 150).

[30]Hunter, *op. cit.*, p. 124.

[31]Cranfield, *op. cit.*, p. 376.

[32]CB, p. 285.

[33]Cranfield, *op. cit.*, p. 377.

[34]U, "'Oye, oh Israel: El Señor nuestro Dios, el Señor uno es'" (29, RSV).

[35]Mayor, *op. cit.*, p. 152.

[36]Literalmente: "como uno que tiene mente (propia)" (EGT, I, 425).

[37]Hunter, *op. cit.*, p. 126.

[38]Connick, *op. cit.*, p. 350.

[39]*Ibid.*

[40]*Christianity Today*, VI, No. 8, 364.

[41]Barclay, *op. cit.*, p. 317.

[42]*Ibid.*, pp. 317-37; Cranfield, *op. cit.*, pp. 387-91.

[43]Véase *Harper's Bible Dictionary* para conocer una espléndida descripción de los tres templos sucesivamente edificados por Salomón, Zorobabel y Herodes (pp. 730-36); cf. también el relato de Josefo en su libro: *Guerras* V. 5, 1-8.

[44]Véase Cranfield, *op. cit.,* pp. 394-407.

[45]*Ibid.,* p. 394.

[46]Cole, *op. cit.,* p. 198.

[47]NBC, p. 832.

[48]"La palabra *Cristo* es suplida en la versión Valera, 'Yo soy él' " (RSV).

[49]Abbott-Smith, p. 490.

[50]Cole, *op. cit.,* p. 200.

[51]NBC, p. 832.

[52]El término traducido "testimonio" *(martyrion)* está claramente relacionado con nuestra palabra "mártir".

[53] Earle, *et al.,* ENT, p. 146.

[54]IB, VII, 860.

[55]Cole, *op. cit.,* p. 203.

[56]Aunque la frase "el profeta Daniel" no tiene aquí el apoyo adecuado de los manuscritos, es evidentemente auténtica en el pasaje paralelo, Mateo 24:15.

[57]NBC, p. 833.

[58]La palabra griega en esta traducción combina "las ideas de aplastar las uvas y recoger el grano" (Earle, *op. cit.,* p. 158).

[59]*Wars of the Jews,* V.

[60]Cranfield, *op. cit.,* p. 404.

[61]Véase también Barclay, *op. cit.,* pp. 333-35 para ejemplos de literatura no canónica.

[62]A menudo traducido "El está cerca", es decir, El Cristo. Lucas toma esto para implicar "el reino de Dios" (21:31).

[63]Cranfield, *op. cit.,* p. 408.

[64]NBC, p. 832.

[65]**Cuando venga,** "claramente indica el día de la parousia. En el Antiguo Testamento este término es típicamente escatológico" (Cranfield, *op. cit.,* p. 410-11).

[66]Una limitación autoimpuesta hasta que volviera al Padre; cf. Filipenses 2:5-8; Juan 17:5.

[67]Vincent, *op. cit.,* p. 225.

[68]Marcos menciona cuatro veladas de la noche familiares para los romanos, tres horas cada una desde las 6:00 p. m. a las 6:00 a. m. En cuanto a la práctica de los judíos, cf. Lucas 12:38.

Sección VII   *Relato de la Pasión*

Marcos 14:1—15:47

A. Eventos que Condujeron al Arresto, 14:1-52

1. *Intriga oscura* (14:1-2)

La ira que había estado como brasas rojas de los **principales sacerdotes y escribas** por las palabras y acciones de Jesús ahora estallaba en llamas mientras **buscaban . . . cómo prenderle por engaño y matarle** (1). La cuestión era cómo hacer esto sin un **alboroto** (2) que desatara la furia de las legiones romanas sobre sus cabezas. En Jerusalén y sus alrededores había posiblemente más de un millón de personas,[1] incluyendo los peregrinos galileos que eran amigos de Jesús. Sólo faltaban **dos días** para **la pascua** y **la fiesta de los panes sin levadura,**[2] de modo que era necesario tener mucha cautela.

2. *El vaso de alabastro* (14:3-9)

Cada noche durante la semana de pasión, Jesús fue a la cercana **Betania** (3) o al monte de los Olivos, buscando santuario entre sus amigos. En esta ocasión El estaba **en casa de Simón el leproso.** No se sabe nada más de ese hombre. Quizá había sido sanado de la lepra por Jesús.[3]

Cuando Jesús estaba **sentado a la mesa,** vino una **mujer con un vaso de alabastro de perfume** "de puro nardo costoso y precioso" (3, *Amp. N.T.*). Quebrando el vaso, **se lo derramó con amorosa generosidad sobre su cabeza.** En los hogares pudientes los huéspedes a menudo eran ungidos con una o dos gotas de este costoso ungüento.

Tal despliegue de devoción sincera fue considerado una extravagancia por **algunos** (4), incluyendo a Judas (Jn. 12:4-6) que rezongó de indignación. Por cierto que era un excesivo gesto de amor y fe. **Podía haberse vendido por más de trescientos denarios** (5), o tanto como lo que un hombre podía ganar en un año.[4]

Como es típico de los quejumbrosos de todos los tiempos, **murmuraban contra ella.** Podría decirse que ellos "gruñían" o "refunfuñaban" mientras la "increpaban". Su preocupación por **los pobres** era engañosa. Hay valores del espíritu que van más allá del humanitarismo. Más aún, Jesús mismo era un hombre pobre, y citando Deuteronomio 15:11 subrayó el mandamiento: "Abrirás tu mano a tu hermano, al pobre y al menesteroso en tu tierra."

Jesús vino a la defensa de la mujer. " 'Dejadla sola; buena obra me ha hecho' " (6, RSV). La palabra **buena** en este caso se refiere a la forma más que a la esencia; e implica algo amable y bello. La causa de la *bondad* en el mundo se fortalecería si todos sus seguidores cultivaran lo que es *hermoso* y *amable* (Fil. 4:8) tanto como lo que es *recto*.

Consciente o no, la mujer había reconocido a Jesús como el **Mesías sufriente**. Como aquellos que lavaban y perfumaban a un ser amado muerto antes de entregarlo al descanso, ella a un costo increíble se había **anticipado a ungir** su **cuerpo** (8) **para la sepultura.** "La acción de la mujer le decía a Cristo más claramente que con palabras: 'Sé que eres el Mesías y sé que te aguarda una cruz.' "[5]

Seguro de lo que había más allá del sepulcro, incluyendo la predicación del evangelio **en todo el mundo** (9), Jesús prometió que esta historia de generosidad pródiga y amante sería repetida **para memoria de ella.** "Hay quienes reparten, y les es añadido más; y hay quienes retienen... pero vienen a pobreza" (Pr. 11:24).

¿Por qué era hermosa esa buena obra hecha a Jesús? (1) Porque glorificaba a Jesús; (2) Porque era un acto de puro amor; (3) Porque fue hecha con considerable sacrificio; (4) Porque fue hecha con preparación (C. H Spurgeon).

3. *Judas y su primer paso* (14:10-11)

El material de la historia de Marcos está cuidadosamente entrelazado. Los sacerdotes habían decidido destruir a Jesús (1-2). **Judas Iscariote** (10)[6] había presenciado una pródiga manifestación de piedad y estaba enojado (Jn. 12:6). Los hombres malos siempre unen sus fuerzas. El traidor fue **a los principales sacerdotes** para entregarle, y **ellos, al oirlo, se alegraron** (11).

¿Por qué habría de hacer este gran mal **uno de los doce?** (cf. Sal. 41:9; Jn. 13:18). La mejor conjetura posible es que él se había desilusionado con Jesús y su misión de Mesías sufriente. En algún punto del camino Judas se rindió a pensamientos oscuros en su alma y dejó la puerta abierta a Satanás (Jn. 13:2, 27). Con la avaricia moviendo su voluntad (Mt. 26:15), Judas (lit., "Judah", que irónicamente significa "alabanza") se dispuso a ganar lo que pudiera. Inmediatamente buscó una oportunidad para (lit.) "entregarlo con engaño" (1).

4. *Preparación para la Pascua* (14:12-16)

La hora se aproximaba rápidamente cuando "el Cordero de

Dios" (Jn. 1:29) sería sacrificado y de esa manera El vendría a ser "nuestra pascua" (1 Co. 5:7), "nuestro cordero pascual" (RSV). **El primer día de la fiesta de los panes sin levadura** (12)[7] era el 14 del mes de Nisán (marzo-abril), o el jueves de la semana de pasión. Los corderos pascuales eran sacrificados en el templo durante esa tarde y la comida pascual se comería entre el anochecer y la media noche de ese mismo día.[8]

Los **discípulos** preguntaron: **¿Dónde quieres que vayamos a preparar... la pascua?** Los residentes de Jerusalén debían abrir las puertas de sus hogares a los peregrinos pascuales con ese objeto. Jesús **envió dos de sus discípulos** (13; cf. 11:1)—Juan y Pedro, según Lucas 22:8 —con sus instrucciones designadas a encontrar el lugar donde la comerían. Ellos debían seguir a **un hombre que llevaba un cántaro de agua**. En una tierra donde "las mujeres... llevan los cántaros y los hombres los odres",[9] la señal era bastante clara.

Donde entrare ese hombre, ellos debían dirigirse al **señor**[10] de la **casa** para preguntarle: ¿Dónde está el aposento para que el **Señor** y sus discípulos puedan **comer la pascua?** Ellos esperarían encontrar **un gran aposento ya dispuesto** (15) "con alfombras y cojines para la comida que se realizaría en una mesa y con lechos".[11]

Preparar la pascua no era tarea pequeña. "La Pascua era una comida ceremoniosa que exigía ensaladas amargas tales como la de lechuga, chicoria, escarola, salsa *(charosheth),* agua, vino y tortas sin levadura, en adición al cordero que debía traerse del templo y ser asado."[12] Era la costumbre comerla dentro de un gran margen de ceremonia y ritual.[13] Es una atractiva hipótesis que este hogar puede haber sido el de Juan Marcos, lugar que más tarde figurara en la actividad de la iglesia de Jerusalén (Hch. 12:12; 1:13).

Cuando sus discípulos entraron en la ciudad (16) **hallaron como** Jesús **les había dicho** y allí prepararon **la pascua.**

5. *Profecía de la traición* (14:17-21)

La comida pascual había sido preparada, y **cuando llegó la noche,** [14] Jesús **vino... con los doce** (17) para conmemorar la huida de Israel de Egipto y el nacimiento a la vida de una nueva nación. Era una hora sagrada destinada para fortalecer los lazos de hermandad y unir al pueblo escogido de Dios.

Se cree que los invitados a la comida pascual se reclinaban en sus cojines a la altura de las mesas, cada uno apoyándose en el brazo izquierdo y sus pies extendidos hacia afuera. **Y . . . mientras** (18) observaban la comida pascual, Jesús les dijo una palabra aterradora: **Uno de vosotros . . . me va a entregar.** Desmoralizados, entristecidos, los Doce comenzaron a **decirle uno por uno:** " 'Seguramente que no soy yo' "[15] (19, Taylor). Haciendo hincapié en el horror del crimen, Jesús les replicó: **Es uno de los doce, el que moja conmigo en el** "mismo"[16] **plato** (20) (Sal. 41:9; Jn. 13:18). Durante la comida un **plato** común o vasijas que contenía la salsa, era pasado de uno a otro. En esta vasija se sumergían las hierbas amargas y los panes sin levadura. Después de este acto de estrecha camaradería, la traición era impensable.

La paciencia, devoción, autocontrol y amor sufriente de Jesús en esta hora son inefables. Se sometió a la necesidad divina de su sacrificio. **El Hijo del Hombre va, según está escrito de él** (21) (Is. 53:12, Septuaginta). No aisló a Judas ni le humilló, pero profirió su amor redentor en una última palabra de amonestación e instancia: **Mas ¡ay de aquel hombre por quien** (quizá sugiriendo que Judas era un eslabón en algún proyecto atroz) **el Hijo del Hombre es entregado!** Es posible que Judas todavía haya estado presente cuando Jesús dijo: "Mejor le sería a aquel hombre no haber nacido" (RSV). Los hombres cargan con la responsabilidad de sus crímenes aun cuando Dios, en su soberana voluntad, les usa para avanzar su reino. "El hecho de que Dios vuelva la ira del hombre en su alabanza, no excusa la ira humana."[17]

Mateo (26:25) y Juan (13:26) implican que Jesús señaló a Judas como el traidor. Hunter sugiere que Juan y Judas pueden haber estado a cada lado de Jesús; en la posición reclinada una palabra puede no haber sido oída por el resto.[18] En algún momento de la comida, no indicado por Marcos, Judas abandonó la luz y el amor de esa comunión y se fue a las tinieblas para no regresar jamás (Jn. 13:27, 30).

6. *La última cena* (14:22-25)

Mientras comían la cena pascual,[19] una ocasión bastante larga que incorporaba una ceremonia considerablemente sagrada, **Jesús tomó el pan y bendijo** (22) al Padre que se lo había dado, **lo partió** (cf. 6:41; 8:6) **y les dio.** Anteriormente en su ministerio, Jesús les había enseñado que El era el pan que había descendido del cielo y que, a menos que comieran su carne y bebieran su sangre, no tendrían vida en ellos (Jn. 6:51, 53). Quizá los discípulos recordaban esto y comenzaron a darse cuenta de lo que Jesús les quería decir. En cualquier evento, el precepto: **Tomad, esto es mi cuerpo** quedaría en sus corazones.

Y tomando la copa (23), que fue pasada durante la comida pascual, **habiendo dado gracias** (*eucharistesas*—eucaristía), les dijo: " 'Esta es mi sangre del nuevo pacto' "[20] (24, RSV; cf. Ex. 24:8), **que por muchos es derramada** (Is. 53:11-12). Como Pablo había escrito (1 Co. 11:23-26), aun antes que Marcos escribiera, el sacramento de la Cena del Señor fue así instituido.

Aunque Jesús afirmó solemnemente que no volvería a beber **más del fruto de la vid**, El estaba mirando más allá de la cruz y de la tumba a un tiempo de comunión con ellos en que lo bebería de **nuevo en el reino de Dios** (25) después de la resurrección y en los cielos. Con Cristo, la última palabra siempre infunde esperanza.

7. *La dispersión de las ovejas* (14:26-31)

La comida pascual concluyó con **el himno** (26), que en este caso probablemente era la segunda parte del Hallel (Sal. 115:118).[21] Probablemente en el camino **al monte de los Olivos**, a un kilómetro al este de Jerusalén, Jesús hizo un sorprendente anuncio: **Todos os escandalizaréis de mí esta noche** (27), es decir, "tropezaréis", "caeréis". **Heriré al pastor** y las ovejas serán **dispersadas** (Zac. 13:7).

Tales palabras deben haber producido gran perplejidad y angustia en las mentes de los discípulos. Sólo de una manera muy lenta comenzaron a comprender que el Hijo del Hombre era también el Siervo Sufriente. Sin embargo, esa no era la última palabra. **Pero después que haya resucitado, iré delante de vosotros a Galilea** (28), la provincia de donde provenían los discípulos en el norte, ahora, a cierta distancia. "Jesús casi nunca se refirió a su muerte sin mirar más allá."[22] Aunque su muerte dispersaría **las ovejas,** su resurrección las volvería a reunir con el Pastor.[23]

Jesús jamás estaba desprevenido. El pollino estuvo listo cuando El lo necesitó para entrar en Jerusalén. El aposento alto estuvo disponible y preparado cuando Jesús envió a los discípulos para ver al "señor de la casa". Judas y los principales sacerdotes no tamaron a Jesús por sorpresa. Por muy amarga que fuera la desilusión causada por el desbando de los discípulos y la negación de Pedro, no fueron una sorpresa para Jesús.

Lastimado por el anuncio, Pedro aseguró enfáticamente que *él* no lo abandonaría aunque *otros* lo hicieran. Haciendo hincapié sobre el asunto, Jesús le replicó: **Tú, hoy, en esta noche, antes que el gallo haya cantado dos veces,**[24] "tú mismo me negarás tres veces" (30, Goospeed).

Con vehemencia irregular, protestando "demasiado, me parece",[25] Pedro demolió sus propios temores y profesó estar listo a **morir** con Jesús. A veces nos olvidamos que Pedro no estaba solo en sus protestas. **También todos decían lo mismo** (31).

De esta experiencia pueden sacarse dos conclusiones. Primero, la apostasía es una posibilidad real (cf. 1 Co. 10:12). Sin embargo, el ejemplo de Pedro es mejor que el de Judas; aunque un hombre caiga, puede arrepentirse y ser después un discípulo más fuerte. Segundo, que la presciencia divina es consistente con la libertad y la responsabilidad humanas. El conocimiento de Jesús que le hacía saber los eventos futuros no era la *causa* de ellos.

8. *La agonía de Getsemaní* (14:32-42)

Jesús y sus discípulos llegaron a un **lugar que se llama Getsemaní** (32) ("prensa de olivo"). Juan (18:1) lo describe como "un huerto", posiblemente una zona amurallada privada entre olivos, que todavía son característicos de ese monte. Probablemente era un lugar que Jesús y sus discípulos visitaban a menudo (Lc. 22:39), que tanto Judas como el resto conocían.

La noche de la pascua debía ser una "vigilia guardada para el Señor por todo el pueblo de Israel a través de las generaciones" (Ex. 12:42, RSV). Sabiendo los acontecimientos que le aguardaban en aquella oscura noche, Jesús sintió gran necesidad de oración y comunión. El quería que sus amigos estuvieran cerca mientras oraba solo.

Dejando a ocho discípulos a la entrada del huerto, Jesús llevó al círculo privilegiado e íntimo a un lugar más interior en Getsemaní. De esa manera estaba rodeado por dos grupos de seguidores que debían servirle de guardia de alguna clase. Los que una vez habían sido testigos de su gloria ahora debían serlo en su agonía.

El completo significado de la cruz y lo que implicaba llevar el pecado de todo el mundo comenzó a descargarse sobre Jesús. Marcos lo describe con el lenguaje más vigoroso posible. "Horror y desmayo cayeron sobre El" (34, NEB). Era como si estuviese enfermo mortalmente. "Mi corazón está casi quebrantado... Quedaos aquí y haced guardia por mí" (34, Phillips). La sombra de la cruz ya se había tendido desde hacía mucho sobre su camino, pero ahora se veía casi ante El, a pocas horas de distancia. El costo de rechazar el camino más fácil era muy claro. "Ahora en el huerto Satanás vuelve con toda su fuerza y majestad como el príncipe de este mundo para vengarse de su derrota anterior; y Jesús ve ahora la inminente plenitud del costo de su inmutable obediencia."[26]

Yéndose un poco adelante (35), como nuestro Señor acostumbraba **se postró en tierra y oró.** Earle nota que el tiempo imperfecto (en griego) en este pasaje "parece sugerir la figura de Jesús tambaleándose y tropezando hasta caer en el suelo, llorando en voz alta por la agonía de su alma".[27] La vida de oración de Jesús es a la vez un ejemplo y una reprensión para los creyentes que oran poco.

La petición de Jesús en esta plegaria es una evidencia de su humanidad y de su inalterable devoción a la voluntad del Padre. Como hombre, retrocedía horrorizado de la cruz y la separación de Dios que ésta le acarrearía. Al identificarse con los pecadores, Jesús llegó a ser el objeto de la ira de Dios sobre el pecado (cf. 2 Co. 5:21; Mr. 15:34). Ahora estaba orando a Aquel para quien todas las cosas **son posibles** (36), que pasase de El aquella **copa; mas... no... yo... sino lo que tú.**

Es significativo que Jesús viera **la copa** del sufrimiento como si se la diera **el Padre.** La hora de angustia o responsabilidad espantosa es tolerable cuando el Dios de santidad y amor es quien nos llama a soportarla. Al final uno será más fuerte si acepta la copa que si se niega a tomarla. La sumisión a la voluntad de Dios es el alma de una vida llena del Espíritu.

> *Que tu Espíritu llene mi ser,*
> *mas haz tu voluntad en mí y no la mía.*[28]

La soledad de aquel que "había pisado el lagar solo" (Is. 63:3) nunca fue más punzante que cuando Jesús se volvió a **Pedro** (37) y a los demás y **los halló durmiendo.** Sólo pocas horas antes les había urgido: "Por lo tanto, velad... a fin de que no os halle durmiendo" (13:35-36). Su reproche había singularizado a Pedro a quien ahora llamaba **Simón** y no Cefas ("roca"). No se registra ninguna contestación. Era tarde y los discípulos habían participado de una comida plena, de modo que **la carne** (38) se inclinaría a dormir a pesar de que **el espíritu a la verdad** estaría **dispuesto.** Sin embargo, nuevamente eran exhortados a velar y orar, una combinación necesaria y efectiva.

Una segunda vez Jesús **fue** (39) a la distancia de "un tiro de piedra" (Lc. 22:41) y **oró** como antes. Volviendo nuevamente por la anhelada comunión con los discípulos, los halló durmiendo como la vez anterior. Abochornados, **no sabían qué responderle** (40; cf. 9:6). Cuando Jesús hubo orado por "tercera vez, diciendo las mismas palabras" (Mt. 26:44), volvió con su alma descansada anunciando que su **hora** había **venido** (41). "¿Todavía dormís? ¿Todavía descansando? ¿Os parece que está lejos el fin? La hora ha venido."[29]

Nunca tomado por sorpresa y siempre preparado, Jesús llamó a sus discípulos para que se levantaran y se unieran a El[30] cuando era **entregado en manos de los pecadores** (41). ¡Qué patéticas son las palabras: **se acerca el que me entrega!** (42).

El incidente en Getsemaní sugiere este significativo contraste: (1) El Maestro triste, 32-36; (2) Los discípulos durmiendo, 37-42.

9. *El arresto* (14:43-50)

En el mismo momento en que Jesús estaba despertando a los discípulos adormitados, urgiéndolos a que hicieran frente al traidor con El, **Judas** (43) apareció, llevando consigo a mucha gente armada con espadas y palos. El traidor, que era **uno de los doce,**[31] sabía en dónde estaba el Maestro, y debe haber esperado que los discípulos se hallarían durmiendo. La implicación es que **mucha gente,** aunque había sido autorizada por el Sanedrín,[32] se había reunido apresuradamente y era parte del populacho o una banda.

Un hombre con la sabiduría mundana de Judas no había dejado nada al acaso. Los que le acompañaban estaban armados para anticipar toda resistencia (cf. Lc. 22:38). Para que en la oscuridad no hubiera confusión acerca de quién era Jesús, el traidor había hecho arreglos previos con el fin de que le reconocieran por su típico saludo de un devoto servidor. La **señal** (44) era un beso de salutación. Yendo directamente a Jesús, lo saludó como **Maestro** (45) y "lo besó afectuosamente"[33] (45, Goodspeed). Esta era la señal convenida no sólo para identificar a Jesús, sino para detenerle mientras era arrestado. Sin duda había recomendado: **llevadle con seguridad,** (44); Judas debió haber sentido algún alivio cuando la chusma le echó mano a Jesús y **le prendieron** (46).

Los motivos de Judas permanecen inescrutables. ¡Cómo pudo un hombre que había vivido tan cerca de Jesús durante su ministerio cerrar su propia alma al Hijo del Hombre es inquietante y perturbador! ¡Es un pensamiento sombrío considerar que alguien escogido por Jesús, y en quien se depositó la suficiente confianza como para hacerle responsable de los fondos del grupo (Jn. 12:6), podía ser culpable de tal traición! "Así que el que piense estar firme, mire no caiga" (1 Co. 10:12, NEB).

En un último fútil gesto de disgusto, desequilibrio e ira, **uno de los que estaban allí**[34]**. . . sacando la espada, hirió al siervo del sumo sacerdote, cortándole la oreja** (47). Fue afortunado para Pedro, y para su víctima, que el "esclavo llamado Malco" (Jn. 18:10), evidentemente había bajado la cabeza, dejándole expuesta solamente la oreja.[35]

En una protesta contra la ilegalidad de su arresto, Jesús confrontó la turba con una pregunta que los hizo titubear (cf. Jn. 18:6), " '¿Como a un ladrón habéis salido con espadas y con palos para prenderme?' " (48, RSV). El les recordó que día tras día[36] les había enseñado **en el templo** (49). ¿Por qué no lo habían prendido antes si la causa de ellos era justa?

Debido a que es inútil razonar con la ceguera moral, y porque Jesús ya había levantado la "copa" del sufrimiento (36) hasta sus labios, se sometió a sus indignidades con las palabras: "¡Para que las Escrituras se cumpliesen!" (49, Goodspeed). Esta era sólo otra forma de decir: "Empero no se haga mi voluntad sino la tuya" (36).

Cuando los discípulos vieron que Jesús no intentaba resistir y que el cielo no interfirió, **todos** (50), hasta el último hombre, **dejándole** solo, **huyeron.** El no era el Mesías que habían estado esperando y de quien creerían que redimiría a Israel (Lc. 24:21). El fracaso de los discípulos no estaba tanto en la falta de coraje sino de fe. "Puesto que la duda anula el coraje, los discípulos huyeron porque su fe fluctuó."[37]

10. *El joven testigo anónimo* (14:51-52)

¿Por qué relata Marcos este episodio breve y aparentemente trivial? Mateo y Lucas que incorporan casi todo el material de Marcos omiten estos versos. La explicación más razonable es que se trata de una reminiscencia personal. Sin embargo, algunos los han espiritualizado en términos de Amós 2:16 y Génesis 39:12, o los han vinculado con el 16:5.

Cuando se recuerda que el centro primitivo de la iglesia de Jerusalén fue el hogar de María, la madre de Marcos (Hch. 12:12), por lo menos es probable que la última cena se realizara allí, en el aposento alto de esa casa. También es muy probable que el mismo Marcos, despertado en alguna manera por los eventos dramáticos de esa noche, siguiera a (51, lit., "siguiera con") Jesús y fuera testigo de todo lo acontecido en el huerto.[38] De cualquier manera, el **joven** estaba tan cerca que fue arrestado y apenas escapó desnudo. Los hombres **le prendieron; mas él, dejando la sábana, huyó desnudo** (52).[39]

Esta pequeña historia es seguramente una "modesta manera de Marcos de decir: 'yo estaba allí' ".[40]

B. El Juicio, la Crucifixión y la Sepultura, 14:53—15:47

1. *El juicio eclesiástico* (14:53-65)

Los evangelios registran que Jesús fue examinado en cuatro tribunales antes de ser finalmente condenado a muerte. El primero fue ante Anás (Jn. 18:12-14, 19-24), un sumo sacerdote anterior, varios de cuyos hijos y yernos le siguieron en el puesto. El segundo es el que se registra aquí. Fue conducido por **el sumo sacerdote** (54) Caifás (Mt. 26:57; Jn. 18:13). El tercero fue en presencia de Pilato (citado en todos los evangelios), y el cuarto ante Herodes Antipas (Lc. 23:6-12).[41]

Claramente esperando el arresto y la detención de Jesús, los diversos componentes del Sanedrín se **reunieron** en el palacio de Caifás, donde también debe haber estado su suegro Anás. Era el propósito del **concilio** (55) asegurar la condenación de Jesús bajo la ley judía antes de mandarlo a Poncio Pilato para su ejecución bajo la ley romana. Está sujeto a discusión si las autoridades judías tenían la prerrogativa de imponer la pena capital.

Mientras tanto, Pedro, acompañado por Juan,[42] había **seguido** a Jesús (aunque **de lejos**) hasta el **patio del sumo sacerdote** (54). La noche primaveral era fresca, de modo que Pedro se sentó **con los alguaciles** ("siervos", Goodspeed) calentándose cerca de la fogata.[43] El amor y el miedo estaban mezclados en el corazón de Pedro. Es muy posible que él estuviera lo suficientemente cerca como para ser testigo del proceso, aunque los detalles pueden haberle llegado más tarde por algún miembro del concilio (cf. Jn. 7:50; 19:39; Hch. 6:7).

No actuando como jueces imparciales, sino como perseguidores vengativos, los miembros del **concilio buscaban** (55) testigos cuyas aseveraciones sirvieran para la condenación de Jesús. Su esfuerzo fue en vano; porque los que dieron testimonio narraron un relato erróneo de lo que Jesús había enseñado, **mas sus testimonios no concordaban,** es decir, "sus declaraciones no coincidían" (56, NEB). La ley judía (Dt. 19:15) exigía que antes de que una acusación fuese admitida, por lo menos tenía que haber dos testimonios consistentes.

Ciertos testigos que dieron **falso testimonio** recordaron que Jesús había dicho algo acerca de derribar **el templo. . . hecho a mano** (58) y que El iba a levantar otro **hecho sin mano**. Este informe era evidentemente una mezcla de dos declaraciones que Jesús había hecho sobre la destrucción del templo (13:2) y la otra relacionada con su propia muerte y resurrección (Jn. 2:19-22). Pero una vez más, **no concordaban en el testimonio**

Al fracasar en su intento de procurar testigos que causaran daño, **el sumo sacerdote, levantándose en medio** (60) del concilio, haciendo un gran alboroto "por la falta de evidencia",[44] procuró intimidar a Jesús para que diera respuestas rápidas que lo incriminaran. El testimonio de los testigos no exigía respuesta y no recibió ninguna. Jesús **callaba** (61). Sin embargo, cuando Caifás llego al grano del asunto—la pretensión que implicaba que Cristo era el Mesías—la situación cambió. Cuando Caifás le requirió bajo juramento (Mt. 26:63) la respuesta a la pregunta: **¿Eres tú el Cristo?** Jesús dijo abiertamente: **Yo soy** (62). En realidad El era el Mesías, **el Hijo del Bendito.**[45]

Como ya hemos visto, Jesús durante su ministerio conservó velado del público su mesianismo para que la revelación de éste no derrotara su misión. La hora había llegado para que Jesús declarara su pretensión en la forma más clara posible ante las autoridades supremas de su nación. **Veréis al Hijo del Hombre sentado a la diestra del poder de Dios, y viniendo en las nubes del cielo** (cf. Sal. 110:1; Dn. 7:13).

Algunas veces es un error hablar, pero también en ocasiones permanecer en silencio es un crimen. Jesús escogió hablar y así proporcionar a sus enemigos toda la evidencia que buscaban. Rasgando "su manto" (63, RSV), en un gesto de profundo sentimiento,[46] **el sumo sacerdote** dijo: **¿qué más necesidad tenemos de testigos?** Por medio de una pregunta capital, impropia por ser autoincriminadora, Caifás realizó lo que todos los falsos testigos habían procurado hacer sin lograrlo. **Todos ellos le condenaron, declarándole ser digno de muerte** (64), es decir, merecedor del castigo.

Se ha notado repetidas veces que el Sanedrín infringió sus propias leyes de procedimientos en este juicio y condenación preliminar. Se han sumado como 14 violaciones.[47] No se permitía al consejo reunirse por la noche,[48] ni en día de fiesta. Si un acusado era condenado a muerte, el castigo no podía realizarse hasta que hubiera transcurrido la noche. Cada miembro de la corte debía votar individualmente; pero Jesús aparentemente fue sentenciado por la acción del grupo. La malicia inexorable y el odio implacable aniquilaron la limitación legal para destruir a Jesús.

Evidentemente fueron los miembros del Sanedrín los que estuvieron comprometidos en los inexcusables abusos y ridículo que siguieron al proceso. Entonces entregaron a Jesús a los oficiales de la guardia, que le "recibieron a bofetadas" (65, RSV). "A lo suyo vino, y los suyos no le recibieron" (Jn. 1:11).

2. *Las tres negaciones de Pedro* (14:66-72)

No debemos ni exagerar ni pasar por alto la negación de Pedro. El había demostrado mucho valor cuando siguió a Jesús hasta el patio del palacio donde se realizaba el juicio (54). Además, sólo Pedro podría haber contado esta historia en primer lugar y conservarla para todos los tiempos. Su gratitud por la gracia de Dios debe haber sido sin límites.

No obstante, "criterios livianos sobre el pecado conducen a nociones superficiales sobre la redención, y por último, roban su gloria a la cruz".[49] La amargura de las lágrimas de Pedro (72) nos da una indicación de cuán serio consideraba él su propia falta de valor y de fe.

Fuera del patio, alrededor de las habitaciones del palacio, Pedro había estado "calentándose al fuego" (54). De Lucas 22:61, es evidente que esto le había quitado contacto visual con Jesús. **Una de las criadas del sumo sacerdote** (66), quien quizá había visto a Pedro con Jesús en el área del templo, lo divisó en el momento a la luz del fuego. **Mirándole** "intensamente" (67, *Amp. N.T.*), lo identificó, y quizá desdeñosamente le dijo: " 'Tú también estabas con Jesús el Nazareno' " (67, RSV). El dijo que no lo conocía y que no entendía lo que ella decía; y **salió a la entrada** (68) o vestíbulo, donde no fuera tan reconocido. **Y cantó el gallo.**[50]

Cuando la muchacha lo vio otra vez, ella dijo a los presentes: **Este es de ellos** (69).[51] Por segunda vez Pedro negó su asociación con Jesús, temiendo que una confesión de la verdad lo llevara al arresto. Claro que los que le rodeaban, aceptaron su declaración de que Pedro era uno de los seguidores del Señor. El rústico acento de los galileos era prueba suficiente para los de Judea.

Ahora, fuera de sí, con temor y vergüenza, Pedro comenzó a **jurar** y a **maldecir,** diciendo: **No conozco a este hombre** (71) de **quien habláis.** Comúnmente se supone que Pedro cayó en la profanación probablemente muy propia de los pescadores galileos. Es evidente que aquí hay una posibilidad existente, pero tal no es el significado de las palabras en este lugar. El verbo **maldecir** *(anathematizo)* significa ser atado con un juramento, y es usado en el Nuevo Testamento solamente en Los Hechos 23:12, 14, 21. El verbo **jurar** *(omnyo)* significa jurar o afirmar por medio de juramento y es usado con referencia a Dios en Hechos 2:30). *The Amplified New Testament* traduce así el verso: "Entonces él comenzó a invocar maldiciones en contra de sí mismo [si no estaba diciendo la verdad] y a jurar, 'yo no conozco al Hombre...'" (71). Inmediatamente, **el gallo cantó la segunda vez** (72).[52] Pedro, sacudido por ello, recordó **las palabras** de Jesús (cf. también Lc. 22:61) que él negaría **tres veces**[53] antes que el **gallo cante dos veces.** "Y rompió a llorar" (72, RSV). La cobardía del corazón de Pedro fue corregida más tarde por el bautismo con el Espíritu Santo y por la pureza de corazón producida por esa experiencia (Hch. 15:8-9).

3. *Jesús ante Pilato* (15:1-5)

Muy de mañana (1) es decir, tan temprano como era posible, **los principales sacerdotes** saduceos, ahora al frente de la oposición, celebraron **consejo** con **todo el concilio** (el Sanedrín) para preparar su causa contra Jesús ante la corte romana. El "juicio" eclesiástico celebrado durante la noche había definido el delito de Jesús como blasfemia; pero esto no tenía ningún valor ante Pilato. La acusación ante el procurador romano tenía que ser de naturaleza política y por ende poner a Jesús como un traidor a César. Con esta acusación en la mente y probablemente por escrito, ellos ataron a **Jesús** y **le entregaron a Pilato.**

Pilato, quien gobernó Judea y Samaria los años 26-36 D.C., no era apreciado por los judíos debido al áspero control que ejercía sobre sus súbditos. ¡Si Pilato hubiera sabido que era él quien estaba siendo juzgado! Cada vez que se repite el Credo de los Apóstoles, se recuerda el juicio de la historia sobre él. Nuestro Señor "padeció bajo el poder de Poncio Pilato".

Notando la acusación contra Jesús, **Pilato le preguntó: ¿Eres tú el rey de los judíos?** (2). Debido a que Palestina era siempre un hervidero de inquietudes políticas, los gobernadores romanos estaban alerta a cualquier signo de insurrección. La confesión de mesianismo efectuada durante la noche (14:62) había sido deformada hasta quedar como una ofensa política. La réplica de Jesús: **Tú lo dices,** posiblemente significa: "Sí, yo soy; pero no en la manera que ustedes piensan."[54]

Como "los principales sacerdotes continuaban acusándole" (3, Goodspeed) y Jesús permanecía en silencio, Pilato se confundía y **otra vez le preguntó:... ¿Nada respondes?** (4). "Pero Jesús no respondía más... para sorpresa de Pilato" (5, Phillips). Era muy evidente que este extraño Prisionero era inocente de las acusaciones que se le hacían.

Algunas veces el silencio deletrea tragedia. Así fue en los días de Amós, cuando Israel se había vuelto a los falsos dioses:

> ... enviaré hambre a la tierra, no hambre de pan, ni sed de agua, sino de oir la palabra de Jehová.[55]

Así fue con Pilato.

4. *Jesús Bar-José y Jesús Barrabás* (15:6-15)

Era evidentemente la costumbre de Pilato, hombre descrito por los judíos como insensible y empedernido, suavizar un poco su dominio para la época de la Pascua, soltando **un preso, cualquiera que pidiesen** (6). No hay un conocimiento cierto sobre esta costumbre aparte de los evangelios, pero, "la concesión de amnistías para las fiestas es bien conocida".[56]

Aparentemente se había desarrollado en Jerusalén un considerable sentimiento en favor de la liberación de **uno que se llamaba Barrabás** (7) ("hijo de un padre") que estaba en la cárcel por haber **tenido parte en una revuelta**.[57] Quizá era uno de los componentes de los famosos *Sicarii* ("asesinos"), cuya marca estaba en los puñales que llevaban. Barrabás había derramado sangre. Una multitud "subió"[58] al palacio de Pilato y comenzó a rogarle que hiciera lo que acostumbraba hacer para ellos (8). "Para los principales sacerdotes esa era una oportunidad enviada del cielo."[59] Teniendo presente su propia turba, iba a ser fácil azuzar al populacho para la liberación del insurrecto.

Pilato tenía otras ideas. Muy seguro dentro de sí de la inocencia de Jesús, vio en la petición de **la multitud** la oportunidad para salvarlo, **porque conocía que por envidia le habían entregado los principales sacerdotes** (10). Pero su pregunta: **¿Queréis que os suelte al rey de los judíos?** (9) fue recibida con el bramido de la oposición. Los **principales sacerdotes incitaron a la multitud**[60] **para que les soltase más bien a Barrabás** (11).

En algunos manuscritos de Mateo dignos de confianza, se menciona el nombre del insurrecto como "Jesús Barrabás" (27:16 s.) y la misma frase aparece en 15:7. La elección original de la multitud tiene que haberse hecho entre "Jesús Bar-José y Jesús Barrabás".[61] El preso que eligieron "era precisamente culpable del delito del cual ellos acusaron a Jesús: era hombre que había levantado revueltas en contra del poder romano".[62] ¡Qué *ilegal* es el corazón humano! Pero, ¡cuán *sublime* es la expiación divina! (cf. He. 2:9).

El interrogante que se levanta a menudo es cómo las multitudes de Jerusalén pudieron ser tan volubles para aclamar a Jesús el domingo, y pedir su muerte a gritos el viernes. Tal inconstancia no es desconocida (cf. Hch. 14:11-19), pero aquí hay otra explicación más seria. La respuesta es simplemente que se trataba de dos multitudes distintas. Los peregrinos que se regocijaron con la entrada de Jesús en la Ciudad Santa, quizá ni se enteraron de lo sucedido en la noche del jueves y el viernes por la mañana temprano. Como ya se ha dicho anteriormente, la muchedumbre que estaba en el palacio de Pilato incluía a los que apoyaban a los sumos sacerdotes, y muy probablemente había muchos que ya estaban inclinados a la liberación de Barrabás.

Atormentado por el conflicto entre su sentido de la justicia romana y el indigno deseo de agradar al pueblo,[63] **Pilato. . . les dijo otra vez:** " "¿Qué haré con el hombre que llamáis rey de los judíos?" " (12, Goodspeed). En realidad la pregunta era un improperio y estaba llena de sarcasmo. Pero en su esencia es una pregunta que todavía obsesiona a los hombres. El destino eterno de ellos pende de la respuesta que le den a la pregunta. La contestación de la muchedumbre fue inmediata y enérgica: ¡**Crucifícale!** (13).

Sin duda, aguijoneado por su propia conciencia (cf. Mt. 27:24) y sin embargo ansioso por probar la fuerza de la presión pública, **Pilato** replicó: ¿**Pues qué mal ha hecho?** (14). Un resonante grito le dio la respuesta a su astuta pregunta. "Las voces se levantaron como un rugido: ¡Crucifícale!" (14, Phillips). Pilato hizo su decisión como un oportunista político, débilmente moral y desprovisto de integridad. "Deseando satisfacer a las multitudes" (15, RSV), liberó a Barrabás, y después de hacer azotar[64] a Jesús, le **entregó. . . para que fuese crucificado.** ¡Era sólo otro galileo! (cf. Lc. 13:1).

Es interesante una información incidental de la historia de la iglesia primitiva cristiana de que Pilato fue canonizado por la iglesia de Abisinia por haber creído en la inocencia de Jesús. La iglesia griega concedió el mismo tratamiento a su esposa. Pero el juicio de la historia es distinto. Pilato hubiera podido librar a Jesús, y los judíos debían haber recibido a Jesús. Ambos han experimentado ya el juicio del Dios todopoderoso.

5. *Las burlas de los soldados* (15:16-20)

Ya Pilato había dado el fallo para Jesús: "Debía ser crucificado" (15). Era la responsabilidad de los soldados romanos ejecutar la orden.

Quizá, mientras se estaba preparando la cruz, estos rudos y encallecidos hombres, extranjeros en tierra judía, condujeron a Jesús dentro del **atrio** (16), es decir, al **pretorio**, ya sea del palacio real de Herodes (en el extremo occidental de Jerusalén) o la torre de Antonia (situada al lado de la esquina noroeste de los terrenos del templo).

Lo que siguió nos es chocante, pero evidentemente era algo común en esos casos.[65] Era una especie de deporte o juego para estas máquinas militares, cuya lealtad principal era al César y que no tenían ninguna consideración por los judíos, especialmente para aquellos que parecían tener pretensiones al trono imperial. Tan brutal como era la burla, debe haberle causado a Jesús menos dolor personal que otras indignidades del suplicio de la cruz.

Convocaron a toda la compañía ("batallón", RSV),[66] los soldados ataviaron a Jesús con símbolos grotescos de un monarca y le hicieron un objeto de sus burlas y abuso. Le vistieron con "una capa militar color escarlata... que era parte de su propio uniforme"[67] (cf. Mt. 27:28), y le ajustaron una **corona tejida de espinas** sobre **la cabeza** (17),[68] comenzaron a saludarle como emperador[69] **de los judíos** (18). En una serie de continuos insultos, (evidentes por el tiempo imperfecto del verbo griego) **le golpeaban en la cabeza con una caña** (19) ("cetro", cf. Mt. 27:29 y 36), **le escupían** y **puestos de rodillas le hacían reverencias** burlonas (Is. 50:6).

Terminadas las bufonerías de la soldadesca, **le desnudaron la púrpura,** le pusieron sus propias vestiduras y "le llevaron fuera de la ciudad para crucificarle" (20, Goodspeed).

El ridículo y la burla han sido siempre las armas más efectivas de Satanás. Sea rústica o refinada, la burla de los bárbaros o de los cultos, de seguro vendrá. Jesús amonestó a la iglesia: "El siervo no es más que su señor" (Jn. 15:20).

6. *La crucifixión* (15:21-41)

a. La mañana ignominiosa (15:21-32). A medida que el centurión y sus cuatro soldados conducían a Jesús por las calles de Jerusalén, en camino al lugar de la ejecución fuera del muro (He. 13:12), evidentemente las fuerzas físicas del Maestro se quebrantaron bajo el peso de la tosca cruz de madera.[70] La tensión de los horrendos eventos desde Getsemaní al flagelamiento y la burla de los soldados, era aplastante.

Un tal **Simón de Cirene** (21) (un norafricano), acabando de entrar en la ciudad, "fue reclutado"[71] al servicio de Roma y llevó la **cruz** por

Jesús. Tal coacción civil normalmente agravaba las relaciones entre los judíos y los romanos. En este caso, algo memorable debe haber sucedido. ¿Por qué habría escrito Marcos que **Simón** era el **padre de Alejandro y de Rufo,** si la familia hubiese sido desconocida para sus lectores? (véase Hch. 11:20; 13:1; Ro. 16:13). Lo que Simón vio en la crucifixión evidentemente lo hizo llegar a ser uno de los convertidos cristianos.

El lugar de la ejecución fue el **Gólgota** (22) (arameo) o Calvario (latín); se decía que era una colina con forma de cráneo fuera de los muros de la Jerusalén de la primera centuria. Las autoridades competentes no están de acuerdo sobre la ubicación exacta. En ese sitio de crucifixión, grandes maderos verticales estaban colocados para que los transeúntes pudieran verlos y tomar nota. Como medida humanitaria, se acostumbraba que las mujeres de la ciudad prepararan drogas para que al beberlas los condenados, se amortiguaran los sufrimientos de la crucifixión. En este caso, le ofrecieron a Jesús "vino drogado" (23, Goodspeed), **más él no lo tomó.** Prefirió conservar la claridad de su mente hasta el fin (cf. 14:25). Era la hora tercera—nueve de la mañana —cuando "lo crucificaron" (24, VP.).

La crucifixión era una forma violenta de la pena capital que los romanos habían empleado durante generaciones. Estaba reservada para las personas de más bajo nivel social o posición legal. Los ciudadanos romanos estaban exentos. Primero que todo, los soldados despojaban al condenado de sus ropas, repartiéndolas **entre sí.** Los brazos de la víctima eran fijados al madero horizontal; su cuerpo era levantado y sostenido por una estaca. Los pies eran empalados o los tobillos atados al poste, a pocos centímetros sobre el suelo. "El cuerpo a la intemperie, la pérdida de sangre, el maltrato por los sádicos espectadores, la tortura de los insectos, y la circulación impedida causaban un agudísimo dolor..."[72] La muerte llegaba lentamente, y era bienvenida como si fuera un amigo.

Para que todos los observadores pudieran conocer la naturaleza del crimen, habían preparado un cartel de madera con fondo blanco y en que se había escrito la acusación con letras negras. Este cartel era suspendido en el cuello del prisionero o cargado ante él por los verdugos. Después el cartel era sujeto a la cruz más arriba de su cabeza.[73] **El título escrito** (26) de la acusación de Jesús era: EL REY DE LOS JUDÍOS. Juan (19:21 ss.) aclara que Pilato encontró una manera de vengarse en la forma como enunció el cargo, pues los principales sacerdotes objetaron a lo que éste decía.

Los presos eran ejecutados en grupos, y parecería que la ejecución hubiera sido planeada, posiblemente para Barrabás y dos de sus cómplices. Los hombres que fueron crucificados con Jesús, **uno a su derecha, y el otro a su izquierda** (27), eran ladrones y probablemente rebeldes. Fueron Jacobo y Juan los que habían buscado esa posición, uno a la derecha y el otro a su izquierda. Habían profesado su capacidad para ocuparla (10:37); pero ellos realmente *no* sabían qué estaban pidiendo. En vez, Jesús *fue* **contado con los inicuos.**[74]

Una vez más Jesús soportó las burlas y el ridículo.[75] Todos los sarcasmos y ultrajes convergían a un punto: Si Jesús era el Mesías, el Salvador del mundo, **el Rey de Israel** (32), que lo probara haciendo una demostración de su poder sobrenatural. Se ha oído que los rabinos del siglo XX hacen la misma acusación: "¡Jesús de Nazaret no era el Mesías porque fue un fracaso!" Los que pasaban le injuriaban meneando la cabeza (29).[76] Los **principales sacerdotes,** saduceos y los fariseos (los maestros de la ley, VP.) también, "burlándose entre ellos" (31, Goodspeed), decían: **A otros salvó, a sí mismo no se puede salvar.** También los ladrones **crucificados con** él le injuriaban (32).

. . . mirad, y ved, si hay dolor como mi dolor . . .[77]

Sin saberlo, y con increíble ceguera moral, aquellos que se burlaban decían una amarga verdad. Jesús mismo había dicho: "El que quisiera salvar su vida, la perderá. . ." (8:34), y "si el grano de trigo no cae en la tierra y muere, queda solo. . ." (Jn. 12:24). Esta era la lucha de la tentación y la prueba continua durante su ministerio público de Jesús. En ocasiones Jesús había sido profundamente turbado por el costo de la redención y meditó si era posible que el Padre lo salvara de "esta hora". Pero nunca se rindió. "Mas para esto he llegado a esta hora" (Jn. 12:27).

Los enemigos de Jesús habían procurado largamente una milagrosa confirmación de sus pretensiones (8:11; cf. 1 Co. 1:22), **para que veamos y creamos.** Pero ninguna señal sobrenatural hubiera podido "cambiar a un fariseo de mentalidad estrecha, formal, hipócrita y legalista, en un hombre espiritual, en simpatía con los principios y propósitos de Cristo".[78] El único camino a la salvación es el de la cruz y el de la tumba vacía.

b. Tinieblas al mediodía (15:33-39). **Cuando vino la hora sexta** (el mediodía) (33), Jesús ya había estado tres horas sobre la cruz (25).[79]

411

Desde entonces hasta las tres de la tarde, **(la hora novena), hubo tinieblas sobre toda la tierra.** Esto fue sólo una parte de los portentos asociados con la muerte del Hijo de Dios. Aun si fue el resultado de causas naturales, como las nubes negras del siroco, las **tinieblas** eran símbolo profético del juicio.

> En aquel día, declara Jehová el Señor,
> haré que se ponga el sol a mediodía
> y cubriré de tinieblas la tierra en el día claro.[80]

A la hora novena (34) un extraño clamor brotó de la cruz: **Dios mío, Dios mío, ¿por qué...?** Las palabras de Jesús nos dan "una versión aramea con un tinte de hebreo del Salmo 22:1".[81] Es posible que el clamor haya salido originalmente en hebreo, porque las dos primeras palabras (como en Mt. 27:46) entonces serían más fácilmente confundidas como si fuesen un llamado a Elías (35).

La pregunta atinada aquí es: ¿cuál es el significado de esas palabras? Si se toman en el contexto del Nuevo Testamento como un todo, nos dan una idea del costo de la expiación. En la voluntad de Dios, Jesús era "en todas las cosas semejante a sus hermanos" (He. 2:17), excepto en lo que respecta a la experiencia con el pecado (He. 4:15). El grito angustiado del desamparo debe ser considerado a la luz de 14:36; 2 Corintios 5:21 y Gálatas 3:13. "La carga del pecado del mundo, su completa autoidentificación con los pecadores, implican no un mero sentimiento, sino un real abandono del Padre. Es en este clamor de desamparo que se revela la plenitud del horror del pecado humano."[82]

Algunos de los que estaban allí suponían que Jesús estaba clamando por ayuda del cielo, como en sus previas mofas habían implicado que El lo haría (30-32). "Miren, está llamando a Elías" (35, Gould). Alguien, probablemente un soldado, metió una esponja en el vinagre (cf. Rt. 2:14; Sal. 69:21) y poniéndola en una caña, se la alcanzó, diciendo: **Dejad, veamos si viene Elías a bajarle** (36).

La frase, **dejad,** suscita la cuestión sobre quién es el que hablaba. Mateo (27:49) dice que "los otros [plural] decían: Deja" (singular). En el relato de Marcos, **diciendo** está en singular en la lengua griega, indicando que una persona estaba hablando. Una explicación natural sería que Marcos escribe como si un espectador se dirigiera al grupo. Otra solución presume que la última parte del versículo 36 fue hablada, como lo indican las palabras, por la persona que ofreció el vinagre a Jesús. Gould nos ofrece esta paráfrasis explicativa: "Déjenme darle esto para prolongarle la vida, y así tendremos la oportunidad de ver si Elías viene o no a ayudarle" (p. 295).

En ese momento, después de estar seis horas en la cruz,[83] Jesús **dando una gran voz** ("fuerte grito", VP.), **expiró** (37). Como indica otro de los Evangelistas,[84] el momento de la separación del Padre había pasado y Jesús murió en paz y triunfo. Su último clamor, quizá la simple palabra de Juan 19:30 (*tetelestai*, "consumado es"), fue un "grito de victoria".[85] **El velo del templo** (38), separando el lugar santo del santísimo **se rasgó en dos,** dándonos libertad para entrar al santísimo por la sangre de Jesús (He. 10:19), quizá señalando también la inminente destrucción del templo.[86]

El efecto total de la conducta de Jesús desde el flagelamiento hasta la crucifixión logró arrancar una sorprendente confesión del endurecido **centurión que estaba frente** (39) a Jesús. Al oir el grito de victoria desde la cruz, ese hombre que no se conmovía ante esa clase salvaje de muerte, dijo: **Verdaderamente este hombre era Hijo de Dios.**[87]

Aquí encontramos: (1) La crucifixión, 24-28; (2) La burla cruel, 29-32; (3) Los clamores de Cristo, 33-38; (4) La confesión del centurión, 39.

c. Las mujeres de Galilea (15:40-41). En una breve nota al pie se relata la participación de la mujer en la historia de la crucifixión. Es en tierno contraste con los versos anteriores, y es un comentario sobre la vida de la iglesia. Aunque estaban "mirando desde lejos" (40, *Amp. N.T.*), las **mujeres** de Galilea estaban allí y no los discípulos. Ellas tomaron parte en el sepulcro (47) y fueron las primeras en la tumba vacía (16:1). (De esta manera, ellas tal vez se contaron entre los informantes de Marcos). Ellas fueron las que ayudaban a sostener a Jesús con su servicio y su sustento mientras El estaba en Galilea (cf. Lc. 8:3) y se habían unido a la banda de peregrinos de Jesús en su último viaje a Jerusalén.

Estos espíritus escogidos cuyos nombres Marcos ha inmortalizado, fueron: **María Magdalena,** que tenía una deuda especial con Jesús (véase Lc. 8:2); **María,** la madre de Jacobo "el menor" ("hijo de Alfeo", Mt. 10:3) y **de José;** y **Salomé,** la madre de Jacobo y Juan (Mt. 27:56). Ellas contemplaban con dolor y conmoción, pero con amor. "Es sólo el amor que puede aferrarnos a Cristo de tal modo que ni aun las experiencias más escabrosas pueden interrumpir."[88]

7. *Las exequias de Jesús* (15:42-47)

"Crucificado, muerto y sepultado." Estos abruptos hechos han sido confesados por los cristianos de todas las centurias. La muerte de Jesús no fue una ilusión, porque El era realmente un hombre y a la vez el verdadero Dios, el Dios-Hombre.

Jesús expiró el viernes por la tarde, como a las 3:00 p.m., unas pocas horas antes del sábado, que comenzaba con la puesta del sol. El viernes era día de preparación. Los sábados no se permitían entierros y la ley exigió que el cuerpo de Jesús fuera sacado de la cruz y sepultado antes del anochecer (Dt. 21:23).

Con este sentido de urgencia, **José de Arimatea,**[89] "miembro noble del concilio" (43, NEB), es decir, el Sanedrín, se armó de coraje y pidió a **Pilato... el cuerpo de Jesús.**[90] José era un hombre de fortuna (Mt. 27:57), de carácter noble (Lc. 23:50); y un discípulo secreto de Jesús (Jn. 19:38). Evidentemente, él y Nicodemo habían sido de aquellos "principales", que creyeron en Jesús aunque no lo confesaban públicamente (Jn. 12:42). Fue necesaria la tragedia de la cruz para hacer que estos hombres salieran a la palestra (cf. Jn. 12:32). Sin embargo, José **también esperaba el reino de Dios** y era un hombre de fe. Su vida fue "una vida de expectativa de la acción de Dios en el mundo".[91]

Uno no puede dejar de imaginar qué pensamientos fluyeron a la mente de Pilato cuando José hizo semejante petición. Sorprendido por el informe sobre la muerte de Jesús, Pilato llamó **al centurión** (44), que tenía la información necesaria para confirmarle el hecho de la muerte (39). Pilato le **dio el cuerpo a José** (45).

Sucinta y conmovedoramente, Marcos nota cinco aspectos del ministerio de José hacia Jesús: **Compró una sábana** (46), quitó el cuerpo de la cruz y lo envolvió en la sábana (véase Jn. 19:40); **lo puso en un sepulcro** nuevo que era suyo (en un huerto cerca de la ladera de la montaña), e **hizo rodar** una **piedra** a la **entrada** del sepulcro (como protección contra merodeadores).

¿*Finis* (fin)? ¡No, *telos* (destino, meta)! "... La historia muestra que Dios nunca les presta atención a las piedras. Las finalidades de la tierra nunca son suyas."[92]

Las mujeres devotas de Galilea (40-41) **miraban dónde lo ponían** (47), e hicieron sus planes para asistir al embalsamiento después del sábado (16:1; Lc. 23:56). Muchos de los detalles que Marcos nos da tienen que haber sido proporcionados por ellas.

NOTAS BIBLIOGRÁFICAS

[1]Un censo del año 65 D.C. que tenía que ver con la matanza de ovejas para la Pascua arrojó más de un cuarto de millón de animales. El mínimo de cada grupo de peregrinos era de 10 personas por cordero. Josefo dice que ese año hubo tres millones en la fiesta (*Guerras*, II. 14. 3).

[2]Los dos eran en realidad acontecimientos separados, pero a menudo unidos en el pensamiento. Israel celebraba la Pascua desde su liberación de Egipto, y la observaba desde la tarde del 14 de Nisán, la fiesta de los Panes sin Levadura durante siete días siguientes. "... *Los panes sin levadura* le recordaba el pan que debieron comer apresurados cuando escaparon de la esclavitud" (Barclay, *op. cit.*, p. 350). Para un buen tratamiento de estas fiestas, véase *Unger's Bible Dictionary*, pp. 352-56.

[3]Los relatos paralelos presentan problemas. Lucas 7:36-50 se refiere definitivamente a otro evento. Juan ubica la unción en casa de Lázaro y parece que la fecha varios días antes. Quizá haya alguna relación entre Simón y los otros amigos de Jesús en Betania. Marcos evidentemente ha "sacrificado el orden cronológico por razones homiléticas" (NBC, p. 834).

[4]Un denario equivale al pago de un día de trabajo.

[5]Hunter, *op. cit.*, p. 133.

[6]Véase el comentario sobre 3:19 para una discusión sobre su nombre.

[7]En el sentido popular, como lo muestran las siguientes palabras ("cuando ellos mataron la Pascua"). La fiesta de los Panes sin Levadura comenzaba el 15 de Nisán.

[8]Véanse las notas sobre los versos 1-2 para el tema de la Pacua y los panes sin levadura.

[9]Connick, *op. cit.*, p. 368.

[10]"La antigua palabra para dueño de casa" (IB, VII, 873).

[11]Earle, *op. cit.*, p. 165.

[12]Earle, *et al.*, ENT, pp. 149-50. Se ha notado (NBC, p. 835) que el relato de la última cena no hace referencia a un cordero y que tal vez Aquel que sería\el Cordero de Dios no comió tal comida.

[13]Cf. Connick, *op. cit.*, pp. 369-70, para una descripción detallada.

[14]Vea lo tratado en los versos 1-2 y 12-16.

[15]En el lenguaje original se espera una réplica negativa.

[16]Una lectura alternada (véase RSV, NEB, *Amp. N.T.*) da énfasis a la perfidia de la traición de Judas.

[17]Cranfield, *op. cit.*, p. 424.

[18]*Op. cit.*, p. 136.

[19]Parece razonable creer que esto es lo que Marcos está diciendo. Sin embargo, Juan ubica la Pascua un día más tarde, de modo que Jesús moriría en la cruz precisamente en el mismo momento en que el cordero pascual era sacrificado en el templo (cf. Jn. 18:28; 19:14; 31, 32). En ese caso, la última cena fue una "apresurada anticipación de la Pascua ... o Pascua *Kiddush* ('santificación'), es decir, una comida religiosa social, realizada por grupos de judíos piadosos para prepararse para la Pascua" (Hunter, *op. cit.*, pp. 134-35). En todo caso, la presencia de la Pascua sería lo supremo en las mentes de los discípulos, "de modo que, en un sentido, la cuestión casi no prueba nada" (Cole, *op. cit.*, p. 214).

[20]Aunque la palabra *nuevo* no tiene apoyo proporcionado por los manuscritos, es teológicamente correcta; la declaración total refleja Jeremías 31:31 y Ezequiel 37:26.

[21]Salmos de alabanza, así llamados porque comienzan (Salmos 113:1) con "Alabad".

[22]NBC, p. 835.

[23]La palabra *proaxo*, "Yo iré delante", continúa la analogía del pastor guiando las ovejas.

[24]"El tiempo es definido con ascendente exactitud" (Cranfield, *op. cit.*, p. 429). "El canto del gallo marca la tercera vela de la noche" (Robertson, *op. cit.*, p. 383).

[25]Shakespeare, *Macbeth*, acto III, escena II.

[26]Cranfield, *op. cit.*, p. 432.

[27]*Op. cit.*, p. 170.

[28]1951, derechos reservados por Lillenas Publishing Co.

[29]Taylor (*op. cit.*, p. 557) acepta la lectura alternada, *apechei to telos*. Sin embargo, la mayor parte de los eruditos creen que *apechei* debería estar solo y traducirse: "¡Basta!"

[30]La palabra: ¡**Vamos!** (42), puede representar una expresión militar y significar: "¡Adelante!"

[31]Una identificación que Marcos nunca nos permite olvidar.

[32]**Los principales sacerdotes, los escribas y los ancianos** (43) eran los componentes de ese cuerpo.

[33]El verbo compuesto *(Katephilesen)*, traducido *besó*, "denota una cierta prodigalidad en el acto" (Gould, *op. cit.*, p. 274).

[34]Juan (18:10), que escribió después de la muerte de Pedro, claramente dice que fue "Simón Pedro".

[35]Los paralelos (Mt. 26:51-53; Lc. 22:49-51; Jn. 18:10-11) deben leerse para saber otros detalles.

[36]Posiblemente sugiriendo un ministerio de enseñanza más extenso que lo que indica el breve relato de Marcos.

[37]Gould, *op. cit.*, p. 275.

[38]Cf. Barclay, *op. cit.*, p. 365-66.

[39]La palabra traducida **desnudo** *(gymnos)* también puede ser traducida "escasamente vestido".

[40]Hunter, *op. cit.*, p. 142.

[41]Véase Major, *op. cit.*, p. 180, para evidencias de apoyo.

[42]Véase Juan 18:15. Esa fue probablemente la razón por la cual Pedro pudo estar tan cerca.

[43]La palabra traducida **fuego**, en este caso *(phos)*, "no se usa nunca para el *fuego mismo*, sino para su *luz* (Vincent, *op. cit.*, p. 229). Fue esta luz lo que atrajo la atención de la criada sobre Pedro (66).

[44]Robertson, *op. cit.*, p. 387.

[45]El Mesías no siempre era considerado el Hijo de Dios, pero Jesús ya había declarado que lo era (véase Mateo 11:27; Lucas 10:22).

[46]"La ley prohibía que el sumo sacerdote desgarrara sus vestiduras en pleitos privados (Lv. 10:6; 21:10), pero cuando actuaba como juez, se exigía esta costumbre para expresar el horror que le causaba cualquier blasfemia proferida en su presencia" (Swete, *op. cit.*, p. 360).

[47]IB, VII, 887.

[48]Véase 15:1 para pretender "legalizar" la acción.

[49]Cole, *op. cit.*, p. 231.

[50]Cranfield (*op. cit.*, p. 447) cree que esta versión como la de la última parte de la cláusula del verso 70, debe ser mantenida "a pesar de los notables testimonios para su omisión".

[51]Aun una lectura precipitada de los Evangelios revelará las diferencias en los relatos de la negación de Pedro. Estos no afectan la historicidad del evento. "Es claro que aquí no hay colusión" (Major, *op. cit.*, p. 183).

[52]Esto tal vez se refiera a una nota de tiempo, "un llamado de trompeta denominado *gallicinium*... que es la palabra en latín que se traduce **gallo**" (Barclay, *op. cit.*, p. 371). Si así es, sería la señal para el cambio de guardia, probablemente a las 3:00 en punto de la mañana.

[53]El sentido exacto de esta palabra, *epibalon*, es incierto.

[54]Juan relata (18:33-37) una conversación más extensa entre Pilato y Jesús dentro de la "sala de juicio". Cf. todos los pasajes paralelos para tener un cuadro completo.

[55]Amós 8:11.

[56]Connick (*op. cit.*, p. 389) cita la costumbre romana, también una regla del Talmud "que puede reflejar la costumbre judía de la época de Jesús".

[57]Algún levantamiento judío contra Roma bien conocido.

[58]Mejor versión que "gritando fuerte" (8).

[59]Barclay, *op. cit.*, p. 376.

[60]"*La sacudieron* como un terremoto" (Roberson, *op. cit.*, p. 393).

[61]Cf. Cranfield, *op. cit.*, p. 450, y Connick, *op. cit.*, p. 390.

[62]Gould, *op. cit.*, p. 285.

[63]Véase también Mateo 27:19.

[64]Una preparación brutal para la crucifixión. El látigo de lonjas de cuero con piezas de metal y huesos dejaba desmenuzada la espalda de las víctimas.

[65]Cf. Taylor, *op. cit.*, pp. 646-48.

[66]Una *cohort* tenía 600 hombres, la *compañía* 200.

[67]Major, *op. cit.*, p. 188.

[68]"Como cruel imitación de la corona de laurel llevada por el emperador" *(ibid.).*

[69]El significado de emperador, rey *(basileus)* para ellos.

[70]Parte del castigo para una persona condenada era llevar la parte horizontal de la cruz. "Pesaba como unos 50 kilos" (Connick, *op. cit.*, p. 392).

[71]Cf. Mateo 5:41, donde está empleada la misma palabra.

[72]Connick, *op. cit.*, p. 393.

[73]*Ibid.*, p. 395.

[74]El verso 28 falta en los manuscritos importantes.

[75]"Los Evangelistas registran que Jesús fue mofado seis veces (1) por los siervos del sumo sacerdote, (2) por Herodes Antipas y sus soldados, (3) por los soldados de la guarnición romana, (4) por el público en general, (5) por los sacerdotes y escribas, y (6) por los dos malhechores crucificados" (Major, *op. cit.*, p. 189).

[76]"Un gesto oriental de burla" (Johnson, *op. cit.*, p. 255). Cf. Isaías 37:22; Jeremías 18:6.

[77]Lamentaciones 1:12. Cf. *El Mesías*, de G. F. Haendel, No. 30.

[78]Gould, *op. cit.*, p. 293.

[79]En cuanto al aparente conflicto con Juan 19:14, véase Earle, *op. cit.*, p. 183.

[80]Amós 8:9.

[81]Cranfield, *op. cit.,* p. 458.

[82]*Ibid.*

[83]Se cree que era como la mitad del tiempo que las víctimas generalmente requerían

[84]Lucas y Juan dan otras "tres palabras" desde la cruz. Mateo y Marcos informan las mismas. Las de Lucas son: 23:34, 43, 46. Las de Juan son: 19:26-27, 28, 30.

[85]IB, VII, 907.

[86]Hechos 6:7 puede darnos una guía sobre tal portento.

[87]Cualquiera sea la cosa que haya querido decir el **centurión** (véase Lc. 23:47), es evidente lo que Marcos quiso dar a entender (cf. 1:1).

[88]Barclay, *op. cit.,* p. 384.

[89]Posiblemente deba ser identificado con Rathamín, situado a unos 30 kilómetros al noreste de Jerusalén (cf. 1 S. 1:1).

[90]No sólo José se arriesgó a que Pilato se airara con él, sino también a recibir el ostracismo de sus colegas.

[91]IB, VII, 910 (Exposición).

[92]*Ibid.*

Sección VIII *La Resurrección*

Marcos 16:1-20

A. La Tumba Vacía, 16:1-8

En unos pocos, rápidos golpes, Marcos pinta un cuadro de la última prueba de que el evangelio es de Dios: **Jesús nazareno. . . ha resucitado** (6) de los muertos, y es "declarado Hijo de Dios con poder" (Ro. 1:4). Uno llega a cansarse tanto de los que magnifican las diferencias en los varios relatos, como de los que se esfuerzan por reconciliarlos. A. M. Hunter da una aguda cita de Lessing sobre el punto: " 'Fríos cazadores de discrepancia, ¿no ven que los evangelistas no cuentan los ángeles? No había solamente dos ángeles, eran millones.' "¹

Muy de mañana (2), pasado **el primer día de la semana**,² las fieles mujeres de Galilea (14:40-41, 47) **vinieron al sepulcro.** En la tarde anterior, pasado **el día de reposo** compraron **especias aromáticas** (cf. Lc. 23:56) para ungir el cuerpo del Señor. A medida que se acercaban a la tumba, expresaban su ansiedad acerca de quién les romovería **la piedra de la entrada del sepulcro** (3). Buscando con la mirada (como lo indica el original),³ quedaron sorprendidas al ver **removida la piedra** que era muy grande (4).

Deteniéndose para entrar al **sepulcro** (5), una cámara que quizá medía de 2 a 2.5 metros cuadrados y más o menos la misma altura, se aterraron al ver un ángel **sentado al lado derecho.** El sabía de antemano por qué habían venido: a buscar **a Jesús** (6) el **crucificado.**⁴ **Ha resucitado; no está aquí; mirad el lugar.** "Las tres declaraciones. . . son acumulativas: *(a)* El hecho central; *(b)* la razón por qué no se le ve; *(c)* la evidencia de que El ha estado allí. . . "⁵ **No os asustéis.**⁶

Ningún ojo humano fue testigo de la resurrección; sólo los ángeles. "De modo que las palabras del ángel a la mujer. . . son a manera del espejo en el cual se les permitió a los hombres ver la reflexión de este evento escatológico."⁷

El **joven. . . cubierto de una larga ropa blanca** les instruyó que fueran a decir **a sus discípulos** (7) y especialmente **a Pedro** (para que no se desmoralizara de vergüenza), que debían cumplir su cita con El en **Galilea** (14:28). Maravilladas, más allá de lo que puede expresarse con palabras, las mujeres **se fueron huyendo del sepulcro; porque les había**

419

tomado temor y espanto (8). En ese momento su miedo era tan grande "que no decían nada a nadie" (8, *Amp. N.T.*). Más tarde fue un asunto distinto, cuando la comprensión les trajo una ola de gozo (Mt. 28:8; Lc. 24:9).

Nunca se ha dado una "explicación" que cancele el hecho de la tumba vacía. Si los enemigos de Jesús hubieran podido exhibir el cuerpo, hubieran destruido la joven fe. No lo hicieron porque no pudieron. Creer que los discípulos robaron el cuerpo para poder predicar un fraude está más allá de todo crédito.[8] Por otra parte, muchos discípulos (cf. 1 Co. 15:3-9) no tenían duda de haber visto al Señor. Hay por lo menos tres grandes testigos de la realidad de la resurrección: la iglesia, el Nuevo Testamento y el día del Señor. Ninguno habría llegado a existir si Jesús no hubiera resucitado. "Pero ahora, Cristo ha resucitado de los muertos; primicias de los que durmieron es hecho" (1 Co. 15:20).

Este párrafo sugiere: (1) La ansiedad de las mujeres, 1-3; (2) Las mujeres sorprendidas, 4-6; (3) La misión de las mujeres, 7-8.

B. Epílogo, 16:8-20

Estos versículos finales proponen lo que ha sido llamado "uno de los mayores problemas textuales del Nuevo Testamento".[9] Los hechos son como sigue. Los dos manuscritos más antiguos y fidedignos (el Vaticanus y el Sinaiticus) omiten estos versos y terminan el Evangelio de Marcos en 16:8. Esos versos también faltan en otros manuscritos y versiones de la antigüedad.

Varios padres de la iglesia primitiva confirman esa omisión, incluyendo el gran historiador de la iglesia, Eusebio, y Jerónimo, el traductor de la Vulgata. Además, los antiguos comentarios de San Marcos terminan con el 16:8. Todavía pueden aducirse otras evidencias: Mateo y Lucas que incluyen casi todo el material de Marcos, no emplean en absoluto los versos mencionados.

Otro hecho, no evidente en la versión King James, debe notarse. Un manuscrito latino y varios griegos incluyen "un fin más breve" (además de los versos 9-20, los llamados de "terminación más larga") entre los versos 8-9. Se cree que estas "terminaciones" son antiguas, pero no se cree que sean el plan de Marcos para completar su evangelio. Es tan serio error agregarle como quitarle algo a la Biblia (Ap. 22:18-19).[10]

Algunos eruditos creen que Marcos procuró terminar su mensaje con el verso 8, no con una nota de temor sino de sorpresa.

La mayoría de los eruditos, sin embargo, creen que la finalización abrupta del verso 8, significa que el final del antiguo manuscrito fue dañado y de ese modo se perdió, o que Marcos no pudo finalizar su obra, quizá por el martirio. La implicación del 14:28 es que Marcos incluyó cuando menos una aparición de Jesús en Galilea. La calurosa referencia a Pedro del verso 7 (cf. 1 Co. 15:5) puede sugerir una reconciliación con Jesús no descrita.

Lo que sigue provee un resumen de los versos 9-20.[11]

9-11 son una versión condensada de Juan 20:11-18 (la historia de Raboni).

12-13 resume Lucas 24:13-35 (el camino a Emaús).

14-15 recuerda Lucas 24:36-49 y Mateo 28:16-20.

17-18 la mayoría de las señales descritas son paralelas de los Hechos.

19-20 cf. Hechos 1:9-11.

La exposición del contenido se hallará en los apropiados lugares en Mateo, Lucas, Juan y los Hechos.

El mensaje de los versos 15-20 es que la tarea de la iglesia involucra la predicación y la sanidad, tarea que debe realizarse en el poder del Cristo onmipresente.

NOTAS BIBLIOGRÁFICAS

[1]*Op. cit.,* p. 154.
[2]Que pronto sería conocido como el día del Señor (Ap. 1:10).
[3]Sugiriendo o una actitud inclinada o que la tumba estaba en una loma más arriba de ellas.
[4]Podría estar en forma de pregunta: ¿Buscáis?
[5]IB, VII, 913.
[6]La palabra también puede traducirse "sumamente asombradas" y así está traducida en otros lugares de Marcos, cf. 9:15; 14:33.
[7]Cranfield, *op. cit.,* pp. 465-66; como protesta contra la contemporánea separación de los ángeles como "fantasías religiosas".
[8]"Aun un judío como Klausner califica esto como increíble" (Hunter, *op. cit.,* p. 157).
[9]NBC, p. 839.
[10]Véase Earle, *op. cit.,* p. 20, para un efectivo resumen del problema.
[11]Hunter, *op. cit.,* p. 156.

Bibliografía

I. COMENTARIOS

ABBOTT-SMITH, G. *A Manual Greek Lexicon of the New Testament.* Edimburgo: T. & T. Clark, 1937.

ARDNT, W. F. y GINGRICH, F. W. (eds.). *A Greek-English Lexicon of the New Testament.* Chicago: The University of Chicago Press, 1957.

BARCLAY, WILLIAM. *The Daily Bible Study: The Gospel of Mark,* Filadelfia: The Westminster Press, 1954.

BRANSCOMB, B. HARVIE. *The Gospel of Mark.* "The Moffatt New Testament Commentary." Editado por JAMES MOFFATT. Nueva York: Harper and Brothers Publishers, s.f.

BRIGHT, JOHN. *The Kingdom of God.* Nueva York: Abingdon-Cokesbury, 1953.

BRUCE, A. B. "The Synoptic Gospels." *The Expositor's Greek Testament.* Editado por W. ROBERTSON NICOLL, Vol. I. Grand Rapids: Wm. B. Eerdmans Publishing Co., s.f.

COLE, R. A. *The Gospel According to St. Mark.* "The Tyndale New Testament Commentaries." Editado por R. V. G. TASKER. Grand Rapids: Wm. B. Eerdmans Publishing Co., 1961.

CONNICK, C. MILO. *Jesus: The Man, the Mission, and the Message.* Englewood Cliffs: Prentice-Hall, Inc., 1963.

CRANFIELD, C. E. B. *The Gospel According to Saint Mark.* "The Cambridge Greek Testament Commentary." Nueva York and Londres: Cambridge University Press, 1959.

DUMMELOW, J. R. (ed.). *A Commentary on the Whole Bible.* Nueva York: Macmillan Co., 1956 (reimpresión).

EARLE, RALPH, et. al. *Exploring the New Testament.* Kansas City: Beacon Hill Press, 1955. Hay versión castellana.

EARLE, RALPH, *The Gospel According to Mark.* "The Evangelical Commentary on the Bible." Editado por GEORGE A. TURNER, et al. Grand Rapids: Zondervan Publishing House, 1957.

GOULD, EZRA P. *A Critical and Exegetical Commentary on the Gospel According to St. Mark.* "The International Critical Commentary" editado por S. R. DRIVER, et al. Edimburgo: T. & T. Clark, impresión de 1955.

GRANT, F. C. "The Gospel According to St. Mark" (Exegesis). *The Interprete's Bible.* Editado por GEORGE A. BUTTRICK, et al., vol. VII. Nueva York: Abingdon-Cokesbury Press, 1951.

Harper's Bible Dictionary. Editado por MADELEINE S. MILLER y J. LANE MILLER. Sexta edición; Nueva York: Harper and Brothers, Publishers, 1959.

HUNTER, A. M. *The Gospel According to Saint Mark.* "A Torch Bible Commentary." Editado por DAVID L. EDWARDS, et al. Nueva York: Collier Books, 1962 (reimpresión).

JACOB, PHILIP E. *Changing Values in College.* Nueva York: Harper and Brothers, Publishers, 1957.

JOHNSON, SHERMAN E. *A Commentary on the Gospel According to St. Mark.* "Harper's New Testament Commentaries." Nueva York: Harper and Brothers, Publishers, 1960.

LUCCOCK, HALFORD E. "The Gospel According to St. Mark" (Exposition). *The Interpreter's Bible.* Editado por GEORGE A. BUTTRICK, *et al.* Vol. VII, Nueva York: Abingdon-Cokesbury Press, 1951.

MACLAREN, ALEXANDER. *Expositions of Holy Scripture: St. Mark.* Grand Rapids: Wm. B. Eerdmans Publishing Co., 1938 (reimpresión).

MAJOR, H. D. A. "The Gospel According to St. Mark: Text and Commentary." *The Mission and Message of Jesus,* editado por H. D. A. MAJOR, T. W. MANSON y C. J. WRIGHT. Nueva York: E. P. Dutton and Co., 1938.

MITTON, C. L. *The Good News.* "Bible Guides." Editado por WILLIAM BARCLAY y F. F. BRUCE. Núm. 13. Londres: Lutterworth Press, 1961.

Oxford Annotated Bible, Editado por HERBERT G. MAY y BRUCE M. METZGER. Nueva York: Oxford University Press, 1962.

ROBERTSON, A. T. *Word Pictures in the New Testament,* vol. I, Nashville: Broadman Press, 1930.

SALMOND, S. D. F. *St. Mark.* "The Century Bible." Editado por W. F. ADENEY. Edimburgo: T. C. and E. C. JACK, s.f.

SWETE, HENRY BARCLAY. *The Gospel According to St. Mark.* Grand Rapids: Wm. B. Eerdmans Publishing Co., 1956 (reimpresión).

SWIFT, C. E. GRAHAM. "The Gospel According to Mark." *The New Bible Commentary.* Editado por F. DAVIDSON. Grand Rapids: Wm. B. Eerdmans Publishers Co., 1953.

TAYLOR, VINCENT. *The Gospel According to St. Mark.* Londres: Macmillan and Co., Ltd., 1959.

TRENCH, ROBERT C. "Prayer." *The World's Great Religious Poetry.* Editado por Caroline M. Hill. Nueva York: The Macmillan Co., 1943.

TRUEBLOOD, D. E. *Foundations for Reconstruction,* Nueva York: Harper and Brothers Publishers, 1946.

UNGER, MERRILL F. *Unger's Bible Dictionary.* Chicago: Moody Press, 1957.

VINCENT, MARVIN R. *Word Studies of the New Testament,* Vol. I. Grand Rapids: Wm. B. Eerdmans Publishing Co., 1946.

Westminster Study Edition of the Holy Bible, Editado por F. W. DILLISTONE, *et al.* Filadelfia: The Westminster Press, 1948.

II. ARTÍCULOS

CARTLEDGE, SAMUEL A. "The Gospel of Mark." *Interpretation,* IX, núm. 2 (Abril, 1955), 186-99.

CRANFIELD, C. E. B. "Mark, Gospel of." *The Interpreter's Dictionary of the Bible.* Editado por GEORGE A. BUTTRICK, *et al.* vol. III. Nueva York: Abingdon Press, 1962.

DEASLEY, A. R. G. "The New Testament and Divorce." *Interchange*, I, núm. 1 (Invierno, 1961-62), 12-17.

REES, PAUL S. "As in Thy Sight", *Christianity Today*, VI, núm. 8 (19 de enero, 1962), 10-12.

RICHARDSON, ALAN. "The Feeding of the Five Thousand." *Interpretation*, IX, núm. 2 (Abril, 1955), 144-49).

SCHINDLER, JOHN A. "Your Mind Can Keep You Well." *Reader's Digest*, LV, No. 332 (Diciembre, 1949), 51-55.

El Evangelio Según
SAN LUCAS

Charles L. Childers

Introducción

El Evangelio de Lucas ha sido llamado "el libro más hermoso del mundo" y, juntamente con Los Hechos, "la más ambiciosa empresa literaria de la iglesia primitiva". Si tal expresión de alabanza pareciera una exageración, por lo menos puede prepararnos para el estudio de una obra que, fuera de toda duda, es una porción significativa de la Biblia y una de las obras maestras de los tiempos antiguos.

A. PATERNIDAD LITERARIA

Tanto la tradición antigua como la erudición moderna concuerdan en que el autor del tercer evangelio fue Lucas, "el médico amado" y compañero del apóstol Pablo. Desde la segunda o tercera centuria ya encontramos declaraciones de que Lucas fue el autor del Tercer Evangelio y de los Hechos; desde ese tiempo la tradición unánimemente lo ha apoyado. Lo cierto es que no hay evidencia que este Evangelio fuera alguna vez atribuido a otro autor más que a Lucas.

Podemos aceptar el veredicto de la tradición más fácilmente cuando recordamos que hubo muchos "evangelios" espurios que fueron asignados falsamente a varios apóstoles y a otros testigos oculares del ministerio de Cristo. Sin embargo, Lucas no fue ni un testigo ocular, ni un personaje tan prominente en el Nuevo Testamento como para que le fuera asignado un libro que él no hubiera escrito, a menos que realmente fuera el autor.

Aunque Lucas no declara en ningún lugar que él haya sido el escritor del Evangelio o de Los Hechos, la evidencia interna del Nuevo Testamento sólidamente apoya la posición de que él fue el autor de ambos libros. En primer lugar, es obvio que los dos fueron escritos por la misma persona. Ambos están dirigidos a un mismo hombre, Teófilo; en el libro de Los Hechos, en su prefacio, se hace referencia a un "primer tratado". También, un examen más cuidadoso del estilo literario y del léxico de uno y otro libro revelan una similaridad demasiado cercana como para no haber sido obras del mismo autor.

Otro eslabón en esta cadena de la evidencia lo constituye la famosa sección de "nosotros" en el Libro de Los Hechos.[1] Estos pasajes indican con claridad que el autor era compañero de Pablo. Puesto que Lucas es el único compañero conocido de Pablo (con la excepción de Tito), que de otra manera no está identificado en Los Hechos, parece obvio que él fue el autor.[2]

Es muy poco lo que sabemos de Lucas. El Nuevo Testamento sólo menciona su nombre tres veces. Pablo en su Carta a los Colosenses (4:14), se refiere a él como "el médico amado" y en la Epístola a Filemón (24), Pablo lo llama su "colaborador". Y también en la última carta de Pablo—su Segunda Epístola a Timoteo—(4:11), el Apóstol dice que Lucas es la única persona que estaba con él cuando escribía.

La sección de "nosotros" en Los Hechos indica que Lucas se unió al grupo de Pablo en Troas para su segundo viaje misionero (16:10) y acompañó a Pablo, por lo menos hasta Filipo. Cuando el Apóstol fue a Tesalónica, el pronombre personal de tercera persona indica que ya no estaba en la compañía. El próximo "nosotros" de la sección (20:5) muestra que Lucas había vuelto a unirse al grupo de Pablo cuando volvía de Grecia en su tercer viaje misionero. Lucas se unió al grupo en Filipos y lo acompañó a Jerusalén. La sección final de "nosotros" (27:1) indica que Lucas acompañó a Pablo en su viaje a Roma. Estaban ambos allí cuando Pablo escribió a Filemón y a los Colosenses, y más tarde en el tiempo de la segunda carta a Timoteo—poco antes de la muerte de Pablo.

Hay unas cuantas referencias interesantes a Lucas en los escritos de los padres primitivos de la iglesia, pero agregan poco que pueda ser aceptado como un hecho, porque los relatos a menudo son contradictorios. Sin embargo, lo que dice Pablo de él como médico no está solamente en armonía con la tradición, sino con el empleo del lenguaje médico tanto en su Evangelio como en Los Hechos, cosa que lo corrobora.[3]

B. Lugar y Fecha de su Escritura

Las antiguas fuentes son vagas o guardan silencio en cuanto al lugar de su escritura. El Evangelio pudo haber sido escrito en Cesarea mientras Pablo estaba preso allí. Ciertamente ese debe haber sido el tiempo cuando Lucas reunió mucho de su material. También es posible que lo haya escrito en Roma durante el encarcelamiento de Pablo en esa ciudad. Aunque pudo haber sido escrito en otra parte—en Grecia o Asia Menor, después de la liberación de Pablo de su primer encarcelamiento en Roma—Cesarea parece ser el lugar más probable; y Roma donde se escribió o completó el libro de Los Hechos.

Se cree que este evangelio fue escrito entre el 58 y el 69, porque Lucas no pudo haberlo hecho antes de su estancia en Palestina. La manera en que Lucas maneja las profecías de Jesús sobre la destrucción de Jerusalén aclara que el libro tuvo que ser escrito antes del cumplimiento de esa predicción.[4] Como se ha sugerido antes, el Evangelio fue escrito en Cesarea, probablemente en el año 58.

C. PROPÓSITO

Lucas declara su propósito en el prefacio de la obra. Escribe principalmente para dar a Teófilo un conocimiento más completo y satisfactorio del Señor Jesucristo. Teófilo había recibido informaciones rudimentarias, pero Lucas sentía que necesitaba más instrucción; y posiblemente Teófilo le había solicitado a Lucas que le proveyera un relato más adecuado. Pero sin duda pensaba en un grupo más grande de lectores que el de su prominente indagador. Probablemente se dio cuenta de que toda la iglesia tenía necesidad de un evangelio más completo de lo que hasta entonces había en existencia.

D. FUENTES

Los eruditos del Nuevo Testamento generalmente creen que Lucas echó mano de Marcos y de otros escritores de ciertas fases del ministerio de Jesús para la composición de su Evangelio. Por lo regular, se identifican dos de estas fuentes: documento "Q", del que se supone que contiene el material usado por Lucas y Mateo que no se encuentra en Marcos; y "L" que designa a un documento del cual se supone que Lucas sacó la información que es peculiar a su evangelio.

Que esta explicación es una excesiva simplificación del caso es ampliamente reconocido; más bien se cree generalmente que Lucas usó un número indeterminado de otros documentos. Es posible y aun sumamente probable que Lucas empleó esas fuentes escritas. En su prefacio menciona que "muchos" habían tratado de dar un relato del evangelio. Aunque evidentemente él piensa que son fuentes inadecuadas para su propósito, sin embargo debe haberlas empleado. Por lo menos tiene que haberlas leído para ver si había algo que agregar a las suyas.

Pero una fuente adicional que Lucas empleó fue la predicación y sin duda la conversación privada con su compañero, el apóstol Pablo. Tuvo una gran oportunidad de sacar provecho de esta circunstancia. Además, mientras el Apóstol estuvo preso en Cesarea, Lucas pasó dos años en una búsqueda detallada en la tierra natal de Jesús. Mientras estuvo allí pudo hablar con muchos testigos oculares del ministerio del Maestro, incluyendo a María, la madre de Jesús, de quien podría haber obtenido todos los detalles de los hechos concernientes al nacimiento del Señor. Es posible que también haya encontrado fuentes escritas en Palestina.

E. Características

1. *El Evangelio de mayor valor literario*

La estructura, el vocabulario y el estilo del relato de Lucas, lo señalan como el más literario de los evangelios. Algunas de las parábolas que solamente Lucas preservó se cuentan entre las más amadas historias del mundo: "El Buen Samaritano", "El Hijo Pródigo" y otras.

2. *Un Evangelio de cánticos*

Intimamente relacionado con su significación literaria está el hecho de que Lucas nos da algunos de los grandes cánticos de la cristiandad. Algunas veces se habla de él como el primer himnólogo cristiano. Entre sus himnos tenemos: el "Benedictus", el "Magnificat", el "Nunc Dimittis" ("ahora despide a tu siervo"), el "Ave María" y el "Gloria in Excelsis" ("Gloria a Dios en las alturas")—todos ellos en los dos primeros capítulos.

3. *El Evangelio de las mujeres*

En Palestina la mujer ocupaba un lugar bajo como lo era en todo el mundo de la antigüedad; pero el Evangelio de Lucas es notable por la atención que le da a la mujer. El hecho está claramente demostrado por la importancia que en este evangelio tienen Elisabet; María, la madre de Jesús; las hermanas Marta y María; María Magadalena y otras.

4. *El Evangelio de la oración*

Lucas habla más sobre la oración que cualquier otro evangelista. Lucas nos muestra al Señor en oración en los grandes momentos de su vida. Sólo él nos proporciona la parábola de "El Amigo a Medianoche" (11:5-13), "El Juez Injusto" (18:1-8), y "El Fariseo y el Publicano" (18:9-14).

5. *El Evangelio para los gentiles*

Que el Evangelio de Lucas fue escrito particularmente para los gentiles está demostrado por los siguientes hechos: *(a)* que está dirigido a un gentil, Teófilo; *(b)* que son evitados los términos judíos, o cuando Lucas los usa, los explica y presenta sus equivalentes griegos; *(c)* que rara vez cita el Antiguo Testamento; y *(d)* que comienza con la fecha del emperador romano reinante.

6. *El Evangelio del Salvador universal*

Lucas nos presenta a Jesús como Salvador de todos los hombres. Parábolas tales como "El Buen Samaritano", "El Hijo Pródigo" y "El Fariseo y el Publicano", demuestran gran interés por los oprimidos y los desechados.

NOTAS BIBLIOGRÁFICAS

[1] Estos pasajes son: Hechos 16:10-17; 20:5-15; 21:1-18; 27:1—28:31.

[2] Puesto que no hubo una tradición temprana en favor de Tito como autor de estos libros, y dado que lo que se sabe del autor apunta más a Lucas que a Tito, éste último puede ser desechado como un posible autor.

[3] William Kirk Hobart, *The Medical Language of St. Luke* (Grand Rapids: Baker Book House, 1954 [reimpresión]). Aunque esta obra ha sido parcialmente desacreditada, su mayor tesis—que el Evangelio de Lucas contiene terminología médica distintiva—es probablemente válida.

[4] Eruditos liberales han insistido en una fecha posterior tan avanzada como la década de los noventa—pero esta posición parece depender en la indisposición de parte de esos eruditos a aceptar la profecía predictiva. Ellos arguyen que las profecías de Lucas—de la destrucción de Jerusalén—son tan semejantes a los hechos históricos que deben haber sido escritas basadas en esos hechos. La destrucción de Jerusalén se llevó a cabo en el año 70 D.C.

Bosquejo

I. Prefacio (1:1-4)
II. Nacimiento e Infancia de Jesús (1:5—2:52)
   A. Anunciación a Zacarías (1:5-25)
   B. La Anunciación a María (1:26-38)
   C. La Visita de María a Elisabet (1:39-56)
   D. El Nacimiento de Juan (1:57-80)
   E. El Nacimiento de Jesús (2:1-20)
   F. La Infancia y Niñez de Jesús (2:21-52)
III. Preparación para el Ministerio de Cristo (3:1—4:13)
   A. Juan el Predicador (3:1-20)
   B. Bautismo de Jesús (3:21-22)
   C. Genealogía de Jesús (3:23-28)
   D. La Tentación de Jesús (4:1-13)
IV. El Ministerio Galileo (4:14—9:50)
   A. Primer Período (4:14-44)
   B. Segundo Período (5:1—6:11)
   C. Tercer Período (6:12—8:56)
   D. Cuarto Período (9:1-50)
V. El Viaje a Jerusalén—El Ministerio de Perea (9:51—19:27)
   A. Primera Etapa (9:51—13:21)
   B. Segunda Etapa (13:22—17:10)
   C. Tercera Etapa (17:11—19:27)
VI. El Ministerio en Jerusalén (19:28—21:38)
   A. La Entrada en Jerusalén y la Limpieza del Templo (19:28-48)
   B. Enseñanza Diaria en el Templo (20:1—21:4)
   C. Revelación del Futuro (21:5-38)
VII. Pasión de Cristo (22:1—23:56)
   A. La Preparación Final (22:1-13)
   B. La Ultima Cena (22:14-38)
   C. Getsemaní (22:39-53)
   D. El Juicio Judío (22:54-71)
   E. El Juicio Romano (23:1-25)
   F. La Crucifixión y el Sepulcro (23:26-56)
VIII. El Cristo Resucitado (24:1-53)
   A. La Resurrección (24:1-12)
   B. Apariciones de Jesús Resucitado (24:13-49)
   C. La Ascención (24:50-53)

Sección I Prefacio

Lucas 1:1-4

El Evangelio de Lucas se inicia con un corto prefacio que sigue la forma introductora usada por los historiadores griegos—Herodoto, Tucídides, Polibio y otros. Es el único lugar en los evangelios donde el autor se adelanta y, usando el pronombre "yo", declara su propósito y plan. Lucas es también el único evangelio específicamente dirigido a una persona o personas.

Puesto que ya muchos han tratado de poner en orden (1) indica que hubo muchos evangelios o narraciones por lo menos de partes del ministerio de Jesús antes que Lucas escribiera el que tratamos. Es posible que hayan incluido discursos, milagros, parábolas, etc. Esto se da como prueba de que Lucas empleó fuentes y así puede ser interpretado (vea la Introducción). Sin embargo, Lucas no dice que las empleó. Vigorosamente implica que eran poco satisfactorias o inadecuadas. Si él hubiera estado conforme con alguna de éstas, no hubiera intentado escribir un evangelio. No nos dice si eran incompletas o inexactas. Pero la completa ausencia de crítica adversa y la implicación que ésas, como la suya propia, provenían de testigos oculares, aclara que su objeción más bien se debía a que eran incompletas.

Las cosas que entre nosotros han sido ciertísimas, sería más claro "las cosas efectuadas entre nosotros" (RSV). Esta es una referencia a los hechos del Evangelio—la vida histórica, hechos, y enseñanzas de Jesús. Son hechos históricos probados y establecidos que deben ser aceptados como tales.

Los que desde el principio lo vieron. . . y fueron ministros (2) sugiere que la información que Lucas presenta en su evangelio proviene de aquellos que fueron testigos oculares desde el principio del ministerio de Jesús. Esto se refería principalmente a los apóstoles. Pero Lucas también nos informa que él no fue testigo ocular. Esto revela su humildad y honradez.

Después de haber investigado con diligencia . . . desde su origen (3) es decir, "habiéndome familiarizado desde el principio con todas las cosas exactamente". Esto no es una aseveración de que era testigo ocular. Es una pretensión de que su estudio lo ha hecho conocer exactamente todos los hechos pertinentes que conciernen al ministerio de Jesús. También parece ser una implicación de que él va más allá de la tradición apostólica—que comienza con el principio del ministerio de Jesús. Lucas no sólo ha regresado al nacimiento de Jesús, sino que ha retrocedido a los anuncios de Jesús y de su predecesor, Juan.

Por orden, es literalmente "uno tras otro". Lucas se propone dar una presentación ordenada del ministerio de Jesús. Al observar el evangelio completo vemos que este "orden" incluía una distribución tanto lógica como cronológica.

El nombre **Teófilo** significa, o bien "amante de Dios" o "amigo de Dios". Algunos comentadores han sugerido que puede aludir a una clase de personas—amantes de Dios—pero el número singular del nombre nos aparta de tal criterio. No hay razón para dudar de que se trataba del nombre de un individuo.

Excelentísimo es un título de respeto usado para tratar a personas de autoridad. Sin duda, Teófilo era un oficial romano. Esta probabilidad se halla fortalecida por el hecho de que el autor usa tres veces el mismo título en Los Hechos y en todas se dirige a un oficial romano.[1]

Para que conozcas bien la verdad... en las cuales has sido instruido (4) sugiere que Teófilo o era un convertido al cristianismo o un investigador interesado en los hechos y enseñanzas del evangelio. Su conocimiento era incompleto y posiblemente corría el peligro de ser desviado por alguna mala información. Parece haber sido instruido primero por Lucas o algún cercano, y Lucas se sentía en la obligación de perfeccionar su enseñanza.

No necesitamos suponer que el Evangelio de Lucas fue escrito para Teófilo solamente. La extensión de su obra, su perfección literaria y el gran período de tiempo y esfuerzo que requirió, con seguridad implica que el autor estaba apuntando su Evangelio a todos aquellos gentiles que, como Teófilo, estaban interesados o podían estarlo, en un verdadero relato del ministerio de Jesús de Nazaret. Hemos notado en la Introducción que éste fue el "Evangelio de los Gentiles".

NOTAS BIBLIOGRÁFICAS

[1]Hechos 23:26; 24:3; 26:25. La KJV traduce los dos últimos, "muy noble", pero la misma palabra griega está usada en los tres ejemplos y también es la misma que encontramos en Lucas 1:3.

Sección II   *Nacimiento e Infancia de Jesús*

Lucas 1:5—2:52

Esta porción de las Escrituras contiene el relato más completo del nacimiento e infancia de Jesús que pueda hallarse en el Nuevo Testamento. Dos de los evangelios (Marcos y Juan) no lo tienen. La natividad en Mateo difiere de la de Lucas en tres particulares: *(a)* es más corta que la de Lucas; *(b)* está escrita desde el punto de vista de José, mientras Lucas lo hace desde el punto de vista de María; y *(c)* los hechos que narra Mateo son casi completamente distintos de los que Lucas escogió para relatar.

El estilo del griego cambia cuando pasa del prefacio a la historia del nacimiento. El primero es un excelente ejemplo de griego clásico; el último abunda en hebraísmos. Algunos han sugerido que esto indica una copia servil de sus fuentes. Pero el hecho de que los elementos característicos del estilo de Lucas pueden hallarse en esta sección rechaza tal crítica. Es muy posible que Lucas nos esté dando a propósito el auténtico carácter judío de las historias. Una cosa parece cierta: Lucas siguió sus fuentes bastante de cerca como para preservar la distintiva cualidad hebrea del relato.

A. Anunciación a Zacarías, 1:5-25

1. *Presentación de Zacarías* (1:5-7)

En los días de Herodes, rey (5) es una de las muchas ilustraciones del cuidado de Lucas en fechar los acontecimientos. El recurso ayuda a asegurar su exactitud, porque esta fecha en particular ayudará a sus lectores a validar sus historias.

Este Herodes generalmente es llamado "el Grande". No era judío de nacimiento sino idumeo, el hijo de Antipater. Profesaba ser prosélito de la religión judía, pero la totalidad de su vida demostró que no tuvo más religión que sus intereses y ambiciones egoístas. Era una herramienta de los romanos. Fue nombrado rey de los judíos por el senado de Roma a sugestión de Antonio, después que Herodes le prometiera una gran suma de dinero.[1]

De la clase de Abdías, la octava de las 24 clases—turnos de ministerios en que David había dividido a los sacerdotes (1 Cr. 24:10). Cada descendiente masculino de Aarón era sacerdote. Llegaron a ser tan numerosos, que algunos jamás hubieran tenido la oportunidad de servir si no hubiera habido una organización tal como la que hizo David. A los sacerdotes sólo se les permitía casarse con mujeres de linaje judío puro, y era considerado doblemente meritorio contraer matrimonio con una descendiente de Aarón. De modo que el matrimonio de Zacarías y Elisabet era del nivel más elevado.

Ambos eran justos delante de Dios (6) parece implicar tanto justicia religiosa moral y ceremonial de acuerdo a las normas del Antiguo Testamento. Zacarías, Elisabet, y su hijo forman una especie de puente entre el Antiguo y el Nuevo Testamentos.

Y andaban irreprensibles en todos los mandamientos y ordenanzas del Señor significa viviendo fielmente conforme a todos los requisitos de Dios. "Mandamientos" parece referirse al Decálogo o a la ley moral en general, y "ordenanzas" a la ley judicial y ceremonial.

Pero no tenían hijo... Elisabet era estéril... y ambos eran ya de edad avanzada (7). El verso 6 aclara que Dios estaba complacido con Zacarías y Elisabet. Sin embargo, aquellos israelitas que los conocían no podían haber sospechado esto, porque generalmente se creía que la falta de hijos era señal del desagrado de Dios. La esterilidad también proporcionaba humillación adicional al matrimonio; tales esposos razonarían que jamás podrían tener la esperanza de toda pareja judía: llegar a ser los padres del Mesías. La esterilidad y la edad avanzada se combinaban para hacer de la paternidad una imposibilidad física. Es interesante notar que este era un paralelo exacto al caso de Abraham y Sara.

2. *Aparece el ángel del Señor* (1:8-12)

Aconteció que ejerciendo Zacarías el sacerdocio delante de Dios (8) indica que aquí había un sacerdote, en una edad cuando el sacerdocio a menudo estaba corrupto y secularizado, que se daba cuenta del carácter sagrado de su oficio y la relación de ambas, su persona y su obra, a Dios. Dios no sólo elige a grandes hombres para grandes tareas, sino que también les proporciona grandes padres—según lo que Dios considera grandeza.

Según el orden de su clase significa la clase de Abdías (véase el comentario sobre el verso 5). En la Pascua, en Pentecostés y en la fiesta de los Tabernáculos, todos los sacerdotes servían juntos, pero el resto del año cada una de las 24 clases ministraban una semana cada seis meses. Zacarías estaba ahora sirviendo en el templo en una de las semanas que le correspondía. Después de este período, regresaría a su hogar.

Los deberes sacerdotales eran asignados **en suertes** (9) sagradas. El mayor honor al que podía aspirar un sacerdote común era el de ofrecer el incienso, y un sacerdote no podía extraer otra suerte durante esa semana de servicio. El incienso era ofrecido antes del sacrificio de la mañana y después del sacrificio de la tarde en el altar del incienso. Este altar estaba en el templo inmediatamente antes del velo que separaba el lugar santo del lugar santísimo.

Y toda la multitud. . . estaba fuera orando a la hora del incienso (10). Era una ocasión sumamente sagrada. La elevación del incienso simbolizaba las oraciones del pueblo que ascendían al mismo tiempo con las de las mujeres que estaban en el atrio de las mujeres, las de los hombres en el atrio de Israel y las de los otros sacerdotes en su respectivo atrio.

Y se le apareció un ángel del Señor (11). La voz divina de la revelación no había hablado durante cuatro siglos. Entonces, repentinamente se le apareció el ángel del Señor. Note que el ángel no "se aproximó"; él *apareció*—repentinamente, sin anuncio. El hecho de que se le apareció a un sacerdote en el templo marca el carácter antiguotestamentario de este comienzo de la revelación del Nuevo Testamento. Juan fue el predecesor de la venida de Cristo y su reino. También era un eslabón con la antigua dispensación que ahora tocaba a su fin.

La derecha del altar del incienso estaba al lado norte entre el mencionado altar y la mesa de los panes de la proposición. Note cuán claro es Lucas en dar hasta los menores detalles. Esto le es característico a través de todo su Evangelio y es una prueba más de su autenticidad.

Y se turbó Zacarías. . . y le sobrecogió temor (12). Era una reacción natural bajo circunstancias tan extraordinarias.

3. *El mensaje del ángel* (1:13-17)

Pero el ángel le dijo. . . no temas (13). Aunque el temor era una reacción natural humana, la misión del ángel era regocijante. Su presencia no era seña del desagrado de Dios sino de su aprobación y de la idoneidad de Zacarías para una importante asignación divina.

Tu oración ha sido oída. . . Elisabet te dará a luz un hijo. La oración a la cual se refería el ángel debió haber sido hecha en una época anterior de la vida de Zacarías; su incapacidad para creer en la promesa del ángel demuestra que ya hacía mucho que había dejado de orar al respecto y esperar la venida de un hijo. Pero Dios no se olvida de las oraciones pasadas. Lo que parece ser una larga espera o desatención por alto de parte de Dios, a menudo solamente es su perfecto control del tiempo. Algunos han sugerido que la oración a la cual se refiere este pasaje tenía que ver con la venida del Mesías o la liberación de Israel. Pero esto no estaría en armonía con el contexto. No hay duda de que Zacarías oraba por estas cosas, pero esta súplica era por un hijo.

LLamarás su nombre Juan. Dios no solamente llama a sus profetas, sino que a menudo les da el nombre. "Juan" significa "Jehová muestra gracia", o "la misericordia", o "la gracia de Jehová".[2] Se trataba de un nombre apropiado para aquel cuyo ministerio demostraría claramente que Dios se acordaba de su pueblo, y le tenía misericordia.

Y tendrás gozo y alegría (14) literalmente, "éste te será por gozo y júbilo". Ambos el gozo interior y honor para Zacarías vendrían como resultado de la vida y ministerio de su hijo. **Y muchos se regocijarán de su nacimiento.** Esta frase no significa "en el tiempo de", sino "por causa de su nacimiento". Su grandeza futura no podría ser apreciada por las multitudes en la época de su nacimiento.

Porque será grande delante de Dios implicaría la verdadera grandeza, "grande en el sentido más amplio de la palabra". También puede haber sido implicado un contraste entre la grandeza de Juan y la grandeza terrenal—una diferencia radical en su esencia.

No beberá vino ni sidra, literalmente: "ni vino ni bebidas embriagantes". Esta prohibición señala claramente a Juan como nazareo.[3] Lo ubica en la misma categoría de Samuel y Sansón.

Y será lleno del Espíritu Santo. . . desde el vientre de su madre. En este particular Juan es más un profeta del Antiguo Testamento que un ministro del Nuevo. Ser lleno con el Espíritu Santo desde su nacimiento es distinto de la elección individual involucrada en la santificación personal. Aquí incluye el ser apartado y capacitado para el oficio profético.

Hará que muchos de los hijos de Israel se conviertan (16). Esta profecía se cumplió literalmente (Lc. 3:10-18).

E irá delante de él con el espíritu y el poder de Elías (17) es una referencia a Malaquías 3:1 y 4:5-6. Claramente señala a Juan como el prometido predecesor del Mesías, el cumplimiento de la profecía de Malaquías. **El,** aquí se refiere al anterior "Señor Dios de ellos" del verso 16, pero claramente la representación de Juan como precursor del

Mesías le da a este pronombre el implicado antecedente de "el Señor" en la persona de Jesucristo. Juan no era realmente Elías, como algunos han pensado, sino que se asemejaba a él en "espíritu" y en "poder". Hay también otras semejanzas entre Juan y su contraparte del Antiguo Testamento—su vestimenta, sus hábitos de vida, su celo, y sus responsabilidades peculiares de denunciar los pecados de un rey y reina malvados.

Para hacer volver los corazones de los padres a los hijos. . . para preparar al Señor un pueblo bien dispuesto. La tarea que Malaquías había previsto, y que el ángel repite, es que Juan prepararía un pueblo para el ministerio del Mesías. Esto involucraría relaciones familiares —los padres a los hijos—y en conducta y actitudes—**los rebeldes a la prudencia de los justos.**

Aunque Juan tenía muchos puntos en común con los profetas del Antiguo Testamento, él es mucho más. Su relación con la obra de Cristo lo vincula con una nueva dispensación. El señala el amanecer de un nuevo día.

4. *Incredulidad de Zacarías* (1:18-23)

¿En qué conoceré esto? (18). Parece que Zacarías pasó por alto la divina fuente de la promesa y el carácter del mensajero angelical. Solamente podía ver una cosa: **Yo soy viejo, y mi mujer es de edad avanzada.** Normalmente, esta era suficiente razón para no creer; pero Dios había hablado; su ángel está ante Zacarías; ¿qué otra confirmación quería?

Pero Dios había dado algunas señales en el pasado—a Abraham, Gedeón y Ezequías (Gn. 15; Jue. 6; 2 R. 20)—y cuando ellos las pidieron no fueron culpados. Dios mira los corazones de los hombres y El sabe las diferencias entre objeciones de incredulidad y preguntas naturales. Dios también juzga en tales casos sobre la base de los grados de luz y entendimiento y el carácter de la manifestación divina. Dios no rechazó a Zacarías por su pregunta sino que lo disciplinó por su falta de fe. El principio violado por Zacarías es el siguiente: Dios es digno de que se le crea por su sola palabra.

Yo soy Gabriel, que estoy delante de Dios (19). Aquí el ángel hace hincapié sobre la fuente de la promesa y la naturaleza del mensajero. El ángel había venido con un mensaje del mismo Dios.

Y ahora quedarás mudo (20). Es interesante y a la vez revelador notar que el ángel está reprendiendo a Zacarías y proporcionándole una señal. Este castigo era especialmente apropiado; ya que había errado con su lengua, su castigo sería quedar imposibilitado para hablar durante algún tiempo. Como siempre, los juicios de Dios están suavizados con su misericordia, y el castigo llegó a ser un medio de instrucción y de gracia.

Y el pueblo estaba esperando... y se extrañaba de que él se demorase (21). Zacarías había estado en el templo más tiempo del necesario para ofrecer el incienso. Esta demora no era un suceso normal. Quizá la gente temía que el sacerdote hubiese ofendido a Dios y que El le hubiera quitado la vida, o quizá sospechaba lo que realmente estaba sucediendo. Se trataba de una ocasión sumamente sagrada y Zacarías estaba en el santo templo. No sería difícil para estos judíos que amaban tanto la casa de Dios esperar alguna cosa fuera de lo común.

Comprendieron que había visto visión (22). Cuando salió del templo no pudo hablarle a la gente. Por este hecho supusieron que había visto una visión, o quizá entendieron prontamente el sentido de sus ademanes.

Y cumplidos los días de su ministerio (23). A pesar de su desventaja, Zacarías terminó con su semana de servicio sacerdotal en el templo y luego regresó a su hogar en la zona montañosa de Judea. El no se valió de su situación como excusa para abreviar su oficio. Antes bien, todo su pensamiento y acción deben haber tenido impresos esa notable experiencia. La visión y la promesa deben haber estado continuamente en su mente.

5. *Concepción de Elisabet* (1:24-25)

Después del retorno de Zacarías, concibió... Elisabet (24). La concepción y el nacimiento de su hijo fue normal, excepto por la sanidad de su esterilidad que hizo posible la concepción a su edad avanzada.

Se recluyó en casa por cinco meses. Esta actitud ha sido explicada de diversas maneras. Las dos preguntas mayores son: *(a)* ¿Por qué se recluyó? y, *(b)* ¿Por qué cinco meses? No se escondió para ocultar su embarazo, porque precisamente este es el período en que no hay mucha evidencia que quisiera esconderse del público. La mejor explicación parece ser que ella esperaba a que su estado fuese lo suficientemente visible para que sirviera como evidencia inequívoca de que Dios la había librado de su reproche. Esto también explica por qué ella escogió un período de cinco meses. A la luz de esta interpretación es claro el sentido del verso 25: **Así** (refiriéndose a su condición después del quinto mes) **ha hecho conmigo el Señor en los días en que se dignó quitar mi afrenta** (el tiempo de la concepción y el plazo de los cinco meses durante los cuales la evidencia llegó a ser inequívoca), **entre los hombres.**[4]

G. Campbell Morgan desarrolla esta sección completa (1:5-25) bajo el tema: "¡Nuestro Dios Va Adelante!" El encuentra un texto central en el verso 17, y bosqueja su pensamiento de la siguiente manera: (1) El tiempo, en los días de Herodes, 5; (2) El lugar, el templo, 8-9; (3) La persona, un sacerdote, 5-7; (4) El mensaje de esperanza, 15-17; (5) La incertidumbre humana y la seguridad divina, 18-20.

B. La Anunciación a María, 1:26-38

1. *El mensaje del ángel* (1:26-33)

Al sexto mes, después de la concepción de Elisabet, **el ángel Gabriel fue enviado por Dios a . . . Nazaret** (26). Es evidente que Lucas está escribiendo para personas no judías, porque ningún judío necesitaba que se le explicase que Nazaret era una ciudad de Galilea. Aunque, como descendientes de David, el hogar ancestral de José y María era Belén, en ese tiempo residían en Nazaret, situada a 120 kilómetros al noreste de Jerusalén, sobre una meseta montañosa al lado norte del valle de Esdraelón.

A una virgen desposada con. . . José (27). María todavía era virgen, aunque desposada con José. En los tiempos bíblicos los noviazgos entre los israelitas eran más importantes y valederos que los compromisos de nuestros tiempos. La ley mosaica consideraba la infidelidad sexual de una mujer comprometida en matrimonio como si fuera adulterio y la castigaba como tal (Dt. 22:23-24). A menudo había meses entre el compromiso y el casamiento, pero los lazos duraban y sólo podían romperse con el divorcio.[5] Este último hecho es ilustrado por la intención de José de divorciarse de María antes que él se diera cuenta de la naturaleza de la concepción (Mt. 1:19), aunque él y María no se habían casado.

En este punto es bueno recordar que la narración de Lucas de la anunciación y el nacimiento de Jesús son desde el punto de vista de María. La historia difiere con respecto al relato de Mateo, quien la toma desde el punto de vista de José. Es muy posible que Lucas recibió su información directa o indirectamente de María cuando pasó dos años en Palestina, mientras Pablo estaba preso en Cesarea. Lucas también está más interesado en mostrar la relación de Jesús con la humanidad mediante su madre, que su vinculación legal con el trono de David mediante José, su padre legal aunque no de hecho.

De la casa de David, es una referencia a José y no a María. La gramática griega, como la nuestra, requiere esta interpretación. Pero esto no quiere decir que María no fuese de la familia real de David, porque los versos 32 y 69 de este mismo capítulo implican fuertemente que ella era del linaje de David.

Y entrando el ángel donde ella estaba (28). No se trataba de un sueño ni de una visión sino de la visita real de un ángel. ¡**Salve!** es un saludo de regocijo. La palabra en el original es el imperativo de un verbo que significa "regocijarse" o "estar alegre". La forma usada aquí es la de un saludo común. Su equivalente sería: "El gozo sea contigo."

Muy favorecida... bendita tú eres **entre las mujeres.** Antes de enterarse del contenido de las buenas nuevas, ella fue honrada por el ángel por lo que ella llegaría a ser. Es correcto que María sea venerada, y de tal cosa el ángel nos da el ejemplo. Pero eso no quiere decir que se esté pidiendo que se adore a María. María, un mero ser humano, iba a ser **muy favorecida.** Con seguridad que ningún mortal podría recibir un favor mayor que ése. Ella también fue **bendita,** o "alabada" entre las mujeres, es decir, más que todas las demás mujeres.

Mas ella, cuando le vio, se turbó por sus palabras (29), literalmente: "Estaba sumamente agitada". Pero el verso indica que fue más la salutación que la presencia del ángel lo que la turbó. Lo que el ángel había dicho era más difícil de interpretar que el hecho de su aparición y en el momento menos esperado. **Y pensaba** significa literalmente "razonaba". Esta es una prueba de su presencia mental en este momento crítico de su vida.

Y ahora, concebirás en tu vientre, y darás a luz un hijo... JESÚS (31). Aquí tenemos el anuncio de la encarnación. El Hijo de Dios ahora se haría carne, concebido y nacido de una virgen. En este Hijo se unirían inseparablemente la Deidad y la humanidad. Su nombre JESÚS significa "Salvador", o más literalmente "Jehová salva". Es el equivalente griego del hebreo "Josué". Lucas no hace una interpretación sobre la etimología del nombre "Jesús" como la hace Mateo. Sus lectores, siendo gentiles, no captarían el sentido de las palabras "porque El salvará a su pueblo de sus pecados" de Mateo 1:21, al no conocer la relación etimológica entre las palabras "Jesús" y "salva".

Este será grande (32), en el más alto sentido de la palabra. Dios es grande, y la verdadera grandeza proviene de El y por El es reconocida. Barnes piensa que esta cláusula es una referencia directa a Isaías 9:5-6.[6]

Será llamado Hijo del Altísimo no quiere decir que meramente "sería llamado" Hijo de Dios. Equivale a decir: "No solamente será Hijo de Dios pero será reconocido como tal." Tendrá las marcas de la Deidad. Este hebraísmo era muy común. Quería decir: "Será Hijo del Altísimo."

El trono de David su padre. Esto evidentemente implica que María era descendiente de David. Es verdad que, como muchos arguyen, el derecho de Jesús al trono le vendría por José, aunque él no fuera su padre real. Pero aquí se refiere a su filiación sin mencionar a José. Debe notarse además, que Lucas está escribiendo desde el punto de vista de María; también, que su interés en las relaciones humanas de Jesús tiene que ver con lo real, y no con lo que es considerado legal entre los judíos.[7]

Y reinará sobre la casa de Jacob para siempre (33). Esto es prácticamente el equivalente de la cláusula siguiente: **y su reino no tendrá fin,** excepto que la anterior da énfasis al aspecto del reino judío. En su evangelio Lucas hace hincapié muy claramente en la universalidad del reino de Cristo; pero Pablo, que fue maestro de Lucas, acentúa la continuidad del reino de Israel—y de la simiente de Abraham—en el reino de Cristo.[8] El último es el renuevo y el fruto; el primero es la vid.

2. *La pregunta de María* (1:34)

¿Cómo será esto? (34) no es el producto de la duda sino de la perplejidad de la inocencia. Ella no está diciendo: "No puede ser", sino que está pidiendo una explicación de cómo puede ser hecho. Una comparación superficial de la pregunta de María con la expresión de duda de Zacarías (1:18) puede hacerlas aparecer como similares. Pero una observación más detallada de ambas conducirá a la conclusión de que no son iguales ni en significado ni en espíritu. Zacarías preguntó: "¿En qué conoceré esto?", implicando: "¿Qué señal me das como evidencia de que va a suceder?" Pero María preguntó: "¿Cómo será esto?", o "¿por qué medios será realizado?"

Existe otra diferencia que debemos notar. El milagro que fue prometido a Zacarías era un caso común de sanidad divina, más una capacitación divina dada a una mujer fuera de la edad para ser madre. En verdad este era un milagro. Pero el portento prometido a María era de tal magnitud que ha continuado dejando perplejas las imaginaciones de los más grandes pensadores de la iglesia en cada generación. Es nada menos que el misterio de la Deidad encarnándose—Dios llegó a ser carne.

3. *La respuesta del ángel* (1:35-38)

El Espíritu Santo vendrá sobre ti (35). El ángel respondió cortésmente a la pregunta hecha inocentemente. La respuesta no aclaró el misterio, sino que indicó el agente. El Espíritu Santo, como Agente del Padre, toma el lugar del esposo en una manera inexplicada—y quizá inexplicable. La sagrada pureza de esta respuesta puede ser vista en su plenitud sólo cuando es comparada con algunas de las historias sensuales de las escapadas románticas de los dioses griegos. Aquí, en la respuesta del ángel, vemos el poder procreativo de la mujer en su más completa pureza unido con la omnipotencia de un Dios santo y amoroso. Podemos ver delicadeza, significado y misterio unidos a las palabras **el poder del Altísimo te cubrirá.** Esta "sombra" del Espíritu Santo posiblemente incluya el milagro de la concepción y la continua supervisión, cuidado y protección de María por el Espíritu Divino.

Será llamado Hijo de Dios no se refiere a la eterna filiación del Cristo preencarnado sino al milagro de la encarnación. Dado que Dios tomó el lugar de un padre terrenal, Jesús sería llamado Hijo de Dios de la misma manera en que un niño es llamado hijo de su padre.

Tu parienta (lit., gr.; 36). El ángel inspira y anima a María con el relato de la gran felicidad de Elisabet. Y particularmente le llama la antención al milagroso carácter de la concepción de Elisabet: **para ella, la que llamaban estéril.**

Pero, ¿cómo podían María y Elisabet ser parientes, siendo que María pertenecía a la tribu de Judá (1:32) y Elisabet a la de Leví? (1:5). El parentesco tendría que ser de la línea materna, ya sea que la madre de María fuera de la tribu de Leví, o que la de Elisabet fuera de la tribu de Judá. Edersheim piensa que la primera de las alternativas es la correcta. Esto pondría en armonía la creencia rabínica de que las tribus de Leví y Judá se unirían en el Mesías. Probaría también que María, si bien estaba pobre en el tiempo de su casamiento y en el del nacimiento de Jesús, no era realmente una aldeana, sino que venía de una familia de alguna posición. Los sacerdotes no se casaban fuera de su tribu, excepto en familias de alto rango, y luego particularmente con miembros de la tribu de Judá.[9]

Porque nada hay imposible para Dios. (37). La encarnación es la última prueba y ejemplo de esta verdad. Estas palabras apoyaron e inspiraron la fe de María.

Hágase conmigo conforme a tu palabra (38). Jamás hubo una consagración más humilde y completa a Dios. Aun sabiendo el daño que las lenguas maldicientes causarían a su reputación, no se enfrió el ardor de su devoción. Ella dejó este asunto, como otros, en las manos de Dios, y El cuidó de ella, como sólo El puede hacerlo.

C. Visita de María a Elisabet, 1:39-56

1. *La reunión y el saludo* (1:39-45)

A la montaña, a una ciudad (39). No hay duda de que la mención del ángel sobre la concepción de Elisabet inspiró a María la idea de ir a visitar a su prima. Debe haber salido tan pronto como terminó la visita del ángel, porque éste le había relatado que Elisabet estaba en su sexto mes; entonces se nos relata que María se quedó tres meses con ella y partió justo antes del nacimiento de Juan. Se cree que Zacarías y Elisabet residían en una ciudad llamada Hebrón. Sin duda era una de las ciudades levíticas, aunque también hay otras posibilidades.

Saludó a Elisabet (40). El apresuramiento de este viaje (v. 39) sin duda continuó a la entrada de la casa y la salutación. María estaba emocionada; tenía buenas nuevas—grandes nuevas—que contar, y éstas se reflejaban en todas sus acciones.

La criatura saltó en su vientre (41). Era la respuesta del bebé aún no nacido al saludo de María. Una respuesta de esta clase es un testimonio de la sensibilidad espiritual del carácter profético del hijo de Elisabet. Dios estaba allí y los seres espiritualmente sensitivos podían percibir su presencia. Esta acción de parte de Juan antes de nacer está en concordancia con la predicción de Zacarías de que el hijo prometido sería lleno del Espíritu Santo aun desde el seno de su madre (1:15).

Elisabet fue llena del Espíritu Santo, y exclamó a gran voz (41-42). Era la unción divina y la expresión profética. El espíritu de profecía se apoderó de ella y comenzó su alabanza: **Bendita tú entre las mujeres.** El Espíritu inspiró a Elisabet a elogiar a María con casi las mismas palabras empleadas por el ángel. **La madre de mi Señor** (43). Ella estaba inequívocamente guiada por el Espíritu y correctamente identifica al Hijo de María.

La criatura saltó de alegría en mi vientre (44). El Espíritu Santo había revelado a Elisabet que era el gozo lo que hacía que su criatura "saltara", pero también le hizo conocer la causa de ese regocijo—la presencia del Hijo de Dios.

Bienaventurada la que creyó... porque se cumplirá (45). Parece que Elisabet estuviera contrastando la fe de María con la duda de Zacarías. Probablemente ella y su esposo habían aprendido algunas lecciones valiosas como resultado de la experiencia. Ahora, inspirada por el Espíritu Santo, anima la fe de María con la promesa del seguro cumplimiento de la palabra dada por el ángel.

2. *El Magníficat* (1:46-56)

Aquí, bajo la inspiración del Espíritu Santo, María llega a ser poetisa y profetisa. Este pasaje es a la vez uno de lo poemas más grandes del mundo y uno de los más famosos himnos de la iglesia. Sin embargo, como lo indica un comentador de El *Magníficat,* "no es evidentemente una oda compuesta con ciudado, sino una efusión impremeditada brotada de la emoción profunda, la improvisación de la fe gozosa".[10] El himno de María es muy similar al cántico de alabanza de Ana que encontramos en 1 Samuel 2:1-10. Está lleno de alusiones al Antiguo Testamento, especialmente de ecos de los Salmos. El nombre "Magníficat" proviene de la primera palabra del himno en la versión de la Vulgata Latina.

Engrandece mi alma al Señor, y mi espíritu se regocija en Dios mi Salvador (46-47). Estos dos versículos forman un típico pareado que es la estrofa más simple de la poesía hebrea. Está constituida por dos versos paralelos, el segundo de los cuales repite el significado aproximado del primero con diferentes palabras. La misma versificación sigue en el resto del poema. Estos dos primeros expresan el sentir de exaltación de María, mientras que los restantes versos del himno nombran las obras específicas de Dios por las cuales merece la alabanza.

Aunque el significado principal de la palabra griega traducida *magníficat* es "engrandecer", aquí significa "declarar grande a uno" o "exaltar la grandeza de uno". La expresión **Dios mi Salvador** demuestra que María estaba sumamente interesada en el aspecto de la relación salvadora de Dios con la humanidad.

Porque ha mirado la bajeza de su sierva (48). María se refiere a su propio estado de pobreza y falta de distinción política o social. **Me dirán bienaventurada todas las generaciones.** Fue cambiada de una pobre e insignificante muchacha hebrea a la más venerada mujer de la historia del mundo. Mediante el espíritu de profecía ella ve su futura exaltación universal; pero su humildad la motiva a irrumpir en alabanza y gratitud genuinas.

El poderoso (49). María ve la relación de la omnipotencia de Dios con la concepción de su Hijo. Era necesaria la omnipotencia de Dios para efectuar la encarnación. **Santo es su nombre.** Esta es una expresión de alabanza y a la vez de reconocimiento de la santidad de Dios, que está tan profundamente implicada en la redención.

Y su misericordia (50) es otro atributo divino claramente revelado en la encarnación. Ha sido demostrada **de generación en generación** a aquellos **que le temen;** es decir, los que confían en El. Pero ahora es especialmente manifestada en el Don de Dios al hombre y al mundo.

Quitó de los tronos a los poderosos, y exaltó a los humildes (52). Dios juzga a los hombres debidamente y con justicia. Exalta a los que le honran y "derriba" aun a "los poderosos" que se le oponen. María podía presentar muchas ilustraciones del Antiguo Testamento de cómo Dios derriba a los potentados, y ella misma era el mejor ejemplo de la exaltación de los de baja condición.

A los hambrientos colmó de bienes, y a los ricos envió vacíos (53). Este es otro aspecto de la justicia divina tratando con la humanidad tanto como de sus sabios juicios. Dios es el benévolo Proveedor, y el Alimentador de los hambrientos. Las palabras pueden ser proféticas de la compasión y cuidado de Jesús por los hambrientos—tanto física como espiritualmente. La reflexión de simpatía por los desheredados es propia del evangelio. **Israel su siervo** (54). Dios estaba recordando su promesa a Israel. Aquí vemos la fidelidad divina. El había ayudado a Israel en sus momentos más débiles. La palabra traducida **socorrió** significa "sostener y apoyar cuando alguien está cayendo". **De la cual habló a nuestros padres** (55). El pacto con Abraham fue renovado con Jacob (Gn. 22:17-18; 28:13-22).

Y se quedó María con ella como tres meses (56). Esto concuerda con el hecho de que llegó a la casa de Elisabet cuando estaba en el sexto mes de su embarazo (1:36), y partió poco antes del nacimiento de Juan.

D. El Nacimiento de Juan, 1:57-80

1. *Su nombre es Juan* (1:57-66)

Cuando Elisabet dio a luz a su hijo, sus vecinos y parientes vinieron a regocijarse con ella. Su edad y su esterilidad anterior hacían que esa alegría fuera más intensa que la acostumbrada.

Al octavo día vinieron para circuncidar al niño (59). Esto estaba de acuerdo con la ley levítica y data del mandato de Dios a Abraham (Gn. 17:9-14; 21:3-4). Era la costumbre darle nombre al niño el día de la circuncisión—es decir, cuando contaba ocho días. También se usaba ponerle el nombre del padre al primogénito. Según esta costumbre, el recién nacido debía llamarse Zacarías. Cuando Elisabet se negó e insistió en que el niño se llamara Juan, le dijeron que no tenía ningún pariente de ese nombre. Era obvio que no estaban dispuestos a romper con la costumbre.

Preguntaron por señas a su padre (62). Esto implica que Zacarías había quedado sordomudo. **Juan es su nombre.** Zacarías escribió el nombre que el ángel le había dado. No dijo "su nombre será", sino "Juan *es* su nombre". Esto nos muestra la determinación de parte del padre; pero aquí hay algo más. Nos muestra que él había considerado el nombre del niño un hecho ya realizado desde que el ángel lo había pronunciado: "Juan."

Fue abierta su boca (64). El ángel le había dicho que estaría mudo "hasta el día en que esto se haga" (1:20), y el cumplimiento de todo se logró cuando se le dio nombre al niño. Es comprensible la alabanza de Zacarías a Dios, ya que había recibido tantas evidencias inequívocas de la obra de Dios a su favor.

Y se llenaron de temor todos sus vecinos (65). Ellos no podían dudar que la mano de Dios estaba dirigiendo los asuntos de ese niño. Es perfectamente comprensible su interrogante: **¿Quién, pues, será este niño?** (66). Ellos conocían bastante bien las Escrituras para anticipar un hombre de dimensiones proféticas.

2. *Himno de alabanza de Zacarías—el "Benedictus"* (1:67-80)

En el momento en que Zacarías recobró el uso de los órganos del lenguaje, prorrumpió en este himno de alabanza que generalmente lleva el nombre de "Benedictus", por ser la primera palabra en la traducción de la Vulgata latina.

Mientras que el cántico de María nos recuerda el de Ana, el de Zacarías es un eco de las expresiones de los profetas del Antiguo Testamento.[11]

Y Zacarías... profetizó (67). El sacerdote se transforma en profeta. La palabra "profetizar" tiene tres connotaciones: *(a)* predicción de eventos futuros, *(b)* predicación pública de la verdad—ética, teológica, etc.—y *(c)* rapsodias de alabanza. Un análisis detallado del cántico de Zacarías revelará los tres aspectos. La frase **lleno del Espíritu Santo** está empleada en su sentido profético, pero también podría ser considerada como uno de los primeros ejemplos del cumplimiento de la profecía de Joel sobre el derramamiento del Espíritu en los últimos días, resultando en profecía (Jl. 2:28).

Bendito el Señor. . . que ha visitado y redimido a su pueblo (68). Zacarías ve las glorias de las cuales ha sido testigo y las mayores glorias que pronto vendrán a la luz de la relación de Dios con Israel—sus tratos en el pasado y sus promesas. La palabra griega traducida **ha visitado** significa "ha considerado". El término **redimido** es la traducción de una frase de tres palabras griegas que literalmente quieren decir: "obró redención para." Vemos que Zacarías no está pensando en el ministerio profético de su hijo sino en el ministerio redentor de Cristo, de quien su hijo será un heraldo. Como padre, se regocija en su hijo, pero como sacerdote e israelita va más allá de su hijo al Hijo de Dios, el Redentor tan largamente esperado por Israel.

"Y ha levantado para nosotros un cuerno de salvación, en la casa de su siervo David" (VM., 69). Los cuernos eran símbolos bíblicos de fortaleza. Zacarías ve mediante los ojos de la profecía un poderoso Salvador, un fuerte Libertador. Su asociación de este Salvador con la casa de David parece aclarar dos cosas: primero, el Salvador es el Mesías largamente prometido; y segundo, que El está identificado con el Hijo aún no nacido de María a quien Elisabet, inspirada por el Espíritu Santo, ya ha denominado "mi Señor" (1:43).

Por boca de sus santos profetas (70). El ve la dispensación que está comenzando como el cumplimiento de una corriente profética que viene desde el principio del mundo. Su expresión **que fueron desde el principio** sin duda se refiere al "protoevangelio" (Gn. 3:15), la primera profecía del Salvador.

Salvación de nuestros enemigos (71). No hay duda de que Zacarías sintió fuertemente las implicaciones políticas y sociales de estas palabras. Si así no hubiera sucedido, no habría sido un israelita normalmente patriótico. Pero el Espíritu que le inspiró las palabras no tenía como objeto ese solo y estrecho sentido. El pecado y Satanás son los más grandes enemigos del hombre; y Cristo vino, como sabemos, para salvarnos de estos dos enemigos. Quizá Zacarías tuvo alguna comprensión del aspecto de la verdad que estaba pronunciando.

Para hacer misericordia con nuestros padres, y acordarse de su

santo pacto; del juramento que hizo a Abraham nuestro padre (72-73). Aquí Zacarías se está refiriendo a las promesas mesiánicas del Antiguo Pacto. Dios estaba ahora demostrando su fidelidad en el cumplimiento de sus promesas, honrando su juramento.[12] En las versiones inglesas está la palabra "prometida" (VM.), que no está en el original. Aquí la Versión Valera traduce literalmente la primera parte del verso 72. **Misericordia** aquí tiene el sentido de "bondad". Una bondad para la presente generación también lo es para sus padres sobre la base de que un favor mostrado a los hijos es considerado por los padres como una bondad para ellos.

Que, librados. . . le serviríamos (74). La liberación de Dios nos obliga a servirle. Este servicio lo damos a Dios sin ningún temor por nuestra parte. El nos ha libertado de aquellos a quienes teníamos que temer. Además, ya no tenemos el miedo esclavizador o atormentador de Dios—sólo un temor que incluye reverencia y respeto mezclados con el amor.

En santidad y en justicia (75). Las promesas de Dios y el cumplimiento de aquellas promesas en la obra redentora de Cristo incluyen la santidad personal y la justicia para sus hijos. En estos dos términos tenemos el aspecto divino y el humano de la vida cristiana. Servir a Dios en santidad es hacerlo con una naturaleza interior conformada a la naturaleza y voluntad de Dios; servirle en justicia es hacerlo con integridad en todas nuestras relaciones humanas y terrenales. La devoción aceptable a Dios incluye no sólo fervor religioso sino ética sana.

La posibilidad de tal rectitud interior y exterior contituyen el corazón del evangelio. Algo más bajo es inimaginable, pues contradice el carácter y los mandamientos de Dios. Además el amor de Dios no es consistente con un plan de salvación que dejaría al hombre en un nivel más bajo de libertad personal tanto de los actos y del principio del pecado. **Todos nuestros días.** Aquí está la respuesta a cualquier escapatoria sobre el horario divino para la vida santa. Estas no son solamente futuras bendiciones celestiales en un depósito para el pueblo de Dios, sino privilegios que podemos disfrutar ahora. Ni tampoco la gracia interior necesita ser espasmódica; debe entenderse que es un modo de vida establecido.

Los versos 73-75 han sido llamados "Dios Otorga el Evangelio". Aquí podemos encontrar: (1) Liberación, 74; (2) Dedicación, le serviríamos, 74; (3) Disposición, **en santidad y en justicia,** 75; (4) Duración, **todos nuestros días,** 75.

Y tú, niño, profeta del Altísimo serás llamado (76). El himno de Zacarías ha continuado por ocho versículos antes que mencione a su propio hijo. Su espíritu sacerdotal y profético concede el primer lugar a las cosas que deben ocuparlo. **Profeta del Altísimo.** No sólo está contento de que su hijo sea subordinado al Hijo de María, sino que se gloría en el hecho de que Juan va a ser un profeta del Altísimo y precursor del Señor Jesús.

Para dar conocimiento de salvación... para perdón de sus pecados (77). El tema de su mensaje, como maestro ("dar conocimiento") sería "arrepentimiento para salvación". Esa remisión de pecados será por **la entrañable misericordia de Dios** (78). Porque el hombre, que es rebelde a Dios, merece la muerte, no la vida.

Con que nos visitó... la aurora (78), literalmente: "la aurora de lo alto nos ha visitado." Nuevamente la atención de Zacarías ha vuelto a Cristo. Estas palabras son eco de la profecía de Malquías (4:2): "A vosotros, los que teméis mi nombre, nacerá el sol de justicia y en sus alas traerá salvación." La venida del Mesías, entonces, sería la aurora que daría **luz a los que habitan en tinieblas y en sombra de muerte** (79). Los viajeros que se han extraviado en las tinieblas de la noche pueden encontrar el camino de paz, ahora que ha llegado la aurora.

Charles Simeon sugiere el siguiente tema para los versos 78-79: "Las Causas de la Encarnación de Nuestro Salvador." Sus tres puntos principales son: (1) El advenimiento de nuestro Señor—simbolizado por el sol; (2) El propósito de su advenimiento—disipar las tinieblas; (3) La ilimitada misericordia de Dios.

Y el niño crecía, y se fortalecía... hasta el día de su manifestación a Israel (80). Aquí tenemos en una frase 30 años de la vida de Juan. Durante ese lapso su desarrollo físico fue normal, se fortaleció en espíritu, y aguardó detrás del escenario la señal del Señor que le mostraría que había llegado el día para comenzar su gran obra. Aquí vemos una de las virtudes cristianas más importantes y más raras—la paciencia.

E. EL NACIMIENTO DE JESÚS, 2:1-20

1. *No hay lugar en el mesón* (2:1-7)

Se promulgó un edicto de parte de Augusto César, que todo el

mundo fuese empadronado (1). La palabra traducida **empadronado** literalmente significa "registrado" o "enrolado". Octavio, el sobrino nieto de Julio César, llegó a ser emperador romano en el año 29 A.C. **Augusto** era más un título que un nombre. El empadronamiento tenía como objeto la recaudación de las tasas. **Todo el mundo** es una referencia al imperio Romano.

El hecho de que Lucas sea el único escritor de la época cuya obra existente mencione el decreto no implica que esté en error. Muchas omisiones como ésa han sido notadas en obras de historiadores romanos. Además, ninguno de los enemigos de la iglesia en el período antiguo acusó a Lucas de haberse equivocado en este punto. Si hubieran sabido que era inexacto habrían aprovechado la ventaja de exponerlo. Por otra parte, hay mucha evidencia indirecta que prueba que Lucas se apegó a la historia.[13] La acusación hecha algunas veces de que Judea no fue incluida en ese censo es ilusoria. Siendo que Herodes debía su trono al emperador, no se habría negado a cooperar en una empresa de esa envergadura imperial.

Este primer censo se hizo, siendo Cirenio gobernador de Siria (2). En lo que tocaba a las divisiones del imperio Romano, Judea era parte de Siria y subordinada a su gobernador. Cirenio fue dos veces gobernador de ese territorio—la época a la cual Lucas hace referencia y luego entre los años 6 al 9 D.C.[14] Esto contesta las acusaciones de algunos críticos que dicen que en el tiempo del nacimiento de Jesús, Cirenio no era gobernador porque ocupó ese cargo en fecha más tardía. La expresión **este primer censo se hizo** parece ser el modo de Lucas de diferenciar este censo con el del año 6 D.C.

Cada uno a su ciudad; es decir, a la ciudad de sus antepasados (3). Aunque este censo fue el resultado de un decreto del gobierno romano, la costumbre de que cada persona debía ir a su ciudad de origen no era romana sino judía. Parece que había cierta libertad en cuanto a la manera de efectuar el empadronamiento.

José... subió... a la ciudad de David... Belén (4). De acuerdo con el método indicado en el verso 3, porque **él era de la casa y familia de David.**

Con María su mujer (5). Véase el comentario sobre 1:27. No había ley ni judía ni romana que exigiera que María acompañara a José para su empadronamiento. Sus razones para acompañarlo pueden haber sido: *(a)* su amor por José, *(b)* su cariño por Belén, *(c)* su deseo de que José estuviera con ella cuando naciera su hijo y, más importante de todo, *(d)* la dirección del Espíritu Santo.

Estando ellos allí. . . se cumplieron los días de su alumbramiento (6). No se nos da la fecha del año, pero, tanto los padres de la iglesia griega como la latina de la cuarta centuria presentan el 25 de diciembre. Edersheim apoya vigorosamente la fecha tradicional,[15] pero en este punto no hay base para la certidumbre.

Dio a luz a su hijo primogénito (7). Comentaristas que aceptan el punto de vista de la Iglesia Católica Romana de que María no tuvo otros hijos, niegan que el término **primogénito** implica que haya vuelto a ser madre, pero para el escritor (de esta obra) es muy claro que están negando un hecho para apoyar una doctrina. El término claramente implica que María, por lo menos, volvió a tener otro hijo y, en otras partes se mencionan específicamente los nombres de los hermanos de Jesús (Mt. 13:55; Mr. 3:31-35). El hecho de que veamos que María haya tenido más tarde otros hijos no disminuye en la menor forma ni la dignidad ni la santidad como madre de Jesús, ni nos hace sentir ninguna necesidad de justificar los hechos. Vemos que éstos armonizan perfectamente con la naturaleza de la encarnación. La verdad de esta doctrina exige que María sea mera y completamente humana, y otros nacimientos posteriores sólo demuestran más claramente este hecho.[16]

Y los acostó en un pesebre; porque no había lugar para ellos en el mesón. El pesebre probablemente estaba en una cueva o gruta de piedra usada para el ganado. El mesón, o posada, ya estaba lleno; y la implicación es que, si hubiera habido lugar para ellos, José y María habrían disfrutado de la hospitalidad. Sin embargo, el hecho de que había tanto ruido y confusión y poca o ninguna vida privada en tales mesones, nos hace razonar que quizá lo privado del establo haya sido una ventaja en la condición de María. Creemos que Dios, en su infinito amor y sabiduría planeó las cosas de esa manera.

De modo que, mientras los mortales dormían o hacían sus asuntos mundanos, y los inmortales contemplaban el lugar que al mismo tiempo era el más bajo y el más sagrado, el Hijo de Dios nacía en Belén como lo había pronosticado el santo profeta. Ese es el hecho central de toda la historia.

2. *Los pastores oyen el anuncio celestial* (2:8-14)

En la misma región (8) significa que había campos de pastoreo cerca de Belén. Un milenio atrás David cuidó las ovejas de su padre en ese mismo lugar. **Había pastores.** Entre los judíos la ocupación pastoril era una de las más bajas, y es probablemente por esta razón que Dios escogió que los pastores fueran los primeros en saber el nacimiento de su Hijo. Esto concuerda con la elección de un establo para el nacimiento. La palabra griega traducida **velaban** tiene más el sentido de morar que el de pasar meramente la noche con las ovejas. Esos pastores vivían—quizá en tiendas o barracas—donde cuidaban sus rebaños.

La cuestión de la época del año cuando Jesús nació (véase el comentario sobre el verso 6) depende en gran parte de la época del año en que los pastores cuidaban sus ganados al aire libre. Tres teorías han sido presentadas. Una es que no pudo haber sido en diciembre, porque en Palestina las ovejas se quedaban en el campo desde la Pascua (en primavera) hasta las primeras lluvias (al principio de octubre). Un segundo punto de vista, basado en los relatos de viajeros, es que en diciembre el clima es templado y las ovejas son sacadas nuevamente al campo. Un tercer punto de vista (el de Edersheim) es que los pastores de la época de la Navidad estaban a cargo de las ovejas del templo, y que éstas eran guardadas en el campo durante todo el año. Esta teoría se basa en un pasaje del Mishnah.[17]

Este asunto ha parecido muy importante a eruditos y a muchos cristianos que no son eruditos; pero deberíamos tomar la sugestión de la clara falta de interés divino en el asunto. Dios en su revelación permanece en silencio al respecto. Sin embargo, si Edersheim está en lo correcto en su teoría al decir que estos pastores cuidaban los corderos para los sacrificios del templo, tenemos otra razón de que los pastores fueran los primeros en oir el anuncio de la aparición del Salvador. Aquí habría una relación simbólica al Cordero de Dios, que llegó a ser el Cordero del sacrificio para el hombre.

Guardaban las vigilias de la noche. La palabra griega traducida **vigilia** parece implicar un sistema de vigilancia. El término se usa en los deberes de guardia de centinelas militares.

Se les presentó un ángel del Señor (9) es literalmente, "un ángel se paró donde ellos estaban". **Y la gloria del Señor les rodeó de resplandor.** La palabra traducida **gloria,** cuando se refiere a Dios o al Señor, a menudo da el sentido de "brillantez" o "luz". La palabra **resplandor** lleva la misma idea. Así que fue la luz de Dios la que de repente iluminó toda la campiña cuando apareció el ángel. **Y tuvieron gran temor** es literalmente, "temieron con gran temor". Fue una reacción natural a lo repentino, al esplendor y la manifestación divina en esta aparición celestial.

Pero el ángel les dijo: No temáis. . . os doy nuevas de gran gozo. . . para todo el pueblo (10). Aunque el temor era una reacción natural, gritos de gozo hubieran sido más apropiados. Las nuevas que el ángel trajo eran las mejores nuevas que el mortal jamás había oído. Los ángeles se regocijaron esa noche por la buena ventura del hombre, por causa de que la redención era para los hombres caídos y no para los santos ángeles. Estas eran **para todo el pueblo.** La aplicación (potencialmente) de redención a la personalidad humana sería tan amplia como la raza y tan permanente como el tiempo, y sus beneficios habrían de ser eternos.

Os ha nacido hoy. . . un Salvador (11). La palabra es favorita de Lucas y su compañero Pablo. Los términos "Salvador" y "salvación" aparecen más de 40 veces en sus escritos; pero muy pocas veces en otros libros del Nuevo Testamento. No es sólo el hecho de la llegada del Salvador lo que constituye las buenas nuevas del mensaje del ángel, sino la naturaleza de la salvación que Jesús provee. Aunque los pastores probablemente habrían interpretado una salvación social y política, la totalidad del Nuevo Testamento la representa sin lugar a dudas como moral y espiritual. El Bebé anunciado por los ángeles sería un Salvador del pecado.

Que el ángel quería que los pastores fueran a ver al Salvador se ve por el hecho de que les dijo el lugar—la ciudad de David, su propia ciudad. Además, para que pudieran reconocer a este Salvador, el ángel les dio una señal.

Hallaréis al niño envuelto en pañales, acostado en un pesebre (12). Esta señal no sólo simplificaría la identificación—porque con seguridad esa noche no habría dos infantes en Belén como ese—sino que sin duda les animaría a creer que Uno tan humilde no rechazaría a los pastores.

Una multitud de las huestes celestiales, que alababan a Dios (13). Esta es la función normal y gozo de los ángeles. El coro que tan repentinamente se unió al mensajero celestial cantó música del cielo acerca del Príncipe celestial. El había venido a la tierra para establecer el reino de los cielos, y para preparar un camino de modo que las criaturas terrenales pudieran llegar a ser ciudadanos del cielo.

¡Gloria a Dios en las alturas! (14). Esto no era sólo una continuación en la tierra de la perpetua alabanza a Dios que los ángeles cantan en el cielo. Era la alabanza a Dios por su programa redentor y especialmente por el Redentor. Es también profético de lo que resultará de la gloria que Dios recibirá mediante el ministerio redentor de Cristo.

Y en la tierra paz, buena voluntad para con los hombres. "Entre los hombres de buena voluntad" es traducción más adecuada, aunque hay razón para ambos.[18] Cristo es el verdadero Príncipe de paz. El vino para traer paz a los corazones de los hombres y El es la única esperanza de paz mundial. La paz entre el hombre y Dios es un requisito esencial para la paz entre el hombre y sus semejantes.

3. *Los pastores visitan al Salvador y publican las nuevas* (2:15-20)

Pasemos, pues, hasta Belén, y veamos esto que ha sucedido (15). No había una sombra de duda en la mente de estos pastores de que lo que se les había dicho "había sucedido". Esta decisión de ir a Belén fue espontánea e inmediata. **Y que el Señor nos ha manifestado.** La fuente del anuncio era inequívoca.

Vinieron, pues, apresuradamente (16). La fe encendió el entusiasmo; la esperanza les infundió celo. **Hallaron a María y a José, y al niño acostado en el pesebre.** El primer cuadro de la sagrada familia. Los pastores encontraron al Bebé tal como el ángel les había dicho. No hay duda de que la maravillosa condescendencia revelada en esta humilde escena aumentó su significado ante los ojos de estos pastores. Al considerar esta escena recordamos que en nuestros días los hombres pueden llegar a tener relación personal con el Salvador si ellos, como los pastores, buscan al Salvador con fe genuina, y con devoción completa y humilde. Es digno de notar que a menudo en nuestros días, el Salvador es hallado por los pobres, humildes e iletrados, mientras que los ricos y los de la élite intelectual permanecen completamente desconocedores de su misericordiosa presencia.

Dieron a conocer lo que se les había dicho acerca del niño (17). Para estos pastores el mensaje angelical, la antífona, y la visita al Niño en el pesebre constituían un cuadro único y completo y así lo anunciaron—un Recién Nacido a quien los ángeles proclamaron el Salvador del mundo. Quizá los pastores recibieron más información acerca del Infante de María y José. Si así fue, sin duda lo agregaron a lo que **les había dicho acerca del niño.** La influencia de estos pastores no fue probablemente bastante grande como para ir más allá de su propio círculo, pero ellos gozaron del honor de ser los primeros evangelistas del Salvador.

Y todos los que oyeron, se maravillaron (18). Por dondequiera que los pastores relataban su portentosa historia, sus oyentes se quedaban pensando maravillados. Estos oyentes no entendían, ni podían comprender el pleno significado del relato de los pastores. Sin duda, el interés de muchos fue temporal, pero ningún oyente quedó sin conmoverse y todos captaron cuando menos un fulgor del amanecer de un nuevo día.

Pero María guardaba todas estas cosas, meditándolas en su corazón (19). En ese tiempo, María sabía más acerca del Niño que cualquier otro mortal. Aun así, había mucho que ignoraba y más que no comprendía. Pero estas cosas no hacían que su fe tropezara. Simplemente las guardaba como preciosas memorias para ser consideradas en oración durante los misteriosos pero desafiantes años que estaban por delante.

Volvieron los pastores glorificando... a Dios (20). Regresaron a sus labores, a la rutina antigua y familiar de la vida, pero, en sus corazones no podrían jamás ser los mismos. En nuestra última visión de ellos, todavía estaban alabando a Dios por lo que habían visto y oído.

Maclaren titula a este bien conocido pasaje: "Pastores y Angeles". Encuentra: (1) El anuncio milagroso, 10-12; (2) Los humildes reciben el mensaje, 8-9; (3) Títulos del Niño, 9; (4) El canto de los ángeles, 13-14; (5) El apresuramiento de los pastores, 15-16; (6) La respuesta de los oyentes, 18-19.

F. La Infancia y Niñez de Jesús, 2:21-52

1. *Jesús es nombrado y presentado al Señor* (2:21-24)

Le pusieron por nombre JESÚS, el cual le había sido puesto por el ángel (21). De acuerdo a la costumbre judía, al octavo día Jesús fue circuncidado y nombrado. Esta es una de las muchas instancias donde se muestra a Jesús en completa armonía con la ley mosaica y con las costumbres religiosas de su pueblo. Jesús nació y creció en el ambiente de la vida judía. No se dice nada de que haya habido oposición alguna al nombre elegido—JESÚS—como sucedió cuando se le puso el nombre a "Juan", su predecesor. Véase el comentario sobre 1:31 en cuanto al significado del nombre Jesús.

La ley mosaica prescribía la circuncisión del niño y la purificación de la madre. Estos ritos eran un recuerdo perpetuo de la corrupción del pecado que había pasado a través de las generaciones. De modo que el rito señala la realidad de la depravación heredada. Puesto que Jesús nació sin el pecado heredado, estos ritos no le eran necesarios. Pero como más tarde en el caso del bautismo, hubo una perfecta sumisión al camino que los demás mortales tenían que realizar.

Y cuando se cumplieron los días de la purificación (22). Estos eran 33 días después de los siete de su "impureza" o 40 días después del nacimiento del niño.[19] Los antiguos manuscritos difieren en lo que respecta al pronombre personal que tenemos aquí. Algunos dicen: "La purificación de ella"; otros, "de ellos". Las mejores autoridades nos dan "de ellos" (gr. *auton*). Esto implicaba que tanto la madre como el niño necesitaban purificación. Evidentemente, la implicación de que Jesús fuera ceremonialmente impuro era más de lo que los copistas de los manuscritos pudieron aceptar. Pero Jesús vino a vivir entre los hombres y a vivir la vida de ellos. Toda su existencia en la tierra demostró que se identificaba con la raza pecadora—aunque El fue sin pecado. El siempre se sometió a los ritos religiosos necesarios para el pecador, aun cuando no le fuera necesario. El no vino para abrogar la ley sino para cumplirla.

Le trajeron a Jerusalén para presentarle al Señor. María no podía entrar al templo ni tomar parte en los servicios religiosos hasta que hubiesen expirado los 40 días. Terminado este plazo fue a Jerusalén para su propio ritual de purificación y presentar al Niño al Señor. El verso 23 explica que la ley requería un precio de rescate por cada primogénito varón.[20] Se hacía tal cosa para redimirle de consagrarse al servicio sacerdotal o religioso—la tribu de Leví había sido escogida en lugar de los primogénitos, pero Dios quería un recuerdo perpetuo de su derecho sobre el primer nacido.

Y para ofrecer. . . un par de tórtolas, o dos palominos (24). Una de las aves era para ofrenda quemada, y la otra como ofrenda por el pecado.[21] Generalmente la ofrenda requerida era un cordero, pero esas tórtolas o palominos eran una concesión para los pobres. Esto identifica a José y María entre los pobres.

2. *Simeón logra su anhelo* (2:25-33)

Simeón. . . justo y piadoso. . . esperaba la consolación de Israel (25). Es alentador notar que en tiempos de degeneración espiritual y apostasía sacerdotal Dios siempre cuenta con devotos seguidors—sus Simeones. Este hombre **justo y piadoso** sin duda era sólo uno de los muchos que oraban (lit., "esperaban") por **la consolación de Israel.** Esta expresión se refería al reino mesiánico.[22] **El Espíritu Santo estaba sobre él.** El impulso profético le había sido dado de modo que estuviera consciente de la cercanía de la venida de Cristo. Estaba divinamente inspirado.

    Y movido por el Espíritu, vino al templo (27). El mismo Espíritu que le había dicho que vería al Cristo lo impulsó a ir al templo y en el momento preciso cuando el Niño Cristo estaba allí. Si escuchó la historia de los pastores, no lo sabemos, pero se sintió divinamente impelido a ir al templo en el momento y hora exactos.

    Los versos 29-32 contienen el cántico de alabanza de Simeón. Comparado con los himnos de María (1:46-55) y Zacarías (1:68-79) es menos estético y más concentrado sobre una verdad teológica particular. También es más corto.

    Ahora, Señor, despides a tu siervo en paz (29). Aunque no se dice nada acerca de la edad de Simeón, esta cláusula parece implicar que ya era un anciano. Parece que sólo estaba esperando que su cumpliera esta gran promesa antes que muriera. En estas palabras vemos un sentido de absoluta satisfacción. Parece decir: "La vida ya está completa; nada más me ata a este mundo."

    Han visto mis ojos tu salvación (30). Aunque sus ojos físicos sólo contemplaban a un indefenso Bebé, su visión profética vislumbró la salvación del mundo. La mayor parte de los judíos aguardaban a un mesías político que traería la independencia y grandeza a Israel, pero este hombre piadoso vio al Mesías como un Salvador. El se daba cuenta que la suprema necesidad del hombre era la salvación. Se trataba de una salvación universal preparada por Dios para todos los hombres.

    Luz para revelación a los gentiles (32, es una traducción literal). **Y gloria de tu pueblo Israel.** Aquí vemos la salvación presentada bajo dos aspectos: aplicada a los paganos y a los israelitas. Para los primeros, la salvación es una luz; para los segundos, una gloria. Los gentiles, viviendo en las tinieblas e ignorancia, necesitaban luz; los judíos, que estaban en un estado de humillación y reproche, tenían necesidad de gloria.[23] Simeón tenía una visión de más largo alcance y una mente más amplia que otros judíos de su época; en esta percepción estaba más en armonía con la profecía mesiánica del Antiguo Testamento que ellos.[24]

José y su madre... estaban maravillados (33). Nótese la clara implicación de que José no era el padre de Jesús. Simeón no estaba diciéndoles a José y María nada de Jesús que ellos no hubieran descubierto anteriormente. Más bien, ellos se maravillaron de que esas verdades les fueran expresadas por un extraño y en tales circunstancias. Lo que les maravilló a ellos e igualmente nos maravilla a nosotros es que todo lo que dijeron todos los mensajeros de Dios armonizara tan perfectamente.

3. Bendición y profecía de Simeón (2:34-35)

Y los bendijo Simeón, y dijo... a María... éste... (34). Después del éxtasis del canto dirigido a Dios, Simeón se volvió a la sagrada familia. Sus bendiciones fueron más bien para María y José que para Jesús. La gramática de la oración parece exigirlo.[25] Reconociendo la identidad del Niño, Simeón no se atrevió a bendecirlo. Después de la bendición se volvió hacia María y le dio a ella, y a nosotros, la primera indicación que se encuentra en el Evangelio de San Lucas de la oposición que el reino de Cristo tendría que soportar.

Para caída y levantamiento de muchos en Israel. La KJV tiene la palabra "de nuevo" *(again)* que no está en el original. Si se la incluye, deja la impresión de que las mismas personas caen y se levantan. Pero ese no es el sentido del original. Cristo será la Roca sobre la cual los creyentes encontrarán refugio y contra la cual serán quebrantados los opositores.[26] Muchos caerán por su actitud hacia El. Esta predicción concierne a Israel, y por cierto es una profecía exacta, porque Cristo fue la ocasión de una potente zarandeada del pueblo judío. Pero esto es más que una predicción del destino religioso del pueblo judío; es la declaración de un principio universal, porque la decisión más importante que pueda hacer el hombre tiene que ver con lo que él hará con Cristo.

Y para señal que será contradicha. Isaías se refirió al Señor como una señal (Is. 8:18); y Juan, a través de su evangelio se refiere a los milagros de Jesús como señales. Aquí Simeón guiado por el Espíritu Santo habla de Jesús como una Señal, pero es una contra la cual se hablará. Hay un contraste en esta declaración. Una señal implica que habrá suficiente evidencia para convencerlos a todos. Sin embargo, esta Señal, esta Evidencia, será denigrada y rechazada. Una lectura rápida de los evangelios ilustrará ampliamente cómo Jesús fue vituperado por su propio pueblo.

Y una espada traspasará tu misma alma (35). Por su vinculación con su maravilloso Hijo, María recibiría angustia y también gozo. No era su cuerpo sino su alma la que sería traspasada. Ella no fue crucificada ni herida con espada, pero ningún mártir sufrió más que ella. Sin embargo la reacción permanente fue un gozo inexplicable. Godet está en lo correcto al rechazar la sugestión de Bleek de que la espada que traspasó el alma de María fue la duda.[27] La espada fue el dolor de ver morir a su Hijo.

Para que sean revelados los pensamientos de muchos corazones. Por causa de la aceptación o repudio de Cristo, los pensamientos y motivos de muchos, sean buenos o malos, serán conocidos.

4. *Ana y el Niño Cristo* (2:36-38)

Estaba también allí Ana, profetisa (36). Conocemos el nombre de su padre, la tribu de Israel a la cual pertenecía, su edad, y sabemos también que vivía en el templo. Además, sabemos que era viuda y cuánto tiempo había estado casada cuando falleció su esposo—todo esto en adición a su vida piadosa y ministerio profético. Este es un marcado contraste con la casi completa falta de información acerca de Simeón.

Esta, presentándose en la misma hora, daba gracias a Dios (38). Probablemente Simeón todavía estaba sosteniendo al Niño cuando Ana entró. El hecho de que inmediatamente diera gracias es un testimonio a su discernimiento profético. **Y hablaba del niño a todos los que esperaban la redención en Jerusalén.** No tenemos el contenido de su mensaje, pero se implica que ella habló de su ministerio mesiánico. Como en el caso de Simeón, su énfasis principal fue la redención—la salvación.

Las buenas nuevas en cuanto al Salvador se estaban pregonando mediante Zacarías, Elisabet, los pastores, Simeón, Ana y otros. Es significativo que Dios revelara estas buenas nuevas solamente a aquellos que tenían cualidades espirituales para recibir tan gloriosa revelación.

Barclay encuentra en este pasaje una conmovedora historia de "Una de las Modestas de la Tierra". Aquí tenemos una mujer a quien Dios se reveló. ¿Qué clase de persona era? (1) Aunque había conocido la tristeza no tenía amargura; (2) Aunque era anciana, nunca había dejado de esperar; (3) Jamás dejó de adorar en la casa de Dios; (4) Nunca dejó de orar.

5. El Niño Jesús (2:39-52)

Después de haber cumplido con todo. . . volvieron a Galilea (39). No debemos entender al leer estas palabras, que inmediatamente se fueron a Nazaret, porque Mateo nos dice que la visita de los magos, la matanza de los niños de Belén por orden de Herodes y la estadía en Egipto precedieron al regreso de Nazaret (Mt. 2). No se trata de una contradicción sino de una forma habitual de omisión. En Hechos 9: 25-26 tenemos la misma clase de escrito. Parece por el pasaje de Los Hechos que Pablo hubiera vuelto a Jerusalén poco después de convertirse, pero en Gálatas 1:17-18 se nos dice que pasaron tres años antes que regresara. Tales omisiones son comunes en las Escrituras y en otras obras antiguas. No satisfacía al propósito del autor incluir el material omitido, y los escritores antiguos no sentían la necesidad de informar a sus lectores sobre tales omisiones en sus relatos. Puesto que esta era la costumbre, los lectores entendían y se permitían sus propias interpretaciones.

El verso 40 abarca un período de 12 años. Durante ese tiempo Jesús creció físicamente; se desarrolló fuerte en el espíritu, estaba lleno de sabiduría y la gracia de Dios estaba con El. Se desarrollaba física, mental y espiritualmente. Vemos aquí la verdadera humanidad de Jesús. Una de las verdades básicas de las Escrituras es que la naturaleza divina jamás interfirió ni hizo innecesario el normal desarrollo de la humanidad de Jesús.

Iban sus padres todos los años a Jerusalén en la fiesta de la pascua (41). Todo varón adulto tenía obligación de hacerlo (Dt. 16:16). Aunque la ley no requería lo mismo de las mujeres, se consideraba que les era un beneficio espiritual asistir. Aquí volvemos a ver la cuidadosa conformidad de José y María al ritual de la ley mosaica. La devoción perfecta engendra obediencia.

Cuando tuvo doce años (42). Este es el único evento en la vida de Jesús desde su infancia hasta su virilidad del cual tenemos información específica. Las historias fantásticas registradas en los falsos evangelios están evidentemente fuera de armonía con la vida de Jesús tal como nos la presentan los evangelios inspirados.

Muchos comentaristas han dado por sentado que esta era la primera visita de Jesús al templo desde su presentación al Señor. Pero esto sólo es una conjetura, porque no hay evidencia en el pasaje que pudiera servirnos de prueba. Lo opuesto sería más factible. Sabemos que María asistía con José a las fiestas de Jerusalén, aunque su presencia no era exigida por la ley. Además, la tradición talmúdica asevera que aun los muchachos de pocos años estaban obligados a ir a los festivales. Parece que Lucas recuerda este viaje en particular por causa de los acontecimientos ocurridos en el templo que están dentro del plan y propósito de su Evangelio.

Otro criterio equivocado y muy común es que Jesús asistía a esta fiesta en particular porque a los 12 años de edad todo muchacho judío llegaba a ser "hijo de la ley", pero esto más bien ocurría a los 13 años. Si esta visita al templo estaba relacionada conque Jesús llegara a "ser hijo de la ley", era en calidad de "preparatoria".

Se quedó el niño Jesús en Jerusalén (43). La fiesta duraba siete días. Evidentemente Jesús tuvo bastante libertad durante esos días. Debe haber conocido los planes de la partida. Por eso sus padres habrán supuesto que estaba con algunos de los miembros del enorme grupo que, con ellos habían principiado el regreso. Dos cosas pudieron haber sucedido para haber tenido tanta libertad. La primera es el hecho de que los muchachos—tanto como las niñas—en Palestina a los 12 años son más maduros que los del norte de Europa o en la zona occidental. La segunda es la confianza que José y María indudablemente tenían, confianza en el buen juicio y responsabilidad del joven Jesús. La seguridad de ellos era bastante grande como para permitirles caminar todo un día sin alarmarse al no verlo.

Tres días después le hallaron en el templo (46). Al alarmarse, primero le buscaron entre los parientes y otros que viajaban en la misma dirección. Y no decidieron regresar a Jerusalén para buscarle sino hasta que estuvieron seguros de que realmente no estaba en la compañía. **Tres días después** quiere decir "al tercer día". El primer día transcurrió desde la salida de la ciudad sin que ellos se dieran cuenta de su ausencia; al segundo día hicieron el camino de vuelta llegando tarde a Jeruslén. Al día siguiente—el tercero—hallaron a Jesús en el templo. Los predicadores a menudo aseveran que sus padres le buscaron por todas partes antes de pensar en ir al templo, pero eso no es lo que leemos.

Sentado en medio de los doctores. . . oyéndoles y preguntándoles (46). No eran médicos cirujanos sino doctores de la ley. Eran rabinos o maestros. Es posible que hayan estado presentes rabinos famosos como Shammai y Hillel. Esos grupos de discusión eran comunes, y quizá en ocasiones los muchachos escuchaban. Pero Jesús no era un espectador interesado, era un Participante.

Y todos los que le oían, se maravillaban de su inteligencia y de sus respuestas (47). No sólo preguntaba, como puede hacerlo un discípulo, sino que daba respuestas (como una autoridad). Esas preguntas y respuestas dejaban atónitos a los que le oían—incluyendo a los rabinos —por su inusitada profundidad de visión y entendimiento tanto para hacer preguntas inteligentes como para dar respuestas.

Sin embargo, este pasaje debe ser interpretado en armonía con el crecimiento y desarrollo normal de Jesús. No tenemos que caer en el error de los escritores de los evangelios espurios y atribuirle a Jesús manifestaciones de divinidad que no estén en armonía con su progresivo desarrollo del carácter mesiánico. A los 12 años Jesús podía manifestar desarrollo en cada área de su vida y persona, incluyendo la consciencia de su misión y su relación con el Padre. Este desarrollo equilibrado continuaría a través de su vida terrenal.

Cuando le vieron, se sorprendieron (48). Literalmente "cuando le vieron, se quedaron atónitos". Ellos estaban confundidos ante las circunstancias que rodeaban a Jesús en este momento. **Y le dijo su madre: Hijo, ¿por qué nos has hecho así? He aquí, tu padre y yo te hemos buscado con angustia.** Aquí María exhibe su frustración y un grado de exasperación, tanto como de preocupación maternal. Ella había estado alarmada; ahora estaba cansada y confundida. A la vez estaba sorprendida por la sabiduría y por la acción de Jesús. Su petición de madre parecía mostrar un sentido de impotencia al hacer frente a otro misterio en la vida de este extraordinario Hijo.

¿Por qué me buscabais? (49). Jesús respondió a una pregunta con otra y contrapuso la perplejidad de María con su propia sorpresa. ¿Por qué debía ella afligirse? Y ¿por qué debía ella buscarlo? ¿No sabíais que en los negocios de mi Padre me es necesario estar? que literalmente es: "¿No sabías que me es necesario estar en las cosas de mi Padre?"[28] Parece que Jesús supuso que su madre había entendido su misión mejor de lo que ella realmente se había dado cuenta. Nótese el contraste entre las palabras de María, **tu padre y yo** y las de Jesús, **los negocios de mi Padre.** María pensaba que Jesús había olvidado a sus padres; Jesús le indica que El tenía una responsabilidad mayor hacia un Padre más elevado.

Pero la sorpresa de María ante el aparente descuido de Jesús muestra cuán fiel debió ser la obediencia y la consideración de Jesús hasta ese momento. También prueba que la infancia de Jesús había sido natural y normal y que no había estado señalada por frecuentes indicaciones de sus capacidades sobrenaturales.

Mas ellos no entendieron las palabras (50). La pregunta de Jesús, que para nosotros es relativamente clara, sólo sirvió para confundir más a María. Godet probablemente esté en lo cierto cuando implica que María no comprendió el empleo de la palabra **Padre,** de parte de Jesús, con referencia a Dios.[29] Si ella no lo comprendió, no es posible que lo hicieran los presentes. De cualquier manera, ella no captó el significado de la declaración. Sin embargo, no debemos culpar a María por no entender a su Hijo. Esta falta de comprensión era necesaria si El iba a tener una vida humana normal. Si ella hubiera comprendido plenamente la divinidad de Jesús, tal conocimiento habría interferido con el trato normal con el Niño—la madre se habría transformado en adoradora.[30]

Y descendió con ellos, y volvió a Nazaret, y estaba sujeto a ellos (51). Después de este episodio en el templo en que fue vista la gran misión de Jesús (por lo menos vagamente), El reanudó su posición de Hijo obediente normal. Era la voluntad del Padre que su Hijo anduviera por el mismo camino de la vida de aquellos que había venido a salvar.

Y su madre guardaba todas estas cosas en su corazón. Lo que no podía comprender lo guardaba para más meditación y oración. Era bastante paciente para esperar una comprensión más clara, y sin embargo estaba suficientemente interesada como para no descartar estos asuntos importantes de su mente.

Bajo el título "El Niño en el Templo", Alexander Maclaren hace estas tres divisiones: (1) La consciencia de su filiación; (2) El dulce "me es necesario" del deber filial—**en los negocios de mi Padre me es necesario estar;** (3) La mansa aceptación de los deberes más bajos—y **descendió con ellos. . . y estaba sujeto a ellos.**

Y Jesús crecía en sabiduría y estatura, y en gracia para con Dios y los hombres (52). Este es el desarrollo normal de todo el hombre—intelectual, físico, espiritual y social.

NOTAS BIBLIOGRÁFICAS

[1]Josephus, *Antiquities* XIV.
[2]Véase Adam Clarke, *The New Testament of Our Lord and Saviour Jesus Christ*

(Nueva York: Methodist Book Concern, s.f.), I, 289 s.; también F. Godet, *A Commentary on The New Testament* (Edimburgo: T. and T. Clark, s.f.) I, 77.

³Véase Números 6:1-21 para las reglas del nazareato.

⁴Para mayor aclaración sobre este asunto, véase Clarke, *op. cit.,* I, 359; Godet, *op. cit.,* I, 85.

⁵Para mayor ampliación sobre este asunto, véase Alfred Edersheim, *The Life and Times of Jesus the Messiah* (Grand Rapids: Wm. B. Eerdmans Publishing Company, 1943), I, 149 s.

⁶Albert Barnes, *Notes on the New Testament* (Grand Rapids: Baker Book House, [reimpreso]), p. 7.

⁷Para mayor razonamiento de este punto, véase Norval Geldenhuys, *Commentary on the Gospel of Luke* ("The International Commentary on the New Testament", Grand Rapids: Wm. B. Eerdmans Publishing Co., 1951), p. 79, nota 2.

⁸Véase Romanos capítulos 9—11.

⁹Edersheim *op. cit.,* p. 149.

¹⁰J. J. Van Oosterzee, "The Gospel According to Luke", *Commentary on the Holy Scriptures,* ed. J. P. Lange (Grand Rapids: Zondervan Publishing House, s.f.), p. 25.

¹¹Véase Geldenhuys, *op. cit.,* pp. 19 s.

¹²Para mayores referencias al respecto, véase Génesis 22:16-17.

¹³Para un completo y magistral estudio sobre este asunto, véase Godet, *op. cit.,* I, 119-129.

¹⁴*Ibid.,* Véase también H. D. M. Spence, "Luke", *The Pulpit Commentary,* ed. H. D. M. Spence (Grand Rapids: Wm. B. Eerdmans Publishing Co., 1950), I, 37.

¹⁵Edersheim, *op. cit.,* 186-187. Para un criterio opuesto, véase Clarke, *op. cit.,* p. I, 370-71.

¹⁶Para mayor ampliación sobre este punto, véase Godet, *op. cit.,* I, 130.

¹⁷Edersheim, *op. cit.,* I, 186.

¹⁸Una simple mayoría de manuscritos antiguos favorecen esa versión. El sentido correcto parece ser: "entre los hombres de su favor" (Berk).

¹⁹Véase Levítico 12:2-6.

²⁰Véase Exodo 3:2; Números 8:16; 18:15.

²¹Véase Levítico 12:8.

²²Véase Isaías 49:13; 52:9; 66:13.

²³Véase Godet, *op. cit.,* I, 139 s.

²⁴Véase Isaías 11:10; 52:10; 60:3; 62:2.

²⁵Véase Godet, *op. cit.,* I, 141.

²⁶Esto refleja la verdad de Isaías 8:14.

²⁷Godet, *op. cit.,* I, 141 s.

²⁸*The New English Bible* dice: "¿No sabías que yo estaba vinculado a la casa de mi Padre?"

²⁹Godet, *op. cit.,* I, 149.

³⁰Véase a Edersheim, para mayor luz sobre este punto, *op. cit.,* I, 191 s.

Sección III Preparación para el Ministerio de Cristo

Lucas 3:1—4:13

A. Juan el Predicador, 3:1-20

1. *Juan comienza su ministerio* (3:1-6)

Los tres Sinópticos tratan con el ministerio de Juan. Para una discusión detallada, véase el comentario sobre Mateo 3:1-12. Los comentarios que aquí hacemos están confinados a las diferencias entre el relato de Lucas y los de los otros dos. Lucas nos proporciona un tratamiento más completo de este tema. Su relato está contenido en 20 versículos, el de Mateo en 12 y el de Marcos en 8. También, el Evangelio de Lucas tiene algunas adiciones particulares de los hechos.

En el año decimoquinto del imperio de Tiberio César (1). Sólo Lucas procura dar la fecha del comienzo del ministerio de Juan y lo hace con mucho detalle. No sólo nos da el año específico del reinado del emperador romano que gobernaba entonces, sino los nombres de los gobernadores o tetrarcas en posesión del cargo de todas las divisiones de la región de Palestina. Aunque incluye los sumos sacerdotes, es evidente que esta fecha es para los lectores gentiles, más que para los lectores judíos. Esta forma de fechar tan elaborada y específica es una marca del historiador griego[1]—una de las muchas evidencias de que Lucas era griego y no judío.

La fecha señala el principio del ministerio de Juan, pero para Lucas este era el prefacio o introducción al ministerio de Jesús. Era el episodio inicial de la gran aventura. Marcos consideraba el ministerio de Juan como "El principio del evangelio de Jesucristo. . ." (Mr. 1:1).

La fecha exacta de este decimoquinto año del reinado de Tiberio es un asunto sujeto a discusión. Tiberio llegó a ser emperador a la muerte de Augusto en el año 14-15, D.C. Entonces, la fecha del decimoquinto año correspondería al 28-29. Pero, esto significaría que Jesús era mayor de lo que Lucas dice (3:23), o bien que nació dos años después de lo que generalmente se cree (cerca del año 4 A.C.). Algunos eruditos sostienen que Lucas está reconociendo el reinado de Tiberio desde el 11 al 12 D.C., cuando llegó a reinar juntamente con su padrastro Augusto. Esta hipótesis ha sido desafiada sobre la base de que no armoniza con la forma en que los historiadores romanos datan los eventos de su historia—la costumbre de fechar desde el principio de un emperador reinante como único soberano. Sin embargo, Lucas no era historiador romano y hay evidencia que demuestra que la costumbre de fechar desde el principio de un gobernante adjunto era seguida en el Oriente.[2] Siendo que Lucas vivió, fue educado y escribió en el Oriente, es más que razonable suponer que siguió la costumbre oriental al fechar los acontecimientos de sus escritos. En el presente ejemplo, entonces, lo está haciendo desde el principio del reinado asociado de Tiberio y Augusto—11-12 D.C.—y de esta manera, el ministerio de Juan comenzó en el 26-27 D.C.[3]

Siendo gobernador de Judea Poncio Pilato. Su título real era "procurador". Mantuvo este cargo desde el 26 hasta el 36 D.C. Estaba subordinado al gobernador de Siria. **Y Herodes tetrarca de Galilea.** Se trataba de Herodes Antipas, hijo de Herodes el Grande y hermano de Arquelao. Fue gobernador de Galilea y Perea desde el 4 A.C., hasta el 39 D.C. **Tetrarca** significa "gobierno de cuatro". Originalmente el término se usaba para designar a un mandatario subordinado que gobernaba una cuarta parte del dominio de su señor. Para el tiempo de la historia de Lucas ya no existía más la estricta división matemática.

Herodes el Grande dividió su reino en su testamento. Arquelao recibió Judea, con el título de "ethnarca" ("gobernador de una nación"), algo más elevado que el de "tetrarca", que fue concedido a los que gobernaban las otras divisiones del primitivo reino de Herodes. Cuando apenas tenía seis años de gobierno, Arquelao fue destituido y Judea fue unida al imperio.

Su hermano Felipe tetrarca de Iturea y de la provincia de Traconite. Felipe era el mejor de la familia de Herodes. Gobernó desde el año 4 A.C. hasta el 34 D.C. Su tetrarquía estaba al este del Jordán y al norte de Perea. **Lisanias, tetrarca de Abilinia,** que quedaba inmediatamente al norte de Iturea y al sudeste de Damasco (véase el mapa). Lisanius no es mencionado en la historia secular.[4]

Siendo sumos sacerdotes Anás y Caifás (2). Esta extraña contradicción de que hubiera dos sumos sacerdotes a la vez se explica por el hecho de que Anás, el legítimo sumo sacerdote, había sido destituido 15 años atrás por Valerius Gratus, el predecesor de Pilato, pero continuaba siendo considerado como sumo sacerdote por la mayoría de sus connacionales. Durante ese período, cuatro más habían ocupado el cargo; el último fue Caifás, yerno de Anás. Ofició desde el 17 al 36 D.C.

La actitud de la gente de no reconocer la destitución de Anás estaba basada, sin duda, en que según la ley mosaica los sumos sacerdotes debían ejercer su cargo hasta su muerte. Debe recordarse también que no se esperaba que ellos reconocieran el acto de un oficial romano pagano (gentil) al destituir a un oficial religioso judío. Ningún judío ortodoxo podría concederle tal autoridad a un romano. También, es muy posible que Anás, mientras ejercía extraoficialmente el cargo, ocupara la importante posición de nasi, o presidente del Sanedrín.

Como está escrito en el libro de... Isaías (4). Este pasaje de Isaías capítulo 40 está citado en los tres Sinópticos; pero Lucas cita con mayor amplitud—porque da una porción del verso 5 que no mencionan los otros dos Evangelistas. Lucas también sigue más de cerca la Septuaginta que los otros Sinópticos.

Todo valle se rellenará, y se bajará todo monte y collado (5). De Isaías 40:4. Esta y las cláusulas siguientes de este versículo sugieren reajustes que el hombre debe hacer para encontrarse con Dios. La figura de la totalidad del pasaje es la de los zapadores o constructores de caminos que van delante del rey para preparar la senda por donde ha de ir su procesión. Juan era el zapador del Rey de Reyes, quien estaba listo para hacer su aparición. (1) Los valles de vida baja debían ser rellenados. (2) Los montes y collados de orgullo e hipocresía debían ser bajados al plano de la verdadera humildad. (3) Los caminos torcidos y ásperos debían ser allanados según los deseos del Rey.

Y verá toda carne la salvación de Dios (6). Esto no es parte del mensaje de Isaías 40, pero es una versión libre de Isaías 52:10. La salvación de Dios en la forma de su Hijo encarnado sería revelada para que toda carne pudiera conocer y participar. También, en la segunda venida de Cristo y en el juicio todo ojo le verá—incluyendo aquellos que le rechazaron.

Este pasaje sugiere el pensamiento de "Cómo Prepararse para un Avivamiento". El texto sería: **Preparad el camino del Señor** (4). El "cómo" se encuentra en el verso 5, en el que Dios da la prescripción: (1) **Todo valle se rellenará;** (2) **todo monte... se bajará;** (3) **Los caminos torcidos serán enderezados;** (4) **Los caminos ásperos serán allanados.** El verso 6 nos da el resultado: **Verá toda carne la salvación de Dios.** Esto es lo que sucede cuando llega un avivamiento.

2. Un predicador intrépido (3:7-9)

Para la discusión sobre el material de este pasaje, véase el comentario de Mateo 3:7-10. La única variación importante en estos versículos entre Mateo y Lucas, es que en el primero se define la **generación de víboras** como a "muchos de los fariseos y saduceos", mientras Lucas simplemente los llama **las multitudes.** Los lectores gentiles de Lucas no hubieran captado la plenitud del significado de la mención de Mateo de estas sectas judías. También es probable que Lucas quisiera hacer una aplicación universal de estas palabras escudriñadoras y agudas.

3. ¿Qué debo hacer? (3:10-14)

En estos versículos Juan es más el consejero que el evangelista. Aquí trata los problemas de grupos específicos—problemas que pueden trastornar o impedir la vida espiritual por parte de los que eran confrontados por los problemas.

Y la gente le preguntaba... ¿qué haremos?... Y respondiendo... El que tiene dos túnicas, dé al que no tiene... (10-11). La gente, es literalmente "la muchedumbre". Los que la componían representaban el promedio del pueblo; de modo que la respuesta de Juan era generalmente aplicable—se trataba de un principio universal. A este principio lo denominamos actualmente, caridad cristiana o amor fraternal. El apóstol Juan presenta la misma verdad en su aspecto negativo cuando dice: "Pero el que tiene bienes de este mundo y ve a su hermano tener necesidad, y cierra contra él su corazón, ¿cómo mora el amor de Dios en él?" (1 Jn. 3:17). El egoísmo es lo opuesto a este principio y al mismo tiempo deshonra a Dios y autodestruye. **El que tiene qué comer, haga lo mismo.** Las necesidades básicas materiales del hombre son **qué comer** y **qué vestir**, y el amor cristiano no puede permanecer impasible ante su falta.

Vinieron también unos publicanos... y le dijeron... ¿qué haremos? (12). Aquí había un grupo homogéneo específico que tenía sus debilidades características. Es la primera mención de los publicanos en la narración del evangelio, pero Lucas va a mencionarlos a menudo en su narración en el resto de su evangelio. Estos cobradores de impuestos para los romanos eran a menudo despreciados por la gente por dos razones: recogían las tasas para una potencia extranjera no bien recibida; y a menudo eran deshonestos, exigiendo más de lo debido. Su pregunta y su deseo de ser bautizados indicaba que eran sinceros al buscar el arrepentimiento. El hecho de que Juan no los condena como lo hiciera con los fariseos y saduceos, confirma esta interpretación.

No exijáis más de lo que os está ordenado (13). Juan le dio la respuesta perfecta a la pregunta, porque esto era el perfecto antídoto para su debilidad característica. Aquí tenemos la demanda de honestidad personal en todas las relaciones oficiales.

También. . . unos soldados. . . diciendo: Y nosotros, ¿qué haremos? (14). Otra vez Juan les responde adecuadamente: **No hagáis extorsión a nadie, ni calumniéis; y contentaos con vuestro salario** (14). Esto cubre las áreas de las tres tentaciones más comunes de los soldados. En las respuestas de Juan a los publicanos y a los soldados vemos una de las muchas evidencias en el Nuevo Testamento del hecho del propósito divino de revolucionar la sociedad, no por un cambio repentino y externo de las estructuras sociales, sino por una revolución y renovación interna y personal de los individuos componentes de la sociedad. Los cambios sociales exteriores serán los resultados de los cambios internos de los individuos.

4. *¿Quién es Juan?* (3:15-17)

Para una discusión completa de estos versículos, véanse los comentarios sobre Mateo 3:11-12. La única diferencia significativa del relato de este material y el de Mateo es que Lucas agrega una declaración introductoria (15) que es una transición más suave y literaria al próximo discurso de Juan. También da la razón de lo que sigue. Lucas nos dice que la referencia de Juan al ministerio y al bautismo de Jesús y su propia inferioridad con relación a Jesús, fue iniciada por la **expectativa** y meditación (o razonamiento) de la gente de **si acaso él sería el Cristo** (15).

En los versos 16-17 vemos "Los Dos Bautismos". Aquí la Biblia muestra: (1) Comparación: ambos eran bautismos—hechos, no procesos; (2) Contraste: agua y fuego; arrepentimiento y Espíritu; (3) Consecuencia: **limpiará.**

5. *Juan y Herodes* (3:18-20)

El verso 18 es otro de los eslabones literarios entre episodios que caracterizan el Evangelio de Lucas y señalan su superioridad literaria sobre los otros dos Sinópticos. Lucas reúne el resto de la predicación de Juan en: **con estas y otras muchas exhortaciones anunciaba al pueblo.**

Entonces Herodes el tetrarca, siendo reprendido por Juan... añadió además esta: encerró a Juan en la cárcel (19-20). Mateo da esta información mucho más tarde[5]—después de la muerte de Juan—y no sólo para explicar la creencia de Herodes de que Jesús era Juan resucitado de entre los muertos. Lucas, nuevamente siendo más literario, usa esta relación como conclusión del ministerio de Juan, presentando así todo el ministerio de Juan como una unidad.

B. Bautismo de Jesús, 3:21-22

En su narración del bautismo, Lucas es mucho más breve que Mateo y aún algo más que Marcos. Para discusión del asunto, véase Mateo 3:13-17. La única contribución de Lucas es su aseveración de que Jesús oró después de su bautismo y antes del descenso del Espíritu Santo. La oración de Jesús en esta instancia debe de haber sido breve —como la que pronunció ante la tumba de Lázaro (Jn. 11:41-42), pero la oración era tan significativa para El que aunque ésta fue corta debe ser mencionada y también sugerir su relación con el descenso del Espíritu Santo.

C. Genealogía de Jesús, 3:23-38

Jesús... al comenzar... era como de treinta años (23). Tenía la edad en que los sacerdotes y levitas comenzaban su servicio y también era la edad legal para que los escribas enseñaran. Jesús había alcanzado la edad en la cual debía comenzar su ministerio público.

Hijo, según se creía, de José, hijo de Elí... (23). Aquí tenemos la genealogía que Lucas presenta de Jesús. El Evangelio de Mateo comienza con una genealogía, mientras que Lucas la ubica al principio del ministerio público de Jesús. Este es el punto donde Jesús es el Personaje principal de la narración de Lucas. Los dos escritores trazan la línea a través de David, pero Mateo regresa a Abraham, porque está interesado en la relación de Jesús con la nación de Israel, mientras que Lucas retrocede al trazar el linaje de Cristo y llega hasta Adán. El estaba presentando a Cristo no sólo como el prometido Mesías judío, el hijo de David, sino como el Salvador del mundo y el Hijo de Adán. Otro contraste entre estos dos relatos, es que Mateo comienza con Abraham y termina con Jesús; mientras Lucas comienza con El y va retrocediendo hasta Adán y Dios.

En adición a estas tres diferencias, hay otra que resulta más difícil de explicar: Los nombres entre las dos listas difieren entre el período de David y Cristo. Muchos eruditos pretenden que ambas genealogías pertenecen a José. Otros creen que la genealogía de Mateo está en la línea de José; y la de Lucas en la línea de María. Godet traduciría la última parte del verso 23 así: "Siendo el hijo—como se pensaba, de José—de Elí." De acuerdo a ello se identificaría a Jesús como "hijo" de su abuelo maternal, Elí.[6] Así que ésta es la genealogía de María.

D. LA TENTACIÓN DE JESÚS, 4:1-13

Para una amplia discusión sobre la tentación de Jesús, vea el comentario sobre Mateo 4:1-11. Mateo y Lucas nos dan un relato detallado de la tentación, mientras que Marcos solamente la menciona (Mr. 1:12-13). En los asuntos principales, los relatos de Mateo y Lucas nos dan la misma información, pero difieren en los siguientes puntos:

(1) No dan la segunda y tercera tentaciones en el mismo orden. Mateo ubica en segundo lugar la tentación a arrojarse desde las almenas del templo, mientras que Lucas la coloca en el tercero. La tentación a aceptar los reinos del mundo es tercera en Mateo y segunda en Lucas.

(2) Lucas dice que Jesús fue tentado durante los 40 días de ayuno tanto como después; Mateo no menciona tentaciones anteriores.

(3) Según Mateo, después que Satanás le mostró a Jesús los reinos del mundo, le dijo: "Todo esto te daré." Lucas pone el énfasis en la autoridad y gloria de esos reinos. Según Lucas, Satanás le dijo: **A ti te daré toda esta potestad** (lit., autoridad) **y la gloria de ellos** (6).

(4) Lucas añade a lo que Mateo ha escrito acerca de la misma tentación, y escribe: **porque a mí me ha sido entregada, y a quien quiero la doy** (6).

(5) En la tentación a arrojarse del templo, Mateo llama a la ciudad, "la santa ciudad"; mientras Lucas simplemente la llama por su nombre: **Jerusalén** (9). Aquí la razón de Lucas es obviamente la claridad para sus lectores gentiles.

Estas diferencias no cambian materialmente en nada la enseñanza sobre la tentación de Jesús.

Barclay titula esta sección: "La Batalla de la Tentación." La bosqueja así: (1) La tentación a sobornar la gente con dones materiales, 2-4; (2) La tentación a claudicar, 5-8; (3) La tentación a hacer cosas sensacionales 9-12. Podemos agregar un punto; (4) La recompensa de la victoria sobre la tentación.

NOTAS BIBLIOGRÁFICAS

[1]Compare Tucídides, Polibio, *et al.*

[2]Véase Godet, *op. cit.*, I, 166 s.

[3]Para mayor discusión de este punto vea Alexander Balmain Bruce, "The Synoptic Gospels", *The Expositor's Greek New Testament* (Grand Rapids: Wm. B. Eerdmans Publishing Company, s.f.), I, 480 s.; véase Godet, *op. cit.*, I, 166-67.

[4]Para este problema, véase Bruce, *op. cit.*, I, 481. También Godet, *op. cit.*, I, 168 s.

[5]Mateo 14:3. Dos veces Mateo menciona la prisión de Juan en capítulos anteriores, pero sin comentarios—4:12; 11:2-3.

[6]Godet, *op. cit.*, I, 195-207; véase también Geldenhuys, *op. cit.*, pp. 150-55; Spence, *op. cit.*, I, 70-72; Clarke, *op. cit.*, I, 385, 394.

Sección IV El Ministerio Galileo

A. Primer Período, 4:14-44

1. Rechazo de Jesús en Nazaret (4:14-30)

El método de Lucas para tratar este episodio es un ejemplo de lógica, más que de un plan cronológico. Si éste es el mismo incidente del cual nos hablan los otros Sinópticos,[1] no ocurre al principio del ministerio de Jesús. Pero Lucas lo coloca al comienzo, por causa de su significado lógico. Por idéntica razón, incluye la lectura de Jesús del pasaje de Isaías 61 y su aplicación a su propia misión.

Lucas no implica que éste es de hecho el principio del ministerio de Jesús. Establece que ya había entrado lo suficiente en el ministerio como para que se difundiera **su fama por toda la tierra de alrededor** y enseñara en **las sinagogas de ellos** (14-15). También la predicción de Jesús (v. 23) de que ellos dirían: Las **cosas que hemos oído que se han hecho en Capernaum, haz también aquí en tu tierra,** no sólo hacen la verdad evidente con relación a la cronología, sino que ayuda a establecer la escena para la acción en Nazaret. De todo esto es obvio que Lucas comienza su narración del ministerio de Jesús en Nazaret, porque le parecía que era lógico comenzar con ese lugar—Jesús de Nazaret, predicando en Nazaret y proclamándose el cumplimiento de la profecía de Isaías de la predicación del evangelio.

Lucas hace este episodio más significativo que los otros Sinópticos, como puede verse por el hecho que le dedica 16 versículos, mientras que Mateo usa 5 versos en su versión y Marcos usa 6.

Y Jesús volvió en el poder del Espíritu a Galilea (14). Este pasaje siguiendo inmediatamente al relato de la tentación nos recuerda que los tres Sinópticos vinculan el relato de la vuelta a Galilea con la historia de la tentación. Pero tanto Mateo como Marcos implican que la razón para el retorno fue que Jesús recibió las nuevas del encarcelamiento de Juan.[2] **En el poder del Espíritu** se refería al poder del Espíritu Santo que había descendido sobre El en su bautismo.

Vino a Nazaret, donde se había criado (16). Lucas relaciona este episodio con la vida temprana de Jesús que hacía poco había terminado de narrar. **Y en el día de reposo entró en la sinagoga, conforme a su**

475

costumbre. Habría transcurrido bastante tiempo desde que Jesús estaba predicando para haber establecido esta costumbre. **Y se levantó a leer.** Era la postura acostumbrada en las sinagogas para leer las Escrituras. Cualquier otra posición hubiera demostrado falta de respeto por los Sagrados Escritos. No estaba permitido ni aun el apoyo sobre cosa alguna mientras se leía.

Y se le dio el libro del profeta Isaías (17). En las sinagogas, a menudo se solicitaba a los visitantes prominentes que leyeran las Escrituras e hicieran algún comentario al respecto si lo deseaban; o bien, se les pedía que hablaran después de la lectura.[3] En cada reunión se leía una porción de la ley y otra de los profetas. En esta ocasión ya había sido leída la porción de la ley, antes que dieran el libro de Isaías a Jesús.

Halló el lugar donde estaba escrito. . . el pasaje se refiere a Isaías 61:1-2*b*. Se trata de la parte que debía ser leída en la mañana del día de la Expiación.[4] Algunos creen que la Escritura que Jesús leyó era la lección para el día y que fue providencial que estuviera presente entonces; pero eso es incierto. Más parece que Jesús seleccionó el pasaje.

El Espíritu del Señor está sobre mí. . . (18). La cita de Lucas pertenece a la Septuaginta con algunas variaciones. Es un pasaje mesiánico y señala las funciones de ese tipo de ministerio. Estas son realizadas bajo la unción y dirección del Espíritu Santo. Aquí, nuestro Señor nos da la naturaleza del mensaje evangélico. Puede ser bosquejado como sigue:

(1) Predicar el evangelio **a los pobres** (18). Evangelio significa "buenas nuevas" o "nuevas alegres". Parece que los pobres estuvieron más dispuestos a escuchar a Jesús. Su necesidad los dirigía al Salvador. Nadie, rico o pobre puede encontrar a Jesús hasta que se dé cuenta de su destitución espiritual, busque a Cristo y confiese su necesidad.

(2) **Sanar a los quebrantados de corazón** (18). Consolar a aquellas personas cuyos corazones han sido quebrantados por circunstancias **calamitosas, por desgracias o por el pecado.**

(3) **A pregonar libertad a los cautivos** (18), especialmente a los esclavizados por el pecado y Satanás. La expresión es reminiscente de la cautividad babilónica.

(4) **Y vista a los ciegos** (18)—tanto física como espiritualmente. Un momento de reflexión les revelará a Cristo en los dos aspectos de su ministerio impartidor de luz.

(5) **A poner en libertad a los oprimidos** (18). Los que han sido

heridos por la calamidad o pecado. La libertad del pecado es segura y completa; la liberación de la calamidad o dificultades implica, o bien ser librados de la causa de ellas, o gracia para soportarlas.

(6) **Predicar el año agradable del Señor** (19). La expresión **año agradable** nos recuerda el año del jubileo—el quincuagésimo. Esto implica la época en que el hombre es aceptado por Dios—que El recibirá a aquellos que se vuelvan a El con verdadera contrición y rendimiento. Esta verdad había de ser predicada en el ministerio mesiánico y en la dispensación de la cual es principio.

Y enrollando el libro, lo dio al ministro, y se sentó (20). Literalmente "enrolló el pergamino, lo entregó al ayudante y se sentó". Generalmente los judíos predicaban sentados. **Los ojos de todos. . . estaban fijos en él**—listos para su mensaje, y posiblemente con algún sentimiento de lo singular de la situación, aunque lo que sigue nos demuestra que ellos no estaban preparados en sus corazones para lo que El les iba a decir.

Hoy se ha cumplido esta Escritura delante de vosotros (21). Aquí tenemos la proclama oficial de la llegada del Mesías y que su ministerio estaba ya funcionando. Esta proclama revela la razón fundamental de Lucas para comenzar su narrativa con este episodio. Literalmente, hace un excelente punto de comienzo, pues el Evangelio de Lucas es el más literario de los cuatro.

Y todos daban buen testimonio de él, y estaban maravillados de las palabras de gracia (22). No hay duda de que admiraban su capacidad para hablar y la belleza de su lenguaje, pero también estaban sorprendidos ante la maravilla que estaba diciendo y quién era. **¿No es éste el hijo de José?** Esta era la piedra de tropiezo. Para ellos, El era sólo el hijo de José; ¿cómo podía ser el cumplimiento de ese gran pasaje mesiánico?

Sin duda me diréis. . . Médico, cúrate a ti mismo (23). Aquí Jesús entiende sus pensamientos y anticipa sus ulteriores comentarios. Pero las observaciones que siguen no están calculadas para ganar la confianza de ellos o persuadirlos para que lo aceptaran como Mesías. La mayor parte de lo que había dicho en esa ocasión estaba diametralmente opuesto a algunos de sus prejuicios más ciegos y amargos.

Ningún profeta es acepto en su propia tierra (24). Proverbios como éste no están dados para implicar una situación o un hecho en los que no pueda haber una excepción. Más bien son declaraciones de grandes principios generales. Note además, que este proverbio no se aplicaría a grandes hombres de este mundo cuyas tierras natales comparten su gloria. Se aplica a los profetas que representan a Dios y predican la verdad—a menudo una verdad desconcertante y acusadora.

Y en verdad os digo (25). La verdad que tendría que decirles no sería de su agrado y se negarían a aceptarla.

Muchas viudas había en Israel (25). Jesús cita dos incidentes del Antiguo Testamento donde los gentiles parecen haber logrado el trato preferencial de Dios y sus profetas, mientras los judíos con idénticas necesidades fueron pasados por alto. Estos eran, la viuda de Sarepta a quien Elías patrocinó (1 R. 17:8-24) y Naamán el sirio, que fue limpiado de la lepra (2 R. 5:1-19). Esta es una de las varias instancias donde Lucas presenta episodios y enseñanzas de Jesús que demuestran que El estaba igualmente interesado en todos los hombres y que no estaba atado por los estrechos prejuicios de los judíos.

Todos en la sinagoga se llenaron de ira (28). No hay ira tan fiera o tan ciega como la encendida por el prejuicio, particularmente el religioso.

Le echaron fuera de la ciudad, y le llevaron hasta la cumbre del monte... para despeñarle (29). Nazaret está situada sobre una elevada plataforma a corta distancia del valle de Esdraelón. La ciudad está construida sobre un declive de unos 130 ó 170 metros de altura, frente a un pequeño valle. El sitio tradicional para perpetuar este atentado de destruir a Jesús dista unos tres kilómetros de Jerusalén. Pero, un lugar más probable es un muro rocoso de unos 15 metros de altura situado en el lado occidental de la ciudad.

Mas él pasó por en medio de ellos, y se fue (30). Este escape probablemente fue debido más a la agilidad del Maestro que a un milagro, porque Jesús seguía el principio de no usar más poderes milagrosos que lo necesario para su seguridad personal. Sin embargo, esto no quiere decir que no estuvieron implicadas la providencia y ayuda del Espíritu Santo. Cualquier ayuda que El recibiera no era milagrosa en el sentido usual de esta palabra, sino la que está a disposición de todos los hijos de Dios cuando se suscita la necesidad y Dios quiere interferir.

2. *Jesús va a Capernaum; echa fuera a un endemoniado* (4:31-37)

Este material no se encuentra en Mateo, pero Marcos da algunos detalles. Lucas casi duplica el pasaje de Marcos en sustancia.

Capernaum, ciudad de Galilea (31). Este es otro indicio de que el Evangelio de Lucas fue escrito a los gentiles, porque ningún judío hubiera ignorado que Capernaum estaba en Galilea. Si hay una ciudad de la cual puede decirse que fue el hogar de Jesús durante su ministerio público, fue Capernaum. Sus primeros discípulos fueron hallados en esta ciudad y cerca de ella, y allí sucedieron muchos de los incidentes relatados en los evangelios.

Les enseñaba en los días de reposo. Era evidentemente una práctica común de Jesús. Compartía regularmente en los servicios de la sinagoga los sábados, tomando parte en la lectura oficial de la Ley o los Profetas o ambos, añadiendo sus propios comentarios tanto como predicando las buenas nuevas en su ministerio sin igual.

Y se admiraban de su doctrina, porque su palabra era con autoridad (32). Doctrina aquí significa "enseñanza". Lo que los dejaba atónitos es que no se asemejaba a los escribas. El basaba sus declaraciones en su propia autoridad y no en cualquier otro notable rabí. De hecho, vemos muchas circunstancias en las que establece su autoridad en directa oposición a las enseñanzas de los rabinos o "la tradición de los ancianos".

Estaba en la sinagoga un hombre que tenía un espíritu de demonio —literalmente un "demonio" (33). Notemos que la obra del día sábado de Jesús iba más allá de la predicación y la enseñanza. A menudo, "otras" actividades lo ponían en conflicto con los líderes judíos. Para ellos, la ley era más importante que los hombres, y los preceptos más significativos que los principios. Jesús se les opuso en ambos puntos.

Es muy claro tanto en las Escrituras como en el Talmud que los antiguos judíos atribuían a la obra de los demonios mucho de lo que hoy no es considerado así, ni por los cristianos más conservadores. Es innegable que las Escrituras enseñan que la posesión de demonios es una realidad. No hay duda de que en la opinión popular, muchos que estaban afectados o enfermos mentalmente eran poseídos de domonios. Sin embargo, si creemos en la inspiración divina de las Escrituras, debemos reconocer que los hechos narrados en los evangelios revelan el dominio de los demonios en la vida de muchas personas.

Déjanos; ¿qué tienes con nosotros...? ¿Has venido para destruirnos? Yo te conozco quién eres, el Santo de Dios (34). Los escépticos llamarían a esto desvaríos erráticos de una mente falta de razón. Pero en esta declaración hay perfecta sanidad y percepción sobrenatural. El cambio del plural al singular de los pronombres personales ("nos", y **nosotros, a yo**) no es un rompimiento de un principio gramatical hecho por el demonio. Cuando emplea los pronombres "nos" y **nosotros** se está refiriendo a todo el reino demoníaco del cual es parte y cuyo castigo va a compartir. Cuando dice **yo te conozco** está revelando su propio discernimiento personal de la persona y naturaleza de Jesús.

Notemos lo que sabe el demonio: *(a)* Sabe quién es Jesús; *(b)* Conoce su destrucción (castigo eterno). Pero su conocimiento es limitado: No sabe si Jesús ha venido o no para destruirlo a él y a su linaje—los planes de Dios están escondidos de Satanás y su cohorte, excepto aquellos que van siendo revelados al hombre.

Jesús le reprendió, diciendo: Cállate, y sal de él (35). Jesús no quería el testimonio a su divinidad del mundo demoníaco, aunque éste conociera su identidad. **Entonces el demonio, derribándole... salió de él, y no le hizo daño alguno.** El demonio no podía resistir con éxito el mandato de Jesús ni herir seriamente al hombre elegido por El para defenderlo.

Y estaban todos maravillados, y hablaban... diciendo: ¿Qué palabra es ésta? (36). La última cláusula no es una pregunta sino una exclamación. **Que con autoridad y poder manda a los espíritus inmundos, y salen.** Las dos palabras griegas traducidas **poder** están correctamente traducidas. La congregación de la sinagoga reconoció que Jesús tenía toda la autoridad para mandar a los demonios y poder (dinamismo) para forzarlos a obedecer.

Y su fama se difundía por todos los lugares... (37). Un milagro semejante no podía haber sido guardado en secreto; y la fama de Jesús se extendía como resultado de las emociones y lenguas incontrolables.

3. *Curación de la suegra de Pedro* (4:38-39)

Para la discusión de este pasaje, véanse los comentarios al respecto en Mateo 8:14-15 (cf. Mr. 1:29-31). Lucas sigue más de cerca a Marcos que a Mateo.

Lucas dice que la fiebre de la suegra de Pedro era una **gran fiebre.** Los otros dos Sinópticos no usan ese adjetivo. El original es un término médico usado por los de esa profesión para describir una fiebre seria. Galen también usa ese término con igual sentido. Aquí tenemos otra indicación de que el autor de este Evangelio era médico, lo que agrega otra evidencia de que Lucas fue su autor.

4. *Milagros al ponerse el sol en Capernaum* (4:40-41)

Para la discusión de este material, véanse los comentarios sobre Mateo 8:16-17. Lucas omite la cita de Isaías que hace Mateo y la implicación de que esos milagros fueron el cumplimiento de la profecía de Isaías. Por otra parte Lucas cuenta que muchos demonios antes de ser expulsados, daban voces diciendo: **Tú eres el Hijo de Dios** (41), y que Jesús les reprendió y no les dejaba hablar porque sabían que El era el Cristo. (Vea el comentario sobre Lc. 4:35). Marcos contiene una parte de esta adición (Mr. 1:34).

5. *Jesús expande su ministerio* (4:42-44)

El contenido de los versos 42-44 no está en Mateo, pero sí en Marcos (1:35-38). Para más amplitud, vea el comentario sobre ese pasaje.

Cuando ya era de día (Marcos dice "muy de mañana"), **salió y se fue a un lugar desierto** (42). Generalmente Lucas relata las veces que Jesús ora; pero en este caso es Marcos el que cuenta que Jesús oraba.

Y la gente le buscaba, y llegando a donde estaba, le detenían para que no se fuera de ellos. Querían quedarse con Jesús. Esto era mucho mejor que el trato que había recibido en Nazaret; pero Jesús tenía otros planes y otros hombres necesitaban de El.

Es necesario que también a otras ciudades anuncie el evangelio del reino de Dios; porque para esto he sido enviado (43). Marcos dice: "Los lugares vecinos" en lugar de **otras ciudades.** Es fácil ver que Lucas está dando a este material una aplicación más amplia, y de ese modo procura apelar más a los gentiles. Jesús aclara que no ha sido enviado a unos pocos o a una ciudad, sino a otros, y eventualmente a todos los hombres.

Y predicaba en las sinagogas de Galilea (44). Una declaración amplia que muestra que su ministerio se expandía a la totalidad de Galilea. Vea el comentario sobre Mateo 4:23.

B. Segundo Período, 5:1—6:11

1. *Jesús enseña y llama a pescadores de hombres* (5:1-11)

Lucas trata este episodio en el ministerio de Jesús de manera más extensa que Mateo o Marcos. Estos breves relatos están limitados a los más inmediatos detalles del llamamiento de los cuatro. Vea los comentarios sobre Mateo 4:18-22.

El gentío se agolpaba sobre él (1). Su popularidad había llegado al punto en que las multitudes eran bastante grandes como para causar problemas al Señor. Hasta corría el peligro de ser aplastado o pisoteado por ellos. **Estando. . . junto al lago de Genesaret.** Lucas es el único de los cuatro evangelistas que llama a este cuerpo de agua por su propio nombre, **lago.** Los otros tres usan la designación popular de "mar". Notemos que Lucas describe a Jesús estando junto al lago, mientras que en Mateo y Marcos, El está caminando. Además, esos dos evangelios dicen que Pedro y Juan estaban echando las redes al mar, mientras que Lucas dice que estaban lavando sus redes. Una inspección más cercana de los hechos mostrará que Mateo y Marcos comienzan su narración con anterioridad—es decir, mientras los pescadores todavía estaban pescando; Lucas comienza después que Jesús había llegado (de modo que ya no estaba caminando), los pescadores habían terminado su faena y la multitud se había congregado.

    Y vio dos barcas (pequeños botes)... **cerca de la orilla del lago.** Los botes estaban amarrados a la costa. **Los pescadores... lavaban sus redes.** Habían terminado la pesca, y estaban limpiando las redes.

    Y entrando en una de aquellas barcas... la de Simón, le rogó que la apartase de la tierra un poco (3). Esta es la primera vez que Lucas introduce a uno de los discípulos de Jesús en su narración.[5] El bote estaba en la playa; Pedro lo empujó hacia afuera al lago—probablemente vadeando unos pocos metros, tirando o empujando el bote.

    Y sentándose, enseñaba desde la barca a la multitud. Mateo 13:1-3 relata una experiencia similar de Jesús, pero parece que no se trata de la misma ocasión que menciona Lucas. No tenemos el asunto de la predicación de Jesús esta vez. Aquí, Lucas sólo está interesado en qué influyó para que estos cuatro hombres llegaran a ser discípulos del Maestro.

    Dijo a Simón: Boga mar adentro, y echad vuestras redes para pescar (4). Las palabras **echad vuestras redes para pescar** implican una gran pesca. Jesús estaba instruyendo a pescadores con mucha experiencia, pero su autoridad y conocimiento descansaban en su deidad, no en la experiencia de Pedro como pescador. El tenía conocimientos sobrehumanos de dónde se encontraban los peces. El consejo de Jesús: **Boga mar adentro,** implica que estos pescadores habían estado tratando de hacerlo desde la costa. En esta clase de pesca, una punta de la extensa red se ataba a la costa y la otra al barco. Los hombres entonces remaban en semicírculo, comenzando y terminando en la costa. El hecho de que Mateo y Marcos dicen que Jesús los vio echando la red al mar (Mt. 4:18; Mr. 1:16) implicaría el mismo método de pescar. Las palabras: **Boga mar adentro** tienen una evidente aplicación espiritual.

    Maestro, toda la noche hemos estado trabajando... mas en tu palabra echaré la red (5). Aquí vemos emociones y reacciones mezcladas. La experiencia de Pedro como pescador le decía que habiendo pescado toda la noche sin éxito, sería inútil probar ahora. Pero ya había conocido bastante a Jesús para saber que el mandato del Señor obraba una diferencia mayor que las circunstancias. La fe dijo que si Jesús mandaba o requería acción, tendría éxito. Tal fe engendra obediencia.

Su red se rompía (6). Literalmente, "se estaba rompiendo". Esto no impediría que las redes fuesen vaciadas en la playa.

Hicieron señas a los compañeros (7). Eran Santiago y Juan, hijos de Zebedeo. Vemos que Jacobo y Juan eran más que compañeros de labor o vecinos. El hecho de que había dos botes y cuatro hombres trabajando como socios facilitaría la labor.

Apártate de mí, Señor, porque soy hombre pecador (8). El éxito tremendo de sus esfuerzos y la clara razón para este triunfo repentino le dieron a Pedro una doble visión. Vio al Señor—su poder, su sabiduría y conocimiento, su pureza—y también se vio a sí mismo, una criatura pecadora. En contraste con la santidad de Cristo, él se sintió pecador, y de hecho lo era. Esta experiencia le produjo una convicción de pecado que le hizo estar incómodo en la presencia de Cristo, y su primer impulso fue pedirle a Jesús que se apartara de él. Pedro siempre hablaba después del primer arranque. Pero Jesús sabía que el anhelo más profundo de Pedro era el de ser salvo del pecado y asemejarse a El.

Porque... el temor se había apoderado de él (9). Literalmente, "porque era presa del espanto". Esa es la causa de que hablara así. Siempre había razón suficiente para que el impulsivo Pedro hablara. Pero esta vez el mismo temor se posesionó de **todos los que estaban con él,** pero no hablaron en voz alta, aunque sin duda sintieron la misma convicción de pecado. A veces criticamos a Pedro por su impulsividad, pero deberíamos tomar el indicio del hecho en que obviamente Jesús sintió que necesitaba un discípulo impulsivo.

Y asimismo de Jacobo y Juan (10); es decir, "también ellos se hallaban atónitos". **Pero Jesús dijo a Simón: No temas; desde ahora serás pescador de hombres.** Se ve la actitud del Señor ante el arranque de Pedro en que él fue escogido por esas animadoras palabras. Fue este Pedro quien había dicho: "Mas en tu palabra echaré la red" (v. 5). Pedro pescó y como resultado, el Señor lo puso en la tarea de ganar hombres para el reino.

Dejándolo todo, le siguieron. Tan pronto como alcanzaron la costa, abandonaron su labor de pescadores y siguieron a Jesús para ser pescadores de hombres. Los cuatro tuvieron la misma manera de pensar. Pedro difería de los otros en sus reacciones pero no en sus deseos y actitudes fundamentales. Jesús tenía ahora sus primeros cuatro discípulos.

Para este incidente Alexander Maclaren nos da estos puntos: (1) La ley del servicio, 4; (2) La respuesta, 5; (3) El resultado, 6-8.

2. *Jesús sana a un leproso* (5:12-16)

Mateo coloca este incidente inmediatamente después del Sermón del Monte. Lucas meramente dice que **sucedió que estando El en una de las ciudades** (12). Para la plena discusión de este asunto véase Mateo 8:1-4. Lucas, el médico, agrega al relato de Marcos que el hombre estaba **lleno de lepra** (12); es decir, que la enfermedad ya estaba en una etapa avanzada—ya no estaba en un solo lugar del cuerpo.

Mas él se apartaba a los lugares desiertos, y oraba (16). No es fácil resistir la atracción de la popularidad; pero, a menudo es lo más sabio— si no lo esencial—dejar la multitud y refugiarse en el lugar privado de oración. Cuando regresemos a la multitud, nos encontraremos mucho mejor capacitados para ministrarla después de nuestro retiro de oración. Aquí, como siempre, Jesús nos da un ejemplo maravilloso. Sólo Lucas recuerda este incidente.

3. *Curación del paralítico* (5:17-26)

Este episodio se encuentra en los tres Sinópticos. Mateo y Marcos nos citan el lugar del milagro: Capernaum. Lucas no dice dónde sucedió. Marcos y Lucas nos dicen que lo bajaron por el tejado; Mateo no menciona ese hecho. Para discusión, vea los comentarios sobre Mateo 9:2-8.

4. *Llamamiento de Leví—Mateo* (5:27-32)

Los tres Sinópticos relatan este caso. Para su dilucidación, vea el comentario sobre Mateo 9:9-13. La única variación significante entre Mateo y Lucas es el uso que Lucas hace del nombre **Leví,** en vez de Mateo. Marcos también lo llama Leví. Tal vez Jesús le dio el apellido de Mateo, que significa "un don de Dios".[6]

5. *La pregunta acerca del ayuno* (5:33-39)

Este material se encuentra en los tres Sinópticos. Para su discusión vea Mateo 9:14-17. La única adición significativa de Lucas es el verso 39. Aquí Lucas nos cuenta que el Maestro dice que ningún hombre que ha probado el vino añejo querrá el nuevo, porque dice que el viejo es mejor. En la misma parábola Jesús está empleando el vino nuevo y los odres nuevos para representar el reino y su enseñanza. El verso 39 parecería una contradicción de esto, a menos que veamos que el Maestro está tratando de mostrar cuán lento es el hombre—especialmente los líderes judíos—en aceptar lo nuevo. Ellos insistían en que lo viejo era lo mejor. Fue esta insistencia la que mantuvo a los judíos alejados del reino de Cristo. Nótese que no es Jesús quien dice que **el añejo es mejor,** sino el hombre hipotético de la ilustración.

6. *El Señor del sábado* (6:1-5)

Este episodio se encuentra en los tres Sinópticos, y el relato de Lucas es el más breve de los tres. Para mayor explicación vea el comentario sobre Mateo 12:1-8 (cf. también Mr. 2:23-38). La única adición significativa de Lucas es que ellos restregaban el grano con las manos (sin duda para hacer salir la cáscara), mientras lo comían. **En un día de reposo** probablemente se refiera al siguiente de la Pascua.

7. *Sanando en sábado* (6:6-11)

El relato de este milagro se halla en los tres Sinópticos y para su examen véanse los comentarios sobre Mateo 12:9-14 (cf. también Marcos 3:1-6). El único agregado importante de Lucas es su declaración de que los enemigos de Jesús **se llenaron de furor** (11) porque el Maestro había sanado en sábado. Esto muestra la extensión de su descontento, pero también resalta en audaz contraste con el regocijo, la reacción humana normal bajo tales circunstancias.

The Pulpit Commentary sugiere las siguientes divisiones para este incidente: (1) El pecado nos incapacita, 6; (2) Cristo viene a restaurarnos, 8-10; (3) Cristo nos exige una respuesta práctica e inmediata, 10; (4) La bondad práctica es una manifestación principal del poder renovado—es decir, que el hombre debe emplear sus propias manos restauradas para ayudar a otros.

C. Tercer Período, 6:12—8:56

1. *La elección de los Doce* (6:12-16)

El relato de la elección de los Doce se encuentra en los tres Sinópticos. Para examen del material de los versículos 14-16, vea los comentarios sobre Mateo 10:2-4 (cf. también Mr. 3:13-19). Al relato paralelo con Mateo, Lucas agrega el material de los versículos 12 y 13. **Fue al monte a orar** (12). Lucas nos muestra a Jesús en oración antes de empezar sus grandes empresas. El llamado de los Doce era de tanta importancia que Jesús no sólo oró, sino que **pasó la noche orando a Dios.** El Maestro nos da un precedente a seguir. Nunca debemos dar un paso importante sin un buen período de sincera oración.

Y cuando era de día, llamó a sus discípulos (13). Un discípulo es un aprendiz, estudiante, principiante. Todo seguidor de Jesús era discípulo. Después de terminar su noche de oración, ahora estaba listo para elegir a los líderes de su reino y de la obra pertinente. Entre estos discípulos, **escogió a doce de ellos, a los cuales también llamó apóstoles.** Estos eran "enviados" con un mensaje. Eran mensajeros, pero más aún; eran representantes y embajadores de Cristo.

2. *Sermón en una planicie* (6:17-49)

Evidentemente este es el mismo sermón que nos brinda Mateo y que comúnmente recibe el nombre de Sermón del Monte. Entre los dos relatos hay algunas diferencias que han conducido a algunos a considerar los dos sermones distintos, dados en diferentes ocasiones. Pero las similitudes que sobrepujan las diferencias pueden ser consideradas. Las semejanzas son: *(a)* Ambos sermones comienzan con una serie de bienaventuranzas; *(b)* Ambos incluyen la enseñanza de Jesús sobre el amor a los enemigos; y *(c)* En uno y otro están las parábolas de los dos edificadores.

Las diferencias son: *(a)* La versión de Mateo es mucho más larga; *(b)* el Sermón de Mateo fue predicado sobre un monte, mientras el de Lucas **en un lugar llano** (una planicie); *(c)* Lucas incluye algún material que no está en Mateo; y *(d)* Lucas tiene sólo cuatro bienaventuranzas y Mateo, nueve. Sin embargo las cuatro de Lucas, salvo ligeras variantes de forma, en sustancia equivalen, a sus correspondientes cuatro de Mateo.

Las omisiones de Lucas están de acuerdo con el plan y propósitos de su libro—los pasajes omitidos tratan sobre asuntos que Lucas comúnmente dejaría a un lado. Se trata de asuntos generales que interesarían, principal o únicamente, a los lectores judíos.

El aparente conflicto entre el llamado **lugar llano** y la montaña como el lugar en donde fue predicado ese sermón, no es un problema en realidad. La palabra griega traducida **lugar llano** en Lucas, literalmente significa "lugar plano" o meseta.

Que Lucas incluya material que no está en Mateo sólo sirve para demostrar que Mateo no dijo todo lo que Jesús habló en aquella ocasión. Para una visión más amplia del asunto, véanse los comentarios sobre Mateo, capítulos 5 al 7.[7] Las adiciones de Lucas merecen una explicación más amplia. Lucas agrega una nota personal a sus bienaventuranzas, colocándolas en segunda persona más que en la tercera como ocurre en Mateo.

La primera adición importante de Lucas se encuentra en los versos 24-26. Son una serie de ayes que siguen a las bienaventuranzas. Es interesante y significativo que estos cuatro ayes son una antítesis de las cuatro bienaventuranzas. La primera dice: **Bianaventurados vosotros los pobres** (20). El primer *ay* dice: **¡Ay de vosotros, ricos!** (24). La segunda bienaventuranza dice: **Bienaventurados los que ahora tenéis hambre** (21). El segundo *ay* dice: **¡Ay de vosotros, los que ahora estáis saciados!** (25). La tercera bienaventuranza reza: **Bienaventurados los que ahora lloráis, porque reiréis** (21). Pero el tercer *ay* expresa: **¡Ay de vosotros los que ahora reís!** (25). La cuarta beatitud dice: **Bienaventurados seréis cuando los hombres os aborrezcan** (22). Y el cuarto *ay:* **¡Ay de vosotros, cuando todos los hombres hablen bien de vosotros!** (26).

De este modo, Lucas en todos los casos ha citado a Jesús como bendiciendo a los que son infortunados y pronunciando ayes sobre aquellos que generalmente son considerados venturosos. El Señor no está expresando que uno que es rico o que tiene muchos amigos no puede ser salvo e ir al cielo. El está señalando el peligro de estar demasiado atado al mundo. También nos está mostrando que el infortunio a menudo es el ángel disfrazado del Señor.

El pasaje que se halla en los versos 33 y 34 es otra adición que no está en Mateo. Esta es una parte de la discusión sobre el amor a los enemigos. Lucas omite Mateo 5:47, que dice: "Y si saludáis a vuestros hermanos solamente, ¿qué hacéis de más? ¿No hacen también así los gentiles?" Esto era algo que Lucas se daba cuenta que era para los judíos y que no habría encajado en el "evangelio para los gentiles". Pero agrega (vv. 33-34) una ilustración en la que proporciona las mismas enseñanzas de Jesús, pero sin la implicación judía. Son las siguientes:

Y si hacéis bien a los que os hacen bien, ¿qué mérito tenéis? Porque también los pecadores hacen lo mismo (33). *Vuestros hermanos y publicanos* son términos con connotaciones judías que no aparecen aquí.

Y si prestáis a aquellos de quienes esperáis recibir, ¿qué mérito tenéis?... los pecadores prestan a los pecadores, para recibir otro tanto

(34). Aquí los términos no tienen ninguna connotación judía, aunque vemos el mismo principio eterno de la ilustración citada en Mateo. Una vez más en el verso 35, Lucas cita la amonestación de Jesús a prestar sin esperar el retorno. Esta es una magnífica ilustración de cómo ambos evangelistas seleccionaron las partes del sermón que más convenían a los propósitos individuales de su escritura.

El verso 38 es otro pasaje que no se encuentra en la versión de Mateo: **Dad, y se os dará; medida buena, apretada, remecida y rebosando darán en vuestro regazo.** Aunque no se debe dar o prestar para lograr ganancia, se nos asegura que el dar logra retribución. Sin embargo, Jesús no dice que siempre será un pago de la misma clase o necesariamente material. Seremos mejor pagados si la recompensa es en lo espiritual y lo eterno. Hay también muchas recompensas mentales y emocionales. Pero todavía nuestro interés especial debe estar en dar a otros, no en recibir.

La forma literaria de Lucas al describir los cuatro niveles para esta buena medida es excelente. Noten el aumento de fuerza en los términos descriptivos: **medida buena;** entonces un aumento de ésta, **apretada** (más de lo que podemos contener). Luego, vuelve a aumentarse, **"remecida"**, para poder contener aún más. Entonces, cuando ya no contenga más la vemos **rebosando.** Parece que Lucas ha agotado las posibilidades de aumentar lo que su figura podría implicar.

El material del verso 40 no está en la versión de Mateo del Sermón del Monte, pero lo presenta en otra parte (Mt. 10:24-25).

En los versos 40-45 encontramos "Las Cuatro Bondades del Evangelio": (1) Buen maestro, 40; (2) Buen árbol, 43; (3) Buen tesoro, 45*a;* (4) Buen testimonio, 45*b.*

3. *La sanidad del siervo del centurión* (7:1-10)

Este episodio se encuentra también en Mateo. Para su discusión vea el comentario sobre Mateo 8:5-13. Lucas omite el contenido de los versos 11 y 12 de ese evangelista. Este es el pasaje donde Jesús dice: "Y... vendrán muchos del oriente y del occidente, y se sentarán con Abraham e Isaac y Jacob en el reino de los cielos; mas los hijos del reino serán echados a las tinieblas de afuera." Esta es una omisión característica, porque Lucas rara vez incluye pasajes que sean exclusivos para los judíos.

Lucas hace también una importante contribución a la historia. En el relato de Mateo, *no* se nos dice que el centurión en persona haya acudido a Jesús, sino que había entrado en contacto con El por medio de intermediarios. De hecho, si sólo hubiéramos contado con el material de Mateo solamente habríamos llegado a la conclusión de que el centurión había acudido directamente a Jesús. Pero Lucas nos dice que su primer contacto en esta ocasión fue realizado mediante los ancianos judíos que fueron a Jesús con la petición del centurión y lo declararon digno de la consideración del Señor. La alta estima en que era tenido se debía a que había construido una sinagoga. Lucas también nos informa que cuando Jesús se acercaba a la casa, y el centurión vio que llegaba, mandó a sus siervos para decirle al Maestro que no era digno de que El entrara en su casa. En el relato de Lucas, Jesús y el centurión nunca estuvieron en contacto directo. Esto no es una contradicción con el relato de Mateo. Mateo simplemente está siguiendo la antigua costumbre de omitir sin comentario todo el material que no contribuía a su propósito.

4. *Resurrección del hijo de la viuda de Naín* (7:11-17)

Lucas es el único que nos relata este episodio. Naín está situada en la llanura de Esdraelón, a unos 3 kilómetros del monte Tabor, a unos 30 al sur de Capernaum y a 9 al sur de Nazaret. Pertenecía a la tribu de Isacar. **Naín** significa "bello" o "hermoso".

Este milagro es una de las tres circunstancias registradas en el Nuevo Testamento en que Jesús resucitó muertos, aunque hay clara evidencia de que tal vez obró otras resurrecciones que no han sido incluidas.[8] Dos de estas tres se encuentran en un solo evengelio. La resurrección de Lázaro se halla sólo en Juan (11:44). El incidente que ahora está en discusión se encuentra únicamente en Lucas. La resurrección de la hija de Jairo se halla en los tres Sinópticos.[9]

El iba a... Naín, e iban con él muchos de sus discípulos, y una gran multitud (11). Las multitudes no solamente le rodeaban en las ciudades, sino que le seguían de una ciudad a otra. Esta muchedumbre está constituida por tres grupos: los Doce, **muchos de sus discípulos** y mucha gente.

Llevaban a enterrar a un difunto, hijo único de su madre... **viuda** (12). El Evangelio de Lucas es el **evangelio de los pobres**, de los destituidos e infortunados. El joven era único hijo y la mujer era viuda. De modo que era su único sostén tanto como su gozo y su orgullo. Jesús demostró interés tanto en las necesidades económicas del hombre como en las físicas y espirituales.

El Señor es una designación encontrada frecuentemente en

Lucas y peculiar a este evangelio. **Se compadeció de ella.** Primeramente nótese que el motivo de este milagro fue la compasión. No hay duda de que Jesús realizó milagros para atestiguar su divinidad. Pero su maravillosa compasión jamás estuvo ausente de sus milagros, cuando éstos tenían que ver con los problemas o el sufrimiento humano y, en algunas ocasiones la compasión parece haber sido su única razón. Observemos además, que la compasión estaba circunscrita a la viuda. No hay indicio de que el estado del muerto conmoviera a Jesús, excepto **en que su muerte trajo problemas y quebrantamiento de corazón a la madre.** Cristo no podía mirar la muerte como tragedia a menos que se tratase de la de un pecador. **No llores.** Tales palabras, brotadas del amoroso corazón de Jesús, deben haber proporcionado gran consuelo a la mujer.

Tocó el féretro; y los que lo llevaban se detuvieron (14). El féretro no era un ataúd como el que usaban en Egipto sino una estructura plana semejante a una camilla, sobre la que se depositaba el cadáver envuelto en sudarios.[10] El toque de Jesús sobre el féretro produjo una respuesta instantánea de parte de quienes lo transportaban. La fama de Jesús era tan grande que no hay duda de que ellos sabían quién era, de manera que ellos no se hallaban desprevenido para un milagro.

Joven, a ti te digo, levántate. Cuando Jesús habló estas palabras parecían ser un simple mandato o petición que por cierto sería seguido por una respuesta instantánea. El Creador, el Dador de la vida, está aquí hablando, y su poder para impartir la existencia está claramente demostrado, porque **se incorporó el que había muerto, y comenzó a hablar** (15).

Y todos tuvieron miedo (16). El efecto del milagro sobre la multitud fue tremendo. Literalmente, "el temor se apoderó de todos". Tan inequívoca evidencia del poder y la presencia de Dios produce temor a todos—sobre los santos un temor reverencial, y sobre el pecador el miedo al castigo. Pero todos **glorificaban a Dios.** Ellos consideraban el milagro en dos maneras: *(a)* **Un gran profeta se ha levantado entre nosotros;** y *(b)* **Dios ha visitado a su pueblo.** La segunda explicación parece implicar al Mesías. Como aquellos que oyeron la historia de Navidad o vieron al niño Cristo, ellos sabían que Dios estaba obrando aunque no entendían por completo las evidencias que presenciaban.

Y se extendió la fama (lit., "este informe") **de él por toda Judea, y por toda la región de alrededor** (17). Nada de lo que se sabe que Jesús realizó hasta entonces había causado tal excitación y ninguna historia pudo haberse esparcido tan lejos ni con tal entusiasmo.

5. *Juan el Bautista busca seguridad* (7:18-23)

Véanse los comentarios sobre Mateo 11:2-6.

6. *Jesús habla de Juan* (7:24-30)

Para una discusión completa vea el comentario sobre Mateo 11:7-15. Aunque Lucas omite algo del material que incluye Mateo, él hace una adición importante que hallamos en los versos 29-30. Una lectura superficial podría sugerir que este pasaje es un comentario de Lucas más que un discurso de Jesús. Algunos eruditos han tomado esa posición, pero la mayor parte de los estudiosos del Nuevo Testamento han rechazado ese punto de vista. Este pasaje parece definitivamente una parte del discurso del Maestro sobre Juan. Si hubiera sido un comentario de Lucas, no tendría precedente en sus escritos; en ninguna parte interrumpe un discurso con sus comentarios. Notemos que el verso siguiente (31) continúa el discurso de Jesús sin ninguna introducción o cualquier otra indicación de que el discurso hubiera sido interrumpido.

El pueblo y los publicanos... justificaron a Dios, bautizándose con el bautismo de Juan (29). En los versículos precedentes (24-28), Jesús había estado comentando sobre la persona de Juan el Bautista. Ahora indica la distinta recepción de sus enseñanzas por los dos grupos mayores de israelitas. Justificar a Dios es declarar por palabra y acción, la justicia, rectitud y excelencia de los hechos y palabras de Dios. El pueblo común y los publicanos que más fácilmente se convencían de su pecado y necesidad espiritual, aceptaban el mensaje de Juan, se arrepentían, recibían el bautismo y apoyaban su obra.

Mas los fariseos y los intérpretes de la ley desecharon los designios de Dios respecto de sí mismos, no siendo bautizados por Juan (30). Literalmente, "habían anulado" o "echaron a un lado el consejo o decreto de Dios". Ellos no podían frustrar el plan de Dios, pero por su rechazo y rebelión anulaban o hacían a un lado sus beneficios en lo que a ellos tocaba. De modo que vemos que cualquiera que se opone a Dios está solamente cortando el raudal de las bendiciones divinas.

7. *Una generación pueril* (7:31-35)

Véanse los comentarios sobre Mateo 11:16-19.

8. *Jesús, una mujer arrepentida, y un fariseo* (7:36-50)

Este episodio sólo se encuentra en Lucas. Es similar al relato de Jesús cenando en la casa de "Simón el leproso" en Betania,[11] pero las diferencias son demasiado grandes para pensar que se trata del mismo caso. Entre otras cosas, las actitudes de los dos fariseos hacia Jesús fueron distintas; las dos mujeres eran diferentes—la que estaba en Betania no tenía ni un poco de vergüenza. El tiempo es diferente: el presente, cerca del principio del ministerio de Jesús; el otro, cerca del final. Los lugares eran diferentes—éste, en Galilea; el otro en Judea (Betania).

Uno de los fariseos rogó a Jesús que comiese con él (36). Aunque muchos de los fariseos se iban amargando más y más en contra de Jesús, todavía no había llegado el rompimiento abierto. Por lo tanto, no es de sorprenderse que un fariseo le invitara a comer. Es probable que todavía tenía muchos amigos o personas con buenos deseos entre los de esa secta.

Una mujer de la ciudad, que era pecadora (37). Tal expresión en la terminología del Nuevo Testamento significa prostituta. La palabra **pecadora** tenía un estigma mayor en aquella época que en la actualidad. Esto se debe a tres causas: *(a)* Los fariseos usaban el término con un sentido muy restrictivo con referencia a aquellos que consideraban personas muy bajas (moral y espiritualmente); *(b)* Jesús quitó mucho del odio y el sarcasmo de la palabra con sus hermosas historias sobre compasión por los pecadores; y *(c)* el lenguaje moderno ha quitado de la palabra mucho del sentido de vergüenza, delito y rebelión que en realidad denota el término.

Al saber que Jesús estaba a la mesa. Como todos en Galilea, ella había oído mucho de Jesús. Consciente del peso de su pecado y hambrienta de liberación, llegó a la casa. Era la costumbre que aquellos que no estaban invitados a una fiesta o comida se quedaran de pie alrededor de la pared y hablaran con los invitados. Pero no era de esperar que una mujer de esa clase entrara a la casa de un fariseo. **Ella trajo un frasco de alabastro con perfume.** El alabastro es una de las más finas especies de yeso, generalmente blanco, pero no tan duro como el mármol real; de modo que fácilmente puede dár" sele la forma de un recipiente. Los perfumes generalmente eran transportados en tales "cajas" de alabastro.

Y estando detrás de él a sus pies, llorando (38). En los días de Jesús en Palestina, se acostumbraba reclinarse a la mesa sobre cojines. Los pies quedaban extendidos en dirección opuesta a la mesa. Por eso fue fácil para la mujer alcanzar los pies del Señor. Sus lágrimas pudieron haber sido de arrepentimiento, derramadas por el recuerdo de su pasada vida vergonzosa, en contraste con la santidad que era tan clara en el carácter de Jesús. Pero la declaración de nuestro Señor en cuanto a ella en los versos 44-50 sugiere que ya se había convertido en algún encuentro anterior con El; que estas lágrimas eran lágrimas de gozo, y su unción una muestra de gratitud. En su negocio de vergüenza, ella solía comprar perfumes, y es muy posible que ese hubiera sido adquirido originalmente con propósitos pecaminosos. Pero ahora su corazón había abandonado el pecado y la vergüenza para volverse al Salvador. Como su cuerpo y su alma, esa unción estaba dedicada al Señor.

Su intento era ungir a Jesús. Pero al estar a los pies del Señor, su corazón quedó anonadado, y las lágrimas comenzaron a fluir sobre los pies del Maestro. No teniendo con qué enjugarlos deshizo su peinado y empleó su cabello con ese objeto.

Este, si fuera profeta, conocería quién y qué. . . (39). La totalidad de la escena era vergonzosa para Simón el fariseo. No hay duda de que él se había sentido inclinado hacia Jesús y que le amaba un poco, pero ante el fracaso de Jesús en repudiar a esa pecadora, le pareció una evidencia de que El ignoraba qué clase de mujer era esa. Simón no estaba hablando en voz alta, sino que **dijo para sí.** Pero es interesante notar que mientras Simón estaba meditando acerca de la limitación de la percepción profética de Jesús—su supuesta inadvertencia del verdadero carácter de esa mujer—Jesús también estaba leyendo los pensamientos de Simón. Y pronto reveló no sólo su perfecto conocimiento del carácter de la mujer, sino también el del mismo Simón.

Simón, una cosa tengo que decirte (40). Aquí Jesús le presenta su parábola sobre los dos deudores. En esta parábola y su aplicación vemos un hermoso ejemplo de la fuerza persuasiva de los argumentos del Maestro. El no está procurando meramente convencer a Simón de que lo conoce y lo entiende; El quiere ayudarlo a conocerse y entenderse a sí mismo. Simón es gentil con Jesús y le dice: **Dí, Maestro.**

Un acreedor tenía dos deudores (41). Jesús sabía lo que la mayoría de nosotros pasamos por alto: que a menudo podemos vernos mejor nosotros mismos cuando consideramos a algún otro. Uno de los deudores de quien el Señor hablaba era el mismo Simón. Pronto supo cuál era y llegó a saber más en cuanto a sí mismo. **El uno le debía quinientos denarios, y el otro cincuenta.** Cincuenta denarios equivaldrían a diez dólares estadounidenses; y quinientos denarios a unos cien dólares de esa moneda.

Y no teniendo ellos con qué pagar, perdonó a ambos (42). En el reino espiritual todos los hombres están en aprietos, porque ningún mortal puede pagar su deuda moral y espiritual. En los días de Jesús había dos reglas abiertas para seguir con un deudor insolvente: perdonarlo o esclavizarlo. De manera que el perdón siempre involucraba una gran deuda de gratitud. **¿Cuál de ellos le amará más?** La respuesta es obvia.

Cuando Simón responde: **Pienso que aquel a quien perdonó más** (43), titubea; no porque no esté bien seguro de la respuesta a la pregunta de Jesús, sino porque se da cuenta en qué dirección está llevándolo. Aceptando la respuesta de Simón como correcta, el Maestro comienza una clara y efectiva aplicación de la parábola a Simón y a la mujer.

¿Ves esta mujer? (44). El quiere que Simón vea lo que todavía no ha visto. **Entré en tu casa, y no me diste agua para mis pies; mas ésta** ... El había descuidado la cortesía debida a los huéspedes en aquella tierra. El calor y la tierra de Palestina, unidos al hecho de que el calzado era sólo una suela atada al pie con una correa, hacía que el lavado de los pies al entrar a una casa fuera a la vez una cortesía y una necesidad. La mujer, al lavar los pies de Jesús con sus lágrimas había realizado lo que Simón en su negligencia, había pasado por alto.

No me diste beso; mas ésta ... (45). Simón 'había violado otra costumbre; pero la mujer, con pureza y verdadera humildad había más que suplido su falta—no había cesado de besar sus pies.

No ungiste mi cabeza con aceite; mas ésta ... (46). Parece que Simón había olvidado todas las cortesías acostumbradas y en las que aún se deleitaba un anfitrión cuidadoso. Pero la mujer había ungido sus pies. Simón había probado por su propio trato con su Huésped—y un Huésped con quien parecía no tener antagonismos—que él era desconsiderado y casi, si no enteramente, carente de amor.

Por lo cual te digo que sus muchos pecados le son perdonados (47). Estas se cuentan entre las palabras más preciosas de Jesús—palabras que han oído muchos pecadores y por las cuales muchas almas redimidas se han regocijado.

Tus pecados te son perdonados (48). Las palabras del verso precedente fueron dichas *acerca* de la mujer, pero Jesús ahora se vuelve a ella misma. Aquí la traducción literal es: "Tus pecados han sido perdonados." Esto puede implicar que ya la mujer se había encontrado anteriormente con el Señor y que ya era convertida, y en esa ocasión ella solamente estaba expresando gratitud. Esto armoniza con la parábola y su aplicación; porque en la parábola, el amor siguió al perdón, y en la aplicación, la mujer demostró amor antes de tener la seguridad de ser perdonada por las palabras del Señor. Parece que Jesús se lo estaba asegurando.

¿Quién es éste, que también perdona pecados? (49). Para algunos de los que interrogaban por el perdón de pecados del Señor, esto era posiblemente una demostración de su naturaleza divina, y para otros, con seguridad, una piedra de tropiezo. Pero Jesús jamás permitió que el peligro de ser mal entendido le impidiera demostrar misericordia o expresar amor.

Tu fe te ha salvado (50). Si es como se ha sugerido, que esa mujer se había convertido previamente, la fe a la cual Jesús se refiere era anterior a esa circunstancia. Pero, así como la mujer había confirmado su arrepentimiento y su amor en esa ocasión, y tal como Jesús había confirmado su perdón, la mujer había mostrado una vez más su fe viviente en Cristo. Ciertamente el valor que demostró con sus acciones, y su profunda sinceridad, dan testimonio de una fe vigorosa sin la cual esas actitudes no hubieran sido posibles.

Bajo el encabezamiento: "La Fe del Pecador" (texto 50), Charles Simeon nos ofrece este bosquejo. *Primero:* Las marcas y evidencias de su fe: (1) Su celo; (2) Su humildad; (3) Su contrición; (4) Su amor; (5) Su confianza. *Segundo:* Frutos y consecuencias de su fe: (1) El perdón de sus pecados; (2) La seguridad de su aceptación; (3) La felicidad eterna en la gloria.

9. *Viajes de Jesús* (8:1-3)

Esta porción se encuentra sólo en Lucas.

Aconteció después (1). Esto inicia un cambio en el modo de proceder del Maestro. Parece que abandonó Capernaum como la sede de sus actividades, y comenzó a ampliar su círculo. Iba por todas las ciudades y aldeas, literalmente implica "viajaba de ciudad en ciudad y de aldea en aldea". Se trataba de una campaña planeada, convenida para alcanzar toda Galilea. Predicando y anunciando el evangelio del reino. La expresión griega traducida anunciando el evangelio significa literalmente "evangelizando" o "anunciando (o proclamando) las buenas nuevas (o el evangelio)". Se trataba de una gira evangelística; cuyo propósito era diseminar las buenas nuevas y urgir a los hombres a aceptarlas. En este viaje, los doce apóstoles fueron con El.

Y algunas mujeres (2). Se ha notado en la introducción de este libro que este es el "Evangelio de la Mujer". Aquí tenemos una ilustración de este hecho. Lucas nos informa que **algunas mujeres** tuvieron una parte vital en el ministerio evangelístico de Jesús. Cada una de ellas tenía una razón muy especial para estarle agradecida a Cristo, y sentirse endeudada con El. **Habían sido sanadas de espíritus malos y enfermedades.**

María, que se llamaba Magdalena, significa María de la ciudad de Magdala. Se dice que de ella **habían salido siete demonios.** Se cree que ella fue la prostituta arrepentida y que llegó a ser una santa discípula de Jesús. Generalmente así la han representado pintores y algunos historiadores. Pero no hay la menor evidencia, ni aquí ni en ninguna otra parte del Nuevo Testamento de que jamás fue una mujer inmoral. Está claramente demostrado que fue una de las más devotas discípulas de Jesús. **Siete demonios** quiere decir muchos demonios, porque el número siete es una cantidad indefinida. Sin duda los demonios la habían poseído hasta hacerla perder la razón.

Juana, mujer de Chuza intendente de Herodes (3). Se refiere a Herodes Antipas, gobernador de Galilea. El relato no nos dice de qué enfermedad había sido sanada Juana—si se trataba de posesión de demonios o de un mal físico. Su rango demuestra que algunas personas prominentes habían sido ganadas para Cristo. Se cree que entonces ella era viuda. Nada sabemos en cuanto a **Susana, y otras muchas.** Sólo se nos dan estos tres nombres—sin duda por causa de su importancia. Pero había muchas otras mujeres, que constituían un gran número de seguidoras, cuya suprema tarea era servirle **de sus bienes.** Esto implica que todas ellas serían mujeres en buena posición, quizá miembros de la clase alta.

10. *Parábola del sembrador* (8:4-15)

Este episodio se halla en los tres Sinópticos. Para su discusión véase Mateo 13:1-9, 18-23 (cf. Mr. 4:1-20).

Aquí puede encontrarse "Dios Analiza el Terreno". Note: (1) La tierra junto al camino—corazones endurecidos, 5; (2) Tierra rocosa—corazones superficiales, 6; (3) Tierra infestada de espinas—corazones no santificados, 7; (4) Tierra buena—corazones fructíferos, 8.

11. *Luz escondida* (8:16-18)

Esta lección se encuentra en Marcos, pero Mateo la omite. Para un examen amplio, vea el comentario sobre Marcos 4:21-25.

Nadie que enciende una luz (16); literalmente "una lámpara". Marcos presenta esta declaración en forma de pregunta. El propósito de la luz es revelar. No puede imaginarse una luz escondida.

Nada hay oculto, que no haya de ser manifestado (17). La luz reveladora de Dios no puede ser escondida y nada puede ocultarse de ella. Es una necedad tratar de esconder cosas de Dios.

Mirad, pues, cómo oís (18). No sólo lo que oímos como dice Marcos, (4:24) sino también es importante cómo oímos. Tenemos la obligación de oír—escuchar. Entonces tenemos una nueva obligación: La de actuar conforme a la nueva luz que nos llega al oir. La luz, que nos llega de la Palabra y del Espíritu Santo, se transforma en tinieblas cuando no es obedecida.

Porque a todo el que tiene, se le dará; y a todo el que no tiene, aun lo que piensa tener se le quitará... Aquel que tiene, como resultado de eschuchar correctamente y de reconocer su obligación, a esa persona se le puede confiar más. **Lo que piensa tener**—Marcos dice simplemente "el que tiene" (4:25). El que sea espiritualmente perezoso y engañador jamás tendrá verdaderas riquezas; pero aun aquello que parece tener, al fin lo perderá. Algunas veces es difícil para el espectador decir las diferencias entre lo real y lo aparente, pero Dios conoce la diferencia y trata a los hombres de acuerdo con su conocimiento.

Barclay llama a este párrafo "Leyes para la Vida". Nota tres de ellas. (1) Lo esencial de una vida cristiana conspicua, 16; (2) La imposibilidad del secreto, 17; y (3) El hombre que tiene logrará más;—el buscador siempre encontrará.

12. *La madre y los hermanos de Jesús* (8:19-21)

El relato de Lucas sobre este evento es más breve que el de Mateo y el de Marcos.[12] Es especialmente interesante notar que Lucas omite la pregunta: "¿Quién es mi madre? ¿y quienes son mis hermanos?" que se encuentra en los otros evangelios. Posiblemente haya sentido que sus lectores gentiles podrían ver aquí una falta de respeto a María, a la cual él da un lugar prominente en su Evangelio. También, como ya ha sido visto antes, Lucas ubica a la mujer sobre un lugar más elevado que el acostumbrado en la Palestina de su época. Para mayor discusión, véase Mateo 12:46-50.

13. *El dominador de la tempestad* (8:22-25)

Este relato se encuentra en los tres Sinópticos. Para conocerlo bien véase Mateo 8:18, 23-27 (cf. Mr. 4:35-41).

14. *La sanidad del endemoniado* (8:26-39)

Este milagro se encuentra en los tres Sinópticos. El pasaje más extenso está en Marcos y el más breve en Mateo. Lucas sigue muy de cerca el relato de Marcos, difiriendo algo en las palabras, pero es muy similar en los hechos. Para un estudio amplio véase Marcos 5:1-20 (cf. Mt. 8:28-34).

15. *La resurrección de una niña y la sanidad de una mujer* (8:40:56)

Estos dos milagros forman un episodio único porque uno fue realizado mientras Jesús iba en ruta al otro. Los dos milagros figuran en los tres Sinópticos y todos presentan la curación de la mujer como una especie de interrupción del cortejo que iba a la casa de la niña muerta. Marcos nos da el relato más detallado y Mateo el más breve. Lucas sigue a Marcos muy de cerca. Para una discusión más detallada vea el comentario sobre Marcos 5:21-43 (cf. también Mt. 9:1, 18-26).

Lucas menciona la edad de la niña: 12 años; mientras Mateo la omite y Marcos la revela al final. Mateo no cuenta el fracaso que la mujer había tenido con los médicos. Pero es interesante notar en qué forma distinta a la de Marcos, Lucas el médico encara el asunto. El primero dice que: "Había sufrido mucho de muchos médicos, y gastado todo lo que tenía, y nada había aprovechado, antes le iba peor" (Mr. 5:26). Lucas no es tan crítico de los doctores. El lo relata así: **Había gastado en médicos todo cuanto tenía, y por ninguno había podido ser curada** (43).

En conexión con la sanidad de la hija de Jairo, Maclaren nota tres puntos: (1) Una palabra de ánimo que sostiene la fe débil—**No temas; cree solamente, y será salva,** 50; (2) Una palabra de revelación que suaviza los horrores de la muerte—**No está muerta, sino que duerme,** 52; (3) Una palabra de poder que vuelve a la vida a la niña—**Muchacha, levántate,** 54.

D. Cuarto Período, 9:1-6

1. *La misión de los Doce* (9:1-6)

De los cuatro períodos del ministerio de Jesús en Galilea, todos excepto el primero comienzan con un episodio relacionado con los discípulos (o parte de ellos);—por supuesto que al comienzo del primer período El todavía no tenía constantes seguidores. El segundo período comienza con el llamado de cuatro discípulos—Pedro, Andrés, Jacobo y Juan. El tercer período principia con la elección de los Doce. Ahora, el cuarto, con la misión de los Doce. Los tres Sinópticos nos relatan este acontecimiento. Mateo presenta un relato detallado con las amonestaciones pertinentes. Para discusión, véase Mateo 9:36—11:1.

2. *Herodes es perturbado* (9:7-9)

El relato de Lucas sobre este asunto es mucho más breve que el de los otros dos Sinópticos. El trata solamente la pregunta de Herodes acerca de la identidad de Jesús, mientras que los otros dos cuentan de la muerte de Juan en relación con la pregunta. En este punto, Lucas apenas menciona la muerte de Juan. Había hablado de su encarcelamiento como conclusión de la narración sobre el ministerio del Bautista (véase el comentario sobre Lc. 3:18-20). Para mayor información, véanse los comentarios sobre Mateo 14:1-12.

3. *Alimentación de los cinco mil* (9:10-17)

Los cuatro evangelios relatan este incidente.[13] Para su estudio, véanse los comentarios sobre Mateo 14:13-21.

4. *La gran confesión* (9:18-21)

El episodio se encuentra en los tres Sinópticos. Para su examen, véanse los comentarios sobre Mateo 16:13-20 (cf. también Mr. 8:17-30).

5. *Jesús enseña la entrega total* (9:22-27)

Hallamos esto registrado en los tres Sinópticos. Para su estudio, véanse los comentarios sobre Mateo 16:21-28 (cf. también Mr. 8:31—9:1).

6. *La transfiguración* (9:28-36)

Este episodio aparece en los tres Sinópticos. Para discusión completa véase Mateo 17:1-13 (cf. también Mr. 9:2-13). Lucas hace tres contribuciones a esta historia:

(1) Dice que Jesús subió a una montaña a orar y que mientras estaba orando fue transfigurado (28-29).

(2) Nos informa que Moisés y Elías hablaban de la inminente muerte de Jesús, que pronto sucedería en Jerusalén (30).

(3) Relata que Pedro, Jacobo y Juan dormían mientras suce-

dieron algunos de los acontecimientos de la montaña y que despertaron al ver los visitantes celestiales (32).

Estos detalles no cambian sustancialmente la historia, aunque son de importancia. El primero es por cierto característico de Lucas. El, más que ningún otro de los escritores de los Evangelios, informa las circunstancias importantes de la oración en la vida de Jesús. El conocimiento de este hecho profundiza el valor devocional de la historia.

Puesto que la transfiguración está claramente relacionada con la misión de Cristo sobre la tierra, su significado es aclarado por el informe de Lucas de que el tema en discusión era la muerte expiatoria de Jesús. Sabiendo esto, es apropiado que Moisés y Elías, que estaban allí como representantes de la ley y los profetas, tuvieran una última consulta con el Redentor, antes del pago del precio de rescate.

La tercera adición de Lucas a la narración introduce el elemento humano en la historia. Siempre debemos recordar que estos tres enérgicos y devotos seguidores de Jesús eran intensamente humanos. El sueño, el miedo, y la frustración caracterizaron sus reacciones en la presente circunstancia.

7. *Un muchacho es librado de un mal espíritu* (9:37-43*a*)

Marcos relata detalladamente este caso, mientras los otros dos Sinópticos son más breves. Cuando Lucas difiere en algo de Mateo, es porque sigue estrechamente a Marcos. Para más información, véase el comentario sobre Marcos 9:14-29 (cf. también Mt. 17:14-20).

8. *Jesús predice su pasión* (9:43*b*-45)

Hallamos esta profecía en los tres Sinópticos. Nuevamente Lucas sigue más de cerca a Marcos que a Mateo sobre detalles. Para mayor información, véase el comentario sobre Marcos 9:30-32 (cf. Mt. 17:22-23).

9. *Un espíritu en oposición al de Cristo* (9:46-50)

Los tres Sinópticos relatan este episodio. Marcos es más detallista que los otros y sigue más paralelamente a Lucas que a Mateo. Para un examen detallado sobre el asunto, vea los comentarios sobre Marcos 9:33-50 (cf. Mt. 18:1-6).

NOTAS BIBLIOGRÁFICAS

[1]Véanse Mateo 13:54-58 y Marcos 6:1-6.

[2]Véanse Mateo 4:12 y Marcos 1:14. Véase Godet para más comentarios sobre este asunto, *op. cit.,* I, 227.

[3]Véase Hechos 13:15.

[4]Van Osterzee, *op. cit.,* p. 73.

[5]La suegra de Simón se menciona en 4:38, pero Simón no es mencionado en ese tiempo.

[6]Véase Godet, *op. cit.,* I, 271.

[7]Véase también Godet, *op. cit.,* I, 294 s.

[8]Véanse Mateo 10:8; 11:5; Lucas 7:22.

[9]Mateo 9:22-26, Marcos 5:22-43; Lucas 8:41-56.

[10]Compare el entierro de Lázaro, Juan 11:41-44.

[11]Mateo 26:6-13; Marcos 14:3-9; Juan 12:1-9.

[12]Véanse Mateo 12:46-50; Marcos 3:31-35.

[13]Cf. Mateo 14:13-21; Marcos 6:30-46; Juan 6:1-15.

El Viaje a Jerusalén—
El Ministerio en Perea

Lucas 9:51—19:27

Llamar a esta gran división del Evangelio de Lucas "El Viaje a Jerusalén" es tratar el asunto con excesiva sencillez, porque no se trata de un viaje continuo y directo hacia esa ciudad. Más bien es un ministerio completo evangelístico y de enseñanza, cuyo destino final era Jerusalén. A lo menos una vez durante este ministerio, Jesús hizo un breve viaje allá (10:38-42).

El orden general que Jesús prosiguió fue el siguiente: Comenzó este período en Galilea, al oeste del Jordán. Cruzó el Jordán al sur del mar de Galilea y al norte de Samaria. Recorrió Perea de norte a sur (con muchos viajes cortos en desvíos) hasta llegar al punto sobre el lado oriental del Jordán opuesto a Jericó. Allí, cruzó el Jordán, atravesó Jericó, y entonces se dirigió a Jerusalén. Parte de la evangelización de esta zona parece haber sido realizada por medio del envío de discípulos. Este ministerio parece haber sido realizado durante los últimos seis o siete meses antes de la pasión del Señor.

La mayor parte del material de esta división del relato de Lucas no se halla en ningún otro evangelio. Algunas de las más conocidas y amadas historias de todos los evangelios están en esta porción—"el buen samaritano", "el hijo pródigo", "el rico y Lázaro" y muchas otras.

A. Primera Etapa, 9:51—13:21

1. *Rechazo samaritano* (9:51-56)

Cuando se cumplió el tiempo en que él había de ser recibido arriba, afirmó su rostro para ir a Jerusalén (51). Con estas palabras introduce Lucas toda la división, y establece el tono para todo lo que va a seguir. Desde este punto, la sombra de la cruz recae sobre todo lo que Jesús dice o hace. Pero notemos que el énfasis no recae sobre la muerte o la cruz, sino en su ascensión (recibido arriba). Jesús no había perdido de vista la cruz, sino que su atención tenía un foco más allá de ella.

La frase afirmó su rostro implica una atención fija y determinada sobre el sacrificio de Sí mismo, que fue el propósito principal de su encarnación. Desde este momento hasta el Calvario, Cristo fue reconocido como Alguien "que afirmó su rostro" y estableció un objetivo. Aun los samaritanos se percataron de ello (cf. v. 53).

Y envió mensajeros. . . en una aldea de los samaritanos (52). Parece que si los samaritanos hubieran estado dispuestos, la etapa final del ministerio de Jesús antes de sus últimos días en Jerusalén, habría sido Samaria. Por lo menos, los samaritanos habrían compartido este ministerio.

Los samaritanos eran mixtos en raza y semipaganos en religión. Cuando los asirios vencieron a Israel (las 10 tribus) llevaron cautivos a muchos de los israelitas y trajeron muchos paganos del Oriente para ocupar su lugar. De esta manera se mezcló la raza y, con el proceso del tiempo, la religión también llegó a ser algo híbrido con un templo rival y la pretensión de que el monte Gerizim era el verdadero lugar de culto.[1] La intensa rivalidad entre Samaria y Judea había comenzado con la división del reino de Salomón,[2] y se intensificó cuando los asirios mezclaron sus razas—especialmente como resultado del conflicto entre Sambalat y los judíos al retorno de la cautividad babilónica.[3] En los tiempos de Jesús, los judíos aborrecían a los samaritanos y los consideraban como del mismo nivel de los perros; este sentir también era recíproco de parte de los samaritanos; de modo que los judíos tenían dos razones para evitar Samaria: el odio y el temor.

Mas no le recibieron, porque su aspecto era como de ir a Jerusalén (53). Sin duda los samaritanos habían oído de Jesús—acerca de sus obras y de sus enseñanzas. Este versículo implica que pudieron haberlo recibido, si El no hubiera estado dispuesto a ir a Jerusalén. Ellos veían en El mucho de lo que estaban deseando, y sabían que no era bienvenido por los jerarcas judíos. Tal cosa hacía que Jesús les resultara más atractivo. Pero su determinación de ir a Jerusalén le hizo inaceptable.

¿Quieres que mandemos que descienda fuego del cielo como hizo Elías, y los consuma? (54). El Señor sabía lo que estaba haciendo cuando llamó a Jacobo y a Juan "hijos del Trueno". Su natural disposición fiera, su típico desagrado judío por los samaritanos y el hecho de que su Señor hubiera sido rechazado, era suficiente para hacerlos desear la aniquilación como castigo. Y ellos tenían un precedente en el Antiguo Testamento.

No sabéis de qué espíritu sois (55). Jesús no condenó a Elías, pero quería que supieran que ellos debían tener un espíritu diferente.[4]

Necesitaban aprender que estaban ingresando a la dispensación del amor, misericordia, perdón y tolerancia. Jesús no había venido a destruir a los pecadores sino a darles el evangelio y una oportunidad de arrepentimiento. **Porque el Hijo del Hombre no ha venido para perder las almas de los hombres, sino para salvarlas (56). Y se fueron a otra aldea.** He aquí un ejemplo de tolerancia. Siempre es mejor ir a otra villa que mandar fuego. Pero esta otra villa era judía, y marca el fin de la posible evangelización de Samaria. Señala el viraje hacia Perea.

2. *El costo del discipulado* (9:57-62)

Uno le dijo. . . Señor, te seguiré adondequiera que vayas. Y le dijo Jesús: Las zorras tienen guaridas, y las aves de los cielos nidos; mas el Hijo del Hombre no tiene donde recostar la cabeza (57-58). Es fácil hacer una entrega superficial; pero detrás hay siempre un motivo egoísta. Aquí Jesús aclara que cualquiera que quisiera seguirle por logros terrenales va a quedar desilusionado. Para una discusión más amplia, vea los comentarios sobre Mateo 8:18-22.

Y dijo a otro: Sígueme. El le dijo: Señor, déjame que primero vaya y entierre a mi padre. Jesús le dijo: Deja que los muertos entierren a sus muertos; y tú vé, y anuncia el reino de Dios (59-60). El hombre del verso 57 ofreció sus servicios y fue desanimado. Este hombre (59) recibe un llamado especial de Jesús **(Sígueme).** Planeó obedecer al llamado, pero quería hacer otra cosa primero. Jesús le informó que su llamamiento en ese momento era más importante que cualquier otra cosa.

También dijo otro: Te seguiré, Señor; pero déjame que me despida primero de los que están en mi casa. . . Jesús le dijo: Ninguno que poniendo su mano en el arado mira hacia atrás, es apto para el reino de Dios (61-62). Este hombre se ofrecía voluntariamente para el servicio del Maestro, pero quería posponer sus deberes religiosos hasta que hubiera hecho sus obligaciones sociales. Jesús está diciendo aquí, como en los dos ejemplos precedentes, que el servicio de Cristo y su reino deben ocupar el primer lugar. Si no los ponemos sobre las demás cosas, no importa cuán importantes sean, no podemos ser sus discípulos. Una vez que hayamos puesto nuestras manos para arar en los campos del Maestro, no debemos mirar atrás. Parece que Jesús implica que ese discípulo voluntario ya estaba comenzando a mirar atrás, anhelando las cosas que había dejado.

Debe recordarse que Jesús vio más profundamente en estas tres dedicaciones o respuestas de lo que nosotros podemos ver. El miraba la actitud del corazón que se le ofrecía. El sabía si la entrega era completa o de corazón dividido, y simplemente El no acepta discípulos con esta clase de corazones. Su obra y su Persona son demasiado importantes para estos discípulos superficiales.

Charles Simeon describe los tres personajes de este pasaje: El primero (57-58) profesa la entrega completa a Cristo. El segundo (59-60) manifiesta bastante mala gana. El tercero (61-62) profesa voluntad de seguir a Cristo, pero pide una prórroga. Al primero, Cristo le muestra las dificultades del discipulado. Al segundo, le declara que debe ceder toda consideración. Al tercero, Jesús le da una solemne amonestación.

3. *La misión de los setenta* (10:1-20)

Designó el Señor también a otros setenta (1). Lucas no quiere decir que el Señor hubiera mandado antes a esos 70, sino que comisionó a éstos en adición a los 12 que ya había enviado antes. Lucas es el único Evangelio que registra este acontecimiento; pero también él es el único que trata (en todos sus detalles) el ministerio en Perea, del cual es parte.

Parece que entre los judíos, el número 70 tenía un significado especial. Moisés había designado 70 ancianos, los miembros del Sanedrín eran 70 (incluyendo el presidente o nasi), y según la leyenda judía, había 70 pueblos o naciones de la tierra aparte de los judíos. Es significativo el hecho de que Jesús tuviera tantos discípulos dignos de confianza. A menudo olvidamos que El tenía muchos seguidores leales.

A quienes envió de dos en dos. Para ayuda y animación mutuas. **A toda ciudad y lugar adonde él había de ir.** Tenían que hacer los preparativos para la visita de Jesús a esas ciudades. En esa ocasión, los Doce quedaron *con* El; y los 70 fueron *delante* de El. Es muy posible que cada una de esas parejas de discípulos fuera a un pueblo y se quedara allí predicando, enseñando, es decir preparando la villa para la visita del Señor. Esto nos daría 35 pueblos y villas visitadas por Jesús en su ministerio pereano y sus visitas tienen que haber sido muy breves para haberlas hecho en el lapso de seis o siete meses.

Desde los versículos 2 al 16, Jesús imparte instrucciones a los 70. La mayor parte de ellas o bien son iguales o similares a lo que diera a los Doce. Algunos críticos tropiezan ante la similaridad de ambos pasajes. Pero es más que razonable que Jesús les diera las mismas o muy parecidas amonestaciones si las demandas de las situaciones eran idénticas. Cualquier líder de iglesia arengando a grupos de ministros, inevitablemente va a repetir lo que dice, porque todos los ministros necesitan casi la misma instrucción.

La mies a la verdad es mucha, mas los obreros pocos (2). El uso de mies como metáfora parece haber sido un favorito de Jesús. La mies de almas humanas siempre ha sido mucha, y los obreros siempre desgraciadamente han sido pocos. Este número se ha mantenido tan bajo por el fatal desinterés de los hombres hacia sus semejantes. Pero el Maestro aclara mediante su evangelio que este interés es una de las pruebas del discipulado. Sus discípulos están trabajando en la mies. Aquellos que no lo hacen no son dignos de ser llamados con ese nombre.

Rogad al Señor de la mies que envíe obreros a su mies. Nuestra responsabilidad es poner la cosecha en el granero, y aun también lo es el lograr más obreros para sus labores. Debemos ver la necesidad, trabajar y orar para que haya más obreros, pero ningún hombre tiene el derecho de orar por ayuda en el campo de labor si él mismo no está haciendo lo mejor posible. Dios no va a mandar obreros para ayudar al holgazán—éste no necesita ayuda para hacer lo que está realizando.

Yo os envío como corderos en medio de lobos (3). Qué paradoja: ¡Los corderos salen a rescatar las ovejas de los lobos! Aquí están unidas la sencillez con el desamparo: no hay armas carnales para la defensa. Pero Dios tiene una manera de sacar fuerza de la debilidad y usar aun la muerte como arma de victoria y vida. Aquí vemos la singularidad de Cristo. El es el más grande Vencedor del mundo a pesar de que sus fuerzas están completamente indefensas en lo que respecta a armas carnales. Se ha dado muerte a incontables miles de cristianos; pero el avance triunfante continúa. Necesitamos detenernos a considerar este punto para lograr nueva luz e inspiración para la tarea y la batalla de nuestro tiempo. No estamos sin protección, porque Cristo está con nosotros. Cuando la muerte misma no puede derrotarnos, somos invencibles. Pero en cuanto comenzamos a usar armas carnales vamos rumbo a la derrota.

No llevéis ni bolsa, ni alforja, ni calzado (4) es literalmente "ni cartera, ni valija de provisiones ni sandalias". Los 70 no tenían que andar cargados con provisiones. Ellos tenían una misión sumamente importante y los negocios del Rey requerían ligereza. Véase también el comentario sobre Mateo 10:9 ss.

Y a nadie saludéis por el camino. Esto se refiere particularmente a las salutaciones largas y tediosas acostumbradas en el oriente. Ellos no podían desperdiciar el tiempo precioso porque estaban tan absortos en su misión, que su devoción sincera sería vista por todos los que los encontraran.

Y si hubiere allí algún hijo de paz (6). **Hijo de paz** es una expresión aramea para "hombre pacífico" o "de buen concepto", "de buena reputación". Estos mensajeros de Cristo debían posar en hogares de buena reputación. No debían manchar el nombre de Cristo al residir en lo bajo e indigno.

Y posad en aquella misma casa, comiendo y bebiendo de lo que os den; porque el obrero es digno de su salario (7). No debían estar demandando sin ser agradecidos por cualquier cosa que les dieran; no tenían que considerarse a sí mismos (ni por los demás) como mendigos, sino como obreros que recibían su salario. **No os paséis de casa en casa.** La casa en donde comenzaran debía ser su posada en esa ciudad.

Para discusión del material de los versos 8-12 vea los comentarios sobre Mateo 10:14-15; para los versos 13-15 vea Mateo 11:21-24; para notas sobre el verso 16 vea Mateo 10:40.

Volvieron los setenta con gozo, diciendo: Señor, aun los demonios se nos sujetan (17). Estaban sorprendidos por los poderes milagrosos que podían ejercer. Se sentían gozosos al recordar sus realizaciones. Pero Jesús les mostró (20) que su gozo estaba mal ubicado porque su énfasis no estaba en su lugar. Sin embargo no los reprendió por su regocijo al ver al reino de Satanás en retirada.

Yo veía a Satanás caer del cielo como un rayo (18). Aquí Jesús está recordando y profetizando. Satanás había sufrido algunas derrotas mayores—especialmente vinculadas con la tentación de Cristo. Pero Jesús miraba al futuro, a la caída final de Satanás, su derrota completa en las mismas manos de Cristo.

He aquí os doy potestad de hollar serpientes y escorpiones, y sobre toda fuerza del enemigo y nada os dañará (19). Esta escritura tiene una aplicación literal,[5] pero el contexto parece exigir principalmente un sentido espiritual. Note que Jesús coteja **serpientes** y **escorpiones** con **toda fuerza del enemigo.** Tanto los versos precedentes como los que siguen se refieren a los poderes satánicos. También la gramática de estos versículos implica que estas **serpientes** y **escorpiones** están incluidas en la **fuerza del enemigo.** Ese simbolismo es común para los poderes satánicos o demoníacos o para el mismo Satanás. El sentido principal es que ellos tendrían el poder para pisar triunfalmente sobre las huestes satánicas mediante la ayuda y la gracia de Jesús.

Pero muestra que lo precedente no era una reprimenda. **No os**

regocijéis de que los espíritus se os sujetan, sino regocijaos de que vuestros nombres están escritos en los cielos. Aquí está el énfasis, la base propia para el regocijo. El poder y sus manifestaciones son fascinantes, pero lo más esencial es la vida eterna. La ciudadanía en los cielos es más importante que la capacidad de producir pavor en el infierno.

4. *Momento de exultación de Jesús* (10:21-24)

Jesús se regocijó en el Espíritu, y dijo: Yo te alabo, oh Padre... porque escondiste estas cosas de los sabios y entendidos, y las has revelado a los niños (21). Este es uno de los momentos cuando la alegría llenó el corazón del Varón de Dolores, y se **regocijó** (llenó de alegría) **en el Espíritu.** Tenía doble razón para regocijarse: La victoria había coronado los esfuerzos de los 70 y la verdad divina había sido esparcida por estos bebés en Cristo—verdades que los sabios y entendidos de este mundo habían pasado por alto. Mediante la ayuda divina, estos hombres iletrados habían penetrado con más profundidad en la verdad que los filósofos de todas las edades sin la ayuda de la revelación de Dios. Notemos que el Padre se las había **revelado.**[6]

El *Pulpit Commentary* ofrece este bosquejo de tres puntos: (1) La alegría de la gratitud, 20; (2) La herencia de los corazones humildes, 21; (3) El refugio de los perplejos—**Porque así te agradó,** 21.

Todas las cosas me fueron entregadas por mi Padre (22). En este verso se hallan dos verdades: Por una parte, todo el poder del cielo estaba a disposición de Jesús, si Él hubiera querido emplearlo en su guerra contra Satanás. Y por otra parte, esas palabras muestran la sujeción del Hijo al Padre durante su permanencia terrenal. Esta subordinación del Hijo al Padre fue voluntaria y temporal.

Nadie conoce quién es el Hijo sino el Padre. Solamente el divino Padre puede comprender la divina persona de su Hijo. **Ni quién es el Padre, sino el Hijo.** Solamente el divino Hijo puede comprender la divina persona del Padre. Sólo la Deidad puede comprender a la Deidad. **Y aquel a quien el Hijo lo quiera revelar.** El hombre puede tener una comprensión muy vaga y fragmentaria del Padre; pero aún así, eso es posible sólo porque el Hijo lo revela. Es el Hijo quien escoge ("dispone") a aquellos a quienes Él revelará el Padre. En esa ocasión, Él había elegido esos **niños** con preferencia a **los sabios y entendidos.** La revelación viene "del" Padre, pero "mediante" el Hijo.

Y volviéndose a los discípulos les dijo aparte (23). Jesús tenía un mensaje privado para ellos que Él no quería que escucharan los mundanos. Dios a menudo comparte mensajes privados con sus hijos—mensajes que pasan por alto a los que les rodean. **Bienaventurados los ojos que ven lo que vosotros veis.** Estas palabras podrían ser recordadas provechosamente en los días por venir—cuando la beatitud de su suerte no iba a ser tan aparente. Ellos estaban viendo el principio del poderoso avance del reino de Dios sobre la tierra. Los discípulos no comprenderían muy pronto el significado de estas palabras—quizá nunca en este mundo. Pero ellos recibirían un desenvolvimiento y comprensión progresivos de su gran privilegio como embajadores de Cristo.[7]

Porque... profetas y reyes desearon ver... y... oir lo que oís (24). Los hombres en la antigua dispensación vieron oscuramente estas cosas mediante el ojo de la profecía. Estaban destinados a no **ver** jamás (en este mundo) lo que ellos predecían. Ningún rey ni profeta en el gran pasado de Israel había sido tan bienaventurado como estos humildes hombres. Aunque venían de los rangos más humildes de la sociedad, ellos salieron a proclamar el establecimiento del reino de Cristo—las buenas nuevas de salvación.

5. *El buen samaritano* (10:25-37)

Esta es una de las historias más amadas del Nuevo Testamento. Estamos en deuda con Lucas por habérnosla dado, pues es el único escritor que la presenta. Sin duda la ocasión para este relato se presentó en las cercanías de Jerusalén—posiblemente en Betania en la casa de Lázaro cuando Jesús hizo su breve viaje a Jerusalén para la fiesta de la Dedicación. Nótese que en los próximos eventos (38-42), El está en Betania.

Un intérprete de la ley (25). A menudo estos hombres eran considerados como escribas—versados en la ley de Moisés y la tradición judía. **Se levantó.** Evidentemente estaba sentado entre los oyentes de las enseñanzas de Jesús. Se puso de pie para llamar la atención del Maestro con el fin de hacer una pregunta. **Para probarle.** Su pregunta no era una investigación sincera de la verdad sino una trampa destinada a envolver al Maestro en una de las frecuentes disputas judías. **¿Haciendo qué cosa heredaré la vida eterna?** Esta indagación aparentemente sincera de dirección espiritual fue reconocida por el Maestro como trampa. El evitó la esperada respuesta haciendo a su vez una pregunta al letrado, y de esta forma lo puso a la defensiva. **¿Qué está escrito en la ley? ¿Cómo lees?** (26). Si la ley tenía una respuesta, el abogado debía saberla.

Amarás al Señor tu Dios... y a tu prójimo (27). El jurisconsulto

509

fue a los dos textos del Antiguo Testamento que son las mejores expresiones de las actitudes del Nuevo Testamento. Para discusión sobre la importancia de estos textos vea los comentarios sobre Mateo 22:37-40.[8]

Bien has respondido (28). Jesús aprobó su respuesta y agregó: **Haz esto, y vivirás.** El amor a Dios y a los semejantes es la verdadera esencia de la religión eficaz. Si el letrado podía vivir de acuerdo a estas normas, tenía asegurada la vida eterna.

Pero él, queriendo justificarse a sí mismo (29). Evidentemente se sentía condenado por la segunda regla, aunque no fue acusado por nadie. También flaqueaba en su amor hacia Dios. Pero, su relación y actitud hacia su prójimo podía detectarse con mayor facilidad que su amor a Dios. Se condenaba a sí mismo—por lo menos revelaba su sentido de condenación—al tratar de justificarse a sí mismo. **¿Y quién es mi prójimo?** Es evidente que había muchas personas a quienes no amaba, pero estaba preguntando (y a la vez satisfecho de que sabía la respuesta) "¿Es mi prójimo, acaso, éstos que yo no amo?" Jesús le respondió con una significativa parábola, memorable porque es una parte de la revelación divina y sumamente apropiada para la situación y para el hombre. En esta historia se da instrucción por ejemplo y no por precepto.

Un hombre descendía de Jerusalén a Jericó (30). No tenemos más informes sobre este hombre que los acontecimientos de este viaje. No sabemos su nombre e ignoramos su raza. Esto sería muy propio de Lucas porque él presenta a Jesús como Salvador de todos los hombres. Sin embargo la historia implica que era judío—mucho del punto y fuerza de este relato depende de este hecho.

Jericó estaba situada a unos 25 kilómetros al noreste de Jerusalén y a unos 8 kilómetros al oeste del Jordán. La elevación de la ciudad es de unos 1.070 metros bajo el nivel de Jerusalén; de manera que un viaje como este era un verdadero descenso. El territorio entre esas dos ciudades era áspero y en muchas partes desierto, aunque el camino era transitado con frecuencia—se trataba de una de las más importantes rutas de Palestina. Lo escabroso del suelo y el número de viajeros que pasaban por allí lo habían hecho un abrigo para los bandidos.

Esta historia podría haber sido un incidente actual en el camino a Jericó más que una parábola. Si fue así, el Maestro definitivamente hizo una buena elección, porque cada punto de la historia encaja perfectamente con la lección que estaba tratando de enseñar.

Y cayó en manos de ladrones—literalmente, "robadores" o "bandidos". Los ladrones están interesados en robar la propiedad. Los robadores y bandidos, a menudo hieren y matan. Este viajero no sólo fue robado sino que le dejaron **medio muerto** (30).

Descendió un sacerdote (31). Un gran número de sacerdotes y levitas vivían en Jericó y subían a Jerusalén cuando les correspondía su turno en el servicio de cultos. Es interesante notar que esta es la única vez en que Jesús habló en cierta manera en contra de los sacerdotes. Su posición como guardianes de la casa de Dios, parece haber sido respetada por Jesús, aun cuando personalmente merecían su censura. Este en particular tal vez iba rumbo al templo para comenzar la semana de oficio. Si es así, pasaría por el otro lado del camino para evitar la contaminación ceremonial que hubiera interferido en sus funciones sacerdotales. De todas maneras había algo más importante para él que la vida de ese hombre—aun la existencia de un prójimo judío.

Asímismo un levita (32). Los levitas ayudaban a los sacerdotes haciendo labores necesarias alrededor de los terrenos del templo. Este levita mostró algo de pesar—o ¿fue curiosidad? Se acercó y miró al hombre. Pero no fue mejor que el sacerdote, porque se deshizo de la poca compasión que sentía. El también **pasó de largo.** Cualquiera que haya sido el motivo que impulsó al sacerdote y al levita a pasar sin ayudar a su semejante judío, el punto es el mismo; lo más importante es lo que les hizo pasar por alto, no la razón por la cual dejaron de actuar. Con seguridad que el abogado por cuyo beneficio Jesús relataba esa historia, habría considerado a ese infortunado un semejante.

Pero un samaritano (33). En este pasaje su nombre y rango carecen de importancia, porque todos los samaritanos eran aborrecidos por los judíos, y evidentemente la mayoría de los samaritanos tenían el mismo sentimiento hacia los judíos. El punto era que este hombre no tenía ninguna razón especial para ayudar a ese judío; y casi toda razón racial para no ayudarlo fue eliminada por su compasión hacia un ser humano que estaba sufriendo. Y aunque este ser humano pertenecía a la raza aborrecida, se detuvo y le ayudó al extremo de sus posibilidades.

Nótese la extensión de la ayuda del samaritano al judío: *(a)* Le proporcionó la ayuda de emergencia inmediata; *(b)* Le llevó al mesón para que pudiera cuidársele mientras convalecía; *(c)* Le pagó el hospedaje por adelantado; y *(d)* Ofreció más ayuda si llegara a ser necesaria. No descuidó ninguna clase de servicio que estuviera en su poder realizar.

¿Quién, pues, de estos tres, te parece que fue el prójimo del que cayó

en manos de los ladrones? (36). Note cómo Jesús invirtió el orden y la relación. El letrado había dicho: "¿Quién es mi prójimo?" Pero en la historia de Jesús su pregunta fue: "¿Quién pues... fue el prójimo?" Es decir: ¿Para quién puedo yo (debo yo) ser prójimo? La pregunta del intérprete de la ley no tenía sentido de obligación humana. La pregunta de Jesús hace un fuerte énfasis sobre la obligación. De modo que el Señor realmente no respondió la pregunta del abogado; le demostró que había hecho la interrogación equivocada porque sus actitudes eran malas y tristemente carentes de amor por el prójimo. El hombre vio el punto, porque contestó correctamente la pregunta del Señor: **El que usó de misericordia con él** (37). La aplicación era clara y simple. El abogado pudo verlo antes que el Maestro le indicara: **Vé, y haz tú lo mismo.**

William Barclay nota tres verdades importantes en este relato: (1) Debemos ayudar a un hombre aunque él mismo sea causante de sus propias desdichas, 30; (2) Cualquier hombre de cualquier nación que está en necesidad es nuestro prójimo, 31-33; (3) Nuestra ayuda debe ser práctica y no un mero lo *siento* mucho.

6. *Visita a Marta y a María* (10:38-42)

Entró en una aldea (38). Esta villa era Betania, porque es obvio que se trata de Marta y María acerca de quienes Juan escribió (Jn. 11:1 ss.). La descripción que hacen estos dos Evangelios de estas hermanas nos demuestra que se trata de las mismas personas. Este incidente sucedió posiblemente cuando Jesús hizo su breve visita a Jerusalén para la fiesta de la Dedicación celebrada en el diciembre antes de la pasión.

Existía una hermosa amistad entre Jesús y estas dos hermanas y un hermano Lázaro. En su asociación con ellos vemos uno de los mejores cuadros de la parte humana de Jesús hallados en el Nuevo Testamento. Debió haberlos tratado desde muy al principio de su ministerio. Puede haberlos conocido en uno de sus numerosos viajes a Jerusalén.

Teniendo en cuenta esta amistad tan estrecha y preciosa, es sorprendente que ninguno de los Sinópticos mencione a Lázaro, y que la única descripción de las hermanas, excepto la del Evangelio de Juan sea la que ahora nos ocupa. La mejor respuesta parece ser que no convenía al propósito de los escritores de los evangelios o del Espíritu Santo hablar más del tema.

Se han hecho muchos esfuerzos para identificar a María, Marta y Lázaro con otras personas conocidas. Una sugestión es que Marta era la esposa de Simón el leproso. Lázaro ha sido identificado con el rabí Eliezer o (o Lazarus) del Talmud. Pero no hay pruebas de todas estas especulaciones y deben tratarse como meras conjeturas.

Marta es un nombre arameo que significa "dama"; es el equivalente del griego *kiria*. Se ha sugerido que Marta era la "señora elegida" a quien Juan escribe su Segunda Epístola. **Ella le recibió en su casa.** Marta era casada (o viuda) y María y Lázaro vivían con ella o bien la reconocían como ama de casa por ser mayor que ellos. En este caso pueden haber vivido juntos como familia desde la muerte de sus padres.

Esta tenía una hermana llamada María (39). Es evidente que ella estaba subordinada a su hermana. Su única relación con la casa o con el presente evento social es que ella era hermana de **Marta.** Aquella, **sentándose a los pies de Jesús, oía su palabra.** Literalmente, "la que habiéndose sentado a los pies de Jesús estaba escuchando su palabra". Es posible que al principio haya ayudado a su hermana, pero que luego su hubiera sentado a escuchar al Señor. La expresión **sentándose a los pies de Jesús** tiene un doble significado. Literalmente indica que estaba en un asiento más bajo, pero figurativamente o metafóricamente se refiere a la actitud de un discípulo con respecto a su maestro. Implica la relación maestro-estudiante. Generalmente se decía que los discípulos se sentaban a los pies de un rabí; como Pablo que se había sentado a los pies de Gamaliel (Hch. 22:3).

Marta se preocupaba con muchos quehaceres (40), literalmente es: "Marta se distraía por lo mucho que tenía que hacer." **Y acercándose dijo.** El griego sugiere la cesación repentina de sus frenéticas tareas—en una manera desesperada o exasperada. **Señor, ¿no te da cuidado que mi hermana me deje servir sola?** Esta cláusula también lleva las señales de la exasperación o nerviosismo. Una traducción literal diría: "Señor, ¿no te importa que mi hermana me haya dejado sola con todo el trabajo?" Ella no sólo culpaba a su hermana, pero también estaba impaciente porque el Señor le permitía dejarla con todo. En realidad, parecía sugerir que el Señor estaba animando a María para que descuidara sus obligaciones. La palabra **deje,** quiere decir "salirse fuera de". También esto sugiere que María había estado ayudando a su hermana, pero que había dejado de hacerlo para ir a escuchar a Jesús.

Dile, pues, que me ayude—literalmente, "háblale". El término **pues** implica que Marta creía que su declaración previa justificaba su causa y condenaba a María. La implicación es: "Puesto que mi causa ha sido irrefutablemente justificada, ordénale." Es evidente que Marta estaba confiada en que tenía razón—que su hermana estaba procediendo mal.

Marta, Marta (41). Spence indica que "hay varios ejemplos notables de repetición del nombre por parte del Maestro en la historia del Nuevo Testamento, y en cada caso, aparentemente con amor compasivo".[9] El se refiere a "Simón, Simón", en Lucas 22:31; "Saulo, Saulo", en Hechos 9:4; etc. **Afanada y turbada estás con muchas cosas.** La palabra griega traducida **afanada** significa "ansiosa" o "preocupada". Jesús le está diciendo que ella está demasiado preocupada por excesivas cosas que no son tan importantes.

Sólo una cosa es necesaria (42). Note el contraste entre las **muchas cosas** que habían perturbado a Marta y la **una cosa** que era necesaria. Las "muchas cosas" de Marta eran materiales, físicas y sociales; la "una cosa" de María era de significado eterno y espiritual. Marta no estaba eligiendo lo errado en lugar de lo recto, sino lo incidental en lugar de lo de suma importancia, lo temporal en vez de lo eterno.

Jesús había venido a ese hogar como Huésped. Marta estaba trabajando histéricamente en muchas cosas para agradarle y proporcionarle satisfacción. Pero esas cosas no eran necesarias. El no estaba interesado principalmente en ser recibido con los brazos abiertos y una mesa bien surtida, sino en los corazones abiertos y en una oportunidad para extenderles la mesa a ellos.

La cláusula podría tener una aplicación secundaria. Marta estaba preparando una espléndida comida, y el trabajo adicional le estaba haciendo más daño que el bien que pudiera proporcionar al Maestro su comida adicional.

La buena parte era una expresión común que significaba la porción de honor en una fiesta. María había escogido sabiamente. Ella sabía qué era lo más deseable y honorable y lo eligió. Hay una finalidad sugerida en relación con este pensamiento. Jesús respalda esta determinación apoyando su elección: **la cual no le será quitada.** La fiesta es la figura que ocupa todo el pasaje y el Maestro logra su propósito al colocar la fiesta espiritual contra la material.

7. *Un discurso sobre la oración* (11:1-13)

Este mensaje sólo se encuentra en Lucas, aunque ciertas porciones son muy similares a las enseñanzas de Jesús que encontramos en los otros Sinópticos—especialmente en la versión de Mateo del Sermón del Monte (Mt. 6:9-13; 7:7-11).

Estaba orando Jesús en un lugar (1). La ubicación es desconocida. Evidentemente lo único que interesaba a Lucas era el meollo del asunto. **Cuando terminó, uno de sus discípulos le dijo: Señor, enséñanos a orar.** El estaba conmovido profundamente por la oración de Jesús, que parece haber escuchado por casualidad. Era tan diferente de lo que se oía en la sinagoga o en el templo. Quizá fue impelido por su intimidad personal y fe sencilla. Una oración como la que elevara Jesús no podía menos que conmover a cualquier alma piadosa.

Como también Juan enseñó a sus discípulos. Es posible que el que dirigía la palabra haya sido un discípulo anterior de Juan. Si así fuera, él sentía evidentemente que las oraciones de Juan eran muy superiores a las de la mayoría; y él vio y oyó algo en la oración de Jesús que señalaba un avance que su alma anhelaba seguir. También es posible que él hubiera oído acerca de la práctica de las oraciones de Juan, pero que no había sido enseñado por el Bautista.

Para este verso Maclaren sugiere: (1) El Cristo de la oración nos enseña a orar como un descanso después del servicio; (2) El Cristo de oración nos enseña a orar antes de dar pasos importantes; (3) El Cristo de oración nos enseña a orar como condición para recibir el Espíritu y la claridad de Dios (cf. 3:21-22; 9:29).

Cuando oréis, decid: Padre nuestro (2). Para discusión de esta oración vea los comentarios sobre Mateo 6:9-13. La oración que Jesús enseñó aquí difiere en dos aspectos a la que enseñara en el Sermón del Monte. Primero, dice: **Perdónanos nuestros pecados** en lugar de la primitiva oración: "Perdona nuestras deudas." Nosotros que creemos fuertemente que los cristianos no cometen pecado y siguen siendo cristianos, algunas veces evitamos esta forma de oración. Decir, **perdónanos nuestros pecados,** nos parece admitir la comisión de pecado voluntario—lo que no creemos que está en armonía con las normas para la vida cristiana que están en la Biblia.

Pero la oración, de esta manera, tiene algunas lecciones de importancia para nosotros. Algunas de ellas son: *(a)* Nuestro perdón anterior tenía como condición nuestra buena voluntad para perdonar; *(b)* El pecado todavía es posible, y si incurriéramos en él, nuestro perdón estaría igualmente condicionado a nuestra disposición para perdonar; *(c)* Nuestros errores sin intención, cuando nos percatamos de ellos, deben ser confesados; y *(d)* El perdón de Dios está condicionado a nuestro propio espíritu de perdón.

Un amigo. . . a media noche (5). Aquí Jesús emplea una parábola para ilustrar uno de los aspectos de la oración, y una verdad importante acerca de ella. Era común en la Palestina el viaje nocturno por causa del calor durante el día, de modo que la llegada del amigo a media noche no era nada fuera de lo común. **Préstame tres panes.** Godet piensa que uno era para el huésped, el otro para el hospedador que debía sentarse a la mesa con su amigo, y el tercero de reserva.[10] Este último serviría para dar la impresión de abundancia y evitar la situación embarazosa de que el huésped creyera que estaba comiendo el último pedazo de pan. **Un amigo mío... ha venido... y no tengo qué ponerle delante** (6). Aquí vemos tanto la pobreza del hospedador como las demandas de la cortesía. El carecía de pan, pero no podía mandar al huésped hambriento a la cama. Ambas cosas, la cortesía y el amor para su amigo exigían que se proveyera de pan. Su única esperanza estaba en pedir panes prestados a un vecino.

Y aquél, respondiendo desde adentro, le dice: No me molestes... (7). El vecino es poco tratable, el amigo no demuestra amistad. El amor y las reglas de cortesía requieren de él lo que este vecino necesitado pide, pero él no reconoce la demanda. **La puerta ya está cerrada.** Nadie iba a llamar a una puerta cerrada en la Palestina, a no ser que su caso fuera muy importante y en éste, la necesidad era imperiosa. **Mis niños están conmigo en cama.** La cama era en realidad un lugar elevado en este hogar de una habitación, y el hombre no quería molestar a los niños.

Aunque no se levante a dárselos por ser su amigo, sin embargo por su importunidad se levantará y le dará todo lo que necesite (8). Ahora llegamos al punto de la parábola. Aun donde la amistad es débil, la importunidad produce resultados. La aplicación es evidente: Si la importunidad trae sus efectos de parte de un amigo indiferente, ¡cuánto más la oración persistente traerá los frutos provenientes de un Dios amoroso! La persistencia en la oración no es una actitud de descortesía para con Dios. Esa búsqueda resuelta y continua muestra la fe en Dios y una clara realización de que toda nuestra esperanza está cifrada en El.

Pedid, y se os dará, etc. (9-13). Para su discusión vea los comentarios sobre Mateo 7:7-11. El presente pasaje en Lucas difiere del discurso anterior citado por Mateo en dos particularidades: *(a)* Lucas agrega a la pregunta del verso 12: "¿O si le pide un huevo le dará un escorpión?" El significado de estas palabras es el mismo que el de las preguntas precedentes. *(b)* En Mateo el pasaje termina con las palabras: "¿Cuánto más vuestro Padre dará buenas cosas a los que se las pidieren?" En este pasaje Lucas cambia "buenas cosas" por "el Espíritu Santo". Aquí vemos que el Espíritu Santo es dado en contestación a la oración, y que el Padre está ansioso de dárnoslo. El es el mejor de todas "las buenas cosas", y el cristiano sabio lo pedirá antes que cualquier otra cosa. Necesitamos el Espíritu Santo en su plenitud santificadora, y lo necesitamos como nuestro **Paracleto** o **Abogado** morando en nosotros. El discurso de Lucas viene más tarde en el ministerio de Jesús y más cerca de Pentecostés que el Sermón del Monte, en el cual está citado el pasaje de Mateo. Por lo tanto Jesús puede ser más particular con referencia a las necesidades de sus discípulos.

Los versos 1-13 han sido llamados "Las Lecciones de la Oración". El texto estaría en el primer versículo: "Enséñanos a Orar." Sigue: (1) El modelo, 2-4; (2) Persistencia, 5-9; (3) Promesa, 10-13.

Los versos 9-13 nos muestran "El Don del Padre". (1) ¿Para quién? Para los hijos de Dios; (2) ¿Quién? El Espíritu Santo; (3) ¿Cómo? Pedid.

8. *¿Por quién echaba demonios?* (11:14-23)

Este episodio está registrado en los tres Sinópticos. Para su estudio estudio vea los comentarios sobre Mateo 12:22-32 (cf. también Mr. 3:23-30).

9. *Cuando el espíritu malo regresa* (11:24-26)

Para su discusión, véase el comentario sobre Mateo 12:43-45.

Barclay denomina a esta sección "El Peligro del Alma Vacía". Nota: (1) No se puede dejar vacía el alma del hombre, 24-26; (2) No podemos levantar la religión sobre lo negativo, 24-26; (3) La mejor manera de evitar el mal es hacer el bien (27-28).

10. *¿Quién es más bienaventurado?* (11:27-28)

Bienaventurado el vientre que te trajo (27). Esta mujer de entre la multitud sin duda dijo estas palabras anonadada por la sabiduría y el poder manifestados en los dichos y obras de Jesús. Pudo haber sido una de las que habían sido libradas de la posesión de demonios que Jesús había terminado de discutir. Su reacción aquí es típica de la adoración de un héroe más o menos peculiar a las madres, que característicamente ven a los grandes hombres como el cumplimiento de las esperanzas, sueños y oraciones de sus madres. Probablemente, esta mujer se estaba colocando en el lugar de María y vicariamente estaba gozando del éxtasis del orgullo maternal en la realización de su hijo. Pero ella también tenía una visión muy corta como lo demuestra el próximo verso.

Su exclamación de ninguna manera implicaba una adoración a María. Ni siquiera se sabe si ella conocía a la madre de Jesús. La palabra **bienaventurado** combina el sentido de dos términos "feliz" y "afortunado". En el ejemplo presente lleva por lo menos la idea de "santo" o "sagrado". Esta alabanza de María puede ser considerada el primer cumplimiento en el Nuevo Testamento de la predicción del Magníficat: "Todas las generaciones me llamarán bienaventurada" (Lc. 1:48).

Antes bienaventurados los que oyen la palabra de Dios, y la guardan (28). La palabra griega que inicia esta oración no indica ni aprobación ni rechazo. Sin embargo, es claro que cualquier cosa que pueda decirse sobre la bienaventuranza de María como madre de Jesús, es mucho más bendito todavía escuchar las palabras del Señor y arreglar su vida conforme a ellas. Así, aun en lo que concierne a María, era mucho más bendita la relación de discípulo que la de madre. El Maestro no perdió la oportunidad de aclarar que la relación principal y más importante de cualquier persona con El, es la vinculación espiritual basada en la obediencia y unidad de deseo y propósito. Este vínculo tiene su origen en la experiencia espiritual de la conversión y la entera santificación con una continua comunión en el Espíritu.

11. *Una generación mala busca señal* (11:29-32)

Para su discusión, vea los comentarios al respecto sobre Mateo 12:38-42. Los relatos de este discurso tanto de Mateo como de Lucas son iguales en contenido, aunque el orden de las declaraciones difiere algo.

12. *Luz y tinieblas* (11:33-36)

El contenido de los versos 33-35 es paralelo (sea directamente o por implicación) en otros lugares en los Sinópticos. Pero esto no quiere decir que Lucas sea incorrecto al registrar este discurso aquí y en su presente orden. Lo que significa es que Jesús empleó el recurso pedagógico más efectivo conocido como repetición. Puesto que los principios que Jesús enseñaba eran generalmente nuevos ya fuera en contenido, espíritu o énfasis, era muy importante que a menudo El los repitiera, de otro modo los discípulos jamás los hubiesen recordado o comprendido. Cuando Jesús repetía sus dichos, a menudo usaba las mismas palabras. Era el principio, no los términos, lo que El quería grabar.

Los versos 33-34 son íntimamente paralelos con dos porciones del Sermón del Monte registradas por Mateo. Para su discusión vea los comentarios sobre Mateo 5:15; 6:22-23.

Si todo tu cuerpo está lleno de luz (36). En el verso 34 Jesús había dicho ". . . cuando tu ojo es bueno, también todo tu cuerpo está lleno de luz". Un ojo "bueno" es un ojo sano, y cuando es así, todas las partes del cuerpo y de la mente comparten el regocijo de la luz—ninguna parte está en tinieblas. Es lo mismo con el alma: cuando es sana recibe la luz, y como resultado, cada faceta, cada facultad de nuestra personalidad comparte los beneficios de la luz. Parece que el énfasis de ese verso estuviera sobre la palabra **todo**. La idea central es que debe haber un alma sana si la salud se va a difundir por toda la personalidad. La falta de unidad en una básica lealtad a la voluntad de Dios producirá tensión, confusión y tinieblas en otras relaciones. Esta sanidad moral y espiritual constituye la santidad del Nuevo Testamento. Aquí no hay indicio de naturalezas en conflicto ni ningún resto de doble ánimo en la norma del Nuevo Testamento para el cristiano.

13. *¿Cuál era el problema de los fariseos y los intérpretes de la ley?* (11:37-54)

Muchas de las declaraciones de Jesús concernientes a los fariseos y a los intérpretes de la ley de este pasaje corren estrechamente paralelas a sus denuncias de los mismos grupos en el capítulo 23 de Mateo. Sin embargo, no son dos relatos del mismo discurso, sino dos sermones, dados por el Maestro en distintas ocasiones. Los eventos y enseñanzas registrados en Mateo 23 sucedieron en Jerusalén durante la semana de Pasión; el incidente que ahora vamos a considerar en Lucas sucedió mientras Jesús estaba en Perea en su paso a Jerusalén. También la ocasión del discurso que tenemos en Lucas y otras circunstancias que lo rodearon fueron muy distintas de las que circundaron el relato de Mateo. Esto es evidente si se hace una cuidadosa comparación.

Le rogó un fariseo que comiese con él (37). Como en esa época los fariseos por lo general estaban enemistados con Jesús, es posible que esa invitación haya sido parte de un plan para atraparlo. Como conocían tanto sus hábitos como los de sus discípulos, sin duda pensaban que no sería difícil realizarlo; podrían colocarle en una posición tal donde tendría que violar alguna de las reglas o costumbres farisaicas.

Entonces, ellos podrían usar ese informe como un argumento contra El. **Y entrando Jesús. . . se sentó a la mesa.** La palabra traducida **sentó** quiere decir "reclinó". Ellos no usaban sillas; se reclinaban sobre cojines. Inmediatamente Jesús aceptó la invitación. El no se iba a comprometer con los fariseos, pero tampoco iba a ser descortés con ellos.

El fariseo. . . se extrañó de que no se hubiese lavado antes de comer (38). El interés de los fariseos en lavarse antes de comer no era un asunto de higiene. Ellos seguían rígidamente un elaborado sistema ceremonial de lavado de manos desde muchas generaciones de rabíes. El sencillo precepto de la ley levítica que exigía limpieza y pureza ceremonial había quedado completamente sepultado bajo interpretaciones rabínicas y exigencias rituales de manera que el precepto original era pasado por alto.

Hay una fuerte implicación de que Jesús a propósito dejó de lavarse las manos antes de comer. El verso 37 lo describe llegando e inmediatamente, reclinándose a comer. La actitud que El muestra en la discusión del asunto (39 ss.) fortalece la impresión de un deliberado abandono del lavado. Si así fue la acción de Jesús, debió tener dos motivos: *(a)* Demostrar su desaprobación de una regla que no solamente carecía de significado, sino que oscurecía un principio importante y suscitaba un disimulo hipócrita; *(b)* Probablemente estaba tratando de provocar una discusión con los fariseos sobre estos asuntos. Así, tanto Jesús como el fariseo (o si los otros estaban obrando por intermedio de éste) estaban procurando precipitar un conflicto verbal. Por supuesto, Jesús no era en manera alguna vengativo; El estaba procurando ayudar al fariseo para que viera la verdad y al mismo tiempo, salvar a otros de la corruptora influencia del fariseísmo.

Vosotros los fariseos limpiáis lo de fuera del vaso y del plato, pero por dentro estáis llenos de rapacidad y de maldad (39). La palabra traducida **rapacidad** literalmente quiere decir "pillaje" o "hurto". Eran palabras muy fuertes, pero necesarias. Los fariseos habían sido muy cuidadosos en limpiar lo de afuera, pero pasaban por alto un pozo de maldad en sus almas. Era como si se lavaran los platos ciudadosamente y luego se sirviera en ellos comida contaminada. Los fariseos eran muy cuidadosos de las apariencias, pero descuidados de la realidad.

Necios (40). Por cierto que sus acciones y normas de valores les demostraba que esto era así. **¿El que hizo lo de fuera no hizo también lo de adentro?** Estos diversos lavados tenían propósitos religiosos. Entonces, si su motivo era la religión, ¿por qué descuidaban lo interior, lo vital del hombre? ¿Por qué se preocupaban por lo externo, lo perecedero y pasaban por alto lo permanente cuando se suponía que estaban tratando con asuntos eternos? Estos así llamados religiosos jamás habían tratado de limpiar la fuente del pecado.

Pero dad limosna de lo que tenéis (41). La traducción literal sería más clara: "Pero de las cosas que tenéis adentro, dad limosna." Estas palabras tiene un doble sentido. Primero, les está diciendo que deben dar limosna desinteresadamente y con amor, y el hacer esto sería de mayor beneficio que la limpieza ceremonial. El sentido más profundo es que ellos deberían dar sin egoísmo y con amor desde lo más íntimo del ser—su amor, su simpatía, su devoción, darse ellos mismos. El verso 39 implica que los fariseos robaban a los pobres. Aquí Jesús les está diciendo que sus prácticas y actitudes deberían ser lo opuesto; tenían que dar limosnas—pero sin esperar retribución.

Todo os será limpio. Cuando uno obra como Jesús acababa de amonestar—basado en un amor puro y sin egoísmos—entonces todas las cosas le serán limpias. El pecado, el egoísmo, la rebelión, el orgullo —son las cosas que contaminan. Esa corrupción moral sólo puede encontrarse en la personalidad. El pecado comienza y realmente primero es cometido en la voluntad de la *persona*—un ser que tiene libertad para hacer elecciones morales.

Mas, ¡ay de vosotros, fariseos! que diezmáis. . . y pasáis por alto la justicia y el amor de Dios (42). Para su examen, véanse los comentarios sobre Mateo 23:23. En el discurso sobre este tema registrado en Mateo, no está incluida la frase **y el amor de Dios.** Es obvio que el amor era uno de los puntos más débiles de los fariseos; y era precisamente ese punto el que los distanciaba más de Jesús y sus enseñanzas.

¡Ay de vosotros, fariseos! que amáis las primeras sillas. . . y las salutaciones en las plazas (43). Para su examen, véanse los comentarios sobre Mateo 23:6-7.

¡Ay de vosotros, escribas y fariseos. . .! sois como sepulcros (44). Aquí tenemos una diferencia significativa del más cercano paralelo en el último discurso de Jesús (Mt. 23:27). En este último, los escribas y los fariseos son comparados a "sepulcros blanqueados que. . . por fuera se muestran hermosos, mas por dentro están llenos de huesos de muertos y de toda inmundicia". En Mateo, el contraste es entre la belleza exterior y la corrupción interior.

Aquí en Lucas, las tumbas no son hermosos sepulcros blanqueados sino tumbas simples, aun sin señalar, de manera que la gente pasa sobre ellas sin saber lo que son. De esta manera contraerían corrupción ceremonial ignorándolo.[11] Se suponía que todos los sepulcros estaban blanqueados para que la gente conociera su ubicación. Pero éstos habían sido abandonados. Los fariseos habían enterrado su hipocresía y su maldad, de modo que los demás hombres no podían darse cuenta de lo que en realidad tenían escondido debajo de su piadoso exterior.

Hay también por lo menos una sugestión de significado secundario en este verso. De la misma manera que uno podía andar sobre una tumba no marcada al no saber lo que era, y contaminarse ceremonialmente sin saberlo, uno podría ser culpable de quebrantar una de las multitudes de intrincadas y a menudo insignificantes reglas hechas por la tradición de los ancianos, y quedar ceremonialmente contaminado (ante los ojos de los fariseos), sin saberlo.

Uno de los intérpretes de la ley, le dijo. . . cuando dices esto también nos afrentas a nosotros (45). La palabra traducida **afrentas,** literalmente quiere decir "insultas". En los versículos precedentes Jesús incluía a los escribas en su denuncia. La íntima conformidad entre los intérpretes de la ley y los escribas, agregada al hecho de que los primeros eran por lo general fariseos, les daba al estar en la presencia de Jesús, la impresión de que también eran incluidos. Por lo menos, ellos también se consideraron insultados.

¡Ay de vosotros también, intérpretes de la ley! (46). Jesús aclara que el juicio es tanto para unos como para otros. Siendo tan parecidos en su debilidad y maldad, debían compartir la condenación. **Cargáis a los hombres. . . pero vosotros ni aun con un dedo las tocáis.** Para su examen, vea el comentario sobre Mateo 23:4.

Edificáis los sepulcros de los profetas a quienes mataron vuestros padres (47). Para su discusión vea los comentarios sobre Mateo 23: 29-31. En el citado pasaje de Mateo de la última controversia de Jesús con los fariseos y los intérpretes de la ley, la denuncia está dirigida a "los escribas y fariseos". Aquí habla específicamente a los intérpretes de la ley. El verso 48 indica que al edificar las tumbas de los profetas, los judíos llamaban la atención al hecho de que eran hijos de los asesinos. Phillips vierte este verso: "Demostráis bastante claro que aprobáis la acción de vuestros padres. Ellos los mataron y vosotros les hacéis el memorial."

Por eso la sabiduría de Dios también dijo: Les enviaré profetas y

apóstoles; y de ellos a unos matarán... (49-51). Para su discusión, vea los comentarios sobre Mateo 23:34-36.

¡Ay de vosotros, intérpretes de la ley! porque habéis quitado la llave de la ciencia (52). **La llave de la ciencia** que abre la puerta del reino de Dios es la Escritura. Los fariseos y los intérpretes de la ley estaban tan confundidos y habían torcido tanto las Escrituras en su laberinto de ceremonias y prohibiciones sin significación alguna que las habían hecho perder para la gente como medio de entrar al reino de Dios. **Vosotros mismos no entrasteis, y a los que entraban se lo impedisteis.** Unos y otros por su ejemplo e interferencia cerraron el reino de Dios a los hombres. Para mayor discusión, vea los comentarios sobre Mateo 23:13.

Diciéndoles él estas cosas (53). En los mejores manuscritos se lee: "Y cuando salió de allí"; es decir, de la casa del fariseo. Esta versión también está en armonía con el hecho de que parece haber un repentino aumento en el número de los enemigos—parece que un grupo de escribas y fariseos lo acosaron cuando salía de la casa. También la última lectura concuerda con el hecho que dos versos más adelante (12:1), donde dice que una gran multitud se había reunido—aparentemente le rodearon.

Los escribas y los fariseos comenzaron a estrecharle en gran manera, y a provocarle a que hablase de muchas cosas; acechándole, y procurando cazar alguna palabra de su boca para acusarle (53-54). Evidentemente simulaban un profundo y entusiasta interés en las enseñanzas del Maestro. Hacían muchas preguntas acerca de muchas cosas como lo pudieran hacer buscadores ansiosos de la verdad, pero de hecho, estaban procurando atrapar al Maestro a que dijera algo que pudiera incriminarlo. Sin embargo, en tales cosas, Jesús siempre sabía todo acerca de sus enemigos. Cuando El les daba pertrechos que pudieran usar contra El, El sabía lo que estaba haciendo.

14. *Un reflexivo aspecto del discipulado cristiano* (12:1-12)

En esto (1) es decir, durante el tiempo que Jesús pasó en la casa del fariseo (11:37 s.), **juntándose por millares la multitud,** literalmente, "los millares de la multitud". Evidentemente la muchedumbre que había seguido a Jesús en el momento de su invitación a comer con el fariseo, permaneció en la calle o en la plaza cercana. Cuando El salió de la casa, los moradores de la ciudad ya se habían enterado de su presencia y consecuentemente la multitud aumentó por los que habían venido de los alrededores. Una multitud tan numerosa es indicio de que la fama de Jesús era muy grande, aunque su popularidad, como en este caso estaba en decadencia. La gente que constituía la multitud sin duda representaba todas las actitudes prevalentes hacia Jesús. Muchos eran sus amigos; y muchos más los que eran incluidos por la actitud amarga y negativa de sus antagonistas. Se acercaba el momento cuando los extremos de amor y odio hacia Jesús llegaban a su cumbre.

Comenzó a decir a sus discípulos, primeramente. La palabra **primeramente** no se encuentra en el original. Parece que todo el capítulo 12 estuviera dirigido principalmente a los discípulos, pero en presencia de una multitud de oyentes. Lo que tenía que decir no era un secreto, aunque era especialmente para su beneficio. En realidad, es posible que el Maestro haya querido que los de afuera y aun sus enemigos escucharan estas cosas. A medida que consideremos las siguientes tremendas amonestaciones que el Señor da a sus discípulos, debemos tener presente la presencia de estos enemigos en la muchedumbre y la amargura que sentirían por las recientes acusaciones que el Señor les había hecho.

Entre los eruditos bíblicos ha habido algunas disparidades en lo que respecta a la relación y aplicación de la palabra **primeramente** (lit. "primero"). La mayor parte de las autoridades enlazan esta frase con la cláusula precedente. De esta manera el significado sería que Jesús se dirigía en "primer lugar", o "principalmente" a los discípulos. Tal cosa implicaría, que en segundo lugar, también lo hacía a la multitud.

Unos pocos eruditos vinculan la palabra primeramente a la cláusula siguiente. Esto requería el significado de que los discípulos, antes de cualquier cosa, debían cuidarse de la **levadura de los fariseos;** es decir, que tenían que cuidarse de muchas cosas, pero esa era la más importante.

No es fácil aclarar este argumento del griego, ya que en el original no hay signo de puntuación; pero la Versión Valera sin duda es la correcta; sin embargo, cualquiera de las dos armoniza con el contexto y con los principios de la enseñanza de Jesús.

Guardaos de la levadura de los fariseos, que es la hipocresía (1). "La levadura" para emplear la definición de Godet, "es emblema de todo principio activo, bueno o malo, con poder de asimilación".[12] La levadura de los fariseos era su enseñanza y práctica que afectaban las vidas del pueblo. Esta "devoción de los fariseos había impelido una falsa dirección a toda la piedad israelita".[13]

La declaración de Jesús implica que la hipocresía era una de las características de los fariseos que hacía que su influencia fuera más peligrosa entre sus connacionales. Nuestra palabra **hipocresía** nos viene directamente del griego. Era un término usado en relación con el drama griego y significa "actor". Tal como Jesús lo aplicaba a los fariseos, implicaba "simulación de la devoción religiosa sin la realidad".

Sin embargo, si hemos de ser justos debemos notar que Jesús no se oponía a todo lo concerniente a los fariseos. En lo que tocaba a la teología, Jesús estaba más cerca de ellos y su posición que a cualquier otra secta de su tiempo. Su mayor lucha con ellos, y la mayor divergencia de parte de ellos con El se debían a la hipocresía de los fariseos, su actitud apegada a la ley y su falta de una experiencia vital religiosa interior. Sin embargo, en las fuertes denuncias de Jesús contra ellos, en las balanzas de la sabiduría divina, pesaban más esos asuntos que todos los puntos en concordancia que pudiera tener con ellos. La realidad más trágica era que ellos se habían perdido espiritualmente y estaban ejerciendo su influencia para que millares de israelitas siguieran el mismo camino ancho hacia la perdición en el cual andaban ellos. Véanse los comentarios sobre Mateo 16:6, 11.

Porque nada hay encubierto, que no haya de descubrirse; ni oculto que no haya de saberse (2). Esto nos muestra cuán necios son los que practican la hipocresía y el disimulo. La religión tiene que ver con la relación del hombre con Dios. Puesto que El todo lo sabe y finalmente todo lo revelará, ¡qué necio es contentarse con la forma y la sombra sin la realidad! ¡Qué infinitamente estúpido es esperar pasar por alto el infinito conocimiento y la justicia de Dios! Véanse también los comentarios sobre Mateo 10:26.

Lo que habéis dicho en tinieblas, a la luz se oirá; y lo que habéis hablado en los aposentos, se proclamará en las azoteas (3). Este versículo y el precedente siguen la estructura literaria del dístico hebreo, que es la forma poética más simple de la estrofa hebrea. Hay dos cláusulas paralelas; la segunda repite el significado de la primera con diferentes palabras. Nada se agrega al significado en el segundo verso, pero generalmente se aumenta el énfasis. El sentido de éste es simple; quiere decir que es absolutamente imposible guardar un secreto de Dios, y que al fin El revelará nuestros secretos a los hombres. El hombre sabio vivirá teniendo en cuenta este hecho.

No temáis a los que matan el cuerpo; y despúes nada más pueden hacer (4). Los materialistas y los secularistas—aquellos que sólo ven este mundo—dicen que la vida mortal es la más valiosa posesión del hombre. Este verso les resulta ingenuo a tales personas. La expresión común "Lo más que pueden hacer es matarme" tiene el propósito de ser un poco de humor irónico, pero aun la ironía es de una clase muy superficial. Jesús aclara que en ninguna manera la vida mortal es la posesión más preciada del hombre. Algunos de los seres humanos más sabios han preferido perder la vida a sacrificar un tesoro mayor. No vemos jamás esta existencia en su verdadera perspectiva hasta que la contemplamos comparada con la eternidad.

La historia primitiva de la iglesia revela cuán importante era esta pizca de sabiduría para los seguidores de Jesús. La persecución comenzó cuando Jesús fue crucificado; pero no terminó, excepto temporalmente durante casi tres centurias. Durante aquellos años, los mártires probaron la realidad de esas palabras y encontraron que no fallaron. Ellos dieron ejemplo de verdadero coraje y sumisión propios de esta vida a la eternidad a todos los hombres.

Temed a aquel que después de haber quitado la vida, tiene poder de echar en el infierno (5). Es decir, temed a Dios, porque la eternidad está en sus manos. La palabra traducida **infierno** es "gehena", que originalmente se refería al valle de Hinom, cerca de Jerusalén, donde se quemaban los desperdicios. Pero se usa metafóricamente por infierno, donde los malvados serán castigados con fuego. El poder de arrojar al infierno pertenece a Dios no a Satanás, porque él mismo va a ser encarcelado en ese lugar.

¿No se venden cinco pajarillos por dos cuartos? (6). Esta moneda equivale a poco más de la quinta parte de un centavo de dólar. Pero Jesús se refería al *assarion*—como la décima parte de un denario. **Ni uno de ellos está olvidado delante de Dios.** Si Dios muestra interés en los pajarillos, ¡cuánto mayor debe ser su interés por el hombre—la corona de su creación terrenal! ¡Qué consuelo es saber que Dios nunca nos olvida! Aun los cabellos de nuestra cabeza están todos contados.

No temáis, pues (7). Nada, no importa cuán insignificante sea, escapa al conocimiento de Dios. De modo que nada puede sucedernos sin el permiso de Dios. El temor de las circunstancias o del futuro es innecesario; demuestra falta de fe en Dios.

Todo aquel que me confesare delante de los hombres, también el Hijo del Hombre le confesará delante de los ángeles de Dios; mas el que me negare delante de los hombres, será negado delante de los ángeles de Dios (8-9). No es suficiente temer a Dios. La prueba del discipulado es nuestro amor. Y la prueba de nuestro amor es la voluntad de confesar nuestra relación con El a todos los hombres. El que niega a sus padres delante de sus amigos no es digno del hogar del cual forma parte. Y el que niega su relación con el Salvador corta esa vinculación, o testifica por su actitud que carece de unión espiritual con Cristo. El que Dios nos niegue en los cielos y en el día del juicio no es el resultado de un espíritu vengativo de su parte. Es más bien el reconocimiento de un hecho. La filiación con Dios y la ciudadanía en los cielos no pueden existir donde el desamor, el egoísmo y la cobardía caracterizan la actitud humana hacia Dios.

Para mayor luz sobre los versos 4-9 véanse los comentarios sobre Mateo 10:27-32.

A todo aquel que dijere alguna palabra contra el Hijo del Hombre, le será perdonado; (10). Vea los comentarios sobre Mateo 12:31-32.

Cuando os trajeren a las sinagogas, y ante los magistrados y las autoridades (11). Aquí se indican tres niveles de autoridad. **Las sinagogas** constituían los más bajos tribunales eclesiásticos. Los **magistrados** eran los gobernantes, autoridades judías de un nivel más elevado, y las **autoridades** probablemente sean una referencia a gobernantes del tipo de Herodes y Félix. **No os preocupéis por cómo o qué habréis de responder.** No necesitaban preparar discursos y tenerlos listos para el caso de arresto. Debían dejar los asuntos del futuro en las manos de Dios. Mientras tanto, ellos debían centrar su atención en hacer fielmente su obra de expandir las buenas nuevas del reino.

El Espíritu Santo os enseñará en la misma hora lo que debáis decir (12). Sería erróneo el estar preocupados en lo que deberían decir en caso de detención, porque eso les estorbaría en la obra de predicar a Cristo; sería peor que tiempo malgastado. El Espíritu Santo les supliría mejores testimonios y argumentos y se les daría al punto y al momento necesarios. Para mayor luz en los versos 11-12, véanse los comentarios sobre Mateo 10:17-20.

Esta sección (1-12) ha sido llamada: "El Credo de Valor y de la Confianza." En ella vemos: (1) El pecado prohibido, *la hipocresía,* 1-3; (2) La actitud correcta para la vida, *la valentía,* 4-7; (3) El pecado imperdonable, *la blasfemia,* 9-10; (4) La recompensa de la *lealtad,* 8; (5) La ayuda del Espíritu Santo, 11-12 (William Barclay).

15. *Parábola del rico necio* (12:13-21)

Esta parábola fue parte de la respuesta de Jesús a la petición de

uno de la multitud (13). Generalmente sus parábolas eran suscitadas por las circunstancias del momento y el Maestro las decía para ilustrar algún principio importante que estaba tratando de comunicar. La siguiente petición probablemente fue hecha en un momento de calma de las enseñanzas de Jesús—después de terminar el discurso precedente y antes que tuviera la oportunidad de introducir uno nuevo.

Maestro, dí a mi hermano que parta conmigo la herencia (13). Hay dos explicaciones posibles a la sustancia y al motivo de la petición del hombre. Podría tratarse de un hermano menor. A lo mejor, era uno a quien su hermano mayor estaba despojando de su parte legal en la herencia; porque el primero era heredero de la porción doble de los bienes. También, es posible que él hubiera recibido su parte legal, pero que se opusiera a la costumbre de entregar la doble porción al hermano mayor. En este último caso estaría pidiéndole a Jesús que le ayudara a romper con la costumbre, o por lo menos trastocarla en su caso particular.

La última explicación probablemente sea la correcta; porque si su parte legal le había sido retenida, él podía haberse dirigido a las autoridades que habrían zanjado las diferencias. Esta probabilidad está mayormente fortalecida por el hecho de que el Maestro lo acusó (por implicación, v. 15) de ser codicioso, lo que con seguridad no habría hecho si el joven hubiera tenido una causa justa. Parece que el hombre había escuchado las enseñanzas de Jesús sobre las relaciones humanas. Pero, en lugar de interpretarlas en términos de lo que él podría hacer para su prójimo, egoístamente interpretaba las palabras del Maestro para su conveniencia sobre lo que las actitudes y prácticas de parte de los demás le reportarían a él.

Hombre, ¿quién me ha puesto sobre vosotros como juez o partidor? (14). Probablemente Jesús habría tomado esa posición aun si los derechos civiles del hombre hubieran sido violados, porque El siempre se negó a cambiar la estructura política y social de su tiempo. Su plan era cambiar primero al individuo y que estos hombres, ya cambiados, indudablemente producirían un mundo mejor. Pero el Maestro sabía que un mundo mejor no resolvería los problemas del hombre mientras el mayor de sus problemas estuviera dentro de él—el pecado en el corazón.

Mirad, y guardaos de toda avaricia (15). Traducido literalmente dice: "Mirad y tened cuidado vosotros de toda avaricia." Aquí Jesús pone su dedo sobre el motivo principal del hombre. Parece que estuviera diciéndoles en particular a sus discípulos: "Que la experiencia de este hombre os sirva de lección para guardaros vosotros mismos de codicia." Entonces sigue una declaración que constituye uno de los principios más grandes de la filosofía cristiana de la vida: **porque la vida del hombre no consiste en la abundancia de los bienes que posee.** A través de todas las edades el mundo ha pasado por alto, o se ha negado a reconocer la verdad de este principio, a pesar de que cada edad ha tenido abundantes pruebas de esta verdad. Todo hombre, tarde o temprano, llega a darse cuenta de cuán insignificantes son los **bienes**, aunque muchos lo descubren después de haber desperdiciado su vida.

Los **bienes** no producen una vida rica y abundante ni traen la felicidad. Cuando estudiamos las vidas de aquellos que han llevado una existencia rica y fructífera, es digno de notar cuán indiferentes fueron esas personas hacia esos "bienes". A menudo la abundancia de posesiones produce más ansiedad y descontento que felicidad. Por lo general, aquellos que han tenido más de los bienes de este mundo jamás han llegado a conocer la emoción de una realización duradera. Lo que vale en la vida, en primer lugar, es Dios; luego, tesoros espirituales tales como amor, el contentamiento, la paz, una conciencia clara, un sentido de misión y una esperanza del cielo.

La parábola del rico necio sirve para ilustrar el principio establecido en el verso 15. El rico de la figura no tuvo en cuenta ese principio. Como resultado no sólo perdió su alma, sino que por todos los tiempos será la personificación del necio y una de las mejores ilustraciones para demostrar cómo no se debe vivir.

La heredad de un hombre rico había producido mucho (16). La abundante cosecha era un don de Dios para este hombre. Representaba riquezas, poder e influencia; pero era más. Aquí había una ocasión que demandaba una importante decisión; era la prueba del hombre, cuyas consecuencias eran eternas.

Y él pensaba dentro de sí, diciendo: ¿Qué haré...? (17). Era la pregunta lógica en una ocasión como esa; pero su comprensión de la importancia de la decisión era demasiado estrecha. Sólo pensaba en cómo preservar la cosecha; podía haber pensado en posibilidades de expansión del servicio que le ofrecía. Pero dijo: **No tengo dónde guardar mis frutos;** pero si su corazón hubiera sido lo suficiente magnánimo como para incluir a Dios y la humanidad, quizá sus graneros habrían mantenido lo que su amor le permitiera guardar.

Esto haré: derribaré mis graneros, y los edificaré mayores, y allí

guardaré todos mis frutos y mis bienes (18). Note el uso de la primera persona del pronombre y del adjetivo posesivo correspondiente. En los versos 17-19, alguna de las formas de la primera persona del singular es usada once veces. Se trata de un hombre absolutamente egoísta. No tiene un pensamiento ni para Dios ni para los hombres. La construcción de un granero mayor no era tan mala en sí misma; la razón para hacerlo era la mala. Lo quería para guardar todo para sí mismo.

Diré a mi alma. . . muchos bienes tienes guardados. . . repósate. . . Pero Dios le dijo: Necio (19-20). En los dos versos precedentes el hombre rico era un egoísta, un miserable desconsiderado; en estos versos es un necio. Quizá deberíamos decir que un hombre egoísta es siempre un necio, porque solamente un tipo tal puede dejar a Dios y a los hombres fuera de su vida. En el presente versículo, él demuestra su completa necedad al suponer que las riquezas traerán reposo a su alma, como si fuera posible alimentarla de avena, trigo y cebada. Un necio, en el uso bíblico del término, es uno privado de razón, "estúpido". Este hombre actuaba como uno completamente desprovisto de razón.

El hombre era un necio: (1) Porque olvidó a Dios; (2) Porque olvidó su espíritu inmortal; (3) Porque olvidó a los demás.

Esta noche vienen a pedirte tu alma. Cometió otro necio y trágico error. Parecía pensar que tenía un arriendo de su vida—de modo que viviría bastante tiempo como para disfrutar de sus planes y abundancia. Pronto tuvo que darse cuenta de su necedad. Había fracasado al no tener presente que ni siquiera su alma era suya, y que Dios, el Verdadero Dueño le llamaría a un inmediato rendimiento de cuentas. Ahora se daría cuenta de que en términos de verdaderas riquezas, era un paupérrimo.

Y lo que has provisto, ¿de quién será. . .? El rico había cometido otro error fatal al descuidar un principio importante de mayordomía. Ahora no poseería nada. Pero en realidad, jamás había sido propietario de nada. Ninguno de nosotros posee nada. Dios es el Dueño; nosotros somos sus mayordomos.

Así es el que hace para sí tesoro, y no es rico para con Dios (21). El Maestro amplía el punto de la parábola en un principio universal. Dios llama "estúpidos" y "necios" a los que pasan todo el tiempo e interés acumulando tesoros en este mundo, descuidando completamente el interés de sus almas. No hay nada tan loco como vivir para el tiempo y olvidar la eternidad; vivir para uno mismo y olvidar a Dios.

16. *Comparando la fe y la ansiedad* (12:22-31)

Para una completa discusión de este pasaje vea los comentarios sobre Mateo 6:25-33. Aunque el lenguaje en Mateo es casi idéntico en contenido, los dos pasajes no son del mismo discurso del Maestro. El pasaje de Mateo pertenece al Sermón del Monte, predicado antes, durante su ministerio en Galilea; el que nos ocupa, informado por Lucas, fue anunciado en Perea durante los últimos seis meses de la vida de Jesús. Era costumbre del Maestro repetir las mismas o similares enseñanzas cuando se presentaba una oportunidad igual. Jesús también sabía lo que desde entonces ha enseñado la pedagogía, que la repetición es casi un recurso indispensable y excelente de enseñanza.

Hay dos cláusulas en el relato de Lucas que merecen un comentario especial. La primera es: **Ni estéis en ansiosa inquietud** (29)—literalmente, "ni estéis afanosos" o "no estéis fluctuando entre la esperanza y el temor". Hay una declaración similar en Mateo 6:31. El griego no es igual en los dos pasajes. Mateo usa un verbo que significa simplemente "estar ansioso", o "buscar en promover el propio interés". El verbo que usa Lucas incluye, en adición a este significado, la idea de cambio del júbilo a la desesperación, de la esperanza al temor. El término de Mateo casi expresa egoísmo; el de Lucas está muy cerca a la agitación y frustración. En cualquiera de los casos la actitud es opuesta a la de la fe en el cuidado providencial de Dios y es indigno del más elevado carácter cristiano.

Porque todas estas cosas buscan las gentes del mundo (30). La palabra traducida **buscan,** tiene además la connotación de "seriedad o intensidad"; de modo que la mejor versión sería "perseguir intensamente". El pasaje correspondiente en Mateo (6:32) no tiene la frase **del mundo,** haciendo que la palabra griega *ethnos* equivalga a "gentiles". El estilo de Lucas lleva la marca de un escrito gentil para los gentiles, mientras que el de Mateo es típicamente judío. En los dos ejemplos el sentido es que el de estar ansiosos o frustrados o egoístamente preocupados por las necesidades diarias físicas y temporales es seguir el ejemplo de los paganos que no conocen a Dios. Sin embargo, Jesús no insinúa de manera alguna que la fe haría innecesario el trabajo para el mantenimiento. El trabajo honesto y el cumplimiento de las propias obligaciones temporales no solamente son consistentes con la fe; son sus condiciones (cf. 2 Ts. 3:10; 1 Ti. 5:8).

17. *Las verdaderas riquezas* (12:32-34)

No temáis, manada pequeña, porque a vuestro Padre le ha placido daros el reino (32). Debe recordarse que aquí Jesús todavía está hablando a sus discípulos en presencia de una inmensa multitud (véase 12:1, 22). Teniendo en cuenta este cuadro podemos ver la doble aplicación de la expresión **manada pequeña**. El grupo de discípulos es muy pequeño en comparación con las multitudes; también el número total de seguidores de Jesús es extremadamente pequeño en comparación con el mundo, ante el cual ellos son representantes del Señor y al cual predican su evangelio.

Note también que El los está describiendo como **manada**. Las ovejas y los pastores eran muy comunes en Palestina y los términos se usan a menudo para representar la relación entre Jesús y sus seguidores —su iglesia. Las palabras, particularmente cuando son empleadas por Jesús, connotan una relación especialmente íntima y amorosa entre el Maestro y los suyos. La iglesia siempre se ha conmovido por la tierna connotación de la rústica representación bíblica del "Buen Pastor" y sus "ovejas" y ha dedicado algunos de sus más amorosos sermones, himnos y cuadros a ese tema.

Pero la enseñanza central de este verso no es la representación de la iglesia como una manada, ni su pequeñez. La idea central es la de mirar hacia adelante, optimistas y potencialmente triunfantes. Jesús está diciendo que su pequeñez no es razón para temor o pesimismo, **porque a vuestro Padre le ha placido daros el reino**. Las palabras griegas traducidas **a vuestro Padre le ha placido** significan literalmente: "vuestro Padre se deleita." El no solamente quiere, sino que se siente feliz y deleitado en dar el reino a esta pequeña banda.

El reino prometido a los discípulos en estos versos es el "reino de Dios", mismo que se nos exhorta a buscar en el verso 31. Primeramente se trata de un reino espiritual, cuyos ciudadanos son admitidos mediante el nuevo nacimiento; es un reino celestial de espíritus separados del cuerpo, de aquellos que mediante la muerte se unen a la presente iglesia triunfante; y que llegará a ser un reino literal y eterno en la segunda venida de Cristo.

La promesa implicada de darles (y darnos) el reino, incluye más que la ciudadanía y el gozo de privilegios del reino. Es también una promesa de victoria para nuestros esfuerzos militantes hacia el avance de la obra de Dios en este mundo. Es una promesa de que la iglesia tendrá éxito de un poderoso avivamiento mundial. Es para nosotros en la actualidad; pero debemos recordar que todas sus promesas son condicionales—consagración, obediencia, y fe son sus requisitos.

Vended lo que poseéis, y dad limosna (33). Algunos han dado una interpretación extremadamente literal a esta y a otras escrituras similares. Esto ha tomado diversas formas, dos de las cuales, las más importantes, son: el ascetismo, y el así llamado comunismo cristiano. Ambos están en pugna con las enseñanzas y la vida de Jesús. En ninguna parte manda que los hombres dejen todas sus posesiones materiales, y El rehusó tomar parte con el hombre que estaba interesado en abolir la costumbre de la propiedad en herencia, acusándolo, por implicación de codicia.[14] Deberíamos notar que el ascetismo jamás ha caracterizado una iglesia vital, militante, evangelística. Y el así llamado comunismo cristiano sólo fue practicado una vez por la iglesia. Fue en Jerusalén y aun allí sólo fue apremiante y temporal.[15]

Mientras estas interpretaciones literales son equivocadas, no debemos pasar por alto que el verso tiene una aplicación literal. Pero esto depende del llamado individual. Muchos, incluyendo los apóstoles y los misioneros cristianos a través de las centurias, han dejado todas sus posesiones terrenales para seguir al Maestro. A otros les ha sido permitido retener sus posesiones y algunas veces han recibido grandes ganancias. Pero una cosa se demanda de todos: un claro reconocimiento del principio cristiano de la mayordomía. Nada poseemos. Si Dios nos ha permitido tener algo de los bienes de este mundo, somos sus mayordomos. Todavía Dios es el Dueño y debemos emplear los bienes según El nos dirija. Esto no se aplica solamente al diezmo. Todo es de Dios y debe ser usado como El quiere.

El mandato a dar limosna debe recordarnos el deber y el gozo de la caridad cristiana. El amor es la esencia del espíritu cristiano y ese amor tiene un alcance y una altura. Un corazón encallecido que puede quedar insensible ante la necesidad humana o la necesidad del reino, es incompatible con la profesión cristiana.

Haceos bolsas que no se envejezcan, tesoro en los cielos que no se agote, donde ladrón no llega, ni polilla destruye. Mientras estamos siguiendo sinceramente este principio de mayordomía y amor cristianos, hacemos la más sabia preparación y provisión para nuestro propio futuro. Esto, como muchos otros principios cristianos, es una paradoja. Siguiendo esta forma de vida, estamos poniendo nuestros bienes, no en **bolsas** (literalmente "carteras") que se envejecen y gastan, sino en las celestiales que son indestructibles. Estamos cambiando lo terrenal por lo celestial, lo pasajero por lo permanente; lo que puede destruirse y ser robado por lo que es indestructible e intransferible.

Porque donde está vuestro tesoro, allí estará también vuestro corazón (34). Esto es más que una predicción. Es la declaración de un principio universal. Quienquiera que seamos, cualquiera sea nuestra condición o situación en la vida, seamos santos o pecadores, nuestros corazones van a estar donde estén nuestros tesoros; y a su vez éstos deben estar donde nuestros corazones estén. De modo que si amamos a Dios, depositaremos nuestros tesoros en el cielo, usando tanto nuestros talentos como lo que poseemos para la gloria de Dios. De manera que mientras vayamos colocando más y más bienes en el otro lado, nuestro interés en el cielo y las cosas celestiales va a ir en aumento y nuestros corazones estarán más firmemente anclados en el mundo celestial.

Este verso es una vara de medir por la cual podemos determinar la profundidad de nuestra devoción. También puede servir para amonestarnos. Cuando nos demos cuenta de que estamos más interesados en las posesiones materiales que en los tesoros celestiales, ha llegado el momento para hacernos un profundo examen; es tiempo para transferir los depósitos terrenales al banco celestial.

18. *Listos para el retorno del Maestro* (12:35-40)

Jesús todavía se está dirigiendo a sus discípulos en presencia de la multitud, y todavía El sigue pensando en los peligros de la codicia—de estar demasiado atados a las cosas materiales y temporales. En este pasaje El nos proporciona otra razón por la que esta ligazón material es peligrosa. Si uno debe estar siempre listo para la venida del Maestro, debe tener tanto sus intereses como sus tesoros en las cosas espirituales y eternas. El fuerte apego a lo material será la cadena que va a tenerle encadenado a la tierra cuando los santos sean arrebatados.

Estén ceñidos vuestros lomos (35). Las largas ropas orientales podían impedir el caminar y trabajar a menos que estuvieran recogidas para darle libertad de movimiento a los pies y a las piernas. El ceñidor servía con el mismo propósito que las ligas para las mangas que los hombres llevaban para levantar los puños de la camisa de las muñecas. El siervo así ceñido estaba listo al instante para la acción, tal como lo está el cristiano que se ha quitado todos los impedimentos para el servicio y el favor de Dios.

Y vuestras lámparas encendidas. La lámpara que se usaba en la antigua Palestina era muy sencilla. Era un recipiente en forma de vasija con una mecha. A la mecha se le debía cortar lo ya quemado, y la lámpara debía estar llena de aceite si había de proveer luz. El cristiano nunca debe descuidar su luz. Nunca debe permitir que su mecha se queme o se acabe su aceite. La devoción personal—oración y lectura de la Biblia—y el servicio fiel conservarán la lámpara del alma ardiendo brillantemente.

Y vosotros sed semejantes a hombres que aguardan a que su Señor regrese de las bodas (36). Con las ropas recogidas y las lámparas ardiendo, estos siervos esperan la vuelta de su señor de las bodas. No están dormidos; están cumpliendo con su deber; los siervos fieles nunca se duermen en el trabajo. No importa cuánto se tarde su señor, ellos permanecen en sus puestos y se conservan listos. **Para que cuando llegue y llame, le abran en seguida.** No hay lámparas que preparar al último momento; no hay ninguna tarea descuidada que se deba realizar para que esté lista para el encuentro de su Señor. Ellos están siempre listos. Por eso... **le abren en seguida.**

Bienaventurados aquellos siervos a los cuales su señor, cuando venga, halle velando; de cierto os digo que se ceñirá... y vendrá a servirles. Tal fidelidad de parte de los siervos apela a la generosidad de parte de su señor. El está tan contento con ellos, que en lugar de la acostumbrada comida en la cual ellos sirven, él mismo sirve mientras ellos comen.

Y aunque venga a la segunda vigilia... o a la tercera... si los hallare así, bienaventurados son aquellos siervos (38). La noche se dividía en vigilias.[16] Estas correspondían a nuestro tiempo como sigue: la primera: de seis a nueve; la segunda, de nueve a media noche; la tercera, de media noche a tres y la cuarta de tres a seis. Cuanto más tardara su señor, más gratitud tendría al encontrar fieles a sus siervos. Spencer señala que la segunda y tercera vigilias mencionadas referidas en esta parábola son los períodos de la noche más difíciles para permanecer despiertos y alerta.[17]

Puesto que este pasaje claramente se refiere a la segunda venida, hay una fuerte sugestión de que su regreso se dilatará y que esa demora será uno de los medios para probar la fidelidad de sus siervos.

Pero sabed esto, que si supiese el padre de familia... (39). El objeto del Maestro parece ser un equivalente a "recordad". El **padre de familia** es literalmente el "amo" o "jefe" de la casa.

Notemos que el énfasis de la figura cambia de los siervos de una casa (en 36-38) al padre de la familia. El padre estaría preparado si supiera que vendría un ladrón. Este tiene éxito sólo cuando el dueño está desprevenido.

Vosotros, pues, también estad preparados, porque a la hora que no pensáis, el Hijo del Hombre vendrá (40). Este verso amplía y completa al precedente. El dueño no está preparado para el ladrón porque "no sabe". Pero, cuando el Hijo del Hombre venga, será completamente innecesario que quienes profesan ser sus seguidores, sean tomados de improviso, porque ellos pueden estar listos y "saben". Ignoran la hora de su advenimiento, pero saben que vendrá.

La solución es: Estar siempre listos. De manera que el mismo secreto de su venida es un incentivo adicional para un perpetuo discipulado de alto nivel. Para una discusión más amplia sobre los versos 39-40 véanse los comentarios sobre Mateo 24:43-44.

Barclay titula sucintamente este pasaje: "Estad preparados." Maclaren indica la naturaleza de esa preparación: (1) Los lomos ceñidos, 35; (2) Las lámparas encendidas, 35; (3) Corazones expectantes, 36.

19. *Un mayordomo debe ser fiel* (12:41-48)

Entonces Pedro le dijo. . . ¿dices esta parábola a nosotros o también a todos? (41). Pedro evidentemente se está refiriendo a la parábola de los versos 36-38, según la cual, los siervos son recompensados por su fidelidad. Esta pregunta está perfectamente en armonía con el carácter de Pedro según está descrito en otros lugares del Nuevo Testamento. El hecho de que en el relato similar de Mateo (24:43-51) este mismo material haya sido dado como un discurso continuo sin la interrupción de Pedro, no es prueba de que la pregunta de este apóstol sea una interpolación, como ha sido sugerido por algunos. Para probar que no es una interpolación nos basamos en la actitud de Pedro, pero también en que el presente discurso fue pronunciado durante el ministerio en Perea, mientras que el que hallamos en Mateo fue dado durante la semana de pasión en Jerusalén.

Y dijo el Señor: ¿Quién es el mayordomo fiel y prudente. . .? (42). Aparentemente Jesús había pasado por alto la pregunta de Pedro. Pero en realidad no sólo la responde, sino que va más allá, enseñándoles material adicional no solicitado por Pedro. El hecho de que Jesús vuelva su tema hacia los siervos fieles no sólo muestra que estaba respondiendo a Pedro, sino que identifica "la parábola" a la cual el Apóstol hace referencia.

Se alude a este **mayordomo** como el **siervo** en el resto de la parábola. El relato de Mateo usa la palabra "siervo" en la totalidad; pero este esclavo (lit., gr.) era evidentemente un mayordomo (gr. *oikonomos*) que por lo general era un siervo superior (esclavo), de carácter probo que tenía bajo su cuidado los bienes de la casa.

Los versos 42-44 muestran las recompensas de los siervos fieles; y 45-46 el castigo reservado a los mayordomos infieles. Para la discusión completa de este material, véanse los comentarios sobre Mateo 24:45-51.

Le pondrá con los infieles (46). El relato de Mateo dice "hipócritas" en lugar de **infieles**. Estos siervos deben ser enfocados en dos maneras: primero, como juzgados por la ley del Antiguo Testamento; y segundo, a la luz de las responsabilidades del reino en la dispensación cristiana.

Aquel siervo que conociendo la voluntad de su señor, no se preparó . . . recibirá muchos azotes. Mas el que sin conocerla. . . será azotado poco (47-48). Para los delitos cuyo castigo era ser azotado, el máximo de azotes permitidos era de 40 por una sola transgresión; pero es sabido que los judíos daban cuatro o cinco latigazos por faltas menores.[18] El castigo variaba según el delito.

Mayor luz, capacidad y oportunidad, significan mayor responsabilidad. Gran oportunidad para honores, posición y realizaciones conllevan más culpabilidad en caso de ser infieles. Conocer la voluntad de Dios es en efecto una gran bendición; pero ese conocimiento, si es descuidado o pervertido, solamente aumenta la culpa y el consecuente castigo.

El principio de grados de castigo y de recompensas es enseñado aquí y en otras partes del Nuevo Testamento; pero no es siempre claro cómo aplica Dios el castigo. Sin embargo, una cosa es evidente; El grado de fidelidad o infidelidad determinarán también el grado de recompensa o castigo; y esa fidelidad será juzgada a la luz del conocimiento de la voluntad divina y las oportunidades que están a nuestro alcance.

20. *Jesús, causa de división* (12:49-53)

Fuego vine a echar en la tierra (49). Literalmente, "Yo he venido a arrojar una tea a la tierra". Aquí Jesús no ha cambiado sólo su tema; es una nueva división de su mensaje. Desde el verso 14, ha estado examinando el peligro de una consideración egoísta de las cosas de este mundo. Ahora, continúa diciendo que su venida a la tierra no era para suavizar el camino para un placentero regocijo de los bienes de este mundo. Antes bien, su advenimiento necesariamente traería división y conflicto. ¿Cómo podría ser de otra manera? El hombre egoísta y pecador, naturalmente no estaría dispuesto a someterse a una manera de vivir tan abnegada y consagrada como la que representaba Jesús.

El Maestro está aclarando a sus discípulos, y a aquellos a quienes anticipaba que llegarían a serlo, que si sus motivos para seguirle eran egoístas, quedarían desilusionados. El carecía de bienes materiales, poder, honor, o bienestar para ofrecerles. Pero, si estaban dispuestos a seguirle, debido a un amor puro y abnegado, El tiene recompensas espirituales y eternas que sobrepasarían el costo del discipulado.

Algunos comentadores han sugerido que el fuego al cual se hace referencia aquí es el fuego del Espíritu Santo, o el fuego de una nueva fe.[19] Pero la mayor parte de las autoridades concuerdan en que el contexto y el significado del verso favorecen la interpretación dada con anterioridad—que es un fuego de conflicto. Sin embargo, no debemos pasar por alto el hecho de que el resultado final del conflicto—o fuego —es bueno. Será la victoria de Cristo y su reino. Solamente el mal va a ser destruido. El fuego tiene un efecto purificador, aun si es el fuego del conflicto.

¿Y qué quiero, si ya se ha encendido? Es una traducción literal del griego, cuyo significado es vago, pero la mayoría de los eruditos bíblicos están de acuerdo con la traducción de *The New English Bible:* "¡Y cómo lo deseo que ya haya sido encendido!" La Versión Popular nos rinde la siguiente traducción: "¡Cómo quisiera que ya estuviera ardiendo!" Tanto su aversión humana al sufrimiento y su ansiedad para lanzarse a una campaña victoriosa, impulsaron a Jesús a desear que esta experiencia estuviera realizada y concluida. Pero el conflicto y la victoria debían posponerse hasta su muerte y resurrección.

De un bautismo tengo que ser bautizado (50). Su inminente sufrimiento y muerte. **Y ¡cómo me angustio hasta que se cumpla!** Weymouth dice que el verdadero significado del griego cuando vierte este pasaje es: "¡Y cómo estoy encerrado hasta que se cumpla!" El Maestro es completamente conocedor del hecho y la necesidad de su sufrimiento. El sabe que la victoria sobre el pecado y sobre Satanás es imposible hasta que se realicen el conflicto y la victoria, que son su muerte y su resurrección. El está "acorralado", ansioso de hacer frente y derrotar al enemigo. También, como se sugiere en conexión con el verso 49, El siente un natural rechazo al sufrimiento, y desea que esta desagradable pero necesaria tarea termine. Este pasaje ha sido llamado "un preludio de Getsemaní".

¿Pensáis que he venido para dar paz en la tierra? Os digo: No, sino disensión (51). Con toda rapidez Jesús se vuelve de sí mismo y su sufrimiento inminente a su discurso: Nada de paz, sino división. Jesús vio proféticamente lo que ahora nos revela la historia: el conflicto a través de las edades entre el reino de Dios y el reino de Satanás. Este conflicto dividiría naciones, ciudades, tribus, y familias, según la alianza personal de los individuos que constituían estos grupos.

La penosa naturaleza de algunas de estas divisiones está gráficamente descrita en los versos 52 y 53: familias divididas—padres contra hijos, los hijos contra los padres, las madres contra las hijas. Toda la raza estaría dividida en dos bandos. Para un examen más amplio sobre los versos 51-53 vea los comentarios sobre Mateo 10: 34-36.

21. *Las señales de los tiempos* (12:54-56)

Decía también a la multitud (54). Godet señala que la expresión **Decía también** es "la fórmula que Lucas emplea cuando Jesús al final de un discurso doctrinal agregaba las últimas palabras de mayor gravedad que elevaban todo el asunto a su punto máximo, para dejar en la mente de quienes le escuchaban una impresión imperecedera".[20] También debe notarse que ahora Jesús está volviendo su atención más directamente **a la multitud.** Los versos precedentes nos demostraron que fueron dirigidos a sus discípulos.

La severidad y la aspereza del Maestro en estos versos parecerían implicar que algunos de sus oyentes habían demostrado disgusto u hostilidad hacia lo que El había estado enseñando. Quizás los fariseos nuevamente estaban levantando su oposición a lo que El decía.

Cuando veis la nube que sale del poniente. El mar Mediterráneo queda al oeste de Palestina, mientras que al oriente hay una región semidesierta. De modo que toda la lluvia viene del oeste. Indudablemente algunos se enorgullecían de poder predecir el tiempo, como sucede con la gente que vive en contacto con la naturaleza. Sin embargo, sabios como eran en predecir las señales, no demostraban ninguna capacidad para leer las señales de los tiempos, aunque éstas eran bien evidentes en derredor de ellos.

Y cuando sopla el viento del sur (55). Al sur y al sureste se encontraba el gran desierto de Arabia, de modo que cuando soplaba el viento de esa dirección el calor era muy agobiante.

¡Hipócrita! Un hipócrita es un actor, un comediante. Los fariseos que tanto se jactaban de leer las señales estaban involucrados en una contradicción: aunque eran bien versados en las profecías del Antiguo Testamento en cuanto a Cristo, estaban completamente ciegos ante el claro cumplimiento de estas profecías. Profesaban que veían, pero de hecho eran ciegos como también sordos a la voz de Dios.

Sabéis distinguir el aspecto del cielo y de la tierra; ¿y cómo no distinguís este tiempo? La respuesta a esta pregunta es que ellos tenían discernimiento para lo que les interesaba: la lluvia, las mieses posibilitadas por el agua; estaban interesados en el calor y en el perjuicio que causaba a la cosecha; pero tenían poco interés para los asuntos morales y espirituales. Eran materialistas y llenos de egoísmo.

Spence nos llama la atención a tres señales de los tiempos completamente ignoradas por los líderes judíos: (1) El bajo estado de moralidad entre los hombres públicos; (2) La situación política; y (3) Las advertencias celestiales.[21] Sobre estos asuntos habían sido escritos volúmenes; pero los fariseos y otros líderes judíos o los ignoraban, o trataban con ellos de modo puramente egoísta y materialista. Véanse también los comentarios sobre Mateo 16:2-3.

22. *La necesidad de la reconciliación* (12:57-59)

¿Y por qué no juzgáis por vosotros mismos lo que es justo? (57). ¿Por qué es que no podéis (o queréis) tomar la iniciativa de juzgar lo recto? Jesús sigue esta pregunta con una ilustración.

Cuando vayas al magistrado con tu adversario, procura en el camino arreglarte con él (58). Esto es sentido común. Reconciliarse antes de entrar al tribunal, porque con seguridad que allí no va a encontrar misericordia, sólo la fuerza total de una ley quebrantada, y procurar tal arreglo es demostrar sabiduría. Es evidente que se trata del **adversario** que está al margen de la ley y que el **tú** se refiere al transgresor. En la ilustración dada está la alternativa de reconciliación o prisión, y sólo un necio escogería la última.

La plena fuerza de esta verdad se siente cuando se realiza que la preocupación real del Maestro es la aplicación de esta parábola. La sugerida reconciliación es entre el hombre y Dios; y es el primero que debe buscar un acuerdo. La única alternativa es sufrir la sentencia del gran juicio y la sentencia es el castigo eterno.

Ahora podemos ver el pleno significado de la pregunta del Maestro del verso 57. El está diciendo: "¿Cómo no podéis ser lo suficiente sabios como para humillaros y reconciliaros con Dios—convertirse—en lugar de arriesgar las inevitables consecuencias de la llegada al juicio como un incorregible adversario de Dios?"

Te digo que no saldrás de allí, hasta que hayas pagado aun la última blanca (59). Si uno rechaza el arrepentimiento, la humildad, la misericordia y la gracia, debe esperar pagar lo que demanda la ley. El juicio debe actuar conforme la ley; allí no hay lugar para la misericordia.

Algunos han sugerido que la esperanza de la salvación final está implicada en la frase **hasta la última blanca.** Sin embargo, esta esperanza sólo es posible en la historia literal de la parábola. El criminal en la prisión tiene la esperanza de quedar en libertad. Hay siempre una oportunidad de que en alguna manera pueda pagar **hasta la última blanca.** Pero no hay tal esperanza para el pecador en el infierno. Las almas que están en total bancarrota jamás pueden pagar ni la parte más pequeña de su incalculable deuda. Vea también los comentarios sobre Mateo 5:25-26.

23. *Si no os arrepentís* (13:1-5)

En este mismo tiempo estaban allí (1). Literalmente "en ese tiempo". Es evidente que se refiere al tiempo en que daba el discurso registrado en el capítulo 12. Algunos de aquellos que habían estado escuchando sus solemnes enseñanzas concernientes a la preparación, fidelidad, conflicto y el juicio, hablaron durante una pausa del discurso del Maestro, o quizá cuando El terminó.

Los galileos cuya sangre Pilato había mezclado con los sacrificios de ellos. Este suceso no está registrado por Josefo ni ninguna otra autoridad excepto Lucas; sin embargo, encuadra perfectamente con el **carácter de Pilato, la turbulencia de los tiempos y la índole de los** galileos.

Los hechos de este relato parecen haber sucedido de la siguiente manera: Los galileos estaban en Jerusalén ofreciendo sacrificios en el templo. Mientras tanto, Pilato envió soldados para matarlos y en el proceso de ejecución la sangre de ellos se mezcló con la de los animales que estaban sacrificando. Es probable que estos galileos eran culpables de haber violado una de las leyes romanas. También debe tenerse en cuenta que esos hombres eran súbditos de Herodes y que la acción puede haberse realizado como consecuencia de las malas relaciones entre Pilato y Herodes a las que hace referencia Lucas 23:12.

¿Pensáis que estos galileos, porque padecieron estas cosas, eran más pecadores que todos los galileos? (2). Este horrendo acontecimiento fue evidentemente relatado, no para señalar la crueldad de los romanos, sino para implicar que estos galileos habían sido sacrificados con el permiso de la providencia porque eran grandes pecadores. Por lo menos, aún desde tiempos tan lejanos como los de Job se creía que los infortunios solamente venían como castigo por el pecado; y que por lo tanto, cualquier calamidad era señal de pecado muy grave.

Es posible que el informe haya sido dado en ese momento para ilustrar lo que Jesús acababa de decir en 12:58-59, implicando que la calamidad de esos galileos era el resultado de su fracaso en la reconciliación con Dios. Sin embargo, una cosa es cierta: Los informantes de la matanza se consideraban a sí mismos tan distintos de esos **pecadores**, que en su opinión, no estaban en peligro de que les sucediera algo parecido.

Os digo: No; antes si no os arrepentís, todos pereceréis igualmente (3). Por una parte, Jesús estaba implicando que la calamidad no era necesariamente un castigo por el pecado. Y por la otra, les señalaba específicamente que, aparte de la gracia de Dios, todos son pecadores, y que por ende, todos perecerán si no se arrepienten.

Los judíos reservaban la palabra "pecador" para una clase particular de transgresores a quienes ellos consideraban particularmente "inmundos". Ellos estaban muy seguros de que aquellos que cumplieran exactamente con sus deberes religiosos, según los prescribían sus líderes, no eran pecadores.

Aun en nuestros días, es fácil, especialmente para los feligreses de la iglesia, señalar a otros como pecadores y en necesidad de la gracia de Dios. A ninguna persona le es natural mirar hacia adentro y reconocer el pecado en el propio corazón. A todos los que han pecado (y todos hemos pecado), Jesús dice: **Si no os arrepentís, todos pereceréis igualmente.** Y la calamidad de esos galileos no puede ser comparada con la del infierno.

O aquellos dieciocho sobre los cuales cayó la torre en Siloé. . . (4). La torre de Siloé sin duda tenía alguna relación con el estanque de Siloé situado en las afueras del muro en el ángulo sudeste de la ciudad de Jerusalén. No se sabe con qué propósito se había construido esa torre. También se desconoce su época; pero, probablemente era más o menos de poco tiempo atrás de cuando Jesús hiciera referencia a ella.

El hecho de que Jesús empleara este evento para fortalecer sus argumentos implica que la gente conocía bien las particularidades del caso y que los hombres que murieron por la caída de la torre no eran notablemente más pecadores que el término medio de los trabajadores judíos.

Os digo: No; antes si no os arrepentís, todos pereceréis igualmente (5). Para darle mayor énfasis, Jesús repite tres veces el verso al pie de la letra, palabra por palabra. La verdad que estaba enseñando era de suprema importancia—lo bastante como para exigir esa repetición.

24. *Parábola de la higuera en una viña* (13:6-9)

Tenía un hombre una higuera plantada en su viña (6). Era la costumbre en la antigua Palestina, y también en nuestros días, que la gente plantara higueras y otros árboles en sus viñas.[22] Era una manera de utilizar cada porción de tierra disponible. La higuera aquí como en otras partes en el simbolismo bíblico, se refiere a Israel.

El orgullo racial y nacionalista de los judíos no les permitía pensar en nada menos que eran el pueblo elegido por Dios; la única nación que pertenecía directamente al dominio de Dios. Por lo tanto, el empleo de higuera en la viña para representar a Israel es sumamente interesante. Esta figura parece representar a los judíos como ocupando solamente un rincón de la gran viña de Dios en el mundo.

Y vino a buscar fruto en ella y no lo halló. Aunque la higuera estaba en un viñedo, tenía un solo propósito: llevar fruto; e Israel tenía una única razón para ocupar el primer lugar o cualquier puesto: era cumplir con la misión encomendada por Dios. Puesto que la higuera era estéril, no tenía derecho de existir; y como Israel se había negado a cumplir con la misión divinamente señalada, no tenía derecho a subsistir.

Y dijo al viñador (7). El propietario de la viña en la parábola representa a Dios el Padre; el viñador, a Cristo o al Espíritu Santo. El viñador es el hombre que se ocupa de podar los viñedos y cuidarlos.

He aquí, hace tres años que vengo a buscar fruto en esta higuera, y no lo hallo; córtala. Algunos han procurado dar a "tres" un significado en este lugar, algún significado especialmente espiritual o místico. En relación con (1) la ley, (2) los profetas, o (3) Cristo. Otros encuentran una alusión a los tres años del ministerio de Cristo. Parece mucho más prudente no tratar de dar esos sentidos forzados. El número es simplemente un detalle literal en una parábola y significa la amplia oportunidad dada al árbol para llevar fruto. De modo que se dio la orden de derribarla.

¿Para qué inutiliza también la tierra? Literalmente, "¿Por qué hacer que la tierra no rinda?" Para el dueño de la viña, el caso era sencillo: Tenía que producir fruto. Al no darlo, si se dejaba, desperdiciaba buena tierra.

El... dijo: Señor, déjala todavía este año, hasta que yo cave alrededor de ella, y la abone (8). El viñador está pidiendo misericordia para la higuera, pero no por razones sentimentales. Un árbol que no producía era tan inútil para él como para el dueño de la viña. El está pidiendo una prórroga, con la esperanza de que más cultivo y fertilizante estimularían su producción de fruto.

Bajo el velo de esta parábola, Jesús está expresando su voluntad de invertir labor adicional en Israel con el fin de estimular su fruto—restaurar a su pueblo a su antiguo lugar de pueblo especial de Dios—y poder evitarle la catástrofe que de otra manera iba a ser inevitable.

Y si diere fruto, bien; y si no, la cortarás después (9). El éxito bien valía el esfuerzo, pero era su última vez. Todos sabemos que Israel no aprovechó esta última oportunidad y que la predicción del Maestro de una catástrofe nacional fue gráficamente cumplida.

Aunque esta parábola estaba especialmente dirigida a los judíos como raza y como nación, es una solemne amonestación que a todos nos conviene considerar seriamente. O el camino de Dios, o ninguno. Debemos cumplir con el lugar que Dios nos ha ordenado o perder el derecho a cualquier lugar. Esto, como se ha demostrado en los pasajes previos, exige arrepentimiento y la salvación que sólo Cristo puede dar.

Matthew Henry trata esta parábola bajo tres encabezados: (1) Ventajas que tenía la higuera—**plantada en su viña** (el mejor terreno); (2) Lo que su dueño esperaba de ella—**vino a buscar fruto en ella;** (3) El desengaño de su expectativa—**y no lo halló.**

25. *Sanando en sábado—el amor comparado con el legalismo* (13:10-17)

Enseñaba Jesús en la sinagoga en el día de reposo (10; literalmente, "los sábados"). Bruce cree que se trataba de una serie de disertaciones que duró varias semanas en una sinagoga.[23] Sin embargo el léxico en el original griego parecería estar a favor de la interpretación de que se trataba de una costumbre de enseñar los sábados en esos lugares. La enseñanza en las sinagogas los sábados fue un hábito de Jesús durante los primeros meses de su ministerio, pero hay poca evidencia de esta práctica registrada durante su ministerio en Perea. Este texto, sin embargo, parecería indicar que, aunque puede haber sido acortado debido a la oposición de los líderes judíos, no había sido interrumpido. El milagro que está a continuación es registrado sólo por Lucas.

Una mujer que desde hacía dieciocho años tenía espíritu de enfermedad, y andaba encorvada (11). Nótese la manera precisa y detallada en la cual, Lucas el médico, describe la enfermedad de esa mujer. Parece haber sido un caso extremo de curvatura deformada de la columna, y el caso se hacía más patético porque hacía 18 años que lo padecía.

La expresión **espíritu de enfermedad** implica fuertemente que el mal había sido causado por un espíritu demoníaco o que la principal causa era espiritual. Esta inferencia está apoyada en el verso 16 donde Jesús dice que Satanás la había ligado. Godet dice que la expresión **espíritu de enfermedad** se refiere a "debilidad física, suscitada por una causa más elevada por la que estaba atada la voluntad del paciente".[24] Esta "causa más elevada" a la cual hace referencia es evidentemente espiritual; es decir, una aflicción satánica. De manera que la mujer así afligida tenía una doble enfermedad. La dificultad física era la manifestación exterior de un cautiverio interno.

Y en ninguna manera se podía enderezar. Literalmente, "y no podía levantar su cuerpo normalmente". El griego permite dos significados. Ellos son: (1) "no podía enderezarse por sí misma", o (2) "ella no se podía enderezar por sí misma completamente". La primera versión es la preferida por causa de la gramática griega y del contexto del pasaje.[25]

Mujer, eres libre de tu enfermedad (12). **Eres libre** es la traducción del tiempo perfecto griego que indica que la liberación era un hecho realizado, cumplido.

Y puso sus manos sobre ella; y ella se enderezó luego (13). En este momento ella experimentó un milagro. Ella **se enderezó** por el toque de la mano del Maestro.

Pero el principal de la sinagoga (14). Probablemente se trataba del jefe del concilio de 10 hombres judíos que controlaban esa sinagoga. **Enojado de que Jesús hubiese sanado en el día de reposo.** Estaba tan enojado ante el quebrantamiento del sábado que perdió por completo el sentido y valor de ese milagro. La ley, según la interpretación de los **rabíes en ese tiempo, permitía que los médicos sólo trataran los casos** de urgencia en sábado. El caso presente era crónico, de modo que según la interpretación de los rabinos, legalmente no podía ser sanado en ese día santo.

Dijo a la gente. No tuvo el coraje de atacar al Maestro directamente, sino que regañó a la gente—la mujer y aquellos que estaban con ella—en voz suficientemente alta para que Jesús oyera. **Seis días hay en que se debe trabajar.** Los rabinos habían exagerado tanto la prohibición del cuarto mandamiento que un acto tal de misericordia como el que Jesús había realizado con esa mujer afligida, era interpretado como un trabajo, y de esa manera lo prohibían en sábado.

Hipócrita, cada uno de vosotros ¿no desata en el día de reposo su buey o su asno del pesebre y lo lleva a beber? (15). Los dirigentes de la sinagoga y los líderes judíos hacían ese acto de humanidad los sábados. Sin embargo, a esa mujer había que dejarla sufrir hasta el día siguiente. Esta tremenda inconsistencia hacía que la designación de **hipócritas** que les había dado el Maestro fuera muy apropiada. Cuando recordamos que esos animales significaban propiedad, dinero, nos damos cuanta de cuán completamente egoístas eran esos hipócritas. Spence lo considera de esta manera: "En los casos en que estuvieran involucrados sus intereses, se concedía toda la indulgencia posible; pero no había misericordia ni podía pensarse en condescendencia donde estaba de por medio la enfermedad de un pobre."[26]

Y a esta hija de Abraham. . . ¿no se le debía desatar de esta ligadura en el día de reposo? (16). Para cualquiera que no estuviera cegado por el prejuicio, la respuesta no sólo era obvia sino que es más vigorosa cuando está así implicada, que cuando de hecho se planteaba. La referencia de Jesús de que era una hija de Abraham sugiere que tenía un doble derecho a la misericordia y ayuda de todos los judíos—como ser humano y como israelita.

Al decir estas cosas, se avergonzaban todos sus adversarios (17). La palabra **todos** implica que el jefe de la sinagoga tenía algunos que le apoyaban activamente en su ataque contra el Maestro. Pero la réplica de Jesús fue tan pertinente y adecuada que aun esos egoístas quedaron abochornados. No dijeron nada—no había nada que hacer.

Pero todo el pueblo se regocijaba por todas las cosas gloriosas hechas por él. La gente reconocía y apreciaba lo que los líderes pasaban por alto ciegamente: que Dios había obrado en medio de ellos, y demostrado su compasión sin límites tanto como su tremendo poder. Lo que habían visto los impelía a asociar a Jesús con el Dios de los cielos. No hay duda que la respuesta de Jesús al líder de la sinagoga aumentó su entendimiento y aprecio del milagro que habían visto.

Charles Simeon nos presenta tres reflexiones sobre este incidente: (1) ¡Lo que son la ceguera y la hipocresía en el corazón humano! (2). ¡Cuán deseable es abrazar toda oportunidad de confiar en Dios!—esta mujer recibió sanidad porque fue fiel en asistir a los servicios de la sinagoga; (3) ¡Con qué consoladora esperanza podemos mirar a Jesús en todas nuestras tribulaciones!

26. *Dos breves parábolas sobre el reino de Dios* (13:18-21)

¿A qué es semejante el reino de Dios, y con qué lo compararé? (18). La idea del reino de Dios parece haber sido sugerida a nuestro Señor por la respuesta de la gente en el verso 17. Su milagro y su efectiva respuesta al desafío de sus enemigos le trajeron una entusiasta alabanza y regocijo del pueblo. El vio en las actitudes de esa gente el comienzo del reino. Note cómo las dos parábolas siguen la idea del reino de Dios de un pequeño comienzo.

Las preguntas con las que Jesús introduce estas parábolas no denotan vacilación o incertidumbre sobre lo que debía decir. Más bien es un recurso dramático, estilístico empleado por el Maestro, muy de acuerdo con su forma de enseñanza.

Jesús busca en la naturaleza analogías para la verdad espiritual. Las cosas espirituales nunca pueden ser completamente captadas o entendidas por el hombre en esta vida. El único lenguaje que conocemos es el terrenal y como tal tiene sus significados fundamentales en la esfera material. Ese lenguaje terrenal sólo puede abordar la verdad espiritual. Por esta ausencia de lenguaje espiritual se emplean analogías para describir lo indescriptible.

Debería notarse que Mateo emplea el término "el reino de los cielos", mientras que Marcos y Lucas usan "el reino de Dios".

Es semejante al grano de mostaza (19). Para una amplia discusión vea los comentarios sobre Mateo 13:31-32.[27] La versión que da Lucas sobre esta parábola es más breve que la de Mateo y la de Marcos. El primero y segundo evangelios agregan la explicación de que aunque la mostaza es la más pequeña de las simientes, llega a ser una gran planta.

La versión de Lucas de las dos parábolas del reino no está tomada del mismo discurso del Maestro del que la toman los otros dos Sinópticos. En Mateo y en Marcos se informa que estas parábolas fueron parte del ministerio de Jesús en Galilea, enseñando desde un bote en el mar de Galilea a una multitud que escuchaba desde la costa. Pero Lucas informa que estas parábolas fueron dichas durante el ministerio del Señor en Perea.

Y volvió a decir: ¿A qué compararé el reino de Dios? (20). Jesús repite aquí el contenido de las dos preguntas del verso 18. Por medio de esta repetición, El está procurando mantener y fortalecer el efecto dramático del recurso retórico introducido antes.

Es semejante a la levadura (21). Para su completa discusión, véanse los comentarios sobre Mateo 13:33.

B. Segunda Etapa, 13:22—17:10

Pasaba Jesús por ciudades y aldeas, enseñando y encaminándose a Jerusalén (22). Este verso sirve tanto para introducir la segunda etapa del ministerio pereano—"El Viaje a Jerusalén"—como para recordar que Jesús todavía tiene a Jerusalén como su destino. Aunque sus movimientos no son en línea recta, El se va aproximando cada vez más a su meta.

Como ya hemos visto,[28] este "viaje a Jerusalén" no es un mero viaje en el sentido físico y geográfico, sino un movimiento que cada vez acerca más a nuestro Señor a su gran encuentro con la cruz. Jesús se está trasladando en esa dirección en dos maneras: (1) Está completando sistemáticamente su necesario ministerio evangelístico a cada ciudad y villa, y (2) está avanzando en el tiempo—el tiempo está corriendo. Esto no está en oposición al hecho de que durante este "viaje a Jerusalén", El hiciera viajes cortos ocasionales a esa ciudad.[29]

Esta porción del ministerio de Jesús (13:23—17:10) parece estar inmediatamente después de su presencia en Jerusalén, en la fiesta de la purificación del templo dada en Juan 10:22-39. Después de salir de Jerusalén en esta ocasión, fue a Perea—la tierra más allá del Jordán, "donde primero Juan había estado bautizando" (Jn. 10:40). El permaneció allí hasta después que recibió el mensaje sobre la enfermedad de Lázaro (Jn. 11:3-7).[30]

1. *"¿Son pocos los que se salvan?"* (13:23-30)

Y alguien le dijo (23). La vaguedad de la referencia de Lucas a este **alguien,** unida a la implicación del contexto siguiente que la persona está fuera del reino, nos indica que no es uno de los apóstoles sino uno de la multitud que seguía a Jesús.

¿Son pocos los que se salvan? No sabemos qué sugirió esta pregunta ni conocemos el estado de ánimo ni la actitud del que preguntaba. John P. Lange parece convencido de que este interrogador anónimo estaba implicando, posiblemente en tono de ridículo, que uno que se consideraba Salvador con tan lastimosamente pocos seguidores, no podía ser el Señor que pretendía.[31] Spence ve una reflexión del prevaleciente exclusivismo judío—siendo los judíos los **pocos** que serían salvos.[32] Cualquiera que haya sido el motivo o la preconcepción que estaba detrás de esa pregunta, el Maestro le dio una respuesta objetiva y seria.

Esforzaos a entrar por la puerta angosta (24). La palabra griega que traducimos esforzaos es nuestra palabra "agonizar". El pasaje en realidad dice: "Cualesquiera que sean los obstáculos, usted debe entrar, porque el costo del fracaso es muy grande." **Muchos... procurarán entrar** (cuando sea demasiado tarde), **y no podrán.** Esta es una referencia a la segunda venida de Cristo, el fin del día de la gracia, o la muerte como fin del período de prueba.

Después de que el padre de familia se haya levantado y cerrado la puerta (25). El cambio, de la imaginaria puerta estrecha a la puerta cerrada está anticipado en la última cláusula del verso 24. La puerta estrecha hace que la entrada sea difícil; la puerta cerrada la hace imposible. A la hora apropiada, al finalizar el día, el señor de la casa cierra la puerta, se espera que todos los componentes de la familia estén adentro, y estarán, si son leales y obedientes.

Y empecéis a llamar a la puerta. Probablemente haya dos pecados responsables por esas llegadas tarde: rebeldía y presunción. El amor al pecado los detendría, y la falsa esperanza de que el amor y bondad del Maestro lo forzarían a hacer una excepción en el caso de ellos, les impediría obrar motivados por su conciencia.

Respondiendo os dirá: No sé de dónde sois. En este punto, la imagen física comienza a desvanecerse y las palabras del Maestro se van haciendo más literales. Perdemos de vista al amo oriental de la casa y vemos en su lugar al Señor de tierra y cielos.

La palabra griega traducida **sé** tiene un sentido mucho más amplio y profundo que en las lenguas vernáculas. En adición a la idea de "conocimiento", según la usamos, contiene ideas de experiencia y perpetración. Conocer a alguien en este amplio sentido es tener una relación íntima con él y haberse entregado profundamente.[33] Pero note que la responsabilidad por el "conocimiento" que Dios tiene de nosotros no es suya sino nuestra. Si "Dios no nos conoce" la falta es de nosotros.

Entonces comenzaréis a decir: Delante de ti hemos comido y bebido y en nuestras plazas enseñaste (26). Nótese nuevamente que la imagen se ha esfumado y el mismo Maestro está inequívocamente presente en esta parábola. La relación superficial proveniente de comer en los mismos banquetes con el Maestro y que El haya enseñado en sus calles distaba mucho de "conocer" al Señor o de ser "conocidos" por El en el pleno y propio sentido de la palabra griega. Esa relación superficial estaba muy lejos de justificar la petición de admisión.

Pero os dirá: Os digo que no sé de dónde sois (27). El clamor para entrar es firme y finalmente rechazado por la repetición de su significativa respuesta: **no sé de dónde sois.** Vemos el corazón del asunto en la caracterización que el Maestro hace de estos tardíos buscadores y obreros de iniquidad. Hay legiones de excusas y explicaciones para el enajenamiento de Dios, pero el pecado es siempre la verdadera causa.

Allí será el llanto y el crujir de dientes, cuando veáis a Abraham, a Isaac, a Jacob y a todos los profetas en el reino de Dios, y vosotros estéis excluidos (28). Aquí tenemos la aplicación principal de esta parábola. Los judíos, que cariñosa y obedientemente habían aceptado a Abraham, Isaac, Jacob y los profetas, y que habían rechazado a Jesús, algún día verían a estos reverenciados antepasados en el reino de Cristo. Y ellos mismos serían arrojados como indignos de tan santa habitación y compañía.

· **Allí será el llanto y el crujir de dientes,** que es la más fuerte fórmula hebraica para expresar sufrimiento intenso, es la indicación de la disposición del Maestro. Describe la seriedad del asunto y la trágica finalidad de su sentencia.

Porque vendrán del oriente y del occidente, del norte y del sur (29). Vendrán ciudadanos del reino de todas las razas y naciones, personas a quienes el Maestro "conoce" en verdad y que lo "conocen" a El.

Y he aquí, hay postreros que serán primeros, y primeros que serán postreros (30). **Los primeros** evidentemente son los judíos (en la aplicación primaria de este verso) y los **postreros** son los gentiles. Nótese sin embargo, que no todos los gentiles serán realmente los primeros, ni todos los judíos serán los últimos. Como nación, los judíos de la época de Jesús le rechazaron; pero muchos individuos de esa raza le aceptaron y muchos más de ellos también lo han aceptado a través de las centurias. Por otra parte, los gentiles han estado a menudo lejos del buen ejemplo en su actitud hacia Cristo.

La verdad permanente encontrada en la fórmula de este verso es que la posición, herencia, raza o cualquier otra cosa que pueden hacer que el hombre sea **primero** a los ojos humanos, es insuficiente para colocarlo en ese lugar con Dios. En el último análisis, sólo es **primero** quien concede a Jesús el primer lugar en su corazón y vida, y solamente será **postrero** el que rechaza o descuida a Dios y las cosas espirituales.

2. *Oposición y compasión* (13:31-35)

Aquel mismo día. En los mejores manuscritos griegos se lee "en aquella misma hora". **Llegaron unos fariseos, diciéndole. . . vete de aquí, porque Herodes te quiere matar** (31). No sabemos si los fariseos informaban con exactitud la intención de Herodes o inventaban una historia con el propósito de que Jesús partiera de ese lugar. Dos cosas son claras de acuerdo a lo que se sabe de Herodes y los fariseos. En primer lugar, los fariseos eran suficientemente hostiles, como para usar la verdad o la falsedad contra Jesús, y no titubearían ni un momento en colaborar con el enemigo. En segundo lugar, al asesinar a Juan, Herodes había mostrado que era capaz de matar a cualquier líder religioso. También es evidente que tanto Herodes como los fariseos podían ganar con el resultado de ese informe. Dado que Herodes estaba perturbado con temores supersticiosos como resultado de su crimen con Juan,[34] tal vez él había enviado a los fariseos para que le dieran esta noticia a Jesús. Quizá tenía la esperanza de que el Maestro se fuera, lo que le permitiría al tirano deshacerse de El sin necesidad de repetir su crimen, que tanto le trastornaba.

El lugar del cual se le aconsejó a Jesús que saliera fue Perea, una parte del reino de Herodes; esta fue la zona en la que se realizó la mayor parte del ministerio de Jesús que Lucas relata.

Id, y decid a aquella zorra (32). Herodes era cruel y audaz, y podía haber esperado ser representado por un león antes que por una zorra. Pero también era astuto y despreciable, y sin duda Jesús estaba considerando este aspecto de su personalidad. Si, como se ha sugerido, Herodes estaba enviando a los fariseos con su informe en contra de Jesús, era evidente la razón para designarlo como zorra.

Spence declara que Jesús lo está llamando literalmente "zorra".[35] Y de esto él concluye que Herodías, el poder que estaba detrás del trono, es probablemente a quien se dirigía la apelación de Jesús. Spence indudablemente llega a su conclusión basándose en el hecho de que la palabra griega empleada es femenina. Pero la palabra griega que tradujimos **zorra** es femenina en su forma básica, de modo que no podemos estar seguros de que aquí se refiera al sexo femenino. Sin embargo, el hecho de que "zorra" en griego sea femenino muestra con claridad que para la gente que hablaba ese idioma, ese animal era lo opuesto a lo intrépido y valiente. De manera que Jesús de ningún modo estaba halagando a Herodes.

Algunos han puesto en tela de juicio el hecho de que Jesús usara un término tan poco halagüeño con referencia a un rey. Pero entonces no estaba en boga la exagerada cortesía al dirigirse a los reyes que había en la Edad Media y en el período que inmediatamente le siguió. El hecho es que el término le viene tan bien a Herodes que ampliamente justifica al Maestro. Debe recordarse también que Herodes no era un legítimo gobernante judío sino una herramienta de César.

He aquí, echo fuera demonios y hago curaciones hoy y mañana, y al tercer día, termino mi obra. Primero, Jesús está diciendo que tiene una obra que hacer y que va a realizarla a pesar de todas las cosas—incluyendo a Herodes. En segundo lugar, Jesús declara que la clase de obra que El está haciendo no es en ninguna manera una amenaza para el reino de Herodes—excepto en que el pecado es amenazado por la justicia y la santidad. Vemos también una velada profecía de su resurrección **(al tercer día termino mi obra)** en un futuro cercano. Básicamente, **termino** implica que su obra quedaba acabada.

Es necesario que hoy, y mañana y pasado siga mi camino (33). El tiempo es corto. Pero hasta que la obra de Jesús sea terminada, ni Herodes ni nadie podrá detenerlo. **Porque no es posible que un profeta muera fuera de Jerusalén.** Van Oesterzee llama a esto "ironía santa unida a profunda melancolía".[36] Y para entender cuán irónicas pueden ser estas palabras, uno debe ver las escenas sangrientas en el pasado de Jerusalén, o mirar hacia adelante a la crucifixión inminente.

¡Jerusalén, Jerusalén, que matas a los profetas... cuántas veces quise juntar a tus hijos...! (34-35). Aquí Jesús derrama su amarga agonía de amor rechazado. La amargura de su tristeza muestra que aunque su amor no ha sido reconocido ni aceptada su ayuda, su amor todavía es inmutable. Jerusalén no tiene esperanzas; no porque Cristo se ha dado vuelta, sino porque agrega: **no quisiste.** Literalmente, "ellos no quisieron" lo que les ofrecía. Dios no va a forzar su atención sobre nadie. Para mayor discusión sobre este pasaje vea los comentarios sobre Mateo 23:37-39.

3. *Sanando en sábado* (14:1-6)

Habiendo entrado para comer en casa de un gobernante, que era fariseo (1). Este **gobernante** era un fariseo de los de más alto rango. Posiblemente era miembro del Sanedrín y tenía alguna otra posición en el estado judío, lo cual le confería poder e influencia. **Para comer. . . un día de reposo.** Estas fiestas en sábado eran comunes y Jesús fue invitado a una de ellas.[37] La única restricción para estas reuniones era que todo debía ser cocinado un día antes.

Estos le acechaban. Este es el primer indicio que tenemos de que la hostilidad del fariseo hubiera sido un motivo ulterior para invitarle y explica por qué un fariseo de tan alto rango invitara a Jesús a comer con él en una época como esa. El prejuicio y el aborrecimiento de los miembros de esa secta hacia Jesús habían llegado a un punto tal que ellos buscaban su destrucción. Es una de las muchas ocasiones en las que los fariseos actuaban como hipócritas—a menudo presentándose como amigos de Jesús para lograr sus malos fines. Aun colaboraron con sus tradicionales enemigos en sus campañas en contra de El. La aceptación de tales invitaciones por parte del Maestro nos demuestra su valor y su amor. El conocía por experiencia el peligro para Sí mismo, pero su amor para todos los hombres—incluyendo los fariseos—no le dejaría pasar por alto esta oportunidad. Podría haber una oportunidad de ayudar a su anfitrión aun en esta hora avanzada.

Y he aquí estaba delante de él un hombre hidrópico (2). Estas palabras implican una aparición más bien repentina—o por lo menos un reconocimiento súbito de la situación por parte de Jesús. Sin ninguna preparación o introducción de ninguna clase se apareció delante del Maestro. El hombre evidentemente había sido conducido al lugar para atrapar a Jesús. Que la presencia del hombre era parte de un complot contra Jesús está fuertemente implicado en lo que se dice de los fariseos: **le acechaban** (1). Y mayor es la evidencia por la defensa que Jesús hizo de su costumbre de sanar en sábados (3-6).

Entonces Jesús habló a los intérpretes de la ley y a los fariseos, diciendo: ¿Es lícito sanar en el día de reposo? (3). Como los pájaros aguardan su presa, estos buitres humanos esperaban que Jesús cayera en su poder. Pero con su pregunta Jesús les pasó la responsabilidad a ellos. Los fariseos se consideraban autoridades de la ley, pero, ¿condenaba la ley los actos de misericordia? No; y ellos sin duda vieron el punto de la pregunta del Maestro. Pero su prejuicio y su mal propósito les impedía reconocerlo.

Mas ellos callaron. Y él, tomándole, le sanó y le despidió (4). Bajo circunstancias normales, los fariseos hubieran contestado la pregunta de Jesús, tanto para aclarar su enseñanza sobre el asunto como para condenar a Jesús. Pero el silencio podía servir mejor a sus siniestros designios. No querían hacer o decir ninguna cosa que impidiera la sanidad del hombre. Ellos querían usar lo que consideraban un descuido de parte de Jesús acerca del sábado como material para la campaña de destrucción de Jesús. Pero El conocía bien sus designios; además, en este tiempo había dos asuntos más importantes para El que su propia seguridad: Un principio de justicia, y el sufrimiento de un ser humano. El hombre con la mano seca no era parte de los del complot sino un inocente que sufría, y que estaba siendo usado por este anfitrión para sus propias tramas. Un maestro sabio y amoroso le sanó y lo despidió.

¿Quién de vosotros, si su asno o su buey cae en algún pozo, no lo saca inmediatamente, aunque sea en día de reposo? (5). Todos los fariseos sabían que el Maestro tenía razón. Ellos de inmediato rescataban a un animal en sábado. Entonces, ¿por qué no podía ser sanado un hombre que sufría? La única explicación de su inconsistencia es que el prejuicio y la avaricia impulsaban sus acciones. El prejuicio, porque sus doctrinas religiosas les hacían pasar por alto las necesidades humanas. La avaricia, porque el bien que representaba el animal atrapado les hacía ansiosos por sacar al buey o el asno del pozo. En ningún caso estaban motivados por el amor o la bondad.

Y no le podían replicar a estas cosas (6). En el verso 4 **ellos callaron** porque el silencio estaba en armonía con sus malos propósitos. Aquí **no podían replicar,** porque no tenían ninguna contestación que no los incriminara a ellos mismos. El Maestro había sanado al hombre y acallado a sus enemigos. Pero al hacerlo, había ampliado la brecha entre El y sus enemigos y había aumentado la determinación de matarlo.

4. *Reglas para huéspedes* (14:7-11)

Observando cómo escogían los primeros asientos (lit., "primeros reclinatorios a las mesas"; 7) **a la mesa, refirió a los convidados una parábola.** El incidente de la curación del hombre enfermo de hidropesía ocurrió inmediatemente después de la llegada de los huéspedes, antes que se sentaran a la mesa. El hombre sanado había salido de la casa y el Maestro había acallado a sus oponentes, y los convidados comenzaron a ocupar sus lugares. Inmediatamente saltó a la vista el egoísmo de ellos, porque, semejante a niños indisciplinados, trataban de conseguir el lugar de más honor. El Maestro vio su descuido de la etiqueta y la consideración debida a los demás. Así que Jesús usó las acciones de los huéspedes para enseñarles por medio de **una parábola** (más correctamente por el "discurso parabólico") la actitud y conducta de los huéspedes. Mediante estas reglas pertinentes, les enseña la actitud fundamental que debe mantenerse en todas las relaciones humanas.

Cuando fueres convidado. . . no te sientes en el primer lugar; no sea que otro más distinguido que tú esté convidado por él (8). Los asientos más elevados eran para la gente más honorable, no para los más egoístas. El hecho de que el lugar de honra era reservado para los verdaderos méritos es generalmente tan reconocido, que la misma declaración resulta trivial. Sin embargo, los hombres a menudo buscan y conceden honores con poco o ningún merecimiento para ello. Los fariseos eran notorios buscadores de lugar; sin embargo poco sabían de la clase de carácter que hace al hombre digno del lugar de honor. En realidad, su propia ansiedad por los lugares demostraba su indignidad básica y cancelaba los méritos que de otro modo podrían haber tenido.

Y viniendo el que te convidó a ti y a él, te diga: Da lugar a éste; y entonces comiences con vergüenza a ocupar el último lugar (9-10). Un interés inteligente en uno mismo, tanto como la consideración al mérito, dictarán una actitud más humilde. Porque la vergüenza y la humillación serán mayores que el placer y el honor del momento en el asiento principal.

La actitud humilde no sólo evita el peligro de humillación, pero a menudo es el camino para la exaltación. Si uno toma el asiento más bajo, es muy probable que sea ascendido—si es que tiene méritos. La promoción traerá un honor que va más allá del honor intrínseco al lugar que le había sido concedido. Pero la actitud humilde debería ser tomada no por causa del honor que puede venir con ella, sino porque es lo correcto. La mejor manera de mantenerse sinceramente humilde es conservando la mirada en Jesús. Si se hace esto, el verdadero mérito del Maestro ocultará de tal manera cualquier merecimiento mezquino que uno pueda sentir como propio, que una verdadera humildad será el resultado natural.

Porque cualquiera que se enaltece, será humillado; y el que se humilla, será enaltecido (11). Aquí Jesús extiende su enseñanza en lo concerniente a la actitud y conducta de los huéspedes a un principio universal. El camino al ascenso comienza desde abajo, y al descenso desde arriba—una paradoja, pero una verdad muy significativa. Puesto que la exaltación propia es un mal, sólo puede ser humillada. Y como la verdadera humildad está en perfecta armonía con la relación criatura-Creador, no puede más que elevar al que la tiene en carácter y relación con Dios. También a menudo trae enaltecimiento entre los semejantes.

5. *Reglas para anfitriones* (14:12-14)

Dijo también al que le había convidado (12). Después de su discurso a los invitados, Jesús vio que era necesario que también dijera algo a su anfitrión. El podía ver que era tan egoísta como los que habían tratado de obtener los mejores lugares en los reclinatorios.

Cuando hagas comida o cena, no llames a tus amigos, ni a tus hermanos ni a tus parientes, ni a vecinos ricos; no sea... que seas recompensado. Esto no debe interpretarse como una prohibición a la práctica de invitar amigos y parientes. Pero aclara que tal cosa no tiene recompensa celestial. Tiene su recompensa aquí—en el placer que se recibe de la ocasión y también en ser convidado a la vez. Jesús, sin embargo condena los motivos egoístas en cualquier anfitrión. Y El está condenando la propia justicia y el exclusivismo egoísta de los fariseos que les impedía ser bondadosos y de ayuda a los que estaban en necesidad —cualesquiera que fuese la raza, secta o situación de vida. Quizá lo peor en la actitud de los fariseos era que todo era fomentado y aun exigido por su religión.

Mas cuando hagas banquete, llama a los pobres, los mancos, los cojos y los ciegos; y serás bienaventurado; porque ellos no te pueden recompensar (13-14). En vista de la actitud y práctica de los fariseos, estas sugestiones parecen revolucionarias. Pero, en realidad no eran nuevas. La ley de Moisés ordenaba a los israelitas incluir a los pobres, los extranjeros, los huérfanos y las viudas en sus banquetes (Dt. 14: 28-29; 16:11; 26:11-13). La adición que Jesús hace aquí sobre el mandato de Dios mediante Moisés, yace en el énfasis que El hace sobre personas con impedimentos físicos: mancos, cojos y ciegos. Puesto que el motivo de esta ayuda desinteresada es el amor, y no hay oportunidad de recompensa terrenal, **será recompensado en la resurrección de los justos.**

6. *Parábola de la gran cena* (14:15-24)

Esta parábola es muy parecida a la de las bodas del hijo del rey que está en Mateo 22:1-10. Pero son distintas. Son diferentes los datos en la historia y la geografía y en las circunstancias de la narración. La de Mateo fue referida en Jerusalén como una de las "parábolas del reino". La parábola de Lucas fue dicha en Perea en la casa del "principal de los fariseos", donde Jesús había sido invitado. También, la primera está en relación con las bodas del hijo de un rey y sus acompañantes a la fiesta; la de Lucas trata de **una gran cena** dada por **un hombre**. Si estas parábolas estaban basadas en hechos reales, es posible que una y otra se hayan fundado en el mismo episodio. Sin embargo, parece evidente que el Maestro las usó en formas distintas y en ocasiones separadas.

Oyendo esto uno de los que estaban sentados... dijo: Bienaventurado el que coma pan en el reino de Dios (15). Este compañero de fiesta estaba impresionado por lo que el Maestro había dicho acerca de dar amorosamente a los necesitados, y también sobre las recompensas celestiales. Parece sincero y aun anhelante cuando comenta la bienaventuranza de la recompensa divina—comer pan en el reino de Dios.

Si el huésped era fariseo, como es probable, nos recuerda que no todos ellos eran reacios al mensaje evangélico. Sin embargo, es posible, y aun probable que él todavía estuviera pensando si aquellos que comerían **pan en el reino de Dios** serían judíos. Esta probabilidad casi se torna en certidumbre cuando Jesús toma su declaración como punto de partida para una parábola que condena la actitud de exclusivismo y falsa seguridad.

Un hombre hizo una gran cena (16). El uso de la imagen de una fiesta para representar el reino de Dios era común entre los judíos de la época de Jesús. Sus compañeros de fiesta, siendo judíos influyentes, fácilmente captarían el significado. Jesús en efecto estaba diciéndole al huésped que había hecho hincapié sobre la bienaventuranza de comer pan en el reino de Dios, "sí, es bendito tomar parte en el banquete celestial; pero tú y los otros judíos podéis estar demasiado confiados en que es inevitable vuestra participación en esa fiesta".

El hombre de la parábola **convidó a muchos**. La primera invitación fue amplia pero exclusiva. Los pobres, los mancos, los cojos y los ciegos no estaban incluidos. En la aplicación de la parábola, los invitados eran judíos. Esto era un acto de discriminación. Pero, en efecto, los fariseos habían estrechado aún más la invitación por su legalismo negativo y su exclusivismo egoísta.

Y a la hora de la cena envió a su siervo a decir a los convidados: Venid, que ya todo está preparado. Y todos a una comenzaron a excusarse

(17-18). El señor tenía toda la razón y todo el derecho de esperar que los invitados estuvieran presentes en la fiesta. Aunque ellos rogaban que se les excusase, su conducta era inexcusable porque sus razones eran ridículas. Tenemos la impresión de que los rasgos de la historia estaban exagerados a propósito para hacerlos encajar mejor en la aplicación espiritual que Jesús tenía como objeto al presentar la parábola. El hecho del rechazo y lo absurdo de la negativa muestran que los invitados estaban mostrando desprecio por el señor de la fiesta. Su actitud fue tomada como un insulto personal, e indudablemente ese era el propósito.

Bajo el tópico "Excusas, no Razones", Maclaren presenta estos tres puntos: (1) La negativa extrañamente unánime; (2) Las excusas ineficaces; (3) La verdadera razón—no querían ir.

Entonces enojado el padre de familia, dijo a su siervo: Vé pronto por las plazas y las calles de la ciudad, y trae... los pobres, los mancos, los cojos y los ciegos (21). Los invitados del segundo grupo estaban todavía en **la ciudad,** lo que implica que representaban a los judíos. Pero su ubicación, **por las plazas y las calles de la ciudad,** y su baja condición, tanto física como económica, señalan a los desechados de entre ellos —"publicanos y pecadores"—tanto como a aquellos que eran literalmente pobres y lisiados. Los fariseos consideraban que todos éstos estaban debajo de ellos y que eran menos merecedores de la invitación y atención de Dios. Sin embargo, eran éstos, incluyendo los aldeanos galileos, los que escuchaban "alegremente" a Jesús.

Y dijo el siervo: Señor, se ha hecho como mandaste, y aún hay lugar (22). Los publicanos y "pecadores", los labradores galileos y los imposibilitados judíos no eran suficientes para llenar la lista de invitación. La sala del banquete tenía aún muchos lugares vacíos. Aquí las imágenes se oscurecen y entonces vemos algo de las actuales condiciones del reino. Lo vemos en su vasta dimensión, vislumbramos las oportunidades ilimitadas para todos los que consideran apropiadamente la invitación del **padre de familia.**

Vé por los caminos y por los vallados (23). La tercera lista de invitados se extendía mucho más allá de la ciudad—más allá de Israel, a los gentiles. Aquellos que eran considerados perros, y aquellos a quienes los judíos desechaban fueron incluidos en la última invitación universal.

Y fuérzalos a entrar. En el sentido literal de la parábola esto sencillamente implica que estos últimos serían presionados a aceptar la invitación, **para que se llene mi casa.** Pero, en su aplicación espiritual vemos el celo evangelístico de la iglesia, como también la presión del Espíritu Santo trayendo convicción por el pecado que "ha oprimido" a millones de gentiles al reino. El mandato de esta parábola de ninguna manera autoriza o justifica la autocrática y totalitaria conversión por la fuerza de naciones o tribus enteras por los antiguos reyes medievales. Se habla de la presión de la lógica, el amor y el poder atractivo del Espíritu Santo.

Porque os digo que ninguno de aquellos hombres que fueron convidados, gustará mi cena (24). El menosprecio y el insulto trajeron la recompensa apropiada: La exclusión final y completa. La imagen de la gran cena aquí es casi olvidada, y la aplicación del Maestro es presentada claramente ante nosotros. Esto se ve en el uso del pronombre **os** (plural) en el verso 24, mientras que cuando se dirigía a su siervo estaba en singular. El **os** no pudo haber sido dirigido al esclavo sino a aquellos a quienes se estaba hablando. **Mi cena** llega a ser más que una fiesta oriental; se refiere al banquete en el reino celestial. Para mayor discusión, véanse los comentarios sobre Mateo 22:1-10.

7. *Las condiciones del discipulado* (14:25-33)

Grandes multitudes iban con él (25). Como Jesús se iba acercando a Jerusalén, iban aumentando las multitudes que le seguían. Entre este inmenso número de gente había discípulos sinceros; otros se habían agregado por egoísmo, y estaban interesados en cualquier ventaja que El pudiera proporcionarles; y enemigos empeñados en su destrucción. La secuela nos demuestra claramente que el primer grupo era más pequeño que los otros dos.

A medida que Jesús demandaba renunciamiento completo, una entrega total, sus oyentes iban entendiéndolo cada vez con mayor claridad, y su banda de discípulos se hacía más pequeña; y como disminuía su popularidad, aumentaban el número de sus enemigos y el vigor de la oposición.

Si alguno viene a mí, y no aborrece a su padre, y madre, y mujer, e hijos, y hermanos, y hermanas, y aun también su propia vida, no puede ser mi discípulo (26). Jesús reconoció la triple división de la multitud. El aclaró las demandas del discipulado e indudablemente esto redujo aún más el grupo de discípulos sinceros. Por supuesto que El no quería decir literalmente que tenemos que aborrecer a nuestros familiares. Esto no hubiera estado en armonía con sus enseñanzas. Está empleando este lenguaje fuerte para indicar que ningún otro amor, ni relación ni obligación, debe permitirse entre el Maestro y sus discípulos. Cualquier cosa que esté entre el hombre y Dios, corta su relación con el Señor.[38] Cristo debe tener el primer lugar o no tendrá ninguno en nuestros corazones y vidas.

Y el que no lleva su cruz y viene en pos de mí, no puede ser mi discípulo (27; véase el comentario sobre Mt. 10:38; 16:24).

Porque ¿quién de vosotros, queriendo edificar una torre, no se sienta primero y calcula los gastos, a ver si tiene lo que necesita para acabarla? (28). La palabra griega que traducimos **torre** es *purgon,* un cognado del alemán *burg* (que en los tiempos antiguos era *purg*) que significa "lugar fortificado". Jesús probablemente se refería a las torres edificadas en los viñedos y en los campos para observación y defensa. La frase **quién de vosotros** implicaría la torre que cualquiera de sus oyentes podría edificar. Algunos piensan que Él estaba pensando en palacios como los que había construido Herodes y que otros trataban de imitar;[39] por personas que a menudo no estaban financieramente en condiciones para terminar con las pretensiones de sus planes. Sin embargo, la distinción sobre la clase de edificio que Jesús estaba procurando describir carece de importancia, porque el punto al cual estaba llegando era la necesidad de calcular el costo antes de edificar. La alternativa estaba entre calcular el costo o pasar vergüenza, pérdida de tiempo, de material y de dinero.

Realmente sería necio comenzar a construir sin primero ver si se cuenta con los fondos suficientes. Pero, tomar el voto del discipulado liviana y presuntuosamente es hacerse el tonto en un sentido mucho más profundo y trágico. Una aceptación tan literal de los votos y responsabilidades sagradas demuestra, o falta de entendimiento, o el descuido de la seriedad del paso a tomar. Puede reflejar el espíritu de autoestimación exclusivista de justicia, característica propia de los fariseos.

El castigo por no calcular el costo del discipulado no es una mera pérdida temporal y vergüenza personal. Implica quizá la pérdida eterna de la persona involucrada y la vergüenza para toda la familia cristiana. Proporciona al enemigo la ocasión para blasfemar. Hace que los que no son cristianos duden con mayor facilidad de las verdades del evangelio y aumenta la probabilidad de que muchos se pierdan.

¿O qué rey, al marchar a la guerra. . . no se sienta primero y considera si puede hacer frente con diez mil al que viene contra él con veinte mil? Y si no. . . le envía una embajada. . . (31-32). Jesús está reforzando la verdad en la que ha puesto énfasis, dando otra parábola con el mismo significado. Ningún rey digno de tal título iría a la guerra sin considerar primeramente su potencial. El calcular el costo en los asuntos temporales se hace para determinar si uno puede pagar el precio. Pero, en los asuntos del discipulado, tiene como objeto juzgar la disposición de uno mismo. Dios ve que *podemos* si realmente *queremos.*

Así, pues, cualquiera de vosotros que no renuncia a todo lo que posee, no puede ser mis discípulo (33). Aquí Jesús está repitiendo la idea de los versos 26 y 27. Allí declaraba el costo del discipulado. Luego, (vv. 28-32) El presenta dos problemas para demostrar la importancia de considerar el costo. Ahora vuelve a repetir, con diferentes palabras, cuál es el costo del discipulado. Esta forma de discurso es un recurso común en los hebreos tanto en la poesía como en la prosa. Primero se da la proposición; luego se demuestra o desarrolla; después, vuelve a repetirse la proposición original con ligeras variantes en las palabras.

Este pasaje radical no implica que el discipulado imperfecto de muchos de los seguidores de Jesús careciera de todo valor. El está declarando en términos absolutos las implicaciones del discipulado, que no siempre se ven en la conversión. Pero conforme los hombres sigan sinceramente a Jesús, tarde o temprano El presentará sus requisitos en toda su plenitud. Entonces el hombre tendrá que hacer una nueva decisión: O confirma su primera decisión y procura perfeccionar su discipulado, pagando todo el precio, o comienza a evadirle y esquivarle y por fin "ya no anda más con El" (Jn. 6:66). Todos los creyentes alcanzan, tarde o temprano, una segunda crisis mayor de decisión. Este es el cruce del camino al llamado a la entera santificación—no declarado doctrinalmente en este pasaje, pero inescapablemente implicado por los términos absolutos del discipulado.

8. *La sal sin sabor* (14:34-35)

Buena es la sal; mas si la sal se hiciere insípida, ¿con qué se sazonará? Ni para la tierra ni para el muladar es útil (34-35). En los tiempos antiguos la sal era uno de los importantes elementos en la alimentación. Su utilidad principal era la de conservar las comidas. Puesto que la refrigeración y conservación modernas les eran desconocidas, la sal realizaba funciones de extrema importancia. Pero la sal es buena para sazonar o conservar, siempre que sea salobre. Si pierde esa cualidad es el material más inútil.

De igual manera, la religión carece de valor si pierde su elemento vital. Este no puede estar presente sin el sacrificio propio y la total entrega a Cristo. (Para una discusión más amplia, vea los comentarios sobre Mt. 5:13).

9. *Amor y odio para los pecadores* (15:1-2)

Estos dos versos forman la introducción para el capítulo decimoquinto de Lucas. Un título apropiado para la sección podría ser: "Buscando a los Perdidos". Este capítulo consta de tres parábolas: "La oveja perdida", "la moneda perdida" y "el hijo pródigo".

Se acercaban a Jesús todos los publicanos y pecadores para oirle, y los fariseos y los escribas murmuraban, diciendo: Este a los pecadores recibe, y con ellos come (1-2). Las palabras griegas traducidas se acercaban implica "y se iban acercando". Es decir, que no se trataba de un incidente aislado, sino de una tendencia general de parte de los publicanos y pecadores de irse allegando paulatinamente a Jesús, cuando El a su vez llegaba al final de su ministerio. Esta interpretación armoniza con la declaración de Lucas que todos los publicanos y pecadores iban acercándose. Una frase como esta no puede en manera alguna implicar una sola ocurrencia. También la acusación de los enemigos de Jesús que Este a los pecadores recibe, y con ellos come, se refiere a una práctica general o a sucesos anteriores. No hay indicación de que en esa época Jesús comiera con los pecadores o con algún otro.

Pero puesto que la murmuración de los escribas y los fariseos fue ocasión para que Jesús presentara estas parábolas, parece que algo se divulgó entonces que hacía que los enemigos de Jesús recordaran su relación con los publicanos y los "pecadores". Sin embargo, puede también haber sido el hecho de que miembros de esos despreciados grupos estaban siempre presentes entre la multitud que en ese momento rodeaba a Jesús.

Es bien conocido que los fariseos y los escribas odiaban a los publicanos y "pecadores". Sentían que cualquiera que se afiliara a éstos tenía un carácter similar. Sencillamente no podían concebir la clase de amor que busca a los pecadores, los desechados, los desagradables, los que no atraen amor, para elevarlos a una vida superior.

Fue tal amor de parte de Jesús lo que atrajo a esta gente despreciada. Fácilmente veían el contraste entre la actitud de Jesús y la de los fariseos, y era natural que se fueran aproximando a Aquel que les amaba tanto. Las tres parábolas de este capítulo demuestran la preocupación de Jesús por los perdidos. En cada uno de los casos, lo que se había perdido es considerado precioso. Valía la pena buscarlo y causaba regocijo cuando se hallaba.

10. *La oveja perdida* (15:3-7)

Entonces él les refirió esta parábola diciendo (3). Esta y la siguiente forman un par de parábolas breves que demuestran la misma verdad bajo diferentes figuras. Comparándolas con la del hijo pródigo, son menores.

Para la discusión de los versos 4-6, véanse los comentarios sobre Mateo 18:12-13.

Os digo que así habrá más gozo en el cielo por un pecador que se arrepiente, que por noventa y nueve justos que no necesitan de arrepentimiento (7). Este verso es la aplicación de la parábola o la terminación del argumento. Jesús les está explicando que su actitud hacia los perdidos, ilustrada por la parábola del pastor, es una reflexión de las reacciones en el cielo—donde hay más regocijo por uno que se arrepiente que sobre los **99 que no necesitan arrepentimiento.**

Pero, ¿quiénes son estos rectos o justos que no tienen necesidad de arrepentimiento? Lutero y otros piensan que Jesús se refiere a aquellos que habían sido hechos justos por la gracia de Dios como resultado de un arrepentimiento anterior. Van Oosterzee está convencido de que Jesús se está refiriendo a aquellos que se consideraban justos a sí mismos—por ejemplo, los fariseos, que constituían una parte de la multitud a la que El se estaba dirigiendo.[40] Es posible que esos **justos** fueran ángeles.[41]

Puesto que Jesús estaba respondiendo a la crítica de los fariseos y escribas, es posible que también estuviera usando su terminología. Ellos dividían la población judía en pecadores y **justos.** Los fariseos creían que los últimos no tenían necesidad de arrepentimiento. Y ellos se ubicaban a sí mismos en esta categoría. Jesús efectivamente les quería decir: "Vosotros menospreciáis a los que llamáis 'publicanos y pecadores', pero los cielos se regocijan más por el arrepentimiento de uno de ellos, que por 99 de vosotros que en vuestra prejuiciada opinión no necesitáis arrepentimiento."

Al interpretar cualquier parábola tenemos que evitar el forzarla de modo que cada uno de sus puntos se acomode a la aplicación.

11. *La moneda perdida* (15:8-10)

¿O qué mujer que tiene diez dracmas, si pierde una dracma, no

enciende la lámpara, y barre la casa, y busca con diligencia hasta encontrarla? (8-9). Esta parábola repite el significado de la primera con diferente figura. Aquí, una mujer tenía solamente diez dracmas y había perdido una. Buscó hasta que la encontró. Su regocijo fue tan grande que llamó a los vecinos y amigos para que pudieran regocijarse con ella.

El verso 10 es prácticamente la repetición del verso 7. El gozo de la mujer al hallar la moneda perdida explica la actitud y reacción en el cielo cuando un pecador se arrepiente.

Charles Simeon nos da tres puntos buenos sobre esta parábola: (1) No hay nadie que sea tan indigno que el Señor no se preocupe profundamente por él o ella; (2) No hay esfuerzos, por grandes que sean, que El no esté dispuesto a emplear para la recuperación de esos perdidos. (3) No hay nada más placentero para El que la salvación de uno de los perdidos.

12. *El hijo pródigo* (15:11-24)

La parábola del hijo pródigo, como se llama a esta narración, es una de las historias más amadas del mundo. Es más extensa y compleja que las dos anteriores y tiene una aplicación más amplia. Pero el punto más importante del relato es el mismo de las ya mencionadas. La parábola completa incluye los versos 11-32, pero aquí está dividida en dos partes: la primera trata con el pródigo (el hijo menor); y la segunda con el mayor. Esta parábola se encuentra solamente en Lucas.

Un hombre tenía dos hijos; y el menor de ellos dijo a su padre: Padre, dame la parte de los bienes que me corresponde (11:12). Los personajes de las parábolas precedentes provienen de las clases más bajas de la sociedad; la familia de esta historia es del círculo más elevado, gente de fortuna, prestigio e influencia.

No era nada impropio en la historia judía que un hijo menor recibiera su parte de la herencia de su padre antes que éste falleciera. Abraham concedió a Isaac y a sus otros hijos lo que les correspondía antes que llegara su muerte (Gn. 25:5-6). Pero era muy irregular que el hijo la pidiera. Cuando se concedía tal favor, era por la libre voluntad paterna.

No muchos días después. . . el hijo menor, se fue lejos a una provincia apartada; y allí desperdició sus bienes (13). Esa era la razón por la cual el hijo quería la herencia. Quería su libertad de acción; "deseaba 'vivir' su vida". Todavía no había aprendido que lo que se siembra se recoge. Godet indica que hubo dos cosas que empujaron al muchacho a abandonar su hogar: Fue alejado por las restricciones paternas, y fue atraído por los goces que el mundo le ofrecía.[42]

Ignoramos a qué región lejana se dirigió. Sin duda fue a un país extranjero más allá de las fronteras de Israel; y pudo haber sido Roma. Dondequiera que haya sido, era un país "lejano" moralmente—muy diferente de la atmósfera del hogar. El desperdicio de sus bienes implica que su dinero fue derrochado. La vida desenfrenada es mala y cara.

Y cuando todo lo hubo malgastado, vino una gran hambre... y comenzó a faltarle (14). El hambre era muy común en las regiones orientales; pero en un sentido muy real, este joven tenía su propia hambre personal. Su efecto sobre él aumentó debido a su prodigalidad y pecado. Nótese la íntima relación gramatical entre **lo hubo malgastado** y **vino una gran hambre**. Estaba destituido sin dinero, sin trabajo y sin amigos. Y estaba sin amigos porque carecía de dinero. La clase de compañeros que había elegido no lo amaban a él, sino a lo que poseía.

Y fue y se arrimó a uno de los ciudadanos de aquella tierra, el cual le envió a su hacienda para que apacentase cerdos. Y deseaba llenar su vientre de las algarrobas... pero nadie le daba (15-16). No tenía nada; nada le daban; y el único trabajo que pudo lograr era contrario a su posición social y a su religión. Los judíos no podían comer cerdo. Se les permitía criarlos y venderlos a los gentiles; pero el trabajo de atenderlos era el más bajo en la escala social. El muchacho no sólo trabajó sino que estuvo a punto de comer con los cerdos, aunque las algarrobas que comían los cerdos tenían pocas sustancias nutritivas. Habiendo dejado el hogar en busca de libertad, encontró cautiverio y destitución—o mejor dicho, éstos lo encontraron a él.

Y volviendo en sí... (17)—como uno que despierta de una pesadilla. Había estado moral y espiritualmente ciego; no había podido ver las cosas como eran; su sentido de los valores había estado desequilibrado. Ahora pudo ver muchas cosas con mayor claridad y desde una correcta perspectiva; pero en primer lugar se vio a sí mismo tal cual era. No sólo vio que estaba destituido, sino también vio que el pecado—su pecado—era el culpable.

¡Cuántos jornaleros en la casa de mi padre tienen abundancia de pan, y yo aquí perezco de hambre! ¡Qué inconsistencia! Sin embargo, era él quien se había separado de la abundancia de la casa de su padre. Ahora lo veía con claridad.

Me levantaré e iré a mi padre, y le diré: Padre, he pecado ... (18). Ahora que su visión era clara, escogió el remedio correcto: Volver y arrepentirse. El retorno y el arrepentimiento le eran necesarios, y lo mismo es cierto para todo pecador.

Ya no soy digno de ser llamado tu hijo; hazme como a uno de tus jornaleros (19). Una clara visión del propio pecado demanda la convicción de la indignidad. Cuando él había exigido a su padre la parte de los bienes de la familia, lo había hecho con un sentido de mérito. Ahora, la consciencia del pecado lo ha convencido de que carece de merecimientos; que todo lo que puede hacer es depender de misericordia y perdón del padre. Este es un cuadro excelente de la actitud que debe tener el pecador que busca la salvación.

El hijo pródigo no pidió que se le hiciera un siervo, sino uno de los **jornaleros**. El sabe que su padre no podrá olvidar completamente su antigua relación con la familia; pero él está convencido de que ya no es digno de ser llamado hijo. El pide su antigua tarea, pero ya no con el honor ni los privilegios de su filiación.

Y levantándose, vino. . . Y cuando aún estaba lejos, lo vio su padre y fue movido a misericordia, y corrió, y se echó sobre su cuello y le besó (20). El muchacho puso pies a su resolución—se levantó y fue. Pero él había estimado pobremente el amor de su padre: El amor de éste le impelía a esperar su retorno, a correr a encontrarle, hacer a un lado la confesión del muchacho y comenzar a contestar su petición antes de que la hubiese terminado. El pródigo fue completamente restaurado como hijo, con todos los privilegios y honores, y su regreso fue celebrado con una de las mejores fiestas que el padre había realizado.

Este mi hijo muerto era, y ha revivido; se había perdido, y es hallado (24). El amor había cubierto el pasado con un manto de perdón cuando el hijo volvió arrepentido. Ahora el padre sólo podía pensar en una cosa: Mi hijo que estaba perdido ha sido hallado; mi hijo que había muerto—moralmente, tanto ante la ley como en el corazón de su padre —está vivo.

La referencia al hijo **hallado** implica una búsqueda de parte del padre. Pero esta es diferente de la que hallamos en las dos parábolas precedentes. El padre no salió físicamente para buscar a su hijo. El sabía que eso sería inútil. El hijo lo había abandondo porque quería irse y no iba a regresar simplemente porque el padre le pidiera que lo hiciera. El hijo nunca podría volver hasta haber cambiado su pensamiento—hasta que hubiera vuelto en sí.

El amor y la influencia del padre buscaron al hijo y le siguieron por cada paso que dio. El amor paterno estuvo presente en el instante en que el muchacho volvió en sí—fue la primera cosa en que el hijo pensó. De esta manera el amor de Dios busca al pecador; lo sigue con su providencia; lo atrae con su amor y lo invita por su bendito Espíritu Santo.

Maclaren ha dado un buen tratamiento a "Los Dones del Pródigo", de los cuales enumera cuatro: (1) La vestimenta; (2) El anillo; (3) El calzado en sus pies; (4) La fiesta.

Presentaremos un simple bosquejo de esta parábola. (1) El dueño, 11-12; (2) El pródigo, 13-14; (3) El paupérrimo, 15-16; (4) El arrepentido, 17-19. Otro desarrollo del asunto podría ser: (1) El pecado de este hijo, 11-16; (2) Retorno a la sanidad, 17-20*a;* (3) La bienvenida del Padre, 20*b*-24.

13. *El hermano egoísta del pródigo* (15:25-32)

Y su hijo mayor... llegó cerca... oyó la música y las danzas... preguntó qué era aquello (25-26). Esta es la segunda parte de la parábola que nos indica la situación inmediata. El pródigo representa al pecador, al desechado de la raza judía. El mayor representa a los judíos religiosos —fariseos, escribas y otros que profesaban ser personas devotas. Ellos, en su propia opinión, eran los que nunca se habían descarriado, los que habían permanecido fieles.

Entonces se enojó, y no quería entrar. Salió por tanto su padre y le rogaba que entrase (28). El amor del padre por su hijo mayor no había disminuido por la llegada del menor. El hijo mayor **no quería entrar;** pero su padre **salió.**

Las razones del enojo del hijo mayor eran dos. La primera era el espíritu legalista que demandaba castigo hasta el punto donde no había misericordia; de modo que perdonar y recibir con honores al hijo menor, cualesquiera que fuesen las circunstancias atenuantes, era considerado como debilidad y falta de interés por la justicia. La segunda causa para el enojo del hermano mayor, y sin duda la fundamental, fue el egoísmo. Quería todo para sí—todo el honor tanto como toda la propiedad.

He aquí, tantos años te sirvo, no habiéndote desobedecido jamás; y nunca me has dado ni un cabrito para gozarme con mis amigos... Pero cuando vino este tu hijo... has hecho matar para él el becerro gordo (29-30). Aquí vemos que las dos mayores facciones del carácter del hermano mayor eran: La autojusticia y el egoísmo.

Nótese la queja del hijo mayor. Hace un doble contraste. Dice que su padre jamás le había dado una fiesta, mientras que ahora su hermano era tan honrado. En segundo lugar, el contraste entre **el cabrito** que nunca había recibido, con el **becerro gordo** que el padre había preparado para su hermano.

Nótese también que el hermano mayor había perdido todo sentimiento fraternal hacia el pródigo. Se refiere a él, no como "mi hermano", sino, dice, **tu hijo.**

Hijo, tú siempre estás conmigo, y todas mis cosas son tuyas (31). ¡Qué ciego era el hijo mayor! Se estaba quejando de que nunca había tenido un cabrito, cuando en realidad todas las cosas de su padre eran suyas. Primero, porque era el mayor; segundo, porque el menor ya se había consumido toda su parte de la herencia. El padre le tiene que recordar aquello por lo que debía estar más agradecido y que él parecía haber pasado por alto u olvidado: **tú siempre estás conmigo.** El debería haber apreciado el amor, el honor, el respeto y el compañerismo con su padre sobre todas las cosas.

Mas era necesario hacer fiesta... porque este tu hermano era muerto, y ha revivido; se había perdido y es hallado (32). El amor del padre le capacitó para ver una responsabilidad donde el legalismo del hijo mayor, el materialismo, y el egoísmo, le habían impedido ver. El padre amorosamente le recordó que el pródigo no era meramente su hijo sino **tu hermano.**

La aplicación de esta parábola es clara. Los publicanos y pecadores están representados por "el pródigo" y, aunque sus pecados son muchos y graves, hallarán el perdón cuando se vuelvan al Padre celestial con verdadero arrepentimiento. Por otra parte, los fariseos y los escribas, representados por el hermano mayor no sólo están desprovistos de amor hacia los pecadores sino que trataban de impedir la obra de Dios en otros. Ellos no hacían nada para restaurar a los perdidos y usaban su influencia para oponerse a cualquiera que se propusiera hacerlo. Esa era una de sus mayores razones para oponerse a Jesús.

14. *Parábola del mayordomo infiel* (16:1-9)

Esta parábola fue probablemente presentada poco después de las que hallamos en el capítulo 15, pero en distinta ocasión. Quizá haya sido enseñada el mismo día.

Dijo también a sus discípulos (1). La palabra **discípulos** es empleada en un sentido amplio incluyendo a todos los seguidores simpatizantes de Cristo. Aunque Jesús dirigía estas parábolas a sus discípulos, lo hacía en presencia de una muchedumbre. Esto es evidente en el verso 14, donde encontramos a los fariseos oponiéndose a su mensaje.

Había un hombre rico que tenía un mayordomo, y éste fue acusado ante él como disipador de sus bienes (1). Este mayordomo era el administrador de la casa de un hombre rico, o de estado. Evidentemente se le habían conferido amplios poderes para controlar los bienes de su señor y, por lo tanto, tenía oportunidades para ser deshonesto. Fue acusado como malversador de los fondos de su patrón. La palabra griega traducida por **disipador** significa literalmente "el que esparce", "el que derrocha". Parece que este mayordomo, de hecho estaba robando los bienes de su amo, o por lo menos administrándolos para su propio interés. Posiblemente el señor no residía en el campo sino en la ciudad, de modo que ignoraba los manejos deshonestos de su mayordomo.

Entonces le llamó y le dijo. . . Da cuenta de tu mayordomía, porque ya no podrás más ser mayordomo (2). **Da cuenta,** literalmente significa "rendir cuentas". Su amo le exigía que preparara una declaración financiera completa. Esto no era para probar su inocencia o culpabilidad. El señor ya estaba seguro de su deshonestidad y le había informado: **ya no podrás más ser mayordomo.**

Entonces el mayordomo dijo para sí: ¿Qué haré?. . . Cavar, no puedo; mendigar, me da vergüenza. Ya sé lo que haré para que cuando se me quite la mayordomía, me reciban en sus casas (3-4). El doctor J. B. Chapman escribió un breve artículo para *El Heraldo de Santidad* sobre esta parábola y lo tituló: "Cava, Mendiga o Roba." El decía que el mayordomo era demasiado holgazán para cavar y demasiado avergonzado para mendigar, de modo que se decidió a robar. El hombre resolvió emplear las pocas horas que le quedaban en su oficina para ganar amigos entre algunos de los deudores de su patrón, de modo que cuando fuera despedido encontrara amigos que lo recibieran.

¿Cuánto debes a mi amo? (5). Este taimado y deshonesto mayordomo llamó secretamente a **cada uno de los deudores de su amo** y disminuyó su cuenta con el amo. Cambió la suma de 100 barriles de aceite a 50, y redujo otra de 100 medidas de trigo a 80.

Y alabó el amo al mayordomo malo por haber hecho sagazmente (8). El **amo** que alabó al mayordomo era el de la historia y no se trataba del Señor Jesús. La palabra traducida **sagazmente** debería rezar "prudentemente" o "cuidador de los propios intereses". Aunque el rico había sido robado admiraba la rara exposición de prudencia en manejar el dinero para hacer amigos.

Porque los hijos de este siglo son más sagaces en el trato con sus semejantes que los hijos de luz. O, "en el trato con sus semejantes los hombres del mundo son más astutos que los hijos de luz" (Weymouth). Los cristianos a menudo tienen menos prudencia en manejar su dinero que los hombres del mundo.

Y yo os digo: Ganad amigos por medio de las riquezas injustas, para que cuando éstas falten, os reciban en las moradas eternas (9). De ninguna manera Jesús aprueba la deshonestidad de la mayordomía. Más bien lo que quiere decir es: "Usad vuestra riqueza terrenal para ganar amigos, así que cuando el dinero sea algo del pasado, podáis ser recibidos en la morada eterna" (NEB). Lo que Jesús realmente decía era: "Usad vuestra riqueza terrenal de tal manera que ganéis los valores más elevados." También urge a sus discípulos a emplear tanta diligencia y prudencia en prepararse para el futuro eterno como el mayordomo injusto usaba para sus asuntos temporales. Trench escribe: "Estoy persuadido de que aquí tenemos sencillamente una parábola de prudencia cristiana—Cristo nos exhorta a usar al mundo y los bienes de este mundo, por así decirlo, *contra* el *mundo,* y *para* Dios."[43]

Jamás se ha dado un consejo mejor sobre este verso que el sermón de Juan Wesley sobre "El Uso del Dinero". Los tres puntos que da son muy simples, pero espléndidos: (1) Gana todo lo que puedas; (2) Ahorra todo lo que puedas; (3) Da todo lo que puedas. Este sermón debería ser leído en su totalidad.

15. *Fidelidad de todo corazón* (16:10-13)

El mensaje de estos versículos es una continuación del pensamiento y aplicación de la parábola del mayordomo injusto.

El que es fiel en lo muy poco, también en lo más es fiel; y el que en lo muy poco es injusto, también en lo más es injusto (10). Esta es una verdad universal. La fidelidad y la infidelidad no son asuntos de matemáticas. Brotan de la condición moral y espiritual del interior del hombre. De esta manera la fidelidad o infidelidad de un hombre en las cosas pequeñas son índice de su carácter. Sobre la base de este índice, uno puede determinar si puede ser confiado en asuntos de mayor importancia.

Pues si en las riquezas injustas no fuisteis fieles, ¿quién os confiará lo verdadero? (11). Aquí hay un contraste entre las riquezas temporales y las eternas; las primeras son sólo una sombra cuando se comparan con lo real y eterno. La infidelidad en relación con lo temporal es una clara indicación de la indignidad de uno para que se le confíe lo real y eterno. **Y si en lo ajeno no fuisteis fieles, ¿quién os dará lo que es vuestro?** (12). El ser un mayordomo no digno de confianza nos hace inmerecedores de poseer bienes. La verdad velada por la figura es que en esta vida nada nos pertenece; Dios es el poseedor de todo; nosotros somos sus mayordomos. Este verso tiene implicada la promesa de que en el mundo venidero vamos a poseer verdaderas riquezas que realmente serán propias. Pero, si somos infieles en nuestra presente relación de mayordomos, Dios no nos confiará nuestros bienes—El no nos concederá las verdaderas riquezas en el mundo venidero.

Ningún siervo puede servir a dos señores (13). La verdadera lealtad no puede dividirse en ningún reino y eso es especialmente cierto en el espiritual. **Porque o aborrecerá al uno y amará al otro, o estimará al uno y menospreciará al otro.** (Véanse los comentarios sobre Mt. 6:24).

16. *Autojustificación y la condenación divina* (16:14-15)

Y oían también todas estas cosas los fariseos, que eran avaros, y se burlaban de él (14). El hombre egoísta y pervertido ridiculizará cuando no tiene argumentos para apoyar su conducta. Puesto que los fariseos eran notoriamente codiciosos sufrían un doble aguijón por las acusaciones de Jesús: el de su conciencia y el de su reputación injuriada. Es natural que sobre esta base consideraran que la enseñanza de Jesús era en contra de ellos—y no hay duda de que lo fuera, por lo menos en parte.

Entonces les dijo: Vosotros sois los que os justificáis a vosotros mismos delante de los hombres; mas Dios conoce vuestros corazones (15). La reputación que los fariseos tenían de ser piadosos, y su dominio de la ley mosaica y la lógica, les facilitaba imponer sus ideas sobre la gente, y justificar su conducta cuando cualquiera de sus inconsistencias quedaba expuesta al público. Pero Jesús les aclara que aunque ellos pudieran convencer a los hombres que eran piadosos y santos no podían engañar a Dios. El conoce la verdad acerca de todos los hombres.

Porque lo que los hombres tienen por sublime, delante de Dios es abominación. Los juicios de los hombres son engañosos, ya sea por su ignorancia o por su pervertida naturaleza carnal. Los seres humanos estiman las posesiones temporales más que las riquezas celestiales. Están engañados al creer que la hipocresía de los fariseos es la verdadera religión y que la verdadera santidad es herejía. Pero a Dios no se le puede engañar. Su conocimiento es perfecto y sus juicios son siempre verdaderos y justos.

17. *Empuje hacia el reino* (16:16-17)

La ley y los profetas eran hasta Juan; desde entonces el reino de Dios es anunciado, y todos se esfuerzan por entrar en él (16). Véanse los comentarios sobre Mateo 11:12-13.
Pero más fácil es que pasen el cielo y la tierra, que se frustre una tilde de la ley (17). Vea los comentarios sobre Mateo 5:18.

18. *Regla de Jesús sobre el divorcio* (16:18)

Todo el que repudia a su mujer, y se casa con otra, adultera; y el que se casa con la repudiada del marido, adultera (18). Vea los comentarios sobre Mateo 5:32; 19:9; y Marcos 10:11. Mateo agrega la frase "por causa de fornicación", pero Marcos y Lucas no hacen la excepción.

19. *Parábola del hombre rico y Lázaro* (16:19-31)

Había un hombre rico (19). En las parábolas del hijo pródigo y del mayordomo injusto, el rico representaba a Dios. En esta parábola, el hombre rico solamente es considerado como un hombre a la luz de las responsabilidades ante Dios y sus semejantes. Muchos han pretendido que esta historia no es una parábola sino un hecho real. Piensan que la frase: **Había un hombre rico** implica una historia personal. Sea parábola o historia verdadera, una cosa es clara: Jesús nos dio el relato de algo que pudo suceder.
Que se vestía de púrpura y de lino fino, y hacía cada día banquete con esplendidez. Esto nos pinta una vida de magnificencia y esplendor. Este hombre poseía con abundancia todo lo que el mundo pudiera ofrecer en comodidades, esplendor y felicidad mundana. Sus ropas eran principescas; su casa, un palacio; sus comidas, banquetes.
Había también un mendigo llamado Lázaro, que estaba echado a la puerta de aquél, lleno de llagas, y ansiaba saciarse de las migajas que caían de la mesa del rico (20-21). Este mendigo contrasta completamente con el rico. El era la personificación de la pobreza, enfermedad, y necesidad tanto como el rico era la personificación de la abundancia, comodidad y salud.
Sin duda, Lázaro era echado a la puerta del rico por algunos amigos. Allí esperaba que le dieran la oportunidad de recoger las migajas, o los pedazos de pan que ellos usaban para limpiarse los dedos, y que luego arrojaban a los perros que estaban debajo de la mesa. Pero

evidentemente aun esto le era negado. El rico no tenía ni simpatías ni piedad. **Y aun los perros venían y le lamían las llagas.** Probablemente no se trataba de los perros del rico. Eran los perros vagabundos que pululaban las calles y comían de lo que encontraban allí.

Murió el mendigo y fue llevado por los ángeles al seno de Abraham (22). Nada se nos dice de sus exequias, pero sin duda recibió la sepultura de los pobres. Realmente esto carecía de importancia, porque la muerte marcó el fin de sus sufrimientos y privaciones y el comienzo del gozo celestial. La frase **seno de Abraham** es lenguaje figurado, tomado de la costumbre de reclinarse en la mesa. Se decía que cada uno estaba reclinado en el pecho del que estaba detrás, porque su cabeza quedaba cercana al tórax del otro. Esa expresión era usada para significar paraíso o lugar de la morada de Dios. Nótense la imagen y la terminología rabínica del Antiguo Testamento en esta parábola. Jesús se dirigía a aquellos que eran expertos en esto.

Murió también el rico, y fue sepultado. La mención específica de su sepultura nos recuerda la pompa y ceremonias asociadas con los funerales de los ricos en la época de Jesús. Pero hay una tremenda y trágica ironía aquí, cuando nos damos cuenta dónde estaba el rico— todo lo que quedaba de él—mientras esta costosa ceremonia de duelo y conmemoración estaba en marcha. El contraste entre las condiciones de estos dos hombres no termina con la muerte, sino que es invertido.

Y en el Hades alzó sus ojos, estando en tormentos (23). No había sueño del alma, ni estado intermedio. Murió e inmediatamente estuvo en el infierno, así como Lázaro fue llevado súbitamente por los ángeles al seno de Abraham, es decir al cielo. El rico insensible cerró los ojos a sus riquezas terrenales para abrirlos en el infierno. La palabra **Hades** es un término amplio, equivalente al lugar "de los espíritus que partieron" o "estado futuro". De manera que no siempre se refiere a un lugar de castigo. Pero en esta parábola incuestionablemente se trataba de tal lugar. El rico abrió sus ojos, **estando en tormentos.** Nótese que la palabra está en plural. El fuego era sólo una de las muchas causas de sufrimiento para este hombre perdido. Estaba la memoria, la conciencia, la visión de Lázaro en bienaventuranza y muchas más.

Y vio de lejos a Abraham y a Lázaro en su seno. Entonces él, dando voces, dijo: Padre Abraham, ten misericordia de mí, y envía a Lázaro para que moje la punta de su dedo en agua, y refresque mi lengua; porque estoy atormentado en esta llama (23b-24). Por primera vez el hombre se dio cuenta de que necesitaba ayuda desesperadamente, y de que ésta estaba tan lejos—demasiado lejos—para hacerle algún bien. No sólo está en el tormento de las llamas, sino que también estaba indefenso. Quiere que Lázaro le lleve una gota de agua para refrescar su lengua. Se hace énfasis sobre su desolación cuando recordamos que en la tierra poseía toda la comodidad terrenal. Ahora mendiga una gota de agua. Al hacerlo, sin duda recordaba cuando Lázaro suplicaba por las migajas; y sin duda recordaba también que Lázaro imploraba en vano.

Pero Abraham le dijo: Hijo, acuérdate. . . (25). No era una vida de prejuicio o crimen lo que tenía que recordar. Era sólo una vida de indulgencia egoísta, una vida tan llena de preocupaciones centradas en sí mismo que no tenía lugar ni tiempo ni para otros, ni para Dios. **Pero ahora éste es consolado aquí, y tú atormentado.** Aquí tenemos una justicia poética y un saldo de cuentas. Sin embargo, el rico no fue atormentado porque tenía riquezas, ni Lázaro estaba en el cielo por ser pobre. En las dos parábolas precedentes, el hombre rico representaba a Dios. Esta parábola explica por qué el rico fue al infierno. En el caso de Lázaro, aunque no se mencionan los hechos, debemos asumir que era un hombre justo.

Además de todo esto, una gran sima está puesta entre nosotros y vosotros (26). Dios ha abierto un abismo entre el cielo y el infierno que ningún hombre puede cruzar. Esta vida es el tiempo para el arrepentimiento; este mundo es el lugar de preparación del alma para la eternidad. Más allá de aquella línea marcada por la muerte ningún hombre puede cambiar su estado espiritual o lugar de permanencia.

Entonces le dijo: Te ruego, pues, padre, que le envíes a casa de mi padre, porque tengo cinco hermanos (27-28). Como recibió negativa de la ayuda que necesitaba para sí, el rico pide que Lázaro vuelva a la tierra como misionero a sus cinco hermanos. Evidentemente ellos también seguían en su misma senda de egoísmo y pecado que le había conducido al infierno. Puesto que allí no había ayuda para él, por lo menos quería evitarles los tormentos que estaba padeciendo. Pero este espíritu misionero, esa preocupación por la salvación de su familia, debió haber llegado antes—cuando él todavía vivía con ellos.

A Moisés y los profetas tienen (29). Ellos tienen la agencia ordenada por Dios y los medios de salvación, y cualquiera cuyo corazón está dispuesto a ser sumiso puede encontrar el camino. Dios no hace excepción para la gente de corazón endurecido.

No, padre Abraham; pero si alguno fuere a ellos de entre los muertos, se arrepentirán. . . Si no oyen a Moisés y a los profetas, tampoco se

persuadirán aunque alguno se levantare de los muertos (30-31). El hombre rico, como la gente en todas las generaciones, pensó que sucesos sobrenaturales conducirían la gente a Dios. Asumió que la aparición de aquellos que habían muerto, como testigos oculares de los terrores del infierno, haría que los hombres se arrepintiesen. Pero Dios no emplea ese método. No es el propósito del Señor aceptar a aquellos que le reciben y se entregan a El sólo por el temor del infierno. Un deseo completamente egoísta de escapar del infierno y gozar del cielo no es la clase de motivo que conduce a la salvación. Dios acepta a aquellos que le sirven porque ahora aborrecen el pecado como El, y quieren a Dios por lo que es, en vez de hacerlo sólo por tratar de evitar la catástrofe para ellos. La agencia regularmente ordenada por Dios y los medios de salvación son completamente suficientes para aquellos cuyos motivos son correctos; y no hay otro camino de salvación.

20. *Enseñanza concerniente a las ofensas* (17:1-4)

Dijo Jesús a sus discípulos (1). No se refiere a los Doce sino al círculo más amplio de sus seguidores. No sabemos con seguridad si las multitudes hayan estado presentes en esa ocasión. Pero ya sea que estuviesen o no, Jesús dirigió estas advertencias a sus discípulos. El asunto tenía una aplicación muy amplia, pero es de importancia para el cristiano que necesita dirección en lo tocante a sus relaciones, y responsabilidad para con su prójimo.

Imposible es que no vengan tropiezos; mas ¡ay de aquel por quien vienen! Vea los comentarios sobre Mateo 18:7.

Mejor le fuera que se le atase al cuello una piedra de molino y se le arrojase al mar, que hacer tropezar a uno de estos pequeñitos (2). Véanse los comentarios sobre Mateo 18:6.

Mirad por vosotros mismos (3). "Estad en guardia sobre vosotros mismos" (NEB). **Si tu hermano pecare contra ti, repréndele; y si se arrepintiere, perdónale.** Vea los comentarios sobre Mateo 18:15. El lenguaje de Lucas es un poco más fuerte que el de Mateo. Lucas dice: **repréndele.** Mateo dice: "Repréndeles estando tú y él solos." También Lucas dice: **Si se arrepintiere, perdónale.** Mateo dice en cambio: "Si te oyere, has ganado a tu hermano."

Y si siete veces al día pecare contra ti, y si siete veces al día volviere a ti, diciendo: Me arrepiento; perdónale. Aquí Jesús no está pretendiendo ser matemático. Con **siete veces** implica infinidad—es decir, perdonar tan a menudo como la persona se arrepienta. Véanse también los comentarios sobre Mateo 18:21-22.

21. El poder de la fe (17:5-6)

Dijeron los apóstoles al Señor: Auméntanos la fe (5). La rígida enseñanza sobre las ofensas sorprendió y deprimió a los apóstoles. Ellos no se sentían adecuados para esta nueva demanda, que por una parte los amenazaba con un indecible castigo si ellos llegaban a ser causa de tropiezo a alguno de "los pequeños" del reino, y por otra, les exigía perdonar a los ofensores contra ellos tan a menudo como se arrepintieran y pidieren perdón. El sentimiento de debilidad y necesidad hizo que los apóstoles se sintiera impelidos a pedir al Señor que les aumentara la fe. Ellos sentían que nunca podrían cumplir tales normas sin algo más que la fuerza espiritual que tenían entonces, y sintieron que una fe más fuerte les ayudaría a cubrir su necesidad. De hecho, su necesidad no fue completamente suplida hasta el día de Pentecostés, cuando fueron bautizados por el Espíritu Santo.

Entonces el Señor dijo: Si tuvierais fe como un grano de mostaza (6). Véanse los comentarios sobre Mateo 17:20; 21:21. Podríais decir a este sicómoro: Desarráigate, y plántate en el mar; y os obedecería. Jesús también dio esta comparación de la fe con un grano de mostaza en Mateo 17:20. Pero la demostración de poder de la fe allí es el movimiento de una montaña y no la de mover un sicómoro. Esta es la clase de enseñanza que Jesús repetía cuando se suscitaba la necesidad. En el momento descrito aquí, probablemente el Maestro estaba parado al lado de ese árbol; y era característico de El usar los objetos que estaban a mano para ilustración. Este sicómoro no era exactamente la misma "higuera sicómoro" muy a menudo mencionada en la Biblia; más bien era la mora negra.[44]

22. Siervos inútiles (17:7-10)

Esta breve parábola aunque no relacionada directamente con lo que la precede en el Evangelio de Lucas, está vinculada al tema general de Jesús tal como ha sido desarrollado desde el capítulo 13. Podría llamarse "anti-fariseísmo". Godet ha dado un excelente título para esta parábola y su aplicación: "Lo no meritorio de las obras."[45]

¿Quién de vosotros, teniendo un siervo que ara o apacienta ganado al volver él del campo, luego le dice: Pasa, siéntate a la mesa? ¿No le dice más bien... cíñete, y sírveme... después de esto, come y bebe tú? (7-8).

Aunque no se nos dice la ocasión que sugirió esta parábola, responde a preguntas que estaban en las mentes de los discípulos y que algunas veces expresaban, tales como: "¿Qué recompensa tendré por seguir a Cristo?"

La parábola le recuerda a los oyentes de Jesús que, aunque un seirvo haya trabajado todo el día en el campo, no gana el derecho de comer antes que su señor. Es todavía su obligación servir la comida de la noche a su amo antes de servirse él mismo. El es un esclavo y como tal no tiene "derechos". Pertenece a su señor y sus obligaciones le han sido asignadas ya por él. Cuando ha terminado, sólo ha cumplido con su deber. Sólo hay mérito cuando se ha sobrepasado el deber.

No debemos cometer el error de interpretar esta parábola en los términos de las actuales normas de ética. Las leyes modernas de trabajo y las normas de la ética cristiana con relación al adecuado tratamiento de los trabajadores eran desconocidas en la época de Jesús. Había 70 millones de esclavos en el Imperio Romano, y el derecho de la existencia del sistema de esclavitud era casi incuestionable.

Así también vosotros, cuando hayáis hecho todo lo que os ha sido ordenado, decid: Siervos inútiles somos, pues lo que debíamos hacer, hicimos (10). La palabra que aquí está traducida **inútiles** significa "alguien que ha rendido sólo el servicio que era su deber". Pero nuestra deuda con Dios es tan grande que jamás podremos servirle más allá de nuestro deber en el área del mérito en nuestro servicio cristiano. De modo que las obras no pueden ser meritorias porque nunca cumplimos completamente nuestro deber. Nunca podremos hacer todo, ni aun una pequeña fracción, para compensar lo mucho que debemos a Dios.

Los versos 1-10 han sido titulados "Inventario Espiritual". El texto sería el 3: "Mirad por vosotros mismos": (1) Mirad vuestros motivos, 1-2; (2) Mirad vuestro espíritu, 3-4; (3) Mirad vuestra fe, 5-6; (4) Mirad vuestro servicio, 7-10.

C. Tercera Etapa, 17:11—19:27

Yendo Jesús a Jerusalén, pasaba entre Samaria y Galilea (11). Esta es una nota editorial usada por Lucas para recordar a sus lectores el hecho que el grupo continuaba su viaje hacia Jerusalén. Esto podría ser fácilmente olvidado por los lectores en medio de tantos hechos y palabras de Jesús que Lucas está relatando. **Entre Samaria y Galilea** sería mejor traducido "a lo largo de la frontera entre Samaria y

Galilea"; el último lugar era "Galilea al otro lado del Jordán", o Perea. Había dos caminos de Jerusalén a Galilea, uno por Samaria y el otro por Perea.[46] En este caso Jesús no iba por ninguno de esos dos sino que viajaba entre ellos.

1. *Diez leprosos son limpiados* (17:12-19)

Y al entrar en una aldea, le salieron al encuentro diez hombres leprosos, los cuales se pararon de lejos (12). El les salió al encuentro antes de entrar a la villa. Según la ley mosaica, estos enfermos debían vivir fuera de las poblaciones, aislados de todos, menos de los que padecían la misma enfermedad (Lv. 13:46). También se les exigía que cuando alguien se acercara, anunciaran su infección gritando: "¡Inmundo, inmundo!"

Y alzaron la voz, diciendo: ¡Jesús, Maestro, ten misericordia de nosotros! Cuando él los vio, les dijo: Id, mostraos a los sacerdotes (13-14). No hay duda de que conocían a Jesús de vista por su reputación. Es muy posible que ellos estuvieran vinculados con personas que habían sido limpiadas de la lepra en algunos de los ministerios anteriores de Jesús. La instrucción que Jesús les dio de ir a mostrarse a los sacerdotes estaba de acuerdo con la ley levítica concerniente al tratamiento de la lepra.[47]

Uno de ellos... volvió... glorificando a Dios (15-16). Este hombre se daba completa cuenta del milagro que le había sido efectuado, y estaba profundamente agradecido por su curación. Sumamente emocionado y en voz alta expresaba su gratitud. **Y éste era samaritano.** Esto no es lo que los judíos hubieran esperado de un "perro samaritano". Los discípulos pudieron aprender una lección de la experiencia: Que la gratitud y la bondad son los resultados del carácter personal y no de la raza o nacionalidad.

¿No son diez los que fueron limpiados? Y los nueve, ¿dónde están? ¿No hubo quien volviese y diese gloria a Dios sino este extranjero? (17-18). No sabemos que todos los 9 fuesen judíos, pero lo que sí sabemos es que ninguno de ellos regresó para expresar su gratitud. ¿Por qué fracasaron unánimemente? ¿Por qué hay tan poco espíritu de gratitud en el corazón humano?

Y le dijo: Levántate, vete (19). **Vete,** probablemente signifique, por lo menos en parte, "vé a los sacerdotes". Aunque él había sido sanado milagrosamente, todavía tenía que recibir el certificado de los sacerdotes de su curación y estado para poder volver a la vida normal.

Tu fe te ha salvado. ¿Recibió él algo que los otros no gozaron? Si lo único que logró fue la aprobación del Maestro, recibió un don inapreciable. Pero también obtuvo la bendición interior y la expansión del alma. La recomendación implica que tenía más fe o de mejor calidad que los otros nueve.

Usando el tema "¿Dónde Están los Nueve?" Maclaren presenta cuatro puntos. (1) El clamor de los leprosos y la extraña respuesta del Señor; (2) La sanidad asegurada a la fe obediente; (3) Ejemplo solitario de agradecimiento; (4) Triste extrañeza de Cristo y la ingratitud del hombre.

2. *La espiritualidad del reino* (17:20-21)

Preguntado por los fariseos, cuándo había de venir el reino de Dios (20). Los fariseos habían oído y sentido sus agudas represiones, habían escuchado sus enseñanzas y notaban las muchas implicaciones de que El era el Mesías. Ellos habían visto las manifestaciones de su milagroso poder. Pero El no había cumplido con sus expectativas del Mesías y para ellos esa era la prueba positiva de que no lo era. Las grandes escuelas rabínicas en las que los fariseos habían recibido la enseñanza y de la cual derivaban sus concepciones teológicas, relacionaban la venida del Mesías con la introducción del reino de Dios. Ellos creían que sería un reino literal que avivaría el poder político judío, y por el cual los judíos se librarían del yugo romano y llegarían a ser los amos del mundo.

La pregunta hecha por los fariseos seguramente tenía un espíritu beligerante, con la seguridad de que Jesús no podía responderla correctamente. Tenía la fuerza de una pregunta retórica, cuyo propósito era obligar a Jesús a reconocer que El no era el Mesías puesto que no era capaz de producir el reino mesiánico.

El reino de Dios no vendrá con advertencia. Esta es una contradicción a la doctrina de los fariseos sobre el reino de Dios, una negación franca de que sería un reino literal, terrenal.

Ni dirán: Helo aquí, o helo allí, porque he aquí el reino de Dios está entre vosotros (21). Muchos comentadores modernos han traducido esta última frase "en medio de vosotros". Esos intérpretes insisten en que traducir "está en vosotros", (como en la versión inglesa KJV, y en la VM., "dentro de vosotros está"), implicaría decir que el reino de Dios estaba en, o dentro de esos fariseos, puesto que Jesús estaba dirigiéndose a ellos. Sería mejor interpretar ese **vosotros,** como impersonal. Por lo tanto, el significado sería: "El reino de Dios está en los corazones de los hombres." El **vosotros** no sería una referencia necesaria a los fariseos. De hecho, ambos significados estarían en armonía con los hechos. El reino de Dios, habiendo llegado en la persona y obra de Cristo, en verdad estaba "entre" ellos. También es verdad que el reino de Dios está en los corazones de los hombres y no es exterior o material. Sin embargo, hay un reino de Dios literal, pero el Maestro decidió no tratar ese aspecto en el momento. La mayor verdad que Jesús está enseñando en estos versos es que en la presente dispensación el reino de Dios no es terrenal sino espiritual, y está en los corazones de aquellos que se someten al reinado de Cristo.[48]

3. *Jesús habla acerca del futuro* (17:22-37)

Y dijo a sus discípulos (22). Después de responder la pregunta de los fariseos, Jesús se vuelve a sus discípulos con una verdad que es especialmente para ellos: **Tiempo vendrá cuando desearéis ver uno de los días del Hijo del Hombre, y no lo veréis.** El Maestro aquí está advirtiendo a sus discípulos acerca de los días oscuros que vendrían sobre ellos— días de persecución y fatiga—cuando sus mentes pensarían en los benditos recuerdos de cuando Él estaba con ellos. Desearían su presencia física nuevamente en su compañía, pero no les sería concedido. Jesús también habla a los discípulos que aún no habían nacido, los de nuestros días y los de más allá en el futuro; todos aquellos que en momentos de sufrimiento y frustración desearían la presencia física de Cristo.

Y os dirán: Helo aquí, o helo allí. No vayáis, ni los sigáis... (23). Véanse los comentarios sobre Mateo 24:23, 26.

Porque como el relámpago... así también será el Hijo del Hombre en su día (24). Véanse los comentarios sobre Mateo 24:27.

Pero primero es necesario que padezca mucho, y sea desechado por esta generación (25). Véanse los comentarios sobre Mateo 16:21 y Lucas 9:22.

Como fue en los días de Noé, así también será en los días del Hijo del Hombre... (26-27). Véanse los comentarios sobre Mateo 24:37-39.

Como sucedió en los días de Lot... Así será el día en que el Hijo del Hombre se manifieste (28-30). Aquí el sentido es igual al de los versos 26 y 27. Jesús está haciendo hincapié sobre lo repentino, lo inesperado y lo definitivo de su venida.

En aquel día, el que esté en la azotea. . . no descienda. . . y el que esté en el campo. . . no vuelva atrás (31). Vea los comentarios sobre Mateo 24:17-18.

Acordaos de la mujer de Lot (32). El trágico fin de la esposa de Lot es una excelente ilustración de la advertencia que Jesús estaba haciendo a sus discípulos. Lot y su familia habían tenido una oportunidad de escapar de Sodoma antes que fuera destruida. El mandato del ángel había sido: "Escapa por tu vida, no mires tras ti, ni te pares en toda esta llanura" (Gn. 19:17). Pero la esposa de Lot desobedeció el mandato y miró atrás, evidentemente deseando volver y fue convertida en una estatua de sal. Ella había salido de Sodoma, pero Sodoma no había salido de ella. De esa manera ella es una perpetua amonestación de que la salvación es incompleta a menos que el corazón haya sido limpiado del amor al mundo.

En los versos inmediatamente anteriores al 32, Jesús está prediciendo la destrucción de Jerusalén. Jesús está amonestando a sus discípulos a aprovechar la oportunidad que se les dará de escapar. El demorarse en ese momento sería repetir el trágico error de la esposa de Lot.

La amonestación del Maestro fue tomada literalmente. Después que Vespasiano y el ejército romano comenzaron el asedio de Jerusalén, el sitio fue levantado por un poco de tiempo como resultado de una lucha en Roma por la sucesión del trono imperial, que estaba vacante por el suicidio de Nerón. Durante esa breve tregua, los cristianos de Jerusalén aprovecharon la oportunidad de escapar. Huyeron a Pella en el lado oriental del río Jordán.

Todo el que procure salvar su vida, la perderá; y todo el que la pierda, la salvará (33). Véanse los comentarios sobre Mateo 10:39; 16:25.

Os digo que en aquella noche estarán dos en una cama; el uno será tomado, y el otro será dejado. Dos mujeres estarán moliendo juntas. . . Dos estarán en el campo. . . (34-36). Véanse los comentarios sobre Mateo 24:40-41. El contenido del verso 34 no está en el pasaje paralelo; pero su significado es el mismo que el de los otros dos versos. El Maestro ha puesto dos personas en cada una de las tres circunstancias para mostrar cómo tales personas pueden estar comprometidas en la misma actividad o descanso y una será tomada y la otra dejada en la venida del Señor.

Y respondiendo le dijeron. . . ¿Dónde, Señor? (37). Esta pregunta ya había sido respondida en el verso 24. Pero los discípulos no podían concebir que todos los eventos no fueran locales; no podían pensar en el aspecto mundial de la venida de Cristo. **Donde estuviere el cuerpo, allí se juntarán también la águilas.** Estas águilas son literalmente "buitres". Véanse los comentarios sobre Mateo 24:28. William Barclay trata este párrafo bajo "Señales de Su Venida". Nota: (1) Habrá tiempo cuando la iglesia cristiana deseará la venida de Cristo, pero necesitará ser paciente, 22; (2) La venida de Cristo es segura, pero el tiempo es desconocido, 23-30; (3) Cuando Cristo venga, comenzarán los juicios de Dios, 31-36; (4) Cristo vendrá cuando sean cumplidas las condiciones necesarias—cuando las causas sean correctas. Ese es el significado del proverbio del verso 37.

4. *Parábola del juez injusto* (18:1-8)

También les refirió Jesús una parábola sobre la necesidad de orar siempre, y no desmayar (1). Literalmente: "Y habló también una parábola..." La palabra **también** indica que esta parábola es una parte del discurso precedente. De este modo vemos que la oración es el remedio prescrito para eliminar las dificultades de los días venideros— los del asedio de Jerusalén, los anteriores a la segunda venida y otras épocas malas. Cuando Jesús fuera tomado de la tierra, la iglesia sería como la viuda de la parábola. Pero la oración sería su medio de sostén y de consuelo.

Había en una ciudad un juez, que ni temía a Dios, ni respetaba a hombre. Había también... una viuda... la cual venía a él, diciendo: hazme justicia de mi adversario (2-3). ¿Qué oportunidad tenía esta pobre viuda de lograr justicia de un juez que no tenía temor de Dios ni del hombre? Sólo hay un camino y es el que ella toma.

Y él no quiso por algún tiempo; pero después de esto dijo... porque esta viuda me es molesta, le haré justicia, no sea que viniendo de continuo, me agote la paciencia (4-5). Su única arma era la importunidad, la persistencia. La referencia del juez a la continua visita de la mujer, indica que él estaba convencido de que ella no cesaría de volver hasta que le concediera la petición. Aquí no hay nada profundo. Ella simplemente no dejaría de buscar hasta que recibiera un justo arreglo de su caso.

Oíd lo que dijo el juez injusto. ¿Y acaso Dios no hará justicia a sus escogidos, que claman a él día y noche? ¿Se tardará en responderles? Os digo que pronto les hará justicia (6-8). La aplicación es clara y sencilla. Una viuda puede lograr justicia de un juez que no tiene temor de Dios ni consideración al hombre, simplemente porque "viene de continuo".

¡Cuánto más un cristiano debería tener fe que un Dios bueno y amante responderá a sus oraciones aunque tarde en responderles, que es lo que parece algunas veces! **Pronto les hará justicia,** es decir, repentina e inesperada, pero no necesariamente cuando piensen que debe responderles. **Pero cuando venga el Hijo del Hombre, ¿hallará fe en la tierra?** En vista de la enseñanza de esa parábola, la fe debería ser fácil. Sin embargo, a pesar de que todos los cristianos tienen todas las razones para tener una fe firme en Dios, les es a menudo difícil creer. La pregunta de Jesús no era para ser respondida. Nadie podría responderla sino Dios. Fue hecha como advertencia, para que la demora de la venida del Señor no les fuera ocasión de dudar. La última respuesta será dada por los cristianos. La respuesta puede ser: "Sí, habrá fe", si resistimos a las sugestiones de dudas de Satanás. Podemos permanecer bastante cerca del Señor de modo que nuestra fe llegue a ser el resultado natural de nuestra íntima relación con El.

Thomson, en el *Pulpit Commentary,* señala tres contrastes en esta parábola: (1) Dios en contraste con el vengador humano; (2) El pueblo de Dios en contraste con la viuda; (3) La infinita paciencia de Dios en contraste con la paciencia del hombre.

5. *Parábola del fariseo y el publicano en oración* (18:9-14)

Habiendo enseñado la necesidad y el poder de la oración por medio de la parábola precedente, el Maestro presenta una segunda parábola para mostrar la actitud apropiada. Aquí se nos enseña que la mera persistencia en la oración no es suficiente.

A unos que confiaban en sí mismos como justos, y menospreciaban a otros, dijo también esta parábola (9). No confiaban en la gracia de Dios para ser justificados, sino que descansaban en sus buenas obras. Se consideraban justificados por sus propias obras.

Dos hombres subieron al templo a orar: uno era fariseo, el otro publicano (10). No iban al santuario sino a los atrios del templo donde se acostumbraba orar. Este era el atrio de las mujeres. Al escoger a un fariseo y a un publicano para esta ilustración, Jesús elige los dos extremos. Los fariseos eran los más legalistas, estrictos y conservadores de todas las sectas judías. Los publicanos eran los oficiales judíos del gobierno romano, cuyo trabajo era cobrar las tasas para el Imperio. Eran odiados por los judíos por hacer ese trabajo para una potencia extranjera y porque a menudo eran deshonestos. Cobraban más de lo debido, enriqueciéndose así por medio de su odiosa ocupación. Para mayor informe con respecto a los fariseos y a los publicanos, véanse los comentarios sobre Mateo 3:7; 5:46.

El fariseo, puesto en pie, oraba consigo mismo de esta manera: Dios, te doy gracias porque no soy como los otros hombres. . . (11). Este es el primer ejemplo de la oración de un hombre que se autojustifica. En realidad, no merece ser llamada oración. Apenas si es algo más que una recitación de las supuestas buenas cualidades y acciones de un fariseo, un esfuerzo para demostrarle a Dios que él merece la consideración divina. Sin embargo, el fariseo no recibía todo el crédito por su supuesto elevado estado de gracia. Su **Dios, te doy gracias** era un reconocimiento de que Dios por lo menos era responsable en parte de que él fuera uno de los justos. Pero, la frase **oraba consigo mismo**—literalmente: "oraba estas cosas para sí mismo"—indica que su principal atención estaba dirigida a él mismo. La palabra más significativa de esta oración es el pronombre personal *yo; yo* **no soy como los otros hombres,** yo **ayuno,** yo **doy diezmos** (12). Posiblemente estaba más consciente de ser escuchado por los hombres que por Dios. Su elogio de sí mismo sólo contiene una alusión a su vecino adorador. Y aun esta referencia al publicano fue hecha de tal modo que el fariseo apareciera mejor por el contraste.

Mas el publicano, estando lejos (13). Lejos del templo, símbolo de la presencia de Dios. El fariseo sin duda estaba en la parte del atrio más cercana al templo, mientras que el publicano estaba en la parte más distante. Es posible que Jesús quiera decir que él no estaba ni aun en el atrio de las mujeres, el lugar acostumbrado para orar, sino más bien hacia afuera, en el atrio de los gentiles (véase el Diagrama 1).

No quería ni aun alzar los ojos al cielo, sino que se golpeaba el pecho, diciendo: Dios, sé propicio a mí, pecador—literalmente: "El pecador." Su actitud y el contenido de su oración son opuestos a los del fariseo. El estaba profundamente consciente de sus pecados y estaba casi aplastado por el sentido de su indignidad. Nada tenía que alegar en su favor, sólo clamaba por misericordia.

Os digo que éste descendió a su casa justificado antes que el otro (14). La palabra *justificar* significa declarar o tratar como justo. El publicano recibió el perdón y fue aprobado por Dios, aunque había sido un pecador y lo reconocía. Por otra parte, el fariseo, quien alardeaba que no era como ese publicano, no fue perdonado. El no reconoció su pecado, ni pidió perdón, aunque de hecho ante los ojos de Dios, era uno de los peores pecadores. Su pecado era el egoísmo que se auto-justifica.

Porque cualquiera que se enaltece, será humillado; y el que se humilla será enaltecido. Véanse los comentarios sobre Lucas 14:11.

Barclay extrae tres verdades universales de esta parábola de Jesús: (1) Ningún hombre orgulloso puede orar, 11-12; (2) Ningún hombre que desprecia a sus semejantes puede orar, 12; (3) La verdadera oración resulta de poner nuestras vidas al lado de Dios, 13-14.

6. *Jesús y los niños* (18:15-17)

Traían a él los niños... lo cual viendo los discípulos, les repren-dieron. Mas Jesús... dijo: Dejad a los niños venir a mí... (15-16). Véase el comentario sobre Mateo 11:13-14. Lucas difiere de Mateo sólo en la palabra que emplea para niños. El término griego que usa Lucas denota niños mayores.

El que no recibe el reino de Dios como un niño, no entrará en él (17). Véanse los comentarios sobre Marcos 10:15.

7. *El joven principal rico* (18:18-30).

Para la discusión de este incidente, véanse los comentarios sobre Mateo 19:16-22. Lucas se refiere a él sólo como a un **principal.** Mateo nos dice que era joven, y los tres Sinópticos aclaran que era muy rico.

8. *Jesús predice sus sufrimientos* (18:31-34)

Para discusión de los versos 31-33 véanse los comentarios sobre Mateo 20:17-19. Véase también Marcos 10:32-34. Mateo y Marcos omiten el contenido del verso 34.

Pero ellos nada comprendieron de estas cosas, y esta palabra les era encubierta, y no entendían lo que se les decía (34). Las tres cláusulas del verso significan la misma cosa. Sin duda, Lucas empleó este método para hacer hincapié en lo que estaba diciendo. Los discípulos oían las palabras de Jesús, pero, eran tan contradictorias a todas las cosas que creían en cuanto al reino del Mesías, que ellos estaban tan desorientados que ni podían dar explicación. Los sufrimientos y muerte del Mesías eran algo inadmisible; sin embargo, parece que Jesús se estaba refi-riendo a Sí mismo. Por supuesto que la contradicción se debía al concepto que los Doce tenían de la obra de Cristo en la tierra.

9. *Un ciego sanado* (18:35-43)

Véanse los comentarios sobre Mateo 20:29-34; véase también Marcos 10:46-52. El milagro se encuentra en los tres Sinópticos. Pero hay dos diferencias significativas entre los tres relatos. Mateo dice que había dos ciegos, mientras que Marcos y Lucas se refieren a uno solo. Lucas dice que el milagro fue realizado cuando Jesús se iba acercando a Jericó, mientras que los otros dos Sinópticos relatan que fue a la salida de Jericó. El problema en cuanto al número de ciegos no es difícil. Indudablemente eran dos; pero Lucas y Marcos se interesaban solamente en uno de ellos—quizá el más conspicuo o significativo de los dos.

El problema de cuándo sucedió es más difícil, pero no importante. Se han propuesto muchas soluciones. La más aceptable dice que el primer contacto con el ciego o los ciegos, lo realizó el Maestro mientras se iba acercando a Jericó. Sin embargo, debido a la gran multitud que lo acompañaba y quizá porque Jesús quiso probar la sinceridad del sufriente, no resolvió el caso sino hasta que abandonó la ciudad. También existe la posibilidad de que uno de los evangelistas se refiere a la Antigua Jericó y el otro a la Nueva, o viceversa. Una tercera posible solución es que un ciego pudo haber sido sanado mientras Jesús entraba en Jericó y otro a la salida.[49]

10. *La conversión de Zaqueo* (19:1-10)

Habiendo entrado Jesús en Jericó (1). Iba en su camino a Jerusalén, antes de su pasión. Jericó era una ciudad comercial próspera que estaba en el camino de Perea a Jerusalén y Egipto. Estaba situada en el valle del Jordán a unos 8 kilómetros de ese río y a 25 kilómetros de Jerusalén.[50]

Y sucedió que un varón llamado Zaqueo, que era jefe de los publicanos y rico (2). Por causa del considerable comercio que pasaba por Jericó, debido a su situación estratégica sobre una importante ruta y el hecho de que era un centro de tráfico mundial, debe haber funcionado allí una de las principales aduanas en esa parte del Imperio Romano. Zaqueo era el principal de los cobradores de Jericó, y tenía una entrada que lo hizo un hombre rico. El nombre Zaqueo es de origen hebreo y significa "puro".

Procuraba ver quién era Jesús (3). Estas palabras sugieren que la curiosidad era la causante de su deseo. Pero lo que sigue demuestra que hubo un motivo más profundo, o que después que vio a Jesús quedó tan profundamente impresionado que cambió sus motivos. Es muy posible que por lo menos una parte de su interés haya brotado después de oir algunas de las bondadosas observaciones que Jesús hacía sobre los publicanos.

Y corriendo delante, subió a un árbol sicómoro (4). Siendo demasiado bajo de estatura para poder ver sobre las cabezas de la multitud, corrió por la calle que sabía que Jesús tomaría en su camino hacia Jerusalén, y allí encontró un punto de ventaja desde el cual podía verlo.

El sicómoro al cual Zaqueo se trepó es el conocido con el nombre de *ficus sycomorus,* el higo-mora. Sus ramas horizontales le facilitaron escalarlo y su gran follaje lo escondió lo suficiente de la multitud.

Cuando Jesús llegó a aquel lugar. . . le dijo: Zaqueo, date prisa, desciende, porque hoy es necesario que pose yo en tu casa (5). Esto implica que había en el corazón del Maestro un impulso interno por ir a la casa de Zaqueo. Y este apremio fue inspirado y motivado por el intenso deseo de Zaqueo de ver a Jesús. Nuestro Señor siempre responde con simpatía a aquellos que procuran conocerle.

Jericó era una de las ciudades de los sacerdotes, pero Jesús escogió la casa del jefe de los publicanos para comer y descansar en lugar de la casa del sacerdote. El sabía que estaba eligiendo al hombre más digno de su presencia para ser su hospedador, pero ¿quién se imaginaría que El escogería a Zaqueo?

Al ver esto, todos murmuraban (7). La multitud casi unánimemente debe haber desaprobado la elección de Jesús. Ellos sentían que su acción era una afrenta a los sacerdotes y a otros líderes religiosos cuyos hogares y cuyas personas El había pasado por alto. Su selección era una aprobación abierta del hombre generalmente considerado como "pecador". Dos cosas les impedían ver el verdadero motivo de Jesús; una era su exclusivismo ciego que no les consentía ver nada bueno en un publicano. La otra era su incapacidad para comprender cómo Jesús podía asociarse con los pecadores sin contaminarse.

Entonces Zaqueo. . . dijo. . . He aquí, Señor, la mitad de mis bienes doy a los pobres; y si en algo he defraudado a alguno, se lo devuelvo cuadruplicado (8). Aquí vemos el verdadero espíritu generoso y el deseo genuino de rectificar cualquier mal del pasado. Ambas actitudes reflejan un cambio de corazón. Las palabras de Zaqueo no estaban dirigidas a la muchedumbre sino a Jesús. Más bien era la respuesta espontánea e impremeditada de un corazón que había sido limpiado y de un espíritu al que se le había conferido vida nueva y eterna.

Podemos ver cuán generoso era Zaqueo cuando ofreció la mitad de sus bienes para alimentar a los que eran menos afortunados que él. ¡Y qué dispuesto estuvo a hacer una cuádruple restitución! Zaqueo sin duda era culpable de algunas injusticias en sus cobros de tasas—la manera como trajo a colación el asunto implica mucho. Sin embargo, no parece que él fue muy malvado o que hubiera amasado su fortuna tan deshonestamente como los judíos de su tiempo, o como muchos de los predicadores de nuestros días le acusan. Si él hubiera sido tan deshonesto para hacer su fortuna como algunos sugieren, no habría tenido bastante dinero como para hacer una cuádruple restitución.

Jesús le dijo: Hoy ha venido la salvación a esta casa (9). Un pecador que buscaba había encontrado a un Salvador que lo procuraba. El hombre había hallado la salvación personal en verdadero arrepentimiento. Las palabras de gracia del Maestro eran una seguridad de salvación para Zaqueo, una proclama en su favor a la multitud y una promesa a todos los hombres de todas las tierras, en toda edad: Jesús salva a los pecadores.

Por cuanto él también es hijo de Abraham. Esto era para recordarles a aquellos judíos que se autojustificaban que Zaqueo también era judío, descendiente de Abraham. Las palabras también son un anuncio de que ahora, al tener Zaqueo una vida nueva, se transformaba en hijo de Abraham "el padre de los fieles". Por medio del nuevo nacimiento ahora era un hijo espiritual de Abraham y miembro del nuevo Israel.

Porque el Hijo del Hombre vino a buscar y a salvar lo que se había perdido (10). Aquí tenemos la propia declaración de Jesús de su principal propósito por venir a este mundo. La verdad de esta declaración universal es el fundamento de la seguridad dada a Zaqueo en el verso precedente.

El obispo Ryle en su obra *Expository Thoughts on the Gospels,* sugiere que debemos aprender varias lecciones de este incidente: (1) Nadie es demasiado malo, o fuera del poder de la gracia de Cristo para ser salvo; (2) Cuán pequeñas e insignificantes son las cosas sobre las cuales a menudo la salvación de una alma se hace posible; (3) La libre compasión de Cristo hacia los pecadores y su poder cambian los corazones; (4) Los pecadores convertidos siempre darán evidencia de su conversión.

11. *Parábola de la minas* (19:11-27)

Oyendo ellos estas cosas, prosiguió Jesús y dijo una parábola (11). Estas palabras muestran la relación entre el episodio que implicaba a

Zaqueo y la parábola que sigue. La declaración de Jesús que encontramos en el verso 10 parece haber aumentado el interés en el asunto que estaba siempre presente en esos últimos días del ministerio de nuestro Señor. Tanto los discípulos como los antagonistas de Jesús habían demostrado interés en el reino de Dios.

Por cuanto estaba cerca de Jerusalén, y ellos pensaban que el reino de Dios se manifestaría inmediatamente. Este interés iba en aumento a medida que Jesús se acercaba a Jerusalén. Había excitación en el aire, una expectativa que finalmente irrumpió en alabanza y aclamación ante la entrada triunfal de Cristo. Pero esto fue debido a una noción equivocada—la creencia universal, de parte de los que consideraban a Jesús como Mesías, de que el reino aparecería inmediatamente. Jerusalén era el lugar donde se esperaba que el Mesías estableciera su reino, y eran muchos, evidentemente, los que creían que ahora era el tiempo. Para corregir esa falsa idea, Jesús les da esta parábola.

. . . Un hombre noble se fue a un país lejano, para recibir un reino y volver (12). Nótese que la historia no habla de un hombre noble que *levantó* un reino, sino acerca de alguien que fue a un país lejano para **recibir** uno. Dos nobles, Herodes y su hijo Arquelao, habían dejado esta misma ciudad de Jericó para ir a un país lejano—Roma—y así asegurarse reinos,[51] y no hay duda que era alguno de ellos a quienes Jesús tenía en mente.

La inferencia aquí es que Cristo no establecería inmediatamente su reino, sino que iría a los cielos para asegurar ese reino. El volvería para buscar a aquellos que estuvieran preparados para la ciudadanía de su reino.

Y llamando a diez siervos suyos, les dio diez minas, y les dijo: Negociad entre tanto que vengo (13). Al hacer su distribución, el noble tenía un doble propósito: Quería multiplicar su patrimonio y probar a sus siervos con el fin de determinar su capacidad en los lugares de responsabilidad en su inminente reinado.

La **mina** equivalía a cien dracmas. La palabra traducida **negociad** implica "ganar por el comercio" o "ganancia mercantil". De ese modo ellos debían multiplicar el dinero de su señor, poniéndolo a trabajar en los negocios. De igual manera, Jesús estaba por irse al cielo e iba a dejar a sus discípulos encargados de toda la obra en la tierra.

Pero sus conciudadanos le aborrecían, y enviaron tras él una embajada diciendo: No queremos que éste reine sobre nosotros (14). Esta **embajada** no fue enviada al noble sino a aquel que iba a recibir el reino.

Evidentemente Jesús extraía paralelos del Imperio Romano, del que Herodes había recibido la autoridad. Los judíos habían enviado un mensaje acusador—con una delegación de ciudadanos—cuando Arquelao procuraba llegar al reino. En su aplicación, esta parte de la parábola se refiere al hecho de que los judíos se negaron a reconocer a Jesús como su rey. Estuvieron listos a destruirle para evitar que "reinara sobre ellos".

Aconteció que vuelto él, después de recibir el reino, mandó llamar ante él a aquellos siervos (15). Exigió inmediato y completo reconocimiento. Esto representa el juicio después de la venida del Señor.

Vino el primero, diciendo: Señor, tu mina ha ganado diez minas. El le dijo: Está bien, buen siervo... tendrás autoridad sobre diez ciudades (16-17). La lealtad y capacidad del siervo habían sido probadas. Como recompensa, le fue dado un lugar de mayor responsabilidad en el nuevo reino.

Vino otro, diciendo: Señor, tu mina ha producido cinco minas... Tú también sé, sobre cinco ciudades (18-19). El principio y la fórmula son los mismos que en el caso del primer siervo.

Vino otro, diciendo: Señor, aquí está tu mina, la cual he tenido guardada en un pañuelo... porque tuve miedo de ti, por cuanto eres hombre severo (20-21). La historia relata el reconocimiento de sólo tres de los diez siervos. Los otros siete no interesan al propósito de la parábola. Es en el pedido de cuentas al tercer siervo donde encontramos el verdadero sentido y propósito de la parábola.

El último siervo parecía sentir que había cumplido su obligación para con su señor al devolverle el dinero aun cuando había pasado por alto su mandato: **Negociad entre tanto que vengo.** La palabra traducida **severo** implica: "duro", "opresor", "áspero".

El siervo explicó su significado cuando dijo: **tomas lo que no pusiste, y siegas lo que no sembraste.** Aquí se denota fraude, una acusación a su amo de tomar lo que no era suyo. Un espíritu de amor aunado a la comprensión de que tanto él como su dinero pertenecían a su señor, le hubieran dado un punto de vista distinto; le habrían llevado a seguir el ejemplo de los otros dos siervos.

Mal siervo, por tu propia boca te juzgo (22). Confesaba que sabía exactamente lo que su señor esperaba de él, sin embargo, empleó esa expectativa como la razón por la que había dejado de obedecer a la orden de su amo. Si esa hubiera sido la disposición y esperanza de su patrón, le hubiera quedado únicamente un único camino seguro.

Debería haber hecho un buen negocio, en lo que aun un amo severo no habría podido encontrar falta.

Spence aclara las palabras del noble de esta manera: "Cuanto más conocías que yo soy severo, más debiste preocuparte por satisfacerme."[52]

Y dijo... Quitadle la mina, y dadla al que tiene las diez minas (24). De esta manera la lealtad y el amor fueron recompensados con un regalo, mientras que el legalismo que evade la responsabilidad es enjuiciado con la privación.

Pues yo os digo que a todo el que tiene, se le dará; mas al que no tiene, aun lo que tiene se le quitará (26). Estas no son las palabras de Jesús sino del noble declarando el principio sobre el cual serían juzgados sus siervos. Los que habían ganado negociando—los que "tenían"—recibirían beneficios adicionales, los que habían fracasado por no hacerlo perderían aun su mina original.

En la aplicación espiritual la parábola significa que aquellos que han hecho de la oportunidad cristiana un medio de ensanchamiento y bendición espiritual, recibirán galardón. Aquellos que excusan sus fracasos por sus reflexiones legalistas sobre sus asignaciones, perderán el premio y la mina original.

Este siervo representa al hombre que ha permitido que un espíritu de resentimiento y amargura desplace al amor y la lealtad. Ha llegado a autodesignarse juez de los métodos de su señor; porque no le gusta la manera en que su amo hace las cosas, abandona su trabajo. También representa al hombre que piensa que el mayordomo solamente está para no robar los bienes de su señor. Su "bondad" es negativa, no positiva. No hace daño (él lo cree así) pero tampoco hace ningún bien. En realidad es un ladrón a pesar de su ilusión de justicia propia, porque al ser inútil, ha robado a su señor la ganancia que podría haber logrado. Cuando regrese su señor, él es un reincidente y un cínico confirmado. Su falsa crítica y su mayordomía no cumplida le hacen simbolizar al cristiano carnal que se perturba por cosas intrascendentes y se lamenta en lugar de producir. Cuando esta lucha comienza a desarrollarse en la mente del cristiano, si él se rinde completamente aun a lo que parece "severidad" divina y confía sin mayor problema, la tensión se resolverá y las consecuencias serán distintas.

Y también a aquellos mis enemigos que no querían que yo reinase sobre ellos, traedlos acá y decapitadlos delante de mí (27). Por supuesto que estas son palabras del noble y parte de la historia. En la aplicación, que es la razón por la cual Jesús relata esa historia, estas parábolas predicen la pérdida de la posición privilegiada que habían disfrutado los judíos. La ruina de esta nación está profetizada por causa del rechazo del Mesías.

NOTAS BIBLIOGRÁFICAS

[1] Véase 2 Reyes 17:24-34. También Juan 4:30-37.

[2] Antes del hecho había existido rivalidad entre Judá y Efraín.

[3] Nehemías 4:1-2.

[4] Aunque Elías vivió en una época más temprana y distinta, hay una alusión de que Elías fue movido por motivos más puros que los de Jacobo y Juan, quienes parcialmente estaban impelidos por el prejuicio. **Como hizo Elías** no está en los manuscritos más antiguos.

[5] Véase hechos 28:3-5.

[6] Para más luz sobre este versículo y los siguientes, véase el comentario sobre Mateo 11:25-27.

[7] Para luz adicional sobre éste y los siguientes versos, véanse los comentarios sobre Mateo 13:16-17.

[8] Véanse también los comentarios sobre Mateo 19:19.

[9] Spence, *op. cit.*, I, 278.

[10] Godet, *op. cit.*, II, 56.

[11] Bajo la ley levítica todo contacto con un sepulcro producía contaminación ceremonial.

[12] Godet, *op. cit.*, II, 89.

[13] *Ibid.*

[14] Véase el comentario sobre Lucas 12:13-15.

[15] Véase el comentario sobre Hechos 2:44; 4:34—5:11.

[16] Los antiguos judíos tenían sólo tres velas o vigilias o divisiones de la noche (Jue. 7:19), pero durante la ocupación romana se agregó una cuarta, probablemente como resultado de la práctica de los soldados romanos.

[17] Spence, *op. cit.*, I, 337.

[18] Vea Adam Clarke, *op. cit.*, p. 445.

[19] Vea Bruce, *op. cit.*, p. 562.

[20] Godet, *op. cit.*, II, 115.

[21] Spence, *op. cit.*, I, 339-40.

[22] Véase Geldenhuys, *op. cit.*, p. 372; también Spence, *op. cit.*, II, 2.

[23] Véase Bruce, *op. cit.*, p. 566.

[24] Godet, *op. cit.*, p. 120.

[25] Véase Bruce, *op. cit.*, p. 566.

[26] Spence, *op. cit.*, II, 3.

[27] Véase también Marcos 4:30-42.

[28] Véanse los comentarios sobre Lucas 9:51 ss.

[29] vease los comentarios sobre Lucas 10:38 ss., y 13:22 (véase el párrafo siguiente).

[30] Véase Van Oesterzee, *op. cit.*, p. 217.

[31] John Peter Lange, *The Life of the Lord Jesus Christ*, ed. Marcus Dods. trad. J. E.

Ryland (Grand Rapids: Zondervan Publishing House, 1958), 414 s.

[32]Spence, *op. cit.*, II, 4.

[33]Véanse también los comentarios sobre Mateo 7:23.

[34]Mateo 14:1-2; Marcos 6:14; Lucas 9:7.

[35]Spence, *op. cit.*, II, 6.

[36]Van Oosterzee, *op. cit.*, p. 221.

[37]Lange llama a estas fiestas "entretenimientos peligrosos". Véase Lange, *Life of Jesús*, p. 419.

[38]Véanse los comentarios sobre Mateo 10:37.

[39]Esta interpretación encaja con la idea de la parábola, pero no armoniza con el significado básico de la palabra *purgon* a menos que ese palacio fuera fortificado o un castillo.

[40]Van Oosterzee, *op. cit.*, p. 235.

[41]Vea Barnes, *op. cit.*, p. 101.

[42]Godet, *op. cit.*, II, 150.

[43]R. C. Trench, *Notes on the Parables of Our Lord* (Filadelfia: William Syckelmoore, 1878), p. 324.

[44]Spence, *op. cit.*, II, 87.

[45]Godet, *op. cit.*, II, 188.

[46]Para un excelente método y apoyo de esta interpretación véase Godet, *op. cit.*, II, 190-91.

[47]Véase Levítico, capítulos 13—14.

[48]Para una discusión más extensa de este punto, véanse Spence, *op. cit.*, p. 89; y Godet, *op. cit.*, II, 193-94.

[49]Para mayor discusión de estos problemas, vea Spence, *op. cit.*, II, 114 y Godet, *op. cit.*, II, 213 s.

[50]Véanse notas sobre Lucas 10:30.

[51]Josephus, *Antiquites* 14. 14; 17, 9.

[52]Spence, *op. cit.*, II, 137.

Sección VI *El Ministerio en Jerusalén*

Lucas 19:28—21:38

A. La Entrada en Jerusalén y la Limpieza del Templo, 19: 28-48.

Dicho esto, iba delante subiendo a Jerusalén (28). Este verso se extiende desde el momento de la exposición sobre la parábola de las minas en Jericó, o poco después de la salida de esa ciudad, hasta la entrada triunfal.

Después de abandonar Jericó, Jesús y sus discípulos subieron 23 kilómetros hasta Betania, donde pasaron desde el viernes por la tarde hasta el sábado, mientras la multitud se había ido a Jerusalén.[1] Lucas omite la fiesta en la casa de Simón el leproso, en la que María ungió al Señor con el ungüento de nardo.

1. *La entrada en Jerusalén* (19:29-40)

Para discusión de los versos 29-38 véanse los comentarios sobre Mateo 21:1-11 y también Marcos 11:1-11. El material de los versos 39-40 se encuentra sólo en Lucas.

Entonces algunos de los fariseos de entre la multitud le dijeron: Maestro, reprende a tus discípulos (39). Es decir, repréndeles por sus aclamaciones y por sus expresiones mesiánicas. Los fariseos tenían dos razones para suscitar estas objeciones. Primero, ellos consideraban tales expresiones mesiánicas como una especie de blasfemia cuando se empleaban para loar a alguien a quien ellos consideraban como un mero hombre. Segundo, la principal guarnición de los romanos, la Torre de Antonia estaba a la vista, mientras iba progresando la demostración. Los líderes judíos tenían miedo de que estas demostraciones ocasionaran las represalias de los romanos.

El, respondiendo, les dijo: Os digo que si éstos callaran, las piedras clamarían (40). Los términos que Jesús usó en su respuesta parecen proverbiales. Vale la pena notar el dramático comentario de Godet. Dice: "La respuesta de Jesús es majestuosa: 'Si todas estas bocas se callaran, todavía seguiríais escuchando las aclamaciones provenientes de la tierra.' Tan imposible así es que una aparición como ésta no fuese cuando menos una vez, ser saludada en la tierra como debía ser."[2]

Es posible que Jesús estuviera recordando las palabras de Habacuc: "Porque la piedra clamará desde el muro, y la tabla del enmaderado le responderá" (Hab. 2:11).

2. Jesús llora sobre Jerusalén (19:41-44)

Y cuando llegó cerca de la ciudad, al verla, lloró sobre ella (41). La vista de Jerusalén desde el monte de los Olivos ofrecía un agudo contraste con la disposición de ánimo del Maestro. El magnífico templo, los palacios y jardines de los judíos opulentos y el gran muro que rodeaba la ciudad ofrecían una visión de belleza y esplendor. Agregados a esto, estaban los recuerdos de un glorioso pasado de una historia sagrada de más de mil años y la contemplación de una perspectiva que haría sobrecoger a todo judío piadoso al ver a Jerusalén por primera vez.

Pero esta impresión sólo provocó lágrimas en el Señor. El vio lo que a otros no les era dado ver. Vio la inminente destrucción de la ciudad. Sabía que todos los esfuerzos para evitar la tragedia habían sido rechazados y menospreciados.

¡Oh, si también tú conocieses... lo que es para tu paz! Mas ahora está encubierto de tus ojos (42). ¡Si ellos hubieran sabido, si aun ahora hubieran podido aprender las condiciones de las cuales dependía su paz! Ellas eran: El arrepentimiento y la aceptación de Jesús como Salvador y Señor. Todavía había un poco de tiempo. Sin embargo, su caso era perdido; porque el pecado, el prejuicio, la obstinación y la justicia propia los habían cegado al grado que no veían las básicas condiciones de paz.

Porque vendrán días sobre ti, cuando tus enemigos te rodearán con vallado, y te sitiarán, y por todas partes te estrecharán (43). Estas gráficas palabras describen, como si fuera una descripción actual, el asedio y la destrucción total de la ciudad por los romanos.[3]

3. Jesús limpia el templo (19:45-46)

Para el examen de este incidente véanse los comentarios sobre Mateo 21:12-13.

4. Oposición a su enseñanza en el templo (19:47-48)

Y enseñaba cada día en el templo; pero los principales sacerdotes, los escribas y los principales del pueblo procuraban matarle (47). Esta enseñanza no era un incidente aislado, sino que se vincula a la actividad de Jesús durante su última semana (cf. 21:37). La oposición continuaba y concertaba esfuerzos de parte de los líderes judíos para destruirle. **Y no hallaban nada que pudieran hacerle, porque todo el pueblo estaba suspenso oyéndole** (48). Por el momento, los planes de los líderes eran inútiles porque Jesús todavía gozaba de gran popularidad entre las masas. Pero ésta no llegaba a ser una devoción verdadera de parte del pueblo. Este hecho se demostró rápidamente cuando el pueblo fue guiado con tanto facilidad a ponerse en contra de Jesús en el juicio delante de Pilato.

B. Enseñanza Diaria en el Templo, 20:1—21:4

1. *La autoridad de Jesús puesta en tela de juicio* (20:1-8)

Para la discusión de este incidente véanse los comentarios sobre Mateo 21:23-27.

2. *Parábola de los labradores malvados* (20:9-18)

Para la discusión de esta parábola véanse los comentarios sobre Mateo 21:33-46.

3. *"Dad a César. . . y a Dios"* (20:19-26)

Para la discusión de la enseñanza sobre el verso 19, véanse los comentarios sobre Marcos 12:12. Para los versículos 20-26 véanse los comentarios sobre Mateo 22:15-22.

En su excelente bosquejo sobre la pregunta del verso 24: "¿De quién tiene la imagen y la inscripción?", Maclaren pone el énfasis sobre el pensamiento de que el hombre tiene estampada en su alma la imagen de Dios. Nos presenta tres puntos: (1) La imagen estampada sobre el hombre y su consecuente obligación; (2) El deterioro de la imagen y el gasto erróneo de la moneda; (3) La restauración y perfeccionamiento de la imagen borrada.

4. *Los siete maridos y la resurrección* (20:27-40)

Véanse los comentarios sobre Mateo 22:23-33. Lucas tiene un pequeño agregado al relato de Mateo en el verso 36: **Porque no pueden ya más morir, pues son iguales a los ángeles, y son hijos de Dios, al ser hijos de la resurrección.** Paralelamente a esta declaración, Mateo dice simplemente: "Pero son como los ángeles de Dios en el cielo." El casamiento no será necesario después de la resurrección, porque todos los hombres serán inmortales. El propósito del matrimonio es poblar la tierra; reemplazar a los que van muriendo; después de la resurrección, la gente no morirá más. **Iguales a los ángeles** quiere decir igualmente inmortales.

Respondiéndole algunos de los escribas, dijeron: Maestro, bien has dicho (39). Véanse los comentarios sobre Marcos 12:32-34*a*. La declaración de Lucas es una abreviatura del incidente detallado de Marcos.

Y no osaron preguntarle nada más (40). Véanse los comentarios sobre Marcos 12:34*b*.

5. *¿Hijo o Señor de David?* (20:41-44)

Véanse los comentarios sobre Mateo 22:41-45.

6. *Guardaos de los escribas* (20:45-47)

Estos versos de Lucas son un resumen muy breve del discurso de Jesús del cual Mateo escribió su "capítulo de los ayes". Véase el comentario sobre Mateo 23.

7. *La ofrenda mayor* (21:1-4)

Véanse los comentarios sobre Marcos 12:41-44.

C. Revelación del Futuro, 21:5-38

1. *"¿Cuándo serán estas cosas?"* (21:5-9)

Véase el comentario sobre Mateo 24:1-6. Lucas hace una adición al relato de Mateo. En el verso 5, cuando se refiere al templo, que es lo que conduce el discurso hacia el futuro, Lucas es más detallista que Mateo. En el relato de éste, se nos dice simplemente que los discípulos le mostraron "los edificios del templo". Pero Lucas agrega que le **hablaban de que el templo estaba adornado de hermosas piedras y ofrendas votivas**—literalmente, "dones consagrados".

Hermosas piedras, probablemente sea una referencia a la belleza y enorme tamaño de los bloques de mármol con los cuales estaba construido el templo. Josefo dice que algunas de esas piedras medían 40 codos de largo por 10 de alto, que nos darían 33 metros de largo por 5 de altura.

También es posible que esas **hermosas piedras** fueran una referencia a las piedras preciosas con las cuales estaba decorado el templo y no a los bloques de mármol. La palabra **adornado** apoya esta última interpretación. Sin embargo, la respuesta de Jesús de que **no** quedaría piedra sobre piedra parecería indicar que la primera es correcta.

Evidentemente, las **ofrendas** eran los muchos adornos costosos donados por importantes personajes, tales como el obsequio de Herodes de la viña de oro.

2. *Penalidades del futuro* (21:10-19)

Véanse los comentarios sobre Mateo 24:7-14; también, los del mismo en 10:17-22, 30. En el verso 15, Lucas agrega al mensaje de Mateo la más hermosa y consoladora promesa: **porque yo os daré palabra y sabiduría, la cual no podrán resistir ni contradecir todos los que se os opongan.** Como Marcos nos recuerda, es el Espíritu Santo que hablaría mediante la boca de los cristianos en ocasiones semejantes (Mr. 13:11). Tenemos ejemplos del cumplimiento de esta promesa en la defensa de Esteban ante el Sanedrín (Hch. 7), en la de Pablo ante Félix (Hch. 25), y ante el rey Agripa (Hch. 26).

Con vuestra paciencia ganaréis vuestras almas (19). La paciencia para soportar la persecución y las penalidades, y la confianza en el poder del omnisapiente, todo amor, y omnipotente Dios es el camino hacia la victoria.

Ryle nos ha presentado un bosquejo de tres puntos sobre los versos 17-19. (1) Una declaración alarmante: **Seréis aborrecidos de todos los hombres;** (2) Una promesa consoladora—**ni un cabello de vuestra cabeza perecerá;** (3). Una dirección animadora—**Con vuestra paciencia ganaréis vuestras almas.**

3. *El asedio de Jerusalén* (21:20-24)

Véanse los comentarios sobre Mateo 24:15-28. El relato de Lucas es más breve que el de Mateo, pero su referencia a la destrucción de Jerusalén por los romanos en el año 70 D.C. puede verse con mayor claridad. Donde Mateo emplea el lenguaje vago de la profecía de Daniel "la abominación desoladora" (24:15), Lucas declara enfáticamente que verán a **Jerusalén rodeada de ejércitos** (21:20). También, donde Mateo se refiere a "la gran tribulación" y más bien en términos vagos insinúa la destrucción de Jerusalén (24:21-28), Lucas emplea un lenguaje claro y directo. El dice: **Y caerán a filo de espada, y serán llevados cautivos a todas las naciones** (21:24).

En este punto encontramos en Lucas una importante sugestión profética omitida por los otros dos Sinópticos: **Y Jerusalén será hollada** por los gentiles, hasta que los tiempos de los gentiles se cumplan (24). Aquí, Jesús anunció claramente que Jerusalén sería dominada por los gentiles vencedores. **Los tiempos de los gentiles** puede significar "el día de gracia"[4] de los gentiles; es decir, la edad de la iglesia.

4. *Señales de la segunda venida de Cristo* (21:25-28)

Véanse los comentarios sobre Mateo 24:29-31. En los versos 26 y 28 Lucas nos da pequeñas porciones de la profecía del Maestro omitidas por los otros dos sinópticos: **desfalleciendo los hombres por el temor y la expectación de las cosas que sobrevendrán en la tierra; porque las potencias de los cielos serán conmovidas** (26). Esto expresa el terror que se apoderará de los inconversos cuando sucedan todas estas calamidades predichas. **Desfalleciendo los hombres** implica literalmente: "los hombres se acobardarán", y sugiere que preferirán la muerte antes de afrontar esos terribles juicios.

Cuando estas cosas comiencen a suceder, erguíos y levantad vuestra cabeza, porque vuestra redención está cerca (28). Los mismos acontecimientos que producirán terror en los inconversos, serán las señales para los verdaderos discípulos de Cristo de que su redención final y eterna se está acercando. Es interesante notar cuán a menudo Lucas incluye declaraciones de estímulo del Maestro, que están omitidas en los otros Sinópticos.

5. *Parábola de la higuera* (21:29-33)

Véanse los comentarios sobre Mateo 24:32-42.

Mirad también por vosotros mismos, que vuestros corazones no se carguen de glotonería (o "que vuestras mentes no estén entorpecidas por la disipación" [NEB] **y embriaguez... y venga de repente sobre vosotros aquel día** (34). El Maestro finaliza su discurso con una amonestación vigorosa y severa a sus discípulos a que no fueran descuidados para que el día del Señor los hallara desprevenidos. Aquí hay una declaración bien definida de que el día del retorno del Señor no puede ser fechado. Puede ocurrir en cualquier momento.

Porque como un lazo vendrá sobre todos los que habitan sobre la faz de la tierra (35). La repentina venida del Señor será para aquellos que no están preparados como el cierre inesperado de una trampa sobre un confiado animal. En ese día, sólo habrá dos clases de personas: aquellas que están listas, y para quienes la venida de Cristo será el supremo placer y las que no están preparadas, para quienes su retorno será el juicio final.

Velad, pues, en todo tiempo, orando que seáis tenidos por dignos de escapar de todas estas cosas... y de estar en pie delante del Hijo del Hombre (36). La oración y la vigilancia ininterrumpida son la clave para estar siempre listos. Esto demanda nuestros esfuerzos más la ayuda de Dios, obtenida por medio de la oración. **Estar en pie** implica estar exentos, estar aprobados.

7. *Cómo usó Jesús su tiempo en Jerusalén* (21:37-38)

Y enseñaba de día en el templo; y de noche, saliendo, se estaba en el monte... de los Olivos (37). Esto no se refiere a una ocasión particular sino a la práctica de Jesús durante sus últimos días antes de su muerte. Las palabras griegas traducidas **de día,** significan "diariamente". Lucas ha omitido muchos eventos de la semana de pasión y cubre su omisión con esa declaración general.

Adam Clarke piensa que la referencia a que Jesús pasaba las noches en el monte de los Olivos alude a Betania, donde a menudo visitaba a sus amigos; esa "ciudad estaba al pie o en el declive del monte de los Olivos".[5] Pero lo que en griego se traduce **se estaba,** en este verso, implica "morar al aire libre".[6] De modo que parece que Jesús pasaba las noches afuera en el mencionado monte.

Y todo el pueblo venía a él por la mañana, para oirle en el templo (38). Parece que esto no era un evento aislado sino algo que sucedía diariamente. Aquí está la evidencia de la continua popularidad de Jesús entre las masas. Apenas podían esperar para escucharle; se levantaban al alba y se apresuraban para ir al templo, donde Él solía estar por la mañana temprano.

NOTAS BIBLIOGRÁFICAS

[1]Vea Mateo 26:6-13; Marcos 14:3-9; Juan 11:55—12:11.

[2]Godet, *op. cit.,* II, 230-31.

[3]Para un relato detallado del sitio y destrucción de Jerusalén, escrito por un testigo ocular, véase Josefo, *Guerras,* 5. 12.

[4]EGT, I, 621.

[5]Clarke, *op. cit.,* p. 485.

[6]Véase Godet, *op. cit.,* II, 276. Véase también el *Greek English Lexicon of the New Testament* de Thayer.

Sección VII　La Pasión de Cristo

Lucas 22:1—23:56

A. La Preparación Final, 22:1-13

1. Complot de sus enemigos (22:1-2)

Véanse los comentarios sobre Mateo 26:1-5, y también Marcos Marcos 14:1-2.

2. Judas hace un trato (22:3-6)

Véanse los comentarios sobre Mateo 26:14-16. Lucas agrega el detalle que **entró Satanás en Judas.** Esto es más que un simple ejemplo del empleo de un vigoroso y gráfico lenguaje; muestra la vinculación de Satanás en el drama de la crucifixión. Satanás y no meramente Judas y los principales de los sacerdotes, urdió el complot de la muerte de Cristo. Cuando logró su propósito, sin duda pensó que le había asestado un golpe mortal al reino de Dios sobre la tierra. Pero, todo lo contrario, había acelerado su propia ruina, porque esta "derrota" de Cristo era la mayor victoria del mundo.

3. Preparación para la pascua (22:7-13)

Véanse los comentarios sobre Mateo 26:17-19 y Marcos 14:12-16. El relato de este último es mucho más detallado que el de Mateo. Lucas sigue a Marcos muy de cerca.

B. La Ultima Cena, 22:14-38

1. Institución de la santa cena y predicción de la entrega (22:14-23)

Cuando era la hora (14) se refiere a la hora de la Pascua—la comida del cordero pascual, la que se realizaba en la tarde, a la puesta del sol. **Se sentó** (lit., "se reclinó"); **y con él los apóstoles.** El y los Doce se reclinaron alrededor de la mesa donde iba a festejarse la Pascua.

Y les dijo: ¡Cuánto he deseado comer con vosotros esta pascua antes que padezca! (15). Esta es una forma de expresión hebrea que significa: "He deseado intensamente celebrar esta Pascua con vosotros..." Nótese cuán de cerca Lucas traduce al griego las palabras exactas de Jesús tal como aparecen en la fuente aramea.

Este gran deseo brotó de dos fuentes: Jesús sentía un deseo humano de pasar esos últimos momentos preciosos de comunión con los compañeros que había amado, antes que su muerte los separara. También Él sabía el significado religioso que el acontecimiento de esa tarde tendría para la iglesia en los siglos venideros.

Porque os digo que no la comeré más, hasta que se cumpla en el reino de Dios (16). Esta predicción señala un doble cumplimiento. Primero, la bendición espiritual que Cristo y su pueblo tendrían juntos como resultado de su muerte inminente. Esta es la herencia espiritual de todo verdadero seguidor de Cristo. El segundo y último cumplimiento de esta predicción es lo que podríamos llamar "el gran banquete mesiánico" en la segunda venida de nuestro Señor.

Y habiendo tomado la copa (lit., "habiendo recibido la copa"), **dio gracias y dijo: Tomad esto y repartidlo entre vosotros** (17). El Maestro aquí está oficiando en la celebración de la Pascua y no un culto de comunión. Barnes está en lo correcto al aseverar que esa no era una copa sacramental sino una de las copas usada en la celebración de la Pascua.[1] La copa sacramental está establecida en el verso 20. Jesús aquí dio todo el contenido del vaso pascual a sus discípulos.

Porque os digo que no beberé del fruto de la vid, hasta que el reino de Dios venga (18). Este es lenguaje figurado. Por última vez Jesús está comiendo la Pascua judía. Antes que llegara otra fiesta pascual, habrían de ocurrir su muerte redentora, su resurrección y el descenso del Espíritu Santo en Pentecostés. La Pascua sería reemplazada por la cena del Señor y el reino de Dios vendría en un nuevo y glorioso sentido. Véanse también los comentarios sobre el verso 15.

Para el examen de los versos 19-20, véanse los comentarios sobre Mateo 26:26-29. Para la discusión de los versos 21-23, véanse los comentarios sobre Mateo 26:20-25.

2. *¿Quién será el mayor?* (22:24-30)

Hubo también entre ellos una disputa sobre quién de ellos sería el mayor (24). Se trataba evidentemente de un debate de los discípulos acerca de cuál de ellos ocuparía la más alta posición en el reino que esperaban que Jesús instalaría en un futuro cercano. Casi tres años de proximidad a Jesús no habían purificado sus corazones de egoísmo. Esto sería hecho por el ministerio santificador del Espíritu Santo. Ni el espíritu de Jesús ni sus explicaciones sobre la naturaleza del reino habían sido comprendidas completamente por sus discípulos. Tampoco sus profecías sobre la destrucción de Jerusalén y de las angustias que tendrían que soportar sus seguidores eran suficientes para cambiar su noción sobre el reino o atenuar su ardor por los lugares de prominencia.

Aunque el relato sobre la **disputa** en cuanto a la relativa grandeza de los apóstoles es peculiar a Lucas, no hay suficiente justificación para suponer, como Adam Clarke lo hace, que Lucas puso este episodio en lugar equivocado de su evangelio. Clarke concuerda en que esta no fue la disputa que Lucas menciona anteriormente (9:46); de modo que concluye que Lucas tenía en mente el episodio registrado por Mateo (20:20 ss.) y Marcos (10:35 ss.)[2] Esta conjetura sólo sería válida si el episodio estuviera fuera de armonía o con el contexto en el cual lo inserta Lucas, o bien con la actitud y nivel de comprensión de los apóstoles en el momento. Ninguna de estas condiciones es cierta.[3]

Pero él les dijo: Los reyes de las naciones se enseñorean de ellas (25). En los reinos de los gentiles, la grandeza siempre era sinónimo de autoridad. **Y los que sobre ellas tienen autoridad son llamados bienhechores.** Tiranos tales como Ptolomeo Euergetes de Egipto que escogió el título de "benefactor". También fue aplicado a varios de los emperadores romanos. En algunos casos, los gobernantes merecieron tal título, pero por lo general ellos fueron una maldición o un azote.

Mas no así vosotros (26). En el reino de Cristo, la grandeza es más que un título y más que posición o autoridad. **Sino sea el mayor entre vosotros como el más joven.** Los jóvenes debían mostrar deferencia hacia los mayores. Esa misma cualidad, o la humildad, debe ser mostrada por el "grande" en el reino de Dios. La humildad es una de las supremas cualidades de la verdadera grandeza. **Y el que dirige, como el que sirve.** El servicio debe tener una marca de distinción: En cuanto más uno sirve, más grande es. Todos los cristianos deben ser siervos—de Dios y de sus semejantes.

Porque, ¿cuál es mayor, el que se sienta a la mesa, o el que sirve? (27). En los días de Jesús, la respuesta casi universal habría sido que el mayor era el que se sentaba a la mesa. El siervo era un mero esclavo. De manera que Jesús responde a su propia pregunta dando los términos del concepto contemporáneo entonces de grandeza: **¿No es el que se sienta a la mesa?** Parece casi como si estuviera de acuerdo con la idea popular, y es en contra de este hipotético antecedente que dice: **Mas yo estoy entre vosotros como el que sirve.** Jesús les está diciendo que el servicio es el elemento necesario de la verdadera grandeza. También está diciendo que aun en el mundo donde se sostiene lo opuesto, donde la autoridad y la posición son divisas de grandeza y donde el siervo es símbolo de casi nada, el cristiano debe tomar el camino del servicio. Cuando se encamina por esta senda, hallará las huellas divinas que le mostrarán que el Maestro anduvo antes por ellas.

Pero vosotros sois los que habéis permanecido conmigo en mis pruebas (28). Después de su gentil reprensión, y de sus instrucciones correctivas del asunto de la grandeza, Jesús recuerda tiernamente que ellos le habían sido leales en sus horas de prueba. Hasta donde ellos habían comprendido y en la medida de su alcance, ellos habían tomado la senda del servicio. El Maestro sabía que el obstáculo permanente, la carnalidad, sería expulsada en Pentecostés.

Yo, pues, os asigno un reino, como mi Padre me lo asignó a mí (29). Esto se refiere al presente reino espiritual, la iglesia en la cual los apóstoles pronto serían líderes. La palabra que está traducida **asigno** involucra la idea de un pacto. Cristo estaba haciendo un convenio con sus discípulos como el Padre lo había hecho con Él. De este modo, los discípulos tendrían lugares de prominencia en el reino pero distintos de lo que ellos habían anticipado. El servicio a Dios y a la humanidad estaría unido a las privaciones, persecuciones y la muerte por el martirio. Pero ellos no serían olvidados por el Maestro por quien alegremente rendirían su servicio.

Para que comáis y bebáis a mi mesa en mi reino, y os sentéis en tronos juzgando a las doce tribus de Israel (30). Esto se refiere al reino celestial que incluirá como ciudadanos a aquellos que han sido fieles a sus responsabilidades espirituales en esta vida. El Maestro emplea dos figuras para ilustrar el honor y la recompensa de sus discípulos en el reino celestial. La primera es el banquete mesiánico, metáfora muy favorita entre los judíos. En ese banquete ellos comerán en la mesa del Señor de las cosas buenas del cielo. La segunda figura es la del reino: Ellos se sentarían sobre **tronos** para juzgar a las 12 tribus de Israel. Este lenguaje figurado parece implicar que, como su Maestro, serían rechazados por los judíos, pero que por fin, ocuparían los más altos rangos de todos los israelitas.

3. *Predicción de la negación de Pedro* (22:31-34)

Dijo también el Señor: Simón, Simón, he aquí Satanás os ha pedido para zarandearos como a trigo (31). Esto nos recuerda los esfuerzos que hizo Satanás para vencer a Job por medio de su "cambiante" proceso. Lo que sigue nos muestra en cambio, que tuvo más éxito con Pedro que con Job, aunque su victoria con Pedro sólo fue temporal. Quizá Satanás estaba envalentonado por el éxito logrado al tentar a Judas a apartarse del Maestro.

Satanás desea zarandear a todos los hijos de Dios y va a hacer lo mejor de su parte para demostrar que son indignos del granero del Maestro. Hay necesidad de oración constante para ser librados "del mal".[4] Esta figura de zarandear como al trigo, es una metáfora que debió haber sido comprendida fácilmente por los seguidores de Jesús. El zarandeo se hace con el propósito de remover la paja o sustancias extrañas. Satanás nos zarandea por medio de la tentación para poder eliminarnos del **trigo** del Señor.

Pero yo he rogado por ti, que tu fe no falte (32). El Maestro ora de este modo por todos sus discípulos. La oración es respondida cuando nuestra fe es fortalecida. A Satanás no le fue impedido el tentar a Pedro ni tampoco se le prohibe tentarnos. En estas tentaciones, la decisión para la victoria o derrota final debe ser hecha por el tentado. Pero Cristo no es un espectador insensible del combate. Contamos con su intercesión y la ayuda celestial.

Y tú, una vez vuelto, confirma a tus hermanos. "Cuando te hayas recobrado" o "cuando regreses de tu conflicto" con Satanás, entonces, ayuda a establecer a tus hermanos. Jesús sabía que Pedro pronto volvería a ser fiel. Humillante como era la consecuencia, El sabía que Pedro sería más sabio como resultado de la experiencia, y podría ayudar a sus hermanos a evitar su caída, que eran víctimas de una tentación similar.

Para la discusión de los versos 33 y 34 véanse los comentarios sobre Mateo 26:31-35.

4. *Ordenes cambiadas* (22:35-38)

Cuando os envié sin bolsa, sin alforja, (lit., "bolsa de provisiones") y **sin calzado** (lit., "sandalias"), **¿os faltó algo?** (35). Al principio de su ministerio cuando Jesús envió a los Doce,[5] ellos gozaron de los beneficios de la popularidad de su Maestro. No les faltaba nada aunque no hubieran llevado consigo provisiones; todo les era provisto por un populacho generoso y favorable.

Pues ahora (36). Se ha realizado un cambio mayor. En lugar de la aclamación popular del Maestro, El ve la cruz y sus discípulos tendrán que compartir su desgracia como participaron de su popularidad. Además, muy pronto, El ya no estará con ellos. Debían salir y llevar el mensaje que no siempre es popular a un pueblo que a menudo dista de ser amable. Ahora, no sólo tenían que ir meramente "a las ovejas perdidas de la casa de Israel" (Mt. 10:6). Su comisión sería "ir a todo el mundo y predicar el evangelio a toda criatura" (Mr. 16:15).

El que tiene bolsa, tómela y también la alforja (bolsa de provisiones). Aunque el obrero era digno de su salario, a menudo ellos no recibirían lo debido. Debían estar listos para proveerse a sí mismos. La frase **el que tiene bolsa** nos recuerda que habrá desigualdad en cuanto a las posesiones terrenales entre los mensajeros de la cruz. Algunos podrán proveer para sí mismos y para otros, como por ejemplo Bernabé. Otros carecerán de las cosas de este mundo.

Y el que no tiene espada, venda su capa y compre una. Este es un pasaje difícil. Algunos han sugerido que **espada** no estaba en el autógrafo original del Evangelio de Lucas, sino que es una interpolación.[6] Otros piensan que la palabra debe ser entendida figurativamente, para implicar los días difíciles que estaban adelante—la enemistad general del mundo en contra de los que llevaran el evangelio.[7] Otros más sostienen que **la espada** debe tomarse literalmente, pero que debía usarse sólo en caso de defensa propia (como contra ladrones, etc.).[8] En un punto los eruditos están de acuerdo: Que Jesús no está abogando por el empleo de la fuerza ni para propagar ni para defender el evangelio. Jesús mismo sentó un precedente en este respecto: Se entregó sin oposición a los que fueron a arrestarle. La sangre de centenares de millares de cristianos habla elocuentemente de cómo otros han seguido el ejemplo del Maestro.

Porque os digo que es necesario que se cumpla todavía en mí aquello que está escrito: Y fue contado con los inicuos (37). Aquí, Jesús está diciendo dos cosas: Primero, que la profecía de Isaías acerca de su muerte como malhechor (Is. 53:12) debía ser cumplida. Además, ya que El va a ser tratado de esa manera, sus seguidores no gozarían de trato preferencial. **Porque lo que está escrito de mí, tiene cumplimiento.** Su presente ministerio terrenal es cosa de tiempo, y como tal, debe llegar a un fin. Y ese fin estaba a las puertas. Todo eso había implicado la profecía de Isaías.

Entonces ellos dijeron: Señor, aquí hay dos espadas (38). Es evidente la inclinación material y terrenal de las mentes de los discípulos. La referencia de Jesús a la necesidad de espadas se unió a su consciente sentido del peligro presente, y los hizo preocuparse más en encontrar esas dos espadas, que en lo que el Maestro estaba tratando de enseñarles. **Y él les dijo: Basta.** No parece que esto fuera una referencia a las espadas, sino el equivalente de decir: "Es hora de irnos", o "ya hemos tardado bastante" o "no necesito decir más". Parece que Jesús ignoró su referencia a las espadas.

Godet sugiere otro significado posible de la respuesta del Maestro: **Basta.** Cree que puede haber sido pronunciada como una reacción irónica a la mentalidad física y material de los discípulos. De modo que querría decirles: "Sí, para el uso que tendréis que hacer de armas de esta clase, estas dos espadas son lo suficiente", significando por supuesto, que tal como eran ellos, cuantas menos armas tuvieran, mejor sería.[9] Interesante como es el significado sugerido, la forma gramatical del Maestro parece favorecer la primera interpretación.

C. Getsemaní, 22:39-53

1. *La oración en el huerto* (22:39-46)

Véanse los comentarios sobre Mateo 26:30, 36-46. Lucas da dos pequeñas informaciones que no están en los otros dos Sinópticos. Se encuentran en los versos 43 y 44.

Y se le apareció un ángel del cielo para fortalecerle (43). Su necesidad de fortalecimiento muestra la intensidad de la angustia mental y de la lucha que se desarrollaba en su alma. La fortaleza recibida fue probablemente necesaria para evitar su muerte antes del tiempo para su sacrificio por el pecado en el Calvario.

Y estando en agonía, oraba más intensamente; y era su sudor como grandes gotas de sangre que caían hasta la tierra (44). Algunos han interpretado este verso como indicando solamente el gran tamaño de las gotas de **sudor;** pero, autoridades conservadoras de la iglesia, desde Atanasio hasta el presente han insistido sobre lo literal de la sangre. Parece que significara que el **sudor** estaba mezclado con **sangre,** dando así la impresión de que la sangre pura corría de los poros de Jesús. Muchas autoridades testifican que los grandes sufrimientos o agonías mentales pueden hacer que la sangre se mezcle con el sudor en el cuerpo humano.

2. *La traición y el arresto* (22:47-53)

Véanse los comentarios sobre Mateo 26:47-56. Lucas agrega dos pequeñas informaciones que no se encuentran en los otros Sinópticos.

En el verso 48 informa que Jesús dijo a Judas: **Judas, ¿con un beso entregas al Hijo del Hombre?**

Encontramos una adición más importante en el verso 51. Allí Lucas informa que Jesús sanó al siervo del sumo sacerdote a quien le habían cortado la oreja. Este no es sólo otro hecho en cuanto a la vida de Jesús, sino que nos da también algunas vislumbres del interés especial de Lucas. Como médico, era natural que tomara nota de este milagro, que no es la duplicación de cualquier otro milagro efectuado por Jesús del que se haya informado. Este interés especial de Lucas agrega peso a la creencia tradicional de que él era médico.[10]

Para el texto: **Mas esta es vuestra hora, y la potestad de las tinieblas** (53), Maclaren sugiere: (1) La cruz de Jesucristo es el centro y el punto de reunión de las energías de los tres mundos; (2) La cruz es la marca más elevada del pecado del hombre; (3) El triunfo temporal de las tinieblas es la eterna victoria de la luz.

D. El Juicio Judío, 22:54-71

1. *La negación de Pedro* (22:54-62)

Véanse los comentarios sobre Mateo 26:57-75. Lucas hace una importante contribución con relación a este evento. Se encuentra en el verso 61. **Entonces, vuelto el Señor, miró a Pedro.** Probablemente esto sucedió mientras Jesús era sacado del examen ante Anás para ser conducido ante Caifás y el Sanedrín. Juan se refiere a este cambio de lugar cuando dice: *"Anás entonces, le envió atado a Caifás, el sumo sacerdote"* (Jn. 18:24). Jesús era llevado cruzando el patio en el preciso momento en que Pedro estaba haciendo su tercera negativa. La aparición repentina e inesperada del Maestro, la mirada de bondad y el gentil reproche que vio en sus ojos y el recuerdo de la advertencia de que no hiciera precisamente lo que estaba haciendo, todo quedó tremendamente reforzado por el efecto del canto del gallo. El resultado fue un amargo remordimiento y sincero arrepentimiento.

2. *Jesús condenado por el Sanedrín* (22:63-71)

Para discusión de los versos 63-65 véanse los comentarios sobre Mateo 26:67-68. Para la discusión del verso 66, véanse los comentarios sobre Mateo 27:1.

¿Eres tú el Cristo? Dínoslo. Y les dijo: Si os lo dijere, no creeréis (67). Caifás y el Sanedrín ya habían decidido lo que estaban dispuestos a hacer. Aunque la pregunta hecha por Caifás aparentemente tenía visos de sinceridad, en realidad era un subterfugio para lograr que Jesús dijera algo para acusarle. Su respuesta nos muestra que El los entendió. **Y también si os preguntare, no me responderéis ni mi soltaréis** (68). El griego que se traduce **preguntare** es un término amplio y que podría ser traducido "pedir", "preguntar", "solicitar", "rogar", "implorar". De modo que la declaración podría tener dos significados distintos: "Si yo os pregunto lo concerniente al Cristo, no me responderéis y por lo tanto no os voy a convencer que estoy correcto en mi pretensión, y yo no puedo esperar ser liberado." O bien la declaración puede significar: "Si les ruego que me dejen ir, ustedes harán caso omiso de ellos, y se negarán a darme libertad." El hecho de que cualquiera de estos dos significados está en armonía con el contexto, hace más difícil la elección. Sin embargo, la exacta redacción de la oración, especialmente la inserción de la cláusula **no me responderéis,** parece favorecer la primera interpretación. Godet, que apoya esta noción, parafrasea las palabras del Maestro de la siguiente manera: "No puedo dirigirme a ustedes ni aun como jueces a quienes estoy procurando convencer; porque ustedes ya están resueltos a no tener fe en mis declaraciones; ni tampoco como a discípulos a quienes estuviera tratando de instruir porque ustedes no entrarían en una sincera discusión conmigo."[11]

Pero desde ahora el Hijo del Hombre se sentará a la diestra del poder de Dios (69). Jesús va más allá de la pregunta con su clamor y predicción. Era un paso atrevido, porque la declaración podía más fácilmente ser interpretada más como una blasfemia que como una respuesta afirmativa a la pregunta: "¿Eres tú el Cristo?" El concepto judío del Cristo o Mesías no era tan elevado—no incluía la filiación divina. Parece que Jesús tuvo dos razones para lanzar su osada reivindicación y predicción; poner fin al inútil juicio y dejar un pronunciamiento final de la verdad en cuanto a El mismo.

Dijeron todos: ¿Luego eres tú el Hijo de Dios? (70). Ellos querían que Jesús aclarara las implicaciones de la declaración que tenemos en el verso 69. Sin duda ellos entendieron que era eso lo que implicaba; pero querían su declaración categórica de su pretensión de que era Hijo de Dios para poder condenarle. **Y él les dijo: Vosotros decís que lo soy.** Esta es una forma hebrea de afirmación. No sólo satisfizo al Sanedrín de que Jesús había blasfemado, pero también podría ser tomada por nosotros como una declaración de su deidad.

¿Qué más testimonio necesitamos? porque nosotros mismos lo

hemos oído de su boca (71). Ellos aceptaron la afirmación; la interpretaron como blasfemia, condenaron a nuestro Señor. Pero eso es lo que estaban determinados a hacer desde el principio.

E. EL JUICIO ROMANO, 23:1-25

1. *Primera aparición ante Pilato* (23:1-5)

Para la discusión del verso 1, véanse los comentarios sobre Mateo 27:2; véase también Marcos 15:1.

Y comenzaron a acusarle, diciendo: A éste hemos hallado que pervierte a la nación, y que prohibe dar tributo a César, diciendo que él mismo es el Cristo, un rey (2). Nada se dice sobre la acusación de blasfemia por la cual era condenado por el Sanedrín. Ellos no querían mencionar esto, porque no era considerado delito por el gobierno romano y estaban resueltos a mandarle a la muerte. Por lo tanto, inventaron nuevos cargos que eran criminales de verdad.

La extensión de su hipocresía se ve en el hecho de que los "males" de los cuales le acusaban constituían la posición que ellos sostenían (excepto los herodianos) en circunstancias normales. Los judíos conservadores de la época de Cristo menospreciaban a Roma y esperaban que alguien los liberara del yugo extranjero. Por otra parte, ellos no podían haber sido sinceros en su acusación de que El era un peligro para Roma. El siempre había resistido todo esfuerzo calculado para hacerle hacer o decir cualquier cosa que pudiera ser interpretada como antirromana.

Para discusión sobre el verso 3, véanse los comentarios sobre Mateo 27:11.

Y Pilato dijo... Ningún delito hallo en este hombre pero ellos porfiaban (4-5). Pilato estaba enterado de sus motivos y no veía nada en Jesús que fuera una amenaza contra Roma. La testarudez de ellos atestiguaba su determinación e intenso odio. Como Pilato no se perturbara por su acusación de que Jesús era culpable de traición, ellos inventaron una nueva acusación. Esta vez se aproximaba a los intereses de Pilato: **Alborota al pueblo, enseñando por toda Judea, comenzando desde Galilea hasta aquí.** Indudablemente ellos sabían que Pilato vivía temiendo los levantamientos de los judíos porque él no podía esperar mantenerse en su cargo si no podía controlar esa gente rebelde. Los acusadores de Jesús sabían que Pilato actuaría si había peligro de una revuelta popular. Pero su mención de Galilea inspiró en Pilato un pensamiento que ellos no habían anticipado.

2. *Jesús es conducido ante Herodes* (23:6-12)

Este episodio es peculiar a Lucas. **Entonces Pilato, oyendo decir Galilea, preguntó si el hombre era galileo. Y. . . le remitió a Herodes, que en aquellos días también estaba en Jerusalén** (6-7). Esto pareció a Pilato una espléndida oportunidad para deshacerse de un problema intrincado y potencialmente peligroso, cargándoselo a alguien más. Probablemente esperaba que Herodes manejara el caso o por lo menos suministrara una sentencia que apoyara la suya. Esto lo habría ayudado en su decisión y disminuido su propia responsabilidad por el destino de Jesús y las reacciones de los líderes judíos. El verso 12 nos da otro motivo que sin duda Pilato tuvo en cuenta cuando envió a Jesús al fallo de Herodes.

Herodes, viendo a Jesús, se alegró mucho, porque hacía tiempo que deseaba verle; porque había oído muchas cosas acerca de él, y esperaba verle hacer alguna señal (8). Este era Herodes Antipas, ignominioso por su adulterio con Herodías y por su asesinato de Juan el Bautista. Su único móvil de ver a Jesús era la curiosidad—quería ver, y ser entretenido con el famoso Hacedor de milagros.

Y le hacía muchas preguntas, pero él nada le respondió (9). Los esfuerzos de Herodes fueron inútiles. Jesús se negó a divertir a ese incestuoso y real asesino a quien no respetaba ni temía.

Y estaban los principales sacerdotes y los escribas acusándole con gran vehemencia (10). Jesús era la única Figura pasiva en la sala del tribunal. Aunque sus acusadores hicieron todo lo posible para que sus cargos fueran válidos, Jesús estaba impasible. Herodes no tenía interés alguno en el caso, excepto la curiosidad.

Entonces Herodes con sus soldados le menospreció y escarneció (11), o "tomaron el caso con desprecio y lo ridiculizaban" (Goodspeed). En las palabras de Spence: "Lo trató, no como a un criminal, sino como a un dañino entusiasta religioso, que sólo merecía desprecio y burla."[12] Esta actitud fue sin duda más fuerte debido a que Jesús se había negado a satisfacer la curiosidad de Herodes.

Y se hicieron amigos Pilato y Herodes aquel día; porque antes estaban enemistados (12). Esta fue sin duda una de las razones por las que Pilato le envió a Jesús. No se sabe cuál era la causa de su enemistad, pero generalmente se cree que puede haber sido por la masacre de los galileos mencionados en Lucas 13:1-2. Fue la cortesía y deferencia de Pilato a Herodes lo que sanó la enemistad.

3. *Segunda comparecencia ante Pilato* (23:13-17)

Entonces Pilato, convocando a los principales sacerdotes, a los gobernantes... les dijo: Me habéis presentado a éste como a un hombre que perturba al pueblo; pero... no he hallado delito alguno (13-14). Ellos habían fracasado aún en establecer una sospecha razonable de tendencias sediciosas en Jesús, o de cualquier peligro de levantamiento popular por su causa.

Y ni aun Herodes (15). Pilato está usando el fracaso de Herodes en condenar a Jesús como apoyo a su propio dictamen de que Jesús debería ser libertado. **Nada digno de muerte ha hecho este hombre.** No habían podido probarle ningún cargo a pesar de haber sido juzgado dos veces por los judíos, una por Herodes y dos por Pilato.

Le soltaré, pues, después de castigarle (16). Si Pilato hubiera sido menos cobarde de lo que era, allí habría terminado el juicio. Pero este veredicto, aunque mucho más favorable a Jesús que el final, era injusto y cruel. El azotar a un hombre que había sido declarado públicamente inocente era sumamente injusto. Pilato esperaba que por esta concesión aplacaría a los enemigos de Jesús. Con este razonamiento, Pilato menospreciaba tanto a los enemigos como la extensión de su propia cobardía.

Y tenía necesidad de soltarles uno en cada fiesta (17). Esta necesidad era una costumbre. Parece que era la práctica de soltar un prisionero, quizá un preso político, cada año en el tiempo de la fiesta de la Pascua. De este modo el verso 17 nos recuerda que la oferta de liberar a Jesús, que está en el verso 16, no era una absolución. En efecto, Pilato les estaba diciendo: "Yo no he encontrado ninguna falta en Jesús, por lo tanto merece ser absuelto; pero, le trataré como a un reo, azotándole y soltándole, de acuerdo a la costumbre de la fiesta anual." De esta manera, él esperaba que Jesús quedaría libre y a la vez tendría éxito en apaciguar a los líderes judíos.

4. *¿Jesús o Barrabás?* (23:18-25)

Véanse los comentarios sobre Mateo 27:15-26. Aunque Lucas poco agrega a lo que dice Mateo en hecho o interpretación, maravillosamente expresa en el verso 25 la ironía, la injusticia y la contradicción en las acciones y veredicto final de Pilato.

F. La Crucifixión y el Sepulcro, 23:26-56

1. *Enseñando en el camino al Calvario* (23:26-31)

El material de los versos 27-31 es peculiar a Lucas. Para el examen del verso 26 véanse los comentarios de Mateo 27:32.

Y le seguía gran multitud del pueblo, y de mujeres que lloraban y hacían lamentación sobre él (27). Lucas ha sido llamado "El Evangelio de las Mujeres" porque ellas tienen mayor lugar en este evangelio que en cualquiera de los otros.[13] La lamentación de estas mujeres era una demostración de sincera simpatía hacia Jesús, y un recuerdo de que no todos los corazones de los judíos estaban endurecidos hacia El.

Pero Jesús, vuelto hacia ellas, les dijo: Hijas de Jerusalén (28). Este lenguaje requeriría más tiempo que el permitido a un condenado en camino a la ejecución. Puesto que, según el verso 26, Simón de Cirene había sido forzado a llevar la cruz, es posible que esas palabras fueron dichas en el intervalo que hubo mientras la cruz era pasada a Simón. La apelación **Hijas de Jerusalén** indica que por lo menos la mayor parte de ellas eran residentes de Jerusalén, distinguiéndolas de las que le seguían desde Galilea.

No lloréis por mí, sino llorad por vosotras mismas y por vuestros hijos. Su tragedia, si así pudiera llamarse, era mucho menor que la de ellas. Su próxima muerte sería seguida por la resurrección, mientras que ellas sufrirían una de las calamidades más grandes de la historia en la destrucción de Jerusalén.[14]

Porque he aquí vendrán días en que dirán: bienaventuradas las estériles y los vientres que no concibieron (29)—porque las que tenían hijos tendrían que verlos morir de hambre en una ciudad sitiada por el enemigo o vendidos como esclavos. La trágica connotación de esta extraña bienaventuranza, **Bienaventuradas las estériles,** sólo podrá ser comprendida, cuando entendamos que el intenso deseo de toda mujer judía era el de ser madre, y la vergüenza resultante que experimentaba una mujer hebrea al saber que jamás podría llegar a serlo.

Entonces comenzarán a decir a los montes: Caed sobre nosotros; y a los collados: Cubridnos (30). Aquí Jesús se refiere al casi inexpresable sufrimiento durante el asedio de Jerusalén y lo subsiguiente (68-70 D.C.).[15] En aquellos días, el ser repentinamente aplastados por una montaña sería considerado un relevo bienvenido.

Porque si en el árbol verde hacen estas cosas, ¿en el seco qué no se hará? (31). Esta expresión proverbial compara lo que se está haciendo ahora con Cristo con lo que se hará a los judíos cuando Jerusalén fuera destruida. El árbol verde es una referencia a la lealtad de Jesús a los romanos, y el árbol seco a la crónica deslealtad judía. Si los romanos eran bastante crueles como para hacer lo que estaban haciéndole a Aquel que aun su gobernante consideraba inocente y leal, ¡con cuánta mayor crueldad tratarían a los desleales y provocativos judíos cuando llegara la ruptura de las relaciones!

2. *Cristo crucificado* (23:32-38)

Para examen del verso 32, véanse los comentarios sobre Mateo 27:38. Mateo y Marcos llaman a estos dos compañeros de sufrimiento "ladrones", mientras Lucas los titula **malhechores**—"hacedores de mal", "hombres malos".

Para la discusión de los versos 33-38, véanse los comentarios sobre Mateo 27:33-44. Lucas es el único que informa acerca de la oración intercesora de Jesús: **Padre, perdónalos, porque no saben lo que hacen** (34). Esta oración fue el primero de los siete dichos de Jesús sobre la cruz. Parece ser en favor de los soldados y los que le clavaron a la cruz. La expresión **no saben lo que hacen** apenas si se puede aplicar a estos judíos que habían tramado su muerte, ni tampoco podía aplicarse completamente a Pilato, aunque Jesús no guardó mala voluntad ni para los judíos ni para Pilato.

3. *La conversión del ladrón moribundo* (23:39-43)

Este episodio es peculiar a Lucas. **Y uno de los malhechores que estaban colgados le injuriaba, diciendo: Si tú eres el Cristo, sálvate a ti mismo y a nosotros** (39). La palabra griega traducida **le injuriaba** quiere decir literalmente "blasfemaba", y aquí implica lenguaje insultante y blasfemo. Los otros dos Sinópticos dicen que los dos ladrones lo injuriaban o reprochaban. Pero las palabras empleadas en los originales en Marcos y Mateo no son tan fuertes como las que usa Lucas; no indican nada blasfemo. Juntando los tres, vemos que los malhechores lo reprochaban, pero que sólo uno de ellos insultaba y blasfemaba.[16]

Respondiendo el otro, le reprendió, diciendo: ¿Ni aun temes tú a Dios? (40). Habiéndose dado cuenta de quién era Jesús, dejó de reprocharle y aun reprendió a su compañero de males por su blasfemia. Para este tiempo, él había visto las reacciones de Jesús hacia el sufrimiento y el reproche; le había oído orar por sus ejecutores. Oyó que otros le llamaron el Cristo, y probablemente tenía algún conocimiento previo de

Jesús. Quizá vio la inscripción que pendía sobre la cabeza de Jesús. Ahora, la verdadera hombría del malhechor se yergue quizá por primera vez en muchos años.

¿Ni aun temes tú a Dios, estando en la misma condenación? Esto no es momento para blasfemar. En ocasiones como esta el hombre debe preocuparse seriamente por su relación con Dios.

Nosotros. . . justamente padecemos. . . mas éste ningún mal hizo (41). Ahora piensa correctamente. Ve la inocencia de Jesús y la injusticia de su sufrimiento. Ve su propio pecado y la justicia de su condenación y la de su compañero. Pero vio más, como lo demuestra el verso siguiente.

Y dijo a Jesús: Acuérdate de mí cuando vengas en tu reino (42). Este malhechor tiene suficiente entendimiento y fe para reconocer a Jesús como el Mesías. Quiere que cuando Jesús venga en su reino, lo recuerde como el que murió a su lado sobre una de las cruces. El conocimiento de ese hombre era incompleto y su oración no revela por completo el ansia y el clamor del alma. Pero lo que estaba pidiendo era ser salvo de su pecado y un lugar en el reino venidero de Cristo.

Hoy estarás conmigo en el paraíso (43). No "algún día en mi reino", pero **hoy. . . en el paraíso.** Jesús oyó el clamor del corazón de este hombre tanto como la oración de sus labios, y pasando por alto la brecha de su conocimiento y comprensión le dio la salvación al instante y la promesa de que estaría con El en el paraíso. La palabra **paraíso,** era originalmente de Persia y denotaba un hermoso y placentero jardín. Llegó a significar lugar de felicidad y aquí se refiere al cielo.[17]

4. *El Puro muere por el pecado* (23:44-49)

Vea los comentarios sobre Mateo 27:45-56. Lucas relata dos puntos que no están en los otros Sinópticos. En el verso 46 tenemos el último de los siete dichos de Jesús sobre la cruz. Spence dice que las palabras de Cristo: "Consumado es" (Jn. 19:30), eran su "despedida" sobre la tierra, y que las de Lucas: **Padre, en tus manos encomiendo mi espíritu,** son su saludo de "entrada al cielo".[18]

El segundo "bocadito" de información peculiar a este Evangelio se encuentra en el verso 48. Lucas nos dice que en adición a aquellos testigos de la muerte de Jesús mencionados en los otros evangelios, había **una multitud. . . que, viendo lo que había acontecido, se volvían golpeándose el pecho.** La multitud había tenido parte en la crucifixión de Jesús, pero no era la intención de ellos. Fueron usados por los líderes.

Fueron víctimas de una psicología morbosa y de la demagogia. Ahora que lo estaban experimentando, había en ellos un sentimiento de repulsión y contradicción de sentimientos.

Acerca de estos versos (44-49) Ryle indica: (1) Las señales milagrosas que acompañaron la muerte del Señor en la cruz; (2) Palabras notables que el Señor habló al morir; (3) El poder de la conciencia en el caso del centurión y en la gente que vio morir a Cristo.

5. *La sepultura* (23:50-56)

Véanse los comentarios sobre Mateo 27:57-61. Véanse también los comentarios sobre Marcos 15:42-47.

NOTAS BIBLIOGRÁFICAS

[1]Barnes, *op. cit.*, p. 147.

[2]Clarke, *op. cit.*, p. 448.

[3]Spence, Barnes, Godet, Geldenhuys y Van Oosterzee apoyan a Lucas en este punto.

[4]Esta es una traducción literal de una porción del Padrenuestro que ha sido traducida "líbranos del mal" en la KJV y en la versión Reina-Valera (Mt. 6:13).

[5]Mateo 10:2-15; Marcos 6:7-11; Lucas 9:1-5.

[6]Vea Clarke, *op. cit.*, II, 489.

[7]Vea Spence, *op. cit.*, II, 201.

[8]Vea Van Oosterzee, *op. cit.*, pp. 342 s.

[9]Godet, *op. cit.*, II, 302.

[10]Véase la introducción al comentario del Evangelio de Lucas.

[11]Godet, *op. cit.*, II, 317.

[12]Spence, *op. cit.*, II, 236.

[13]Véase la introducción a Lucas en este comentario.

[14]Vea Josephus, *Guerra*, 5. 10—6. 10.

[15]*Ibid.*

[16]Véanse también los comentarios sobre Mateo 27:44.

[17]Para un estudio más amplio sobre la palabra "paraíso", véase Barnes, *op. cit.*, 158.

[18]Spence, *op. cit.*, II, 243.

Sección **VIII**   *El Cristo Resucitado*

Lucas 24:1-53

A. La Resurrección, 24:1-12

Para discusión de los versos 1-6*a*, véanse los comentarios sobre Mateo 28:1-10. Véase también Marcos 16:1-8.

Acordaos de lo que os habló, cuando aún estaba en Galilea, diciendo: Es necesario que el Hijo del Hombre sea entregado en manos de hombres pecadores, y que sea crucificado y resucite al tercer día (6-7). No habiendo entendido las palabras de Jesús a las cuales se refiere el ángel, las mujeres se habían olvidado. El ángel les refresca la memoria ahora que podían entender la profecía a la luz de los acontecimientos recientes que las cumplían. De esa manera la comprensión del ministerio de Jesús sobre la tierra y la fe en la deidad del Señor serían aumentadas.

Mateo y Marcos omiten el recuerdo angélico de esta profecía. En su lugar relatan el encargo del ángel a las mujeres que debían decir a los apóstoles que fueran delante de Jesús a Galilea.

Y volviendo del sepulcro, dieron nuevas de todas estas cosas a los once, y a todos los demás (9). Véanse los comentarios sobre Mateo 28:8.

Para la discusión del verso 10, véanse los comentarios sobre Marcos 16:1. El nombre de Juana está omitido en el relato de Marcos. Era la esposa de Chuza, mayordomo de Herodes, mencionado en Lucas 8:3.

Mas a ellos les parecían locura las palabras de ellas, y no las creían (11). Aunque Jesús había predicho claramente su muerte y resurrección a sus discípulos, la concepción que ellos tenían del reino mesiánico no daba lugar a tal idea. Ahora que todo había sucedido, dudaban y estaban sorprendidos como si jamás hubieran oído las profecías. Debieron haber quitado por completo estas predicciones de sus mentes como incomprensibles, o quizá las interpretaban espiritualmente. El olvido de los discípulos está en agudo contraste con las memorias de los miembros del Sanedrín a ese respecto. Los líderes judíos recordaban que Jesús había predicho su resurrección después de tres días, y por esa causa le pidieron a Pilato que estableciera una guardia.[1]

Para discusión del verso 12 véanse los comentarios sobre Juan 20:2-10.

B. Apariciones de Jesús Resucitado, 24:13-49

1. *Aparición de Jesús en el camino a Emaús* (24:13-27)

Godet llama a estos versos "uno de los más admirables trozos en el Evangelio de Lucas".[2] El relato es peculiar a este autor, aunque Marcos hace una breve reseña de este evento (Mr. 16:12-13). **Y he aquí, dos de ellos** (13). No de los Doce sino de los del círculo más amplio de discípulos. Podrían haber sido un hombre y su esposa. Uno es nombrado en el verso 18. El otro ha sido objeto de numerosas conjeturas. Algunos han nombrado al mismo Lucas; pero no hay evidencia real de quién pudo haber sido la persona anónima. En cuanto al que Lucas llama Cleofas, abreviación de "Cleofatos", nada se sabe acerca de él aparte de su nombre.[3] **El mismo día.** El de la resurrección, o primer día de la semana. **A una aldea llamada Emaús.** Actualmente se denomina Kolonieh, porque el emperador Tito la transformó en colonia para sus veteranos. Está situada, como dice Lucas, a unos 60 estadios **de Jerusalén,** a 10 kilómetros de esta ciudad.

E iban hablando ente sí de todas aquellas cosas que habían aconte-cido (14). Los eventos relacionados con la muerte de Cristo y el informe incompleto de su resurrección de entre los muertos.

Sucedió que mientras hablaban y discutían... (15). Estaban tratando de entender el embrollo de datos confusos, informes, nociones preconcebidas del reino mesiánico, y sus propios sentimientos persona-les hacia Jesús. Era como un rompecabezas que parecía tener pedazos que no le pertenecían y al que le faltaban algunos de los necesarios.

Jesús mismo se acercó, y caminaba con ellos. Mas los ojos de ellos estaban velados, para que no le conociesen (15-16). Es decir, que había algo sobre sus ojos que no les permitía reconocerle.

Una de las cosas que impidió que estos discípulos le reconocieran fue el hecho de que, como dice Marcos, "se les apareció en otra forma" (Mr. 16:12). Su apariencia personal fue cambiada en alguna manera. María Magdalena había visto al Señor sin reconocerle, aunque lo encontró cerca de su tumba (Jn. 20:15). La simulación de Cristo era más efectiva por la incredulidad de los discípulos en lo tocante a la resurrec-ción y también por la repentina aparición en el camino a Emaús.

Y les dijo: ¿Qué pláticas son estas que tenéis entre vosotros mientras camináis, y por qué estáis tristes? (17). El Maestro no necesitaba que le dijeran el tema de su conversación. Esa sólo era una manera de tomar parte en la conversación con ellos, lo que hizo para poder enseñarles algunas valiosas verdades.

Uno de ellos... le dijo: ¿Eres tú el único forastero en Jerusalén...? (18)—literalmente, "¿Eres tú el único transeúnte en Jerusalén?" Esta pregunta implica que por lo menos El había escuchado parte de la conversación. Quizá había andado con ellos por algún tiempo antes de intervenir en la plática. Esa mañana cualquier persona, a no ser que fuera un extraño en Jerusalén, habría sabido lo que iban hablando acerca de Jesús de Nazaret.

Entonces él les dijo: ¿Qué cosas? (19). El quería que ellos le proporcionaran la suficiente información como para poder unirse a su conversación con el objeto de enseñarles sus verdades sobre lo que trataban. Y quería hacerlo sin revelarles su identidad—por lo menos por el momento. También les estaba dando la oportunidad de abrir sus corazones al Maestro. **Y ellos le dijeron: De Jesús nazareno.** Dando por sentado que El era un extraño, le relataron breve, pero gráficamente y con gran emoción la historia de Jesús: que era un **profeta, poderoso en obra y en palabra,** y que había sido condenado por los esfuerzos de los líderes judíos y que había sido crucificado. Es probable que ellos hayan incluido otros detalles no mencionados por Lucas.

Pero nosotros esperábamos que él era el que había de redimir a Israel (21). Todavía le aman; están profundamente entristecidos por El, pero ¿puede un Mesías muerto redimir a Israel? Ellos estaban pensando en el Mesías-rey. El que expulsaría a los romanos y haría nuevamente de Israel una gran nación.

Además de todo esto, hoy es ya el tercer día que esto ha acontecido ... nos han asombrado unas mujeres... las que antes del día fueron al sepulcro; y como no hallaron su cuerpo, vinieron diciendo que también habían visto visión de ángeles, quienes dijeron que él vive (21-23). Este informe de las mujeres parecía haber confundido a los dos discípulos en vez de animarlos. Todavía están **tristes** (v. 17) y su esperanza de que Jesús sería el Mesías está aún en el pasado. Ellos tienen dos problemas: primero, ¿es verdad el informe? y segundo, ¿qué significaba para el mesianismo de Jesús y la felicidad de ellos? En ese instante, parecían estar suspendidos entre la esperanza y la desesperación.

Y fueron algunos de los nuestros al sepulcro, y hallaron así como las mujeres habían dicho, pero a él no le vieron (24). La investigación había resultado en corroboración parcial, pero no en explicación. Vieron la tumba vacía, pero no a Jesús. Era un apoyo valioso de la evidencia, pero sólo la presencia del Señor resucitado satisfaría a estos discípulos.

Entonces él les dijo: ¡Oh insensatos, y tardos de corazón para creer todo lo que los profetas han dicho! (25). La palabra traducida **insensatos** significa "faltos de entendimiento". No tiene ninguna mala connotación como sucede en las actuales lenguas vernáculas. No es el mismo término empleado en Mateo 5:22, donde está prohibido decir "eres un necio (insensato) a su hermano". Godet indica que esta palabra **insensatos** se refiere al entendimiento, mientras que el vocablo traducido "necios", alude al corazón.[4] Jesús les está explicando que ellos habían comprendido mal la predicción profética concerniente al ministerio mesiánico y que su fracaso era debido a falta de comprensión intelectual y a su lentitud espiritual. Una mayor aplicación intelectual aunada a una devoción más profunda e intensa a Dios y a la verdad les iría resolviendo su problema.

¿No era necesario que el Cristo padeciera estas cosas y que entrara en su gloria? (26). Esto implica que era menester el sufrimiento de Cristo. Todos sus sufrimientos fueron necesarios para la redención del hombre y fueron el camino para **que entrara en su gloria**—la gloria que comienza con su resurrección.

Y comenzando desde Moisés... les declaraba en todas las Escrituras lo que de él decían (27). Esta era su primera lección extensiva y correcta sobre las enseñanzas mesiánicas de las Escrituras del Antiguo Testamento. ¡Qué lección debe haber enseñado nuestro Señor resucitado! De este panorama de las Escrituras hebreas, Jesús trazó un paralelo que nadie podía dejar de ver a su vida, enseñanza y sufrimiento y también a lo que Él era ahora, el Señor resucitado. Aunque ellos nunca lo habían considerado antes, el cuadro es claramente delineado en el Antiguo Testamento como el panorama del Rey mesiánico.[5]

2. *El Maestro reconocido* (24:28-35)

Llegaron a la aldea adonde iban, y él hizo como que iba más lejos. Mas ellos le obligaron a quedarse, diciendo: Quédate con nosotros (28-29). Es evidente que estos dos discípulos, que pueden haber sido marido y mujer, vivían en la villa de Emaús y regresaban a su hogar desde Jerusalén. El movimiento de Jesús para continuar el viaje cuando ellos se detenían en su casa, no era deceptivo. Como dice Spence, Él habría seguido si ellos no le hubieran invitado a quedarse.[6] Su invitación es un testimonio de su cortés hospitalidad y su interés en ese Forastero—

interés que había ido creciendo en considerables proporciones durante el corto camino que habían andado juntos.

Y... sentado con ellos a la mesa, tomó el pan y lo bendijo, lo partió, y les dio. Entonces les fueron abiertos los ojos, y le reconocieron (30-31). Esto fue casi como un restablecimiento de la santa cena que había sido instituida sólo unos días antes, y les habló de una bendita y santa comunión. No es extraño que sus ojos hayan sido abiertos ¡No es de maravillarse que lo reconocieran! El forastero a quien habían dado la bienvenida para participar de su pan era el Salvador, quien estaba listo para partirles a ellos el pan de Vida. El Extraño en su mesa, repentinamente pasó a ser la Cabeza de la casa, el Señor de la fiesta, y así será en cada hogar y cada corazón donde se le invite a **quedarse.**

Mas él se desapareció de su vista. No podemos comprender la naturaleza del cuerpo resucitado que permitía ese movimiento de desaparición como vemos aquí y en otras partes en la historia del Cristo resucitado. El cuerpo de nuestro Señor era real y no una aparición. Sin embargo, estaba exento de las limitaciones comunes al cuerpo humano.

En estos dos versos (30-31) donde se describe la cena en Emaús, Maclaren nota que los tres puntos de la narrativa son: (1) La distribución del pan; (2) El descubrimiento; (3) La desaparición.

Y se decían el uno al otro: ¿No ardía nuestro corazón en nosotros, mientras nos hablaba... y... abría las Escrituras? (32). Ahora que le habían reconocido como su Señor, ellos entendían por qué sus corazones ardían mientras les enseñaba por el camino. Estos no han sido los últimos discípulos del Señor que han conocido la experiencia de un corazón ardiente. La Palabra viva, la Revelación de Dios, había comunicado la verdad divina y sus espíritus redimidos respondieron naturalmente a su voz—que era en verdad, la voz de Dios.

Y levantándose en la misma hora, volvieron a Jerusalén, y hallaron a los once... que decían: Ha resucitado el Señor verdaderamente, y ha aparecido a Simón (33-34). Su viva emoción y optimismo estaban en tremendo contraste con el pesimismo de estos discípulos cuando comenzaron el viaje a Emaús. Completamente olvidados de los peligros que acechaban este semidesierto camino durante la noche, ellos literalmente se sintieron constreñidos a regresar a Jerusalén. Pero sus gloriosas nuevas debían esperar hasta que fuera relatada una segunda aparición del Señor resucitado. Al entrar en la residencia de los Once, oyeron las jubilosas palabras de un gozoso discípulo que decía: **Ha**

resucitado el Señor verdaderamente, y ha aparecido a Simón. La evidencia comenzaba a multiplicarse.

Entonces ellos contaban las cosas que les habían acontecido en el camino, y cómo le habían reconocido al partir el pan (35). Referían el episodio completo, desde la triste conversación hasta la gloriosa realización de la presencia del Señor. La expresión **partir el pan** tiene implicaciones sacramentales específicas, especialmente cuando recordamos que en el tiempo en que fue escrito el Evangelio de Lucas, estas palabras eran comunes para nombrar el sacramento de la cena del Señor.

3. *El Señor resucitado visita a sus discípulos* (24:36-43)

Mientras ellos aún hablaban de estas cosas, Jesús se puso en medio de ellos (36). Tanto Juan como Lucas ubican esta aparición al anochecer del día de la resurrección de Cristo. Juan nos informa que sucedió "estando las puertas cerradas. . . por miedo de los judíos" (Jn. 20:19). Las palabras **Jesús se puso en medio de ellos** implicaban una aparición repentina más que una entrada observable. **Y les dijo: Paz a vosotros.** Este era un saludo general de los judíos. Pero ahora tenía un significado más que común para los discípulos. Hablaba de un mensaje de consuelo, valor y esperanza. Para información adicional sobre éste y los siguientes versículos de esta sección, véanse los comentarios sobre Juan 20:19-23.

Entonces, espantados y aterrorizados, pensaban que veían espíritu. Ellos habían estado comentando jubilosamente sus apariciones de post-resurrección, y deben haber esperado que se les aparecería a todos. Pero, a pesar de su gozo y esperanza, su súbita aparición—cuando todas las puertas estaban cerradas—los espantó. A despecho de la aparente contradicción de sentimientos que hay aquí, todos tenemos que confesar que su reacción fue muy humana y normal. Para ellos, la única explicación razonable era que se trataba de un espíritu. Y si no, ¿de qué otra manera hubiera El podido aparecer?

Al llegar a este punto, parece haber una contradicción entre Lucas y Juan; porque este último dice: "Los discípulos se regocijaron viendo al Señor" (Jn. 20:20). Sin embargo, Juan se refiere a la situación unos momentos después, cuando se habían recobrado del susto de su repentina y sobrenatural aparición, y después que Jesús les hubiera asegurado con sus preciosas palabras.

Pero él les dijo: ¿Por qué estáis turbados?. . . Mirad mis manos y mis

pies... palpad, y ved; porque un espíritu no tiene carne ni huesos (38-39). Jesús procede a demostrarles que sus temores carecen de fundamento y que su idea de que El era un espíritu sin el cuerpo era un error. Primero les muestra las manos y los pies—las cicatrices de su reciente crucifixión. Los espíritus no tenían las cicatrices de las heridas terrenales. Les invita a palparlo—a sentir la carne sólida de un cuerpo material. Los espíritus no tienen sustancia material; ni carne ni huesos.

Y como todavía ellos, de gozo, no lo creían, y estaban maravillados (41), equivale esto a nuestra expresión moderna "es demasiado bueno para ser cierto". Era tan maravilloso que temían que pudiera no ser verdad. Estaban felices y temerosos a la vez, como alguien que de repente logra lo que más deseaba en el mundo.

Les dijo: ¿Tenéis... algo de comer? Entonces le dieron parte de un pez asado, y un panal de miel. Y él lo tomó, y comió delante de ellos (41-43). Esta es la tercera demostración de su materialidad. Los espíritus no comen pescado y miel. En todas estas demostraciones el Señor les está procurando mostrar que lo que los discípulos tenían ante ellos no era el espíritu sin cuerpo del Jesús de Nazaret muerto, sino el cuerpo resucitado del encarnado Hijo de Dios. El está realmente ante ellos—cuerpo, alma y espíritu. En todo sentido, su resurrección es una gloriosa realidad.

4. *La comisión y la promesa* (24:44-49)

Desde este punto hasta el fin del Evangelio, el lector debe darse cuenta que hay un pasaje de tiempo que Lucas no hace evidente en su narración. Si este evangelio fuera la única fuente de información entre el período de la resurrección y el de la ascensión de Jesús, el lector podría tener la impresión de que entre esos acontecimientos no habían transcurrido más de 24 horas. Pero el mismo Lucas nos informa en Hechos 1:3 que entre esos eventos hubo un período de 40 días. No es seguro si las instrucciones que aquí se dan a los discípulos fueron dadas en la noche de la resurrección del Señor, en la misma ocasión del verso precedente, o más tarde. Pero, la falta de información no afecta la interpretación.

Estas son las palabras que os hablé, estando aún con vosotros: que era necesario que se cumpliese (44). Jesús se refiere a su ministerio hasta su crucifixión como algo del pasado. Las palabras **estando aún con vosotros,** no solamente predicen su ascensión sino que indican que en el momento en el cual les está hablando, El "no está con ellos" en el mismo sentido de antes. Su muerte y resurrección habían cambiado lo mortal en inmortal y ponía una diferencia entre ellos, que sólo la muerte y resurrección de ellos podrían hacerles trascender.

Era necesario que se cumpliese todo lo que está escrito de mí en la ley de Moisés, en los profetas y en los salmos. La ley, los profetas y los salmos constituyen las tres divisiones mayores de las Escrituras hebreas. Jesús se está refiriendo a toda la escala de la profesía mesiánica, desde la primera promesa de Génesis 3:15 hasta el libro de Malaquías. Establece un lazo inquebrantable entre El y la profecía del Antiguo Testamento. Recuerda a sus discípulos que El les aclaró bien ese punto mientras estaba con ellos. Antes de su muerte el énfasis estaba en que "todo debía cumplirse" hasta donde concerniera su ministerio terrenal.

Entonces les abrió el entendimiento, para que comprendiesen las Escrituras (45). En qué manera Jesús **les abrió el entendimiento** no está declarado. Es posible que les explicara las profecías mesiánicas al respecto. Pero Spence sugiere lo que probablemente es el verdadero sentido de este texto. Cree que estas palabras fueron habladas en la noche de la primera Pascua. Si es así, la expresión de Lucas, **les abrió el entendimiento** sería equivalente a la declaración de Juan de que Jesús "sopló y les dijo: Recibid el Espíritu Santo" (Jn. 20:22). Cuando recordamos que "inspiración" significa "recibir por inspirar", vemos la sugestión lógica de Spence. Jesús aquí estaba dando a sus discípulos la inspiración necesaria para comprender las Escrituras.[7]

Así está escrito, y así fue necesario que el Cristo padeciese, y resucitase de los muertos . . . y que se predicase en su nombre el arrepentimiento y el perdón de pecados en todas las naciones, comenzando desde Jerusalén (46-47). Aquí está la necesidad de la expiación relacionada, en el pasado, con las Escrituras del Antiguo Testamento y en el futuro con la cruzada del gran avivamiento evangelístico de la iglesia. Los aspectos positivo y negativo del mensaje pueden establecerse de esta manera: No hay salvación sin expiación; la plena salvación está al alcance de todos los hombres mediante la expiación de Cristo.

Y vosotros sois testigos de estas cosas (48). Los discípulos de Jesús habían visto sus hechos, escuchado sus palabras; habían recibido el don de interpretar las Escrituras por medio de la "inspiración" de Cristo. Después de Pentecostés recibirían la pureza y poder requeridos. Y todo esto debía ser cristalizado en una misión divinamente designada: **sois testigos.** Jesús dependía de ellos para llevar su mensaje—las nuevas de sangre redentora. Si ellos fracasaban, El no tenía otra manera de enviar su palabra. Pero ellos no irían solos, el Espíritu Santo testificaría *en* ellos y *por medio* de ellos.

He aquí, yo enviaré la promesa de mi Padre sobre vosotros;[8] pero quedaos vosotros en la ciudad de Jerusalén, hasta que seáis investidos de poder desde lo alto (49). Este era un mandamiento divino que hasta que fuese cumplido, debía tener precedencia sobre la divina comisión. Hasta que no recibieran su Pentecostés, no estaban calificados para salir. El cumplimiento de la promesa y del mandamiento contenidos en este verso vinieron el día de Pentecostés, cuando 120 de los discípulos fueron santificados, bautizados con el Espíritu Santo.

Las palabras del verso 49 probablemente fueron dichas por Jesús el día de su ascensión, es decir, 10 días antes de su cumplimiento y 40 después de la resurrección.

C. LA ASCENSIÓN, 24:50-53

Y los sacó fuera hasta Betania (50)—significando una parte del monte de los Olivos que da hacia Betania; porque en Hechos 1:12, Lucas nos dice que Jesús ascendió desde el monte de los Olivos. **Y alzando sus manos, los bendijo**—una bendición sumo sacerdotal, la bendición de la partida.

Y aconteció que bendiciéndolos, se separó de ellos y fue llevado arriba al cielo (51). Solamente Lucas, de los cuatro escritores evangélicos, nos relata la ascensión de Jesús, aunque se da por sentada a través del Nuevo Testamento. Lucas la detalla más en Hechos 1:9-11.

Ellos, después de haberle adorado, volvieron a Jerusalén con gran gozo (52). La adoración es un acto de homenaje a un Salvador que ascendió, pero que está siempre presente. Su gozo demuestra cuánto comprendían ahora su nueva relación con Jesús. Ellos saben que no lo han perdido, sino que en una manera misteriosa El está más cerca de ellos que antes.

Y estaban siempre en el templo, alabando y bendiciendo a Dios (53). Esta declaración está detallada en los Hechos de los Apóstoles. Lucas resume de esta manera con una breve declaración la vida posterior de los apóstoles, sabiendo que en otro tratado nos daría todos los detalles de su actuación.

NOTAS BIBLIOGRÁFICAS

¹Véase Mateo 27:62-66.
²Godet, *op. cit.*, II, 352.
³Para mayor estudio, véase Godet, *op. cit.*, II, 352 ss.
⁴Godet, *op. cit.*, II, 354.
⁵Para una lista de los pasajes del Antiguo Testamento a los cuales Jesús pudo haberles llamado la atención en este discurso, véase Spence, *op. cit.*, II, 271 s.
⁶*Ibid.*, p. 272.
⁷Véase Spence, *op. cit.*, II, 275.
⁸Véase Juan 14:16-26; 15:26-27; 16:7.

Bibliografía

I. INTRODUCCIONES Y COMPENDIOS DEL NUEVO TESTAMENTO

BARNETT, ALBERT. E. *The New Testament: Its Makings and Meaning.* Nashville: Abingdon Press, 1958.

CAMBRON, MARK G. *The New Testament. A Book-by-Book Survey.* Grand Rapids: Zondervan Publishing House, 1958.

EARLE, RALPH (ed.), BLANEY, HARVEY, J. S., HANSON, CARL. *Exploring the New Testament,* Kansas City: Beacon Hill Press, 1955, (hay versión castellana).

FARRAR, F. W. *The Messages of the Books.* Nueva York. The Macmillan Co., 1927.

FRANZMANN, MARTIN H. *The Word of the Lord Grows.* St. Louis: Concordia Publishing House, 1961.

GOODSPEED, EDGAR J. *An Introduction to the New Testament.* Chicago University of Chicago Press, 1937, (hay versión castellana).

MILLER, ADAM W. *An Introduction to the New Testament.* Anderson, Ind.: Gospel Trumpet Co., 1943.

PRICE, JAMES L. *Interpreting the New Testament.* Nueva York: Holt, Rinehart and Winston, 1961.

TENNEY, MERRILL C. *New Testament Survey.* Grand Rapids: Wm. B. Eerdmans Publishing Co., 1961.

THIESSEN, HENRY C. *Introduction to the New Testament.* Grand Rapids: Wm. B. Eerdmans Publishing Co., 1943.

II. OBRAS ESPECIALES

HOBART, WILLIAM KIRK, *The Medical Language of St. Luke.* Grand Rapids: Baker Book House, 1954 (reimpresión).

RAMSAY, WILLIAM M. *Luke the Physician and Other Studies.* Grand Rapids: Baker Book House, 1956 (reimpresión).

III. OBRAS GENERALES

EDERSHEIM, ALFRED. *The Life and Times of Jesus the Messiah,* 2 Vols. Grand Rapids: Wm. B. Eerdmans Publishing Company, 1943.

GEIKIE, CUNNINGHAM. *New Testament Hours,* 4 Vol. Nueva York: James Pott & Company, 1897.

JOSEPHUS, FLAVIUS, *The Life and Works of Flavius Josephus,* traducido por WILLIAM WHISTON, editado por H. STEBBING. Filadelfia: The John C. Winston Company, s.f.

LANGE, PETER JOHN, *The Life of the Lord Jesus Christ.* Trad. por SOPHIA TAYLOR y J. E. RYLAND. Editado por MARCUS DODDS. Grand Rapids: Zondervan Publishing House, 1952 (reproducción de 1872, edición publicada por T & T Clark).

IV. COMENTARIOS

BARCLAY, WILLIAM. *The Gospel of Luke*. Filadelfia: The Westminster Press, 1956.

BARNES, ALBERT. *Notes on the New Testament*. Grand Rapids: Baker Book House, 1949.

BRUCE, ALEXANDER, BALMAIN. "The Synoptic Gospels", *The Expositor's Greek Testament*. Editado por W. ROBERTSON NICOLL, Vol. I. Grand Rapids: Wm. B. Eerdmans Publishing Company, s.f.

CLARKE, ADAM. *The New Testament of Our Lord and Saviour Jesus Christ*. Nueva York-Nashville: Abingdon Cokesbury Press, s.f. (hay versión castellana).

DAVIDSON F. (ed.). *New Bible Commentary*. Grand Rapids: Wm. B. Eerdmans Publishing company, 1960.

GELDENHUYS, NORVAL, *Commentary on the Gospel of Luke*. "The New International Commentary on the New Testament". Grand Rapids: Wm. B. Eerdmans Publishing Company, 1951.

GILMORE, S. MACLEAN. "The Gospel According to St. Luke" (Exegesis). *The Interpreter's Bible*. Editado por GEORGE BUTTRICK, *et al.*, Vol. VIII. Nueva York: Abingdon-Cokesbury Press, 1952.

GODET, F. *A Commentary on the Gospel of St. Luke*. Traducido por E. W. SHALDERS. Edimburgo: T. & T. Clark, s.f.

GRAY, JAMES COMPER, y ADAMS, GEORGE W. *Bible Commentary*. Vol. IV. Grand Rapids: Zondervan Publishing House, s.f.

HENRY, MATTHEW. *Commentary on the Whole Bible*. Vol. V. Nueva York: Fleming H. Revell Company, s.f.

MACLAREN, ALEXANDER. *Expositions of Holy Scriptures*. Vol. VI. Grand Rapids: Wm. B. Eerdmans Publishing Company, 1959.

SPENCE, H. D. M. "St. Luke" (Exposition). *The Pulpit Commentary*, Editado por H. D. M. SPENCE, Vol. XVI. Grand Rapids: Wm. B. Eerdmans Publishing Company, 1958.

VAN OOSTERZEE, J. J. "The Gospel According to St. Luke." *Commentary on the Holy Scriptures*, editado por J. P. LANGE. Grand Rapids: Zondervan Publishing House, s.f.

EL TEMPLO DE HERODES

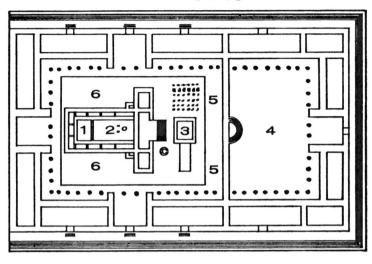

Torre de
Antonia

1. Lugar
   Santísimo
2. Lugar Santo
3. Altar de los
   Holocaustos
4. Corte de las
   Mujeres
5. Corte de los
   Israelitas
6. Corte de los
   Sacerdotes

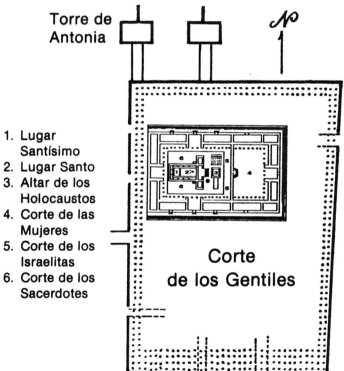

Corte
de los Gentiles

Mapa 1

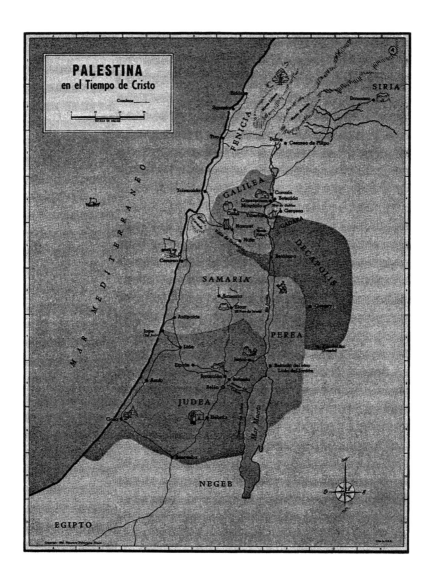

CPSIA information can be obtained at www.ICGtesting.com
Printed in the USA
LVOW042320300312

275267LV00004BA/6/P